HISTÓRIA DAS EMOÇÕES

1. Da Antiguidade às Luzes

Dados Internacionais de Catalogação na Publicação (CIP)
(Câmara Brasileira do Livro, SP, Brasil)

História das emoções : 1. Da Antiguidade às Luzes / sob a direção de Alain Corbin, Jean-Jacques Courtine, Georges Vigarello ; tradução de Francisco Morás. – Petrópolis, RJ : Vozes, 2020.

Título original: Histoire des émotions : 1. De l'Antiquité aux Lumières
"Volume dirigido por Georges Vigarello".
Vários autores.
Bibliografia.
ISBN 978-85-326-6277-4

1. Emoções – História I. Corbin, Alain. II. Courtine, Jean-Jacques. III. Vigarello, Georges.

19-29068   CDD-152.4

Índices para catálogo sistemático:
1. Emoções : Psicologia aplicada   152.4

Cibele Maria Dias – Bibliotecária – CRB-8/9427

HISTÓRIA DAS EMOÇÕES

SOB A DIREÇÃO DE
ALAIN CORBIN, JEAN-JACQUES COURTINE,
GEORGES VIGARELLO

1. Da Antiguidade às Luzes

VOLUME DIRIGIDO POR GEORGES VIGARELLO

Christian Biet
Damien Boquet
Gilles Cantagrel
Maurice Daumas
Hervé Drévillon
Bruno Dumézil
Martial Guédron
Yves Hersant
Sophie Houdard
Collin Jones
Christian Jouhaud

Lawrence Kritzman
Didier Lett
Alain Montandon
Piroska Nagy
Barbara Rosenwein
Maurice Sartre
Laurent Smagghe
Claude Thomasset
Anne Vial-Logeay
Georges Vigarello

Tradução de Francisco Morás

EDITORA VOZES

Petrópolis

© Éditions du Seuil, 2016.

Título do original em francês: *Histoire des Émotions. Tome 1. De l'Antiquité aux Lumières*

Direitos de publicação em língua portuguesa – Brasil:
2020, Editora Vozes Ltda.
Rua Frei Luís, 100
25689-900 Petrópolis, RJ
www.vozes.com.br
Brasil

Todos os direitos reservados. Nenhuma parte desta obra poderá ser reproduzida ou transmitida por qualquer forma e/ou quaisquer meios (eletrônico ou mecânico, incluindo fotocópia e gravação) ou arquivada em qualquer sistema ou banco de dados sem permissão escrita da editora.

CONSELHO EDITORIAL

Diretor
Gilberto Gonçalves Garcia

Editores
Aline dos Santos Carneiro
Edrian Josué Pasini
Marilac Loraine Oleniki
Welder Lancieri Marchini

Conselheiros
Francisco Morás
Ludovico Garmus
Teobaldo Heidemann
Volney J. Berkenbrock

Secretário executivo
João Batista Kreuch

Editoração: Fernando Sergio Olivetti da Rocha
Diagramação: Raquel Nascimento
Revisão gráfica: Nilton Braz da Rocha / Nivaldo S. Menezes
Capa: WM design
Ilustração de capa: Festa de Belshazzar – Rembrandt (cerca de 1634/1639)

ISBN 978-85-326-6277-4 (Brasil)
ISBN 978-2-02-117729-9 (França)

"Cet ouvrage, publié dans le cadre du Programme d'Aide à la Publication année 2020 Carlos Drummond de Andrade de l'Ambassade de France au Brésil, bénéficie du soutien du Ministère de l'Europe et des Affaires étrangères."

"Este livro, publicado no âmbito do Programa de Apoio à Publicação ano 2020 Carlos Drummond de Andrade da Embaixada da França no Brasil, contou com o apoio do Ministério Francês da Europa e das Relações Exteriores."

Editado conforme o novo acordo ortográfico.

Este livro foi composto e impresso pela Editora Vozes Ltda.

SUMÁRIO

Introdução geral, 9
  Alain Corbin, Jean Jacques Courtine, Georges Vigarello

Antiguidade, 19

1 Os gregos, 23
  Maurice Sartre

2 O universo romano, 85
  Anne Vial-Logeay

Idade Média, 117

3 Os bárbaros, 121
  Bruno Dumézil

4 A Alta Idade Média, 137
  Barbara Rosenwein

5 *"Esmouvir"*, *"esmouvement"* – Arqueologia medieval do termo "emoção", 161
  Claude Thomasset e Georges Vigarello

6 A emoção na Idade Média: um período de razão, 169
  Piroska Nagy

7 Referências cotidianas, referências médicas, 181
  Claude Thomasset

8 As paixões da salvação no Ocidente medieval, 199
  Damien Boquet

9 Família e relações emocionais, 233
  Didier Lett

10 As emoções políticas nas cortes principescas dos séculos XIV-XV, 265
   Laurent Smagghe

Idade Moderna, 281

11 A emergência do termo "emoção", 286
   Georges Vigarello

12 Uma retórica afetiva na Renascença – O exemplo de Montaigne, 294
   Lawrence Kritzman

13 Alegria, tristeza, terror... – A mecânica clássica dos humores, 312
   Georges Vigarello

14 A invenção de uma autovigilância íntima, 329
   Alain Montandon

15 Afeições da alma e emoções na experiência mística, 355
   Sophie Houdard

16 A efusão coletiva e o político, 386
   Christian Jouhaud

17 A honra, do íntimo ao político, 412
   Hervé Drévillon

18 Corações valentes, corações ternos – A amizade e o amor na época moderna, 437
   Maurice Daumas

19 A melancolia, 461
   Yves Hersant

20 O que diz a lei: raptar, abusar, violar, 484
   Georges Vigarello

21 Emoções experimentais: teatro e tragédia no século XVII francês – Afetos, sentidos, paixões, 503
   Christian Biet

22 A emoção musical no Período Barroco, 539
   Gilles Cantagrel

23 Emoções, paixões, afetos – A expressão na Teoria da Arte no período
clássico, 567
    Martial Guédron

24 O sorriso, 589
    Colin Jones

Índice dos nomes próprios, 609

Os autores, 625

Índice geral, 631

INTRODUÇÃO GERAL

Alain Corbin
Jean-Jacques Courtine
Georges Vigarello

As emoções pertencem à humanidade. Elas a acompanham. Elas se reconhecem, se compreendem, tão evidentes que parecem existir fora do tempo. Elas aproximam as épocas, os lugares, sugerem experiências comuns, reações aparentemente compartilhadas: a dor pela morte de um ente querido, o transtorno após algum perigo, o amargor após um revés, a alegria após algum prazer. Tantos episódios genéricos em que o universal e o atemporal poderiam identificar-se. Comoções, inquietações, júbilos animam culturas e sociedades, como suores, apuros ou tremores encarnam suas manifestações forçadas. Quando Lady Macbeth, na peça de Shakespeare, em 1606, insiste que o herói adote uma "face serena" (ato I, cena 5) dissimulando sua perturbação, ela sugere uma atitude compreendida por todos. Logo que Henrique V, na peça do mesmo nome, insiste que seus combatentes mantenham um olhar ameaçador como um "canhão apontado" (ato III, cena 2), ele sugere sinais que atravessam o tempo. Nada além de uma aparente persistência de manifestações e características. Charles Le Brun empenha-se em ilustrar esta "constância" em suas gravuras de 1692, mudando as fisionomias segundo as emoções experimentadas: da alegria às lágrimas, da cólera ao medo, do arrebatamento ao abatimento[1]. Charles Darwin ou Guillaume Duchenne de Boulogne entendem elaborar uma teoria em suas considerações anatômicas dos anos de 1860: os músculos do rosto imporiam suas coerções, regulando fisicamente as "formas" emotivas manifestadas. Daí a existência de fixidades, aquelas das regularidades no seio da própria espécie humana. A história teria aqui pouco espaço. As emoções, assegura Darwin, seriam "hereditárias ou inatas"[2].

Nada de evidente, entretanto. O medo, a vergonha, a cólera, a alegria seguramente atravessam o tempo, e parecem compreendidos, "entendidos" de uma época à outra, mas eles variam segundo os indivíduos, as culturas, as sensibilidades. Eles têm suas fases, suas modulações, se conjugam, se singularizam, revelando possíveis existências para além de sua ampla existência genérica. O *Dictionnaire de l'Académie* no final do século XIX, que faz da emoção uma "alteração, um transtorno, um movimento excitado nos humores, na economia"[3], deixa entender que mil variantes podem ser pensadas. O *Dictionnaire Alphabétique* de Robert, que vê na emoção um conjunto de "sensações consideradas do ponto de vista afetivo agradáveis ou desagradáveis"[4], sugere inevitavelmente ainda uma diversidade de formas e graus. O que supõe, também inevitavelmente, uma diversidade de versões possíveis no espaço e no tempo. Diferenças, desta vez, se impõem, longe das simples generalidades.

O luto de Aquiles diante da morte de Pátroclo, que na narrativa homérica é descrito como efusão irreprimível, acompanhada de gritos, extirpação de cabelos e ablução de poeira no corpo do enlutado[5], não teria mais sentido na

---

1. LE BRUN, C. *Caractères des passions*. Paris: Langlois, 1692. • Na presente obra, as traduções que aparecem entre colchetes, sobretudo as relativas aos títulos de livros ou obras citados pelos autores, são da iniciativa do tradutor, visando facilitar a compreensão do leitor. Tudo o que estiver entre parênteses é obra dos respectivos autores [N.T.].

2. DARWIN, C. *L'Expression de l'émotion chez l'homme et chez les animaux* (1872). Paris: Reinwald, 1877, p. 381.

3. *Dictionnaire de l'Académie Française*. Paris: Firmin-Didot, 1884, verbete "Émotion".

4. ROBERT, P. *Dictionnaire Alphabétique, Analogique de la Langue Française*. Paris: Robert, 1957, verbete "Émotion".

5. HOMÈRE. *Iliade*, XVIII, 329ss.

sociedade burguesa do século XIX. Aqui o luto se manifesta por uma economia gestual, pelo silêncio, por uma calma aparente, para melhor significar a trágica "suspensão da vida"[6]. Da mesma forma, e em outro plano, o medo do combate ostensivamente denegado pelo cavaleiro medieval, a ponto de Jean Bueil fazer da guerra uma "coisa prazerosa"[7], é "confessado", senão reivindicado, pelo soldado contemporâneo, quando, por exemplo, Gabriel Chevallier, "poilu" de 1914 [apelido dado ao soldado francês durante a Primeira Guerra Mundial], faz da guerra uma interminável fonte de medo[8]. Ou, ainda, o espetáculo dos suplícios e suas emoções calculadas: o esquartejamento do condenado, exibido a todos a fim de melhor suscitar alguma edificação emotiva "útil" por ocasião da tragédia de Damiens, em 1757. Alguns decênios mais tarde esta situação não é mais tolerada, já que emoção insustentável, de inescusável crueldade[9].

Não, obviamente, que seja a priori discutida a existência da tristeza, da alegria, da cólera ou do medo nas culturas e seu passado, tampouco que se conteste seu caráter genérico, mas, antes, é o sentido das emoções que muda, bem como suas formas, seus matizes, sua intensidade. Tais diferenças são inclusive maiores. A cólera de Zeus, pressuposto legítimo de ordem no Olimpo homérico, onde a onipotência não pode ser contestada, torna-se princípio de desvario no cenário democrático, onde a relação contratual é a regra. Da mesma forma, o medo do castigo divino no caso da peste, descrito e comentado por Ambroise Paré ainda no século XVI[10]: para o médico do século XVII, mais sensível ao perigo físico do contágio do que ao perigo "sobrenatural" da punição, esta última vai largamente desaparecendo. "Mudança profunda de mentalidade", garantem os historiadores Jean Céard e Hugues Neveux[11]; mudança igualmente de "medo", segundo Ni-

---

6. STAFFE, B. Règles du savoir-vivre dans la société moderne. Paris: Havard, 1893, p. 295.

7. BUEIL, J. Le Jouvencel (XVe siècle). Paris: Renouard, 1887, p. 21.

8. CHEVALLIER, G. La peur. Paris: Stock, 1930.

9. CHEVALLIER, P. Les Régicides, Clément, Ravaillac, Damiens. Paris: Fayard, 1989.

10. PARÉ, A. Oeuvres. Paris: Buon, 1585, p. 830.

11. CÉARD, J. & NEVEUX, H. "Permanence des fléaux, interpretations nouvelles". In: DELUMEAU, J. & LEQUIN, Y. (dirs.). Les malheurs du temps. Paris: Larousse, 1987, p. 302.

colas-Abraham de la Franboisière, em seu monumental tratado de medicina de 1613, no qual minimiza a causa divina invocada por Ambroise Paré para privilegiar as transmissões por contato invocadas pelos médicos modernos[12]. Tantas inovações das quais a história das emoções sorve sua legitimidade! Tantas inovações impondo outra constatação, mais central: a emoção, em suas variantes históricas, em suas nuanças, em suas versões, reflete primeiramente uma cultura e um tempo. Ela responde a um contexto, desposa um perfil de sensibilidade, traduz uma maneira de viver e de existir, dependendo ela mesma de um ambiente preciso, singular, que oriente o afeto e suas intensidades.

Esta história das emoções, que nos propusemos percorrer num vasto período histórico, não é uma invenção recente; ela não saiu de um *emotional turn* às vezes situado em torno dos anos de 1980 ou 1990. Ela teve seus pioneiros, foi ilustrada em inúmeros trabalhos, e sua necessidade teórica foi afirmada sem rodeios desde os anos de 1930, bem como seu lugar central ocupado no campo da história:

> Nós podemos, acredito eu, empreender uma série de trabalhos que nos faltam; e enquanto nos fazem falta, *não haverá uma história possível*. Nós não temos a história do amor [...]. Não temos a história da morte. Não temos a história da piedade, nem, tampouco, da crueldade. Não temos a história da Alegria[13].

Lucien Febvre foi um dos primeiros a sugerir uma "história dos sentimentos", multiplicando assim as possíveis vias de pesquisa. Os termos retidos e propostos pareciam eles mesmos já designar objetos: a "necessidade de segurança", o "grande medo", o "terror"[14]... Um movimento esboçava-se, confortado pelas pesquisas em ciências humanas, elas mesmas cercando sempre mais o psíquico, as situações afetivas, suas relações.

---

12. FRAMBOISIÈRE, N.-A. *Oeuvres*. Paris: Orry, 1613. Cf. notadamente a insistência sobre o "ar viciado", p. 142.

13. FEBVRE, L. "La sensibilité et l'histoire – Comment reconstituer la vie affective d'autrefois?" *Annales d'Histoire Sociale,* vol. 2, n. 1-2, p. 18 [grifo nosso].

14. Cf., entre outros autores: FEBVRE, L. "Pour l'histoire d'un sentiment: le besoin de sécurité" (1953), retomada em FEBVRE, L. *Pour une histoire à part entière*. Paris: Sevpen, 1962, p. 849.

A "história das mentalidades", no prolongamento de tais iniciativas, mobilizando estruturas mentais e representações coletivas, iria inevitavelmente cruzar afetos e sensibilidades. Mas, não nos enganemos: mesmo se, ao redor das emoções, não tenham surgido nem escola, nem campo, nem disciplina, a presença dos afetos pode ser lida na multiplicidade dos objetos históricos interrogados: a morte, a infância, a família, o corpo no universo sensível, o rosto e a expressão, as primeiras explorações na história do gênero ou da sexualidade. Assim, dentre tantos outros exemplos possíveis, Jean Delumeau assinou, em 1978, uma obra maior, *La peur en Occident* [O medo no Ocidente], fazendo frente, pela primeira vez, "à função do medo na história", perfilando assim incontáveis análises e interpretações: a ascendência tradicional dos "homens do poder", por exemplo, interessados a que "o povo – essencialmente os camponeses – tenha medo"[15]; ou a importância, totalmente contemporânea, do neologismo "segurança"[16], revelando um aprofundamento psicológico até então inédito. Um objeto novo reorientou o olhar sobre o tempo, sua ação sobre as consciências e os comportamentos.

Desde então, sob o impulso em particular da influência, no campo das ciências humanas, das pesquisas sobre a emoção feitas em neurobiologia ou em psicologia cognitiva, os trabalhos se diversificaram, se multiplicaram, se internacionalizaram. Um campo disciplinar está em vias de configurar-se[17]. As pesquisas recentes reconstituem a história das emoções particulares e propõem instrumentos conceituais novos dos quais encontramos traços nas seguintes obras: interrogação da própria noção e de suas transformações[18], "*emotionology*" como estudo do deslocamento histórico das normas da emoção[19], pesquisa

---

15. DELUMEAU, J. *La peur en Occident, XIV^-XVIIIe siècle*. Paris: Fayard, 1978, p. 3 e 5.

16. Ibid., p. 12. Cf., p. ex., para a análise de seus prolongamentos mais recentes: GROS, F. *Le principe sécurité*. Paris: Gallimard, 2012.

17. Temos uma imagem relativamente completa disso na excelente obra PLAMPER, J. *The History of Emotions*: An Introduction. Oxford: Oxford University Press, 2015.

18. DIXON, T. *From Passions to Emotions* – The Creation of a Secular psychological Category. Cambridge: Cambridge University Press, 2003.

19. STEARNS, P.N. & STEARNS, C.Z. "Emotionology: Clarifying the History of Emotions and Emotional Standars". *American Historical Review*, vol. 90, 1985, p. 813-836.

dos índices emocionais diferenciando os "gêneros" no universo dos afetos[20], publicações de "comunidades"[21] e de "regimes" emocionais[22], explorações dos contornos de um "capitalismo emocional"[23]... Este interesse novo veio ao encontro dos interesses de um projeto no qual nós nos engajamos há uma quinzena de anos: um ciclo de histórias gerais de longa duração no tempo, que viu as publicações sucessivas de uma *Histoire du corps*[24], em seguida de uma *Histoire de la virilité*[25]. A *Histoire des emotions* que agora oferecemos à leitura conclui este projeto de pesquisa. A ideia que nos guiou foi a de acompanhar os deslocamentos do campo da história contemporânea e favorecer a abertura, à medida do possível, de novos espaços à interrogação histórica. O corpo, a virilidade, depois as emoções: obviamente aproveitamos a natureza destes objetos para dar sentido a este projeto que tentou prolongar a via ontem aberta pela história das mentalidades na perspectiva de uma genealogia, material e sensível, dos próprios indivíduos, de sua existência corporal, de sua inscrição sexuada, de sua vida afetiva.

É chegado assim o momento de prospectar visões mais globais[26], de encarar as pesquisas sistemáticas, de fazer da emoção um objeto central num estudo de longa duração no tempo. Não que para tanto nosso projeto se limite a alguma síntese dos trabalhos anteriores, visando a unificar empreitadas dispersas. Nossa ambição é seguir passo a passo a presença da emoção na história e medir a espessura que ela pode dar ao tempo, seu impacto

---

20. FREVERT, U. *Vergangliche Gefuble*. Göttingen: Vallstein, 2013.

21. ROSENWEIN, B.H. *Emocional Communities in the Early Middle Ages*. Itaca (NY)/Londres: Cornell University Press, 2006.

22. REDDY, H.M. *The Navigation of Feelings*: A Framework for the History of Emotions. Cambridge: Cambridge University Press, 2001.

23. ILLOUZ, E. *Les sentiments du capitalisme*. Paris: Seuil, 2006.

24. CORBIN, A.; COURTINE, J.J. & VIGARELLO, G. (dirs.). *Histoire du corps*. Paris: Seuil, 2005-2006. • Trilogia publicada pela Editora Vozes sob o título *História do corpo* [N.T.].

25. CORBIN, A.; COURTINE, J.J. & VIGARELLO. G. (dirs.). *Histoire de la virilité*. Paris: Seuil, 2011. • Também publicada pela Editora Vozes sob o título *História da virilidade* [N.T.].

26. Desta maneira a síntese sobre as emoções medievais recentemente realizada em BOQUET, D. & NAGY, P. *Sensible Moyen Âge* – Une histoire des émotions dans l'Occident medieval. Paris: Seuil, 2015.

sobre a sensibilidade, a cor e a tonalidade que ela pode oferecer a cada formação cultural. A visão histórica encontra-se assim no centro deste projeto: variar os ângulos de abordagem, desvendar universos impensados, revelar coerências exatamente lá onde o afeto parecia negligenciado. Assim procedendo, grandes "figuras" temporais podem emergir. Seria impensável, por exemplo, imaginar o homem romano sem a presença de um trabalho específico sobre suas emoções particulares, sua discrição, seu constante controle. Obviamente, esta característica pode parece banal: o domínio de si garante força e domínio viris. Mas esta marca é igualmente a de uma hierarquia humana que pertence inteiramente ao mundo romano, uma "gradação" que Sêneca ilustra em poucas palavras: "O mesmo luto afeta mais intensamente uma mulher do que a um homem, mais a um bárbaro do que a uma pessoa civilizada, mais a um ignorante do que a uma pessoa instruída" (*Consolation à Marcia*, VII, 3). Ao frio domínio "romano" esperado do homem da alta classe contrapõe-se a inevitável paixão da mulher ou do plebeu, a insanidade dos escravos, a crueldade do bárbaro ou do estrangeiro. A gestão da emoção, vista desta ótica, ilustra o espectro social da romanidade: a hierarquia entre homens e mulheres, ricos e despossuídos, cidadãos e escravos, homens romanos e não romanos.

Totalmente diferente é outro domínio, aparentemente idêntico, imposto ao século XVII no universo da cortesania. O homem da corte é convidado, ele também, a controlar seus afetos. Ele deve, como qualquer outro, evitar o transtorno e assumir renúncias. Segundo Baltasar Gracián, ele não deve "em hipótese alguma apaixonar-se"[27], ter sempre o controle de seus gestos e de seu semblante, de suas palavras e sua forma de andar. Trata-se da atitude indicada por Lady Macbeth, ao sugerir que o herói deve ter, em qualquer ocasião, um "semblante sereno", longe de qualquer emoção perceptível ou visível. Entretanto, o pior risco é o de metamorfosear-se. O domínio, sem dúvida, tem a ver com o crescimento, com o

---

27. GRANCIÁN Y MORALES, B. *L'Homme de cour* (1647). Paris: Champ Libre, 1972, p. 10.

poder também, com este "talento real da dissimulação"[28], pregado por Mazarin, e ele se estende a todos, homens e mulheres, superiores e inferiores, patrões ou domésticos, senhores locais ou estrangeiros, e passa a fazer parte de um princípio geral de cálculo e de comportamento. Ele corresponde principalmente a um ambiente específico onde os benefícios e as honras, esperados de todos, supõem estratégias secretas, manejos silenciosos, máscaras longamente trabalhadas, para evitar qualquer adversidade intempestiva, qualquer entrave indesejável, qualquer desconfiança temerosa. "As rodas, os movimentos, as molas, estão escondidos", afirma La Bruyère[29], mas para melhor permitir o êxito e seus efeitos. O domínio responde então a uma estratégia contextualizada. Ele ilustra de parte a parte um "mundo": o "sistema da corte"[30], esta instituição que impõe a emoção e sua gestão como reflexos diretos de um regime que responde a um tempo e a um lugar. Totalmente outro, enfim, é o domínio esperado de um burguês do início do século XIX. A máscara, sem dúvida, continua sendo uma garantia: o segredo como sinal de força, e até mesmo de proteção segura. No romance *Le père Goriot*, escrito por Balzac em 1842, o personagem principal se esforça para não revelar seus afetos na residência Vauquer, onde reside, para melhor preservar uma imagem pessoal, evitar qualquer "traição" possível, impedir qualquer exploração de sua fraqueza ou fragilidade. Mas do outro lado da máscara laboriosamente mantida descortina-se um mundo privado largamente inesperado: um mundo em que o apego às suas próprias filhas guia totalmente a vida do pai Goriot a ponto de perdê-las. A emoção íntima secretamente imperou. O amor intenso e familiar assumiu um ar de legitimidade: um direito próprio, uma nova intensidade. Ele invadiu o espaço doméstico a ponto de subvertê-lo. Uma figura inédita se desenha então, que a história da emoção permite definir melhor: a de um personagem burguês dividido, mais do que nunca, entre a "representação mundana"[31] e a exigência privada.

---

28. Cf. LIVRON, J. *Les courtisans*. Paris: Seuil, 1961, p. 113.

29. BRUYÈRE, J. *Les caractères* (1688). Paris: Garnier, 1954, p. 212.

30. Cf. LE ROY LADURIE, E. & FITOU, J.-F. *Saint-Simon, ou le Système de la cour*. Paris: Fayard, 1997.

31. VINCENT-BUFFAULT, A. *Histoire des larmes, XVIIIe-XIXe siècles*. Marseille: Rivages, 1986, p. 153.

A imagem do pai Goriot, entretanto, revela mais. Balzac se demora nos velhos castigos vividos silenciosamente por seu personagem. Ele avalia seu alcance, seus estragos possíveis. Evoca seus traços. E os transforma inclusive em estigmas:

> Sua fisionomia, cujas aflições secretas discretamente a tornavam dia após dia mais triste, parecia a mais desolada de todas as que rodeavam a mesa... Seus olhos azuis vivazes assumiam tonalidades embaciadas e pardo-escuras, se tornaram pálidos, não lacrimejavam mais, e seu contorno vermelho parecia chorar sangue[32].

Impõe-se então em primeiro lugar o que o próprio termo "emoção" instaurou, e inclusive inventou, com seu primeiro uso no século XVI: não mais o simples abalo físico traduzindo muito materialmente a sensação de algum choque afetivo, mas um abalo mais íntimo, mais profundo, senão secreto, cuja enunciação e designação são mais difíceis porque incidem exclusivamente na alma e no espírito. Diferença total entre o estremecimento imediato atravessando o corpo e a expectativa mais subterrânea progredindo interminavelmente nas zonas mais obscuras da consciência. É o que evoca ainda Balzac imaginando sob a face de Madame de Mortsauf inúmeras "ideias inexprimíveis, sentimentos contidos, flores afogadas em águas amargas"[33]. Desta vez trata-se tanto do crescimento quanto da complexificação deste espaço interior que a história das emoções revela: a captação de perturbações sempre mais variadas, escalonando sua profundidade desde as emoções, até o sentimento, à paixão, e até mesmo às perversões ou à loucura, a consideração dos efeitos sempre mais inesperados instalando progressivamente suas expectativas desde os primeiros anos de vida, até os acidentes inopinados dos equilíbrios interiores, como o tema proliferando do "trauma" sugerido no final do século XIX. Enfim, no século XX se percebe claramente a inevitável constatação de um profundo deslocamento do regime emotivo ele mesmo. A primeira ruptura ocorre sem

---

32. BALZAC, H. Le père Goriot (1842). In: *La comédie humaine*. T. 2. Paris: Gallimard, 1952, p. 869-870 [Coll. "Bibliothèque de la Pléiade"].

33. BALZAC, H. Le lys dans la vallée (1836). In: *La comédie humaine*. Op. cit. T. 3, p. 797.

dúvida com a descoberta freudiana da divisão que afeta o sujeito: se existe uma parte inconsciente da gênese das emoções sentidas, que sentido pode ter doravante a exigência de controle dos afetos cuja causa ignoramos? Tudo muda quando ajuntarmos a esta realidade o crescimento do individualismo, o triunfo do universo privado e o advento da sociedade de massa, duplicados pelo relativo esfacelamento dos "suportes" coletivos tradicionais, da escola à empresa. Eles transformam a relação com a interioridade, provocam sua inflação, sua presença constante, difundindo inevitável e paradoxalmente uma insegurança inédita, uma compaixão seletiva, uma irreprimível expectativa de proteção: inquietação, mal-estar, emoções difusas dominam então as vertentes contemporâneas do espaço psíquico. Uma ansiedade inédita, apenas velada, ganhou as consciências, desta vez aguçando como jamais antes o terreno emotivo, suas formas, seus graus.

A história das emoções junta-se assim àquela da lenta construção do espaço psíquico na consciência ocidental. Ela coloca em cena os intermináveis acasos da interioridade. Ela recorre então, urge insistir nisto, às evidentes consequências metodológicas. Ela deve dotar-se de uma perspectiva resolutamente original: não mais simplesmente ater-se ao que fazem os atores, ou ao que eles imaginam ou representam, mas avizinhar-se o maximamente possível daquilo que eles experimentam, da maneira como eles vivem "interiormente" o mundo, enquanto reflexo deste mundo.

Antiguidade

Nenhum termo específico, no universo antigo, corresponde ao de emoção, tal como ele é entendido hoje. São as "paixões", ponto de partida deste livro, que recobrem parcialmente o que mais tarde se denominará emoção. A distinção "moderna" entre o "choque", por exemplo, e o desenvolvimento do transtorno, seu trabalho possível na consciência, não é verdadeiramente feita, mesmo se, como em Aristóteles, as paixões (*pathe*) designem também os abalos interiores. Inúmeras situações despertam o afeto, multiplicam suas formas, sua intensidade: do religioso ao político, do teatro à guerra, do enfrentamento à amizade. Não que o recenseamento de tais paixões seja estável. Ele varia com o tempo. Seu número varia de Aristóteles a Galeno, do século IV a.C. ao século II de nossa era, suas margens são flutuantes, sua extensão pouco definida. O universo afetivo comporta zonas obscuras, imprecisas. Várias grandes categorias, em contrapartida, permanecem idênticas de um período ao outro: a raiva, o medo, a alegria, a aflição, a inveja. Vários comportamentos também criam uma tradição: a implacável ascendência do homem, por exemplo, cuja cólera parece sempre legítima, o impossível domínio dos afetos junto aos escravos ou aos dominados, o forte temor em relação aos deuses, ao passo que estes últimos conhecem as mesmas paixões dos humanos. Um controle dos afetos, enfim, é igualmente esperado, do homem principalmente, e menos da mulher, uma potência contínua, dominada, mesmo que o "furor" masculino possa impor-se, sinal direto de poderio e de ação, sinal também de poder, senão de eficácia. Manifestação julgada tanto "normal" quanto "justa", ao passo que uma relativa depreciação do afeto permanece de um período ao outro cuja tradição se prolonga à época moderna. Uma continuidade já existe entre o termo grego *pathos* e o romano *passio*, embora sejam mais extensos ou mais fluidos do que o próprio impacto emocional.

Em contrapartida, nuanças se acentuam entre a Grécia e Roma, revelando a evidência de universos diferentes. A evocação do desejo já não é mais a mesma: os textos de Platão, no século V a.C., se estendem sobre a emoção provocada pela visão de um garoto tido por belo, ao passo que Catulo, no século

I a.C., evoca o "burburinho total"[1] provocado pela visão da jovem Lésbia. O corpo do efebo não está mais no centro da efusão. Os "objetos" privilegiados mudam. O próprio desejo é evocado com mais efusão e perturbação pelos autores romanos: a descrição aí ganharia em importância, em vibração, e o impacto em risco. A "paralisia da língua, o fogo sutil fluindo pelos membros, a noite se estendendo sobre os olhos"[2], tantos indícios físicos postos em relevo por Catulo para exprimir como jamais antes o desejo, mesmo se ele mesmo possa mostrar-se crítico sobre este tema. Mudança também na religiosidade: os efeitos não têm mais o mesmo conteúdo. O temor dos deuses é exacerbado na religião dos gregos: sua vindita é receada, sua vingança ameaçadora, seus rituais são fonte de pavor. Uma mesma tensão obviamente permanece na religião romana: os rituais supõem rigor, e até mesmo minúcia, mas um deslocamento operou-se. Um novo termo, em particular, presente com a República, o de *fides* (confiança), impactou fortemente na relação com o divino. A razão ganha em importância em tal relação. A esperança e a consolação estão diferentemente presentes. Uma negociação com um deus, não obstante tudo imperando majestoso, é pensável.

Às reaproximações entre os dois universos, grego e romano, onde as expressões às vezes exasperadas dos afetos se misturam com uma valorização do autodomínio e as hierarquizações sociais que ele concretiza, entre mulher e homem, por exemplo, ou entre escravo e cidadão, juntam-se diferenças diversificando mais largamente o campo destes mesmos afetos e "humanizam" parcialmente a relação com o divino. O culto de *fides* é uma maneira inédita de dominar as emoções, uma maneira inédita também de honrar a divindade, perfilando uma insensível liberdade, um apaziguamento, uma forma de resseguro enfim no caráter ordenado do universo.

Georges Vigarello

---

1. CATULLE. *Poésies*. Paris: Les Belles Lettres, 1998, poema 51. Cf. tb. VIAL-LOGEAY, A. "L'univers romain", p. 64.

2. Ibid.

1
OS GREGOS

Maurice Sartre

Os gregos, tão frequentemente à origem de listas (as sete maravilhas do mundo, os sete sábios da Grécia), ou de classificações por categorias (Aristóteles, Teofrasto), não parecem ter-se preocupado tanto em estabelecer uma lista fixa daquilo que nós denominamos "emoções". Isto decorre, sem dúvida, e em parte, da dificuldade de definir com precisão esta noção que, parcialmente ao menos, recobre outras noções próximas como os sentimentos, as paixões ou os estados da alma. Todos os especialistas sublinham até hoje a dificuldade de pôr-se de acordo sobre uma definição exata, e todos acabam desistindo, tamanha a variação do vocabulário das emoções de uma língua à outra e até mesmo no interior de uma mesma língua. Entretanto, pesquisando bem, descobrimos nos meandros de uma frase, junto a Aristóteles, aquilo que parece um inventário. Na obra *Éthique à Nicomaque* [Ética a Nicômaco] (II, 4, 1105b, 22-23), Aristóteles estima, com efeito, que são emoções (*pathe*): o desejo (*epithymia*), a cólera (*orgé*), o medo (*phóbos*), a coragem (*thrasos*), a inveja (*phthonos*), a alegria (*chara*), a amizade (*philia*), o ódio (*misos*), o desejo ardente (*pothos*), o ciúme (*zelos*), a piedade (*eleos*). Mas em outras passagens lhe ocorre acrescentar termos a esta lista que não têm nada de fixo, nem de definitivo. Galeno de Pérgamo parece considerar que existe unanimidade ("todo mundo o sabe") em admitir que as paixões da alma são: o arrebatamento, a cólera, o medo, a aflição, a inveja e o desejo excessivo (*Les passions et les erreurs de l'âme*, § 3) [As paixões e os erros da alma], paixões que são igualmente, julga ele, "doenças da alma" (§ 5), diagnóstico que, vindo de um médico, não impressiona muito. Aperfeiçoando suas definições, ele mostra o caráter polimorfo das emoções: assim, o desejo excessivo depende de uma "faculdade concupiscível" ilimitada, capaz de se estender a tudo aquilo que pode propiciar prazer, como o amor, o alimento, a bebida, o dinheiro, a glória, as honras, o poder. Não existe diferença entre glutões, beberrões e sedutores "que se orgulham do número de suas conquistas amorosas" (§ 6).

A outra dificuldade para o historiador reside na escolha dos termos. Aristóteles, para designar as emoções, usa o termo genérico *pathe* (sing. *pathos*), que reenvia a aspectos variados da vida afetiva, já que o mesmo termo recobre tanto aquilo que denominamos sentimentos quanto estados da alma. Ele distingue, na realidade, naquilo que afeta a alma (*psiqué*), três séries de fenômenos: as *pathe* (emoções), as *dynameis* (faculdades) e as *exeis* (maneiras de ser). Deixemos de lado as duas últimas séries, já que é exatamente o primeiro termo que designa melhor o que nós costumamos denominar emoções. Para Aristóteles, as *pathe* são sofridas pelo indivíduo, que sente prazer ou sofrimento. O grego usa para tanto um termo derivado de uma raiz que implica que alguém sofra as emoções, ao passo que em francês, seguindo o latim, insiste antes no fato de a pessoa ser colocada em movimento. Aristóteles não ignora esta dimensão, pois, na passagem que segue imediatamente esta definição sumária de *pathos*, ele insiste precisamente que a emoção afeta os indivíduos por um movimento (*kínesis*) (*Éthique*, II, 4, 1106a, 4-5). Urge-nos, portanto, voltar a estes aspectos do vocabulário para tentar delimitar melhor nosso projeto. Enfim, talvez reflexo da própria complexidade do cérebro humano, nada indica que os gregos tenham concebido da mesma maneira do que nós as emoções que julgamos equivalentes. Assim, para o ódio, eles exploram dois termos (ou famílias de palavras) recobrindo realidades diferentes. Mais adiante voltaremos a esta questão.

Desde 1941[1] Lucien Febvre defendia com afinco a ideia de que os historiadores não deviam deixar este domínio exclusivamente aos filósofos ou aos psicólogos. Para ele, se assim o fosse, significaria admitir que as emoções oscilavam com o tempo e segundo as sociedades, e não exclusivamente em função do caráter próprio de cada indivíduo. No debate opondo os partidários de uma invariante emocional (cujo representante mais notável é Charles Darwin), também conhecida por "universalismo das emoções", e os defensores das ideias de que as emoções resultam e são geradas pelas representações que uma sociedade adota ("construtivismo social"), a balança oscila em favor da segunda postura, à qual os especialistas das ciências cognitivas deram total apoio. Numa obra recente, Angelos Chaniotis e Pierre Ducrey explicam:

> No contexto da história grega e romana, o estudo das emoções significa em primeiro lugar o estudo de sua representação e de sua manifestação. De que forma as emoções e os sentimentos eram observados e descritos nas fontes literárias? Como as emoções eram mostradas, disfarçadas ou controladas? Como as emoções eram consideradas no discurso intelectual? Que meios eram empregados para suscitar emoções e criar comunidades emocionais? Como as emoções eram exploradas pelas estratégias de persuasão na vida política, no tribunal, na diplomacia ou nas relações entre as pessoas? Como as normas emocionais (ou os "regimes emocionais") eram construídas e transmitidas? Teriam sido, alguns períodos históricos, dominados por uma emoção particular ou por atitudes específicas face às emoções? O estudo das emoções na história e na cultura gregas e romanas significa primeiramente e acima de tudo o estudo de contextos de comunicação e das comunidades emocionais. Mas ele engloba também o estudo dos parâmetros que determinam o surgimento, a manifestação e a repre-

---

1. FEBVRE, L. "La sensibilité et l'histoire: comment reconstituier la vie affective d'autrefois?" In: *Annales d'histoire sociale*. Vol. 3, 1941, p. 5-20. De uma maneira geral, sobre os inícios desse tipo de pesquisa, cf. PLAMPER, J. "L'histoire des émotions", apud GRANGER, C. (dir.). *À quoi pensent les historiens?* – Faire de l'histoire au XXIe siècle. Paris: Autrement, 2013, p. 225-240. Dentre as produções recentes que adotaram um ponto de vista dos historiadores, cf. CHANIOTIS, A. (dir.). *Unveiling Emotions* – T. 1: Sources and Methods for the Study of Emotions in the Greek World. Stuttgar: Steiner, 2012. • CHANIOTIS, A. & DUCREY, P. (dirs.). *Unveiling Emotions* – T. 2: Emotions in Greece and Rome: Texts, Images, Material Culture. Stuttgar: Steiner, 2013. Cf. problemática e referências recentes em emocions.classics.ox.ac.uk

sentação das emoções no texto, na imagem e na cultura material. Tais parâmetros variam segundo o gênero, a idade, a educação para as relações hierárquicas, a religião, a ideologia e os sistemas de valores[2].

Com certeza, o aspecto psicológico das emoções foge largamente aos historiadores, que quase não têm instrumentos para apreciar se ele evolui ao longo do tempo, muito embora, ao inverso, as emoções invadam o campo da história assim como dominam a própria vida dos indivíduos. O trabalho do historiador não pode ignorar nem a forma cambiante de suas manifestações, tampouco a evolução da percepção que delas temos[3].

Os gregos ignoram completamente este debate, mas, ao ler os autores antigos, fica evidente que eles aderiam espontaneamente à tese do construtivismo social, mesmo quando pareciam dizer explicitamente o contrário. Assim, o sofista Górgias e Aristóteles reivindicam o caráter universal das emoções (aquilo que se impõe como absoluto: a dor causada pela morte de um ente querido é universal), mas o próprio Aristóteles, que fala longamente das emoções no livro sobre a *Retórica*, mostra pelo próprio quadro de sua reflexão que a emoção se constrói largamente pelo discurso[4]. Ele vincula o ressentido da emoção ao estatuto social dos indivíduos: os escravos não poderiam experimentar a raiva, já que esta é filha da indignação; ora, por essência, o escravo não se julga digno de nada e não pode, portanto, indignar-se[5] (*Rhétorique*, II, 1387b, 13-15). Mais do que qualquer outra percepção, a emoção assumiria suas raízes no estatuto, nas crenças, nos objetivos pessoais e coletivos, e simultaneamente no caráter próprio daquele que a experimenta. O filósofo Epiteto prolongou

---

2. CHANIOTIS, A. & DUCREY, P. "Approaching Emotions in Greek and Roman History and Culture: An Introduction". In: CHANIOTIS, A. & DUCREY, P. (dirs.). *Unveiling Emotions* – T. 2. Op. cit., p. 11. Salvo menção contrária, a tradução das passagens citadas foi realizada pelos autores do presente volume.

3. Cf. a introdução de Angelos Chaniotis à obra *Unveiling Emotions* – T. 1. Op. cit., p. 11-36, com uma importante bibliografia.

4. KONSTAN, D. "Introduction". *Métis*, vol. 9, 2011, p. 7-13.

5. SERGHIDOU, A. "Logique des émotions, sociabilité et construction de soi – De la caractérologie aristotélicienne au *prosôpon* tragique". In: KONSTAN, D. Op. cit., p. 81-100.

de maneira explícita a maneira de ver de Aristóteles quando declarou: "Não são as coisas elas mesmas que nos perturbam, mas a opinião que nós fazemos delas" (*Manuel*, § 5). É o que Marco Aurélio expressava em termos muito similares: "Se é por causa de uma das coisas exteriores que tu te afliges, não é ela que te transtorna, mas teu julgamento a seu respeito" (VIII, 47). Deixemos de lado as conclusões filosóficas que um e outro tiram, a saber, a necessidade de desvincular-se de todo sentimento para alcançar a serenidade, a ataraxia ou o estado de indiferença emocional – uma apatia no sentido literal –, para reter a constatação do vínculo entre emoção e conhecimento, opinião, crença. Em outros termos: as emoções são construções sociais maiores e, como tais, elas pertencem ao campo da investigação do historiador[6].

Alguns domínios foram explorados: o que depende da morte e do luto, por exemplo, onde a emoção privada é publicamente manifestada nos epitáfios, ou o que depende do riso, em razão da função política do teatro cômico. Para outras emoções, muito restou a desejar, embora os especialistas da literatura grega (e notadamente do teatro) tenham arduamente trabalhado neste domínio. Entretanto, o próprio fato de os especialistas de literatura terem desbravado este campo imediatamente nos aponta uma das dificuldades do historiador: por longo tempo o estudo restringiu-se às obras literárias, certamente baseadas na observação, mas elaboradas a partir do imaginário dos autores[7]. Nós não temos acesso às "palavras dos hoplitas" como podemos dispor de centenas de "palavras relativas aos nossos soldados modernos" para descrever, por exemplo, o medo diante da morte em pleno combate. Entretanto, sabemos com precisão o que a cidade grega quer exaltar e conservar no tocante ao sacrifício

---

6. KONSTAN, D. *The Emotions of the Ancient Greeks*. Toronto: University of Toronto Press, 2006. • HITZER, B. "Emotionsgeschichte – ein Anfang mit Folgen" [Disponível em HSozKult.de – Acesso em 2311/2011]. • PLAMPER, J. *Geschichte und Gefüh*: Grundlagen der Emotionsgeschichte. Munique: Siedler, 2012.

7. É justa a observação de BOUVIER, D. "Du frisson d'horreur au frisson poétique: interprétation de quelques émotions entre larmes chaudes et sueurs froides chez Platon et Homère". *Métis*, vol. 9, p. 15-35 (para esta observação, cf. p. 26). Cf. tb. SANDERS, E. "Beyond the Usual Suspects: Literary Sources and the Historian of Emotions". In: CHANIOTIS, A. (dir.). *Unveiling Emotions* – T. 1. Op. cit., p. 151-173.

de seus heróis graças às orações fúnebres (em Atenas), e à celebração da "boa morte" (em Esparta). Convenhamos, são coisas diferentes! No entanto, e felizmente, a epigrafia nos oferece um complemento magistral cujo estudo, sob este enfoque, vem sendo esboçado há mais de uma dezena de anos, notadamente graças aos esforços de Angelos Chaniotis[8]. Complemento precioso, por duas razões, ao menos. Primeira: estes textos procedem essencialmente da época helenística e imperial, e contemplam a globalidade do mundo grego, incluindo os pequenos vilarejos e as pequenas cidades. Estamos, pois, na contramão da literatura que em grande parte foi redigida no período clássico e nos grandes centros intelectuais da Grécia e da Ásia Menor, notadamente em Atenas. Segunda razão: para além das epigramas funerárias em que a busca estilística se apoia em modelos literários reconhecidos, aqui a expressão das emoções aparece sem contornos, ingenuamente, de uma forma direta. Em síntese: aqui, e somente aqui, temos acesso à expressão mais genuinamente originária das emoções das pessoas simples. Obviamente, a oposição não é tão brutal quanto parece, já que todo texto tem um autor, e a ausência de preocupação literária não impede o desvirtuamento em função dos interesses do redator. Além disso, o fato de esculpir o texto numa pedra, de exibi-lo publicamente, mostra que o redator conta com sua divulgação. Mais adiante teremos a oportunidade de ver que o estudo das emoções passa tanto pela análise da literatura quanto pela análise dos decretos cívicos, bem como pelas dedicatórias aos deuses, pelos preceitos religiosos e pelos *graffiti* eróticos.

Na impossibilidade de abordar a totalidade da documentação, centraremos nosso discurso na emoção como agente da história, abandonando assim o que depende da literatura, da poesia e do teatro, mesmo eventualmente evocando-os, por exemplo, quando a literatura interfere diretamente na vida pública da cidade ou no comportamento das sociedades gregas. Em princípio, portanto, deixaremos em segundo plano o que depende da análise literária.

---

8. Cf. notadamente CHANIOTIS, A. "Moving Stones: The Study of Emotions in Greek Inscriptions". In: CHANIOTIS, A. (dir.). *Unveiling Emotions* – T. 1., p. 91-129.

O que é, pois, uma emoção? Optamos por uma definição simples – alguns podem até julgá-la simplista –, que consiste em considerar como "emoção" toda forma exacerbada de um sentimento, forma que se faz acompanhar de mudanças físicas, visíveis (no rosto) ou não (o medo trava o estômago), que informam ao entorno o resultado desta emoção. Trata-se *a priori* de uma sensação individual e espontânea, mas a mesma emoção sentida simultaneamente por muitos indivíduos pode provocar manifestações coletivas que decuplicam seu alcance. Esta definição implica que não trataremos dos sentimentos em si mesmos (cuja lista não é mais fácil de estabelecer: o amor, o prazer, o ciúme, a satisfação etc.), mas somente as formas violentas destes sentimentos, geralmente agindo por um momento muito breve. Assim, a felicidade cotidiana depende do sentimento, ao passo que a alegria sentida ao anúncio da vitória do exército ateniense – e que se exprimirá por cantos, danças, beberetes, por exemplo – durará alguns dias ao menos, e aos poucos ela vai se atenuando. Da mesma maneira, o pavor que tomou conta dos atenienses ao anúncio do desembarque dos persas em Maratona vai durar até o anúncio da vitória dos hoplitas. Nestas condições, consideramos como emoção, portanto, noções como a alegria, o medo, a vergonha, a cólera, a surpresa, o desprezo, a aflição, a aversão, o ódio, dentre outras. Esta lista não é somente limitativa, mas certas noções se recobrem parcialmente (p. ex.: a aversão e o desprezo) ou se combinam (a cólera e o ódio) para engendrar outras noções. Assim, muitos especialistas contemporâneos consideram que existem emoções de base e emoções derivadas, juntando-se a uma ideia já desenvolvida pelos estoicos, que reconhecem de bom grado quatro emoções básicas: o prazer, o desprazer, o apetite e o medo, todas as outras sendo variantes destas. Acrescente-se que certas noções que habitualmente são classificadas como sentimentos (amor, prazer, altivez) podem conhecer uma exacerbação particular e passageira que as transforma em emoções (desejo, gozo, orgulho). Além disso, uma mesma emoção pode ter diversas conotações e exprimir-se de maneira muito diferente segundo as ocasiões: a alegria que um ateniense sentia no espetáculo de uma comédia de Aristófanes não tinha muito a ver com a que ele experimentava assistindo à vitória de seu campeão no ginásio ou diante de um anúncio pela Pítia de Delfos de uma felicidade futura para ele e seus próximos.

Uma segunda dimensão impõe-se ao historiador. Se a emoção, ou mais exatamente suas manifestações, varia de indivíduo para indivíduo segundo sua introversão ou extroversão, ela tanto pode ser individual quanto coletiva. O historiador da Antiguidade busca considerar estas duas dimensões, mesmo se às vezes lhe é mais difícil apreender a primeira[9] do que a segunda. Seja como for, o caráter espontâneo da emoção provoca um inevitável conflito com a norma social, política ou religiosa impostas pela sociedade e pela cidade. Destas tensões, do que elas engendram quanto à expressão e à representação das emoções, o historiador extrai o néctar de seu estudo.

Questões de termos

Aristóteles, que consagra uma parte importante de seu livro II da *Retórica* às emoções (já que o orador deve saber utilizá-las para convencer e obter a adesão dos ouvintes), emprega o termo *pathos* para designar diversos sentimentos violentos que nós denominamos emoções. Geralmente costuma-se traduzir este termo por "paixão", ou "estados afetivos" (Jules Tricot), o que se aproxima muito, na realidade, das emoções, mesmo se a duração de uma paixão ultrapasse em geral a do transtorno de uma emoção. Existem, portanto, em grego, termos que parecem melhor corresponder à nossa definição da emoção, uma perturbação passageira, mas violenta. Os termos que parecem melhor responder às nossas "emoções" (termo derivado do latim *movere*, mover, agitar) são os de *thorybos* (θόρυβος), *Kínesis* (κίνησις), *tarachê* (ταραχή). O *thorybos*, que é talvez o mais geral, exprime a ideia do tumulto que causa o indivíduo por expressar tanto sua cólera quanto sua alegria. A *kínesis* parece mais violenta ainda, já que exprime certamente o movimento (p. ex., o movimento da

---

9. Parece-me, após a leitura de muitíssimos estudos anglo-saxões, que o termo inglês *emotion* designe indiferentemente as emoções no sentido próprio e os sentimentos.

alma junto a Epiteto), mas também a revolução, a rebelião. Quanto à *tarachê*, ela designa mais, ao menos no início, um movimento interior, uma agitação pessoal, uma perturbação da alma ou dos sentidos, uma ebulição que pode ser consequência da cólera, de um violento desejo, do despeito ou de qualquer outro tipo de emoção; sabemos que para o sábio estoico, o ideal da ataraxia, isto é, da ausência de *tarachê*, constitui um objetivo essencial[10].

Os termos que designam as emoções tomadas individualmente denotam a mesma pluralidade de sentido. Assim, *phóbos* (φόβος) reenvia ao mesmo tempo à fuga e ao pavor, ao espanto que o provoca. Aliás, *phóbos*, deus do Espanto (e filho de Ares, deus da Guerra), é irmão de Deimos, deus do Terror, do Pavor. Mas eles não estão sozinhos neste papel, já que Pan, o deus meio-homem, meio-bode, de quem a própria mãe foge ao colocá-lo no mundo, também pode provocar o medo extremo, o "pânico": *panoleptos* (πανόληπτος) é o que é assaltado por um medo incontrolável. Os atenienses acusavam Pan de ter difundido o terror junto aos persas por ocasião da invasão de 490 (Maratona) e, após este deus ter aparecido em pessoa a Fidípedes, o soldado enviado a buscar reforço em Esparta, eles lhe dedicaram um culto no flanco nordeste da Acrópole e instauraram em sua honra uma corrida com tochas (Heródoto, VI, 105). *Phóbos* ilustra bem o caráter incerto dos termos gregos neste domínio, pois, se habitualmente empregamos este termo para significar a emoção violenta que provoca a fuga, trata-se do mesmo termo que designa o temor, um sentimento mais contido: ele pode ser uma forma de governar, mas os indivíduos têm igualmente medo da guerra (POLYBE. *Histoires*, XXXV, 3, 9), da morte (EURIPEDE. *Oreste*, 835) quanto, por ocasião da retirada da Mesopotâmia dos soldados da Anábase, dos bárbaros que rondam nas imediações (*Anabase*, I, 2, 18). A intensidade que transforma um estado de espírito em sentimento, um sentimento em emoção violenta, quase não parece ser levada em conta pelo vocabulário.

---

10. SORABJI, R. *Emotion and Peace of Mind*: From Stoic Agitation to Christian Temptation. Oxford: Oxford University Press, 2000.

Também poderíamos consagrar longos desenvolvimentos à cólera, *orgê* (ὀργή[11]), noção ambígua e complexa, pois, se o sentido de "cólera" parece habitual, o termo pode exprimir o desejo sexual segundo Danielle Allen[12], e Jon Elster observa, analisando de perto a *Retórica* de Aristóteles, que a descrição da *orgê* que o filósofo se dá pouco corresponde à definição habitual de *anger* em inglês[13]. Para Aristóteles, na realidade, a cólera combina o sofrimento e o desejo de vingança para com um indivíduo julgado responsável por uma humilhação. De uma maneira geral, *orgê*, à origem, tem um sentido negativo, a fúria súbita contra alguém, cuja forma extrema seria *cholos* (χόλος), a raiva, o furor, tanto o de um marido enganado quanto o dos bárbaros. Mas o grego emprega também *thymós* (θῦμος), que é muito mais ambivalente, já que *thymós* designa ao mesmo tempo o ímpeto, a inchação (como um rio numa enchente ou o marulho), o desejo de ação característico do homem viril, mas também seu desejo de fazer o mal, sua sede de vingança, sua cólera contra os mais fracos, notadamente as mulheres. O termo retorna muito frequentemente nas fórmulas mágicas destinadas a apaziguar a cólera do homem, frequentemente associado à *orgê*, e isto testemunha outro aspecto deixado de lado até aqui: as emoções têm um gênero ou, se preferirmos, o gênero determina certas emoções, ou a maneira como elas se manifestam. A cólera está ligada à masculinidade, e é impressionante constatar que os usuários de amuletos destinados a "amenizar" a cólera sejam mulheres, ou pessoas de escalões sociais inferiores que buscam conquistar as boas graças de um superior: é exatamente assim que o entende o herói do romance *As vespas* de Aristófanes, que se gaba de seu poderio quando o advogado faz mil esforços para lisonjeá-lo, para que ele

---

11. HARRIS, W.V. *Restraining Rage*: The Ideology of Anger Control in Classical Antiquity. Cambridge (Mass.): Harvard University Press, 2001. • BRAUND, S. & MOST, G.W. (dirs.). *Ancient Anger*: Perspectives from Homer to Galen. Cambridge: Cambridge University Press, 2003. • KALIMTZIS, K. *Taming Anger*: The Hellenic Approach to the Limitations of Reason. Londres: Bristol Classical, 2012.

12. ALLEN, D.S. *The World of Prometheus*: The Politics of Punishing in Democratic Athens. Princeton: Princeton University Press, 2000, p. 54.

13. ELSTER, J. *Alchemies of the Mind*: Rationality and the Emotions. Cambridge: Cambridge University Press, 1999, p. 62.

"renuncie [à sua] cólera" (ainda voltaremos a esta questão). Somente o macho, o poderoso, é suscetível de cólera, segundo um esquema que facilmente denominaríamos machista[14]. Mas aí pode existir aparentes exceções: uma deusa pode ser tomada pela cólera, como Afrodite contra Quêreas que a negligenciou (CHARITON D'APHRODISIAS. *Chairéas et Callirhoé*, VIII, 1, 3) ou Ártemis apaixonada por Adônis que a ignora; aqui, o par senhor-inferior conta mais do que o gênero dos protagonistas. Podemos estimar que o vínculo entre cólera e virilidade se impõe com tanta evidência que, no romance *Quêreas e Calírroe*, quando Quêreas, vítima de uma maquinação de seus inimigos, se persuade que sua jovem mulher recebe um amante, parece-lhe legítimo entrar em furor, chutá-la e abandoná-la, imaginando-a morta (I, 4, 10). Ao inverso, quando Calírroe sai do coma em que estava mergulhada, ela se dirige a Quêreas com reprovações contidas, não por ele ter tentado matá-la, mas por querer sepultá-la tão apressadamente, sem ter tido a bondade de verificar se estava realmente morta[15]! (I, 8, 4). Esta dimensão sexuada da cólera não é isolada: veremos mais adiante o que diz respeito à aflição e às lágrimas, mas certamente vale a pena debruçar-nos um pouco mais longamente sobre o caso da cólera.

À medida que a cólera exprime uma violência e uma vontade de vingança, ela é *a priori* uma atitude viril: todo homem que exerce um poder deve passar pela experiência da cólera. Mas as mulheres também conhecem uma forma de cólera. Um dos lugares-comuns do imaginário (masculino) grego é o caráter irascível das mulheres (PLUTARQUE. *Du contrôle de la colère*, 8 = *Moralia* 457a), encarnado mais eximiamente por Xântipe, esposa de Sócrates. A cólera é o próprio dos fracos, das mulheres, dos idosos, dos doentes! Mas a cólera feminina, como a de um tirano, se exprime por um furor beirando à loucura: Medeia, Clitemnestra, Hécuba, três mulheres em cólera, que não hesitam diante do homicídio mais abominável (Clitemnestra mata seu esposo, Medeia seus

---

14. FARAONE, C.A. "*Thumos* as Masculine Ideal and Social Pathology in Ancient Greek Magical Spells". In: BRAUND, S. & MOST, G.W. (dirs.), *Ancient Anger...* Op. cit., p. 144-162.

15. SCOURFIELD, J.H.D. "Anger and Gender in the Chatiton's Chaereas and Callirhoe". In: BRAUND, S. & MOST, G.W. (dirs.). *Ancient Anger...* Op. cit., p. 163-184.

filhos) ou expressam esta vontade (Hécuba declara que está prestes a comer o fígado de Aquiles totalmente cru – *Il.*, 24, 212-213). Feretimé de Cirene, simultaneamente mulher e tirana, se comporta com uma crueldade inaudita: ela faz embalsamar seus adversários e cortar os seios de suas mulheres (Hérodote, IV, 202), suplício tipicamente bárbaro (a mulher de Xerxes faz cortar os seios de uma rival, bem como as orelhas, a língua, o nariz, os lábios – Hérodote, IX, 112). Na esfera privada, as mulheres se mostram incapazes de dominar sua cólera, o que explica seus excessos diante de seus escravos, mesmo quando a cólera nasce de motivos fúteis e quase sempre injustos: Herondas, por exemplo, mostra uma mulher que se deita com seu escravo, mas o manda chicotear de mil maneiras cada vez que ele é suspeito de infidelidade (Herondas, V, 1-11 e 32-35). Este furor feminino – as Erínias são mulheres – parece sem limite e, sobretudo, em quase todos os casos, ilegítimo. É que, como o observa Plutarco (*Précepts de mariage*, 14 = *Moralia*, 140a), que consagra um tratado inteiro ao "controle da cólera" (*peri aorgêsias*), as únicas emoções que uma mulher honesta deveria conhecer são as que ela divide com seu marido, não as que ele lhe proporciona, mas as que ele mesmo sente e em face das quais a esposa deve ser solidária[16].

A cólera do homem tem pouco em comum com a das mulheres, mesmo se os termos, para o essencial, são os mesmos (*orgê, cholos*). Para o homem, a cólera é primeiramente manifestação de sua atividade, de sua capacidade de julgamento, que o impulsiona a indignar-se e, além disso, a decidir medidas que se impõem para acalmá-la. Quando Filocleon quer explicar a seu filho o quanto sua função de juiz lhe dá uma intensa sensação de poder, lhe é suficiente descrever todos os justiçáveis que se apressam em fazê-lo "dar testemunho de [sua] cólera"! É que a cólera está na própria natureza do homem de poder: seus dominados não podem esperar uma atitude favorável de sua parte, a não ser que eles consigam amenizá-la, transformar sua cólera em piedade, em

---

16. HARRIS, W.V. "The Rage of Women". In: BRAUND, S. & MOST, G.W. (dirs.). *Ancient Anger...*, p. 121-143.

compaixão. Isto é verdade tanto para os juízes quanto para o povo soberano: a emoção mais solicitada pelos oradores políticos permanece, sem qualquer sombra de dúvida, a cólera. Não uma cólera selvagem, o furor das mulheres evocado acima, mas uma cólera contida, que não obscureça o julgamento, que dê o ímpeto necessário à ação, à decisão de agir ou punir. No célebre discurso do advogado *Contra Neera*, o orador coloca em evidência todas as faltas do acusado para fazer crescer a cólera do povo contra ele. E para ter êxito na decisão, ele não teme ameaçar os homens com a cólera de suas esposas se, por desgraça, o tribunal o absolver! Por uma sutil alusão a uma inversão dos papéis – desta vez a cólera das mulheres seria legítima –, ele busca nada menos do que suscitar e orientar a cólera dos cidadãos contra a cólera que ele julga usurpada. Não haveria, pois, uma boa administração da justiça sem uma justa cólera[17].

Outras noções parecem menos ricas de sentido, ou, se preferirmos, mais estáveis, a menos que elas tenham sido objeto de poucos estudos. Assim, *chara* (χαρά e vários derivados como χαρμονή, περιχάρεια) designa a alegria, seja qual for o grau. Da mesma forma a tristeza, *lype* (λύπη), *dysthymia* (δυσθυμία), a surpresa, *epithesis* (ἐπίθεσις), *eklêxis* (ἔκπληξις), o desprezo, *kataphronêsis* (καταφόυησις), *hyperopsia* (ὑπεροψία). Mas, observemo-lo desde já: a lista das emoções varia entre os gregos e nós, e sem dúvida entre os gregos mesmos como entre nossos contemporâneos. Assim, Aristóteles (*Rhétorique,* II, 5, 1383a, 8) considera a confiança, *tharros* (θάρρος, mas também θράσος/θάρσος), não somente a que depositamos nos outros, mas a confiança em si, a que nos confere audácia e ousadia na ação, como *pathos*, uma emoção, o que classificaríamos antes como um estado de espírito; é que ela designa tanto a coragem que resulta da confiança em si mesmo quanto a audácia inconsiderada: ela é, numa palavra, o inverso do medo (*Rhétorique*, II, 5, 1383b, 16-17). Mas, ao inverso, a aversão *bdelygmia* (βδελυγμία), *aêdia* (ἀηδία), não é mencionada, assim como a vergonha, *aidôs* (αιδώς), que designa primeira-

---

17. ALLEN, D.S. "Angry Bees, Wasps and Jurors: The Symbolic Politics of ὀργη in Arhens". In: BRAUND, S. & MOST, G.W. (dirs.). *Ancient Anger...*, p. 76-98.

mente o sentimento de honra, o pudor, a dignidade, o respeito, mas também a vergonha que sentimos por não ter respeitado o sentido da honra[18].

Isto levanta também a questão do sentido real dos termos usados pelos gregos. Assim, ao analisar o ódio, Aristóteles o opõe à amizade (*Rhétorique*, II, 4, 1383a). Ele é designado pelo termo *misos* (μῖσος), e entendido como fruto da cólera. Mas os gregos usam com muito mais frequência termos como *echthros* (ἔχθρος, ἐχθρια, ἀπέχθεια), cujo primeiro elemento evoca a exclusão, o fato de estar "fora de"; o indivíduo carregado de ódio, excluído da *philia*, do grupo onde reina a solidariedade, a confiança, a coesão, aparece doravante como um inimigo[19]. E é o sentido que acaba herdando *echthros*. Vale lembrar de passagem que Aristóteles sabe perfeitamente que as emoções podem combinar-se. Na *Retórica*, ele explica que o ódio deriva da cólera, da vexação ou da calúnia (II, 4, 1382a, 1). É evidente que o mesmo homem que defende o caráter universal das emoções situa estas últimas no coração do dispositivo da retórica, isto é, admite que as emoções são perfeitamente construídas a partir da história e da cultura dos ouvintes. O que implica igualmente sua evolução, e que o que comove em determinado momento pode não comover em outro. Trata-se, portanto, de inscrever as emoções na história. E a história, na Grécia, sempre começa com Homero.

Lágrimas de heróis

No domínio das emoções, os dois longos poemas de Homero veiculam imagens fortes e, por um lado, originais. Olhando mais de perto, a *Ilíada* é dominada por duas emoções sucessivas de Aquiles: em primeiro lugar a cólera provocada pela humilhação que lhe fez sofrer Agamêmnon privando-o de sua escrava Briseida, o que ocupa praticamente dois terços da obra; em seguida vem a dor: primeiramente a dor pela morte de Pátroclo, depois a

---

18. CAIRNS, D.L. *Aidôs*: The Psychology and Ethics of Honour and Shame in Ancient Greek Literature. Oxford: Clarendon Press, 1993.

19. SCHEIN, S.L. "The Language of Hatred in Aeschylus and Sophocles". *Métis*, vol. 9, p. 69-80.

que faz nascer o pressentimento de sua própria morte, que domina o último terço da obra. A *Odisseia,* sem dúvida, oferece uma variedade maior, mas a dor, a cólera, a alegria dos reencontros, cedem espaço às descrições precisas do poeta. Sem entrar nos detalhes de uma obra tão frequentemente estudada, ater-nos-emos aqui a algumas conclusões que nos parecem essenciais para uma história das emoções[20].

As emoções, no sentido como as entendemos aqui, sempre se fazem acompanhar, em Homero, de manifestações físicas violentas, fato reconhecido por todos os autores gregos posteriores. Constatação que poderia ser banal, visto que por muito tempo este aspecto das emoções não despertou o interesse dos filósofos e dos psicólogos. Entretanto, a partir do momento em que as neurociências passaram a ocupar-se desta temática, o vínculo entre as emoções e as zonas do corpo ativadas por elas passou a ser o centro das preocupações. Henrique Sequeira, um especialista desta área do conhecimento, define as emoções como "uma ativação cerebral e de certas partes do corpo"[21]. De maneira geral, em Homero (e nos gregos que dele se nutrem) existe um gestual do corpo que concerne exclusivamente às emoções propriamente ditas, já que o herói corajoso é belo, e literalmente "brilha" aos olhos dos outros. Voltando às emoções: o medo se traduz pelo arrepio[22], pela palpitação do coração, pelo olhar apavorado. Não é o medo do covarde (o covarde Tersites chora, provocando o riso de seus companheiros – *Il.*, II, 266-270), daquele que está prestes a fugir diante do inimigo, mas o medo do herói cuja coragem é colocada à prova e que sabe que está pondo em risco a própria vida. Somente um bruto selvagem como Diomedes não sente medo: num sentido, a emoção se refere ao indivíduo que pertence ao mundo civilizado. Outros sinais físicos acompanham diversas

---

20. De uma bibliografia imensa, precisamos reter MONSACRÉ, H. *Les larmes d'Achille* – Le héros, la femme, la souffrance dans la poésie d'Homère. Paris: Albin Michel, 1984 [reed., *Les Larmes d'Achille* – Héros, femme, souffrance chez Homère. Paris: Le Félin-Kiron, 2010].

21. Apud REUILLON, C. "L'impact des émotions sur la santé". *Valeurs Mutualistas*, n. 289, mar.--abr./2014, p. 26.

22. Cf. CAIRNS, D. "A Short History of Shudders". In: CHANIOTIS, A. & DUCREY, P. (dirs.). *Unveiling Emotions* – T. 2. Op. cit., p. 85-107.

emoções: o formigamento das narinas por ocasião do encontro de Ulisses com seu velho pai (*Od.*, XXIV, 318-319), a afasia por ocasião de um pavor ou de uma dor repentina (*Il.*, XVIII, 695-696; 396-397; *Od.*, X, 244-249). A cólera e a dor incitam o herói a rolar-se por terra, no lodo (*Il.*, XXII, 412-414), na areia (*Od.*, IV, 539), na lama (*Il.*, XXII, 414), a arrastar-se na poeira (*Od.*, XIII, 220), a esbofetear-se (*Il.*, XXII, 33-34), a arrancar-se os cabelos (*Il.*, X, 15; XXII, 77-78; XXIV, 71). Entretanto, o sinal mais frequente de uma emoção violenta, sem dúvida, é a referência às lágrimas. Todos os heróis homéricos derramam lágrimas torrenciais, homens e mulheres indiferentemente (embora de forma diferente, como ainda o veremos). As lágrimas frequentemente são precedidas de sinais precursores: arrepios[23] (*Il.*, XI, 526-530), frêmitos, tremores dos membros (*Il.*, X, 9-10), gemidos penosos junto aos guerreiros ou gritos agudos junto às mulheres. Lágrimas que de fato podem traduzir a cólera (a de Aquiles contra Agamêmnon – *Il.*, I, 349-350), a dor (a de Aquiles ao saber da morte de Pátroclo – *Il.*, XVIII-XIX), a alegria intensa dos reencontros, como a de Ulisses quando, uma vez eliminados os pretendentes, se derrete em lágrimas nos braços de Penélope (*Od.*, XIII, 231-232); ou, um pouco antes, quando se encontra com Telêmaco (*Od.*, XVI, 216-217); ou, mais tarde, se encontra com o pai Laerte (*Od.*, XXIV, 234, 318-319). Junto às mulheres, em contrapartida, as lágrimas quase só se fazem presentes por ocasião de uma dor intensa: a perda de um ente querido, do esposo, do filho. Penélope se derrete em lágrimas como neve debaixo do sol, postura igualmente assumida por Andrômaca e Hécuba. Helena acrescenta outra razão para chorar além da dor: a vergonha pelas desgraças que ela mesma provocou. As lágrimas traduzem tão bem a emoção mais elementar que até os cavalos de Aquiles inundam suas crinas de lágrimas por ocasião do anúncio da morte de Pátroclo.

Se as lágrimas são comuns a todos, a manifestação das emoções, no entanto, permanece muito fortemente sexuada. O herói masculino chora de bom grado em público, ao menos na *Ilíada*, ao passo que a mulher chora em priva-

---

23. BOUVIER, D. "Du frisson d'horreur au frisson poétique..." Op. cit.

do, geralmente em seu quarto, em seu leito. Além disso, enquanto as lágrimas dos homens são de bom grado descritas como quentes e fecundas, ao acompanharem, por exemplo, o tremor, sinal precursor de uma ação forte, as lágrimas das mulheres apenas danificam suas "belas bochechas", que, aliás, elas mesmas às vezes dilaceram, em sinal de dor intensa (*Il.*, XI, 393; XIX, 284-285). O que existe em comum entre as lágrimas masculinas e femininas é basicamente o fato de ambos se arrancarem a si mesmos os cabelos. Mais geralmente, as lágrimas do herói praticamente não deformam sua imagem heroica, ao passo que as lágrimas das mulheres traduzem a fraqueza feminina.

Entretanto, parece haver uma evolução entre a *Ilíada* e a *Odisseia*. De fato, na segunda obra, é possível encontrar nos heróis alguns sinais de um maior controle de si. Assim, ao descrever Aquiles, Ulisses sublinha sua capacidade de permanecer insensível (*Od.*, XI, 526-530). Quando Telêmaco vê seu pai maltratado pelos pretendentes (que ignoram sua identidade), ele consegue conter sua emoção (*Od.*, XVII, 490-491); embora, nesta situação específica, manifestar sua cólera seria trair seu pai. Em geral, Ulisses, que chora prontamente ao vaguear pelo mundo não humano (junto à ninfa Calipso, à Circe, ao Ciclope, ou aos feaceanos), cuidadosamente esconde suas emoções ao reencontrar sua pátria. Ele manifesta total impassibilidade enquanto não encontra seu posto e seu reino, exceto ao encontrar-se com as pessoas mais próximas (Telêmaco, Laerte, a ama), isto é, o círculo privado da família.

Esta leve evolução na expressão dos sentimentos é tanto mais notável que parece anunciar a reviravolta completa ocorrida entre a época dos poemas homéricos e a era clássica. Enquanto na epopeia todos os heróis choram, inclusive Héracles – e às vezes até os deuses –, na tragédia clássica os heróis masculinos jamais choram. É assim com Héracles, de quem se enfatiza a impassibilidade tanto junto a Sófocles (*Les trachiniennes*, 1070-1072) quanto junto a Eurípedes (*Héraclès*, 1353-1356). Platão, à sua maneira, testemunha esta transformação dos valores declarando que é necessário deixar as lágrimas às mulheres e aos frouxos (*République*, III, 387e-389a): os heróis de Homero, se ainda fazem vibrar espectadores e leitores, doravante passam a fazer parte de um mundo desaparecido. Obviamente, os gregos, como ainda o veremos, infalivelmente continuam mostrando suas emoções, mas suas manifestações extremas simbolizadas nas lágrimas deixam de pertencer aos valores viris. Entretanto, mais uma vez não se deve dar demasiado crédito a Platão sobre este ponto, visto que, com uma inacreditável má-fé, ele desabona Homero multiplicando anacronismos e desvirtuando o sentido real das cenas. Assim, ignorando a diferença entre as lágrimas quentes e fecundas dos heróis e as que danificam as bochechas das mulheres, ele simplesmente as assemelha, e conclui pela covardia de Aquiles: os heróis da *Ilíada* teriam medo da morte, fato que desacreditaria totalmente Homero como educador dos guardiões da cidade ideal[24]. Os leitores de Platão (ou os ouvintes de Sócrates) certamente não se enganavam neste ponto, eles que, a exemplo de todos os gregos, vibravam diante das proezas dos heróis da *Ilíada* e da *Odisseia*. Vibrariam eles no século IV pelas mesmas razões que seus ancestrais do século VII? Certamente não, já que, como o lembra David Bouvier, o próprio dos "clássicos" é o fato de cada época poder apossar-se deles para reinterpretá-los segundo suas necessidades, contextualizá-los para conferir-lhes uma nova vida a cada instante[25]. Ora, os poemas homéricos são, para os gregos, os clássicos por excelência.

Emoções sagradas

Na relação entre o homem e os deuses, as emoções exercem uma função considerável. Este não é o lugar de interrogar-se sobre a parte das emoções na invenção do divino pelo homem, questão obviamente fundamental, mas que nos levaria por caminhos em que o historiador quase não tem argumento seguro. Em contrapartida, o historiador tem um melhor preparo para observar como as emoções se inscrevem nos processos de veneração, de celebração dos deuses, como os indivíduos se veem tomados pelo medo, pela alegria, pela piedade ou pelo

---

24. Ibid., p. 21.
25. Ibid., p. 15.

desejo diante dos deuses, dos heróis e dos monstros que povoam a mitologia. Antes de mais nada, lembramos o dado fundamental, sem pretender desenvolvê--lo longamente, de que a piedade na religião grega é fundada no medo dos deuses[26]. É importante ter presente este dado antes de deter-nos na maneira como as emoções são exacerbadas em circunstâncias particulares como nas festas, nas consultas dos oráculos ou diante de certas experiências individuais excepcionais que colocam o fiel em contato direto com deus (iniciação, confissão).

A mitologia grega mostra uma vasta variedade de emoções humanas. Os deuses, à imagem dos humanos, sentem emoções violentas, e neste particular a sociedade divina em quase nada difere da sociedade dos homens. Somente os efeitos destas emoções diferem. Conhecemos as cóleras devastadoras de Zeus, que os trovões e os relâmpagos manifestam, mas também as de Posídon abalador, responsável pelos terremotos. A paixão amorosa, frequentemente reduzida à pura satisfação de um desejo sexual imediato, agita indiferentemente deuses e deusas, senão todos, ao menos um bom número deles. Zeus seduziu inúmeros indivíduos, homens e mulheres, transformando-os posteriormente em plantas, rochedos ou animais. Mas ele não é a única vítima da paixão súbita. Temos Apolo e Jacinta, Hefesto e Atená (desejo tão premente que ele ejacula sobre a perna da deusa que persegue), Ares e Afrodite, Dioniso e Ariane, Héracles e Dejanira: tantos são os exemplos que não conseguiríamos elaborar uma lista completa destas paixões divinas. Mas estes deuses também sentem outras emoções. Vimos, nos poemas homéricos, como eles podiam chorar diante da dor, ceder à cólera e preparar sua vingança. À medida que as paixões do Olimpo refletem às paixões dos homens, podemos abandonar os deuses à sua sorte e regressar para a terra.

O homem presta homenagem aos deuses através de rituais. Tanto se insistiu no caráter formalista dos ritos gregos que às vezes chegou-se a esquecer que não

---

26. CHANIOTIS, A. "Construction the Fear of Gods Epigraphic Evidence from Sanctuaries of Greece and Asia Minor". In: CHANIOTIS, A. (dir.). *Unveiling Emotions* – T. 1. Op. cit., p. 205-234.

existe ritual no qual a emoção não exerça uma função fundamental. Por seu aspecto coletivo, a celebração dos ritos pode e até deve suscitar a emoção e a alegria do convívio, o prazer quase estético de uma bela e impressionante procissão, ao mesmo tempo em que ela pode ser acompanhada pelo medo da ira dos deuses em caso de mau cumprimento ritual. Isto porque os rituais visam também a dobrar os sentimentos dos deuses para com os homens, a suscitar junto deles emoções favoráveis aos fiéis, a acalmar a ira ou o desejo de vingança destes deuses. As orações, os hinos, o conjunto dos rituais visam a captar a benevolência das divindades. Exceto, naturalmente, em caso de práticas mágicas de maldição, onde, ao contrário, a ira divina é invocada contra um adversário.

Seria interessantíssimo se pudéssemos interrogar os atenienses por ocasião de sua participação da mais bela e impressionante das festas da cidade: as Panateneias! Que Fídias tenha escolhido representar sua procissão grandiosa no Panteão, eis uma prova da sua importância simultaneamente política e emocional, ou, talvez, mais exatamente política *porque* emocional. Mesmo na possível ausência da dimensão, a beleza das festas religiosas suscita a emoção popular, e é por essa razão que o povo faz-se maciçamente presente nas procissões. A literatura fornece múltiplos exemplos disto, quer se trate de uma procissão em honra a Ártemis em Éfeso, no romance de Xenofonte de Éfeso, ou das festas que marcam a abertura da navegação num grande porto como o de Corinto. Em Éfeso, a procissão se estende por aproximadamente um quilômetro e meio, e "uma grande multidão acorreu a este espetáculo, tanto do país como do estrangeiro", para ver "o cortejo desfilar: à frente os objetos sagrados, as tochas, as corbelhas, os incensos; em seguida os cavalos, os cães, as armas de caça, os apetrechos de guerra, mas pacíficos". As pessoas se extasiam diante da beleza das jovens moças e dos belos rapazes que formam o cortejo. Na visão de Ântia, a heroína, "a multidão se recria, exprimindo sentimentos diversos à sua visão: 'eis a deusa', gritam alguns, tomados de assombro; e outros: 'é a imagem da deusa modelada à sua semelhança'; e todos lhe dirigiam preces, se ajoelhavam, celebravam a alegria dos pais". Mas Habrócomes suscita mais admiração e emoção ainda:

Quando Habrócomes surgiu com os rapazes, então, tão belo quanto fora o cortejo das jovens moças, já não se sonhava mais olhá-las, e todos, voltando os olhos para ele, gritavam extasiados: "Habrócomes é lindo, ninguém lhe é comparável, em beleza ele é a imagem de um deus!" E alguns acrescentavam: "Que belo casal não formaria Habrócomes e Ântia"![27]

Por ocasião das *Ploiafesia* celebradas em honra a Ísis nos grandes portos do Mediterrâneo para marcar a retomada da navegação, o cortejo não era menos espetacular e não suscitava menos entusiasmo dos espectadores, sobretudo quando o sacerdote proclamava a reabertura do mar:

> Ele proclamou em seguida na língua vernácula e segundo o rito grego a *"ploiaphesia"*, termo que um trovão de aplausos populares saudou como sinônimo de felicidade para todos. Inundada de alegria, a população carregava grinaldas de folhagens e ramos verdes, beijava os pés da deusa que, erigida numa estátua em prata, acomodada em pedestais, ia sendo introduzida nas casas da população (APULÉE. *Les métamorphoses,* XI, 17[28]).

A emoção toma conta dos fiéis nas grandes festas da cidade, fato que se traduz notadamente por aclamações fortes e repetidas, testemunhadas por textos encontrados em papiros ou entalhados em pedras. Algumas aclamações, obviamente, constam no próprio ritual da festa, mas outras podem ser espontâneas[29]. Por ocasião do motim dos joalheiros de Éfeso, preocupados com as devastações da pregação de Paulo sobre seu comércio de estatuetas, estes comerciantes se reúnem no teatro e gritam juntos: "Grande é Ártemis!" (At 19,23-24). Muitos são os exemplos possíveis destas aclamações de protesto feitas por um grupo de fiéis ou pela cidade inteira[30], geralmente dirigidas aos

---

27. XÉNOPHON D'ÉPHÈSE. *Les Éphésiaques (Le Roman d'Habrocomès et d'Anthia),* I, 2, 1-9. Trad. fr. de Georges Dalmeyda Sers. Paris: Les Belles Lettres, 1962.

28. Trad. fr. de Olivier Sers. Paris: Les Belles Lettres, 2007.

29. CHANIOTIS, A. "Le visage humain des rituels: expérimenter, mettre en scène et négocier les rituels dans la Grèce hellénistique et l'Orient romain". *Annuaire de l'École Pratique des Hautes Études* – Sciences Religieuses, vol. 116, 2007-2008, p. 172.

30. Inúmeros exemplos são reunidos em CHANIOTIS, A. "Listening to Stones: Orality and Emotions in Ancient Inscriptions". In: DAVIES, J. & WILKES, J. (dirs.). *Epigraphy and the Historical*

deuses, mas também ao imperador, ao Senado de Roma, ou a um governo qualquer. Quer se trate de simples afirmação, de louvor ou de aclamação em forma de provocação (como em Éfeso), aqui a comunidade se une e comunga sua unidade através de uma manifestação fortemente emocional para celebrar sua divindade ou afirmar sua lealdade política. No plano estritamente religioso, "as aclamações criavam a ilusão de um contato direto com deus e afirmavam uma relação privilegiada com a divindade"[31], além de contribuir para a criação de uma atmosfera emocional própria ao ritual. As aclamações exerciam uma função muito semelhante aos hinos, embora os hinos fossem cantados ou recitados por profissionais e as aclamações fossem obra de toda uma comunidade.

De uma maneira geral, Angelos Chaniotis faz observar que entre a época clássica e a época helenística, e depois imperial, a preocupação com a teatralização dos rituais é manifesta. Preocupação de ordem estética que visa a aumentar a emoção coletiva, o sentimento de poder e de presença de deus, da mesma maneira que as grandes procissões organizadas pelo rei em Antioquia, em Alexandria ou Pérgamo visam a glorificar sua soberania[32]. O encontro com os deuses só pode ser simbólico para a grande maioria e só pode incorporar-se num momento privilegiado de intensa emoção. Daí a preocupação acentuada com a participação do maior número possível de pessoas nas procissões e outros elementos da festa, que não depende apenas de uma cultura do espetáculo triunfante de então, mas também da preocupação de fazer partilhar o maior número de emoções do momento, ela mesma tida por mais viva quanto maior o número de participantes. Uma intensidade emocional excepcional pode levar a um encontro real com a divindade por ocasião de uma destas epifanias cujos textos nos apresentam vários exemplos. Epifania sempre temida: seja porque

---

Sciences. Oxford: Oxford University Press, 2012, p. 313-314. Cf. tb. CHANIOTIS, A. "Acclamations as a Form of Religious Communication". In: CANCIK, H. & RÜPKE, J. (dirs.). *Die Religion des Imperium Romanum* – Koine und Konfrontationen. Tübingen: Mohr Siebeck, 2009, p. 199-218.

31. CHANIOTIS, A. "Le visagem humain des rituels..." Op. cit., p. 172.

32. Ibid., p. 173-174.

deus é assustador por si mesmo – desse modo um mercenário (?) cretense numa dedicatória de Thirreion em Acarnânia, por volta de 300-250, na dedicatória de uma estátua do deus Pan: "Adeus demônio! Quem pode aproximar-se de ti sem medo, mesmo trazendo-te teus animais de sacrifício? Pois por tua natureza mesma, és inteiramente selvagem" (*IG*, IX², 1, 253).

O contato direto com o deus nem sempre passa por uma visão epifânica, e basta que o fiel reconheça um sinal divino manifesto para que a perturbação tome conta dele. As estelas de confissão encontradas em grande número na Ásia Menor o testemunham de forma eloquente[33]. Trata-se de estelas erigidas em honra ao deus Mes (Men), e frequentemente em honra a outras divindades locais, nas quais faz a confissão de suas faltas após ter recebido um sinal manifesto de deus: ou por um incidente da vida cotidiana, por uma doença inexplicável (cegueira, p. ex.), ou em razão de uma morte súbita ou violenta. Uma grande variedade de emoções aí se manifesta, mesmo se o medo dos deuses e de sua vingança se sobrepõe. Medo, vergonha, esperança e ira se manifestam ininterruptamente por ocasião dos conflitos que opõem os indivíduos, às vezes no seio de uma mesma família, e os textos sempre destacam a necessária punição do culpado. É o ódio do genro pela madrasta enfeitiçada, a ira contra o vizinho ladrão de animais, a vergonha do fiel adúltero ou que roubou uma roupa nos banhos públicos. A gravura da confissão deve servir de exemplo aos outros fiéis, testemunhando simultaneamente o caráter efetivo da justiça divina. Ela justifica as aclamações, numerosas nestes textos, celebrando, por exemplo, quão "grande é a mãe de Mes Axiottenos... Grande tua santidade! Grande tua justiça! Grande tua vitória! Grande teu poder de punir!" (*SEG*, 53, 1344, em Magazadamlari, na Lydia). A manifestação do poder divino transforma o medo elementar do deus na afirmação pública e durável da fé do fiel, ao termo de um

---

33. PETZL, G. (dir.). *Die Beichtinschriften Westkleinasiens*. Bonn: Habelt, 1994 [Epigraphica Anatolica, vol. 22]. • PETZL, G. "Neue Inschriften aus Lydien (II) – Addenda und Corrigenda zu 'Die Beichtinschriften Westkleinasiens'", 1997, p. 69-79 [Epigraphica Anatolica, vol. 28]. • PETZL, G. *Die Beichtinschriften im römischen Kleinasien und der Fromme und Gerechte Gott*. Opladen: Westdeutscher, 1998.

processo emocional que ele tenta partilhar com todos pela afixação pública da narrativa fundadora. Um processo bastante semelhante se observa entre outros tipos de inscrições dedicatórias em santuários onde o fiel usa a emoção como estratégia de persuasão para com o deus ou para com a deusa: para estimular a divindade a desistir de sua ira, assim como o faria um juiz num tribunal, o fiel exagera na confissão das próprias fraquezas, multiplica as desculpas por suas insuficiências e mostra total submissão[34].

Existe incontestavelmente nos santuários e nas manifestações que lhes são ligadas uma encenação própria para emocionar, para provocar o medo, a admiração, o entusiasmo[35]. Nos carvalhos de Zeus em Dodona pelos quais deus se manifesta[36], as fumigações que cercam a Pítia de Delfos não provocam tanto a emoção por si mesmas, mas pela significação que as envolve, pela história que lhes é atribuída, conhecida de todos. O mundo grego conhece inúmeros santuários de oráculos onde os fiéis vão interrogar seu deus para conhecer o futuro ou, ao menos, para ajudá-los a fazer a melhor escolha diante de uma decisão difícil ou arriscada. Ora, observa Luciano de Samósata com uma liberdade pouco habitual, "a vida dos homens é guiada por estes deuses grandemente tiranos, pela esperança (*elpis*) e pelo medo (*phóbos*)" (LUCIEN. *Alexandre*, VIII, 7-8). Desta constatação, Alexandre de Abonouteichos extrai a ideia de fundar um santuário oracular em sua pátria; pois o escroque e seu compadre "viam que o homem de esperança e aquele que tem medo, nem um nem outro pode dispensar a ciência do futuro, visto que ela é o objeto de seus desejos apaixonados; que para este ofício Delfos outrora já havia dispensado sua riqueza e sua celebridade, assim como Delos, Claros e Brânquidas[37]; que era graças a estes

---

34. Cf. CHANIOTIS, A. "From Woman to Woman: Female Voices and Emotions in Dedications to Goddesses". *Kernos*, supplement 23, 2009, p. 51-68, a partir de dossiês de inscrições de Leulkpetra (Macedônia) e de Cnide.

35. CHANIOTIS, A. "Staging and Feeling the Presence of God: Emotion and Theatricality in Religious Celebration in the Roman East". In: BRICAULT, L. & BONNET, C. (dirs.). *Panthée*: Religious Transformations in the Roman Empire. Leyde-Boston (Mass.): Brill, 2013, p. 169-189.

36. CORVOL, A. *L'Arbre en Occident*. Paris: Fayard, 2009.

37. Trata-se dos santuários oraculares de Apolo do Didymeion, perto de Mileto.

dois grandes tiranos já nomeados que os homens frequentavam os santuários e queriam conhecer as coisas futuras, e para tanto sacrificavam hecatombes e ofereciam tijolos de ouro" (*Alexandre*, VIII, 10-20[38]).

Este não é o lugar para fazermos o inventário dos procedimentos oraculares, mas vários destes santuários, senão todos, apresentam a palavra do deus de uma forma que impressiona os fiéis: à ideia de comunicar-se com o deus, mesmo por intermédio de um sacerdote ou de uma profetisa, o fiel devia se sentir tomado de uma emoção difícil de conter. Para impressionar a clientela, "Alexandre [...] simulava às vezes o delírio sagrado, com a boca espumando; algo que não lhe era difícil após ter mascado uma raiz de saponária (é a planta dos tintureiros). Mas esta simples espuma parecia divina e terrível aos olhos de seus compatriotas" (*Alexandre*, XII, 4-6[39]). Ele não hesita em enfarpelar a verdadeira serpente, com cabeça de dragão e "com um ar vagamente humano", que constantemente carrega consigo. Melhor ainda: para fundar seu santuário num milagre, ele "descobre" nas fundações do templo um ovo (de ganso), no qual prendeu uma minúscula serpente: "Quando ele colocava no côncavo de sua mão este embrião de réptil, e quando os assistentes viam o bicho agitar-se e enrolar-se em seus dedos, imediatamente os gritos ressoavam: eles saudavam a divindade, celebravam a bonança da própria pátria, e cada um, enchendo os pulmões, entoava orações e pedia a este deus tesouros, riqueza, saúde e outras coisas mais" (Alexandre, XIV, 15-21[40]). A encenação podia ser menos grotesca em santuários igualmente respeitáveis como os que Luciano nomeia um pouco antes, mas em todos era comum brincar com a emoção suscitada pelo contato com o divino. Em Dodona, Zeus se manifesta pelo ruído das folhas do carvalho colossal (*Od.*, XIV, 327-328; XIX, 296-297) situado no pátio do santuário. Aliás, carvalho que por si mesmo impressiona, além de ser considerado, com o de Heraion de Samos, a árvore mais antiga da Grécia (Pausânias, VIII, 23,

---

38. LUCIEN. *Alexandre ou le faux prohète*. Trad. fr. de Marcel Caster. Paris: Les Belles Lettres, 2001, p. 13.

39. Ibid., p. 17 e 19.

40. Ibid., p. 21.

5), e pelo voo das andorinhas que nidificavam em seus ramos. Os intérpretes de deus, os *Selloi*, dormiam no chão e se abstinham de se lavarem os pés para guardar um contato estreito com a Mãe-Terra, primeira divindade adorada no santuário (*Il.*, XVI, 233-235), e de onde eles extraíam seus poderes proféticos. Em Delfos, a encenação da consulta visava igualmente a impressionar o consulente, cuja presença de deus já era suficientemente forte para enternecer seu sentimento.

De uma maneira geral, a consulta oracular visa a apaziguar os temores particulares, e às vezes os de toda a comunidade. As lamelas oraculares de Dodona conservaram inúmeras questões colocadas pelos consulentes[41]. Um preocupado em saber se será envenenado[42], outro aterrorizado pela ideia da solidão na velhice, e assim por diante[43]. Em todos os casos, as pessoas buscam junto ao deus o apaziguamento de seus medos: o contexto emocional prima sobre qualquer outra consideração.

Se o aspecto religioso resta estreitamente ligado à emoção, algumas circunstâncias exigem uma preparação psicológica particular. Assim, os santuários dos deuses curandeiros buscavam conduzir o consulente a um estado emocional particular. Muitos comunicavam suas "decisões" através dos sonhos, recebidos durante o período denominado incubação, em que os pacientes permaneciam sob os pórticos do santuário. Mas estes sonhos eram recebidos numa ambiência particular, pois, em Epidauro, por exemplo, as serpentes sagradas viviam com os fiéis. Ora, se estes sonhos nos parecem parcialmente provocados por uma situação emocional exacerbada, os Antigos concordavam em estimar que somente os sonhos sobrevindos num contexto apaziguado poderiam ter sentido. Os discípulos de Pitágoras, através da frugalidade da refeição noturna, das preces e da música, tentavam alcançar antes do sono este ideal de ataraxia capaz de afastar pesadelos e sonhos demoníacos. Da mesma

---

41. LHÔTE, E. *Les Lamelles oraculaires de Dodone*. Genebra: Droz, 2006.

42. Ibid., n. 125.

43. CHANIOTIS, A. "Moving Stones..." Op. cit., p. 99-100.

forma, Platão (*République*, IX), fiel à sua concepção relativa à divisão tripartite da alma, estimava ser necessário apaziguar as duas partes onde se situavam o desejo e a ira para estimular a parte onde residia a sabedoria, a fim de que os sonhos sobrevindos no sono ajudassem o indivíduo a alcançar a verdade. Desta forma, o filósofo defende a tese de que a emoção e o conhecimento se contradizem. Galeno retomou amplamente esta tese considerando que as paixões da alma, que "provêm de um impulso irracional", são a causa de o indivíduo forjar para si mesmo falsas opiniões (*Les passions et les erreurs de l'âme*, § 3).

Entretanto, o sonho e os oráculos só indicam um procedimento a seguir, e os sacerdotes oferecem sua ajuda para uma terapêutica sagrada que apela para sortilégios, purificações, sacrifícios, e oferecendo inclusive rituais de transferência da doença de um homem para um animal. De algum modo, é possível perceber aqui a crença dominante nas estelas de confissão, a saber, que a doença é fruto de um "pecado", que ela é castigo divino, e que, portanto, ela pode ser curada pela confissão da falta, e ser assim expiada. No processo médico-religioso, consequentemente, a totalidade das emoções é mobilizada: vergonha, ira e medo, mas também confiança e esperança na benevolência dos deuses.

Outro tipo de contato entre o fiel e o divino suscitando uma indizível emoção e provocando um sentimento de medo e de êxtase é a iniciação. Os gregos nos legaram uma multiplicidade de cultos aos mistérios, tanto ao redor das divindades especificamente gregas (ou tão longamente gregas cuja origem se perdeu), como Deméter e Core em Elêusis, ou os Grandes Deuses em Samotrácia, quanto pelos cultos estrangeiros, como o culto iraniano em honra à Mitra, à egípcia Ísis, ou à frisiana Cibele. Estes cultos aos mistérios gozaram de grande reputação desde o período clássico, embora tenham conquistado uma admiração excessiva, quase generalizada, no período helenístico e imperial. Não havia um romano que não sofresse uma iniciação por ocasião de uma viagem à Grécia, e as festas desses deuses atraíam mais os peregrinos do que qualquer outra festa. Os mistérios, nome dado à fase iniciática do culto, são, por definição, malconhecidos, já que os neófitos, obrigados a guardar o segredo, largamente se conformaram com esta ordem divina que lhes era transmitida pelos sacerdotes. Em Elêusis, por exemplo, sabe-se que existiam formas de desenvolvimento das cerimônias que variavam segundo o grau de iniciação, mas, de concreto mesmo, sobre a forma desse desenvolvimento, nada nos foi transmitido. Sabe-se igualmente que os iniciados saíam da cerimônia de iniciação transtornados pelo que "viram", mas, o que realmente viram, ficou com eles. É possível especular que a revelação da qual foram depositários esses iniciados tenha suscitado neles uma emoção pavorosa, ou um possível apaziguamento aportado pela revelação da existência de um além. Dada a rigorosa proibição de revelar o segredo por esses iniciados, nossas especulações param por aqui. Lúcio Apuleio tentou penetrar nesse mistério, mas apenas acenou para a violenta emoção que deve ter tomado conta do iniciado. Assim, o novo iniciado nos mistérios de Ísis, impaciente à espera da recepção dos ritos, e advertido em sonho que o grande dia enfim estava para chegar, deve ter vivido essa experiência numa intensidade dificilmente suportável:

> Sendo a consagração ritualmente celebrada à imagem de uma morte voluntária e de uma salvação outorgada, e visto que os que, instalados no limiar da luz, podem confiar sem riscos nos segredos da grande religião, a deusa serve-se de todos os meios para atraí-los para si e, de alguma forma, fazê-los, por obra de sua providência, renascer, reabrindo-lhes assim um novo caminho de salvação (APULÉE. *Métamorphoses*, XI, 21).

Sem nada revelar dos ritos que devem permanecer guardados, o novo iniciado se contenta com um resuminho:

> Cheguei aos confins do trespasse, e, transportado pelos quatro elementos, voltei do limiar de Proserpina. À meia-noite, vi o sol dardejar deslumbrantes raios de luz. Face a face eu abordei os deuses das Profundezas e os deuses das Alturas e os adorei de muito perto (APULÉE. *Métamorphoses*, XI, 23).

Compreende-se facilmente suas lágrimas, quando o fiel lhe dirige uma oração de agradecimento:

No último instante, prosternado sob o olhar da Deusa, enxuguei pormenorizadamente sob o rastro de seus passos as lágrimas que jorravam de minhas faces, e, engolindo minhas palavras, em frases entrecortadas de soluções crescentes, rezo (*segue a oração de Lúcio*) (APULÉE. *Métamorphoses*, XI, 24).

Faz-se necessário recorrer à violenta denúncia do "falso profeta" Alexandre por Luciano para aprender um pouco mais sobre os ritos reais. Após expulsar os céticos que lá estariam apenas para espionar os ritos secretos (e revelá-los em seguida), a saber, os epicuristas e os cristãos, o essencial dos ritos consiste em representações miméticas de cenas da mitologia: a união conjugal de Lato, o nascimento de Apolo, o casamento de Corônis, mãe de Asclépio, e o nascimento de seu filho, em seguida a apresentação da deusa serpente Glykon, o casamento da mãe do profeta com Podalírio, curandeiro filho de Asclépio, os amores do próprio Alexandre com a Lua, produzindo cenas de um realismo bastante cru. Lá ainda, por detrás da denúncia de Luciano, se encontra um elemento essencial dos ritos de iniciação, mostrando aos fiéis os deuses em ação.

Muitos outros deuses incitam a profusão que provoca a emoção coletiva da festa. Sem querer ser exaustivo, urge sublinhar a grande festa em honra a Ísis, a que marca a reabertura da navegação no Mediterrâneo. Lúcio Apuleio deixa uma descrição muito colorida realçando o aspecto de júbilo coletivo que toma conta da população diante dos espetáculos variados que pontuam a festa[44]. Mas, definitivamente, continuamos ainda diante de um fenômeno relativamente controlado.

Este não é o caso do culto de Cibele e Átis, cujo aspecto sangrento desencorajou por longo tempo tanto os ambientes dirigentes de Roma quanto os da Grécia. Apuleio descreve, não sem caricaturas, estes eunucos enervados "trajando camisas multicores, repugnantemente maquiados, com a face rebocada de um disfarce lamacento e olhos engordurados", que com "os braços nus até os ombros brandiam espadas e machados gigantescos, gritando, pulando saltos

---

44. Longa descrição muito colorida de Lúcio Apuleio (*Les Métamorphoses*, XI, 8-17).

triplos sob os ritmos alucinados da flauta" (APULÉE. *Métamorphoses*, VIII, 27).
E chegam à casa de um homem rico do qual esperam uma esmola generosa:

> Sem interrupção saltavam para frente como iluminados, berrando em coro gritos agudos longamente modulados e dissonantes, cabeça abaixada, balançando simplesmente suas nucas para imprimir um movimento de rotação às suas cabeleiras pendentes. Em seguida assaltavam esporadicamente seus músculos com suas próprias dentadas, para, por fim, todos juntos, se acutilarem os braços com ferros de lâminas de dois gumes, que carregavam consigo. Entretanto, um deles saltava ainda mais furiosamente e arrancava, do mais íntimo de suas entranhas, arquejos cada vez mais cavernosos, simulando uma crise de loucura aguda desencadeada pela invasão do espírito santo da divindade, como se o efeito habitual da presença dos deuses sobre os homens não fosse para melhorá-los, mas para torná-los doentes ou enfermos[45].

É no êxtase, forma suprema da emoção mística, que os serventuários da deusa chegam a ser mutilados sexualmente, transformando-os em eunucos.

Embora fôssemos tentados a imputar os excessos dos cultos de Ísis e de Cibele ao caráter estrangeiro e, portanto, bárbaro das divindades (poderíamos dizer o mesmo de Adônis), o mesmo não pode ser dito de Dioniso, deus grego por excelência, cujas bacantes e sátiras envolvem seus emblemáticos devotos. Ora, o mito fundador enlouquece as mulheres tebanas que chegam a esquartejar e desmembrar Penteu, rei da cidade que duvidou da divindade de Dioniso; e é sua própria mãe que conduz o cortejo das bacantes. Nos tíasos ou cortejos dionisíacos, é constante a preocupação em consumir a carne crua e beber uma grande quantidade de vinho para alcançar o estado de transe, que permite ser possuído pelo deus e identificar-se com ele por alguns instantes.

O caráter emocional exacerbado destes diversos cultos leva às vezes à tentativa de regulação mais ou menos exitosa e eficaz, como a proibição da

---

45. Faz-se necessário ler o conjunto da passagem onde o infeliz Lúcio, metamorfoseado em asno, é encarregado de transportar a estátua da deusa, e simultaneamente suas provisões (ibid.).

castração por parte de Domiciano[46] (renovada por Nerva, depois por Adriano, que lhe acrescenta a circuncisão). Mas a tentativa de moderação pode vir do interior do próprio grupo, como o afirma um curioso regulamento interno de um grupo dionisíaco de Atenas no século II de nossa era. Aí temos como sinais negativos todos os comportamentos que podem levar ao transe dionisíaco, através das regras editadas pelas autoridades do tíaso para evitar os excessos e não despertar a atenção das autoridades cívicas. Da forma como indica o texto em sua introdução, convém dar provas de "firmeza e de boa postura no *baccheion*", e, portanto, é unicamente por aclamação que o regulamento é adotado. Para evitar que o tíaso acolha indivíduos incontroláveis, instituiu-se um valor de entrada e de participação bastante elevado, e regras de seleção na entrada que, de fato, excluem os incomuns e as pessoas simples. Por ocasião das reuniões – cujo ritmo é cuidadosamente fixado "todo dia 9 de cada mês, para a festa anual e para as *Baccheia*, bem como por ocasião da festa do deus" – "não será permitido a ninguém cantar durante a reunião, fazer barulho ou aplaudir, mas dever-se-á dizer e preencher as funções no meio de uma perfeita ordem e na tranquilidade, de acordo com o que prescreveu o sacerdote ou o *archiobacchos*... Se alguém provocar tumultos ou for responsável por desordens, ou ocupar um lugar que não lhe pertence, ou manifestar qualquer comportamento excessivo (*hýbris*) ou injurioso, o injuriado ou a vítima destes excessos escolherá dentre os *Iobacchoi*[47] dois árbitros juramentados a fim de ouvir o culpado pelos excessos e injúrias; o culpado pelos excessos ou injúrias pagará antecipadamente à comunidade 25 dracmas; caso contrário, não haverá reunião com os *Iabacchoi*". Mas Dioniso é reputado inspirar estas palavras de seus serventuários: "Que ninguém discurse se não for por ordem do sacerdote ou do assistente; do contrário ele passará a dever à caixa comum 30 dracmas". Desta forma, toda emoção

---

46. Suétone, *Domicien*, VII, 1. Trata-se de defender os fundamentos da ordem social interditando uma prática contrária à norma social romana. Cf. CORDIER, P. "L'étrange sexualité des castrats dans l'Empire romain". In: MOREAU, P. (dir.). *Corps romains*. Grenoble: Millon, 2002, p. 61-75.

47. É o nome dos membros do tíaso.

espiritual, mesmo que inspirada por Deus, é cuidadosamente regulamentada. Por outro lado, a associação instaurou os *eukosmoi*, "os guardiões da ordem", assistidos por homens de pulso, os "cavalos", para aplicar as ordens:

> Que o guardião da ordem (*eukosmos*) seja sorteado ou instituído pelo sacerdote, para que ele leve o tirso do deus junto ao fautor de desordens ou daquele que causou tumulto. Aquele ao lado de quem o tirso é colocado, após o julgamento pelo sacerdote ou por seu assistente, que seja excluído da sala de banquete. Se ele se recusar, que os "cavalos" instituídos pelo sacerdote o levem para fora do pórtico, e seja submetido à multa suplementar prevista para os que provocam confusões[48].

Este texto apaixonante por múltiplas razões nos impressiona porque mostra como o corpo social ou, neste caso específico, o grupo dos notáveis, que é encarregado da ordem pública, estabelece seu controle sobre uma associação religiosa consagrada a um culto cujos transbordamentos emocionais lhe são consubstanciais; este grupo, por uma regulamentação estrita, transforma um culto, cujo excesso (*hýbris*) é sua marca distintiva, numa confraria apaziguada, e inclusive adormecida.

Em outro registro completamente diferente, os deuses agem como reveladores de medos e de ódios dos fiéis, que os solicitam por práticas mágicas. Deste domínio imenso, daremos apenas um exemplo aqui, tirado daquilo que denominamos prancheta de maldição, que constitui sua prática a mais comprovada. Trata-se de "pregar" o adversário por uma intervenção divina, e mantê-lo à sua mercê. As emoções aí são onipresentes, como o mostra este texto de Amorgós, datado aproximadamente do ano 100 a.C.:

> Senhora Deméter, rainha, como suplicante eu me ajoelho diante de ti, eu, teu escravo. Ele reuniu meus escravos, lhes ensinou o mal, lhes deu seu parecer, os aconselhou, os corrompeu; ele se divertiu, os encorajou a ir à Ágora, os estimulou a esconder-se: trata-se de um sujeito chamado Epaphroditos. Ele seduziu minha pequena escrava a fim de fazer dela sua mulher, contra a mi-

---

48. SOKOLOWSKI, F. *Lois sacrées des cités grecques.* Paris: De Boccard, 1969, p. 95-101.

nha vontade. Eis a razão pela qual ela fugiu com os outros. Dama Deméter, eu que suportei tudo isso sozinho, me refugio junto de ti, pedindo que tenhas piedade e faças com que a justiça me seja feita. Faze com que aquele que me causou tudo isso esmoreça, não caminhe, não obtenha nenhuma satisfação nem em seu corpo nem em seu espírito; que ele não seja servido nem por um escravo, nem por uma escrava, nem por um jovem, nem por um velho; nem possa realizar os projetos que ele pode ter; que uma maldição se aposse dele e que tome conta também de seus familiares; que ele jamais possa ouvir o grito de um bebê, aproveitar de uma mesa jubilosa, que jamais um cachorro ladre para ele, tampouco um galo cante aos seus ouvidos; o que ele semear, que não colha; quando ele chegar (?), que não veja nenhum fruto (?); que nem o mar nem a terra lhe tragam colheitas; que ele não tenha nenhuma bênção de felicidade; que morra de vilã maneira, ele e os seus. Dama Deméter, eu te imploro, por ter sofrido injustiça; escuta minha prece, deusa, e faça-me um julgamento justo, de maneira a dispensar os mais terríveis e duros sofrimentos aos que se divertem com este caso, aos que causaram a mim mesmo e à minha mulher, Epíktesis, aflição, aos que nós odiamos. Ouça-nos, pois nós sofremos, e puna os que se divertiram vendo-nos na miséria (*IG*, XII, 7, p. 1).

O fiel se humilha diante do deus, mas manifesta seu ódio e sua cólera para com aquele que causou a fuga de seus escravos e sua ruína; suplicando, ele espera suscitar por sua vez a ira da deusa e a ruína de Epaphroditos e de todos os seus. Belo exemplo de persuasão pela emoção!

Para concluir este domínio do sagrado, faz-se necessário dizer uma palavra sobre os excessos de emoção ocasionados pela superstição. Num pequeno tratado (*Moralia*, 164e-171e = *Traité*, 14, *Peri Deisidaimonias*), Plutarco traça do supersticioso um retrato em quem se combinam o erro e a paixão. Se o termo que designa a superstição significa à origem "medo dos deuses", que é uma atitude louvável, ele rapidamente se tornou pejorativo (já em Teofrasto, *Caractères*, XVI): o supersticioso aparece como um devoto meticuloso por medo dos deuses, assustado por qualquer sinal incompreendido ou mal-entendido (como os fenômenos naturais), levando-o a uma paixão (*pathos*) que Plutarco considera um erro, uma verdadeira doença da alma. É interessante notar que, quando, aos seus olhos, se opõem duas noções maculadas pelo erro, de ateísmo e de superstição, ele reconhece à primeira noção a vantagem de se reduzir a "uma espécie de indiferença por negação" (§ 2), ao passo que a superstição comporta uma parte de emoção forte (que figura em seu próprio nome), o medo, o pavor. Medo a todo instante, mesmo à noite (por sonhos que levam à consulta de charlatães), pavor que estimula a "chafurdar-se na lama, a besuntar-se de lodo, a celebrar os sabás, a jogar-se de cara por terra, a entregar-se a vergonhosas demonstrações públicas, a estranhas prosternações" (§ 3). Nem mesmo a morte põe fim a esse terror, já que o supersticioso "prolonga o medo para além da existência, associa à morte o pensamento de tormentos eternos... que não terão fim" (§ 4).

Da celebração dos rituais mais oficiais às práticas mágicas e passando pelas experiências de contato direto com os deuses através da iniciação ou da interpretação dos sinais divinos, as emoções invadem o domínio do sagrado. O medo dos deuses que habitualmente regula as relações entre o homem e o divino pode transformar-se em júbilo coletivo, manifestando assim a coesão do grupo ou da comunidade, mas isto também pode degenerar em pavor diante da potência divina. A complexidade da análise vincula-se, em parte, ao fato que o sagrado depende ao mesmo tempo do domínio individual e do coletivo; entretanto, as normas sociais se aplicam em todas as situações. Com o político, o individual se funda no coletivo, e as normas, sem dúvida, se fazem simultaneamente mais rígidas e mais variáveis ao longo do tempo.

Na cidade

"A vida política sem emoção é como a cozinha italiana sem óleo de oliva; isso é possível, mas perde todo o sabor", escreve com humor Angelos Chaniotis[49], um dos historiadores que mais se interessou pela dimensão histórica das

---

49. CHANIOTIS, A. "Emotional Language in Hellenistic Decrees and Hellenistic Histories". In: MARI, M. & THORNTON, J. (dirs.). *Parole in movimento* – Linguaggio politico e lessico storiografico nel mondo ellenistico. Pisa: Serra, 2013, p. 339-352 (cit., p. 340).

emoções na vida política e religiosa. Mas imediatamente ele ressalta: a emoção é tão onipresente na vida política, em todas as épocas, que somente as variações, as inovações podem encontrar lugar nas análises do historiador. Tentaremos seguir aqui seu conselho, inspirando-nos frequentemente nos inúmeros estudos que ele consagrou ao tema. E começaremos por uma anedota que nos parece significativa.

Heródoto (VI, 21) descreve uma história estranha. Em 493, um autor trágico, Frínico, mandou representar em Atenas a peça *A tomada de Mileto*. O tema, muito contemporâneo, mas praticamente já fora de moda, tratava da tomada da grande cidade ioniana pelos persas, no final da revolta que havia provocado o levante da região contra o Grande Rei, entre 499 e 494. E Heródoto acrescenta: "O teatro derreteu-se em lágrimas, e os atenienses condenaram [Frínico] a uma multa de mil dracmas por ter representado as desgraças nacionais, e proibiram a quem quer que fosse de, no futuro, fazer uso desta peça". De fato, a peça desapareceu. Se os atenienses consideraram que se tratavam de "desgraças nacionais", é pelo fato de Atenas constar entre as raras cidades da costa europeia do Egeu a enviar socorros (modestos) aos revoltados. Para nós, porém, o interesse está alhures.

A emoção coletiva em face da evocação de um acontecimento recente que havia transtornado profundamente os atenienses é facilmente compreensível, mas que a partir deste fato se crie um decreto público, eis uma atitude um tanto quanto espantosa. Mesmo numa cidade que paulatinamente começa a abrir-se para uma maior participação dos cidadãos nas questões públicas (já estávamos a uma quinzena de anos das reformas de Clístenes, embora seja cedo ainda para falar de regime democrático), convém não deixar que alguém manipule a multidão através da emoção. Nutridos por Homero, os atenienses sabem perfeitamente que as emoções de seus heróis sempre nortearam seus comportamentos perigosos, tanto em relação a si mesmos quanto em relação aos seus próximos. O castigo de Frínico, no entanto, parece excepcional numa cidade na qual a emoção exerce uma função central nas decisões coletivas. Sem dúvida, julgava-se que ele havia exagerado, e, portanto, convinha pôr um freio a tais excessos. A cidade tencionava, pois, controlar as emoções coletivas.

As emoções ocupam um lugar de decisão no desdobramento da vida pública. Em três domínios, ao menos, elas exercem uma função decisiva na vida da comunidade à época clássica: na assembleia do povo, no teatro e nos funerais oficiais. Entretanto, após termo-nos demorado por alguns instantes neste ponto, urge alargar nosso campo de visão e abordar o lugar das emoções em outras circunstâncias da vida cívica.

Emoções e eloquência política

Na cidade democrática, e mais largamente em todas as que costumavam reunir uma assembleia do povo ao longo do século V a.C., a eloquência política conheceu grandes progressos, tanto que o domínio da palavra passou a ser um instrumento indispensável aos que desejavam influenciar as decisões populares. Este aspecto é mais visível ainda no século seguinte, período no qual se percebe uma dissociação real entre os que falam, os oradores, e os que exercem funções eletivas. A cidade grega democrática é o lugar por excelência da palavra política, e Aristóteles, que consagrou uma obra à retórica, simplesmente continuou esta tradição de explorar o político. Ora, é da natureza da eloquência política brincar não somente com a razão, mas também com a totalidade das emoções suscetíveis de provocar a adesão do povo aos propósitos do orador ou, como o escreve Aristóteles numa passagem da *Retórica* (II, 4, 1386a, 16-19), de argumentar contra os adversários, mostrando que, consoante à necessidade, eles são movidos pela ira ou pelo ódio. Poderíamos apresentar inúmeros exemplos nos quais a emoção, geralmente o medo, orientava as escolhas populares, mas ater-nos-emos apenas a um, que nos parece particularmente representativo: o caso Mitilene. Esta cidade, situada no nordeste do Mar Egeu, havia-se rebelado contra a aliança ateniense, e estava em vias de firmar uma aliança com Esparta. Entretanto, uma ofensiva-relâmpago, antes da chegada dos reforços espartanos, permitiu que os atenienses retomassem a cidade. Assim, seus representantes públicos mais importantes foram feitos prisioneiros, e ficaram à mercê da decisão da assembleia de Atenas.

Enorme era a emoção em Atenas e, servindo-se do medo que se havia espalhado na população, Cleão decide radicalizar: todos os homens seriam destinados à morte, as mulheres e crianças seriam vendidas como escravas; uma trirreme oficial foi enviada imediatamente para Mitilene a fim de levar a ordem ao responsável ateniense *in loco*. Não sabemos sobre os argumentos invocados por uns e outros, mas, desde a manhã seguinte, tendo a emoção do momento amenizado, muitos atenienses pediram uma nova deliberação e a obtiveram. Tucídides escolheu fazer enfrentar-se naquele momento somente Cleão, partidário da manutenção da decisão tomada na véspera, e Diodoto, por sinal desconhecido, partidário da clemência. Pouco importa aqui o detalhe da argumentação (e se os discursos são reais ou recompostos por Tucídides), mas fica evidente que os dois oradores atribuem às emoções (o medo principalmente, mas também a ira, o desejo de vingança e o ódio) um papel primordial. Cleão sabe perfeitamente que o medo norteou a escolha de seus concidadãos. Ele se empenha, portanto, de um lado, em demonstrar que não é a emoção que os orientou, mas a preocupação com a lei e com a justiça (de fato, a decisão tomada é conforme aos usos da guerra na Grécia), e adverte os cidadãos contra seus gostos denotados pelas belas palavras; em resumo: os recrimina por dobrar-se muito facilmente a argumentos engenhosos, sobretudo se são apresentados com a habilidade de um sofista. Seu adversário não duvida mais do peso da emoção na decisão tomada, e argumenta então opondo o rigor cruel que impôs o medo ao interesse da cidade que, friamente examinado, comanda o perdão para a grande maioria. A assembleia lhe dá razão e uma segunda trirreme oficial foi então enviada ao encalço da primeira; ela chega a Mitilene pouco depois da primeira, tanto que o oficial ateniense mal teve tempo de ler o texto do primeiro decreto quando lhe foi entregue a contraordem (Thucydide, III, 36-48).

Assim, a vida política ateniense é pautada por alguns grandes casos nos quais a emoção coletiva suscitada suplanta a análise objetiva. A soberania popular, que se exprime cotidianamente, ou quase, e não por delegação a distância, registra os contragolpes das emoções violentas que tomam conta do povo, "comunidade emocional" por excelência – para retomar uma expressão de Onno van Nijf[50], aplicada, é bem verdade, a uma época mais tardia. Mas não domina quem quer a emoção coletiva. Por ocasião do debate que opunha Nícia e Alcibíades sobre a expedição votada pelo povo com destino à Sicília, em 415, o primeiro tentava desencorajar o povo na esperança de um novo debate sobre o próprio princípio da expedição, mostrando a enormidade dos esforços a consentir para se obter sucesso. Ora, longe de provocar o desestímulo, seu discurso avivou o interesse do povo, cada qual esperando tirar algum tipo de proveito, uns simplesmente para aventurar-se, outros buscando a glória. E é tomada de grande júbilo que a expedição parte, apesar da descoberta in *extremis* dos sacrilégios cometidos por um bando de jovens aristocratas (dentre os quais, sem dúvida, o próprio Alcibíades).

Emoção teatral: a política como espetáculo

Um segundo domínio parece particularmente fadado às emoções coletivas: o teatro. Deixemos de lado a emoção que as aventuras ou as desgraças dos heróis provocam, já que a finalidade da tragédia é a de emocionar o espectador. Obviamente, o horror que suscita o sacrifício de Ifigênia, a reprovação vinculada ao incesto de Édipo, a adesão de todos à piedade de Antígona, tantas emoções coletivas que permitem verificar, implicitamente, que os indivíduos compartilham os mesmos valores e possuem as mesmas referências no seio da coletividade. Aqui nos interessa mais colocar em evidência um vínculo mais explícito entre política e emoção teatral. A tragédia raramente empresta estes temas à história contemporânea, e é, portanto, difícil de estabelecer um

---

50. NIJF, O.M. "Affective Politics: The Emotional Regime in the Imperial Greek City". In: CHANIOTIS, A. & DUCREY, P. (dirs.). *Unveiling Emotions* – T. 2. Op. cit., p. 351-368. Cf. tb. CHANIOTIS, A. "Emotional Community through Ritual: Initiates, Citizens, and Pilgrims as Emotional Communities in the Greek World". In: CHANIOTIS, A. (dir.). *Ritual Dynamics in the Ancient Mediterranean*: Agency, Emotion, Gender, Representation. Stuttgart: Steiner, 2011, p. 264-290.

vínculo direto entre vida cívica e emoção teatral, embora tenha sido possível mostrar, através de Ésquilo[51] e Eurípedes[52], vínculos muito diretos entre os temas e suas peças e a política contemporânea de Atenas. Um simples exemplo: como não imaginar que ao descrever a sorte das mulheres e das crianças dos vencidos após a tomada de Troia, Eurípedes, na obra *As troianas*, não tenha sonhado com o massacre que os atenienses haviam cometido em 416 na cidade de Melos (Cíclades), por ter-se negado a aliar-se? Dentre as inúmeras tragédias, somente *Os persas*, de Ésquilo (472), trata de um tema sobre o qual a maioria dos espectadores havia sido testemunha, a saber, a batalha de Salamina. Situando a ação junto aos persas, já que a vitória ateniense não podia ressoar como um drama senão para os vencidos, Ésquilo empenha-se em elevar a tensão ao longo de monólogos que mostram o desenrolar da jornada até a vitória final. O lento aumento da angústia da Rainha Atossa, nutrida primeiramente por um mau sonho, depois pelo regresso dos mensageiros e, por fim, pela aparição do fantasma de Dario, devia suscitar uma crescente exaltação dos cidadãos-espectadores, para muitos antigos combatentes, até a libertação final, o anúncio da vitória dos gregos. Muitas vezes se colocou em relação a vitória de Salamina com o progresso da democracia ateniense e o choque emocional que deve ter tido a peça de Ésquilo nesta evolução política.

Entretanto, é principalmente nas comédias de Aristófanes, diretamente referidas à atualidade mais melindrosa da vida da cidade, que melhor se percebe como o autor cômico manipula seu público ao ridicularizar de forma burlesca seus adversários políticos, ao suscitar no público reações de desprezo e ira contra eles. Os sucessores de Péricles, Cleão, Cleofonte e Hipérbolo, foram suas principais vítimas, e sua reputação ainda carrega largamente esta marca[53]. Entretanto, não se deve exagerar em relação aos efeitos reais do teatro sobre o comportamento político dos atenienses. De um lado, Aristófanes faz cruel-

---

51. PODSLECKI, A.J. *The Political Background of the Aeschylean Tragedy.* Ann Arbor, Mich.: The University of Michigan Press, 1966.

52. GOOSSENS, R. *Euripede et Athènes.* Bruxelas: Palais des Academies, 1962.

53. Sobre Cleão, cf. LAFARGUE, P. *Cléon* – Le guerrier d'Athéna. Bordeaux: Ausonius, 2013.

mente troça tanto de seus contemporâneos, os espectadores que garantem seu sucesso, quanto dos líderes políticos. Ele os faz rir de suas próprias excentricidades (o gosto pelos processos na obra *As vespas*, a fascinação pelos bons oradores na obra *As nuvens*); ele reivindica vigorosamente a paz que os atenienses não conseguem estabelecer com Esparta (*A paz, Lisístrata*), se debate com vigor com Eurípedes (*As tesmofórias* notadamente), sem com isso impedir que os atenienses coroem Eurípedes nas festas em honra a Dioniso que se aproximam, ou impedir que o povo siga o parecer de Cleão na assembleia. A emoção do momento, portanto, não norteia profundamente a vida política ateniense; as insanidades despejadas sobre Cleão pertencem ao domínio da pilhéria, forma de tomar distância da política. Rir de si mesmo como dos outros: eis definitivamente o específico da comédia.

Aristófanes faz troça com particular ferocidade dos cidadãos em sua função de juízes, o que lhe dá a oportunidade de passar em revista o conjunto das emoções ativadas neste contexto. Na obra *As vespas* (v. 546-630, sobretudo 566-575), Filocleon explica a razão pela qual adora tanto ser sorteado como juiz: não somente para receber um estipêndio, mas porque toma consciência de seu poder ao ver os litigantes lisonjeá-lo, ao vê-los implorando sua piedade ou, ao contrário, simplesmente contando-lhe histórias para fazê-lo rir, tudo com o objetivo de estimulá-lo "a apresentar [sua] ira". O papel da emoção é tão fundamental que o juiz, na maioria dos casos que lhe são submetidos, não pode reportar-se a uma lei específica, tampouco a um código ou a uma jurisprudência. A crer em Aristófanes, a lei inicial do juiz é a ira contra o justiçável, indiscriminadamente réu e querelante; cabe a eles torná-lo mais benevolente! Neste quadro, a eloquência exerce uma função primordial, e Aristófanes (como Cleão, por ocasião do caso de Mitilene) denuncia o prazer dos atenienses pelos belos discursos. Não estamos mais diante, pois, como Platão o diz pouco tempo depois (*Lesis*, 701a), de uma democracia, mas de uma teatrocracia[54]:

---

54. WALLACE, R.W. "Poet, Public, and 'Theatrocracy': Audience Performance in Classical Athens". In: EDMUNDS, L. & WALLACE, R.W. (dirs.). *Poet, Public, and Performance in Ancient Greece*. Baltimore/Londres: The Johns Hopkins University Press, 1997, p. 97-111.

tribunal e assembleia passam a fazer parte de um espetáculo, e com o risco de os heliastas não mais julgarem em função do que parece ser justo, mas em função do mais belo. No entanto, não podemos negar ao riso – considerado por Aristóteles uma emoção em si, e não a expressão de uma emoção – uma função purgativa, segundo a expressão de Silvia Milanezi[55], ou catártica: o riso purga a cidade de suas frustrações e, evacuando pelo riso os sentimentos/emoções (as *pathe*), o povo (*demos*) se concede a lucidez necessária para um justo debate político. Mas o riso também pode ter uma função manipuladora: denegrindo comicamente Timarco, aliado de Demóstenes, Ésquines suscita um riso malévolo, que por sua vez suscita a ira do povo e, portanto, a condenação de Timarco. Na verdade, trata-se de um objetivo secundário, já que a intenção é desestabilizar Demóstenes (ÉSQUINES. *Contra Timarco*, 80), embora estimulando a ira do *demos*.

Aliás, esta é uma característica constantemente presente na eloquência política do século IV, onde a injúria mais grosseira visa a provocar a cólera e o desprezo nos ouvintes, segundo um procedimento frequentemente presente em Roma no final da época republicana. Demóstenes como Ésquines não hesitam em despejar os piores horrores um sobre o outro (com o risco de contradizer-se de um discurso ao outro), a fim de provocar no auditório uma reação de aversão que desqualificaria o discurso do adversário. Desta forma Demóstenes tenta provocar o desprezo de seu adversário descrevendo-o como oriundo de uma família miserável e com atividades desonrosas. Ésquines não se mostra menos imaginativo ao emprestar a Timarco um comportamento inadmissível em tudo: prostituído, ele se subtrai às obrigações militares e, filho indigno, não somente não respeita seus pais, mas dilapida o patrimônio que lhe deixaram. Tanto num caso como no outro, os desenvolvimentos dos oradores não têm estritamente nenhuma relação com o tema tratado, a saber, as relações de Atenas com a Macedônia: o objetivo consiste unicamente em manipular o audi-

---

55. MILANEZI, S. "Le suffrage du rire, ou le spectacle politique en Grèce". In: DESCLOS, M.-L. (dir.). *Le rire des Grecs*. Grenoble: Millon, 2000, p. 369-396, esp. p. 391.

tório inspirando-lhe sentimentos violentos de ódio, de cólera, de desprezo do campo adversário, buscando angariar assim seu voto. A eloquência política faz da emoção um meio de influenciar o auditório, o que sem dúvida não é novo, mesmo se nenhum traço deste tipo de eloquência é conservado antes da época clássica. A assembleia do *demos*, seja no teatro ou na *Pnyx*, funciona como uma "comunidade emocional".

Enterrar os heróis

Existe um domínio da vida cívica que, via de regra, se mostra propício a suscitar uma emoção "da melhor qualidade": o dos funerais oficiais reservados aos cidadãos mortos no ano precedente na guerra. Durante esta cerimônia, um orador escolhido pela assembleia se encarregava de prestar homenagem aos defuntos através de uma oração fúnebre cujos diferentes desenvolvimentos eram estritamente codificados[56]. Entre estas passagens obrigatórias constava um elogio à cidade de origem de tais heróis. Lendo o texto da oração fúnebre proclamada por Péricles em honra aos cidadãos mortos ao longo do primeiro ano da Guerra do Peloponeso, ao menos da forma como foi recomposta por Tucídides (II, 34-46), é possível perceber facilmente que a oração visava primeiramente a provocar um movimento de altivez, até mesmo de orgulho coletivo. A emoção dos cidadãos reunidos devia assemelhar-se muito àquela que envolvia os participantes das grandes festas de Atenas, como as Panateneias. Mas existe sem dúvida algo a mais, e a cidade canaliza de alguma forma a emoção experimentada por todos, e não apenas pelas famílias das vítimas, para reforçar o sentimento de pertença a uma comunidade unida. Os funerais oficiais em Atenas (mas sem dúvida também alhures, mesmo que não tenhamos muitos testemunhos) visam, como em nossos dias as grandes celebrações coletivas em memória do passado (a Revolução Francesa, a guerra de 1914-1918, o desembarque na Normandia), a reforçar a coerência do grupo provo-

---

56. Cf. o estudo magistral de LORAUX, N. *L'Invention d'Athènes* – Histoire de l'oraison funèbre dans la cité classique. Paris: l'Ehess, 1981.

cando uma emoção coletiva que repousa tanto na lembrança de um passado dramático quanto na convicção de compartilhar um mesmo sistema de valores. A descrição destes funerais dada por Tucídides, mesmo que sumária, coloca em relevo vários aspectos[57] (II, 34).

Por um lado, o caráter regular da cerimônia: durante toda a Guerra do Peloponeso, os atenienses, "no momento previsto do ano, repetem esta celebração". Toda a cidade participa e não somente as famílias das vítimas, mesmo se somente estas levam aos mortos suas oferendas habituais. A encenação cuidadosamente regrada tem por objetivo engendrar a mais forte emoção. As ossadas reunidas por tribos, como para um voto, são levadas em procissão em seus devidos caixões e sepultadas juntas num monumento coletivo custeado e construído por todos os cidadãos. Entretanto, uma maca vazia fecha a procissão: ela lembra a ausência dos restos daqueles que não foram encontrados e trazidos de volta para a pátria-mãe, que não puderam, portanto, ser trazidos e expostos sobre o leito fúnebre (*prothesis*). Mesmo sem apelar para o mito ateniense da autoctonia, que justificava o sepultamento em Ática dos cidadãos mortos pela pátria, para todos os gregos os corpos não encontrados sofriam o pior destino possível[58]. Por esta razão, a morte no mar constituía o pior destino para quem quer que fosse: compreende-se melhor a razão pela qual os estrategistas atenienses vencedores nas Ilhas Arginusas em 407 foram condenados à morte e executados por não terem socorrido, não obstante a tempestade, os náufragos condenados à morte mais cruel.

Por outro lado, a descrição de Tucídides estabelece claramente a divisão dos papéis: aos pais das vítimas somente as lágrimas, aos homens a escuta de

---

57. HOFFMANN, G. "Le lit vide des funérailles athéniennes". *Métis*, vol. 9, p. 51-67.

58. Cf., p. ex., *Ilíade*, I, 4-5. • SOPHOCLE. *Antigone*, 205-206. • EURIPEDE. *Suppliantes*, 52-53. Também encontramos ecos até nas epigramas funerárias de épocas posteriores; como uma epígrafe da Síria (SEYRIG, H. "Antiquités syriennes". *Syrie*, vol. 31, 1954, p. 214-217 = *IGLS*, XVI, 1445) em memória de um homem morto no Egito com muitos outros (correndo, atacados por bandidos? soldados?): "O odioso Egito tirou muitas vidas e também a tua. Mas, ao passo que, sobre ti, teu tio e tua venerável mãe acolheram justos ritos, ninguém cuidou dos outros, e as aves de rapina fizeram deles sua refeição. Coragem".

uma oração fúnebre pronunciada por um orador previsto. As mulheres têm, portanto, um papel marginal na cerimônia pública, limitando-se de alguma forma à parte privada do luto: às mulheres da família (e aos escravos) os cuidados do cadáver com a mácula da morte, e as lágrimas, expressão da fraqueza. Os cidadãos, todos os cidadãos, formam a procissão e escutam a oração. O esquema imposto pelo discurso convida a reforçar a coesão colocando em evidência ao mesmo tempo a história comum, a excelência das instituições políticas, o consentimento do viver juntos, a altivez pelo poderio conquistado: tantos elementos juntos que só poderiam suscitar um sentimento de orgulho junto aos ouvintes. Da dor do momento, emoção negativa de alguma forma, o orador conseguia assim extrair uma emoção positiva, que unia a cidade inteira ao redor de seus mortos; da aflição ele fazia brotar confiança e solidariedade. Como o diz Geneviève Hoffmann, os funerais oficiais devem frear as emoções privadas, reduzi-las ao mínimo indispensável, e "converter o desespero em ímpeto cívico"[59].

Se os funerais oficiais constituíam um momento emocional forte na vida da cidade, a comemoração das guerras passadas contribuía fortemente para a constituição de uma "comunidade emocional". Pode tratar-se de uma festa explicitamente consagrada a esta memória guerreira (p. ex.: as *Eleutérias* de Plateias em honra à vitória sobre os persas em 479, as *Sotérias* de Delfos para comemorar a vitória contra os gauleses em 279, ou mais modestamente como em Lyttos, em Creta, após esta ter-se vingado da vizinha Dréros, destruindo-a). Mas podiam igualmente assumir um caráter legislativo sobre o luto (em Thasos, no início do século IV a.C., uma lei limitava a duração do luto para os cidadãos mortos na guerra[60], ou, da mesma forma, em Gambreion, no início do

---

59. HOFFMANN, G. "Le lit vide des funnérailles athéniennes". Op. cit., p. 66.

60. *SEG*, 57, 820. Cf. FRISONE, F. *Leggi e regolamenti funerari nel mondo Greco* – T. 1: Le fonti epigrafiche. Galantina: Congedo, 2000. • Cf. FRISONE, F. "Il rituale come campo di sperimentazione del 'politico': l'esempio della normativa sul rituale funerário nella documentazione epigrafica greca". In: CATALDI, S. (dir.). *Poleis e politeiai* – Esperienze politiche, tradizioni litterarie, proggetti costituzionali. Alexandria: Dell'Orso, 2004, p. 369-384.

século III a.C.[61]), ou sobre os órfãos. A ereção de estátuas de cidadãos mortos na guerra recordava sua lembrança séculos afora. Em Mégara, no século V de nossa era, um sacerdote pagão escreveu sobre o cenotáfio dos mortos das guerras médicas, ocorridas dez séculos antes, em cuja memória a cidade continuava oferecendo sacrifícios[62].

Ódios cívicos: as virtudes da amnésia

Entretanto, o específico da emoção é ser fugidia, e a união sagrada de um momento excepcional não impede ódios encarniçados no coração das cidades. Assim, quando Atenas vencida teve que aceitar um governador espartano em 404, a mudança política que se operou não foi absolutamente o resultado de uma livre-reflexão coletiva. Os espartanos condenavam o regime democrático que julgavam responsável pelo imperialismo ateniense, e os próprios atenienses estavam divididos diante da escolha de um regime. Ora, lembra Aristóteles, "quando Lisandro [o almirante espartano que ocupou Atenas] colocou-se do lado dos partidários da oligarquia, o povo horrorizado (καταπλαγείς) foi forçado a aceitá-lo levantando as mãos" (Constituição de Atenas, 34[63]). O regime dos Trinta que assumiu então o poder provocou uma profunda divisão do corpo cívico, com inúmeros exílios e, no fim das contas, houve uma guerra civil opondo os oligarcas no poder e os partidários da democracia. Não é este o lugar para analisar os aspectos políticos da crise, mas sim o de observar como a cidade tenta sair de uma situação dominada pelo ódio e pelo desejo de vingança. Pois a dominação dos Trinta se tinha traduzido em cobranças rigorosas insuportáveis, que, guardadas as proporções, haviam provocado no coração da cidade traumatismos semelhantes aos sofridos ao longo do último século pelos países submetidos à ditadura. Alguns homens, no entan-

---

61. STAVRIANOPOULOU, E. "Die 'gefahrvolle' Bestatung von Gambreion". In: AMBOS, C. et al. (dir.). *Die Welt der Rituale von der Antike bis beute*. Darmstadt: Wissenschaftliche Buchgesellschaft, 2005, p. 24-37.

62. Cf. CHANIOTIS, A. "The Ritualised Commemoration of War in the Hellenistic City: Memory, Identity, Emotion". In: LOW, P.; OLIVER, G. & RHODES, P.J. (dirs.). *Cultures of Commemoration*: War Memorials, Ancient and Modern. Oxford: Oxford University Press, 2012, p. 41-62.

63. Trad. fr. de Georges Mathieu e Bernard Haussoullier, revisada por Claude Mossé. Paris: Les Belles Lettres, 1996.

to, chegaram a exercer um papel de árbitros; entretanto, conscientes da força das clivagens políticas, imaginaram soluções extremas, ao menos aparentemente. Desta forma consideraram a possibilidade de dividir a cidade em duas: para evitar que os partidários dos Trinta não terminassem num banho de sangue, um decreto previa explicitamente que os que o desejassem poderiam morar em Elêusis "guardando seus direitos de cidadãos, governando-se livremente por si mesmos e gozando de seus salários" (*Constituição de Atenas*, 39, 1). Diversas leis foram previstas para a frequentação do santuário, para a criação de uma caixa federal ou para a divisão das casas. Mas a lei mais hábil foi sem dúvida a mais anódina em aparência: os que queriam partir deviam inscrever-se nos dez dias seguintes à promulgação da lei, e transferir-se antes do vigésimo dia. Aristóteles lembra que a maioria dos candidatos esperava até o último minuto para registrar-se. Assim, os promotores do projeto decidiram encurtar bruscamente o prazo, obrigando a maioria a permanecer em Atenas e, portanto, a viver com seus adversários de ontem. Iria reabrir-se a guerra civil? Não, pois o texto do acordo comportava uma cláusula que logo foi posta em execução: "Ninguém terá o direito de recriminar o passado de ninguém", à exceção dos magistrados que exerceram funções de responsabilidades de primeiro plano sob os Trinta, e, além disso, era proibido persegui-los após a entrega de seus cargos. E Aristóteles acrescenta:

> Arquino parece ter agido como bom cidadão [...] ao passo que um dos que haviam reentrado começou a fazer-lhe reprovações, prendendo-o, levando-o ao Conselho que decidiu condená-lo à morte sem julgamento; Arquino dizia que este era o momento de mostrar se se queria conservar a democracia e respeitar os juramentos. Soltar este homem seria encorajar os outros a agir da mesma forma, executá-lo seria um exemplo para todos. É o que aconteceu: quando ele foi condenado à morte, ninguém mais invocou o passado (*Constituição de Atenas*, 40, 2).

Atenas acabava de inventar a amnésia política como meio radical de luta contra o ódio entre os cidadãos[64]. Raramente a preocupação em controlar as

---

64. Sobre todo esse episódio e seu sentido político, cf. LORAUX, N. *La Cité divisée* – L'oubli dans la mémoire d'Athènes. Paris: Payot, 1997.

emoções coletivas e individuais havia sido levada a tão elevado extremo. Mas, embora poucos exemplos tenham sido conservados, o exemplo ateniense não é único. Um decreto de Alifeira, na Arcádia, assim estipulava, em 273: "Visto que Kleonymos suprimiu a guarnição, expulsou os piratas e deu a liberdade à cidade, que ninguém se lembre do passado com ira e que ninguém se aventure a persegui-lo pelo sangue derramado antes do tempo em que Kleonymos expulsou a guarnição de Aristolaos e os piratas"[65].

Outros casos de decretos de anistia e reconciliação[66], ou, ao contrário, de juramento de ódio eterno a uma cidade vizinha (como o dos efebos de Dréros de odiar sempre a cidade de Lyttos[67]), ou aos descendentes de um tirano[68], constituem outros tantos exemplos que poderíamos desenvolver[69]. Contentar-nos-emos, porém, com um, já que ele adota uma solução de uma radicalidade sem igual para obrigar os inimigos de ontem a reconciliar-se. Na pequena cidade siciliana de Nacona, no III século a.C., após uma guerra civil, um acordo de anistia havia sido concluído (com a interdição de perseguir alguém por fatos passados), mas a reconciliação era superficial e os ódios entre os clãs opostos eram evidentes. Decidiu-se então dissolver as famílias e recompor novas, misturando os adversários de ontem. Uma festa acompanhada de um sacrifício celebrou esta recomposição, ao mesmo tempo em que um culto foi dedicado à concórdia e uma festa aos ancestrais foi celebrada. Tratava-se, portanto, nada mais nada menos do que combater as emoções negativas na comunidade (ódio entre cidadãos) por meio de instrumentos estimados mais poderosos, o da per-

---

65. THÜR, G. & TAEUBER, H. *Prozessrechtliche Inschriftien der griechischen Poleis*: Arkadien (IPSrk). Viena: Osterreichischen Akademie der Wissenschaften, 1994, n. 24.

66. Em Dikaia, por volta de 360 a.C. (*SEG*, 57, 576); em Mitilene, por volta de 330 (*SEG*, 36, 750 e 752); em Tegeia, em 324 (*IPArk*, 5); em Nacona, na Sicília, em meados do século III a.C. (*SEG*, 30, 1119).

67. *I. Cret.*, I, 9, 1. Cf. CHANIOTIS, A. *Die Verträge zwischen kretischen Poleis in der hellenistischen Zeit*. Sttutgart: Steiner, 1996, p. 195-201.

68. Importante dossiê de Érésos sobre a Ilha de Lesbos, final do século IV (*IG*, XII, 2, 526 e suplemento). • DMITRIEV, S. "Alexander's Exiles Decree". *Klio*, vol. 86, 2004, p. 348-381. Outro exemplo em Sagalassos, na Pisídia, final do século IV ou início do século III (*SEG*, 57, 1409).

69. CHANIOTIS, A. "Listening to Stones". Op. cit., p. 316-317.

tença a uma mesma família, por exemplo, ao passo que as emoções suscitadas pelo novo ritual deviam ajudar a restabelecer a concórdia cívica.

Se o ódio ou, ao contrário, a alegria pode tomar conta de todo o corpo cívico, um episódio famoso da história de Atenas exemplifica, se dermos crédito a Demóstenes, o pânico coletivo (*Sobre a coroa*, 169-170). Em setembro de 339, enquanto se pensava que Felipe da Macedônia ainda estivesse em campanha em Cítia, repentinamente soube-se em Atenas que, voltado às pressas, ele levou consigo um exército macedônio através da Fócida, que acampou em Elateia, a três dias de caminhada de Atenas:

> Era de noite; alguém veio comunicar aos prítanes a ocupação da Elateia. Depois disso, uns, se levantando imediatamente no meio do jantar, expulsaram as pessoas das butiques da Ágora e colocaram fogo nas barracas, enquanto que outros convocaram os estrategistas e tocaram o trompete. E toda a cidade foi tomada de perturbações (*thorybos*). No dia seguinte, ao amanhecer, os prítanes convocaram o Conselho no *bouleutêrion*, ao passo que vós vos dirigíeis à assembleia. Antes mesmo que o Conselho tivesse deliberado e elaborado o relatório, o povo inteiro estava sentado lá no alto[70]. Em seguida, o Conselho chegou e os prítanes fizeram conhecer as novidades que haviam recebido e apresentaram aquele que os havia informado, e o arauto proclamou: "Alguém quer fazer uso da palavra?"

O povo, paralisado, fez silêncio, e ninguém pretendia intervir, como se o pavor (é o termo empregado por Demóstenes um pouco mais adiante § 173: *phoberos*) tivesse emudecido a todos. Então Demóstenes levantou-se e apaziguou os temores do povo dizendo que, contrariamente às aparências, os tebanos não se venderam a Filipe da Macedônia e que Atenas não estava, diretamente, ameaçada. O resto da história em si mesma não nos interessa aqui, mas o episódio é rico em ensinamentos.

---

70. A assembleia ocorre sobre a colina da Pnyx, nitidamente mais elevada do que a Ágora, onde se situa a sala do Conselho; em contrapartida, "o povo inteiro" não pode reunir-se lá, já que naquele espaço não cabem mais do que seis mil pessoas, e a Atenas de então contava com ao menos vinte mil cidadãos, talvez trinta mil.

Com certeza, o narrador visa em primeiro lugar a valorizar-se: ele burila com cuidado seu retrato de salvador da pátria em perigo, enquanto que seus adversários se opõem à outorga que lhe foi feita de uma coroa e de um elogio público por sua ação em favor da cidade. Mas, simultaneamente, os fatos são bastante recentes (o discurso data de 330) para que o orador possa travestir completamente a realidade. Primeiramente parece que a causa da emoção popular reside mais na surpresa que constitui a presença dos macedônios em Elateia, imaginados ainda distantes, do que na própria presença dos macedônios. Se dermos crédito a Demóstenes, então podemos falar de pânico tomando conta de todos, inclusive dos chefes da cidade: os prítanes, isto é, os membros do Conselho permanente, se lançaram sobre a Ágora, mandaram fechar lojas e bares e até puseram apressadamente fogo nas cestas de vime dos vendedores ambulantes, bem como nos mostruários giratórios de vime onde agricultores e pescadores às vezes ofereciam seus produtos. Tal precipitação só fez aumentar o pavor generalizado, algo que até pode ter sido proposital: tomando medidas drásticas, pretendia-se reforçar o sentimento de perigo imediato e unir a comunidade na adversidade. De fato, parece que foi exatamente isto que aconteceu: o Conselho foi convocado em regime de urgência ao passo que o povo se reuniu espontaneamente na colina chamada Pnyx, desde a aurora do dia seguinte. Sem dúvida, deve ter havido uma convocação, mas o povo já está lá, ao passo que o Conselho ainda não havia concluído seu trabalho preparatório. Os termos usados por Demóstenes são fortes: o anúncio da chegada das tropas em Elateia provocou o que ele denominou em grego *thorybos*, isto é, uma perturbação violenta. Esta situação de pavor (*en autois tois phoberois*) engendrou tamanho estupor que todos ficaram mudos, inclusive os magistrados e os oradores. O homem da reflexão, por sua vez, analisou friamente a situação e concluiu que ceder ao pânico nada resolveria, e que, portanto, far-se-ia necessário acalmar os temores do povo e ajudá-lo a retomar o controle da situação. Somente a este preço ele seria capaz de tomar decisões sábias, ou seja, as anteriormente propostas por Demóstenes.

Esta passagem de Demóstenes de certa maneira anuncia uma mudança de comportamento. As discussões na assembleia sobre as recompensas acordadas a um cidadão digno de honras evocavam as circunstâncias trágicas em que este havia atuado; mas o próprio texto do decreto nada fala da concessão das honras. Ao contrário, segundo Angelos Chaniotis, observa-se a partir do final do século IV uma mudança notável na expressão das emoções nos documentos oficiais. Doravante perde-se o medo de usar um vocabulário emocional forte para descrever as situações dramáticas em que os benfeitores das cidades salvaram seus concidadãos. Todo um vocabulário ligado à expressão dos sentimentos (*philia* e seus inúmeros derivados, termos relativos à afeição, à gratidão, à alegria compartilhada) invade os decretos honoríficos, ao passo que argumentos justificam a outorga das honras cívicas especificando as circunstâncias dos benefícios recebidos. Tudo isto é respaldado por termos suscetíveis de provocar a ira do povo para com seus inimigos e seu amor para com os benfeitores. Insiste-se no desespero do povo, nos crimes hediondos dos inimigos (homens massacrados, mulheres e crianças vendidas como escravas, santuários violados, casas queimadas) e na generosidade ilimitada dos benfeitores. Para descrever seu passado a cidade adota um discurso persuasivo dos oradores, o relatado pelos historiadores (Políbio, p. ex.), a fim de descrever os infortúnios do tempo, discurso carregado de emoção, de medo, de coragem, de desespero, de ódio, de gratuidade, de indignação. A novidade em relação à época clássica não diz respeito aos infortúnios em si nem à emoção legítima que eles engendram, mas sua presença oficial nos decretos, sua exposição pública, exercendo simultaneamente uma tríplice função: de memorial, estabelecendo uma versão oficial da história comum (enviesada ou não), de manifestação do reconhecimento coletivo (especifica-se que o decreto será afixado nos lugares públicos mais frequentados), e de afixação da coesão cívica ao redor das emoções comuns[71]. Um decreto como o que honrou Protógenes de Olbia

---

71. CHANIOTIS, A. "Emotional Language in Hellenistic Decrees and Hellenistic Histories". Op. cit.

no final do século III a.C. ilustra esta evolução, colocando assim em cena a ira do Rei Saitaferne que sitia a cidade, o medo do povo, a coragem e o domínio de si de Protógenes, situações estas que justificam a outorga das tais "honras excepcionais"[72]. Mas a exibição das emoções não comporta apenas vantagens: neste caso, assim como em tantos outros, ela coloca em evidência a subordinação do povo, simultaneamente em relação ao seu adversário Saitaferne quanto ao seu benfeitor Protógenes. Poderíamos citar inúmeros exemplos nos decretos da época helenística ou da época imperial sublinhando o caráter de dependência em que o medo e o desassossego rondam as cidades. Uma reação parece esboçar-se com a volta de um melhor equilíbrio financeiro e, sobretudo, com o fim das situações de guerra do Império. Desde o início da ocupação romana na Ásia Menor, e quando a guerra contra os aristônicos ainda estava em curso, no decreto de Elaia, por exemplo, datado de 129 a.C., a cidade opta por um vocabulário em que a emoção é banida e as relações com Roma são postas sob o signo da opção livremente consentida, apesar dos perigos enfrentados:

> Nosso povo conservou desde o início suas boas disposições (*eunoia*) e sua amizade (*philia*) para com os romanos e, além de ter dado inúmeras outras provas desta atitude[73] nas situações mais críticas, ele também mostrou o maior zelo ao longo da guerra contra os aristônicos, suportando grandes perigos em terra e mar; a partir de tudo isso, o povo romano reconheceu a atitude de nosso povo e, em sinal de benevolência, os romanos incluíram nosso povo entre seus amigos e aliados (*Syll.*³, 694, linhas 11-12).

Este é o vocabulário presente em inúmeros decretos que regulam as relações dos cidadãos gregos com o Império.

A utilização cívica das emoções coletivas e sua constante demanda somam-se a outra evolução claramente evidenciada por Angelos Chaniotis: a historiografia helenística adota ao mesmo tempo um tom trágico, simultaneamente ao descrever com precisão as emoções ao longo da narrativa,

---

72. Estudo detalhado em CHANIOTIS, A. "Moving tones". Op. cit., p. 114-120.

73. O termo empregado *proairesis* implica a ideia de uma opção.

tentando suscitar a emoção de seus leitores através de uma exposição dramática dos acontecimentos, bem como ao analisar de perto as técnicas retóricas que os oradores usam para manipular seus ouvintes[74]. Neste domínio, Xenofonte talvez tenha sido precursor de Alexandre[75]. Vários exemplos destas narrativas acompanhadas de uma encenação quase teatral poderiam ser citados, como, por exemplo, o saque de Pelene (241 a.C.), relatado por Plutarco (*Vie d'Aratos*, 31-32), ou, para ficarmos com um autor do período helenístico, o cerco e o saque de Ábidos, por Filipe V da Macedônia, em 201 a.C. (POLYBE. *Histoires*, XVI, 30-34). Aí, todo o vocabulário da emoção é preparado para acentuar o caráter trágico dos acontecimentos. Não obstante isso, Políbio critica duramente Filarco, seu antecessor, por seu excessivo recurso à emoção:

> Buscando estimular a piedade dos leitores e despertar neles a simpatia, ele descreve mulheres se engalfinhando, cabeleiras desgrenhadas e seios expostos, grupos de homens e mulheres chorando e gemendo ao serem levados como escravos com suas crianças e velhos pais. Trata-se de efeitos presentes em toda a sua obra, pois o autor nunca se cansa de oferecer à nossa imaginação cenas de horror. Não insistamos na baixeza e no lado feminino destes procedimentos, mas não esqueçamos suas significações etc. (*Histoires*, II, 56, 6-8[76]).

Ora, ele procede da mesma maneira, por exemplo, por ocasião da destruição da pequena cidade cretense de Lyttos, descrita um pouco antes (*Histoires*, IV, 54, 1-6), sublinhando os gemidos dos homens que descobrem sua cidade queimada e suas mulheres e crianças levadas como escravas enquanto eles estavam ausentes; e o desespero que impele a abandonar a mais antiga cidade de Creta e "também aquela que, segundo a opinião de todos, gerava os homens

---

74. CHANIOTIS, A. "Empathy, Emotional Display, Theatricality, and illusion in Hellenistic Historiography". In: CHANIOTIS, A. & DUCREY, P. (dirs.). *Unveiling Emotions* – T. 2. Op. cit., p. 53-84.

75. TAMIOLAKI, M. "Emotions and Historical Representation in Xenophon's Hellenika". In: CHANIOTIS, A. & DUCREY, P. (dirs.). *Unveiling Emotions* – T. 2. Op. cit., p. 15-52.

76. Trad. fr. de Denis Roussel. Paris: Gallimard, 1970, p. 152-153.

mais valentes de Creta"[77]. O sentido do trágico se inscreve doravante no coração da narrativa histórica, e o próprio Políbio gosta disto.

Emoções privadas

Se as diversas manifestações da emoção coletiva animam a vida da comunidade, para reuni-la ou dividi-la, as emoções privadas dão igualmente ritmo à vida social e familiar. O nascimento, o casamento e a morte constituem tempos fortes na vida de cada indivíduo, carregados de emoções mais ou menos violentas, expressos de maneira mais ou menos visível segundo os indivíduos. Não se trata aqui de entrar no detalhe impossível do ressentido emocional de cada um, mas antes de observar como a espontaneidade das emoções privadas choca-se com a norma social, como esta as canaliza, as reprime ou as utiliza. E dizer tão simplesmente que as sociedades gregas não colocam todas as emoções no mesmo nível. A ira, o ódio, o orgulho, quase não interessam quando só agitam os indivíduos isolados, mesmo que sejam altamente importantes na ação teatral ou no sentimento poético. Em contrapartida, determinadas circunstâncias situam a emoção, mesmo a individual, sob o olhar da sociedade inteira: a morte, o amor. Pode acontecer que tais sentimentos surjam no quadro da ação cívica (a morte no combate), e este fato pode cair no esquecimento. Entretanto, a morte de um próximo, a paixão amorosa, que atingem o foro íntimo, a esfera privada, impõem comportamentos que dão à emoção um quadro mais ou menos convencionado e sempre fortemente sexuado.

Lype, a tristeza, a aflição, parece, para o essencial, ligada ao luto. Sem a pretensão de lançar-nos num inventário das formas que o luto pode assumir nas sociedades gregas (e que varia muito segundo os lugares e os tempos), podemos indicar algumas pistas de reflexão sobre as manifestações emocionais propiciadas pela morte. Parece-me que, nestas circunstâncias, dois momentos podem ser distinguidos, nos quais as emoções são convocadas de maneira muito diferente.

---

77. Ibid., p. 337.

Em primeiro lugar, existem os funerais e o conjunto das cerimônias que lhes são vinculadas: exposição do corpo, sepultamento, banquete fúnebre, cantos e recitações de hinos fúnebres. É o momento da emoção mais transbordante; é lá que as mulheres fazem ouvir seus gritos e seus choros, chegando a dilacerar o rosto ou arrancar-se os cabelos, seja pessoalmente, seja por procuração (recurso às carpideiras profissionais). No conjunto das cerimônias, a expressão das emoções é cuidadosamente codificada segundo o gênero: às mulheres os transbordamentos, os excessos; aos homens a atitude digna dos que sabem controlar suas emoções. Mas o próprio fato de partilhar as funções igualmente permite enquadrar as emoções, controlá-las socialmente.

Em segundo lugar, é preciso considerar o que a família do defunto (e às vezes o próprio defunto, que tomou os procedimentos necessários antes de sua morte) quer deixar como imagem à posteridade: tumba mais ou menos monumental, retrato do morto, lembrança de suas atividades, estela inscrita testemunhando seus méritos e a afeição que lhe era devida. Deixemos de lado aqui os aspectos arquiteturais, que são primeiramente o reflexo da fortuna e, portanto, de um *status* social, para interrogar antes aquilo que evoca os vínculos entre o defunto e os que ficaram, e a imagem que se pretende deixar do morto. De maneira geral, os defuntos são representados numa atitude que poderíamos denominar neutra, não aflitos por aquilo que os acomete, mas antes apreendidos na vida cotidiana. Quer tomemos as estelas do Cemitério de Cerâmica em Atenas, as imagens sobre os lécitos [vasos] áticos, ou os retratos fúnebres de Palmira ou de Faium, apenas raramente vê-se neles a tristeza pela partida, ou o pavor diante da morte. Como se os vivos quisessem conservar para a eternidade a imagem de um rosto apaziguado. É mais raro que se represente os próprios funerais, ou algum motivo que evoque a morte: assim, um lécito com fundo branco feito por volta de 440 a.C. mostra Hipno e Tânatos, o Sono e a Morte personificados, carregando consigo o defunto, mas existem outros representando a passagem pelo Rio Estige, ou a alma conduzida aos infernos por Hermes Psicopompos. Nada disso suscita uma emoção particular, já que se trata simplesmente de uma lembrança de crenças tradicionais. Em contrapartida, os textos que acompanham as tumbas, quando não se limitam apenas a indicar nome, filiação, idade e, às vezes, data de falecimento, exprimem o pesar, a tristeza dos sobreviventes, e simultaneamente insistem no elogio aos desaparecidos, dos quais as qualidades são mais ou menos detalhadas. Poder-se-ia invocar o caráter largamente formulado desses epitáfios para recusar seu testemunho; mais seria um erro. Obviamente, muitas estelas simples carregam fórmulas que já existiam, tanto no elogio ao defunto como na expressão dos sentimentos dos vivos. Mesmo nos epigramas funerários, das quais algumas podem ser muito desenvolvidas[78], o emprego constante de fórmulas homéricas e o recurso a modelos cem vezes copiados e recopiados podem levar a imaginar que havia pouco espaço para o sentimento pessoal. Entretanto, por mais confessada que possa ser a expressão dos sentimentos, a escolha das fórmulas e sua perpetuação através do tempo refletem de alguma forma a estabilidade da emoção diante da morte. Se existe uma emoção que parece pouco suscetível de variar com o tempo, esta, provavelmente, é a tristeza do luto. Desta forma, mostra-se com força o pesar de ver um defunto partir prematuramente (*aôros*), que não causou nenhuma tristeza (*alypos*), fórmula empregada tanto para os jovens defuntos como para os outros. A tristeza se nutre das qualidades que, uma vez lembradas, fazem bem à alma, como o amor conjugal, a reserva da esposa, a piedade filial. Entretanto, a morte das crianças é mais sentida do que qualquer outra[79].

Os epigramas funerários pertencem já à expressão literária do luto, da tristeza, do sofrimento, e existe toda uma literatura de epígrafes, de elegias, para a qual contribuíram grandes nomes da literatura como Simônides de Ceos (autor

---

78. Cf. a coletânea fornecida em WALTZ, P. (org.). *Anthologie grecque*. Livro VII. Paris: Les Belles Lettres, 1960.

79. Cf. VÉRILHAC, A.-M. Παιδες αωροι – Poésie funéraire. Atenas: Académie d'Athènes, 1978-1982. • BOURDOU, C. "The Imprint of Emotions Surrounding the Death of Children in Antiquity". In: CHANIOTIS, A. & DUCREY, P. (dirs.). *Unveiling Emotions* – T. 2. Op. cit., p. 331-350. Para as crianças, cf. STRUBBE, J.H.M. "Epigrams and Consolation Decrees for Deceases Youth". *L'Antiquité Classique*, vol. 67, 1998, p. 45-75.

do epitáfio dos soldados espartanos mortos em Termópilas), Píndaro, Ésquilo e tantos outros. Igualmente os trenos, estes cânticos fúnebres mencionados na *Ilíada* (XXIV, 719-722) por ocasião dos funerais de Pátroclo[80]: um coro de homens os canta enquanto as mulheres soltam gritos (*threnos* deriva de *threomai*, "soltar gritos"); Simônides compôs os seus por ocasião das guerras médicas. Existe também toda uma literatura filosófica ou moralizante sobre a atitude a adotar diante da morte, bem como a justa expressão das emoções. As próprias narrativas da morte de Sócrates, de Platão e de Xenofonte opõem a atitude serena do sábio prestes a morrer ao choro dos discípulos, das mulheres e dos escravos. O tema é constantemente retomado pela "literatura de consolação", um gênero literário em si, cuja obra *Consolação a Apolônio*, conservada com as obras de Plutarco e, melhor ainda, a *Consolação à sua mulher*, do mesmo Plutarco, fornecem um bom exemplo. Segundo a sensibilidade filosófica do autor, a argumentação varia, mesmo se todos estão de acordo sobre o fato de que a consolação deve ser considerada uma técnica quase medicinal para curar um mal, a aflição, a tristeza (*lype*), que afeta tanto o corpo quanto a alma. Deste ponto de vista, os tratados de Plutarco podem ser analisados como uma espécie de prescrição relativamente impessoal de um médico. Desta forma, o consolador estima ser necessário deixar um tempo para que se expresse a tristeza, ainda que comedidamente; em seguida vem o tempo da consolação, que visa, pelo discurso, pelo *logos*, a argumentar a fim de amenizar a força da emoção. Podemos ficar surpresos com a frieza da argumentação, mesmo se ela é temperada pela afeição que o consolador leva à mulher ou ao amigo do defunto, mas não há dúvidas de que o gênero só tem um objetivo: levar ao seu destinatário um estado de não tristeza (*alypia*), de não perturbação (*ataraxia*), que permanece o ideal de todo homem sábio; como o diz Plutarco de improviso na carta à sua mulher: "que no sofrimento, guardemos, tu e eu, nossa serenidade" (*Consolação à sua mulher,* 2). Todo discurso vai neste sentido, como se a razão devesse dominar a todo instante a mais legítima emoção.

---

80. Cf. as cenas de funerais nas crateras geométricas do Cemitério de Dipylon, em Atenas, datadas de meados do século VIII a.C.

Entretanto, entre o estoicismo implícito do filósofo e as realidades da vida de cada pessoa, existe um abismo onde as emoções se exprimem muito mais livremente do que o deseja Plutarco, o que não deixa de ser interessante para o historiador. Não podemos fazer aqui o inventário dos temas desenvolvidos nas epígrafes de cada época na totalidade do mundo grego, já que sua variedade é imensa. Apenas tomaremos alguns exemplos de passagem, que buscam manifestamente provocar a emoção do leitor, que tentam ou obter sua compaixão, ou tranquilizá-lo. O procedimento que consiste em fazer o próprio defunto falar aumenta o caráter emocional da interpelação. Foi assim, em Arkesine de Amargos (Cíclades), nos séculos I e II de nossa era:

> Meu nome é Philostorgos ["o afetuoso"]. Nike me criou para ser o sustentáculo ["âncora"] de sua velhice. Eu tinha 20 anos. Tendo visto o que é proibido revelar, fui arrancado a contragosto pela Moira, chegando ao auge dos filhos divinos[81]. Mãe, não chore por mim. Por que este favor? Mas me venere! Pois me tornei uma estrela divina, brilhando ao cair da noite (*IG*, XII, 7, 123).

Expressão sublime da piedade filial para com uma mãe inconsolável pela morte de seu filho, deixando esperar o prosseguimento da vida sob outra forma, como se Philostorgos tornado estrela no firmamento continuasse a velar sobre sua mãe acordado... Mas o epitáfio também pode ser ocasião de manifestar o desejo de vingança, como no texto da tragédia *Alexandria da Trôade* no século III de nossa era:

> Meu nome é Afrodisios, viandante, e sou cidadão de Alexandria, chefe dos corais. Morri de uma morte miserável por causa de minha mulher, a ordinária adúltera, que Zeus haverá de destruir. Seu amante secreto, um membro de minha própria família, Licon, me assassinou jogando-me do alto como um disco, quando eu ainda era moço. Em minha vintena de anos, no esplendor da beleza, as Moiras, que haviam tecido (meu destino), me enviaram como oferenda para o Hades (*I. Alexandreia/Troas*, 90).

---

81. Alusão aos filhos do destino e ao trabalho das Moiras que tecem a vida de cada um.

Afrodisios provoca a ira do passante contra Licon e sua amante, e a gravura do epitáfio impossibilita seu esquecimento.

A ira e a maldição também têm seu lugar no luto, não somente para os desafortunados que, como Afrodisios, conheceram a mão do assassino, mas porque é necessário proteger a tumba de qualquer violação. As práticas das maldições contra os violadores de tumbas se espalham por toda parte, mesmo que não existam em grande número em toda parte[82].

Se a expressão do luto e a celebração do morto necessariamente comportam um aspecto social que evidencia os sentimentos pessoais, parece que a outra emoção "privada" evocada mais acima, ou seja, o desejo amoroso, jamais possa ser manifestado de forma ostensiva. Entretanto, o corpo social, mesmo fora das famílias diretamente implicadas pelas consequências de uma paixão amorosa (quer ela funde uma família ou a destrua), julga e enquadra a expressão da paixão. Não é este o lugar de tratar do amor na Grécia em sua visão panorâmica, mas seria interessante mostrar como a sociedade considera a expressão do amor ou do desejo, qual julgamento ela faz sobre a exteriorização das emoções amorosas, se esta exteriorização varia segundo a idade, o sexo, o estatuto marital ou outras considerações ainda[83]. Obviamente, sem nenhuma intenção de exaustividade neste domínio.

A sociedade grega se comporta de tal forma que o amor entre homens e mulheres se manifesta de maneira diferente, não apenas segundo o sexo, mas igualmente de acordo com o estatuto dos indivíduos. Apesar das aparências, o amor conjugal conserva seu espaço, e as relações entre esposos não se fundam exclusivamente na necessidade de oferecer descendência ao marido. O desejo certamente não está ausente, mas é pouco valorizado, e a paixão de um mari-

---

82. Cf., p. ex., STRUBBE, J.H.M. (dir.). Ἀραὶ ἐπιτυμβιοι – Imprecations Against Desecrators of the Grave in The Greek Epitaphs of Asia Minor: A Catalogue. Bonn: Dr. Rudolf Habelt GmvH, 1997.

83. Tomamos a liberdade de remeter às páginas que consagramos no seio do capítulo "Virilité grecque". In: VIGARELLO, G. (dir.). *Histoire de la virilité*. T. 1. Paris: Seuil, 2011, p. 55-60 [trad. bras.: *História da virilidade*. Petrópolis: Vozes, 2013].

do por sua esposa pode ser objeto de zombarias ou, ao menos, de assombro. Sublinhava-se como uma curiosidade o fato de Címon estar "passionalmente enamorado de Isodike, filha de Euryptolemos e neta de Mégacles, que foi sua esposa legítima", a ponto de ter ficado extremamente angustiado por sua morte (PLUTARCO. *Címon*, 4, 10). Se Plutarco recomendava aos maridos que mantivessem relações sexuais com suas esposas regularmente a fim de manifestar-lhes o interesse não obstante a fugacidade do tempo, é fato que o discurso dominante era o da moderação. O desequilíbrio entre os dois parceiros, obviamente, era patente: se o homem podia provar do desejo por sua mulher e manifestá-lo, esta, ao contrário, só podia dar provas de moderação e, neste domínio, jamais podia tomar a iniciativa; seu papel se limitava a "consentir" as demandas de seu esposo; o termo volta constantemente (PLUTARCO. *Eroticos*, 751d). Um mundo às avessas seria o fato de as mulheres tomarem a iniciativa e manifestarem seus desejos por um homem. Quer se tratasse das Lemnianas que após terem matado seus maridos se lançaram sobre os Argonautas para unir-se a eles, ou das mulheres de Atenas levadas por Lisístrata e que se recusavam ao desejo legítimo de seus esposos, esta inversão dos papéis seria insuportável num mundo regrado. Da mesma forma, a jovem viúva que cobiça um jovem homem ainda efebo, "se for pudica e sábia, que permaneça modestamente em sua casa para ali aguardar seu pretendente. Entretanto, fuja de uma mulher que se declara apaixonada, e deteste-a, e nem sonhe em desposá-la, e guarde por motivo do não casamento tamanho descaramento" (753[84]). A virtude das esposas mais comumente louvada nas epígrafes, fora a do amor por seu marido (*philandria*), é a moderação (*sôphrosyne*), a modéstia, a reserva. Pois compete ao homem "chegar à noite em alegre cortejo na casa [do ser amado], e ali cantar a serenata na janela, e enfeitar de flores seus retratos e esbofetear [...] seus rivais" (753). Quando a jovem viúva toma de assalto sua presa na saída do ginásio, o comentário de um homem presente (de fato um dos que cortejam tal garoto "assaltado") diz que nada mais resta a fazer senão

---

84. Trad. fr. de Roberto Flacelière. Paris: Les Belles Lettres, 1952.

entregar às mulheres o ginásio e o grande Conselho (755c)! A única desculpa que se podia dar a tal comportamento feminino, era afirmar que a jovem viúva foi vítima de um impulso divino mais forte do que a razão: definitivamente esta era a definição que os gregos podiam dar de uma das mais poderosas emoções amorosas: a paixão súbita.

Os romances gregos não ignoram esta paixão súbita que invade dois seres. Em dois romances, ao menos, os heróis se encontram ao acaso por ocasião de uma procissão religiosa e imediatamente se apaixonam um pelo outro. Na tradição heroica, Aquiles se apaixona por Pentesileia, a rainha das Amazonas, no exato instante em que ele a mata. Uma pintura sobre um vaso antigo, datada de 470-460[85], oferece incontestavelmente sua mais perfeita ilustração desenhada: ao passo que o guerreiro, ainda no fogo da ação, transpassa a rainha com sua espada, esta já se entrega e manifesta seu pesar por um amor que não terá continuidade[86].

Plutarco considera esta paixão amorosa proveniente de fora, influenciada por um deus. Tratar-se-ia de um entusiasmo do qual nosso autor distingue cinco gêneros: o *profético*, enviado por Apolo, e que golpeia notadamente a Pítia de Delfos e os outros intérpretes dos oráculos do deus; o *báquico* enviado por Dioniso, traduzindo-se pelo delírio que toma conta de seus fiéis (mênades e bacantes) bem como os da mãe dos deuses, Cibele, ou de Pã; o *poético-musical*, suscitado pelas Musas, e que leva à criação das obras do espírito; o *belicoso* enviado por Ares; finalmente o *apaixonado*. Entretanto, diferentemente de todas as outras paixões cujos efeitos cessam com o distanciamento ou com a deposição dos instrumentos pelos quais ela se exerce, o furor amoroso (*erôtikê mania*) "toma conta de um ser humano e o consome [sem que nada] consiga apaziguá-lo" (758e-759b).

Paixão amorosa, furor ou loucura – Plutarco emprega o termo *mania*, que no grego tem um sentido muito mais forte do que em seu herdeiro português

---

85. Munique: Staatliche Antikensammlungen, taça 2.688.
86. ROBERTSON, M. *La peinture grecque*. Genebra: Skira, 1992, p. 115-117.

"mania", qual seja, o de uma verdadeira loucura – podem igualmente levar a excessos desaprovados pela sociedade. A liberdade do homem de submeter ao seu desejo qualquer mulher não tem outro limite senão o respeito pela propriedade de outrem, não importando se escrava, cortesã ou esposa legítima. Contanto que ele respeite esta regra elementar, o desejo masculino pode manifestar-se livremente, e ninguém pode censurá-lo, tampouco sua esposa legítima. Isto, no entanto, não significa reconhecer que o desejo dos homens pelas mulheres dependa da necessidade biológica, do impulso animal que impele o macho a "gozar das volúpias e dos prazeres passageiros do corpo" (760d); como o diz Aristipo de Cirene, citado por Plutarco: "Eu não penso que o vinho ou o peixe tenham amor por mim, no entanto, eu usufruo com prazer tanto de um quanto de outro" (760d).

Não é menos verdade que a paixão amorosa entre homens e mulheres raramente seja valorizada. Por um lado, como o vimos, ela parece mais legítima fora do casamento do que no interior do compromisso matrimonial. Por outro lado, ela deve ser contida: o dom-juanismo, não obstante o anacronismo, suscita mais zombaria do que admiração dos outros homens; e é inclusive condenável quando se refere às mulheres livres e casadas. Entretanto, com certeza o colecionador foge à nossa preocupação, já que a emoção amorosa, que não se reduz exclusivamente ao desejo, parece largamente ausente de sua estratégia de conquista.

O amor por garotos, na Grécia, goza de uma legitimidade cuja naturalidade quase não existe em outras sociedades, mesmo que exista uma literatura hostil a este comportamento. Muitos autores concordam em afirmar que a paixão amorosa entre homens, ou mais exatamente entre um homem e um jovem homem (adolescente), tem um vínculo afetivo mais forte, e inclusive mais sólido, do que entre um marido e uma esposa. Inúmeras anedotas evocam o ciúme que reina entre os homens que cortejam o mesmo efebo, e outras mostram como os amantes podem colocar a própria vida em risco para se defender da intrusão de um parceiro indesejado. O exemplo de Harmódio e

Aristogíton, os dois amantes que assassinaram o tirano de Atenas Hiparco, é o mais conhecido, mas existem outros[87]. Entretanto, convém sublinhar aqui que as relações homossexuais devem se conformar com um determinado número de regras para não infringir a lei ou, mais simplesmente, para não cair na reprovação social; contentar-nos-emos aqui em reenviar ao que escrevemos numa publicação recente[88].

Assim, o íntimo não foge ao controle social, e as emoções simultaneamente mais legítimas e mais espontâneas, que são suscitadas pelo desaparecimento de um próximo ou pela presença de um ser desejável, não podem ser livremente manifestadas. A sociedade impõe uma norma fortemente sexuada, já que proíbe a um sexo o que permite a outro, sabendo que o que ela reprime não é a emoção em si mesma, mas sua exposição, sua expressão. Trata-se de um meio de reconhecer o lugar primordial das emoções na organização de toda a sociedade, tanto em suas componentes políticas quanto religiosas.

---

87. Cf. AZOULAY, V. *Les tyrannicides d'Athènes* – Vie et mort de deux statues. Paris: Seuil, 2014.
88. "Virilité grecque". Op. cit., p. 39-55.

2

O UNIVERSO ROMANO*

Anne Vial-Logeay

"Mal te percebi, Lesbia, minha voz sumiu da boca; minha língua paralisou, um fogo sutil deslizou por meus membros, um zumbido interior fez tilintar minhas orelhas e uma dupla noite se estendeu sobre meus olhos"[1]. A intensidade da paixão repentina vivida por Catulo foi tamanha que ele revive ainda suas manifestações fisiológicas: zumbidos nas orelhas, perturbação visual, afasia – que ironia para um poeta! Esta reelaboração latina, no século I a.C., de um poema grego de Safo, que viveu no século VII-VI a.C., quase faria crer em emoções universais, compartilhadas por gregos e romanos, e inclusive por um francês do século XVII: "Mal o vi, avermelhei, à sua visão empalideci", escreve Phèdre de Racine. Estas citações parecem deixar entrever poucas diferenças entre "eles" e "nós", e uma proximidade entre os romanos e nossa época, no tocante às emoções, já que eles tinham condições de descrever de forma acessível as emoções que poderíamos qualificar de "simples" ou universais: ira, amor, medo, tristeza... e às quais os mais ricos, em suas suntuosas residências, eram constantemente reenviados pelas estátuas expressivas da arte helenística. Entretanto, a estrofe final, acréscimo propriamente catuliano, insistindo no de-

---

* Gostaria de agradecer a Manuel Royo e Eric Vial por sua leitura.
1. CATULLE. *Poésies*. Paris: Les Belles Lettres, 1998, poema 51.

sassossego da consciência culpável do jovem rapaz, faz evoluir o poema para outra dimensão, em que a moral cívica bate de frente com o desejo e a paixão: "A ociosidade, Catulo, te é funesta; a ociosidade te transporta e te excita demasiadamente; a ociosidade, outrora, fez tantos reis e cidades florescentes se perderem". A evocação discreta das lições da história e da epopeia vem aqui apoiar uma moral do esforço que não aparece junto à poetisa de Lesbos; mais ainda: o tema da paixão alienante não reenvia primeiramente a uma alienação em relação a si (mesmo se ela está presente no texto), mas a uma alienação do indivíduo em relação à cidade. Pensada na dimensão do *otium*, neste prazer pernicioso responsável por uma crise de valores em Roma[2], a emoção desaparece numa aura de reprodução coletiva e social.

A inflexão "cidadã" dada por Catulo ao que não poderia passar de uma re-escrita da surpresa amorosa leva a perguntar até que ponto, para além inclusive do arroubo, as emoções tinham direito de cidadania em Roma. Existem, com efeito, evidências enganosas: o termo "emoção", fácil de ser identificado como um composto do verbo latino *movere* ("colocar em movimento, abalar"), no entanto, não foi forjado antes do século XVI. E só este fato, que faz ressaltar a ausência de sinonímia de uma civilização à outra, constitui uma precaução, e nos convida a ficarmos atentos ao transcurso dos séculos, a não nos contentarmos em sobrepor e inclusive em não assentar nossas evidências numa sociedade tão distanciada das nossas.

Se, portanto, não é possível falar inocentemente de "emoções" na Roma antiga, isto não significa afirmar que os romanos não as tenham conhecido ou experimentado, mas que as conceberam diferentemente[3]. De fato, assim como a linguagem

---

2. Cf. ANDRÉ, J.-M. *L'Otium dans la vie morale et intelletuelle romaine*: des origines à l'époque augustéenne. Paris: PUF, 1966.

3. A história cultural só recentemente investiu no domínio das emoções, e mais recentemente ainda no mundo romano, principalmente junto aos anglo-saxões. Cf., p. ex.: HARRIS, W.V. *Restraining Rage*: The Ideology of Anger Control in Classical Antiquity. Cambridge (Mass.): Harvard University Press, 2001. • CASTON, R. *The Elegiac Passion*: Jealousy in Roman Love Elegy. Nova York/Oxford: Oxford University Press, 2005. • CHANIOTIS, A. & DUCREY, P. (dirs.). *Unveiling Emotions* – T. 2: Emotions in Greece and Rome: Texts, Images, Material Cul-

atual não define um campo de aplicação do termo, os romanos descreveram suas experiências sensitivas recorrendo a uma terminologia vaga e indistinta, que nos ensina muito sobre a ambivalência de seus sentimentos a este respeito, e mais ainda sobre a maneira com a qual eles mesmos se interrogavam sobre a natureza das emoções. Afinal, o que são as emoções em Roma? Como na Grécia, sua lista não tem nada de fixo nem de definitivo. Segundo Cícero, que se inspira nas *Tusculanas* da taxonomia estabelecida pelos estoicos na época helenística, existem quatro paixões e três estados normais, *constantiae*: estes últimos três são afeições constantes, a vontade estável (*uoluntas*), que se opõe ao desejo (*cupido*); a precaução (*prudentia*), que responde ao medo (*metus*); a alegria serena (*laetitia*), que faz frente ao prazer (*uoluptas*). A tristeza (*aegritudo*) é obviamente isolada porque inteiramente negativa, e suscetível de levar à destruição do ser (CICÉRON. *Tusculanes*, IV, 14). "Além disso, continua nosso autor, cada paixão se subdivide em espécies que se vinculam a uma mesma categoria: assim, à tristeza vinculam-se a *inuidentia* [...], a inveja, a rivalidade, a piedade, a angústia, o luto, o abatimento, o sofrimento, a desolação, a inquietação, a pena, a prostração, o desespero e tudo o que procede do mesmo gênero..."[4] Mas este é um esquema filosófico, e não é difícil de encontrar outros autores que só seguem parcialmente esta lista: assim, Plínio o Velho procede diferentemente: "Dentre os animais, somente ao [homem] foi dado o luto, somente a ele o luxo, e o luxo sob mil formas e sobre cada parte de seu corpo; a ele a ambição, a avareza, a um desejo imenso de viver; a ele a superstição, a ele o cuidado com a sepultura e inclusive sua preocupação com o porvir. Ninguém tem uma vida mais frágil, tampouco paixões mais desenfreadas por qualquer coisa, ninguém tem temores mais estarrecidos, tampouco mais violentos furores"[5] (PLÍNIO O VELHO.

---

ture. Stuttgart: Steiner, 2013. • CAIRNS, D. & FULKERSON, L. (dir.). *Emotions between Greece and Rome*. Londres: Institute of Classical Studies, 2015.

4. CICÉRON. *Tusculanes*, IV, 16: sed singulis perturbationibus partes eiusdem generis plures subiciuntur, ut aegritudini invidentia... aemulatio, obtrectatio, misericordia, angor, luctus, maeror, aerumna, dolor, lamentatio, sollicitudo, molestia, adflictatio, deperatio, et si quae sunt de genere eodem. • Neste capítulo, salvo menção contrária, a tradução das citações provém da coleção das universidades da França [N.T.].

5. Uni animantium luctus est datus, uni luxuria et quidem innumerabilibus modis ac per singula membra, uni ambitio, uni avaritia, uni inmensa vivendi cupido, uni superstitio, uni sepulturae

História natural, VII, 5). Resta que a temática é a mesma, tendo num caso quanto noutro a menção do desejo e da fraqueza humana. O caráter lábil das emoções resultou em alguns grandes traços comuns: o desejo (*cupido, libido*); o sofrimento moral; o temor. Tantas noções que podem produzir na alma um arroubo, e fazer o ser humano passar de um estado ao outro, em suma, movê-lo, para não dizer "deslocá-lo". Existe em latim uma série de termos que vão no mesmo sentido: *animi motus, affectio, affectus, passio, perturbatio*, pertencentes ao registro médico e ao nível da linguagem corrente. Além da frequência, da riqueza e da diversidade deste vocabulário, percebe-se que tais expressões acentuam o despojamento de si e a privação constituídos por uma experiência passional: *perturbatio* não diz respeito apenas às emoções, mas exprime também o transtorno; *passio* indica um fenômeno sofrido, e até o *animi motus*, o movimento da alma, que reenvia à mudança de um estado de homeostasia: estas categorias mostram a proximidade entre paixões e estados da alma. Sem dúvida, trata-se, em grande medida, de uma tradução do grego *pathe*, mesmo se o termo conserva mais o sentido de *animi motus* do que de *passio*. Além disso, os romanos aparecem aqui como tributários de um discurso preexistente. Isso não impede, porém, que eles pareçam ter considerado que as emoções só comportam valor quando controladas, e que estes movimentos eram demasiadamente imperiosos para não serem dominados[6].

Este é exatamente o efeito massivo das fontes às quais tivemos acesso: os textos ditos "literários" foram considerados enquanto refletem ideias preconcebidas e representações, e as epopeias como portadoras de valores coletivos, lembrando inclusive que a *Eneida* de Virgílio era decorada pelos estudantes, bem como as obras de Homero[7]: as pessoas se tornavam romanas à medida que

---

cura atque etiam post se de futuro. Nulli vita fragilior, nulli rerum omvium libido maior, nulli pavor confusior, nulli rabies acrior.

6. Cf. PEGEAUD, J. *La maladie de l'âme* – Étude sur la relation de l'âme et du corps dans la tradition médico-philosophique antique [1981]. 3. éd. Paris: Les Belles Lettres, 2006. • MICHEL, J.-H. "La folie avant Foucault: furor e ferocia". *L'Antiquité Classique*, vol. 50, 1981, p. 517-525.

7. Cf. MARROU, H.-I. *Histoire de l'éducation dans l'Antiquité* – T. 2: Le Monde romain. Paris: Seuil, 1948. Cf. tb. BONNER, S.F. *Education in Ancient Rome*: From the Elder Cato to the Younger Pliny. Londres: Methuen, 1977. • BLOOMER, W.M. *The School of Rome*: Latin Studies and the Origins of Liberal Education. Los Angeles/Londres: University of California Press, 2011.

apreendiam os valores comuns, desde a mais tenra idade. Na mesma perspectiva assumimos os inúmeros discursos ancorados na experiência cotidiana, mas também as correspondências, cuja natureza privada autoriza uma maior liberdade de expressão, favorável à manifestação dos sentimentos, e funcionando como tantos outros indicadores das emoções e de sua recepção. Do mesmo modo assumimos a história, este discurso afetivo sobre o passado do qual a política romana se nutriu. Para além da "literatura", que não se distancia das preocupações da sociedade em que é elaborada[8], os textos de orações, a epigrafia, oficial ou livre (como os *graffiti* de Pompeia), são igualmente portadores de ensinamentos preciosos sobre a manifestação espontânea das emoções. Além disso, estes textos permitem o acesso às representações populares ou cotidianas, geralmente difíceis de serem discernidas nos textos oficiais, ou nos mais propriamente literários. Tais testemunhas mostram com clareza como o homem romano ressente com violência os afetos individuais ou coletivos que o cercam: ele não apenas experimenta as emoções, mas delas tem tamanho conhecimento que ora é levado a considerá-las como um instrumento, ora como forças com as quais deve confrontar-se.

Por uma comunicação eficaz ou do bom uso das emoções

Eis o que notadamente testemunha a eloquência, onipresente em Roma, cuja regra de ouro se resumia a três infinitivos: *delectare, docere, movere*: "agradar", "instruir", "comover". Independentemente das nuanças agregadas a esta fórmula[9], a busca pelo patético sempre esteve no centro do interesse do orador que objetivava alcançar seus objetivos acionando suas competências emocio-

---

8. Cf. FABRE-SERRIS, J. *Mythologie et litterature à Rome* – La réécriture des mythes aux premiers siècles avant et après J.-C. Lausanne: Payot, 1998, p. 23: "A *Urbs* atravessa uma crise de identidade que é ao mesmo tempo a das consciências e das instituições políticas. É precisamente porque a própria existência do Estado e a concepção da vida que lhe é então associada são ameaçadas que a mitologia, sob todos os seus aspectos e em particular sob aquele, primordial na cultura grega, da mitologia dos poetas, aparece então como um recurso enquanto instrumento de análise do mundo e da sociedade".

9. CICÉRON. *De oratore*, II, 28, 51: *conciliare, docere, concitare.*

nais, fruto de um conhecimento profundo do coração humano, bem como de suas faculdades intelectuais. Neste contexto, o orador geme, aplaude, se queixa, se lamenta, recorre à República como testemunha, tripudia, engrossa a voz, acelera sua fluência, bate a sola do pé no chão[10]. Trata-se de um festival de emoções que associa gestos, expressões faciais e modulações de voz controladas e outros procedimentos que constituem a marca registrada do orador. Tudo isto se chama *actio*[11]. Esta técnica, conjugada à referência a lugares-comuns destinados a estimular a indignação e a piedade, garante o sucesso. Foi assim que Antônio encerrou sua vitoriosa intervenção em favor de Norbano, argumentando que sua vitória adveio mais do fato de ter estimulado as paixões dos juízes do que tê-los instruído a respeito do motivo da acusação[12]. A prova *a contrario* é oferecida pelo caso de escola de Rutílio Rufo, relatado, dentre outros, por Cícero e Valério Máximo[13]. Falsamente acusado de concussão pelos cavaleiros dos quais havia atraído o ódio por tentar proteger os provinciais das cobranças rigorosas dos publicanos (92 a.C.), Rutílio buscou garantir sua defesa de uma forma inabitual:

> Este homem, modelo de desapego, bem o sabeis, ama a mais virtuosa das cidades e a mais austera; ele não somente se recusa a comparecer diante de seus juízes e suplicar piedade, mas não permite a seus defensores nem floreios nem liberdades oratórias; ele tão somente exige a expressão puramente simples da verdade generosa (CICÉRON. *De oratore*, I, 53, 229)[14].

Seu erro, neste que tinha todas as aparências de ser um mau processo, unanimemente reconhecido como tal, foi o de comportar-se como se a verdade, sozinha, bastasse para triunfar: desta forma foi derrotado. Negando a prestar-se

---

10. Ibid., I, 53, 230.

11. *Rhétorique à Hérennius*, III, 19. • CICÉRON. *De oratore*, III, 313. • QUINTILIEN. *Institution oratoire*, I, 11, 3-19; XI, 3, 14-65.

12. CICÉRON. *De oratore*, II, 49, 201: *magis adfectis animis iudicum quam doctis.*

13. Ibid., I, 53, 227-54-231. • CICÉRON. *Brutus*, XXX, 113-115. • *Faits et dits mémorables*, VI, 4, 4; II, 10, 5.

14. *Ne ornatius quidem aut liberius causam dici suam quam simplex ratio veritatis ferebat.*

ao jogo das emoções tradicionalmente admitidas no tribunal e recorrendo à árida eloquência estoica[15], preferiu ser fiel ao seu personagem, projetando sua imagem de homem de bem. Com isso perdeu a sustentação de seu entorno. "A *actio*, na arte da palavra, domina; sem ela o melhor dos oradores não obterá nenhum sucesso; com ela um medíocre orador geralmente suplanta os mais hábeis", constata Cícero (*De oratore*, III, 56, 213). Esta dimensão altamente emocional da comunicação judiciária e política é reforçada pelo uso de técnicas e preceitos expostos nos manuais de retórica do século I, notadamente no *De inventione* (obra da juventude de Cícero) e na *Retórica a Herênio*. No primeiro manual Cícero fala sobre a existência de um direito natural comum ao gênero humano para justificar o recurso do orador às emoções pelo viés de lugares-comuns: "Poder-se-ia tirar inúmeras e eficazes [emoções] da própria causa de um discurso, se esta oferecer matéria para suscitar a indignação ou a piedade; e inclusive falar da utilidade, da natureza do direito, se a grandeza da causa parece existir" (*De inventione*, II, 22, 65[16]). A descrição da tomada de uma cidade é um bom exemplo destas passagens longamente desenvolvidas visando a suscitar a piedade[17] ou expor aos olhos do auditório a narrativa dos acontecimentos. Em igual modo, a indignação, poderosamente provocada por um orador consciente de seus efeitos, pode encontrar um público anuente: a ira, o ódio, o temor, a inveja, a piedade, eis as esteiras sobre as quais rolam quase que inteiramente as paixões, explica Cícero (*De inventione*, I, 100-105[18]).

Este acento posto nas emoções e sua expressão ao longo de um processo podem ter motivos para nos surpreender: existe muita diferença entre Aristóteles e Cícero[19], uma diferença entre o exercício do *logos* grego, faculdade racional tida por permitir a emissão de julgamentos críticos pertinentes, e a

---

15. *De oratore*, I, 53, 230.

16. "Existe um direito natural oriundo não da opinião, mas de uma espécie de instinto. É o caso do sentimento religioso (*religio*), do sentido do dever (*pietas*), da gratidão (*gratia*), do desejo de vingança (*vindicatio*), do respeito (*observantia*), da lealdade (*veritas*)" (Ibid., II, 23, 71).

17. QUINTILIEN. *Institution oratoire*, VIII, 3, 67.

18. Cf. tb. QUINTILIEN. *Institution oratoire*, VI, 2, 20.

19. Cf. WISSE, J. *Ethos and Pathos from Aristotle to Cicero*. Amsterdã: Hakkert, 1989, p. 249.

expressão sobrecarregada de sentimentos violentos, destinada a influenciar um júri pelo viés das emoções. Nisto também parece existir algo que ofende nossos ideais modernos: uma leitura contemporânea muito rapidamente culminaria na constatação de que se trata de manipular os juízes, de influenciar numa decisão. Opinião e conformismo... ainda pairam em nossa memória as experiências relativas ao consentimento feitas nos Estados Unidos ao longo dos anos de 1950, sobretudo a experiência de Solomon Asch sobre a autoridade[20]. De fato, mesmo se a *actio* é percebida em Roma como um aporte devido a Demóstenes, sem dúvida é necessário ver nesta comunicação não verbal um traço mais romano do que grego[21]. Por mais codificada que ela seja, tanto no ordenamento das diferentes partes do discurso quanto no recurso aos lugares-comuns, a expressão das emoções serve para unir a comunidade através de valores compartilhados. A transmissão de um personagem para um grupo de violentos movimentos interiores destinados a solicitar e a facilitar a adesão à causa defendida obviamente engaja um verdadeiro contágio emocional, sempre respaldado na coesão suposta ou real dos membros da *Urbs*.

É evidentemente possível que Rutílio, ao negar-se a adotar uma postura oratória contrária a seus ideais, pretendesse não se submeter à eloquência patética que se desenvolveu em Roma, influenciada pelos gregos, na segunda metade do século II a.C.[22] Entretanto, a distinção entre uma eloquência "popular" e a linguagem da "eloquência restrita"[23], característica da autoridade conferida pelo berço, tendia então a desfazer-se; preocupado em harmonizar sua vida com suas palavras, e assim preservar sua *dignitas*[24], Rutílio comportou-se

---

20. ASCH, S.E. "Opinions and Social Pressure". *Scientific American*, vol. 193, 1955, p. 31-35.

21. Cf. KENNEDY, G.A. "The Rhetoric of Advocacy in Greece and Rome". *American Journal of Philology*, vol. 89, 1968, p. 419-436, esp. p. 426: "A Roman audience would have found naked logic, i.e. sophistry, as offensive as the Greeks found it attractive".

22. Cf. DAVID, J.-M. "Eloquentia popularis et conduites symboliques des orateurs à la fin de la République, problèmes d'efficacité". *Quaderni Storici*, vol. 12, 1980, p. 171-211.

23. A expressão é de Charles Guérin: *Persona*. Cf. *L'élaboration d'une notion rhétorique au Ie siècle av. J.-C.* – T. 1: Antécédents grecs et première rhétorique latine. Paris: Vrin, 2009, p. 267.

24. Valère-Maxime, VI, 4, 4.

como se tivesse vivido na cidade ideal de Platão e não naquela, desprezível, de Rômulo, onde convinha considerar as expectativas tanto dos juízes quanto do povo[25]. O carisma do orador, legitimado tanto por sua habilidade técnica quanto por seu estatuto social, se desenrola na realidade diante de um júri de maioria composta por senadores e cavaleiros, mais sensíveis à emoção do que à busca da verdade, e em grande parte refletindo a conformidade com a ordem estabelecida. Será que proferindo um discurso o mais eficaz possível, através de procedimentos mais ou menos codificados, o orador se inscreveria numa comunidade emocional? Não obstante as variações suscetíveis de se produzir de uma época à outra, parece, sobretudo, que ele pertence a uma comunidade pré-constituída, e que demanda constantemente uma atualização pelo comportamento que se espera de cada um. Este é um dos sentidos do fracasso de Rutílio Rufo: não somente a verdade nua e crua basta para triunfar, mas a simples ruptura com os usos igualmente parece ser inconveniente. Ao contrário, em 98 a.C., Antônio garantiu de maneira espetacular a defesa do antigo Cônsul Mânio Aquílio Nepo, rasgando-lhe a túnica em público para exibir aos jurados as cicatrizes recebidas ao serviço da República, e assim saldou-as[26].

A surpresa em associar explicitamente sucesso, *actio* e manejo de lugares-comuns fazendo uso da ira e da piedade, por oradores que dão livre-curso às emoções cuidadosamente repertoriadas e trabalhadas (trata-se de oferecer um espetáculo regrado), tem igualmente a ver com o fato de os romanos se esforçarem para propor aos concidadãos um espetáculo marcado pela *grauitas* e pela *seueritas*. O orador reivindica o domínio de si mesmo enquanto produz seu *actio*... Assim como o ator que, para ser convincente, não deve sentir as emoções que exprime[27], estaria ele desconectado das paixões que busca suscitar? Trata-se aqui de uma ambiguidade inerente à postura oratória que busca gerar emoções produzindo sinais de apelo codificados pela *ars oratoria*, mas o

---

25. Sobre a presença do povo nos processos do final da República, cf. DAVID, J.-M. "*Eloquentia popularis...*" Op. cit.

26. CICÉRON. *De oratore*, II, 195. • TITE-LIVE. *Periochae,* resumo do livro LXX.

27. Cf. DIDEROT. *Paradoxe sur le comédien.*

principal conselho é o de manter o controle de si. Pois, para o orador, induzir seu público a viver emoções, sem necessariamente vivê-las ele mesmo, não significa necessariamente colocar-se a distância: sua fisionomia, seus gestos, sua voz, devem, sem dúvida, adequar-se aos efeitos buscados[28]. Assim, no último período da República, sua *dignitas* exige que ele fique estático, esboçando apenas um gesto com a mão direita. Mesmo quando o interesse do Estado está em jogo de maneira tão vital como por ocasião da morte de César, ao passo que as tramoias de Antônio colocam em perigo a República, Cícero permanece imbuído desta mesma *grauitas* inerente à *persona* oratória. "Confesso que pleiteio com veemência; mas não com ira. Eu não tenho o desvairado costume de chegar à ira total contra meus amigos, não obstante a mereçam. É por isto que eu pude colocar-me em desacordo contigo sem ira, não obstante o tenha feito com uma imensa dor na alma" (CÍCERO. *Filípicas*, VIII, 5, 16). O orador não é um ator, pleno de infâmia, e se inscreve num sistema de recomendações que o qualifica como alguém dotado de uma alta moralidade: "Eis a maior qualidade do orador e a mais difícil de alcançar: encantar os ouvintes sem que a retidão da eloquência sofra grande estrago", observa Fronton no final do século II a.C., numa carta endereçada a Marco Aurélio[29]. A retórica, entretanto, ameaça a ordem estabelecida ao pleitear o falso e ao estimular as paixões. Lançar a perturbação (*perturbare, perturbatio*) cientemente na alma dos juízes a fim de obscurecer-lhes o espírito constitui certamente uma falta moral[30], mas isto não é totalmente inaceitável; ocorre que os melhores oradores acabam recorrendo a tal subterfúgio – o próprio Cícero usa e abusa deste subterfúgio no *Pro Cluentio* e difama com prazer seu adversário Oppianicus, desconsiderando a verossimilhança. Pois não é somente à verdade que o discurso deve se adaptar: ele também deve levar em conta a opinião dos ouvintes[31] a fim de conseguir conciliar o verdadeiro e o eficaz. "Se for por boas razões, nem um nem outro

---

28. Cf. GUÉRIN, C. *Persona*. Op. cit., p. 380-382.
29. *Correspondance*. Paris: Les Belles Lettres, 2003, "À Marc Aurèle", II, 2.
30. QUINTILIEN. *Institution oratoire*, I, 17, 21.
31. CICÉRION. *Partitions oratoires*, 25, 90.

é vergonhoso; e, por consequência, onde estaria o mal? Pois às vezes, mesmo ao sábio, é permitido mentir; e o orador é obrigado a estimular as paixões, se esta for a única maneira de levar o juiz à equidade. Com efeito, são os ignorantes que decidem; e frequentemente faz parte do expediente enganá-los para impedi-los de falhar", conclui vigorosamente Quintiliano (*Institution oratoire*, II, 17, 32). Se nem todos têm a mesma capacidade de julgar, então o orador está no seu direito de manipulá-los para alcançar o triunfo final: a eloquência se inscreve num modelo comunitário complexo, fazendo a parte das clivagens sociais e culturais em curso na sociedade romana desde o século II a.C. Tudo isso requer uma leitura sociológica das emoções, tema sobre o qual ainda retornaremos. Por ora basta sublinhar que estas clivagens estão incorporadas no coração do *populus romanus*, expressão consagrada para designar o povo romano como entidade político-religiosa organizada. O corpo cívico, mesmo não sendo homogêneo, congrega de fato os cidadãos em estruturas políticas paralelas, como os funerais e os jogos[32], e convida a examinar o domínio das emoções no interior das massas.

Da religião romana ou por uma religião emocional mas sem emotividade

"Junto aos romanos a comoção religiosa não se desenvolveu", declarou doutamente Hegel em suas *Lições sobre a filosofia da história*[33]. Cívica e comunitária, a religião romana não é uma ortodoxia, mas, segundo a expressão de John Scheid, uma arte do fazer corretamente, uma ortopráxis: o sacrifício se reveste de um caráter incômodo, já que exige uma perfeita execução (em caso de erro, os gestos devem ser repetidos, e a cerimônia recomeçada, p. ex., após um sacrifício expiatório, o *piaculum*; a oração é mais terrificante à medida que

---

32. Cf. NICOLET, C. *Le métier de citoyen dans la Rome républicaine*. Paris: Gallimard, 1976, cap. 9, "Popularitas".

33. Apud SCHEID, J. *Les Dieux, l'État, l'individu* – Réflexions sur la religion civique à Rome. Paris: Seuil, 2013, p. 196.

se reveste de um valor performativo: uma vez pronunciadas, as palavras são automaticamente acompanhadas de efeito, bom ou mau); e esta característica frequentemente estimulou a contestar o caráter autêntico do engajamento do cidadão. "Piedade não é mostrar-se com frequência com a cabeça coberta por um véu e, voltado para uma pedra, aproximar-se de todos os altares, tampouco prostrar-se por terra, elevar os braços de mãos abertas defronte aos templos dos deuses, ou inundar seus altares com sangue de quadrúpedes, ou encadear promessa sobre promessa..." O que Lucrécio ataca aqui (*De rerum natura*, V, 1198-1203[34]), como epicurista convencido, são os próprios fundamentos da religião romana: a oração, o sacrifício minuciosamente regrado, as promessas feitas às divindades. Mas ele não precisava forçar tanto a barra: no século III de nossa era, o cristão Minúcio Félix vê os templos da Roma pagã como lugares onde se vivem emoções positivas, oferecendo esperança e consolação[35]. Nada disso impediu que, por longo tempo, os críticos opusessem a religião comunitária à religiosidade pessoal, vista como o lugar das emoções autênticas. Considerando que o desenvolvimento dos cultos aos mistérios era destinado a paliar uma frieza evidente, esta religião comunitária aparecia também como um lugar propiciador de sentido ao que parecia desprovido de sentido. Entretanto, análises mais aprofundadas revelam uma situação mais complexa[36].

Mesmo que os romanos não exprimam a emoção celebrando o culto[37], isto não significa que não a experimentem, mas que esperam algo diferente do rito. A elevação ao trono de Numa Pompílio, segundo rei de Roma, motivada por

---

34. Trad. fr. e apres. de José Kany-Turpin. LUCRÈCE. *De la nature des choses*. Paris: GF Flammarion, 1993, ed. rev. em 1998, p. 381.

35. *Octavius*, 7: "É nos templos e nos santuários dos deuses que protegem e ornamentam a cidade de Roma [...] que os adivinhos cheios e impregnados da divindade colhem as premissas do futuro, fornecem uma precaução contra os perigos, um remédio às doenças, a esperança aos aflitos, uma segurança aos indigentes, uma consolação nas desgraças, um alívio nas provações".

36. Nós seguimos aqui majoritariamente as análises de SCHEID, J. *Les Dieux, l'État, l'individu*. Op. cit.

37. Cf. SCHEID, J. "Les émotions dans la religion romaine". In: PRESCENDI, F. & VOLOKHINE, Y. (dirs.). *Dan le laboratoire de l'historien des religions*. Genebra: Labor & Fides, 2011, p. 407.

sua sabedoria, mostra claramente seu desejo de afastar-se da guerra e de sua selvageria, substituindo-as pela justiça e pela piedade[38], que estão na origem de novas relações pessoais e com os deuses. Narrativas transmitidas por Ovídio e Plutarco apresentam a particularidade de contar em detalhe um sacrifício apresentado pelo rei a Júpiter, e que permite precisar os vínculos entre emoção e ritual. Numa, quando avisado sobre a proximidade do inimigo, assim teria respondido a seus companheiros terrificados: "Quanto a mim, estou pronto para o sacrifício" (PLUTARCO. *Vida de Numa*, 15, 10): de um lado o medo, de outro o domínio, obviamente individual, mas passando também pela *fides* (*pistis,* em grego), simultaneamente confiança no deus[39] e respeito aos juramentos e à fé jurada. Esta *fides*, que recebia em Roma um culto enquanto deusa, mantém com as emoções uma relação muito estreita enquanto citada nos contextos de medo e tristeza (e, nas questões humanas, em matéria de amor, de amizade, de direito). Em outra ocasião, Numa, tentando desviar a fulminação, enfrenta Júpiter: apesar do medo da aparição do deus em sua majestade[40], ele entabula uma negociação com ele e, lá ainda, se diferencia da multidão, dividida entre esperança e medo[41]. Localizada ora no peito (*pectus*), ora no coração (*cor*[42]), *fides*, no entanto, não aparece nas listas de emoções, certamente em razão da estabilidade que ela propicia. Trata-se de uma virtude estreitamente associada ao exercício da razão e que, através de ritos imperativos, permite aos romanos honrar a divindade conservando a própria liberdade[43]. Inscrita num passado mais remoto de Roma, da qual os romanos não ocultam o aspecto legendário[44],

---

38. TITE-LIVE, I, 18, 1: *Iustitia religioque.*

39. Cf. MORGAN, T. "Is Pistis/Fides experienced as an emotion in the Late Roman Republic, Early Principate, and Early Church?" In: CHANIOTIS, A. & DUCREY, P. (dirs.). *Unveiling Emotions* – T. 2. Op. cit., p. 191-214.

40. OVIDE. *Fastes*, III, 331-332: "Seu coração bateu a romper-se, seu sangue se retira de todo o seu corpo, e seus cabelos se eriçam".

41. Ibid., 362: *speque metuque.*

42. Cf. SÉNÈQUE. *Consolation à Hélvia*, 19, 1: Lettres à Lucilius, 88, 29.

43. SCHEID, J. "Les emotions dans la religion romaine". Op. cit., p. 414: "A emoção não deve determinar as relações com os imortais, já que ela culminaria na submissão dos mortais aos onipotentes. No fundo, a piedade ritualista assegurava um dos aspectos da liberdade cívica".

44. Cf. TITE-LIVE. *Histoire romaine.* Prefácio, I, 1, 6-8.

a anedota de Numa se reveste de um valor paradigmático: ela indica a necessidade, e mais ainda a possibilidade, através da *fides*, de sair do ciclo das emoções negativas tais como o medo ou a desconfiança, portas abertas para a superstição[45]. Séculos depois, por ocasião das guerras púnicas, Tito Lívio não analisou diferentemente o fato de o povo romano, desesperado em face do sucesso de Aníbal, ter confiado seu destino a Cipião, não obstante sua extrema juventude. Este, seja por cálculo ou sinceridade, demonstrou respeito à necessária *fides*, praticando uma religiosidade ostensiva, dizendo inclusive ter recebido revelações divinas[46]. Para nós modernos, esta conduta é analisada em termos de superstição popular, de maquiavelismo e manipulação das massas. Quanto aos romanos, eles entregam o comando a quem os levar à vitória final de Zama. O culto de *fides* permite dominar as emoções e abre assim espaço à *pietas*, aliança respeitosa dos romanos com seus deuses e, por conseguinte, com outrem. A anedota narrada por Tito Lívio tem isto de particular: ela mostra como Cipião organizou sua empreitada escamoteando as emoções "inconfessáveis" que são o medo (coletivo) e a ambição (individual), e mostrando uma conduta e um exterior imutavelmente respeitáveis.

Sem isto, o medo dos deuses, tão difundido[47], se traduziria inevitavelmente em comportamentos desviantes, frequentemente (mas não somente) observado nos rituais estrangeiros, tolerados em Roma. Neste particular, Sêneca é fortemente crítico em face dos devotos das religiões orientais, assemelhando suas atitudes a uma histeria coletiva: homens que balançam os tambores, que se cortam os músculos, uma mulher gritando na rua...[48] Com a imagem do homem que se corta os braços, Apuleio, filósofo e orador médio-platônico, apresenta os devotos do culto a Atargatis, "deusa síria", em termos similares (*Metamorfoses*, VIII, 27, 4-28, 3): os excessos estereotipados

---

45. Cf. SÉNÈQUE. *Questions naturelles*, VI, 29.

46. TITE-LIVE. *Histoire romaine*, XXVI, 19, 3-9.

47. Cf. LUCRÈCE. *De rerum natura*, V, 1.194-1.195.

48. *De unita beata*, 26, 7-8.

nascidos da emoção suscitam uma reprovação através dos séculos, e Sêneca não se atém unicamente a uma condenação das religiões vindas de alhures, ele também vê tais comportamentos presentes na religião romana[49]. A religião é uma mediação necessária para apaziguar as consciências, canalizar a emoção, mantê-la a distância; o que não exclui a consciência em âmbito individual: nas *Metamorfoses*, Lúcio, após ter assumido forma humana graças à intervenção da deusa Ísis em Cencreia, retorna a Roma para reiniciar-se em seus mistérios, cujo culto foi introduzido no século II a.C.: as religiões dos mistérios não fogem à dimensão local, e inclusive localista, de todo culto romano[50], e a diferença com a religião tradicional se explica provavelmente por um equilíbrio diferente entre espiritualidade e ritualismo. Pois a emoção, longe de estar ausente desta mesma religião tradicional, é reconhecida, dominada, depois superada em proveito de uma garantia no caráter ordenado do universo e da participação nesta mesma ordem querida pelos deuses. Um exemplo probante, além daquele de Numa, é a forma como o luto é dominado no seio do ritual. Na realidade, a tristeza – emoção universal, segundo Plínio o Velho[51] –, que possibilitou a criação do gênero literário da consolação (*consolatio*) em Roma, não tinha equivalente no mundo grego e, de fato, tanto homens quanto mulheres derramam abundantes lágrimas na literatura e na história romanas[52]. Aí estaria, pois, o "específico do homem", mais exatamente, do romano. Será que estaríamos diante de um ritual tão diferente da maioria, que em geral não deixaria entrever as emoções? Não é sem interesse

---

49. Permitimo-nos remeter o leitor ao nosso capítulo "Pourquoi former des communautés religieuses? Quelques remarques sur Sénèque et les religions de som temps". In: BELAYCHE, N. & MIMOUNI, S.C. (dirs.). *Les communautés religieuses dans le monde Gréco-romain* – Essai de définition. Turnhout: Brepols, 2003, p. 31-47.

50. Cf. SCHEID, J. *Religion et piété à Rome*. Paris: Albin Michel, 2001, p. 162ss.

51. Cf. *Histoire naturelle*, 7, 4-5: *uni animantium luctus est datus* – "entre todos os animais somente ao homem foi dado o luto" (Paris: Les Belles Lettres, 1977). Cícero, por sua vez, considera o luto como uma das manifestações, *perturbatio*, da tristeza. Cf. *Tusculanes*, IV, 16.

52. Cf. KONSTAN, D. *The Emotions of the Ancient Greeks*: Studies in Aristotle and Classical Literature. Toronto: University of Toronto Press, 2006, cap. 12, "Grief", p. 243-258. • LIBERO, L. "*Precibus ac lacrimis*: Tears in Roman Historiographers". In: FÖGEN, T. (dir.). *Tears in the Graeco-Roman World*. Berlim/NovaYork: Walter de Gruyter, 2009, p. 209-234.

que o vocabulário usado por Plínio testemunhe um distanciamento imediato da emoção dirimente, *aegretudo*, para substituí-la pelo termo *luctus*, fazendo mais referência ao aparato fúnebre e às manifestações públicas da dor. Como o sublinhou Francesca Prescendi[53], é em Lucano que encontramos uma descrição do processo psicológico ligado à perda de um ente querido (no caso presente, trata-se de ilustrar a dor da cidade de Roma por ocasião da guerra civil entre César e Pompeu): ao choque, *dolor sine voce*, sucedem as manifestações espontâneas do luto, que evoluem em manifestações rituais. Após a *conclamatio*, citação repetida do nome do defunto (maneira de verificar a realidade do falecimento), a mãe desprende seus cabelos e em seguida conclama suas servas a bater no próprio peito e a entregar-se às lamentações ruidosas do *planctus*. Arrancar-se os cabelos, arranhar-se as faces e cobrir-se de cinza: eis um gestual regrado, posto em prática, às vezes com a presença das profissionais do luto, as *praeficae* (carpideiras), encarregadas de cantar os *neniae* (sortilégios fúnebres). Por outro lado, o cadáver, uma vez exposto, é levado para fora da cidade, para a fogueira funerária, numa longa procissão pública; os parentes carregam máscaras de cera até a efígie dos defuntos da *gens* e, durante a consunção do corpo, um filho do defunto profere a *laudatio funebris*: "Todos vivem uma emoção tamanha que o luto deixa de parecer limitado à família e se torna o luto de todo o povo" (POLÍBIO. *Histoires*, VI, 53, 3). Em seguida, uma máscara de cera da efígie daquele que partiu é colocada num relicário de madeira no lugar mais visível da casa e o luto é observado pelos membros da família por vários meses (um ano inteiro para as mulheres). Trata-se, aqui, de um ritual funerário próprio às famílias patrícias, fortemente ligadas ao poder: o Estado romano, aliás, podia decretar um luto *público* de um ano. Como para o conjunto da religião romana, o ritual é garantido da forma mais minuciosa possível e tudo é previsto, regrado, inclusive em relação aos tipos de vestimentas a serem usadas. A teatralização da emoção

---

53. "Le deuil à Rome: mise en scène d'une émotion". *Revue de l'Histoire des Religions*, n. 2, 2008, p. 297-313.

e sua expressão pública permitem dominá-la e reorientá-la. Trata-se simultaneamente de não deixar as pessoas soçobrarem na tristeza, com o risco de se perderem, e de lembrar-lhes sua pertença à coletividade. Exibição de poder de uma grande família patrícia? Não somente: a lei das Doze Tábuas (por volta de 450 a.C.) impede que se gaste muito dinheiro e limita a despesa a três *riciniae:* "a lei suprime ainda a lamentação excessiva [...]. Eis as medidas louváveis comuns tanto aos ricos quanto à plebe, e isto é conforme ao desígnio de fazer desaparecer toda desigualdade na morte", comenta Cícero (*Leis*, II, 59). O *planctus*, espetáculo oferecido a todos, realiza assim uma forma de unanimidade social e simbólica em várias etapas de seu desenvolvimento, e a morte ritualizada de um indivíduo revivifica o corpo social: "Quem não se inspiraria ao ver imagens de homens cujo valor é glorioso, juntos num mesmo lugar, por assim dizer vivos e animados? Que melhor espetáculo poder-se-ia mostrar?" (POLÍBIO. *Histoires*, VI, 53, 10). Ou, como passar do luto, que dessocializa e ameaça o ser, para a altivez, que integra cada um no seio do corpo cívico. A ritualização da emoção conjura dois medos: o da instalação num estado patológico e, mais discretamente, o do além, insistindo sobre a continuidade da vida através do julgamento laudativo destinado ao defunto.

A política das emoções: dos espetáculos ambíguos

Assim como as cerimônias religiosas, as representações teatrais, os jogos de circo e de anfiteatro mostram um conjunto comunitário que se observa em todos os níveis da sociedade[54]. A origem religiosa dos *ludi scaenici* com o surgimento do teatro em Roma, lembrada por Tito Lívio[55], é bem conhecida, e as festas religiosas, em suas mais diversas formas – jogos de circo, representações teatrais (tragédias, comédias, imitações), combates de gladiadores, naumaquias... poderosos vetores de emoções pelas ideias preconcebidas que engendram –, favoreciam a expressão das paixões e opiniões coletivas. Aos

---

54. Cf. JUVÉNAL. *Satires*, XI, 193-201.
55. *Histoire romaine*, VII, 2.

jogos de arena e cênicos se sobrepõe, portanto, o espetáculo dos cidadãos, convocados por obrigação cívica a se fazerem presentes. "Nos comícios e nas reuniões, a expressão é às vezes sincera, mas algumas vezes também falsa e viciada; no teatro, e por ocasião dos jogos de gladiadores, não é incomum que um grupo de espectadores pagos para aplaudir (claque) – tamanha a frivolidade! – desencadeie aplausos, embora raros e dispersos; é fácil perceber quando tais coisas acontecem, de onde partem os aplausos e qual é o comportamento do público honesto". Esta observação de Cícero (*Pro Sestio*, 115) consagra a emergência de um novo discurso. Sentado em ordem hierárquica segundo uma medida imposta em 194 a.C.[56], e reforçada por Augusto[57], o povo romano, segundo Cícero, pode sentir-se mais livre no espaço do teatro e do anfiteatro do que no quadro habitual da vida política. Isto permite aos magistrados ou, mais tarde, ao príncipe, testar sua popularidade, embora a expressão das emoções pelos milhares de espectadores constitua um prisma em cujo filtro se elabora um novo discurso político. Seriam o teatro e o circo, espaços altamente tecnicizados, lugares de emoções abertas e inclusive sinceras? Eis o paradoxo que gostaríamos de examinar, através de dois exemplos simbólicos: um sob a República, outro sob o Império.

O primeiro exemplo é a narrativa de Cícero de uma representação teatral fortemente politizada em seu benefício, em 57 a.C., por ocasião dos Jogos Florais que seguem imediatamente o voto de um *senatus consulte* lembrando-o do exílio em que se encontrava em razão das manobras de Clódio, seu inimigo jurado. Sem dúvida, prevenido em seu benefício, os espectadores manifestam ruidosamente sua aprovação. "De pé, estendendo a mão [na direção do cônsul] para testemunhar-lhe sua gratidão, e derramando lágrimas de alegria, [ele] fez explodir a afeição e a simpatia que me trazia", até o ator principal, o grandioso trágico Esopo, que proferiu seu texto exposto a emoções misturadas: "emocionado às lágrimas por esta alegria calorosa, à qual se misturavam a dor e o

---

56. Tite-Live, XXXIV, 54, 4-8.
57. Suétone, 40, 44.

pesar de minha ausência, [ele] pleiteou minha causa diante do povo romano" (CÍCERO. *Pro Sestio*, 117; 120). Este episódio de catarse coletiva, cuja narração é emprestada do ritual da *suplicatio* (outro rito público que permite, com o *luctus*, a manifestação de emoções – positivas ou negativas), permite reduzir de maneira progressiva a intensidade dos afetos ressentidos e desviar a violência prestes a exteriorizar-se contra Clódio, ele também presente (e Cícero mencionar o medo que lhe corta o fôlego), permite valorizar as emoções dos cidadãos, confundidos com uma multidão de homens de bem. Na realidade, as emoções desencadeadas já eram, ao menos parcialmente, pré-constituídas, como o indica, aliás, a divisão entre os espectadores: os homens de bem... e os outros (ou, aqui, i. é, Clódio, na medida em que a longa narrativa o opõe como um facínora unido a um povo).

Sob o Império, um poema de Stacio (*Silves*, II, 5) mostra uma forma de consenso emocional. O contexto é o da morte de um leão, num destes combates de animais que entretêm os espectadores por ocasião de uma *uenationes*[58]; este leão "domesticado" (*mansuetus*) acaba de ser morto por ocasião de uma *uenatio* na presença do Imperador Domiciano (81-96 de nossa era). O tema não é novo (aqui nos lembramos de Catulo chorando a morte do pardal de Lesbia, ou Ovídio organizando a *deploratio* paródica do papagaio de Corinne[59]), e o poema é lido como um elogio fúnebre (*epicedion*) do animal assemelhado a um combatente sendo chorado pelo público; mas ele também contém uma dimensão política, através da fusão emocional com o imperador[60]. O leão havia dado provas de uma conduta pacífica e virtuosa, e, enquanto o rosto do imperador carrega as marcas da aflição, o povo se derrete em lágrimas: resta saber sobre o que realmente ele chora, e a razão pela qual o espetáculo da morte de

---

58. Cf. TRINQUIER, J. "Les prédateurs dans l'arène: gibier traqué ou combattants valeureux?" In: BRUGAL, J.-P.; GARDEISEN, A. & ZUCKER, A. (dirs.). *Prédateurs dans tous leurs états* – Évolution, biodiversité, interactions, mythes, symboles. Antibes: APDCA, 2011, p. 485-501.

59. CATULLE. *Poésis*. Op. cit., poema 3. • OVIDE. *Amours*, II, 6.

60. Cf. KRASSES, H. "Statius and the Weeping Emperor (*Silv.*, 2.5); Tears as a Means of Communication in the Amphitheatre". In: FÖGEN, T. (dir.). *Tears in the Graeco-Roman World*. Op. cit., p. 253-276.

um animal desencadeia os soluços do Senado e do povo; talvez tenha a ver com o fim da carreira de um animal campeão, excedendo raramente algumas representações (diferentemente dos gladiadores de elite, aos quais o leão é assemelhado[61]). Reação espontânea, comunicação emocional entre o soberano e seus súditos, imagem vibrante da unidade afetiva, ou reação dominada diante do embaraço suscitado por uma morte inesperada – será que as *uenationes* emparelham animais de força desigual? Sem dúvida, fazer combater um poderoso favorito dependia de um cálculo político da parte do soberano, em razão da analogia evidente entre sua própria realeza e a do animal[62]. Entre simpatia e/ou vergonha e estupor no meio da multidão, o texto se preserva de escolher. A expressão do imperador não é exata: Stacio se coloca como membro apaixonado da comunidade afetiva à qual se liga e deve vincular-se, restabelecendo o consenso temporariamente maltratado, e seu poema funciona como uma contribuição aos gemidos do conjunto dos participantes. Um tema desses lembra que nem as lágrimas nem a tristeza comportam valores unívocos. Tampouco o rir, que, por sua vez, também pode disfarçar o medo ou a tristeza[63]. Sob o Império, provavelmente mais do que nos tempos republicanos, o corpo pode ser levado a dessolidarizar-se das reações afetivas com seu entorno: as lágrimas são aqui sinal de uma emoção cuja natureza se presta a confusões. Sob a República, o orador agia por meio das paixões; sob o Império, o comportamento do imperador, por sua vez, também produz efeitos, desencadeando a exteriorização de sentimentos que podiam ser tomados por piedade. O paralelismo das estruturas, no entanto, não saberia mascarar a mutação profunda que se opera: da palavra ao corpo silencioso e, em vez e no lugar das emoções expressas sem equívoco, a ambiguidade do "discurso" imperial[64]. Acrescente-

---

61. STACE. *Silves*, II, 5, v. 25-26.

62. Sobre o leão como animal "real" por excelência, cf. MARTIAL. *Épigrammes*, I, 14.

63. Cf. BEARD, M. "Les Romains riaient-ils?" *Annales Histoire* – Sciences Sociales, n. 4, 2012, p. 893-909.

64. Cf. ROYO, M. "Macabre plaisanterie au palais (à propôs de Dion, LXVII, 9)". In: LION, B.; GRANDJEAN, C. & HUGONIOT, C. (dirs.). *Le banquet du monarque dans le monde antique (Orient, Grèce, Rome)*. Rennes: PUR, 2013, p. 113-128.

mos, enfim, que, na eloquência republicana, o público sabia por experiência reconhecer os lugares e os momentos em que podiam esperar experimentar tal ou tal emoção, indignação, piedade ou outra, enquanto que, sob o Império, os sujeitos são reduzidos a espreitar e a interpretar os sinais ambíguos emitidos pelo soberano. Pertence ao tirano despertar junto a seu povo os sentimentos que não podem ser manifestados livremente, e uma emoção pode esconder muitas outras, o medo, principalmente, como sob Domiciano e Cômodo[65], mas também a afeição. Manifestar uma emoção, longe de ser um ato de resistência, significa proteger-se ou proteger seus próximos. O que há de impressionante se os imperadores romanos adoram fazer-se rodear de *metaskopoi*, estes homens que pretendem ler os rostos? No IV século de nossa era, o *Tratado de fisiognomonia*, anônimo, condensa estes conhecimentos adquiridos sobre este tema desde Galeno, e analisa os traços e manifestações físicas como provas de um estado interior. A ausência de liberdade suportada sob um governo tirânico manifesta com clareza que o homem não está livre de suas emoções, e existe sobre este ponto uma profunda continuidade com toda uma grade de análise, sobretudo filosófica, segundo a qual o homem jamais é mestre de si mesmo. Mais ainda: as diferentes estratégias postas em prática a título individual se mostraram invariavelmente um fracasso. Rituais políticos ou religiosos permitiam integrar a emoção, bem como dominá-la no espaço coletivo; sem este recurso, o romano sentia-se tão diminuído como qualquer outro diante destas emoções com as quais não sabe lidar. O mito do cidadão corajoso, mestre de si mesmo, não se sustenta. Numa civilização antiga, o medo sempre vagueia e as narrativas de guerras são ocasiões de constatar sua onipresença. Assim, quando, em plena guerra púnica, a notícia da derrota da Trébia chega a Roma, "a novidade deste desastre provocou tamanho pavor que se acreditava avistar o inimigo marchando em formação de ataque contra a cidade de Roma; não havia mais, pensava-se, esperança nem socorro...", relata Tito Lívio (XXI, 57, 13). Percebe-se como, a partir de informações, a imaginação põe-se em movimento:

---

65. Cf. BEARD, M. "Les romains riaient-ils?" Op. cit.

os propósitos dos romanos, dramaticamente relatados ao estilo indireto, sinal do deslizamento imediato da consciência do perigo para o terror, doravante traduzem o fato de que o povo se move numa multidão indiferenciada, pronto a crer em tudo e a perder-se em sentimentos negativos: o anúncio abre espaço ao pavor pânico, que por sua vez se abre à imaginação catastrófica. A história romana regurgita suas reações exageradas; no entanto, é sabendo colocar limites ao medo, sempre mau conselheiro, e cumprindo o ritual, que os romanos, voltando a ser *populus Romanus*, se mostram capazes de vencer. Fora desta estrutura, são constantemente vulneráveis diante das emoções sempre percebidas como perigosas.

Governar para não ser governado

Vários imperadores pareciam querer justificar seu reinado colorindo-o de filosofia e revestindo a corte de filósofos, em geral estoicos. Este é o caso, largamente conhecido, de Nero e seu preceptor Sêneca. Não é indiferente lembrar que os estoicos eram porta-vozes da ausência de paixões, *apatheia*, analisando de maneira fina as diferentes fases de uma sequência emocional[66]. É assim que eles atribuem a cada emoção uma fonte natural, *impetus* (*hormê*, em grego) – o sábio, aliás, não é insensível[67] –, mas negam que possa haver um bom uso das paixões através do ímpeto, já que é possível evitá-las: se não compete nem à natureza das coisas, nem, sobretudo, aos seres o poder de mudar o curso dos acontecimentos[68], a intervenção do intelecto nestes domínios que dependem da afetividade, sempre possível, permite dificultar o curso "normal" das emoções, convidadas a se transformar em paixões. A emoção leva efetivamente a um julgamento errôneo, tão rapidamente efetuado que geralmente ele passa despercebido. Ao *impetus* inicial, emoção espontânea da alma, sucede de fato uma análise em termos de prazer ou de desgraça, e a natureza da emoção depende

---

66. GRAVER, M. *Stoicism and Emotion*. Chicago, Ill.: University of Chicago Press, 2007.

67. SÉNÈQUE. *Lettres*, 9, 3.

68. SÉNÈQUE. *Consolation à Polybe*, 18, 3. • *Lettres*, 116, 3.

da opinião que acompanha este abalo: na maior parte do tempo, ela a considera, sem razão, como justificada[69], tirando da emoção todo valor cognitivo. Que infelicidade! Ainda bem que a experiência se encarrega de pontilhar a distância entre as palavras e as coisas: negar que a dor (física ou moral) seja "real" suprime os meios de lutar contra ela. Esta é a amarga experiência de Dionísio de Heracleia, tomado de uma doença dos rins: o surgimento da doença, que sem cessar ameaça mudar o julgamento e mergulhar o ser na aflição[70], coloca em xeque as lições da filosofia. Da mesma forma Cícero, acabrunhado pela morte repentina de sua filha Túlia[71], constata que não vale a pena lutar ou ocupar-se em escrever uma *Consolação* ou edificar-lhe um santuário. Para ele, somente o tempo – talvez – sé capaz de realizar sua obra. O rechaço não é a solução.

A ira é outra emoção suscetível de afetar o conjunto de uma sociedade, patrões ou escravos. Ela, segundo as definições tradicionais, é "o desejo de vingar-se de uma pessoa que parece ter-nos lesado de maneira imerecida" (CÍCERO. *Tusculanas*, IV, 21), e assim se mostra muito próxima da *uindicatio* reivindicada nos manuais de retórica[72]. Esta racionalidade mínima, no entanto, se apaga nos retratos de homens irados que nos foram legados, sobretudo, pelos estoicos. A ira, no entanto, apresenta a particularidade de não poder ser dissimulada, pois nenhuma outra emoção mexe tanto com as características fisionômicas. Ela emerge estampada no rosto e o colore, e quanto mais intensa, mais as transformações se manifestam: "as veias engrossam, o peito passa a ser sacudido por uma respiração ofegante; as explosões furiosas da voz distorcem

---

69. Cada emoção, mesmo favorável como a alegria, deve ser regulada (CICÉRON. *Tusculanes*, IV, 6, 13).

70. Ibid., II, 60.

71. *Correspondance* – Ad familiares, IV, 6, 2: "Restava-me esta única consolação e ela me foi arrebatada [...], eu tinha um lugar onde me refugiar, onde encontrar repouso, alguém junto do qual me desabafar, na doçura de uma conversação, de todas as minhas preocupações, de todas as minhas tristezas. Mas agora esta ferida tão profunda reabriu até as velhas feridas que me pareciam curadas [...]. Assim não estou nem comigo, nem no Fórum, pois meu lar não pode me consolar da dor que experimento diante da sorte do Estado, nem este consolar-me de meu luto pessoal".

72. Definida na *De inuentione* como "o que nos incita a afastar de nós e daqueles que nos devem tomar a peito a violência e o ultraje que sofremos – seja em nos defendendo, seja pagando da mesma moeda – e para punir as faltas" (II, 66).

o pescoço; em seguida os membros tremem, as mãos se agitam, todo o corpo trepida" (SÊNECA. *Da cólera,* II, 35, 2). A emoção invade o ser inteiro, conturbado por manifestações incontroladas, sinal de um transtorno interior extremo ("a alma se romperá, caso não se extravase"). Sêneca assemelha este estado à monstruosidade das criaturas mitológicas cercadas de serpentes e soprando fogo, e ao retrato da Discórdia esboçado por Virgílio[73], exemplo de uma incontrolável força de dissociação dos vínculos (sociais, amicais) entre os homens. Quanto o ressentido corporal está fora de qualquer controle impossibilita o acesso a um conhecimento real da situação diante da qual o homem é levado a reagir (ao inverso, o *thymós* platônico, humor colérico, comporta três vertentes: é uma cólera cega, mas que também dá coragem ou, mais raramente, pode ser uma forma de vontade), ou a preocupação com a justiça, por identificação com uma vítima[74]. A descrição fenomenológica do corpo movido pela cólera é reduzida a manifestações sem vínculo nem causa. No plano teatral, a tragédia mostra a progressão inexorável da *ira* para o arrebatamento intempestivo do *furor* que consagra o abandono da humanidade: é assim que Medeia comete seu duplo infanticídio.

Uma apresentação dessas é bastante normal para um filósofo como Sêneca: segundo os estoicos, a alma exposta à *perturbatio* é um lugar de confusão, de ruptura. Ela infringe as representações correntemente veiculadas. Desta forma, em duas situações específicas o direito romano admite a condenação à morte da mulher adúltera e de seu amante pelo pai de família[75]: se a falta for cometida debaixo de seu próprio teto; se a punição dos culpáveis for feita num prazo bastante próximo da descoberta do ocorrido. Ou seja, no direito romano

---

73. *Énéide*, VIII, 702.

74. SÉNÈQUE. *De la colère*, I, 12, 2.

75. Na época de Catão o Censor um marido podia matar sua mulher adúltera sem sofrer julgamento: quando, no século I, o casamento torna-se um vínculo provisório, as mulheres conservam o estatuto de agnatas, permanecendo submissas ao poder paterno. Cf. THOMAS, Y. "À Rome, pères citoyens et cité des pères". In: BURGUIÈRE, A.; KLAPISCH-ZUBER, C.; SEGALEN, M. & ZONABEND, F. (dirs.). *Histoire de la famille* – T. 1: Monde Lointains. Paris: Armand Colin, 1986, p. 283ss.

admite-se, e é lícito, que o *pater familias* mate sua filha e seu amante sob o efeito da emoção, no caso presente, da ira. Entretanto, seria abusivo concluir pela ausência total de controle: as limitações de sua *patria potestas* são expressas com clareza[76]. Estamos, não obstante as aparências, diante de uma ira que pode ser dominada. "O poder paterno deve consistir na ternura e não na crueldade excessiva", advertia Ulpiano. "Foi permitido ao pai, e não ao marido, matar a mulher e qualquer adúltero, pois na maioria das vezes o amor dos pais fala em favor dos filhos", acrescentava Papin (ULPIANO. *Digesto,* 48, 9, 5; 48, 22, 4). Na família romana, onde três gerações frequentemente viviam sob o mesmo teto, sem contar os escravos e os amigos, as emoções eram de fato reguladas pelo *pater familias,* que detinha a onipotente *patria potestas.* Podia acontecer, entretanto, que ele mesmo desse mau exemplo: Catão é recriminado por seu filho em razão de sua ligação com uma escrava, e a comédia latina está cheia de velhotes em conflito com seus filhos: deserdados pelo pai com o qual frequentemente conhecem uma rivalidade amorosa, os filhos superam as dificuldades com a ajuda de escravos astuciosos. Não são tanto os sentimentos que ligam os filhos aos pais, mas as emoções suscitadas pela dependência quase total em que se encontram na maior parte da juventude. O mundo encantado da comédia permite encontrar uma saída através da astúcia e do remorso, mesmo se este último frequentemente se apresente como outra forma de ardileza[77]. Substancialmente, as guerras civis que ensanguentaram Roma[78] são pensadas a partir do modelo de uma família que se dilacera e a partir de enfrentamentos mortíferos entre irmãos, como ocorre na tragédia. Horácio, lembrando "o mal que a ira de Aquiles causou aos gregos" (*Epístolas,* II, 2, 42), sublinha discretamente o papel da educação das emoções aristocráticas no espaço político. As últimas páginas da *Eneida,* com a morte de Turno por Eneias, submergido pela cólera a

---

76. ULPIEN. *Digeste,* 48, 23, 2-4.

77. Cf. FULKERSON, L. *No Regrets*: Remorse in Classical Antiquity. Oxford: Oxford University Press, 2013, cap. 5.

78. Cf. JAL, P. *La guerre civile à Rome* – Étude litteráire et morale. Paris: PUF, 1963.

ponto de conhecer um fenômeno de despersonalização[79], suscitam questionamentos: qual valor acordar ao furor do legendário ancestral de Roma?

A comoção amorosa teve por longo tempo má reputação em Roma. Foi Galo (69-26 a.C.) que introduziu a elegia em Roma: a ele são atribuídos, não obstante sua dignidade social – ele foi o primeiro governador civil do Egito –, os poemas em que o trágico da paixão é assemelhado a uma doença que nenhum remédio tem o poder de curar. Os elegíacos não transgridem este retrato negativo da experiência amorosa, da qual detalham as diversas fases para melhor proceder a uma verdadeira intervenção dos sinais exaltando o *furor* e a escravização amorosa, *servitium amoris*[80], justificando que até mesmo os deuses sofrem disso. Esta é a experiência que fizeram respectivamente Apolo em seu amor por Admeta, ou o semideus Hércules aos pés de Ônfale[81], emoções abertamente antagonistas dos valores cidadãos pregados pelo regime de Augusto: *militat omnis amans*, "todo amante é soldado", exclamava Ovídio com igual audácia e malícia (*Amores*, I, 9.). Os poetas elegíacos fazem obviamente ler uma sucessão de emoções violentas, *in amores tulultus*[82], mas é a experiência, único critério de verdade, que justifica sua atitude e seu engajamento poético: acaso eles não rivalizam com os filósofos em matéria de saber humano?[83] As repressões violentas de seus concidadãos rapidamente se voltam contra eles mesmos: "Eu te dizia, zombeteiro, que o amor viria e que tu não falarias dele tão confortavelmente; eis que estás por terra, suplicando, sob os ditames de uma mulher...", assevera Propércio a Pôntico (*Elegias*, I, 9). E os exemplos poderiam ser multiplicados. "Que se aproximem os apaixonados. À Vênus, quebrar-lhe-ei as costelas com um cetro; à deusa, partir-lhe-ei os rins. Se ela é capaz de transpassar meu tenro coração, como não poderia quebrar-lhe

---

79. *Énéide*, XII, 946-947.

80. PROPERCE. *Élégies*, I, 1; II, 2: *Liber eram*; II, 7.

81. TIBULLE. *Élégies*, II, 3. • PROPERCE. *Élégies*, IX, 47: *idem ego Sidonia feci seruilia*.

82. PROPERCE. *Élégies*, III, 15, 11-42. • OVIDE. *Amours*, I, 2. • PROPERCE. *Élégies*, I, 1, 1-6; I, 3, 1-4 etc.

83. Cf. CASTON, R. *The Elegiac Passion*. Op. cit., cap. 2.

a cabeça com meu cetro?" (CIL, IV, 1824[84]). Este *graffito* de Pompeia reitera, à sua maneira, o que não podia aparecer senão como um jogo "literário": o amor é exatamente esta emoção violenta que não poupa ninguém, nem um jovem nem um homem maduro, nem um cidadão nem um escravo[85]. Cabe ainda a Mecenas desabar publicamente seu sofrimento por ter sido enganado por sua mulher Terência, fato do conhecimento de todos e, pior ainda, enganado por um amigo íntimo, o Imperador Augusto: uma extravagância suplementar a suportar por conta de sua personalidade fantasiosa e atormentada, e às vezes reenviada às suas origens: conhecemos a reputação molenga, *truphe*, tradicionalmente vinculada aos etruscos. Mas o que dizer de Pompeu?

> Lúculo, renunciando às ocupações públicas, para as quais sua idade o tornava impróprio, vivia tranquilo em sua vida de aposentado; foi então que Pompeu lhe disse que a um velho convinha menos abandonar-se às delícias do que ocupar-se com a administração. Mas ele mesmo logo se deixou amolecer pelo amor que tinha por sua jovem mulher. Unicamente ocupado em agradá-la, passava jornadas inteiras com ela, em suas casas de campo ou em seus jardins, e não sonhava mais com as ocupações públicas (PLUTARCO. *Vida de Pompeu*, 48).

Pompeu, mesmo sendo um general vitorioso, igualado a Alexandre o Grande, também fez a experiência de uma forma de alienação oferecendo o espetáculo de seu amor por Júlia. Obviamente, o casamento romano exalta a *concordia* entre os esposos. Entretanto, neste caso específico, a grande diferença de idade não está longe de fazer sonhar com o ridículo *senex amator* das comédias latinas. Confundir os registros público/privado, expressar seus sentimentos, suas emoções, aos olhos de todos, é expor-se à censura, sobretudo para um homem da política. E Plínio o Jovem dá testemunho de um temperamento apaixonado quando descreve sua aflição em razão da ausência da jovem Calpúrnia, com o risco de esquecer toda sua preocupação com sua

---

84. Apud *Sur les murs de Pompéi* – Choix d'inscriptions latines. Trad. fr. e textos escolhidos por Philippe Moreau. Paris: Gallimard, 1993, p. 30-31.

85. *Corpus Inscriptionum Latinanum*, IV, 2.457.

dignitas[86]. "Adúltero é quem trata sua mulher como amante, com excessivo ardor", declarava, no entanto, Sextius (SÊNECA. *De matrimonio,* Fragmentos, XIII, 84).

Por um regime aristocrático das emoções

Seria possível, pois, lutar, dominar estas pulsões que governam o homem romano? Apesar das resoluções encarniçadas, Alípio não pode impedir-se de "beber" a impiedade nos jogos de circo. O episódio, relatado por Santo Agostinho[87], é conhecido: coagido a assistir aos espetáculos, Alípio tinha adotado uma atitude de recusa fechando os olhos; um clamor mais forte do que os outros o fez abri-los (*cum clamor ingens totius populi vehementer eum pulsasset*), e imediatamente tornou-se cúmplice da emoção coletiva. O contágio, instantâneo, é analisado como prova de fraqueza humana por Agostinho, que vê aí uma nova prova da fraqueza do homem sem Deus, entretanto, a tópica é a mesma desenvolvida há séculos: o homem é incapaz de dominar seus afetos. A firmeza da alma é apenas uma palavra vazia. Lucano, analisando as guerras civis, esboça a constatação pessimista de uma humanidade incapaz de governar-se a si mesma, e o necessário recurso às leis civilizatórias, únicos freios eficazes contra a ira[88]. Os procedimentos de controle das emoções são coletivos, não individuais. Mas não seria principalmente o povo que afrouxa, para sua desgraça, as rédeas das emoções? Um fragmento de Varrão relata que, desde o final do século II a.C., o grande pontífice Quinto Múcio Cévola sustentava que "seria necessário distinguir três gêneros tradicionais de deuses":

---

86. *Correspondence*, VII, 5: "Grande parte de minhas noites, eu a passo acordado, em tua imagem; ao longo do dia, nas horas em que eu tinha o costume de te ver, é na direção de teu quarto que meus próprios pés, como se diz com verossimilhança, me levam; triste, aflito e como se colocado porta afora, eu retorno desta soleira vazia. Num único momento estes tormentos se afastam: quando estou no fórum, ocupado com os processos de meus amigos. Veja, pois, o valor de minha vida: seu repouso reside no trabalho, sua consolação nos aborrecimentos e preocupações".

87. *Confessions*, VI, 8.

88. *Pharsale*, II, 145-146.

Um, dos poetas; outro, dos filósofos; o terceiro, dos príncipes das cidades. O primeiro gênero diz que é frívolo, porque nele se fingem muitas coisas indignas dos deuses; o segundo, que não convém às cidades por conter algumas superfluidades e coisas cujo conhecimento prejudicaria os povos (AGOSTINHO. *Cidade de Deus*, IV, 27[89]).

Esta distinção comporta de fato uma dimensão social que reenvia à imagem de um povo excessivamente propenso a livrar-se incessantemente das emoções poéticas (aqui visa-se o teatro) e incapaz de compreender as discussões teológicas. As emoções experimentadas pelos aristocratas romanos são idênticas às da plebe, mas, o que as diferencia, é a qualidade do controle exercido sobre elas. Assim, Paulo Emílio é o próprio exemplo do sábio, ele que enfrentou a morte de seus dois filhos no meio das cerimônias do triunfo devido à sua vitória sobre o rei da Macedônia Perseu:

> Ele mal havia chegado do sepultamento do mais velho de seus dois filhos, após seu triunfo, como o dissemos, e logo chegou a vez de sepultar o segundo... Convocando o povo romano em assembleia, tintou seu discurso com a linguagem de um homem que não tem necessidade de consolação, mas que consola seus concidadãos penosamente afetados por suas desgraças (PLUTARCO. *Vidas paralelas*: Paulo Emílio, 35).

A sociedade romana está cheia destes exemplos, emprestados da *nobilitas*:

> Existem incontáveis exemplos de pessoas que, sem derramar uma lágrima, fizeram as exéquias de um filho levado na flor da juventude; que da pira funerária se dirigiram ao Senado, às suas funções públicas, e se ocuparam de imediato de questões estranhas à sua dor (SÊNECA. *Cartas a Lucílio*, 99, 6).

Enquanto, ao inverso, o povo assiste aos espetáculos do circo e do anfiteatro, incapaz de dominar suas emoções a ponto de às vezes lançar-se numa verdadeira exacerbação de ódio – como o mostra a narrativa de Tácito rela-

---

89. VARRON. *Antiquités divines*. Éd. Burkhart Cardauns, fragment 7. Cf. tb. AGOSTINHO. *Cidade de Deus*. Vol. I. Petrópolis: Vozes, 2016, p. 230 [Coleção Vozes de Bolso].

tiva à rixa entre os habitantes de Nuceria e os Pompeios, por ocasião de um espetáculo de gladiadores –, às zombarias habituais entre pequenas cidades sucedem os insultos, as pedradas, as lágrimas e, por fim, um verdadeiro massacre, que Nero tenta regrar com a proibição de tais manifestações por 10 anos... Vã esperança: no final do IV século, Amiano Marcelino julga com desprezo a plebe ociosa e desocupada, *otiosam plebem et desidem*, ainda "entretida" pelos jogos de circo[90].

Diante de tais excessos, o romano bem-nascido sabe guardar sua compostura. Este código não é unicamente social, é também moral: assim, Antonino o Piedoso declara estar "quase desgostoso" por sua ausência no discurso de Frontão[91]; o Imperador Cláudio, *a contrario*, se diferencia por seu prazer em contemplar os traços dos gladiadores moribundos. Saberia ele conjugar prazer sádico e manter a linha? O acento em Roma, na realidade, é posto nos comportamentos, que devem integrar a noção de *pudor*, termo difícil de traduzir, mas que poderia ser colocado a meio-caminho entre decência e vergonha[92]. Este imperioso exercício de dominação de si prejudica necessariamente a expressão das emoções, da forma como as concebemos hoje, embora não esfacele o indivíduo, pois se trata da *uerecundia*, ou saber agir considerando o seu próprio lugar no seio da sociedade[93]. Reabsorvida em proveito da coletividade, a emoção, dominada pelos senadores ou pelos generais de Roma, encontra então seu estatuto ancilar que jamais deveria ter perdido. Assim como em Roma o corpo social é um corpo hierárquico, da mesma forma, muito provavelmente, a emoção é a parte baixa de um conjunto de representações que traz à tona o medo do romano em face de sua própria vulnerabilidade. É desta forma que um dos procedimentos retóricos para criar a indignação consiste em garantir que "o crime sobre o qual estamos debatendo não é comum [...]; e é inclusive

---

90. MARCELLIN, M. *Histoire romaine*, XXVIII, 4.

91. FRONTON. *Correspondence*: "À Marc Aurèle", I, 6.

92. KASTER, R.A. *Emotion, Restraint and Community in Ancient Rome*. Op. cit., cap. 2.

93. Ibid., p. 19-27.

desconhecido aos sábios, aos povos bárbaros e aos mais ferozes dos animais" (CÍCERO. *De inventione*, I, 54, 103): a emoção coloca em relevo as balizas mentais com as quais o homem romano se protege. "O mesmo luto afeta mais a mulher do que o homem, mais ao bárbaro do que a pessoa civilizada, mais ao ignorante do que a pessoa instruída" (SÊNECA. *Consolação à Márcia*, VII, 3)[94]. Mesmo as romanas, as matronas principalmente, podem exercer uma função a serviço do Estado – Lucrécio o mostrou com clareza –, e suplantar em parte a fraqueza atribuída à condição feminina. Os bárbaros, por sua vez, compartilham a característica de deixar-se inexoravelmente levar pela paixão e pela própria ferocidade[95]. Por detrás destas marcas de desdém, o mesmo medo das emoções incontroladas faz emergir o temor da alteridade inscrito no seio da civilização: do mais íntimo de si pode emergir o mais assustador, que é a estranheza absoluta em relação aos outros e a si mesmo.

Gostaríamos de, no final deste capítulo, colocar a questão do vínculo entre as nossas emoções e as dos romanos. Que nos seja permitido, ao preço de um anacronismo voluntariamente assumido, concluir com uma citação de Plínio o Moço exclamando, comovido, por ocasião da morte de vários escravos:

> Não ignoro que outros apenas percebam em desgraças deste gênero nada mais do que uma perda financeira e, depois disso, ainda se acreditam grandes homens e sábios. Seriam eles grandes e sábios? Eu não sei, mas homens, não o são. Pois o específico do homem é sentir-se movido por uma aflição, senti-la, sem, no entanto, deixar-se abater; aceitar a consolação, e sentir-se necessitado de consolação (*Correspondência*, VIII, 16).

Ora, esta profissão de fé "humanista" foi preparada por Plínio, que pouco antes escrevia: "Estou enfraquecido e quebrado pelo sentimento de humanidade (*eadem illa humanitate*) que me inspirou [a autorizar os escravos a fazer

---

94. Cf. SÉNÈQUE. *Consolation à Polybe*, VI, 2. • CICÉRON. *Tusculanes*, II, 55. Emprestamos estes exemplos de ECKER, D.S. "Voix dangereuses et force des larmes: le deuil féminin dans la Rome antique". *Revue de l'Histoire des Religions*, vol. 221, 2004, p. 259-291.

95. CÉSAR. *Guerre des Gaules*, I, 31, 12. • ARIOVISTE. *Silius Italicus, Punica*, I, 169-170: les Carthaginois etc.

quase-testamentos, que eu executo enquanto tais]" (*Correspondência,* VIII [96]): houve emoção à medida que a experiência da *humanitas* induziu a uma ruptura no próprio equilíbrio fisiológico de nosso autor, "enfraquecido e quebrado", e que o levou a adotar um comportamento inabitual para sua época e seu entorno. Falar aqui de herança seria abusivo, contudo, a noção de *humanitas*[97] é o que faz dos romanos os ancestrais distantes com os quais podemos sonhar sentir-nos próximos. Assim evocada, a emoção não é mais, de fato, uma ameaça: de adversária da racionalidade, ela tornou-se sua necessária desencadeadora.

---

96. Trad. fr. modificada [Collection des Universités de France].

97. Sobre a construção desta noção, para a qual existe uma abundante bibliografia, reenviamos a PROST, F. "Humanitas: originalité d'un concept cicéronien". *L'Art du Comprendre,* n. 15, 2006, p. 31-46.

Idade Média

A Idade Média prolonga as fórmulas emocionais antigas e outras atitudes adquiridas. Trata-se, porém, de uma temporalidade caótica: uma violência difusa prevaleceria nos primeiros séculos de nossa era, forte brutalidade inclusive privilegiando o pulsional, a efervescência, o caos, o desencadeamento das comoções. O afeto maldominado encontraria aqui um espaço esquecido. Entretanto, inúmeras pesquisas fundadas em vestígios ou códigos discerníveis do universo bárbaro impedem qualquer simplificação. Um instrumento de música, com sua alusão ao "delicado", pode figurar entre os objetos na tumba de guerreiros do século III ou IV; um conjunto de toalhas de mesa sofisticado pode designar uma estrita hierarquia nos banquetes; vários outros dados arqueológicos precisos, enfim, podem contradizer um aumento da morte violenta; e, mais ainda, uma demonstração de ira domesticada pode figurar nas raras crônicas dos reis. Tantos sinais de controle possível, tantos sinais confirmando um domínio, mesmo que relativo, e uma codificação do afeto!

Urge, no entanto, uma afirmação mais clara do catolicismo, nos séculos V e VI, para mudar mais visivelmente as orientações emocionais: a esperança inédita na salvação, a imagem de um Cristo compassivo, uma visão diferente da morte, a construção do além. Trata-se de bases sobre as quais se aprofunda uma Idade Média religiosa, sem excluir, obviamente, a possibilidade da ira divina que Gregório o Grande julga sempre subordinada à razão, ou a vergonha reservada ao homem faltoso, que a *Regra de São Bento* julga indispensável para o equilíbrio da comunidade. Seja como for, trata-se de um enriquecimento da esfera emocional, de seu papel numa alternância entre momentos graves e de possíveis relaxamentos ou, mais diretamente, de um aprofundamento da consciência cristã. O amor transformado em valor reconhecido pelo cristianismo na palavra de Santo Agostinho (século V) e a referência emocional transformada em base subjacente aos vícios e às virtudes do cristão são outro tanto referências marcantes.

Os séculos centrais da Idade Média prolongam, com toda evidência, esta dinâmica, transformando-a novamente. Impossível ignorar o quanto o religioso desta época tornou-se objeto de uma autêntica "reviravolta afetiva", o quanto a própria formação monacal tornou-se uma "educação sentimental e emocional"[1], o quanto um "amor" mais vivo foi se impondo no seio da espiritualidade monástica. Esta sensibilidade inédita é tão decisiva que, no final da Idade Média, ela transpõe a esfera geográfica do mundo clerical e penetra na célula familiar, muda a relação entre pais e filhos, irmãos e irmãs, ou, melhor, entre os próprios pais. Este fato se confirma por inúmeras cartas do tempo, estudadas de uma forma inédita por inúmeras indicações iconográficas que apresentam cores e gestos delicados. Por exemplo, colocando de forma provocante São Luiz diante de Damieta, no quadro *As belas horas do Duque Jean de Berry*[2], ou simplesmente apresentando o triunfo da *Virgem ao Menino*, cujos ilustradores mostram, a partir do século XV, perfis de ternura rebuscados, inventivos. A tudo isto, desta vez, acrescente-se uma atenção mais estrita, escrita, institucionalizada, ao controle dos comportamentos, ao controle dos movimentos imediatos, às atitudes dos pajens nas cortes senhoriais, às relações "de cortesia" entre damas e cavalheiros. Muito reveladora, por exemplo, é esta ordem cautelar, presente no tratado de Hugo de São Vítor, relativa à *Admissão dos noviços*, no século XII:

> Para ser julgado virtuoso, o gesto deve ser simultaneamente gracioso sem flacidez (pois, se excessivamente frouxo, exprimiria lascívia), e severo sem agitação (pois, se entregue à agitação, experimentaria a impaciência ou a ira). Da mesma forma, deve ser simultaneamente calmo sem relaxamento (expressão do orgulho), grave sem lerdeza (expressão da preguiça) e vivo sem precipitação (expressão da inconstância[3]).

Referências específicas, referências novas: trata-se de coisas primárias, mas que ainda devem ser confrontadas com outras vertentes do comportamento medieval a fim de que permitam compreender melhor seu registro emocional.

---

1. Cf. BOQUET, D. "Les passions du salut dans l'Occident medieval", p. 153.
2. *Les Belles Heurs du duc Jean de Berry* (1408). Nova York: Metropolitan Museum of Arts, fl. 173.
3. Apud SCHMITT, J.-C. *La raison des gestes dans l'Occident médiéval*. Paris: Gallimard, 1990, p. 184.

Não há dúvidas de que a literatura cortesã, as "posturas" senhoriais, a palavra do clérigo, convergiram em sua função de tornar mais civilizada a aristocracia militar ao longo destes séculos centrais da Idade Média. Mesmo assim os comportamentos não perderam suas características, não deixaram de ser "turbulentos", em que, por exemplo, a ascensão do cavaleiro faz-se exclusivamente pelas armas, em que os flagelos mantêm viva uma angústia impaciente e compartilhada, em que "a agressividade volta-se contra as populações marginais, acusadas de semear o mal"[4]. Inevitavelmente, uma instabilidade psicológica perdura. Um constante sentimento de violência, "a passagem brutal de um estado de alma para outro"[5], bruscos acessos de ira, febres dos pastorinhos ou dos flagelantes[6], continuam presentes no horizonte da emotividade e da sensibilidade medieval. O que permite compreender melhor, aliás, por contraste, a invenção da civilidade pela sociedade moderna: um inédito tipo de controle sobre si, mais estruturado, mais interiorizado, senão mais teorizado.

---

4. BIRABEM, J.-N. "Le temps de l'apocalypse". In: DELUMEAU, J. & LEQUIN, Y. (dirs.). *Les malheurs du temps*. Paris: Larousse, 1987, p. 181.

5. Cf. MONTANDON, A. "L'invention d'une auto-surveillance intime", p. 253.

6. Cf. MOLLAT, M. *Les pauvres au Moyen Âge* [1978]. Paris: Complexe, 2006, p. 256.

3
OS BÁRBAROS

Bruno Dumézil

Na historiografia francesa, o período situado entre o século IV e o século VI de nossa era apareceu longamente dominado por uma emoção: o medo. Na verdade, a larga difusão das obras do historiador Agostinho Thierry havia imposto a imagem de germanos selvagens tomando de assalto um mundo galo--romano digno, ainda que aterrorizado. Cuidadosamente mantida pela escola da III República, esta visão romântica levou a teorizar a existência de dois modelos comportamentais opostos: o civilizado, mestre de suas emoções, opor--se-ia ao bárbaro, irracional e submetido à ditadura de seus instintos (il. 11, "Pulsões bárbaras"). Sendo esta distinção tanto ética quanto étnica, Agostinho Thierry e seus sucessores não hesitavam em ver nela as heranças nas sociedades europeias de seu tempo. Assim, a propaganda francesa e inglesa fez um largo uso destes estereótipos ao longo da Primeira Guerra Mundial.

Se uma visão destas procede evidentemente das concepções nacionalistas surgidas no século XIX, não é menos verdade que ela corresponda igualmente à narrativa de vários cronistas antigos e medievais. Uma bipartição, no entanto, é incapaz de prestar contas da extrema diversidade das fontes, tampouco dos usos variados que os contemporâneos fazem do vocabulário relativo ao afeto. Forte ou fraca, a emoção mostra-se de fato largamente manifestada, publicada e difundida, no quadro de estratégias de comunicação que se alimentam de modelos antigos, mas que igualmente sabem adaptar-se à realidade de um mundo novo.

O legado conceitual romano

Para a maioria dos autores romanos, cujas concepções dependem estreitamente da etnografia grega, o bárbaro é o homem que não tem o domínio de si. Ele não controla nem suas pulsões nem os movimentos do corpo que delas dependem. Desde Tito Lívio, a maioria dos estereótipos literários são postos em evidência: os bárbaros, dos quais os gauleses constituem a expressão mais refinada, são seres ao mesmo tempo ferozes e levianos, pérfidos e irresolutos. A menor contrariedade os leva a um paroxismo de violência; inversamente, a incompreensão ou a dúvida os leva a fugir do combate, muito embora com todas as chances triunfar. A emoção que os domina é seguramente o medo: medo que pretendem suscitar junto ao inimigo, mas igualmente medo que os paralisa ao deparar-se com um exército organizado segundo as leis de uma razão que lhes é inacessível.

Para os romanos, esta fragilidade do bárbaro se explica acima de tudo por seu entorno. A partir de Vitrúvio, os autores latinos fazem efetivamente eco à teoria "ambientalista" grega. De acordo com esta teoria, apenas a ambiência mediterrânea se beneficia de um clima que permite a emergência simultaneamente de corpos harmoniosos e espíritos equilibrados. Ao norte, o frio e a umidade tornam os organismos excessivamente sanguíneos: os músculos podem ser poderosos, mas os espíritos são fracos e facilmente excitados. Disso resulta um excelente ardor no combate, já que o bárbaro do Norte não tem medo de perder este sangue que jorra em excesso em suas veias. Entretanto, esta combatividade não se constitui em verdadeira *virtus*. Ao sul, o calor excessivo levaria a efeitos contrários, mas igualmente deploráveis: aí nos depararíamos com corpos doentios, pouco adaptados a enfrentar a adversidade, espíritos inventivos mas propensos à perversidade.

Esta inspiração descritiva ainda se mantém claramente viva no final do século IV, sob a pena de Amiano Marcelino, historiador grego de língua latina. Os bárbaros, explica o citado autor, são seres que vivem do momento: nômades porque incapazes de saborear o valor de um lar perene, prontos à velhacaria porque seus engajamentos passados não pesam em suas consciências. A menor emoção os leva a atacar ou a render-se. No século V, os poetas Claudiano e Sidônio Apolinário traçam igualmente seus panegíricos opondo o velho refrão do homem civilizado e racional ao do selvagem regido pelas paixões. Eles modernizam simplesmente o propósito para adular alguns bárbaros romanizados que, como os generais Estilocão ou Ricimer, se converteram ao modelo comportamental mediterrâneo.

A arte imperial cultivou um discurso similar. Nela o bárbaro é representado tanto como uma encarnação da loucura guerreira (notadamente nos sarcófagos ditos de batalha), como uma criatura prostrada, estatelada ao chão física e mentalmente pela derrota (nas cenas de submissão). Em todos os casos, a selvageria do inimigo de Roma pode ser lida na desarmonia de sua aparência física: massa muscular superdimensionada, cabeleira desordenada, curvatura do corpo excessiva ou inestética. Em suma: o bárbaro mostrado ao povo romano está próximo da animalidade. Evidentemente, não é impossível ajustar a mensagem. Desde a época helenística, a representação do *Gálata agonizante* mostrava a grande moral do vencido para exaltar mais ainda a superioridade do vencedor (il. 9, "Morrer com dignidade"). Sob o Império, sempre é possível encontrar representações de bárbaros orgulhosos e dignos na derrota, aceitando o inelutável triunfo de um imperador que os sobrepuja totalmente.

Junto aos autores latinos, um procedimento recorrente é o que consiste em inverter os papéis. Para melhor criticar a sociedade de seu tempo, muitos moralistas afirmam que os bárbaros controlam melhor suas emoções do que seus pretensos civilizados. Assim, Tácito louva o domínio que os germanos têm sobre si mesmos. Segundo ele, esses bárbaros podem ter inimizades, mas combatem com paixão e jamais prolongam as vinganças, preferindo aceitar compensações materiais a fim de esquecer os danos sofridos. Paixão amorosa e concupiscência seriam ignoradas. Uma mesma reserva pode igualmente ser lida nos funerais, onde o entorno masculino do morto porta-se com dignidade, sem exagerar nas despesas e sem manifestar seu luto com fortes gritos. Quanto à guerra, o germano de Tácito a pratica como uma virtude, sem que ela corresponda a ambições desmedidas ou à incapacidade de regrar diferentemente os conflitos. Enfim, o bárbaro gerencia suas emoções como outrora um romano o fazia, e como não mais o faz a partir do momento em que a riqueza lhe possibilita satisfazer seus desejos.

A partir do século IV, a oposição dos estereótipos comportamentais vai aos poucos se cristianizando. Na literatura erudita, a figura do bárbaro sanguinário passa a ser associada à do pagão que oferece sacrifícios aos demônios: esses loucos que não usam sua inteligência para buscar a Deus. A teologia imperial da época constantino-teodosiana, por outro lado, justifica a aristocracia pela necessidade de proteger os cristãos contra a violência dos infiéis. Somente alguns povos convertidos e que aderiram à aliança imperial são tidos por verdadeiramente "abrandados". Nos anos de 410, Orósio declara que entre todos os germanos os únicos que não praticam a violência em relação às populações autóctones são os Burgúndios, que são simultaneamente católicos e amigos de Roma. Em contrapartida, os invasores continuam sendo reconhecíveis por sua *feritas*, por uma ferocidade tão bestial que o imperador cristão sente-se no direito – e no dever – de espezinhar. Este discurso se desenvolve particularmente contra os Vândalos que, após tomarem Cartago em 439, passaram a ser a principal ameaça militar do Império.

Dever-se-ia concluir disso que a Antiguidade tardia reduziu o campo da emoção a uma oposição binária? Obviamente, ao menos na gramática das representações oficiais, a *severitas* tradicional do homem virtuoso transformou-se nesta *serenitas* própria à figura imperial. Nas cunhagens monetárias ou nas estátuas dos monumentos, o monarca romano cristão sempre aparece inexpressivo porque liberto das paixões humanas; inclusive sua própria corte é um reflexo hierático do coro angelical. Se considerarmos a economia das linhas de força, a verticalidade romana sempre triunfa sobre as inclinações bárbaras. Sublinhe-se, no entanto, que este enrijecimento dos códigos estéticos quase não tem vínculo com o advento dos *christiana tempora*: desde o século III, a emoção perdeu seu lugar na arte oficial. Além disso, a desumanização do monarca não é universal: a legislação imperial não hesita em apresentar um imperador se declarando excitado pela ira, pela piedade ou pela compaixão. O catálogo das virtudes imperiais permanece amplo e dúctil.

Ao longo desta mesma Antiguidade tardia, a literatura cristã tampouco rejeita a expressão do afeto. Assim, a prosa de São Jerônimo é recheada de expressões de tristeza, de alegria, de angústia ou de ira. Formado na escola de retórica, Santo Agostinho faz antes um exercício de *variatio*: a extrema afetividade de seus sermões sobre a tomada de Roma em 410 contrasta com a frieza do raciocínio teológico, quando a polêmica antipagã o obriga a minimizar o ocorrido. Por sua vez, as correspondências latinas tardias usam e abusam do registro da afetividade: a comunicação não passa verdadeiramente senão pela *communio* dos corações, quando os homens riem ou choram juntos, mesmo que a distância. Muito cedo, bárbaros convertidos entram nestas redes epistolares e aprendem a manusear esta preciosa arte da expressividade.

A cristianização do Império autoriza naturalmente uma inversão da retórica comparável à dos moralistas antigos. Em meados do século V, Salviano de Marselha, por exemplo, redige um curioso tratado *Sobre o governo de Deus*, no qual expõe que os germanos jamais deixam a rédea solta às suas paixões ou às suas emoções: eles são pudicos, comedidos e respeitosos da própria religião, embora errada. Inversamente, os romanos são "tão inescusáveis que por qualquer razão se entregam a atos insensatos" (VI, 87): fazendo-se escravos de seus medos ou de seus desejos – e, em última análise, de seus pecados –, os habitantes do Império insultam sem cessar a Deus. Em troca, este último envia os bárbaros a fim de castigar o Império. Com mais prudência, o bizantino Agátias sublinha que os francos sabem refrear suas inclinações violentas e que, em caso de guerra, discutem e debatem calmamente antes que as armas falem; esses bárbaros poderiam ser convidados a dar lições de compostura a esses orientais prontos à contenda.

O olhar da arqueologia

O que os bárbaros pensam de si mesmos? À medida que estes povos não deixam nenhum texto significativo antes do final do século V, não é fácil compreender sua gestão das emoções. Os ensaios de etnopsiquiatria levaram a conclusões largamente divergentes que revelam as distorções de nossa documentação.

Durante muito tempo, buscou-se ver nos usos funerários uma confirmação das interpretações romanas: guerreiros que foram levados para a tumba com uma panóplia de armas só podem ter sido seres violentos, prontos a qualquer tipo de combate na terra e no além. Inversamente, o depósito de objetos "pacíficos", até mesmo íntimos, foi percebido como sinal de uma profunda afetividade. O pente posto ao lado de um jovem defunto parece ser assim o reflexo da emoção dos pais e de seu apego a um membro querido da família.

Hoje somos muito mais céticos quanto à dimensão emocional dos rituais funerários. Como em muitas sociedades, estes rituais são efetivamente regidos por uma gramática estrita, cujo sentido é consuetudinário ou social, deixando pouco espaço à improvisação. Assim, junto aos francos, o número de armas depositadas numa tumba não depende da combatividade do defunto, mas do lugar que ele ocupa na hierarquia social. Da mesma forma, os objetos ligados à conservação e ao enfeite do corpo servem para ilustrar o alto nível do morto no seio de uma sociedade preocupada com as aparências. Obviamente, na virada do século VI, seríamos tentados a ler uma intensificação do sentimento de luto no crescimento repentino do fausto funeral, com o depósito de grandes riquezas nas tumbas de uma elite bastante ampla. Isto significaria esquecer que estas inumações de prestígio correspondem a um momento breve em que a aristocracia ocidental experimenta a necessidade de se posicionar diante de uma hierarquia perturbada pelo desaparecimento do Império Romano. Estas tumbas não nos narram o sofrimento das famílias, mas seu poder, suas ambições e suas necessidades de aparecer.

Entretanto, manuseados com certa prudência, alguns elementos funerários podem nos adentrar na intimidade, não dos indivíduos obviamente, mas das sociedades humanas. Assim, inúmeras sepulturas masculinas mostram exemplares de jogos de tabuleiro: no seio do grupo bárbaro, o chefe queria mostrar-se como um homem de paz, capaz de animar a vida social e pregando a competição sem conflito. O rei dos visigodos Teodorico II (453-466), por exemplo, era conhecido por seu amor pelo jogo; entretanto, ele aceitou perder o prestígio por um adversário mais forte que sorria em face da ira dos que não sabiam fazer o mesmo. Da mesma forma, vários reis anglo-saxões foram inumados com uma lira: no grande *hall* das festividades, o chefe da casa fazia circular o instrumento para permitir que cada um desse uma demonstração de seu saber e de seu talento. Pode-se tranquilamente deduzir que o chefe era um dirigente que sabia satisfazer as paixões, mas principalmente dominá-las. Da mesma forma, os jogos de toalhas que acompanham as mulheres de elite mostram que elas eram responsáveis pela organização do banquete e – se dermos fé a alguns textos – pela acomodação dos hóspedes segundo uma hierarquia estrita definida por estas damas. Estamos longe das bebedeiras desenfreadas evocadas pelas fontes romanas; o banquete bárbaro era um congraçamento complexo entre discrição e abrandamento, onde só se exprimiam as emoções – alegria, altivez, gratidão – esperadas pelos organizadores da reunião.

Quanto à extrema violência dos bárbaros, ela resiste mal à leitura dos dados arqueológicos. Na obra *Barbaricum*, os indivíduos que conheceram uma morte violenta não parecem ser mais numerosos do que em outros povos. De resto, é perigoso supor uma submissão dos espíritos bárbaros ao irracional. Assim, no sítio arqueológico de Sutton Hoo, em East Anglia, anglo-saxônia, os arqueólogos encontraram na década de 1980 corpos de homens mortos por estrangulamento e depositados em posições anormais. Este fato levou a especular a existência de sacrifícios humanos em período de extrema inquietação popular, prática evocada por alguns textos latinos. Mais tarde, a descoberta de uma forca permitiu reinterpretar o sítio como um lugar de execução da justiça real. Nesse local a violência era legal e "raciocinada".

As escavações de *habitats* levaram igualmente a reavaliar as lições que outrora se imaginou poder tirar de fontes escritas. Por exemplo: não se há mais indícios de casas abrigando toda uma parentela compartilhando a mesma vida e sujeita a emoções coletivas. O lar fundado ao redor da dupla conjugal, ao contrário, parece ser a norma nas sociedades bárbaras, e não é mais possível procurar numa extrema promiscuidade as raízes de uma pretensa agressividade germânica. Na realidade, desde os distúrbios do século III, a sociedade tornou-se violenta em todo o Ocidente, o que levou grupos familiares a aproximar-se – simbolicamente, mas nem sempre geograficamente – de forma a poder realizar operações comuns de proteção ou de agressão.

Em suma, os bárbaros certamente não acrescentaram nada de novo ao mundo romano, excluindo-se o vocabulário de certas emoções fortes e suas consequências. *Ódio* e *guerra* derivam de termos germânicos, pois estes termos correspondem a fenômenos tornados recorrentes na Alta Idade Média. Aliás, os novos mandatários do poder rapidamente aprenderam a gerenciá-los.

Confiar e controlar

A partir do final do século V, os reinos nascidos das ruínas do Império do Ocidente começaram a elaborar códigos de leis. Estas leis são "bárbaras" apenas no nome, já que muitas de suas fontes foram emprestadas de Constituições imperiais ou do direito romano provincial. O trabalho dos juristas não deixa de ser menos notável: eles compilaram, completaram, corrigiram ou modernizaram toda a legislação antiga de forma a adaptá-la a uma sociedade em plena recomposição. Nesta, o Estado ainda é relativamente fraco e a gestão das emoções deve auxiliar os juízes a restabelecer a paz.

Desde o final do século IV, a incapacidade do poder central de resolver todos os conflitos teve por consequência uma multiplicação dos regulamentos infrajudiciários, ou parajudiciários: as parentelas regravam suas contas entre si, a menos que solicitassem a intervenção divina – portanto, da Igreja – para restabelecer a ordem. Neste contexto, a constituição de redes de solidariedade levou os homens a dar uma importância nova aos vínculos que os uniam. Nota-se então a emergência de uma sociedade fundada no primado da honra, que é depreciada pelo insulto e enaltecida pela vingança. À novidade de uma agressão, a emoção se junta à razão, e ambas levam a agir contra o culpável para defender o grupo. É manuseando estes mecanismos que o legislador tem o poder de intervir.

De acordo com as leis bárbaras, o primeiro trabalho do juiz doravante consiste em mensurar a vergonha das vítimas. Esta *uerecundia* não corresponde efetivamente apenas a uma emoção individual, mas a uma humilhação de todo um grupo que, não havendo compensação, partirá para a vingança, para o acerto de contas. Desde então, por exemplo, em caso de atentado ao pudor, o juiz bárbaro deverá determinar se o vestido da vítima foi erguido até a barriga da perna, até o joelho ou até a coxa... Trata-se de avaliar a gravidade do insulto, o peso da humilhação, e, portanto, a consequente reação.

Para resolver o conflito, o juiz deve em seguida tentar dirimir o rancor da parte lesada. Para tanto, impõe ao culpável o pagamento de uma multa compensatória, o *wergeld*, que é estipulada proporcionalmente à falta. Às vezes esta medida é suficiente; no final do século VI, o cronista Gregório de Tours evoca o caso de uma vítima indenizada que rapidamente esqueceu a ira e convidou o agressor para um banquete em que ambos riem juntos. Mas é igualmente possível usar a vergonha contra o culpável e seu grupo. Com este objetivo, o legislador propõe humilhantes castigos públicos, cujo repertório é emprestado ou das penas previstas pelo direito romano tardio, ou dos costumes veterotestamentários. Os visigodos da Espanha praticam assim a *decalvatio*, isto é, a raspagem pública da cabeça. Um juiz habilidoso, no entanto, pode propor vários métodos em reparação à mesma falta; junto aos Burgúndios, quem rouba um cão de caça é condenado a beijar em público o traseiro do animal, a menos que ele aceite pagar uma grande soma ao proprietário lesado: cabe a ele optar entre a vergonha e a ruína financeira.

Num mundo onde se prefere sempre o acerto à aplicação estrita do direito, o juiz deve igualmente saber fazer um uso oportuno de suas próprias emoções. Se ele dá indícios de sua ira durante o processo, o acusado já entende que o jogo está perdido. Ser-lhe-á necessário então encontrar uma porta de saída, tomando o caminho de um exílio voluntário, negociando o depósito de uma multa, ou tentar corromper o magistrado. A Igreja não ensina senão isto: o julgamento vindouro é anunciado pelos sinais de irritação ou de benevolência que Deus envia para cada homem. Estas marcas de humor do Criador convidam o pecador a corrigir-se, ou se humilhando pela penitência, ou fazendo algumas doações tão piedosas quanto oportunas.

Das emoções soberanas

Os reis bárbaros também usam pragmaticamente suas emoções. Aparentemente o grau de interioridade pouco importa. Trata-se antes de atitudes que correspondem a mensagens precisas, que os observadores reconhecem e das quais tiram as devidas consequências.

Dentre todas as emoções, a mais vigiada é a ira. Obviamente, houve reis e rainhas bárbaros realmente irritáveis. Entretanto, num plano narrativo, e também, sem dúvida, em termos performáticos, a cólera real constitui um discurso político. É o sinal de que uma barreira foi superada e que em compensação uma ação inabitual poderá ser realizada. O rei franco Gontran (561-592) sabe realizar este jogo maravilhosamente bem: a ira real brada para anunciar a revogação de oficiais ineficazes, a preparação de expedições arriscadas ou a execução de inoportunos. Os embaixadores sublinham, no entanto, que sobre um mesmo assunto Contran é capaz de expressar sua irritação por ocasião de uma audiência pública, e logo em seguida entregar-se a espírito de zombaria sobre o mesmo tema num encontro privado. Um século antes, Átila fazia o mesmo, segundo o legado Prisco. Aqui a emoção é usada para desnortear o interlocutor. Mas este último não é otário. Logo que a Rainha Brunilda mostra seu *furor* contra seu cunhado Chilperico nos anos de 570, o bispo de Paris Germain escreve uma longa carta pedindo-lhe calma. O que permite ao prelado negociar amigavelmente a soltura de Chilperico e a rendição da cidade que ele governava.

Para os cronistas da Alta Idade Média, ver o rei irritado é em última análise um bom sinal. Justificada ou não, esta emoção que ele deixa transparecer indica sua disposição ao diálogo e eventualmente ao apaziguamento. Estamos aqui diante de uma tradição romana que faz do monarca simultaneamente o dispensador da vingança – *ultio* – e da generosidade – *clementia*. Trata-se de virtudes régias cujo uso alternado é proposto aos príncipes do século VII. Na prática, a expressão da cólera impõe à parte adversa uma humilhação, mas ela não implica uma eliminação definitiva. Inversamente, o rei que não demonstra sua irritação é um homem imprevisível, temível e geralmente pouco estimado. Este é o caso de Clóvis, do qual Gregório de Tours diz ter sido capaz de guardar em segredo por um ano o rancor que havia experimentado por ocasião do caso do vaso de Soissons; sua vingança não foi menos desastrosa.

Outra emoção esperada dos soberanos da Alta Idade Média é a tristeza. Um bom dirigente deve saber chorar, notadamente quando fica sabendo da morte de um de seus amigos ou parentes. No final do século V, o rei dos burgúndios Gundebaldo chora publicamente o desaparecimento de seu irmão, enquanto este acaba de ser executado sob suas ordens. O episcopado do reino se manifesta declarando-se satisfeito: afinal de contas, o Rei Davi fez o mesmo com Absalão. Da mesma forma, em 568, o merovíngio Chilperico carrega o luto de sua esposa Galsuinta; trata-se desta vez de afastar as acusações de assassinato do qual o jovem viúvo se sabe ser vítima. Em seu conjunto, as lágrimas régias dependem de uma lógica de comunicação que remonta à Antiguidade. Além disso, esta emoção pública impõe – e torna, portanto, legítima – a redação de cartas de consolação enviadas pelos súditos; ora, estas epístolas representam uma das raras ocasiões, juntamente com o panegírico, em que os aristocratas podem dar-se ao luxo de dar conselhos de boa governança, e inclusive de fazer críticas. Um monarca hábil sabe que precisa dialogar com sua aristocracia.

Embora não seja raro ver o rei irritar-se ou lamentar-se, é muito mais raro vê-lo rir ou rejubilar-se. Talvez sejamos vítimas de nossa documentação, notadamente de cronistas que, alimentando-se da escória jornaleira, tendem a relatar as emoções negativas. Para encontrar reis felizes, talvez tenhamos que nos bandear para o lado dos poetas. No final do século VI, Venâncio Fortunato se especializa em celebrar a felicidade dos reis francos: a euforia dos casamentos, a alegria de ter filhos ou netos, o simples prazer de enxertar uma árvore frutífera ou de assistir a uma pescaria do salmão. Os correspondentes diplomáticos igualmente testemunham a alegria em receber presentes ou em presentear alguém. A *seueritas* em nada impede estes momentos de *hilaritas* que geralmente dependem da esfera privada. "Quando chega a hora do jogo, faz-se necessário adormecer por alguns instantes a gravidade régia", escreve Sidônio Apolinário (*Cartas*, I, 2). Naturalmente, esta alegria é explorada pela comunicação pública: as alegrias pacíficas do rei são evocadas quando se trata de justificar que neste ano ninguém partirá para a guerra.

Rumo à expressão de sentimentos cristãos

No século VI, época em que o catolicismo se tornou a religião de quase toda a sociedade romano-bárbara, a influência da religião na gestão e na manifestação das emoções é pouco visível ainda. Os usos literários apresentam tamanha estabilidade que o elemento cristão se insere, sem perturbá-la, na bem-azeitada mecânica da escrita afetiva.

A carta de consolação remetida aos amigos enlutados, por exemplo, constitui um exercício tão bem dominado que permite desvirtuamentos bizarros.

Os francos enviavam estas cartas a altos funcionários que haviam sofrido infortúnios na carreira, e o poeta Maximiano redigiu uma elegia funerária em honra ao seu próprio pênis, comparando-o a um guerreiro abatido e privado de sua glória! A nova esperança na salvação certamente levou a abordar temas novos, entendendo a morte não como um fim, mas como princípio de recompensas. O epitáfio latino igualmente sofreu novo alento. Entretanto, forçoso é constatar que os mais belos textos rapidamente passaram a ser colecionados, o que levou a supor que sua composição constituía um gesto acima de tudo social ou ritual. O mesmo vale para as mensagens que permitiam expressar o próprio ardor ou garantir ao outro a continuidade dos mesmos sentimentos: as mais belas cartas de amor merovingianas foram conservadas pelos formulários escritos por notários; entretanto, outrora de domínio público, logo passaram ao anonimato, a fim de serem usadas nas cerimônias dos esponsais. E o que dizer das mensagens de rompimento, nas quais se invoca a passagem do amor ao ódio, nas quais os cônjuges imaginam a interferência do demônio como motivo de suas dilacerações? A carga emocional desses textos não deve dissimular sua vocação jurídica, que é especificar as cláusulas do divórcio e gerenciar suas implicações patrimoniais. Essa mesma carga emocional está inclusive presente nos formulários administrativos.

Se quisermos encontrar um traço indiscutível da cristianização das emoções, precisamos buscá-lo nos gêneros literários novos. Este é o caso da hagiografia ocidental, cujos códigos começam a surgir a partir do final do século IV. A imitação de Cristo subentende necessariamente a narrativa, mas múltiplas variações restam possíveis. O arquétipo do santo ocidental, Martinho de Tours, é assim descrito por Sulpício Severo como um ser impassível, que nunca riu nem chorou, tampouco o afetaram o medo ou a dúvida. A referência escolhida é a do Cristo mártir, colorido talvez de *serenitas* imperial. Muitos hagiógrafos ocidentais preferem, em contrapartida, usar a imagem do Cristo compadecido. Por volta do ano de 500, os santos bispos provençais distribuem assim seus milagres a todos os infelizes, inclusive a bárbaros. Diante do sofrimento dos fracos, o santo homem é tocado e sua emoção se comunica com Deus. Existiria algo de mais normal? Este é o modelo da carta de súplica que as cidades fazem remontar ao monarca por intermédio de um Grande Compadecido. Muito cedo, os textos valorizam o dom das lágrimas, que é concebido como o principal *medium* entre o homem e Deus. Outros modelos crísticos, no entanto, restam possíveis. Assim, a hagiografia ocidental utiliza às vezes o modelo do Cristo pregador, multiplicando as belas palavras e testemunhando sua *hilaritas*. O Deus da ira permanece um referente mais raro, já que de um uso mais delicado. Na hagiografia irlandesa, por sua vez, vemos vários santos testemunhando sua irritação pública e lançar maldições contra os inimigos pagãos ou sacrílegos.

Os sermões constituem outro terreno privilegiado de pesquisa. Desde a época de Santo Ambrósio, os grandes pregadores transpõem para o domínio cristão as fontes de uma arte oratória antiga em que a componente de ensino (*docere*) era indissociável das funções de entretenimento (*placere*) e de apelo à empatia (*movere*). As emoções que buscam suscitar, obviamente, dependem do público visado. Diante de uma assistência aristocrática, o pregador explora, sobretudo, o registro da *uerecundia* que humilha: vergonha de ter pecados vulgares, vergonha de ser menos caridoso do que os pobres, vergonha de deixar seus escravos no paganismo... Diante de uma boa sociedade que conhece um medo permanente da desclassificação, o opróbrio constitui um poderoso elemento de persuasão. Por contraste, diante das classes médias, o pregador usa antes o registro humorístico ou dramático, de maneira a obter reações fortes da massa. Não subestimemos o recurso ao medo: o juízo final é frequentemente evocado, mesmo se este tema não tem ainda a importância que assumirá na Alta Idade Média. Para resumir esta retórica cristã feita de apelos à emoção, as biografias de Cesário de Arles (502-542) relatam que o bispo "incitava uns pela doçura de sua conversação e terrificava outros por suas palavras incisivas; enfraquecia uns, mimava outros, afastava vícios de uns pela caridade, outros pela proibição; geralmente aconselhava uns por provérbios e repreendia outros mais duramente tomando a Deus por testemunha, de sorte que seguindo estes conselhos os suplícios e as lágrimas eternas pudessem ser evitados" (*Vita Caesarii*, I, 7). Gregório o Grande (590-604), vê nesta capacidade de suscitar ou o medo ou a esperança o principal motor da conversão dos bárbaros ao cristianismo: a coerção ou o recurso ao sobrenatural devem permanecer secundários.

Na fronteira entre diferentes gêneros literários, as primeiras regras monásticas ocidentais constituem outro *corpus* revelador. No seio das comunidades, o controle da disciplina coloca na verdade problemas constantes e, na impossibilidade de poder utilizar sempre o direito, o abade deve manejar as emoções de uns e outros. A maioria dos textos insiste assim na *caritas*, este amor mútuo que deve possibilitar o apaziguamento das tensões. Mas o superior pode igualmente provocar a humilhação dos monges faltosos: "se decidimos que eles deviam ficar na última fila ou à parte, é para que pudessem ser vistos por todos e para que se corrigissem ao menos sob o efeito da vergonha (*uerecundia*)", expõe a *Regra de São Bento*. Na prática, a gestão das emoções parece passar por uma alternância de momentos graves e por tempos de relaxamento. Em Sainte-Croix de Poitiers, a abadessa organiza jogos de mesa, como o faria um soberano bárbaro com seus guerreiros. E nos primeiros mosteiros anglo-saxões, determinados dias são reservados a ágapes cuidadosamente enquadrados e policiados, iguais aos que o *lord* propõe aos seus companheiros do *hall*.

Se considerarmos o longo período que se estende do século IV ao século VI, não poderíamos afirmar que a instalação progressiva dos bárbaros no cenário ocidental tenha mudado profundamente a gestão da linguagem emocional. Menos que a cronologia, os gêneros literários acabam impondo suas normas. Ora, estas às vezes são mutáveis. Desvinculando-se da explicação dos fatos, a escrita da história busca doravante expor as motivações dos homens e sua responsabilidade diante de Deus; é natural, portanto, que o afeto tenha invadido este espaço. Por sua vez, a epistolografia veio substituir a comunicação direta entre os aristocratas no centro de um espaço ocidental sempre mais compartimentado; para que este diálogo *inter absentes* funcionasse enquanto as cartas eram desprovidas de qualquer conteúdo objetivo, foi necessário desenvolver uma extrema expressividade na formulação dos sentimentos. Em contrapartida, o poder soberano bárbaro guarda a preocupação das permanências, o que leva a perpetuar os usos tardo-antigos. O soberano tem desde então a escolha entre a *tranquillitas*, uma desvinculação que o situa no cume da hierarquia humana, ou a *communio*, isto é, uma empatia emocional que mostra seu interesse por seus súditos; segundo o contexto, ele utiliza uma ou outra, desenvolvendo a retórica conducente.

Não se trata certamente de minorar a força e a expressividade das emoções. Uma das mais pungentes formulações do amor filial se encontra assim sob a pena da Rainha Brunilda, que por volta de 585 escreve: *de morte geniti crucior* – "Sou torturada pela morte de minha filha". Mas a expressão serve aqui para pleitear a volta de um neto refém em Bizâncio, que Brunilda pretende colocar no trono da Espanha. E esta carta nos é transmitida pelo diplomata encarregado da redação da mensagem, que quis compilar uma coleção de peças reutilizadas. Assim, da melhor forma possível, tenta-se conservar os traços das emoções mostradas e exploradas; os sentimentos reais, quaisquer que tenham sido, permanecem para nós inacessíveis.

4
A ALTA IDADE MÉDIA

Barbara Rosenwein

Como o sublinha Piroska Nagy[1], as emoções estão no centro de nossas práticas sociais. Uma das formas de refletir sobre este tema consiste, pois, em analisar a maneira com a qual as emoções funcionam no seio dos diferentes grupos sociais ou políticos. William Reddy aventou a hipótese segundo a qual todo grupo dirigente constitui um "regime emocional" que busca impor suas normas e seus padrões emocionais a todos os membros da sociedade. Segundo Reddy, quando esta imposição se faz pesada demais, os que a sofrem criam para si um "refúgio emocional". Assim, geralmente as sociedades dispõem simultaneamente de um "regime emocional" e de um "refúgio emocional"[2].

Este paradigma, por mais útil que possa ser, negligencia a grande variedade de vias emocionais que os indivíduos formam e nas quais vivem num dado momento. Penso que existe uma maneira pertinente de conceituar esta variedade graças à noção de "comunidades emocionais". Em todas as épocas,

---

1. Cf. NAGY. "L'émotion au Moyen Âge: un âge de raison", p. 130. Gostaria de agradecer a Riccardo Cristiani e Piroska Nagy pela ajuda que me prestaram para este capítulo, bem como a Aurélien Blanchard por sua tradução.

2. REDDY, W.M. *The Navigation of Feeling*: A Framework for the History of Emotions. Cambridge: Cambridge University Press, 2001.

e em todas as sociedades, quase inevitavelmente existe uma multiplicidade de comunidades emocionais, cada uma com suas próprias normas e seus próprios modos de expressão. Em determinadas sociedades, por exemplo, os indivíduos se guardam de manifestar abertamente suas emoções, ao passo que em outras a expressão é mais demonstrativa: o amor e a afeição para umas, a ira e a honra para outras. Inúmeras comunidades emocionais diferentes existem na Alta Idade Média, cada uma com sua própria atitude em relação às emoções em geral, sua própria valorização e desvalorização de determinadas emoções, bem como suas próprias normas em matéria de gestos e de expressões. Da mesma maneira que os historiadores tiveram o cuidado nestes últimos tempos de sublinhar a grande diversidade da economia e da cultura ao longo da Alta Idade Média, eles começam a trazer à luz seu pluralismo emocional[3].

A "revolução emocional" agostiniana e seu uso por Gregório Magno

A variedade de comunidades emocionais da Alta Idade Média deve ser compreendida à luz de duas atitudes opostas em relação às emoções. De um lado, a posição estoica, que tinha sido transmitida ao Ocidente em latim pelo viés de escritos como as *Tusculanas* de Cícero (século I a.C.). Os Padres do Deserto, que levavam uma vida de ascese e de abnegação, adotaram a ideia estoica segundo a qual as emoções deviam ser evitadas. No Oriente, o eremita Evágrio, o Pôntico († 399), ensinava que os demônios corrompiam os espíritos com "maus pensamentos" que eram o equivalente às "pré-paixões" (*propatheiai*) estoicas, isto é, às picadas, aos arrepios etc., alertando o sábio estoico que uma emoção estava para desabrochar. Se os estoicos se serviam da razão para evitar experimentar as emoções, Evágrio sustentava por sua vez que a única maneira de se livrar de um "mau pensamento" era substituí-lo por outro pensamento. João Cassiano († 435), um discípulo de Evágrio e fundador de um dos pri-

---

3. Cf., p. ex., MAZEL, F. *Féodalité, 888-1180*. Paris: Belin, 2010. • ROSENWEIN, B.H. "Pouvoir et passion – Communautés émotionnelles en France au VIIᵉ siècle". *Annales* – Histoire, Sciences Sociales, n. 6, 2003, p. 1.271-1.292.

meiros mosteiros do Ocidente, abandonou a ideia dos *propatheiai*. Para ele, os maus pensamentos já eram pecados. Ele os denominava ao mesmo tempo *vitia* (vícios) e *passiones* (emoções).

Por outro lado, na mesma época em que Cassiano escrevia, algumas páginas da *Cidade de Deus* de Santo Agostinho († 430) foram suficientes para inverter radicalmente esta visão negativa das emoções. Para Agostinho, as emoções (que ele as designava por uma miríade de termos diferentes: *affectiones, affectus, passiones*, ou ainda *perturbationes*) não eram por natureza nem boas nem más. Eram, antes, seus escopos, suas direções, seus objetivos que determinavam *in fine* seu valor moral. Se a vontade de uma pessoa está voltada para Deus, então todas as suas emoções são boas; se ela está voltada para o mal, então suas emoções são más.

O Papa Gregório Magno (590-604), combina a visão ascética das emoções desenvolvida pelos Padres do Deserto com o ponto de vista positivo defendido por Agostinho. Antes de tornar-se papa, Gregório tinha vivido num mosteiro situado em sua propriedade em Roma. Lá ele obedecia a um modo de vida ascético em companhia de outros monges. Quando deixou o mosteiro para tornar-se papa, assumiu um novo papel, o de pastor encarregado da pesada responsabilidade de guiar seus irmãos cristãos rumo à salvação. Mesmo que se trate apenas de um indivíduo, podemos tentar determinar algumas das características de sua comunidade emocional a partir de seus inúmeros escritos. Pois Gregório não escrevia no vazio, e o que relatava nos diz muito das normas e das expectativas de seu eleitorado. O auditório de Gregório era acima de tudo constituído pelos homens que o rodeavam – monges, clérigos ou discípulos –, e por tudo o que girava ao redor da vida de um mosteiro ou da cúria papal. Tomemos o nome de Pedro, apresentado como seu interlocutor nos *Diálogos*. Ele é descrito como estando de acordo com cada uma das ideias e emoções que Gregório manifestava. Pedro foi alguém que existiu de fato, era um membro do mosteiro de Gregório. A maioria dos monges deste mosteiro eram amigos de infância de Gregório. Em suas *Moralia in Iob*, Gregório declara que, graças a seu exemplo, ele "permaneceu bem-ancorado, como se o cabo de uma âncora o amarrasse ao porto seguro da oração"[4], e isto inclusive quando se dedicava às suas ocupações profanas. Além deste grupo existiam outras pessoas, às vezes muito distantes de Roma, com quem Gregório mantinha correspondência e com quem se sentia em pé de igualdade. Enfim, um terceiro grupo era composto pelos que se contentavam em ler e admirar seus escritos, tanto ao longo de sua vida terrena quanto após a morte. Podemos partir do princípio de que os membros de seu auditório tentavam frequentemente modelar seus próprios sentimentos e seus próprios comportamentos a partir das expectativas e das normas emocionais que Gregório promovia em seus escritos.

Ao longo de seus primeiros anos de pontificado, Gregório compôs uma obra extremamente influente, a longuíssima exegese da Bíblia que constitui as *Moralia in Iob*. Nesse texto é possível ver a relação extremamente complexa que ele entretinha com as emoções: se o mais frequentemente elas apareciam como vícios, às vezes também podiam ser usadas para direcionar os indivíduos nos caminhos da salvação e, quando eram expressas com este objetivo, então eram boas.

Fundamentando-se nas ideias dos Padres do Deserto a propósito dos "maus pensamentos" e dos "vícios", Gregório criou o que veio a ser conhecido como os sete pecados capitais. Enraizados no orgulho (*superbia*), eles se desenvolvem como ramos de uma árvore: a vaidade ou a vanglória (*inanis gloria*), a inveja (*invidia*), a cólera (*ira*), a tristeza (*tristitia*), a avareza (*avaritia*), a gula (*ventris ingluvies*) e, para concluir, a luxúria (*luxuria*). Eram estes "pensamentos" ou, para retomar a linguagem estoica, estes *propatheiai* que assaltavam os espíritos. À semelhança dos estoicos e dos Padres do Deserto, Gregório pensava que as pessoas podiam – e deviam – desobedecer-lhes. Mas a coisa não era tão fácil. O espírito e a vontade humana eram difíceis de controlar. Desta forma, uma vez que os maus pensamentos tinham tido a licença de demorar-se

---

4. GRÉGOIRE LE GRAND. Moralia in Iob. In: ADRIAEN, M. *Corpus Christianorum*. Turnhout: Brepols, 1979-1985, p. 2 [Series Latina (doravante *CCSL*), n. 143, 143A e 143B].

no indivíduo, tendiam então a solidificar-se e a transformar-se em hábitos. Os indivíduos deviam ser, portanto, vigilantes. Mesmo as boas ações podiam vir a ser culpáveis, notadamente quando o fato de realizá-las levava a uma "alegria imoderada" (*laetitia immoderata*). Como os homens deveriam remediar sua tendência natural ao vício? Segundo Gregório, eles deviam seguir o modelo impassível de Jó, cujo espírito, mesmo que tentado, jamais vacilava. Jó era tranquilo; jamais sucumbia aos "vícios da emoção" (*perturbationis vitia*).

E, no entanto, Gregório apreciava as emoções. O pecado mortal da tristeza (*tristitia*), por exemplo, também podia, em determinadas circunstâncias, ser uma virtude: os indivíduos "purificavam o caráter pervertido (*lasciviam*) de seus prazeres (*voluptatis suae*) graças a tristes lamentações (*tristitiae lamentis*)"[5]. Outras emoções podiam igualmente mostrar-se úteis. O medo (*timor*), obviamente, devia ser geralmente evitado, na medida em que "ele se insinua em nossos corações e transtorna os poderes de nossa fortaleza"[6]. Mas também podia ser positivo, sobretudo quando provocado pela contemplação dos horrores do julgamento final.

Segundo Gregório, as emoções eram essenciais principalmente para o trabalho do pastor. Agostinho havia afirmado que as emoções voltadas para Deus eram boas. Para Gregório, as coisas são um pouco mais complicadas. Para ele, as boas emoções do pastor deviam fazer um desvio antes de encontrar seu caminho para Deus, dado que era necessário que elas fossem primeiramente dirigidas aos homens. É somente após terem descido sobre os outros homens e convertido suas emoções que as emoções podiam novamente elevar-se, agora em forma de canto dos convertidos. Era evidente que o pastor teria preferido concentrar-se em Deus e somente nele. Descer de suas alturas consistia, pois, para ele, um sacrifício. Mas seu dever para com o rebanho implicava trilhar a triste realidade cotidiana da vida emocional dos homens. Gregório chamou esta descida ao mundo de "condescendência da paixão" (*condescensio passio-*

---

5. Ibid., IV, 18, 33, p. 185.
6. Ibid., II, 49, 76, p. 105.

nis). Assim como o pastor se abaixou, Gregório consolou os homens e as mulheres de seu rebanho, e, consolando-os, levou-os a um estado de espírito mais perfeito, mais virtuoso (il. 14, "A hierarquia do mundo de Gregório Magno").

A consolação era um processo. Ela começava pela empatia: "Quando queremos fazer cessar o castigo (*maerore*) de uma pessoa aflita, buscamos primeiramente ser compassivos (*concordare*) com sua tristeza (*luctui*) mortificando-nos (*maerendo*)[7]. Para compadecer-se, ou "concordar" com outra pessoa, o pastor deve primeiramente "abrandar" ou "amolecer" seu próprio espírito, a fim de torná-lo conforme (*congruens*) ao espírito daquele que sofre. Desta forma, quem consola pode associar-se (*inhaeret*) àquele que sofre e assim melhor atraí-lo (*trahat*) para si. Como dizia Gregório, tratava-se de colar ferro com ferro aquecendo as duas extremidades a fim de amolecê-las.

Em seus *Diálogos*[8], um livro em grande medida consagrado aos homens santos de seu tempo e da época anterior, Gregório dá exemplos de homens que usaram suas emoções desta maneira, isto é, para "abrandar" seus próprios sentimentos e os dos outros. Neste sentido, um "homem de Deus" (*vir Dei*) tinha o hábito de descer de seu retiro nas montanhas uma vez por ano para visitar o subdiácono Quadragésimo, um dos informantes de Gregório. Por ocasião de uma de suas visitas, este homem de Deus viu uma "mulher pobrezinha" (*paupercula*) em lágrimas junto ao corpo de seu marido que acabava de falecer. A maioria dos rituais já havia sido corretamente realizada – ele já tinha sido lavado e revestido com as roupas mortuárias – mas, caindo a noite, infelizmente fazia-se tarde demais para enterrá-lo. A mulher "passou a noite inteira em lágrimas". Ao avistar a infeliz, a consciência deste homem de Deus foi "vivamente penetrada" (*conpunctus*), e disse a Quadragésimo: "Eu partilhei (*compatitur*) da dor desta mulher"[9].

---

7. Ibid., III, 12, 20, p. 127.

8. GRÉGOIRE LE GRAND. *Dialogues*. Éd. e trad. fr. de Adalbert de Vogüe. 3 tomos. Paris: Cerf, 1979-1980.

9. Ibid., III, 17, 3; t. 2, p. 339.

Os dois homens estavam rezando na igreja onde o defunto se encontrava. Num dado momento o eremita recolheu a poeira do pé do altar, aproximou-se do corpo do defunto, retirou o pano que cobria seu rosto e "esfregou longamente a poeira no rosto do morto". Gregório escreveu: "À visão desta manigância, o primeiro movimento da mulher foi o de dar violentamente um basta ao rito, julgando-o incompreensível (*mirari*)[10]. De repente, o defunto voltou à vida, e a mulher começou a chorar lágrimas de alegria (*ex gaudio*). O homem de Deus a intimou: "Cale-te, cale-te. E se alguém te perguntar como isto aconteceu, diga simplesmente: O Senhor Jesus Cristo agiu como só Ele sabe fazê-lo"[11].

Este episódio encena o processo da condescendência da paixão. Ele começa literalmente por uma descida: o homem de Deus desce da montanha. Suas emoções "se abrandaram" – sua alma foi "penetrada" (ou "picada", para retomar o sentido original de *conpunctus*) pela tristeza da infeliz mulher. Ele sofria *com* ela, fazia suas as emoções sentidas por ela. Depois o homem de Deus fez algo que parecia extremamente estranho: tirou o véu que cobria o rosto do defunto para esfregar nele a poeira. A reação da mulher, seu horror e sua surpresa indicam que suas emoções se "abrandaram". De fato, a transição emocional foi totalmente espetacular: da tristeza seus sentimentos "se abrandam" para em seguida transformar-se em estupefação e, por fim, em alegria. Mas o eremita só concluiu seu dever pastoral após ter lembrado à mulher que convém atribuir a ressurreição milagrosa de seu marido a Jesus Cristo. O eremita usou, portanto, as emoções – as suas e as da alma que assumiu como encargo – como instrumentos para aproximá-las de Deus (il. 15, "A ressurreição de Lázaro").

Para o Papa Gregório, portanto, as emoções ordinárias não eram totalmente más; sob a direção do pastor, elas podiam estar sujeitas a mudanças tão repentinas quanto salutares. No conjunto, esta comunidade emocional – a formada por Gregório e os que estavam de acordo com ele – valorizava a tranquilidade de um Jó apreciando igualmente as conversões emocionais. Gregório descreve

---

10. Ibid., III, 4, p. 339.
11. Ibid., p. 341.

repetidamente tais conversões. Por exemplo: o criado "arrogante e insubordinado" que "sentiu-se tomado por uma imensa timidez, pavor e lassidão" ao ver o venerável Abade Équice: "Ele achegou-se todo trêmulo ao homem de Deus. Humildemente dobrou os joelhos, beijando-o"[12]. Ou, ainda, Totila, o rei dos ostrogodos, cuja crueldade e fúria foram (temporariamente) suspensos ao pousar seu olhar sobre São Bento. Em suas cartas, Gregório implora aos seus correspondentes que provem corretamente e, em seguida, ajam corretamente. Ele, por exemplo, escreve a Venâncio – um homem de alta posição social destinado à vida monástica, mas que depois renunciou – para repreendê-lo. Ele queria – e talvez esperasse verdadeiramente – que os sentimentos de Venâncio já tivessem começado realmente a "abrandar-se": "Tua alma ruborizou de vergonha (*erubescit*); ela é confundida; ela recua"[13]. Infelizmente, para Gregório, Venâncio não levou a sério a reprimenda. Não fazia parte da comunidade emocional de Gregório.

Gregório de Tours e Venâncio Fortunato: dos vínculos sentimentais

Menos de vinte anos antes do início do pontificado de Gregório Magno, outro Gregório († 594) tornou-se bispo de Tours. Seu bom amigo Venâncio Fortunato († 605), um poeta de Ravena vindo à corte dos merovíngios na esperança de nela encontrar protetores, escreveu um poema para celebrar a ascensão ao bispado de seu amigo: "Aplaudi, jubilosos (*felices*) povos [...]. Eis que chega a esperança (*spes*) do rebanho, o pai (*pater*) do povo, um amigo (*amator*) da cidade. Que as ovelhas se rejubilem (*laetificentur*) pelo pastor que lhes é dado"[14]. Estas palavras revelam as sensibilidades de uma comunidade emocional muito diferente daquela do Papa Gregório. Ao invés de colocar o acento na quietude e na tranquilidade, ou ainda nas conversões emocionais, Fortunato

---

12. Ibid., I, 4, 13, p. 51.

13. GRÉGOIRE LE GRAND. *Registrum*, 1, 33, *CCSL*, n. 140. Turnhout: Brepols, 1982, p. 39.

14. FORTUNAT, V. *Poèmes*, V, 3, 1-6. Éd. e trad. fr. de Robert Latouche. Tomo 2. Paris: Les Belles Lettres, 1998, p. 16-17.

se concentrou nos vínculos afetivos, nos vínculos do amor. Os membros do povo de Tours eram como "crianças" recebendo o maravilhoso presente de seu próprio "pai", Gregório, que os amava. As metáforas familiares dominam os escritos de Fortunado e de Gregório, dando-nos assim um apanhado das expectativas e valores próprios de sua comunidade emocional. Muito evidentemente, jamais saberemos se o povo de Tours realmente se rejubilou, ou se Gregório amava verdadeiramente os habitantes de Tours. Mas, pouco importa; o que devemos reter aqui, é que era *antevisto* que Gregório os amava: ele não devia ser um homem santo que descia de sua retirada montanha uma vez por ano, mas um pastor comprometido com a espessura do mundo.

Este mundo ele mesmo era muito diferente daquele com o qual Gregório Magno se confrontava. O papa de Roma ainda dependia de um imperador que reinava em Constantinopla. Os reinos francos (*Francia*), ao contrário, governados pela dinastia merovíngia, tinham pouquíssimos contatos com o imperador. Na época de Gregório e Fortunato, os quatro filhos de Clotário I dividiram entre si a França, cada um reinando sobre uma região em cujo centro constava uma cidade importante. O Rei Sigeberto († 575), por exemplo, que era o protetor mais importante de Gregório e de Fortunado, governava uma região que posteriormente recebeu o nome de Austrásia; seu reino tinha por capital Reims e Metz, e incluía também, ao sul, Clermont-Ferrand. Quando Sigeberto morreu, sua mulher, Brunilda, tornou-se regente aguardando o coroamento de seus filhos e, mais tarde, de seus netos. Ela reinou sobre este reino franco até sua execução brutal, em 613.

Como se pode perceber, tratava-se de um mundo muito violento e no qual simultaneamente as emoções de amor eram expressas e desejadas, ao menos em Reims e em Metz, bem como em Tours (onde Gregório era bispo) e em Poitiers (onde Fortunato devia em seguida tornar-se bispo). Quando Sigeberto casou-se com a princesa visigoda espanhola Brunilda, Fortunato escreveu versos sobre o amor apaixonado do casal: na noite anterior ao casamento, o rei estava sendo consumido pelo fogo (*igne*) de seu amor por sua prometida, e ela o desejava (*cupit*) com a mesma paixão. Os escritos de Gregório de Tours, embora menos flamejantes e frequentemente mais irônicos do que os de Fortunato, também celebravam o amor conjugal. Gregório narrou notadamente a história de um casal ao longo de suas noites de núpcias. A jovem esposa, em lágrimas, explicou para o marido que seu verdadeiro esposo era Cristo. O marido a ouviu com compaixão e aceitou jamais consumir o casamento. Gregório chamava-os de "os dois amantes"; quando morreram, foram sepultados em dois lugares separados; de manhã, suas tumbas se teriam deslocado para colocar-se lado a lado[15].

O tema do amor entre esposos autoriza Fortunato a escrever um poema sobre o casto casamento que unia Cristo e Agnes, a abadessa da abadia Santa Cruz de Poitiers. Nesse poema Fortunato descreve Cristo como um marido falando de sua "futura esposa", Agnes, enquanto esta o aguardava: "Ela velou a noite inteira prosternada, no caso de eu aparecer de alguma parte, apoiando seus braços resfriados contra o mármore amornando-os. Gelada, ela conservava meu fogo em suas medulas: sua carne estava entesada e seu coração queimava de amor (*amore*)[16]".

Eis uma versão extrema do amor que caracterizava os vínculos unindo os membros de uma mesma família, da forma como frequentemente eram descritos por Gregório e Fortunado. "Doçura" (*dulcedo*) e "doce" (*dulcis*) eram termos importantes em seu vocabulário afetivo. As mães julgavam seus filhos doces, e os maridos pensavam o mesmo de suas mulheres. Gregório evoca os cuidados prestados por sua própria mãe por ocasião de uma grande febre que o acometeu. "Hoje é um dia de luto, meu doce filho (*dulcis nate*), pois esta febre te mantém acamado"[17]. As esposas usavam os mesmos adjetivos quando fala-

---

15. GRÉGOIRE DE TOURS. *Histoire des Francs,* I, 47. Tomo 1. Trad. fr. de Robert Latouche. Paris: Les Belles Lettres, 1963-1975, p. 67.

16. FORTUNAT, V. *Poèmes*, VIII, 3, p. 211-220; t. 2, p. 138-139.

17. GRÉGOIRE DE TOURS. *Liber vitae patrum*, II. Éd. de Bruno Krusch / *Monumenta Germaniae Historica* (doravante *MGH*) / *Scriptorum rerum Merovingicarum* (doravante *SRM*). Tomo 1, parte. 2. Ed. rev. Hanovre, 1969, p. 220.

vam de seus maridos ou quando se dirigiam a eles. A bisavó de Gregório havia sugerido a seu marido que não aceitasse o episcopado de Genebra (à época, os bispos tinham o direito de casar-se): "Meu doce marido (*dulcissime conjux*), eu te peço [...] que não busques o episcopado"[18].

Fortunato, por sua vez, encontrou fortuitamente um pai e uma mãe que, da forma como o narra em seguida a Gregório, "chora [vam] (*fletibus* [...] *lugem*) sua filha pequena, gritando desesperadamente e inundando suas faces de lágrimas (*lacrimando*)". Eles explicaram a Fortunato que alguém havia raptado sua criança para fazê-la escrava. "Examinai, esclarecei o caso, solicita Fortunato a Gregório, e se houver alguma irregularidade, sede bastante amável para salvar a vítima e reconduzi-la ao vosso redil; Pai: devolvei-a igualmente a seu pai"[19]. Para ele a integridade das famílias era prioridade.

Os sentimentos familiares são igualmente objetos do poema *Sobre a ruína da Turíngia*, que Fortunato compôs para Radegunda, antiga rainha consorte do Rei Clotário I, que doravante vivia na abadia de Santa Cruz de Poitiers, fundada por ela mesma. Radegunda era filha de um rei da Turíngia; quando Clotário conquistou seu país, ela foi considerada prisioneira de guerra. Mais tarde, Clotário a desposa, mas, muito rapidamente, ela se consagra à vida espiritual. No poema de Fortunato, ela chora a morte de seu primo Amalafredo, filho de seu tio: "Recorda-te em teus jovens anos, / Amalafredo, o que eu, Radegunda, era para ti / o quanto me eras querido (*dilexis*) outrora, doce criança, / filho do irmão de meu pai, parente bem-amado (*benigne*)"[20].

Os irmãos eram igualmente presumidos amar-se entre si. Num célebre texto no qual Gregório deplorava as guerras civis entre os próprios reis merovíngios, ele considerava esta situação, antes que uma tragédia política, uma tragédia familiar:

---

18. Ibid., VIII, 1, p. 241.
19. FORTUNATO, V. *Poèmes*, V, 14, 7-8 e 21-22; t. 2, p. 39.
20. FORTUNATO, V. *Sur la ruine de la Thuringe*, 47-49, t. 3, p. 135.

[O Rei] Sigeberto mobilizou os povos do outro lado do Reno e, preparando uma guerra civil, decidiu marchar contra seu irmão (*fratem suum*) Chilperico. Informado, Chilperico enviou embaixadores até seu outro irmão (*fratem suum*) Gontran. Aliando-se, ambos firmaram então um tratado em virtude do qual um irmão não deixaria o outro irmão morrer (*fratem suum*)[21].

Gregório repetiu várias vezes a palavra "irmão": ele ficou consternado quando o pacto foi rompido e Sigeberto ameaçou marchar contra seu irmão (*frater suo*) Gontran.

As normas em matéria de amor familiar eram tão onipresentes que Gregório chegou a usá-las para fins irônicos. Brincando com o grande valor que sua comunidade emocional acordava à afeição conjugal, se ri da vida amorosa do Rei Clotário: depois que sua mulher, Ingunda, lhe solicitou que encontrasse um bom marido para sua irmã Aregunda, "o rei, que era excessivamente devasso, inflamou-se de amor (*amore*) por Aregunda e foi à cidade onde ela morava, e depois se associou a ela por um casamento"[22]. Da mesma maneira, Gregório descrevia a Rainha Clotilde – a mulher de Clóvis, o célebre rei dos francos – em vias de incitar seus filhos, com palavras amorosas, para que vingassem a morte dos pais de Clotilde: "Não é necessário, meus caríssimos (*carissimi*), que me arrependa de ter-vos nutrido ternamente (*dulciter*); mostrai, eu vos imploro, indignação pelo ultraje que sofri e vingai a morte de meu pai e de minha mãe com uma sagaz tenacidade"[23].

A expectativa da afeição familiar se estendia igualmente aos vínculos de amizade. Homens como Fortunato podiam facilmente escrever a propósito de amores por outro homem sem que ninguém visse nisso qualquer implicação homossexual. Como o mostra C. Stephen Jaeger, estas expressões de amor "enobreciam" as duas partes[24]. Assim, quando Fortunato se dizia aman-

---

21. GRÉGOIRE DE TOURS. *Histoire des Francs*, IV, 49; t. 1, p. 237-238.

22. Ibid., IV, 3, p. 182.

23. Ibid., III, 6, p. 146.

24. JAEGER, C.S. *Ennobling Love*: In Search of a Lost Sensibility. Filadélfia: University of Pennsylvania Press, 1999.

te (*amans*) de Bodogisel, ele conferia a esta relação um brilho particular. Em sua descrição da célebre querela de Sichaire e Chramnesinde, dois homens de Touraine, Gregório usa tanto a metáfora da fraternidade quanto a da amizade amorosa. Ao passo que Sichaire havia matado alguns membros da família de Chramnesinde, Gregório consegue apaziguar a querela pagando de seu próprio bolso a compensação legal reclamada por Chramnesinde. Logo Sichaire "foi tomado de uma grande amizade (*magnam amicitiam*) por [Chramnesinde], e ambos se adoravam mutuamente com tal afeição que muito frequentemente faziam suas refeições juntos e dormiam na mesma cama". Uma noite, bêbado, Sichaire força um pouco demasiadamente a intensidade de sua afeição mútua e ousa afirmar: "Tu me deves dar muitas graças, oh meu queridíssimo irmão (*dulcissime frater*), por eu ter matado teus parentes; pois, graças à índole que recebeste, o ouro e a prata superabundam em tua casa"[25]. Esta declaração desperta a sede de vingança de Chramnesinde. Ele apagou as luzes e matou Sichaire. Se este episódio mostra o quanto Gregório julgava os vínculos amorosos uma poderosa metáfora para prestar contas da amizade, ele coloca igualmente às claras a própria fragilidade desta espécie de vínculos (il. 16, "O beijo e a traição de Judas").

Provavelmente é em razão da fragilidade intrínseca do amor que Fortunato passava seu tempo tranquilizando seus amigos sobre a longevidade de sua afeição. Para Gregório ele escrevia: "Embora minha página possa ser curta, o ardor de minha amizade (*ardor amantis*) a suplanta"[26]. Ao Duque Bodegisel: "Vossas doces conversações encheram este coração que vos ama (*pectus amantis*)"[27]. E num poema ao Duque Lobo: "Oh doce (*dulce*) Lobo, nome que repito continuamente"[28].

---

25. GRÉGOIRE DE TOURS. *Histoire de Francs*, IX. Op. cit., t. 2, p. 204.

26. FORTUNAT, V. *Poèmes*, V. 8a, 7; t. 2, p. 35.

27. Ibid., VII, 5, 7-8, p. 91.

28. Ibid., VII, 8, 33, p. 98.

Se, em relação ao Papa Gregório, não nos resta outra alternativa senão embasarmo-nos em seus escritos para falar das normas e das expectativas de sua comunidade emocional, no caso de Gregório e Fortunato temos o privilégio de dispor de fontes que emanam de outros membros das suas comunidades. Brunilda é uma delas. Ela conheceu pessoalmente Gregório e Fortunato, e os colocou sob sua proteção. Após a morte de sua filha, Brunilda escreveu a seu jovem neto que vivia em Constantinopla para pedir-lhe que negociasse seu retorno aos reinos francos. Embora nunca tivessem se encontrado, Brunilda se dirigia a ele em termos de "tão doce neto" (*dulcissimo nepote*). E dizia-lhe que, graças a ele, se lembrava de sua "doce filha" (*dulcis filia*), e que ele, por sua vez, graças àquela carta, podia sentir a presença da própria mãe[29].

Baudonívia, uma monja da abadia de Sainte-Croix, escreveu uma biografia de Radegunda destinada a completar a que Fortunato havia redigido pouco antes. Aqui, o verdadeiro esposo de Radegunda, à semelhança do esposo de Agnes no poema de Fortunato, estava no céu: "Ela entregava-se a seu esposo celeste com um amor tão completo que, ao beijar a Deus com seu coração puro, podia sentir Cristo vivendo em seu seio"[30]. Na abadia, dizia Baudonívia, Radegunda era a mãe amante das outras monjas. E citou Radegunda que lhes dizia: "Eu vos escolhi, minhas filhas (*filias*); vós, minha luz; vós minha vida; vós, meu descanso e minha felicidade completa (*felicitas*)"[31].

Contrariamente a Gregório Magno, Baudonívia não desconfiava das emoções e não pensava que só devessem ser "usadas" com grande precaução, e muito menos ainda exclusivamente por homens de Igreja que sabiam manuseá-las, transformá-las e "abrandá-las". Fortunato igualmente sentia prazer em exprimir seu amor, assim como Gregório, que descrevia com ternura as mães

---

29. "Epistolae Austrasicae 17". In: GUNDLACH, W. (ed.). *MGH* – Epistolae 3: Epistolae Merowingici et Karolini aevii 1, 1892 [reimpr., Munique, 1994, p. 139-140].

30. BAUDONIVIE. Vita sanctae Radegundis, II, 5. In: KRUSCH, B. (ed.). *MGH* – SEM., t. 2 [reimpr., Hanobre, 1984, p. 282].

31. Ibid., II, 8, p. 383.

amorosas, e continuamente deplorava os momentos de ruptura dos vínculos do amor. Estas experiências, propriamente falando, eram genuínas representações de uma comunidade emocional sentimental. Comunidade que acolhia de braços abertos as emoções positivas e deplorava as negativas.

A corte de Clotário II: a rejeição do sentimento

Após a morte de todos os filhos de Clotário I, os únicos reinos francos restantes eram o da Austrásia e o da Borgonha, regidos pelos netos de Brunilda e Sigeberto, bem como o da Nêustria, onde reinava Clotário II, sobrinho de Sigeberto. Em 612, Clotário II venceu o rei da Austrásia e, em 613, matou o rei da Borgonha. Logo em seguida prendeu e executou a velha Rainha Brunilda. Embora, desde então, Clotário II passasse a ser rei da Austrásia e da Borgonha, sua corte permaneceu em Paris e em suas imediações, no suposto reino da Nêustria.

Os homens de sua corte pertenciam a uma comunidade emocional extremamente diferente daquela da corte de Brunilda e Sigesberto, não obstante a distância de apenas uma ou duas gerações. Os jovens aristocratas, que viviam juntos, geralmente se sentiam, de uma maneira ou de outra, tocados pelas ideias do impetuoso missionário irlandês São Columbano, que importou para o continente europeu uma forma de monaquismo totalmente nova – um monaquismo situado no campo e inacessível a quem não estivesse nas ordens. Uma grandíssima parte destes homens que frequentavam a corte de Clotário II acabaram se tornando bispos, num lugar ou noutro. Eles mantinham contatos através de cartas, e a correspondência de Didier (Desiderius), um destes cortesãos que pouco depois se tornou bispo de Cahors, nos dá uma ideia de algumas normas emocionais que acompanhavam essa comunidade[32].

---

32. CAHORS, D. Epistulae. In: NORBERT, D. (ed.). *Epistulae S. Desiderii Cadurcensis*. Estocolmo: Almqvist & Wikesell, 1961 [Studia Latina Stockholmiensia 6]. Estas cartas são as de número 630 até 655.

Já não estamos mais no tempo da afeição complacente de Gregório e Fortunato... Os tempos dos privilégios dos sentimentos familiares também já haviam caído no esquecimento. Inclusive o rico vocabulário da emoção desenvolvido por Gregório e Fortunato também reduzido a quase nada, que em parte pode ser posto na conta do declínio da educação clássica[33]. O fato é que a comunidade emocional associada à corte de Nêustria, além tender a banir a manifestação das emoções, era muito diferente daquela que circundava Gregório Magno. Ela já não celebrava mais a capacidade das emoções de "penetrar" os sentimentos dos outros para melhor levá-los a Deus. As únicas emoções valorizadas eram as que se referiam à vida após a morte. Excluído este último tipo de emoção, pode-se tranquilamente afirmar que a elite da corte de Clotário II formava uma comunidade emocional particularmente desconfiada dos sentimentos em geral.

Uma ideia dos modos de expressão emocional deste grupo pode ser deduzida de uma das cartas mais demonstrativas da correspondência de Didier[34]. Endereçada ao bispo Dadon de Rouen (a futura comuna de Saint-Ouen), a missiva exprime o imenso júbilo (*gratulatio*) que Didier sentiu ao receber sua carta. Mas, antes de dizer que "sentiu" (*felt*) muita alegria, com habilidade consegue manter a emoção a distância, fazendo dela uma entidade independente: um júbilo imenso "se apresentou em [seu] espírito" (*se gratulatio menti objecit*). Ele menciona, no entanto, o "amor único" (*unico amore*) que um pelo outro provaram nos anos de juventude, relatando desta vez uma emoção simples e direta. Convém sublinhar, porém, que esta última é relegada exclusivamente ao passado. A carta continua assim: Didier espera que Dadon tenha permanecido a mesma pessoa de outrora, e que este "amor de antanho, inabalável" (*inconvulsa caritas*) que eles haviam compartilhado com Dadon e Eligius (o futuro Santo Elói, seu amigo comum quando viviam na corte) "perdure" (*maneat*). Aqui, exatamente como para o júbilo, a *caritas* é "sentida" como uma "coisa" especial, neste caso uma coisa partilhada entre três amigos. Didier

---

33. RICHÉ, P. *Éducation et culture dans l'Occident barbare, VIᵉ-VIIᵉ siècles*. Paris: Seuil, 1962.
34. CAHORS, D. *Epistolae*, I, II. Op. cit., p. 30.

assim prossegue: "Que possamos através do apoio de nossas orações mútuas merecer viver reunidos no palácio celeste". Enfim, ele evoca outros cortesões que os três haviam frequentado na juventude: "E mesmo que eu tenha perdido hoje dois irmãos de nosso colega [Rústico e Siagre] temos em seu lugar o venerável Paulo, bem como Sulpício, que não é menos notável por seus méritos". Didier não menciona o fato que Rústico e Siagre eram não apenas bispos, mas seus irmãos de sangue, tampouco que ambos tinham sido assassinados. Da mesma forma, não faz nenhuma menção de tristeza causada por esta perda.

É obviamente possível objetar que a maneira de Didier se expressar é "puramente retórica" e que, por consequência, ela não tem nenhuma importância. Mas as emoções são sempre – e efetivamente devem sempre ser – expressas pela retórica, que, em última análise, consiste num conjunto de palavras e gestos. Eis a razão pela qual Aristóteles trata mais sistematicamente das emoções em sua obra *Retórica*. A maneira como as emoções são desenvolvidas, oralmente ou por escrito, revela a forma com que desejamos que os outros percebam ou imaginem nossas próprias emoções, ou as dos outros indivíduos. Por que Didier afirma que o júbilo "se apresentou" em seu espírito ao invés de dizer, por exemplo, "eu me rejubilei"? Imagino que, se ele escreve a Dadon dessa forma, é porque o próprio Dadon tinha em alta estima o fato de exprimir a alegria com grande delicadeza. Ambos pertenciam à mesma comunidade emocional.

A maioria das cartas de Didier é bem menos demonstrativa do que a enviada a Dadon. O acento é colocado acima de tudo na deferência, e não nos sentimentos. Os reis eram "coroados de glória", os altos funcionários da corte eram tão "ilustres" quanto "honráveis", ao passo que os bispos eram "honráveis" e "santos". A carta de Didier a Dadon acima analisada começa por esta saudação: "Ao papa [i. é, ao bispo] Dadon, pai apostólico santo e preferido".

No meio desta correspondência, no entanto, existe uma exceção à costumeira ausência de emoção. A Abadessa Aspásia, da qual só conhecemos o nome, deve ter-se apresentado em lágrimas diante de Didier, pessoalmente ou por escrito, já que ele lhe escrevera dizendo ter ficado "emocionado por suas lágrimas". Ele lhe propôs então a consolação (*consolationem*) e o temor (*timorem*) que o exemplo de Maria Madalena podia inspirar-lhe: "Consolação, pois a piedosa benevolência do Senhor não rejeita absolutamente uma alma que se afasta do pecado. Temor, porque a alma que se coloca a serviço de Deus deve corajosamente preparar-se para enfrentar a tentação"[35]. Seriam as mulheres mais emotivas (*emotional*) do que os homens – ou esperava-se que o fossem – no seio desta comunidade emocional? Neste caso, uma resposta afirmativa parece ter seu espaço.

Jonas, autor de um grande número de textos hagiográficos, também era membro desta comunidade emocional. Nascido em Susa, Itália, tornou-se monge no mosteiro de Bobbio, fundado por Columbano. Em seguida ele foi para o Norte a fim de juntar-se a Armândio, um bispo missionário a quem Clotário II e seu filho Dagoberto lhe haviam pedido que evangelizasse as regiões setentrionais. Em sua *Vida de Columbano*, Jonas descreve o santo quando este estava em vias de deixar a Irlanda para dirigir-se aos reinos francos. Eis a maneira como descreve a cena:

> Sua mãe, partida pela dor (*dolore*), implora que não a deixe. Mas ele lhe diz: "Não leste a palavra que diz: "Quem ama seu pai e sua mãe mais do que a mim não é digno de mim"? [Mt 10,37]". Ele implora à mãe, que lhe faz obstáculo deitada à saída da porta, que o deixe partir. Soltando uivos de dor (*eiulans*), prostrada no chão, ela tenta impedir sua partida. Com um salto (*transilit*) ele passa por sobre sua mãe e a soleira, e tenta fazer com que sua mãe recupere a alegria (*se laetam habeat*): ela nunca mais o veria nesta vida, mas ele iria lá onde a via da salvação lhe indicaria o caminho[36].

O contraste é então muito claro entre a imagem de uma mãe desolada, inconsolável, e a de um filho determinado e definitivamente não emotivo. A descrição da mãe de Columbano feita por Jonas confirma a hipótese segundo a qual, em sua comunidade emocional, as mulheres eram tidas por manifestar

---

35. Ibid., 1, 15, p. 37.

36. JONAS. Vita Columbani abbatis discipulorumque eius, I, 3. In: KRUSCH, B. (ed.). *MGH. SRM*, t. 4 [reimpr., Hanovre, p. 69].

abundantemente suas emoções, e às vezes de maneira inclusive excessiva. Mas será que as mulheres se conformavam com este pressuposto? Algumas cartas da mãe de Didier, Herchenfreda, foram preservadas, não na correspondência de seu filho, mas na *Vida* carolíngia de Didier. Estas cartas eram muito mais demonstrativas do que as enviadas por Didier aos seus amigos: "Para o mais doce (*dulcissimo*) e mais amado (*amantissimo*) dos filhos, Didier, da parte de Herchenfreda"; ou ainda: "Para o mais doce (*dulcissimo*) dos filhos, o sempre desejável (*desiderabili*) Didier, da parte de Herchenfreda, tua miserável (*misera*) mãe"[37]. Quando ela fala do desaparecimento de seus filhos (os irmãos mencionados por Didier em sua carta a Dadon), contrariamente a Didier, ela repisa sua dor: "Eu, mãe infeliz (*infelix*), o que devo fazer, agora que teus irmãos já se foram? Se tu viesses a morrer, então eu estaria sozinha, abandonada, sem filhos"[38].

Entretanto, Herchenfreda parece jamais deixar-se exceder por suas emoções. Ao invés disso, ela parece manifestar suas emoções através de conselhos semelhantes a sermões: "Eu te conjuro, meu tão doce filho, pense em Deus com assiduidade [...] e não aja ou consinta às más obras que Deus odeia (*odit*); seja leal ao rei; ame (*diligas*) teus irmãos cortesões [...]"[39].

Assim, a comunidade emocional que tinha como centro a corte de Nêustria se mostrava particularmente desconfiada em relação à expressão das emoções. Ela estava obviamente consciente do amor que unia uma mãe e seus filhos, mas não celebrava este amor. Ela igualmente estava consciente do amor que unia os amigos, mas o que ela amava acima de tudo era a *caritas* da vida após a morte. Mesmo uma mãe como Herchenfreda, às vezes tendia a disfarçar suas expressões emocionais com piedosas admoestações.

Até aqui identificamos, portanto, três comunidades emocionais do período que vai do final do século VI à primeira metade do século VII. Não há nenhuma dúvida de que na mesma época existiam muitas outras. Todas as que estu-

---

37. *Vita Desiderii Cadurcae urbis episcopi*, 9 e 11, p. 569-570.
38. Ibid., 11, p. 570.
39. Ibid., 9, p. 569.

damos emprestaram seu vocabulário da emoção da obra *Tusculanas*, de Cícero. Mas, assim como suas atitudes em relação às emoções eram muito diferentes do que as de Cícero, cada comunidade usava os termos latinos deste último para alcançar seus próprios objetivos.

Se Gregório Magno buscou a tranquilidade emocional, ele não deixou de confessar ter sentido emoções, tampouco deixou de descrever as que tomavam conta dos outros. Ele pensava que o pastor podia ajudar seu rebanho assumindo o peso de suas dores e, desta forma, indicar-lhe a direção das alegrias celestes. Ele celebrava as conversões emocionais, que, a seu ver, acompanhavam as conversões religiosas. A comunidade emocional do Papa Gregório, portanto, era povoada de homens que tinham responsabilidades e objetivos pastorais.

Mesmo sendo o Bispo Gregório de Tours homem de Igreja, bem como seu amigo Fortunato, nem um nem outro desejava a tranquilidade. Muito pelo contrário: ambos se rejubilavam com o amor dos vínculos sentimentais que uniam os indivíduos entre si. Quando esta comunidade emocional enfrentava o rancor, a guerra ou o amargor, esses autores interpretavam tais atitudes como expressão da ruptura de um vínculo afetivo. Observando o mundo que os rodeava e agindo no interior dele, os membros desta comunidade reconheciam toda sorte de emoções: o amor – sexual ou casto –, o ódio, a alegria, a tristeza, bem como tantas outras emoções. Aos seus olhos, céu, terra e inferno eram intimamente misturados.

Este não era o caso de Didier e de outros cortesões que, de uma forma ou de outra, estavam ligados aos merovíngios da Nêustria. Assim como o Papa Gregório Magno, eles pensavam no céu com nostalgia. Mas, contrariamente a ele, ou a Gregório de Tours, não atribuíam nenhuma utilidade às emoções. Eles imaginavam seu herói, Columbano, saltando por sobre sua mãe em prantos, prostrada à saída da porta. Pouco importa se Columbano realmente agiu desta forma ou não: o que conta, aqui, é que, após sua morte, seus admiradores acreditavam que o fato aconteceu da forma como foi descrito, e o aprovavam.

O tratado "terapêutico" de Alcuíno

Concluamos esta análise das comunidades emocionais na Alta Idade Média com um breve apanhado da nova formulação das emoções elaborado por Alcuíno (735-804), importante conselheiro de Carlos Magno. Alcuíno leu Cícero, e sabia que, ao escrever sobre as emoções, Cícero fez referência às *perturbationes animi*, às *commotiones animi*, ou ainda às *affectiones animi*, isto é, escreveu sobre as perturbações, os transtornos ou as afeições do *animus*. Mas o que é o *animus*? Frequentemente este termo é traduzido por "espírito" (*mind*), mas também significa alma, espírito (*spirit*) ou coração. Seja como for, uma coisa é certa: empregando este termo, Cícero situou as emoções no centro de uma faculdade humana particular.

Alcuíno se fundamenta nesta ideia ciceroniana para escrever seu *Livro das virtudes e dos vícios*, obra redigida entre 801 e 804, um tratado destinado a um homem poderoso, Guy de Nantes, Conde das Marcas da Bretanha[40]. Em sua carta dedicatória a este último, Alcuíno diz explicitamente que escreveu "a fim de que o *animus*, fatigado pelos transtornos exteriores pudesse alegremente voltar a si mesmo" (*ad se ipsum reversus habeat, in quo gaudeat*). Em outros termos: seu tratado visa a uma transformação emocional. Composto por curtos capítulos, o livro trata principalmente das virtudes e dos vícios, razão pela qual os biógrafos posteriores à morte de Alcuíno deram este nome à obra. Mas poderíamos tranquilamente intitulá-lo *Livro das emoções* ou *Livro dos sentimentos*, não obstante a indisponibilidade deste vocabulário moderno aos biógrafos da época. Nessa obra Alcuíno une, ao menos, três grandes tradições: o pensamento ciceroniano das emoções, as ideias cristãs sobre as virtudes e os vícios, e, enfim, as teorias bíblicas sobre a motivação humana.

Como já vimos, os pensadores cristãos se serviam do discurso dos estoicos relativos às emoções para escrever sobre os vícios. O faziam associando os ví-

---

40. ALCUIN. De virtutibus et vitiis liber ad Widonem comitem. In: MIGNE, J.-P. (ed.). *Patrologia Latina*. Paris, 1851, t. 101, col. 613-638.

cios aos pensamentos que tomavam de assalto o imprudente. Ao escrever sobre os vícios e a virtudes, Alcuíno os assemelhava muito mais profundamente à análise ciceroniana, situando-os assim no *animus*. Entretanto, para ele, este não era o único endereço das emoções. Desta forma, se Cícero associava a cólera (*iracundia*) e o amor (*amor*) ao *animus*, Alcuíno, por sua vez, afirmava que a cólera (*iracundia*) perturbava a *mens*, termo bastante similar ao *animus*, quando não empregado para significar a dimensão espiritual da "alma"; da mesma forma ele associava o amor (*caritas dilectio*) ao coração (*cor*), à alma (*anima*) e, novamente, ao espírito (*mens*, no sentido do entendimento). Aqui, ele se contentava em seguir as Escrituras: "Amarás (*diliges*) o Senhor teu Deus de todo o coração, com toda a tua alma e com toda a mente" (Mt 22,37).

À medida que mostrou ser capaz de buscar apoio tanto em Cícero quanto em outros eclesiásticos para abraçar as faculdades humanas em suas infinitas complexidades, Alcuíno conseguiu misturar virtudes, vícios e emoções. Assim, o *animus* podia conhecer as alegrias e as delícias espirituais, mas podia ser também a sede dos vícios, como, por exemplo, a inveja (*invidia*): "Todo homem invejoso (*invidu*) se sente atormentado em seu *animus*"[41]. O mesmo poder-se-ia dizer do coração, da alma, do espírito (*mens*), e inclusive, em determinadas circunstâncias, do corpo (*corpus*). Para Alcuíno, todos eram lares de virtudes, de vícios e de sentimentos humanos.

Alcuíno tentou apresentar a Guy de Nantes um manual potencialmente capaz de gerir suas emoções – seus vícios e suas virtudes. Por exemplo: ele explicava que a tristeza (*tristitia*) existia sob duas formas, uma redentora e outra pecadora. A redentora vinculava-se à tristeza advinda do pecado, a pecadora se atrelava à tristeza provocada por determinadas coisas "deste mundo". Somadas, estas duas formas levavam ao desespero[42]. A fim de eliminar estes dois tipos de tristeza, Alcuíno propôs um remédio: para eliminar a primeira, a positiva, bastava confessar-se, fazer penitência e "voltar-se" (*converti se*) para

---

41. Ibid., c. 22, col. 630.
42. Para uma discussão das duas formas de tristeza, cf. ibid., c. 33, col. 635.

Deus; para eliminar a segunda, a negativa, convinha concentrar-se na "esperança" (*spes*) e na alegria espiritual (*laetitia spiritualis*), provocadas pela leitura das Escrituras e pelo engajamento numa "discussão fraterna na jovialidade espiritual" (*jucunditas*). Evidentemente, Alcuíno faz aqui referência à consolação da qual potencialmente a amizade era portadora.

Quando Alcuíno falava da tristeza, e Gregório de Tours e Fortunato do amor, estariam eles falando das mesmas emoções que nós, contemporâneos, entendemos ao usarmos os mesmos termos? Em parte! Nós também aprovamos determinadas emoções e desaprovamos outras. Mas já não pensamos mais nas emoções em termos de vícios ou virtudes; e, na realidade, como o veremos nos próximos capítulos desta obra, esta ideia já começou a entrar em declínio ao longo da Idade Média. A maneira como as emoções eram sentidas foi se transformando à medida que as ideias sobre estas últimas mudaram, e, ao mesmo tempo, a maneira como eram sentidas influenciou em compensação as ideias que eram formadas sobre elas.

Será que a maneira como as emoções eram usadas na Alta Idade Média coincide com a nossa? Uma vez mais, sim! Mas só parcialmente. Hoje os terapeutas tentam mudar os sentimentos que incomodam seus clientes. Em igual modo, quando Gregório Magno dizia que os pastores deviam envolver na vida emocional dos outros, tratava-se simultaneamente de uma diretiva moral, de uma narrativa de suas próprias experiências emocionais e da aceitação implícita da necessidade de uma determinada forma de "terapia" emocional. O mesmo vale para o trabalho mais sistemático de Alcuíno, ao referir-se aos vícios e às virtudes.

Enfim, será que as comunidades emocionais nos ensinam alguma coisa sobre as "emoções verdadeiras"? Aqui, de novo, a resposta é "em parte". Desde já urge admitir que as "emoções verdadeiras" não existem, ao menos no sentido de algo concreto, observável no microscópio. Obviamente, os neurocientistas falam de zonas do cérebro que "se acendem" durante os IRM funcionais, por exemplo, quando os indivíduos sentem medo. Mas os neurocientistas observam o lugar, o *locus* da expressão emocional, e não a emoção em si mesma. Os seres humanos comunicam suas emoções através de palavras e gestos. O historiador só dispõe de *relatórios* sobre estas palavras e estes gestos (às vezes, também, imagens artísticas). Mas hoje, quando queremos dizer aos amigos o que sentimos, será que poderíamos nos servir de outra coisa além dos gestos e das palavras?

A razão pela qual nossos amigos sabem o que sentimos reside no fato de serem capazes de penetrar nosso mundo emocional: eles fazem parte (ou, ao menos, num dado momento, se tornam parte) de nossa comunidade emocional. Hoje existem outras comunidades emocionais no interior das quais nossas palavras e nossos gestos não fazem nenhum sentido, mas para as quais diferentes tipos de palavras e gestos contariam enormemente. Como vimos neste capítulo, a coexistência de diversas comunidades emocionais não é uma invenção moderna. Na realidade, esta coexistência já podia ser percebida numa época em que o próprio termo "emoção" não existia: a Alta Idade Média.

5

"ESMOUVIR", *"ESMOUVEMENT"*
Arqueologia medieval do termo "emoção"

Claude Thomasset
Georges Vigarello

O termo "emoção" não era ainda forjado no universo medieval. À origem, o verbo *"esmaier"*, que, segundo sua etimologia, significa "entrar" num estado de "privação de consciência", é arrastado, bem como seus derivados, para dentro da família de *"esmouvoir"*[1] [mover]. É o substantivo *"esmai"*, tornado *"esmoi"*, depois em nosso moderno *"émoi"* [emoção], que vinculamos evidentemente ao verbo *"mouvoir"* [mover], que foi o motor desta alteração. Desde então, o verbo e um substantivo em particular, *"esmouvoir"* e *"esmouvement"* [movimento], atravessam os séculos medievais, enriquecendo e diversificando seus sentidos até chegar ao moderno termo *"émotion"* [emoção]. De acordo com esta nova terminologia, a referência é primeiramente física, antes que metafísica; as indicações são estritamente materiais antes de gradualmente se tornarem mais abstratas. De uma à outra se configura um percurso quase psicológico no qual o campo semântico ganha em profundidade e em densidade.

---

1. Cf. tb. THOMASSET, C. "Références quotidiennes, références médicales", p. 139.

Entretanto, urge precaver-nos contra toda interpretação falsa: a longa ausência do termo "*émotion*" no universo medieval não significa, obviamente, qualquer extinção do próprio afeto. Contrariamente, os textos deste volume confirmam sua intensa presença. A etimologia, em contrapartida, revela uma evolução específica: o aprofundamento lento e progressivo da maneira como o afeto é pensado, especificado, nomeado.

Dinâmica e movimento

A vertente especificamente física e dinâmica impera nos primeiros usos dos termos "*esmouvement*" [movimento] e "*esmouvoir*" [mover]. A origem latina, *moveo* (mover), é decisiva. A ancoragem é material. Os objetos são concretos, específicos: acidentes, deslocamentos, travessias de espaços e tempos. É a terra que está em "*esmouvement*" [movimento], por exemplo, na *Crônica de Saint-Denis,* evocando no século XII algum acidente geográfico: "Naquele tempo houve deslizamentos e *esmouvements* [movimentos] de terra enormes"[2]. A mesma referência com Pierre Bersuire, no século seguinte: "A terra tremeu com grande *esmouvement*"[3]. Dinâmica e mobilidade ainda, quando o verbo "*esmouvoir*" sugere mais diretamente a partida, a circulação, o transporte: o movimento do exército no poema do século XII, "o inimigo *s'esmut* [partiu] sem mais delongas"[4]; o movimento do exército ainda, quando Joinville, no século XIII, designa os avanços às margens do Eufrates de um Saint-Louis recentemente cruzado: "*S'esmut* [partiu] o rei e o inimigo rumo à Babilônia"[5]. O "*esmouvement*" e o "*esmouvoir*" continuam sendo aqui termos físicos. Seus objetos são os das mobilidades, das marchas, dos trajetos.

---

2. *Chronique de Saint-Denis* (XIIe siècle). Sainte-Geneviève, fl. 16.

3. BERSUIRE, P. Les décades de Tite-Live (XIIIe siècle). Apud GODEFROY, F. *Dictionnaire de l'Ancienne Langue Française et de Tous ses Dialects du IXe au XVe siècle*. Paris: Vieweg, 1881-1892, art. "*Esmouvement*".

4. Poema do século XII, v. 1.083. Apud ibid.

5. JOINVILLE, J. Histoire de Saint Louis (XIIIe siècle). In: *Historiens et chroniqueurs du Moyen Âge*. Paris: Gallimard, 1952, p. 211 [Coll. "Bibliotèque de la Pléiade"].

Tais dinâmicas se exercem ainda sobre seus equivalentes corporais: a dança dos humores, suas obstruções, seus alívios, a presença de obstáculos ou de movimentos interiores. Como os transtornos que interditavam a palavra a um Saint-Louis moribundo em 1270: "Ele estava *esmu* [agitado] e não podia falar"[6]; ou, ao mesmo tempo, os transtornos avivando suas dores: "Ele sentia o *esmouvement* [movimento] de sua carne desordenada"[7]. A mesma temática quando Bartolomeu o Inglês evoca no século XIII a agitação dos líquidos internos: "Segundo as diversas fases da lua os humores e as doenças do corpo *s'esmeuvent* [se movimentam]"[8]. Aqui não se trata, evidentemente, de emoção, no sentido contemporâneo do termo, mas de efervescências físicas, de desordens, de agitações entrecruzando biologia e patologia.

A referência tem ainda uma vertente psicológica designando o tema das decisões ou das iniciativas pessoais ou morais. Movimento sempre, mas oriundo de desencadeamentos voluntários, da importância dada à causalidade: "Guarda-te de *esmouvoir* guerra, sem um aconselhamento maior, contra o cristão", prevenia Joinville no século XIII[9]. A gama de bons ou mais "*esmouvements*" pode então entrar em declínio: o "mau *esmouviment* e a grande deslealdade" denunciados por Gauthier d'Argiès, no século XII, para evocar a grande perfídia numa de suas canções[10]; ou "o *esmouvement* de todos os barões," mostrado in *Les Grandes Chroniques de França*, de 1315, para evocar a decisão de prender e colocar na cadeia Enguerrand de Marigny[11].

---

6. Ibid., p. 169.

7. NANGIS, G. Vie de Saint-Louis (XIIIᵉ siècle). Apud GODEFROY, F. *"Esmouvement"*. Op. cit. Aqui, "nenhum" tem o sentido inverso ao de hoje.

8. l'ANGLAIS, B. *Le grand propriétaire de toutes choses* (XIIIᵉ siècle). Trad. fr. de Jean Corbichon. Paris: Longis, 1556.

9. JOINVILLE, J. *Histoire de Saint-Louis*. Op. cit., p. 326.

10. d'ARGIÈS, G. "Chanson 14". Apud DINAUX, A. (dir.). *Les trouvères artésiens*. Paris: Techener, 1843, p. 194.

11. *Les grandes chroniques de France* (XIIIᵉ-XIVᵉ siècles). Tomo 1. Paris: Techener, 1836-1838, p. 1.215.

O afeto não está no centro de tais propósitos, mas a iniciativa, o desencadeamento, o ato empreendido, a decisão e seu efeito sim. O Conde de Odart de Laigny, por exemplo, menciona, em 1335, "obras" destinadas à Mme. Sezanne e realizadas "pelo *esmouvement* de Jacques Hurel, tutor de Sezanne"[12]. O *Romance da Rosa*, no século XIII, designa ainda, com a mesma palavra, parcerias duravelmente maduras: "A razão não *s'esmoura* [se moverá] jamais por coisas que vão contra vós"[13]. A convenção claramente deliberada domina, não o afeto: aquela, neste caso, de jamais comportar-se "contra vós".

A efervescência e o transtorno, em contrapartida, podem estar mais próximos da perturbação psicológica, quando influenciam os comportamentos coletivos. "*Esmouvement* do povo", "*esmouvoir* o povo", são expressões tidas por definir uma "emoção" popular. Nada de "interior", no entanto. O sentido é mais indireto, mais alusivo. A evocação da febre "moral" permanece indireta. Ela abre espaço à imagem física. Ela brinca com a representação material da desordem: a da ebulição, da agitação, o ato misturando coisas e pessoas. A consequência é clara: o "interior" do comportamento é menos diretamente captado do que simplesmente figurado. Ele é expresso pelo "exterior" da ação. Existe por seu "lado exterior". O romance *Baudouin de Sebourc* o mostra, no século XIV, evocando uma revolta contra o príncipe e seu castelo: "E a cidade *s'esmut*. Todos corriam afoitamente para assaltar a torre que Bauoin defendia"[14]. Referência idêntica com uma carta de abolição de Philippe I, duque de Orleães, em 1367, evocando um motim contra seu próprio domínio: "Em razão do *esmouvement* do povo, reunido em grande número, nossa torre de Orleães de fato foi ocupada"[15]. O enraizamento físico está no coração do propósito. A agitação dinâmica e sua erupção ditam o sentido do termo.

---

12. Compte de Odart de Laigny (1335). Apud GODEFROY, F. *Dictionnaire de l'Ancienne Langue Française...* Op. cit., art. "*Esmouvoir*".

13. MEUN, J. *Le roman de la rose* (1270-1280). Tomo 2. Ed. de Félix Lecoy. Paris: Champion, 1966, v. 10.324-10.325.

14. *Baudouin de Sebourc*. Tomo 1. Ed. de Larry S. Crist. Paris: Satf, 2002, v. 7.573-7574.

15. *Lettre d'abolition de Philippe Ier d'Orléans* (1367). Apud GODEFROY, F. "*Esmouvoir*". Op. cit.

"*Esmouvoir*" o coração

Uma expressão específica, em contrapartida, orienta mais claramente, desde o século XIII, o movimento físico na direção de alguma emoção ou de algum transtorno interior: o "*esmouvement* [movimento] do coração", ou o ato de "*esmouvoir* [co-mover] o coração". A dinâmica se aprofunda. O sentido se afina. Uma passagem, mais explícita aqui, faz-se do físico ao moral: o órgão dita sensibilidade e surpresa. Villehardouin explica desta forma, no século XIII, o efeito da promessa papal de 1197, garantindo aos futuros cruzados o perdão dos pecados: "Se o perdão foi aqui tão grande, e se muitos foram perdoados, é porque as *esmurent* [co-moções] do coração de quem perdoou eram enormes"[16]. Este sentido emocional popularizou-se no século XIV. "O coração está tão *ésmeu* [enlevado] que meus olhos estão cheios de lágrimas", confessa um dos personagens do milagre de São Teodoro em 1357[17]. Referência idêntica, em 1368, com um personagem de Froissart exprimindo seus remorsos: "Meu coração está realmente *esmeut* [enlevado]. Temo não alcançar mais a perfeita alegria"[18]. O órgão de carne encarna a passagem obrigatória de um efeito mais íntimo. É o coração que é transportado, que se colocou em movimento. É ele ainda que "mobiliza" Guillaume de Machaut no século XIV, sugerindo o impacto eventualmente perturbador da beleza: "A beleza *esmeu* [transportou] teu coração e te levou à concupiscência e a outros males"[19].

O tema se desenvolve enfim com referências que expandem a relação às carnes para além do coração. *Le Mesnagier de Paris* insiste, no século XIV, no surgimento da luxúria a partir do prazer de "comer", de seus acúmulos, de seus excessos; "Depois vem o pecado da luxúria que nasce da glutonaria, pois

---

16. VILLEHARDOUIN. *La Conquête de Constantinople*. Tomo 1. Ed. De Edmond Faral. Paris: Les Belles Lettres, 1961, p. 4.

17. Miracle de Theodore. In: PARIS, G. & ROBERT, U. (eds.). *Miracles de Notre-Dame par personnages*. Tomo 3. Paris: STF, 1876-1897, v. 398-399.

18. FROISSART, J. *L'orloge amoureuse* (XIVᵉ siècle). In: DEMOWSKI, P.F. (ed.). *Le paradis d'amour*. Genebra: Droz, 1986, p. 83-111.

19. MACHAUT, G. *Le confort d'ami* (1357). Tomo 1. Ed. de Ernest Hoepffner. Paris: Champion, 1921, v. 365.

quando a pessoa malvada come e bebe mais do que deve, os membros que são vizinhos e próximos ao ventre são *esmeus* [excitados, incitados] por este pecado, e depois disso brotam os pensamentos desordenados e as cogitações más...?"[20] Os "membros esmus" (em estado de excitação) revelam tudo e provocam transtornos e abalos interiores. A mesma "extensão" sempre, a mesma referência, quando Nicole Oresme evoca, no século XIV, as fontes do desejo: "O desejo surgiu quando se esfregaram, se *esmeues* [incitaram] e aqueceram as partes púbicas, muito embora ainda não tivessem incorrido em nenhum mal"[21]. Exatamente como se pouco a pouco a carne impusesse suas próprias expectativas: "E com o tempo a carne *esmeut* [incita] o deleite", conclui *Le Mesnagier de Paris*[22]. A referência física continua em primeiro plano: chave decisiva para evocar alguma desordem tornada mais profunda.

"*Estre esmu*" [Estar em estado de excitação]

Um uso refletido do verbo "*esmouvoir*" [mover], mais especificamente e mais tardio, mostra-se, em contrapartida, decisivo. Ele desloca a expectativa, apontando mais claramente para o afeto de uma pessoa, não mais visando o órgão, mas o próprio indivíduo. Esta forma refletida já está presente no século XIV, quando *As grandes crônicas da França* evocam a desconfiança de envenenamento pesando sobre a morte de Louis, o filho de Felipe III, em 1276: "Toda a corte da França *fut esmue* [entrou em estado de excitação] e muitos murmuravam"[23]; ou, quando as crônicas evocam as palavras dos burgueses de Cremona receando o descontentamento de Felipe III diante dos sinais de humor da cidade, em 1270, por ocasião da passagem do rei que voltava das cruzadas: "Imploraram-lhe que não *s'esmut* [se excitasse], nem se ruborizasse,

---

20. *Le mesnagier de Paris* (XIVᵉ siècle). Tomo 1. Ed. de Georgina M. Brereton e Janet M. Ferrier. Trad. fr. de Karin Ueltschi. Paris: Librairie Générale Française, 1994, p. 108.

21. ORESME, N. Éthique (1370), 391. Apud GODEFROY, F. *"Esmouvement"*. Op. cit.

22. *Le mesnagier de Paris*. Op. cit., p. 51.

23. *Les grandes chroniques de France*. Op. cit., t. 5, p. 45-46.

pois fariam o que ele desejasse"[24]. A expressão "estar incitado", sem outra indicação, designa assim um "estado", uma maneira de ser e de existir. A referência subjacente ao movimento, cuja agitação orgânica não é certamente abandonada, concerne, desta vez, mais a uma pessoa e à sua intimidade. Este vínculo físico, é bom repeti-lo novamente, permanece designado nos próprios termos no século XIV, como quando uma personagem confessa seu transtorno no *Le miracle de Saint Lorens* em 1380: "Eu fiquei tão transtornado em meu coração, que não consigo dizer a ninguém o quanto *ésté esmeu* [fiquei incitado]"[25]. O coração, uma vez mais, nomeadamente designado, antes que o termo "esmu" não se separe dele, permanece um intermediário: o orgânico aí é quase explícito, precedendo uma evocação mais específica do estado do sujeito.

Este sentido se populariza, em contrapartida, tornando-se mais abstrato no século XV. O efeito da beleza, por exemplo, se diz mais pela expectativa do "espectador" e somente por ela do que pela expectativa de algum órgão ou alguma carne. A referência metamorfoseou-se. O estado de *Perceforest* é um exemplo, aliás, o mais especificamente e "intimamente" sugerido: "Ele ficou tão *ému* [excitado] pela beleza da mulher que nada falou de si mesmo; apenas pôde dizer-lhe que nesta noite poderia dormir com ela"[26]. Ou o efeito das surpresas agradáveis evocado por Jean de Bueil em 1461: "Quando nos chegam boas notícias costumamos ficar em estado de *esmouvoir* [excitação]"[27]. Ou, mais precisamente ainda, a constatação das *Cent Nouvelles Nouvelles* insistindo no fato de que "*estre esmeu*" [estar em estado de excitação], é às vezes perder o uso dos sentidos: "Ela ia e vinha, ora aqui, ora acolá, tão *émue* [excitada] que parecia ter sido arrebatada de seu sentido"[28]. "*Estre esmu*", portanto, tornou-se um estado da pessoa.

---

24. Ibid., p. 25.
25. Miracle de Saint Lorens. In: *Miracles de Notre-Dame par personnages*. Op. cit., t. 7, v. 1.905-1.909.
26. *Perceforest*. Tomo 1. Ed. de Gilles Roussineau. Genebra: Droz, 1988, p. 347.
27. BUEIL, J. *Le Jouvencel* (1461). Tomo 2. Paris, 1487-1489.
28. Les Cent Nouvelles Nouvelles (XVe siècle). In: JACOB, P.L. (ed.). *Les vieux conteurs français*. Paris: Desrez, 1841, p. 177.

O regime do afeto deslocou-se assim entre o século XII e o século XV: o "sentido" conquistou um lugar novo; a vertente "impressiva" domina e se aprofunda. Não que a referência ao orgânico tenha desaparecido. Ela continua subjacente, metafórica, fortemente ligada à velha temática do "movimento", mas o *estre esmu* torna-se um estado que concerne mais à pessoa e à sua intimidade.

6

A EMOÇÃO NA IDADE MÉDIA: UM PERÍODO DE RAZÃO

Piroska Nagy

No imaginário coletivo de nossa época, a Idade Média permanece ainda um período impulsivo, de paixões desenfreadas. Sinal da crueldade que somente a paixão e a raiva parecem poder provocar: estes reis que impõem obediência privando os rebeldes da luz de seus olhos. Num registro totalmente diferente, Ângela de Foligno († 1213) cai em êxtase soltando gritos estridentes ao ver, na basílica superior de Assis, um vitral que representa a glorificação de São Francisco[1]. O amor a Cristo advindo de mulheres místicas que, como Lukarde d'Oberweimar († 1309), recebem visões, e mesmo estigmas por compaixão, ou, ainda, que se mutilam como Marie d'Oignies († 1213), ultrapassa de longe os limites da doce afeição devota. Das crônicas às correspondências, da literatura cortesã à hagiografia, os exemplos poderiam ser multiplicados e mostram uma Idade Média exposta às emoções, por muito tempo considerada uma era

---

1. *Le livre de Angèle de Foligno, d'après les textes originaux.* Trad. fr. de Jean-François Godet. Grenoble: Millon, 1995, p. 77. Ed. crítica: THIER, L. & CALUFETTI, A. (orgs.). *Il libro della Beata Angela da Foligno.* Grottaferrata: Colegii S. Bonaventurae ad Claras Aquas, 1985. Cf. tb. MENESTÒ, E. (dir.). *Il "Liber" della Beata Angela da Foligno* – Edizione in fac símile e trascrizione del ms. 343 della Biblioteca Comunale di Assisi, con quattro studi. Espoleto: Centro Italiano di Studi Sull'alto Medioevo, 2009.

sombria exatamente por ser "média" entre a brilhante Antiguidade cujas civilizações haviam atingido um alto grau de cultura, e a época de todas as luzes, chamada "moderna". Enquanto os historiadores trabalham há mais de um século para arrancar a Idade Média de sua obscuridade, sua imagem permanece dupla: por um lado, um período contrastante, simultaneamente cruel e bárbaro, obscurantista e irracional, por outro, um objeto de fascinação, época de todas as exaltações, cavalheirescas, amorosas e religiosas, de hipersensibilidade lacrimejante. Seja como for, o mundo medieval constitui um tempo de alteridade, aos antípodas da civilização moderna; o reino das emoções "espontâneas", das paixões "incontroladas" sempre indicaria então a ausência de cultura.

Os capítulos que compõem esta obra oferecem outra visão das emoções medievais. Esboçando, ao longo das páginas, os grandes traços e os diferentes períodos da história afetiva do Ocidente medieval, eles mostram que a forte emotividade da Idade Média não era nem sem cultura nem sem razão. O leitor perceberá que não somente seria inútil buscar uma evolução linear da Idade Média "bárbara" rumo à época moderna esclarecida e racional, mas que uma mesma sociedade – medieval ou moderna, daqui ou de alhures – pode também abrigar várias culturas afetivas, expressas tanto pelas teorias das emoções quanto pelas práticas sociais que lhes são atreladas. Entretanto, antes de avançarmos mais, convém parar um instante sobre o clichê de uma Idade Média impulsiva, sacudida constantemente pelas paixões incontroladas: veremos que, se ela é vivaz, é porque passou a fazer parte de uma grande narrativa histórica cujo sucesso foi até recentemente imenso.

Do mito da Idade Média impulsiva...

A imagem de uma Idade Média apaixonada foi particularmente difundida, no século XX, pela magnífica obra de Johan Huizinga, *O outono da Idade Média* (surgida em holandês, em 1919, traduzida rapidamente para a maioria das línguas europeias); e que em seguida influenciou fortemente a teoria desenvolvida no livro *O processo civilizatório*, do sociólogo Norbert Elias (publicado em 1939, mas traduzido e, sobretudo, lido a partir de 1970). Elias havia lido Huizinga e aproveitado suas ideias: elas foram perfeitamente integradas à sua grande visão do desdobramento gradual da civilização moderna. Se o aporte mais importante dessas obras magistrais consiste em voltar o olhar do historiador para a função da emoção, das sensibilidades e dos costumes, os dois livros alimentam o mito de uma emoção irracional, espontânea e natural, oposta à razão cartesiana – uma emoção que teria reinado como mestra na Idade Média. Assim, a emoção onipresente nas sociedades medievais seria a prova de que a sociedade ainda não foi civilizada pela razão.

Em si, sublinhar o lugar da emoção em história não é uma novidade do século XX. Desde a Antiguidade, inúmeros historiadores (Tucídides, Políbio, Diodoro de Sicília, Tito Lívio etc.) garantiram, em suas pesquisas sobre as motivações dos grandes homens, um lugar de destaque às emoções[2]. Mais próximo de nós, ao longo do romântico século XIX, Jules Michelet, dentre muitos outros grandes autores, tinha a emoção por força motriz dos povos medievais. Mas a questão do papel da emoção na história apareceu com uma nova acuidade na primeira metade do século XIX. O interesse pela emoção, vista como uma espécie de impetuosidade arcaica, é então indissociável da crença no progresso da racionalização sobre a qual uma preocupante rachadura parece ter-se produzido. Desde o início do século, revoluções e guerras mundiais aportam aos contemporâneos novas e funestas provas do poder das paixões, sua natureza contagiosa e perigosa, contradizendo a crença humanista na virtude civilizatória da cultura e da razão. Desde o final do século XIX, a inquietação diante do "contágio" da emoção coletiva foi manifestada, em termos teóricos, pela emergência de pesquisas incidindo sobre um novo terreno, batizado com o nome de "psicologia das massas"[3]. Neste contexto, não é nada surpreen-

---

2. McMULLEN, R. *Les émotions dans l'histoire ancienne et modern*. Paris: Les Belles Lettres, 2004.

3. Cf. os três trabalhos mais importantes: LE BON, G. *Psychologie des foules*. Paris: Alcan, 1895. • TARDE, G. *L'opinion et la foule*. Paris: Alcan, 1901. • FREUD, S. Psychologie collective et analyse du moi (1921). In: *Essais de psychanalyse*. Tomo 2. Paris: Payot, 1948, p. 76-161. • MOSCOVICI, S. *L'âge de foules* – Un traité historique de psychologie des masses. Paris: Fayard, 1981.

dente que o apelo histórico de Lucien Febvre diante de uma pesquisa sobre as sensibilidades em história seja pronunciado na véspera da Segunda Guerra Mundial, enquanto o autor e seus contemporâneos sentiam sempre mais pesar a ameaça do desencadeamento das paixões[4].

O que aproxima estes três autores – Febvre, Huizinga e Elias – é o fato de considerarem a emoção-paixão como uma força selvagem, submetida ao trabalho civilizador da cultura e da história, de uma história teleológica de civilização dos costumes, compreendida como a história da inspeção das paixões. Assim procedendo, eles se mostram filhos de seu tempo: durante uma longa primeira metade do século XX, a maioria das grandes teorias das ciências humanas – da psicanálise à sociologia – conjuga o paradigma de uma emoção não racional, fora do campo da cultura e da sociedade, que podemos chamar de "mito das paixões". Esta aproximação da emoção pode então ser descrita com a ajuda da imagem de uma mecânica hidráulica[5]. As emoções são como líquidos em ebulição, sempre prontas a jorrar com violência, se abrirmos bem as válvulas da razão e da civilização. A ideia se encontra, por exemplo, na *Psicologia das massas e a análise do eu* de Sigmund Freud, publicada em 1921[6]. Para o pai da psicanálise que busca explicar o comportamento do povo a partir a psicologia individual, a irracionalidade e a emotividade da massa se nutrem do inconsciente. Deste modo, ao examiná-las mais de perto, as emoções do final da Idade Média de Huizinga se inserem numa narrativa de tipo freudiano. Elas encarnam a "infância" da Europa, uma infância inconsciente, caprichosa, hipersensível e emotiva, exposta a paixões exacerbadas – que se opõe à "maturidade" atribuída à Modernidade, esta idade adulta do Ocidente em que as

---

4. Deste texto existem duas versões publicadas: FEBVRE, L. "La sensibilité et l'histoire – Comment reconstituer la vie affective d'autrefois?" *Annales d'histoire économique et sociale*. Vol. 3, 1941, p. 5-20 [FEBVRE, L. *Combats pour l'histoire*. Paris: Armand Colin, 1953, p. 237-238].
• FEBVRE, L. "La sensibilité dans l'histoire: les 'courants' collectifs de pensée et d'action". In: *La Sensibilité dans l'homme et dans la nature*. Paris: PUF, 1943, p. 77-100, discussão p. 101-106.
5. SOLOMON, R.C. *The Passions*: Emotions and the Meaning of Life. Indianápolis: Hackett, 1993, p. 77. • ROSENWEIN, B.H. "Worrying about Emotions in History". *The American Historical Review*, vol. 107, 2002, p. 821-845.
6. FREUD, S. *Psycologie collective et analyse du moi*. Op. cit., nota 1.

repressões impostas por um superego bem socializado acantonariam a manifestação dos afetos no interior dos limites do razoável.

Essa visão teleológica e etnocêntrica da história e da afetividade foi real. A partir dos anos de 1960, primeiramente a psicologia cognitiva, em seguida a antropologia cultural, mostraram a qual ponto a emoção e a cognição são inseparáveis, tanto em nível individual quanto social. Os trabalhos antropológicos sobre o mundo não ocidental permitiram reconhecer na concepção das emoções-paixões opostas à razão uma construção ocidental antiga, tornada poderosa no contexto do mito do processo civilizatório dos tempos modernos[7]. É justamente a *nossa* visão que temos projetado sobre as outras culturas e épocas – ao passo que, uma vez aposentados estes óculos criadores de anacronismo, a emoção encontrada nas fontes medievais aparece, o mais frequentemente, simultaneamente racionalizada, encarnada e moral.

...aos termos da emoção

Hoje pensamos de forma totalmente diferente a respeito da vida afetiva de outrora. Dentre as novas questões que envolvem o historiador, e particularmente o medievalista, impõe-se a do vocabulário: como falar de emoções para épocas que não conheciam este termo?

Para a Idade Média, o uso do termo *emoção*, desconhecido durante a maior parte dos séculos medievais, é anacrônico. Na realidade, o termo "emoção" é duplamente moderno. É somente no século XV que o vocábulo francês aparece, para designar primeiramente a comoção popular, a revolta ou a insurreição, um bom século antes da *emotion* inglesa, reputada aparecer na tradução de Montaigne no século XV. Antes do século XVIII, o sentido do termo quase não

---

7. Sobre esses trabalhos cf. a leitura crítica de PLAMPER, J. *The History of emotions*: an introduction. Oxford: Oxford University Press, 2015, p. 98-117. • CRAPANZANO, V. "Réflexions sur une anthropologie des emotions". *Terrain*, vol. 22, 1994, p. 109-117.

tem nada a ver com seu atual significado[8]. A emergência da noção moderna está ligada ao advento da disciplina psicológica, racionalista e "desencantada", no seio da qual a emoção torna-se uma noção moralmente neutra, ao contrário de muitas de suas ancestrais que dependem de uma psicologia e de uma antropologia morais, o mais frequentemente de natureza religiosa[9]. Isso é bastante evidente para o termo, herdado dos antigos, "perturbação" (da razão, ou do equilíbrio interior); mas é igualmente o caso para as "inclinações" ou as "paixões", designando movimentos emotivos de intensidade variada, que podem inclinar-se para o bem ou para o mal, para a salvação (vida correta) ou para a perdição. Ora, ao invés de nomear um movimento da alma, quer seja deplorado ou desejado, a noção moderna de emoção se compreende em consonância com a razão, de um lado, e com as manifestações corporais, de outro. Seu uso permite unificar a pesquisa que inclui simultaneamente a origem, as manifestações, enfim, as significações sociais e culturais do movimento emotivo.

A psicologia medieval tinha uma vasta gama de expressões para nomear o registro afetivo. Assim, os termos latinos *passio, affectus, affectio, motus animi, inclinatio* designam tantas disposições ou movimentos que atribuem à alma desejos e repulsas, prazeres e sofrimentos, numa relação estreita com as forças da racionalidade e do corpo. Estes movimentos afetivos são assim captados enquanto *movimentos da alma*, primeira definição unitiva da emoção medieval. O uso dos termos muda através dos séculos e reenvia tanto às conotações que um autor pretende dar à emoção quanto ao contexto cultural específico, à tradição na qual a discussão se situa. À origem do movimento monástico ocidental, João Cassiano († 435), que importa para o Ocidente a tradição dos Padres do Deserto, fala de maneira intercambiável dos *vícios* e das *paixões*, termo pelo qual traduz a palavra *pathe* grega. Estes dois termos recobrem junto a ele o que seu mestre, Evágrio o Pôntico († 399), chamava de oito "maus pensamentos",

---

8. Cf. HOCHNER, N. "L'invention du terme 'émotion' – Métamorphoses du corps social". Apud Histoire intellectuelle des émotions, de l'Antiquité à nos jours. In: *Ateliers du Centre de Recherches Historiques*, 16, 2016 [Disponível em https:/arch.revues.org/7357 – Acesso em 08/07/2016].

9. DIXON, D. *From Passions to Emotions*: The Creation of a Secular Psychological Category. Cambridge: Cambridge University Press, 2003.

que reenviam às pré-paixões dos estoicos, estes movimentos involuntários da alma ou perturbações do espírito que precedem o consentimento – e que a razão podia e devia vencer. Na mesma época, Santo Agostinho († 430) propõe uma visão completamente diferente da vida afetiva. As emoções, das quais nomeia os diversos termos em uso junto aos autores antigos (*motus animi, affectus, affectiones, passiones*, ou ainda *perturbationes*), são ligadas, segundo ele, à vontade: voltadas para o bem, isto é, para Deus, elas se tornam virtudes; voltadas para o mal, são vícios. A tradição ascética, desconfiada das emoções, e a visão de Agostinho, que propõe ao cristão sua conversão religiosa e moral, convergem junto a Gregório Magno († 604) e fundam os vícios e as virtudes medievais[10]. Assim, se o laboratório monástico da cidade de Deus oferece o quadro ideal à conversão interior do cristão cujo dever é aprender a governar suas emoções, a cultura transmitida no claustro guarda a ideia agostiniana de que através do pecado de Adão e Eva o homem havia perdido a capacidade de não deixar-se transtornar pelo primeiro choque da paixão[11]. Da Alta Idade Média à virada dos séculos XII-XIII, o termo "paixão" é muito pouco utilizado para designar a emoção como fenômeno afetivo na literatura cristã, ao passo que tratados inteiros eram consagrados aos vícios e às virtudes, ou seja, às boas ou más emoções. Alcuíno (735-804), este sábio inglês, companheiro e amigo de Carlos Magno, escreveu um tratado, *De virtutibus et vitiis*, a pedido de uma pessoa importante, o conde de Bretanha Guy (ou Wido), por volta de 801-804, no final de sua vida, enquanto abade de Saint-Martin de Tours. Este manual de moral cristã para a vida cotidiana dá indicações muito concretas sobre o bom ordenamento das emoções: ele é um dos primeiros do gênero a ser endereçado a um membro da elite laica, portanto, não mais destinado ao ambiente monástico.

Durante uma boa parte da Idade Média, o termo neutro, e mesmo positivo, para nomear as emoções, na antropologia monástica, foi *affectus*, ou *affectio*. Se,

---

10. CASAGRANDE, C. & VECCHIO, S. *Histoire des péchés capitaux au Moyen Âge*. Paris: Beauchesne, 2009.

11. Cf. BERNARD DE CLAIRAUX. *L'amour de Dieu* – La grâce et le libre arbitre. Paris: Cerf, 1993, p. 294.

no século XI, Anselmo de Cantuária († 1109) entende por *affectio* a força afetiva que age aquém da atividade racional, como uma impulsão da vontade[12], estes dois termos podem também, ocasionalmente, significar o amor, como, no século XII, neste sermão de Aerlred de Rievaultx († 1167), que retoma o tema das núpcias místicas em que *affectus* significa o abraço íntimo no quarto nupcial, o *thalamus*[13]. Entretanto, em ambiente monástico, entre o final do século XI e do século XII, o termo *affectus/affectio* constitui uma noção de emoção neutra, aberta a todas as possibilidades. Dentro e fora do claustro, a efervescência da Renascença do século XII multiplica as discussões sobre este tema, simultaneamente através do contato com textos medievais novamente descobertos e, mais largamente, no quadro da emergência do novo interesse pela natureza. *Affectus* e *affectio* designam então o movimento afetivo de forma fluida, englobando os dois polos do movimento involuntário, do *primus motus*, e do movimento voluntário consentido pela razão. Esta noção de afeto fluido permite, além disso, uma inovação antropológica maior: a implantação da emoção no coração do ser humano. Ela aparece notadamente por ocasião do debate relativo ao pré-afeto no século XII, este momento original que suscita uma extrema desconfiança, onde "os fenômenos afetivos surgem no ser" antes que intervenha o controle da razão[14]. Esta inovação, que subverte o olhar sobre a emoção, tornada central após ter sido considerada por muito tempo periférica ao ser humano, será em seguida consolidada pelo novo investimento do termo "paixão", no século XIII. A difusão da noção de "paixão da alma", ligada à tematização das faculdades da alma no contexto das discussões universitárias sobre a psicologia humana, permite escolher as questões suspensas no século precedente entre tendências

---

12. BOQUET, D. & NAGY, P. *Sensible Moyen Âge* – Une histoire des émotions dans l'Occident medieval. Paris, 2015, p. 119. Cf. tb. BOQUET, D. *L'Ordre de l'affect au Moyen Âge* – Autour de l'anthopologie affective d'Aelred de Rievaulx. Caen: Crahm, 2005.

13. RIEVAULX, A. "Sermo XXXII: in purificatione sanctae Mariae". In: *Opera omnia 2* – Sermones I-XLVI. Turnhout: Brepols, 1989, p. 258-266 [*Corpus Christianorum Continuatio Mediaevalis IIA*]. Apud BOQUET, D. "Des racines de l'émotion – Les préafects et le tournant anthopologique du XIIe siècle". In: BOQUET, D. & NAGY, P. (dirs.). *Le sujet des émotions au Moyen Âge*. Paris: Beauchesne, 2009, p. 169.

14. BOQUET, D. "Des racines de l'émotion..." Op. cit., p. 181.

naturalistas e exigências ascéticas. Após um período de concorrência com *affectus*, é o termo "paixão" que confirma a existência de um ser passional, simultaneamente sujeito às paixões e à tragédia da Paixão[15].

O historiador sempre deve seguir um destes ramos genealógicos – dos quais os mais importantes são os vícios e as virtudes, os afetos, as paixões –, sem esquecer a ramificação direta do verbo *emovere*[16]. Esta multiplicidade indica claramente a que ponto o medievalista sente dificuldade de substituir a emoção moderna por uma noção medieval estável e geral. Esta é também a razão pela qual a história das emoções não poderia resumir-se a uma simples soma das histórias do *affectus*, da *passio*, do *sentimentum* e da *esmouvance*, ou ainda dos estudos da emoção nas literaturas cortesã, religiosa, teológica e médica: a partir de pesquisas cruzadas, esta história é pensada como disciplina de pleno direito.

Qual emoção para o medievalista?

As emoções às quais temos acesso como historiadores, as *emoções históricas*, aparecem acima de tudo no centro das práticas sociais, cravadas numa cultura dada. Elas não são absolutamente as mesmas dos neurólogos ou de alguns psicólogos que as reenviam, assim como suas expressões sociais, a uma mecânica fixa e universal, regida pelos imperativos do "homem neuronal"[17]. Por outro lado, as teorias contemporâneas das ciências da emoção são, para a

---

15. BOUREAU, A. "Un sujet agité – Le statut nouveau des passions de l'âme au XIIIe siècle". In: BOQUET, D. & NAGY, P. (dirs.). *Les sujet des émotions au Moyen Âge.* Op. cit., p. 187-200. Cf. tb. CASAGRANDE, C. & VECCHIO, S. *Passioni dell'anima* – Teorie e usi degli affetti nella cultura medievale. Florença: Sismel/Galluzzo, 2015.

16. Cf. BOQUET, D. "Les mots avant les choses: mystique cistercienne et anthopologie historique de l'affectivité". In: DIERKENS, A. & RYKE, B.B. (dirs.). *Mystique, la passion de l'um* – De l'antiquité à nos jours. Bruxelas: Université de Bruxelles, 2005, p. 109-119.

17. Cf. WOLF, F. *Notre humanité* – D'Aristote aux neurosciences. Paris: Fayard, 2010, p. 123-157. A expressão vem de CHAGEUX, J.-P. *L'homme neuronal.* Paris: Fayard, 1983. Sobre o impacto das neurociências em ciências sociais, cf. MANDRESSI, R. "Le temps profund et le temps perdu: usages des neurosciences et des sciences cognitives en histoire". *Revue d'Histoire des Sciences Humaines,* vol. 25, 2011, p. 165-202. • CHAMAK, B. & MOUTAUD, B. (dirs.). *Neurosciences et Société* – Enjeux des savoirs et pratiques sur le cerveau. Paris, A. Colin, 2014, esp. "Introduction – La vie sociale des neurosciences", p. 10-14.

maioria, incompatíveis com a abordagem histórica[18]. Universalistas, elas negam de fato o caráter cultural e, portanto, histórico das emoções; na melhor das hipóteses, elas o reduzem a simples efeito de encenação.

O historiador não pode isolar a emoção nem do sensível a montante, nem do sentimento a jusante, já que ligados pela dinâmica própria aos fenômenos afetivos: no domínio das emoções religiosas medievais, por exemplo, contrição, remorso e dom das lágrimas estão estreitamente ligados, como duas faces diferentes – espiritual, afetiva, corporal – de um mesmo fenômeno. Esta acepção aberta da emoção-afetividade, sempre em redefinição, é encorajada pela própria abordagem histórica. Nós estudamos a emoção enquanto ela aparece nas fontes, enquanto ela participa da construção cultural e da prática dos vínculos sociais, da sensibilidade, das visões do homem e do mundo. Assim, por exemplo, a valorização eclesial e penitencial da vergonha e as *"performances"* públicas que a manifestam nos últimos séculos da Idade Média devem ser situadas novamente no coração das tensões que burilam, a partir da época gregoriana, os vínculos das visões teocráticas da Igreja com a sociedade laica fundada na honra. São estas dinâmicas sociais e culturais que permitem compreender a gênese e as significações dos cortejos de flagelantes que se multiplicam após 1260 nas cidades da Itália e do Império, do ritual da confissão pública, cumprida, por exemplo, pelos burgueses de Calais em 1347[19]; ou ainda os espetáculos de penitência radical como o de São Francisco de Assis testemunhado pela *Vita prima* de Tomás de Celano: após o santo ter-se restabelecido de uma doença, pediu um pouco de carne e, em seguida, encontrando-se na cidade, "pediu ao frade que o acompanhava que lhe amarrasse uma corda ao pescoço

---

18. De fato, as ciências da emoção nelas mesmas, cindidas em suas abordagens, quase não estão em condições de oferecer uma definição consensual. Cf., p. ex., SOUSA, R. "Emotion". In: ZALTA, E.N. (dir.). *Stanford Encyclopedia of Philosophy*, 05/06/2007 [Disponível em Plato.Stanford. edu]. • REDDY, W.M. "Courts and Pleasures: The Neuroscience of Pleasure and the Pursuit of Favour in 12th Century Courts". In: COHEN-HANEGBI, N. & NAGY, P. (dirs.). *The Medieval Book of Pleasure*. Turnout: Brepols, 2016.

19. Cf. FROISSART, J. *Chroniques*. Tomo 2. Paris: Desrez, 1824, livro I, cap. 121, p. 462-471. Analisado em MOEGLIN, J.-M. *Les bourgeois de Calais* – Essai sur un mithe historique. Paris: Albin Michel, 2002.

e o conduzisse assim, feito um ladrão, por toda a cidade, clamando como um pregoeiro: 'Vejam o comilão que engordou com carne de galinha, que comeu sem vocês o saberem'"[20]. A penitência pública e voluntária do santo não deixou de provocar um momento de arrependimento intenso junto às testemunhas, impulsionando-as à conversão de vida.

Nas práticas do historiador, a emoção performática, representada ou descrita nas fontes, aparece o mais frequentemente como um acontecimento, mas que às vezes coloca em causa um processo de transformação afetiva e cultural, como no último episódio citado aqui. Assim, analisar em quais contextos e de que maneira surge e se manifesta uma mesma emoção, e quais são as palavras que os gestos querem manifestar, permite compreender estes processos em ato e analisar sua significação social e política. Tomemos o exemplo ilustre da cólera do rei ou da rainha, uma emoção frequentemente encenada nas crônicas medievais[21]. Junto a Gregório de Tours († 594), onde ela reenvia a um regime afetivo pré-cristão, a cólera real, denominada às vezes furor, não é muito bem-vista. Ela denota frequentemente uma reação extrema à traição, aos ultrajes ou aos insultos, e faz-se demonstrativa – como neste episódio em que a Rainha Fredegunda fica sabendo por um de seus domésticos, que havia acompanhado sua filha Rigonthe, que durante sua viagem ela havia sido roubada de todos os seus bens e tesouros; o servidor confessa ter conseguido fugir. "Ao ouvir estas palavras, Fredegunda, entrando em estado de furor, ordenou que ele fosse desnudado na própria Igreja, e que, após ter sido despojado de suas vestes e de um cinturão que havia recebido de presente do Rei Chilperico, fosse banido de sua presença"[22]. Mais tarde, no segundo milênio, com a cristianização da

---

20. THOMAS DE CELANO. Vita prima 1C, 53, livro I, cap. 19. Trad. fr. de Dominique Poirel. In: DALARUN, J. (dir.). François d'Assise: écrits, viés, témoignages. Tomo 1. Paris: Cerf, 2010, p. 531.

21. ALTHOFF, G. "Ira Regis: Prolegomena to a History of Royal Anger". In: ROSENWEIN, B.H. (dir.). Anger's Past: The Social Uses of an Emotion in the Middle Ages. Ithaca/Londres: Cornell University Press, 1998, p. 59-74.

22. Gregorii episcopi Turonensis Decem libri historiarum, 7, 15. In: KRUSCH, B. & LEVISON, W. MGH SS Rerum Merovingicarum. Tomo 1. Hanovre, 1951, p. 336-337. • GRÉGOIRE DE TOURS. Histoires. Trad. fr. de François Guizot. Paris: Brière, 1823, p. 412. Cf. tb. ALTHOFF, G. "Ira Regis..." Op. cit., p. 62-63.

função real, a cólera do rei se transforma buscando colocar mais claramente em evidência as prerrogativas do *rex iustus*. O rei pode então fazer uso de uma cólera vingadora, demonstrativa e devastadora, para restabelecer a justiça em seu reino, em conformidade com a vontade de Deus. É exatamente o que faz, segundo seu biógrafo Suger, Louis VI o Gordo (1108-1137), na primeira metade do século XII, quando impõe aqueles senhores e varões recalcitrantes a submeter-se a ele, como este Tomás de Marle, "um homem atolado nos crimes", cuja "insuportável raiva" e pecaminosa cólera são qualificadas por Suger como "semelhantes às de um lobo cruel"[23]. A legitimação da justa cólera real tem por corolário, portanto, a condenação da cólera viciosa do tirano.

Sejam quais forem a procedência e natureza, sejam quais forem as questões que o historiador coloca, cada conjunto de fontes deve ser lido segundo as normas e as práticas de fabricação e de recepção dos próprios documentos que o compõem e dos discursos que ele contém, mantendo sempre o diálogo, condição indispensável do sentido produzido entre categorias atuais (p. ex., o pudor ou a vergonha) e categorias antigas (a vergonha, *verecundia*, simultaneamente pudor e vergonha).

Uma abordagem ao mesmo tempo aberta em termos de terminologia e de fronteiras, e resolutamente histórica e antropológica por seu método: eis nosso único acesso à emoção histórica[24]. Descrita, representada ou teorizada, a emoção medieval nos chega transcrita num sistema de normas que determinaram sua formulação, sua expressão – sua escrita ou sua imagem –, mas também sua significação social. É, portanto, o ir e vir incessante entre os dois mundos que torna legítima e necessária uma "história da emoção", compreendida como uma maneira de unificar as pesquisas.

---

23. SUGER. *La geste de Louis VI*. Ed. de Michel Bur. Paris: Imprimerie Nationale, 1994, p. 122 e 59. Eu me apoio, além disso, no trabalho de seminário de Élyse Plamondon no Curso HIS528D na Universidade do Québec, em Montreal, sessão de outono de 2015.

24. Cf. BOQUET, D. & NAGY, P. (dirs.). "Émotions historiques, emotions historiennes". *Écrite l'histoire*, n. 2, 2008, p. 22-23.

7
REFERÊNCIAS COTIDIANAS, REFERÊNCIAS MÉDICAS

Claude Thomasset

A língua comum

Abordar as emoções pelo viés da língua medieval, isto é, pelo antigo francês, tendo por único recurso a literatura, parece situar-nos num terreno irremediavelmente pobre. Nada comparável neste domínio à riqueza da língua latina a serviço do pensamento religioso. Como o diz Paulette L'Hermite-Leclercq: "Tudo começa, pois, por uma afinação com a doutrina cristã"[1]. A obra na qual está contida esta frase faz um inventário impressionante do léxico das emoções[2]. No chão avarento em novidades de nossa literatura, isto é, na canção de gesta [ou poemas épicos medievais], a emoção é rara e violenta. O estilo é bem conhecido. Entretanto, urge precisar este estado da língua e analisar o mecanismo da emoção, que tem por consequência suspender a consciência do sujeito. Se excluirmos o aporte da religião e seus inúmeros modelos construtivos, o primeiro caminho que nos resta é o da fisiologia, em seguida um sistema

---

1. L'HERMITE-LECLERCQ, P. Introdução à parte "Penser et dire les émotions au Moyen Âge". In: BOQUET, D. & NAGY, P. (dirs.). *Le sujet des émotions au Moyen Âge*. Op. cit., p. 88.

2. Cf. esp. PIOLAT, A. & BANNOUR, R. "Émotions et affects – Contribution de la psychologie cognitive".• ROSENWIN, B.H. "Emotion Words", p. 53-84 e 93-106.

mais elaborado, a fisiognomonia, para ver emergir um ser cujas componentes são definidas, as emoções e os comportamentos já traçados. Desta forma se nos abrem então a aventura da compreensão e a previsibilidade das ações do outro e, por reflexividade, a possibilidade de ler suas próprias emoções.

A leitura de um poema épico medieval como a *Prise d'Orange* [Tomada de Orange] – dentre tantos outros – libera o segredo de uma grande parte da escrita das emoções medievais maiores. A contrariedade, a cólera (termos neutros para não cometer anacronismo) se opõem à alegria, mas a tradução destas duas emoções é engenhosa. Um dos grandes princípios é antecipar que a perda da consciência (às vezes o termo *pasmer*, "desmaiar", aparece neste contexto) foi por um triz evitada. Em suma, a expressão típica se apresenta desta forma:

> Diante deste espetáculo, Arragon está prestes a tornar-se loucamente furioso, e quase perde a razão sob os golpes da dor e da ira (*Prise d'Orange*, v. 772-873).

Enlouquecer, perder o sentido, fórmulas que servem para exprimir o paroxismo tanto da alegria quanto da contrariedade:

> A palavra lhe foge... Sob o golpe do medo seus membros lhe falham, lhe negam seu uso...

A tradução da emoção é feita tanto pela constatação de uma perda de consciência evitada por um triz quanto por uma alteração física. O mais banal dos sinais é a vermelhidão (*se taindre* como o carvão). A emoção violenta é igualmente traduzida por um verbo que gozava de muito respeito, o verbo *tressuer*, que significa estar exposto a uma extraordinária transpiração. Termos como "angústia" exprimem ao mesmo tempo uma sensação física e um estado de profundo mal-estar físico. E esta afirmação leva a analisar a escrita da emoção: um verbo, como o que acabamos de evocar, recebe a expressão de uma causalidade introduzida pela preposição *de*, como o mostram os exemplos citados precedentemente. A referência à emoção é oferecida pela situação na narrativa; ela dá seu conteúdo ao termo que encontra justificação em seu emprego. A emoção só pode ser traduzida no conteúdo de uma cultura. O modelo religioso, a criação literária, a escrita, sempre estão em busca de uma maior precisão, de uma maior riqueza lexical. Mas qual é o termo que, na língua medieval, significa "sentir uma emoção"? O encontramos em nosso texto da *Prise d'Orange*, no termo em francês medieval "*esmaier*":

> Não te assuste [*Ne t'esmaier*], meu tio, diz Guelin... (v. 1.613).

As traduções deste termo são muitas, mas o sentido fundamental nunca é alterado. Sua etimologia, embora discutida, é particularmente interessante: do gótico e antigo alto-alemão *magen*, "ter o poder, a força"[3]. *Esmaier*, portanto, vem de *exmagare*, privar da força. A emoção, portanto, é uma destruição do homem, como já o dissemos. Mas, através do acaso da evolução fonética, *esmai* se torna *esmoi*, em nosso francês moderno "*émoi*", e pertence à família "*émouvoir*" (*movere*), que evoca a ideia de um movimento interno. Será que a mudança linguística traduziria uma nova concepção da emoção?

Antes de abandonar nosso Guilherme de Orange, vale lembrar que ele nos oferecerá um dos primeiros exemplos de uma emoção com uma instantaneidade e uma força incríveis: "o amor a distância", ou, livremente traduzindo: "o amor platônico". A evocação da cidade de Orange por um prisioneiro evadido é suficiente para inflamar a imaginação de Guilherme. A menção da bela Saracena eleva a exaltação ao seu auge:

> Preferiria morrer e perder a vida... antes de ter visto como se apresenta Orange e Gloriette, esta famosa torre de mármore, e Dama Orable, a nobre rainha. O amor que sinto por ela me atormenta e me domina... (v. 453 e 455-458).

O amor ao desconhecido, ao estrangeiro e o acionamento de uma imaginação exacerbada são, sem dúvida, postos na conta dos mais fortes movimentos

---

3. "*Émoi*". In: *Dictionnaire Historique de la Langue Française*. Tomo 1. Paris: Le Robert, 1992, p. 680: "*Émoi* representa o nominativo (v. 1.175, *esmai; esmoi*) do antigo francês *esmaier*, 'inquietar, assustar', oriundo do baixo latim *exmagare*, 'privar alguém de suas forças', de *ex*-privativo e de *magare*, verbo hipotético de origem germânica ao qual se associa o inglês *may* (cf. gótico e antigo alemão *magen*, 'ter o poder, a força') [...]. P. Guiraud retoma a hipótese de Meyer-Lübke que associa *exmagare* a *magus*, 'feiticeiro' (*mage*), o verbo significando propriamente 'fazer sair de si através de um feitiço'.

emotivos da Idade Média. Nosso frustrado Guilherme sucumbe, como os trovadores – Jaufré Rudel – ao "amor platônico". Quem ousaria afirmar que esse sonho de outrora, que essa imaginação de uma princesa distante, estava totalmente ausente do espírito dos combatentes que partiam para a Terra Santa?

Não podemos abandonar *O ciclo de Guilherme de Orange* sem evocar um momento de emoção absoluta que acontece no *Coroamento de Louis*: trata-se da emoção paralisante que invade o herdeiro de Carlos Magno, o pequeno Louis que, no momento de assumir a coroa e o poder, tem apenas 15 anos. Carlos evocou as obrigações vindouras do futuro rei:

> A criança ouviu estas palavras, mas não se mexeu. E assim fez chorar muitos valentes cavaleiros... (*Le couronnement de Louis*, v. 87-88)[4].

Talvez não exista outro momento mais forte em nossa literatura: fraqueza do adolescente diante dos cavaleiros do reino reunidos. Consternação do imperador:

> Ai de mim! diz o imperador, que decepção! Um patife deve ter se deitado com minha mulher e engendrado este herdeiro cagão! (*Le couronnement de Louis*, v. 90-93).

Eis o maior temor da Idade Média: a bastardia. Múltiplas são as ocasiões de fecundação da mulher no pensamento medieval, sobretudo durante as noites povoadas de preocupantes criaturas. A constatação de um deslize conjugal, publicamente revelado, destrói um homem – mesmo que imperador. É difícil ser homem na Idade Média! De fato, para quem pertence à casta dos guerreiros, existe uma imperativa obrigação da perfeição em todos os momentos da existência. Urge dizê-lo, mesmo que pareça evidente: na leitura de um texto literário, podemos experimentar emoção e prazer. Entretanto, o prazer da sociedade aristocrática, da casta guerreira, dos que ouviam estes textos, é de outra natureza. Toda aristocracia se dota de um ideal de beleza e de um código

---

4. In: ZINK, M. (ed.). *Le cycle de Guillaume d'Orange*. Paris: Le Livre de Poche, 1996.

moral. Existe emoção profunda, prazer, quando estas categorias são encenadas. Observem a presença física de Ganelon, no final de *La Chanson de Roland*: este personagem reconhece sua culpabilidade, mas não sua degradação[5]. Enfim, por que não um salto no tempo, uma última lembrança de leitura de um momento histórico! Passemos para as *Mémoires* de Philippe de Commynes. Os batedores ("cavaleiros") do exército, que cercavam Paris, crendo estar diante de uma impressionante retirada dos sitiados relatam: "bem ao longe, vemos uma grande quantidade de lanceiros em pé; parece estarmos diante de todos os guerreiros do rei e de todo o povo de Paris"[6]. Ao raiar do dia, se dão conta de estar diante de um grande campo de espinheiros. Eis o que estimula a abrir um grande dossiê sobre as emoções fortes entre os exércitos, e particularmente sobre os grandes medos coletivos junto às tropas.

Por uma explicação médica

Depois destas cenas simples e diretas, estamos na expectativa de uma teoria que apresente nuanças, que nos faça sair desta grade coercitiva de emoções primárias. Longo será o caminho do lado do pensamento científico, ou, se quisermos, por comodidade de exposição, laico. Os princípios galênicos formam a base da organização do pensamento médico: trata-se de combinações de elementos do fogo quente e seco, do ar quente e úmido, da água fria e úmida, da terra fria e seca. Existem nove compleições. Os humores sempre aparecem nos discursos em termos de sangue, de expectoração, de bílis amarela e bílis negra, com suas qualidades correspondentes[7]. Tudo isso é bem conhecido e difundido no século XII por um enciclopedista renomado como Guillaume de Conches

---

5. *La Chanson de Roland*, CCLXXIII, v. 3.762-3.764. Trad. fr. de Gérard Moignet. Paris: Bordas, 1969, p. 263: "Ganelon se mantinha de pé diante do rei. / Conservava o corpo rígido, e uma bela cor no rosto. / Se pertencesse à realeza, assemelhar-se-ia perfeitamente a um barão".

6. COMMYNES, P. *Mémoires*. Tomo 1. Ed. de Joseph Calmette. Paris: Les Belles Lettres, 1981, p. 73.

7. Para uma exposição precisa, cf. JACQUART, D. & MICHEAU, F. *La médicine arabe et l'occident medieval*. Paris: Maisonneuve-Larose, 1990, p. 47-54.

(v. 1.080-1.150[8]). Ele presta contas de particularidades físicas inerentes às quatro compleições, mas não se aventura na psicologia. O poder explicativo do sistema é complexo, embora poderosíssimo. Graças a este instrumento podemos nos aventurar na explicação médica das particularidades de todas as doenças e de todos os seres. Cada um, de alguma maneira, recebe uma definição, e a explicação médica permite prestar contas de certos comportamentos emocionais. Citamos intencionalmente uma interpretação deste tipo extraída de uma enciclopédia do final do século XIII, já que estamos diante de um pensamento de divulgação afastado dos círculos do pensamento erudito:

> O rei pergunta: De onde procedem a proeza e o medo?
> Sydrac responde: A proeza e o medo procedem da compleição do homem, pois se o corpo é de boa temperança, de quatro compleições, uma tão normal quanto as outras, o corpo não pode ser nem intrépido nem covarde. Assim, se as quatro compleições são normais, se o frio não suplanta o quente, o quente não suplanta o úmido, nem o úmido o seco, o coração se move normalmente. Entretanto, se o quente vence o frio e o seco vence o úmido, o sangue se move rapidamente, tornando-se assim o coração intrépido. E se o frio não vence o quente, e o seco o úmido, o coração se torna frio, úmido e medroso, tornando-se covarde em tudo (*Sydrac le philosophe*, q. 96)[9].

No capítulo relativo às emoções, além desta clara exposição explicativa, Sydrac, na flutuação de suas 1.227 questões, nos agracia com um erotismo de bom gosto (embora também sirva para conhecer o estado de saúde da pessoa): "Por qual razão olhamos prazerosamente as pernas das mulheres?" Outra questão proposta: "O rei pergunta: devemos abster-nos de olhar para belas mulheres?"

Tais questões abrem caminho para duas respostas: sim para os sábios, que dão graças ao Criador pela beleza da criatura; não para os loucos, que entram

---

8. CONCHES, G. *Dragmaticon* [Texto crítico com introdução, notas e índice de Italo Ronca]. Turnhout: Brepols, 1997; cf. VI, 13,6, p. 229.

9. *Sydrac le philosophe: le Livre de la fontaine de toutes sciences* – Édition des enzyklopädischen Lehrdialogs aus dem XIII. Jahrhundert. Ed. de Ernspeter Ruhe. Wiebaden: Reichert, 2000, p. 74-75.

em transe e cujo "coração se sobressalta e faz esvoaçar seu cérebro" (q. 874). Uma importante questão também é dedicada ao choque emocional da paixão (q. 336). Enfim, um longo desenvolvimento é reservado a um choque emocional evidente: a esposa apanhada em flagrante delito de adultério (q. 551)[10]. Como, nesta situação, dominar a cólera?

A questão 330 aborda um belo tema emotivo:

> Um homem e uma mulher que se amam mutuamente, e que por alguma razão se afastam por um longo tempo, poderiam, ao unir-se novamente, amar-se como antes?

Já que não se trata de um costume, o enciclopedista nos responde por uma analogia:

> Assim como uma árvore de um jardim começa a murchar e a secar em razão do jardineiro tê-la abandonado, poucas horas depois que o mesmo jardineiro passa a cultivá-la novamente lhe permite recompor-se e apresentar-se tão verde e tão bela quanto antes...

Quanta delicadeza nesta emoção de reencontros amorosos! Enfim, o enciclopedista propõe uma definição da célebre e complexa *acedia* (il. 28, "L'acédie"), ponto morto da emoção, da desordem psicológica e religiosa:

> A *acedia* [em português: indolência, langor], é um estado crônico feito de tédio e desespero, uma agonia geral da alma e do corpo que impede a realização de qualquer atividade intelectual ou espiritual. Seus sintomas: instabilidade e desgosto com a vida atual, sentimento geral de abandono, saudades da vida pregressa...[11]

Existem variações e reflexões sobre este estado emocional, estado às vezes associado a outros, como, por exemplo, sentimento de *tristitia* e *pigritia*. O

---

10. Ibid., p. 20, q. 551: "Se.i. home trove.i. autre sur sa feme qui l'ahonte, que doit il faire?"

11. VAUCHEZ, A. (dir.). *Dictionnaire Encyclopédique du Moyen Âge*. Paris: Cerf, 1997, I, p. 11.
• *Sydrac le philosophe*... Op. cit., p. 243, q. 679: "Le roy demande: Quelle est acide? Sydrac respond: Acide est que l'omme appelle tristrece et negligence du bien faire et si naist de haine; quar comme l'omme ne se puet vengier de celui que il het, si a ennui a son cuer ne pense a nul bien fors tout jours a mal faire, et use son temps en tristrece et en angoisse. Quar ce est noult grant pechiez, et si engender de ces pechié ranune".

conceito de melancolia lhe está muito próximo. Um limite crítico deste estado pode ser deduzido do pensamento de Santo Tomás:

> Contaminada pela ideia tomista de tristeza religiosa, doravante, irreversivelmente, a *acedia* se transforma em novo pecado. Ela já não se limita mais ao desejo de abandonar a vida monástica, tampouco ao desejo de abandonar a cela ou o ataque do demônio do meio-dia, ou as convulsões de uma febre ardente, tampouco a preguiça e a dormência... O novo vício da *acedia-tristitia* se define agora por um endurecimento extremo da alma que se desvia voluntariamente do bem divino[12].

Entretanto, como observa Anne Larue, não podemos nos conformar com esta conclusão tão desesperadora e trágica. Urge registrar a presença de seis filhas da *acedia*, que são Gregório associa ao pecado principal: a malícia (*malitia*), o rancor (*rancor*), a pusilanimidade (*pusillanimitas*), o desespero (*desperatio*), o torpor em relação aos mandamentos (*torpor circa praecepta*) e a divagação do espírito em torno das coisas proibidas (*vagatio mentis circa illicita*). Não podemos nos aproximar senão do ponto-limite da *acedia*.

A exploração do texto médico pouco nos diz sobre a reflexão psicológica do médico. As grandes emoções obedecem à lógica das essências humorais, e faz-se necessário perscrutar atenciosamente a exposição para adivinhar o esboço de um intercâmbio psicológico. Trata-se de uma indagação que dirigimos à obra do médico de Montpellier Bernard de Gordon, *Le lys de médecine* [A flor-de-lis de medicina], escrito entre 1303-1305[13].

A definição da lepra, por outro lado, "matéria melancólica espalhada por todo o corpo" (II, 26), obedece à tradição. Uma anedota pessoal a acompanha: uma condessa de Montpellier comunica sua doença a um bacharel em

---

12. LARUE, A. *L'autre mélancolie* – Acedia, ou les chambres de l'esprit. Paris: Hermann, 2001, p. 54. Cf. tb. NABERT, N. (dir.). *Tristesse, acédie et médecine des âmes dans la tradition monastique et cartusienne* – Anthologie de textes rares et inédits (XIIIe-XXe siècle). Paris: Beauchesne, 2005, p. 26-27.

13. GORDON, B. *Lilio de Medicina*. Ed. de Brian Dutton e María Nieves Sanchez. Madri: Arco/ Libros, 1993. • *La pratique de maistre Bernard de Gordon qui s'appelle Fleur de Lys en Medicine*. Lungduni, 1495.

medicina; o médico curará a condessa e eis que ela engravida... O exercício da medicina às vezes se reveste de emoções humanas... No livro II da obra mostra alguns acidentes médicos, algumas perturbações da percepção, na fronteira entre a patologia e o transtorno emocional. É o que se pode deduzir do capítulo que trata da *vertigem*:

> ...e se uma pessoa olha para as nuvens que se movimentam em alta velocidade ou para a água corrente ou para uma rua movimentada, em razão das semelhanças internas esta pessoa parece mover-se com elas. Por isso ela deve apoiar-se ou sentar-se no chão.

Mais adiante o autor apresenta outra recomendação sobre vertigem:

> E se alguém está no alto das montanhas, ou em seu entorno, ou em elevados picos de neve, jamais olhe para baixo nem imagine ou olhe para as profundezas; mas, se for obrigado a passar por lá, que não abra demasiadamente as pupilas... (GORDON, B. *Lys de médecine*, II, 11).

O mesmo texto apresenta uma descrição complexa do enjoo marítimo e os meios de livrar-se deste transtorno complexo [comer pão frito no vinagre]. O texto também fala da emoção gerada pelos maus odores do vômito[14].

A evocação da vertigem é retomada novamente no capítulo 28, *tremeur*, com uma precisão:

> O passante com vertigem imagina como seria ruim cair naquelas circunstâncias, e teme e sente tremor só em imaginar esta sensação.

Nosso autor, aliás, também fala da emoção e do medo que alguém pode sentir diante de uma autoridade:

> E quando alguém está diante de um príncipe muito terrível, como o diz Galeno, ou diante de um leão, ou diante de outras coisas igualmente terríveis, por alguns instantes sente se enfraquecer

---

14. Ibid., I. 30: "...e s'il estoit en ung vaisseau en mer, il doit eslire ung lieu loing de la chievre ou de la fosse, ce qu'il pourra et arriere de toute ordure et se mette au plus hault et s'il vomist de legier si se tourne a la colonne ou au bort et doit odorrer pain rosti avec vin augre".

todas as suas virtudes animalescas (GORDON, B. *Lys de médecine* II, 28).

Os exemplos precedentes mostram como a medicina pode explicar a emoção, a questão complexa dos íncubos:

> *Incubus*, este fantasma que oprime e agride o corpo adormecido e que perturba o movimento e a palavra... (GORDON, B. *Lys de médecine*, II, 23).

A lembrança das falsas imaginações não está longe: é o nome de um diabo, o povo diz que é uma velha que cavalga e comprime o corpo. O médico rejeita peremptoriamente esta opinião e propõe uma explicação: trata-se dos vapores ascendentes que criam a ilusão do fantasma. Bela demonstração para eliminar uma emoção terrível e irracional. Mas *Le Lys de médecine* não é constante conquista racional. Ele também sabe fazer viver e manter vivas belas e grandes emoções. Nele encontramos uma bela descrição do "amor heroico". A literatura sobre o tema é abundante[15], mas as definições de Bernard de Gordon chamam a atenção:

> A causa desta paixão é a corrupção determinada pela forma e a figura que fortemente está aprisionada, de tal maneira que, quando algum está apaixonado por uma mulher e assim concebe a forma e a figura e o modo, e que acredita e opina que aquela é a melhor, a mais casta, a mais honrada, a mais bela, e a mais sábia nas coisas naturais e morais do que alguma outra... (GORDON, B. *Lys de médecine*, II, 19).

Esta perspectiva está em conformidade com o pensamento aristocrático. Galeno ensinou o meio de reconhecer esta forma de amar: a passagem da mulher amada é suficiente para provocar "perturbação" em seu amado; mas logo em seguida, muitas vezes popularmente confundido com um "doente", o amado-amante volta à normalidade. Existe inclusive meios para se descobrir o nome da mulher que ocupa os pensamentos deste "paciente-amante": basta dizer em

---

15. Cf. p. ex., Wack. M.F. *Lovesickuess in the Middle Ages*: The Viaticum and its Commentaries. Filadélfia: University of Pennsylvania Press, 1990.

alta voz o nome de várias mulheres e, ao ouvir o nome da amada, o implicado logo "estremece". Belo exemplo no qual emoção e manifestação corporal se encontram. O estado provocado pelo amor melancólico pode parece muito preocupante, mas Bernard de Gordon oferece um meio de lutar contra a doença que merece toda a nossa atenção. Ele apela ao que devemos denominar sentimento para com a natureza e a música, ou para a emoção provocada pela beleza:

> ...e neste momento é bom estar entre os amigos e andar pelos campos, pelas imediações, pelas fontes e montanhas, ouvir o melodioso canto dos pássaros e o som de instrumentos musicais (GORDON, B. *Lys de médecine*, II, 19).

Outras afeições são curadas pela beleza, inclusive junto aos maníacos[16]. Já o amor doentio inscreve-se muito profundamente na civilização ocidental, e bem antes de seu reconhecimento e de sua teorização médica. O mito da sensibilidade particular da aristocracia é reforçado pela descoberta de novos textos:

> Esta teoria do Eros melancólico é ainda hoje o quadro mais provável de uma compreensão global da imaginação amorosa nos textos de Tristão e Isolda da Idade Média[17].

Para Philippe Walter, o termo "melancolia" é usado por Brangien em referência ao herói da obra de *Tristan de Berne*. Este recuo temporal ligado à loucura amorosa, este encontro de textos, indica como foi construída ao longo de séculos uma convergência de textos literários e mitos capazes de instaurar uma estrutura emocional preestabelecida. Na Idade Média e em seu ocaso esta convergência foi "medicalizada". Esta aventura se prolonga nos séculos seguintes[18], configurando-se em seu aspecto mais significativo para a civilização. Ainda seria assim?

---

16. "O maníaco é sensível também à beleza: e os que habitam com ele devem observar bem... e lhe devem permitir várias coisas e presenteá-lo com belas coisas e ter instrumentos musicais, enfim, tudo o que agrada a alma..." (*La pratique de maistre Bernard de Gordon*. Op. cit., II, 28).

17. WALTER, P. "Eros mélancolique et amour tristanien". In: JAMES-RAOUL, D. & SOUTET, O. (dirs.). *Par le mots et par les textes*. Paris: Université Paris-Sorbonne, 2005, p. 859-870.

18. FERRAND, J. *Traité de l'essence et guérison de l'amour ou de la mélancolie érotique* (1610). Ed. de Gérard Jacquin e Eric Foulon. Paris: Anthopos, 2001.

Seria possível abandonar a exploração direta dos textos científicos sem evocar o fenômeno estranho da crueldade, isto é, sem perguntar por que o corpo da vítima sangra em presença de seu assassino?[19] A causa está na emoção do culpado que, *commotus in sua conscientia*, turva o ar (*spiritum et fumum*), provoca seu reaquecimento, gerando por consequência o reaquecimento do cadáver e a emissão de sangue. A emoção interior da culpabilidade se traduz no mundo da física. A questão precedente era mais sutil: passar à noite perto de um cadáver, adivinhar a presença de alguém escondido causa desconforto ao organismo (*horripilatio*). Eis o que nos leva à fronteira da emoção logicamente explicável.

Não podemos falar do quadro emocional da vida na Idade Média sem consagrar algumas linhas à lepra, presente na sociedade. Somos tentados inclusive a falar de uma doença inapreensível ao médico: sua causa é matéria melancólica, mas matéria melancólica que "se expande por todo o corpo". Para Gordon, existem outras formas de lepra e muitas doenças similares. A extraordinária prudência do médico impressiona:

> Não devemos julgar confiados em um único indício, mas em vários, já que estes nos oferecem alternativas mais convincentes (GORDON, B. *Lys de médecine*, I, 21).

Imaginem o ostracismo da vítima sobre a qual pesa a desconfiança da doença, exclusão por um caso confirmado – embora a exclusão tenha aspectos caritativos desejáveis – mas exclusão inclusive da presença dos que gozam de boa saúde. Na época, Bernard de Gordon devia existir verdadeiros negócios, como esta passagem o testemunha:

> E vos direi porque lembro tão frequentemente da corrupção de formas e figuras que hoje denominamos maldosamente desvalidos; quem quiser compreender que compreenda (GORDON, B. *Lys de médecine*, I, 21).

---

19. LAWN, B. (ed.). *The prose Salernitans Questions*. Londres: British Academy-Oxford University Press, 1979, p. 183, q. 2.

É certo que os sinais da doença podem não ser aparentes no rosto, ao passo que as extremidades estão corrompidas. Bernard de Gordon se opõe inclusive sobre o tema a Galeno e Avicena. Seu engajamento pessoal é muito forte.

O modo de transmissão da lepra foge à explicação médica, já que a duração de sua incubação é longa. Consequentemente, na Idade Média imaginava-se que a doença era transmitida por contato direto ou por relação sexual ("item lepre" vient "par trop converser avec meseaulx ou par rafeit"). É preciso acrescentar, enfim, que a mulher que teve uma relação sexual com um leproso conserva seu esperma na matriz e mantém assim o contágio. A lepra não é considerada apenas uma grave doença, mas ela lança a suspeição entre todos os membros da sociedade através dos medos e dos distanciamentos causados por seus sinais sobre a pele dos maridos, das esposas, dos filhos e dos vizinhos.

A medicina nos forneceu uma visão das emoções na sociedade. Mas precisamos de um exame mais acurado, mais claramente centrado no outro, para fazer outras descobertas no domínio da psicologia a partir da observação do aspecto físico. Esta é a tarefa da fisiognomonia. Um saber mínimo já existe desde muito cedo, como o mostra o *Dragmaticon*, de Guilherme de Conches (v. 1.080-1.150): em função do calor e da umidade, os coléricos são grandes e magros, os sanguíneos grossos e gordos, os fleumáticos gordos e pequenos, os melancólicos pequenos e franzinos. Estes conhecimentos são imediatamente acompanhados de restrições; tudo isso pode ser modificado pela ociosidade, pela comida ou pela ausência de comida, de atividade...[20] É preciso dizer que a melancolia é tão ampla em sua definição que é destinada a ocupar a quase totalidade do discurso sobre as emoções. A definição de Hildegarda de Bingen († 1179) é fundadora e não pode ser ampliada:

> [...] quando ela apresenta a melancolia e o *humor melancolicus* como a consequência da transgressão de Adão. Trata-se de um

---

20. CONCHES, G. *Dragmaticon*, VI, 13. Op. cit., p. 229: "Istorum tamen proprietates saepe ex accidente variantur. Colerici namque et melancolici vel ex otio vel ex comestione saepe fiunt pingues; sanguinei et flegmatici ex labore et abstinentia graciles. Iterum colerici et sanguinei ex parvitate matricis et spermatis fiunt breves; fleumatici et melancolici propter contrarium longi".

mal hereditário incurável, o quinhão da raça humana (HILDE-GARDA DE BINGEN. *Cause et cure*, "De melancolicis", § 148)[21].

Pelo viés da fisiognomonia, encontramos uma emoção já mencionada precedentemente na evocação da *acedia* [indolência, langor]. A expressão do trágico da tradição humana fez grande sucesso. Este termo vai ao longo dos séculos permitir que se manifeste as infinitas variações da tristeza delicada, sem que jamais desapareça a obsessiva significação primeira. Já na Idade Média, o termo "melancolia" começou sua carreira. Assim, Carlos de Orleans, príncipe cativo afirma:

> É a prisão Dedalus
> Esta minha melancolia (D'ORLÉANS, C. Rodeau, XLs.)[22].

Mas voltemos à história da fisiognomonia. Muitos conhecimentos, muitas orientações diversas, inúmeras fontes no *Líber phisionomie* de Michel Scot para uma abordagem desta forma de conhecimento, assim especificada por Danielle Jacquart:

> Na leitura deste conjunto um pouco caótico, fica claro que para Michel Scot a fisiognomonia se funda em todos os indícios manifestados pelo corpo e seu deslocamento no espaço, que estes indícios ensinam sobre a natureza do indivíduo ou presidem os acontecimentos futuros[23].

O conjunto dos textos se refere às particularidades sexuais de determinadas categorias de mulheres e à ginecologia. Uma verdadeira angústia concernente à descendência se manifesta. Estamos em 1235 e Frederico II está às vésperas de se casar com Isabel da Inglaterra. Será que os enviados encarregados de se

---

21. ZIEGLER, J. "Hérédité et physiognomonie". In: LUGT, M. & MIRAMON, C. (dirs.). *L'hérédité entre Moyen Âge et époque moderne* – Perspectives historiques. Florence: Sismel/Galluzzo, 2008, p. 245-272. A citação prossegue com estas palavras: "Ela [Hildegarda] descreve o homem melancólico típico como um sádico dominado por um desejo infernal e movido por uma raiva generalizada. Seus filhos são todos diabolicamente maus, viciados e misantropos, já que foram concebidos sem amor. Em vários lugares de sua obra ela coloca explicitamente a melancolia em relação com o pecado original: *propter transgressionnem Ade*".

22. Apud THOMASSET, C. "Icare, une histoire de père". In: *D'ailes et d'oiseaux au Moyen Âge*. Textos reunidos por Claude Thomasset. Paris: Champion, 2016.

23. JACQUART, D. "La physiognomonie à la cour de Frédéric II: le traité de Michel Scot". In: *Le scienze alla corte di Federico II*. Turnhout: Brepols, 1994, p. 19-38.

encontrar com ela a examinaram com os olhos da fisiognomonia? Um mundo novo do conhecimento, das relações emocionais nasceu:

> Dedicando seu tratado ao imperador, não tanto um instrumento de poder sobre os homens que Michel Scot entende lhe dar, permitindo-lhe escolher melhor seu entorno. Os segredos revelados visam, de maneira mais ambiciosa, garantir-lhe uma boa descendência, isto é, dominar a natureza[24].

Eis o que pretende valorizar uma enciclopédia do final do século XIII intitulada *Placides et Timéo ou Li secrés as philosophes*[25]. Estupefação e questionamento: o filósofo preceptor se recusa a educar o filho do imperador e escolhe como discípulo o filho de um pequeno rei. Ele declara: o filho do imperador era "louco por natureza e por força da compleição" (§ 10). A enorme sequência de questões sobre o mundo e sobre o homem que constitui a obra só tem um objetivo: comunicar ao discípulo os dísticos da Escola Médica de Salerno revelando o segredo das quatro compleições com seu comentário. Aqui só podemos tratar de alguns aspectos deste conjunto. O homem quase perfeito é o sanguíneo. Infelizmente, ele não existe, já que recebe "por acidente" parte de outras compleições. Quanto a Plácido, trata-se de um colérico; eis, em francês antigo suas qualidades e seus defeitos:

> Hirechiés ou crespes, uiseau, fols, largues et hardis,
> Agus en sens, grailes, sés et de jaune couleur (*Placides et Timéo*, § 430)[26].

Traduzindo:

> Hirsuto ou eriçado, tagarela, irado, voluptuoso e audacioso,
> Astuto de sentido, franzino, enxuto e de cor amarelada.

O filósofo nos revela enfim a razão de sua atitude diante dos filhos do imperador:

---

24. Ibid., p. 36.

25. THOMASSET, C. (ed.). *Placides et Timéo ou Li secrés as philosophes*. Genebra: Droz, 1987.

26. Em latim: "Hirsutus, falax, yrasens, prodigus, audax, / Astutus, gracilis, siccus, croceique coloris" (Um manuscrito acrescenta *rudis sansus* depois de *hirsutus*).

Já convivi e conheci loucos por natureza, quando vi e li os indícios de melancolia, de cujos indícios as mulheres devem tomar cuidado, quando se casam ou quando querem fazer amigos, pois de loucos e melancólicos elas não podem se contaminar (*Placides et Timéo*, § 432).

Na sociedade, a tarefa de decifração é talvez mais dura para o homem, pois as mulheres têm a possibilidade, graças aos produtos de beleza ("ervas, óleos, diversas coberturas"), de mudar a cor natural de seu rosto. As compleições são acompanhadas de adjetivos relativos ao aspecto físico ou evocando o comportamento. O outro é agora um ser complexo que podemos ler ao preço de observações e de análises que aportam seu quinhão de descobertas e de emoções. Será que, mesmo com o risco do anacronismo, a psicologia moderna não nos trouxe esta iniciação à atenção? A obra comporta também algumas indicações sobre a fisiognomonia ética: o caráter segundo o país, segundo a província. Quantos temas de discussões e de deduções, e mesmo de brincadeiras, isto inspirou! E um tema como este não foi totalmente apagado de nossas memórias[27]. Seria necessário falar também de um tema que por si só merece um desenvolvimento: a possibilidade da correção pela pedagogia. Assim o mestre declara a seu discípulo:

> ...vossa compleição também pode ser salva pela doutrina da emenda, assim como a terra pode ser preparada para a semeadura (*Placides et Timéo*, § 421).

Quantas belas aventuras de educação e de transformação de uma criança ou de um adolescente em perspectiva... Antes de deixarmos nossa enciclopédia, mencionemos ainda uma emoção rara, a continuidade ao longo dos anos do diálogo intelectual entre mestre e discípulo:

> ...e depois vós podeis vir a mim com todas as vossas dúvidas, já que sou vosso primeiro mestre de filosofia (*Placides et Timéo*, § 421).

---

27. ZIEGLER, J. "Hérédité et physiognomonie". Op. cit., p. 259-270.

Como mostra uma hipótese feita por Joseph Ziegler, estas considerações – que podem parecer superficiais – estão no coração dos movimentos profundos da sociedade:

> Num estudo anterior, fiz uma hipótese audaciosa (que por ora ainda não fui capaz de provar ou refutar) segundo a qual o sucesso crescente da fisiognomonia deve se deslocar para uma nova forma de pensamento que emerge no século XIII entre os clérigos e que insiste no vínculo entre nobreza e virtude e, de alguma forma, substitui parcialmente o ideal da nobreza carnal por outra, a nobreza das virtudes[28].

Podemos dizer que a obra *Placides et Timéo* preenche perfeitamente o programa desta nova aliança em seu propósito geral, mas que as propostas do filósofo mostram igualmente a clara consciência que o autor tem de sua missão:

> ...as honras, as virtudes e os bens devem estar presentes num príncipe, pois eles devem ser a maior luz e a maior clareza de seu governo (*Placides et Timéo*, § 422).

Mas esta perfeição só pode ser alcançada por uma perfeita formação intelectual e moral. Este príncipe "espelho" de seus súditos deve suscitar um apego afetivo e emotivo.

A fisiognomonia vai continuar nas discussões. Por volta de 1500, ela aposta na força da representação com o retrato chocante do príncipe:

> Uma grande cabeça e um nariz aquilino extraordinariamente grande: lábios delicados, um queixo um pouco arredondado e rachado, grandes olhos que são um pouco globulosos; um pescoço rígido e curto; um peito e um dorso largo...[29]

A capacidade de dedução do médico se estende às futuras afeições e à morte vislumbrada e previsível do sujeito. A fisiognomonia no topo de seu poderio!

---

28. Ibid., p. 250.

29. Apud ZIEGLER, J. "Médecine et physiognomonie du XVIe siècle". *Médiévales*, vol. 46, 2004, p. 89. O retrato é obra do cirurgião e médico holandês Bartolomeo della Rocca Coclès; a ele lhe devemos os retratos fisiognomônicos de Carlos VIII e de Louis XII, rei da França.

Tendo deixado para trás nosso esquema de emoções primárias, eis-nos agora numa sociedade de homens, de mulheres e de crianças complexas. Não podemos evidentemente dizer que todos os momentos da vida, em todas as camadas sociais, são preenchidos pela especulação sobre a personalidade. Mas na história das emoções, no mundo laico, nesta reflexão paralela aos conhecimentos dos clérigos, a Idade Média construiu uma imagem do homem que os séculos seguintes não podem ignorar.

8
AS PAIXÕES DA SALVAÇÃO NO OCIDENTE MEDIEVAL

Damien Boquet

O amor a Deus e ao próximo, a dor e a vergonha do pecado, o medo do inferno, a aversão pelos negócios do mundo, a esperança da redenção: não é excessivo dizer que o cristianismo medieval foi uma religião da salvação pelas paixões. É a partir do século XI que esta potencialidade emocional começa a impregnar profundamente as sociedades ocidentais numa evolução conjunta da instituição eclesiástica e das sensibilidades religiosas. A reforma da Igreja desde o final do século X fez-se acompanhar de uma exigência nova de conversão dos corações. Cada cristão, mais do que nunca, é chamado a conformar sua vida com Cristo, no dom de seu sofrimento. Se a dor ocupa um lugar fundamental neste sistema de vida fundado na penitência, são todas as emoções que possuem uma capacidade de elevar a alma e de captar a graça; uma evolução que vai de par com um processo igualmente essencial de encarnação do religioso: o corpo das paixões, por analogia com o Corpo da Paixão, doravante está no centro das estratégias individuais e coletivas de salvação[1].

---

1. BOQUET, D.; NAGY, P. & MOULINIER-BROGI, L. (dirs.). *Médiévales* – Vol. 61: La Chair des émotions – Pratiques et representations corporelles de l'affectivité au Moyen Âge. Saint-Denis: Universitaires de Vincennes, 2011, p. 5-161.

Esta configuração modela o rosto do cristianismo na segunda Idade Média: ela é perceptível primeiramente ao nível da vanguarda de perfeição que constitui o monaquismo, mas muito cedo os leigos, homens e mulheres, guiados pela palavra inflamada dos pregadores, cultivam por sua vez uma piedade afetiva e encarnada, a ponto de às vezes ultrapassar o perímetro dentro do qual a Igreja busca conter estes ímpetos. Além disso, é através dos movimentos coletivos de fervor religioso, em particular no contexto da cruzada, que as multidões se tornam plenamente visíveis em termos de atores da história.

O maior desafio para o historiador é o de tomar a justa medida desta exaltação emotiva da piedade, abundantemente documentada, a fim de não cair na cilada da irracionalidade das emoções que por muito tempo nutriu uma visão infantilizante dos homens e das mulheres da Idade Média, importunados entre um medo incontrolado da danação e momentos de exaltação espiritual não menos impulsivos. Isso parece tão verdadeiro que esta imagem às vezes é forjada pelos próprios textos, produzidos por uma elite que igualmente legitima sua ascendência em nome de um dever de proteção. As emoções religiosas, codificadas e aprendidas, cultivadas individualmente e manifestadas em sociedade, não são os resíduos de um arcaísmo antropológico, uma maneira um pouco primitiva de enfrentar o desconhecido e o escândalo da morte; elas são os indícios e os instrumentos de disposição culturais complexos pelos quais se constroem e se transformam a subjetividade e os equilíbrios sociais.

A paixão e as paixões: o monaquismo, laboratório de emoções (séculos XI e XII)

A "viragem afetiva" do cristianismo

Os intelectuais cristãos dos primeiros séculos haviam sido confrontados com o que aparecia como uma aberração nos círculos filosóficos: como um deus todo-poderoso, que seus adeptos pretendem, e infinitamente justo e bom, pode ser inclinado à cólera, deixar-se humilhar em público, e até mesmo, cúmulo do incompreensível, sofrer em sua carne uma morte de cruz como um criminoso vulgar? Para os filósofos, ao contrário, o próprio fato de os deuses estarem sob o predomínio das paixões, que se aborreçam ou se apiedem, é apresentado como uma marca de sua fraqueza, que os torna tão semelhantes aos homens. Nesse aspecto, o que diferenciaria o Deus do Antigo Testamento dos panteões pagãos? Pois o Deus dos judeus deixa às vezes troar sua cólera contra Israel, mas, o que é mais impressionante, Ele chega a suspender sua indignação, como que tocado pela fragilidade de sua criatura:

> Ele, contudo, misericordioso, perdoava a culpa e não os destruía; muitas vezes reprimiu sua cólera e não acendeu todo o seu furor, recordando-se de que eram carne, um sopro fugaz que não retorna (Sl 78,38-39).

É na pessoa de Jesus que a originalidade desconcertante do cristianismo emotivo se manifestou. Ele, revestindo-se da roupagem da carne, escolheu sentir suas emoções. Nem todas, evidentemente, e, de forma alguma, a inveja ou a raiva, e tampouco a concupiscência, esta emoção do desejo orientada para os bens terrestres e carnais... Não obstante tudo isso, a gama das emoções de Cristo permanece variada: da cólera contra os mercadores do Templo ao sofrimento na cruz, passando pela angústia sentida na véspera de seu suplício no Getsêmani. E, evidentemente, existe sua mensagem de amor:

> Eis o meu mandamento: que vos ameis uns aos outros assim como eu vos amei (Jo 15,12).

Os pensadores do cristianismo se preocuparam em justificar a necessidade das paixões divinas. Tertuliano († 220) vê na paixão de Cristo uma prova de sua humanidade[2]. Orígenes († 253) adverte seus contemporâneos contra qualquer interpretação simplista: a cólera de Deus, que é a expressão de sua justiça, não tem nada em comum com a cólera do homem, que a suporta como o dra-

---

2. TERTULLIEN. *La chair du Christ*. Vol. 7. Trad. fr. de Philippe de Vial. Paris: Cerf, 1992.

ma de sua natureza fraca[3]. Lactâncio († 320), preceptor do futuro Imperador Constantino, vai mais longe escrevendo um tratado sobre *A cólera de Deus*, que responde ponto por ponto os argumentos das escolas filosóficas[4]. Quanto a Agostinho († 430), ele faz do amor o valor central do cristianismo e das emoções o alicerce da dinâmica dos vícios e das virtudes pelas quais todo cristão perde ou salva sua alma. Durante a primeira metade da Idade Média, não obstante tudo, a desconfiança vence, sobretudo nos ambientes monásticos. O monge, asceta que justamente escolheu abandonar o mundo e suas paixões, é confrontado com uma dupla injunção: moderar seus impulsos emotivos, já que estes são instáveis por natureza, e chorar os pecados da humanidade. Se lhe é às vezes permitido degustar o sabor da caridade no meio de seus irmãos, ele antes de tudo é um penitente, "aquele que chora", escreve Jerônimo († 420). As convulsões políticas que ocorrem no Ocidente a partir do final do século IX não poupam nem as Igrejas regionais nem o monaquismo. Se a crise não leva a uma decadência, ela provoca transformações pelo controle dos senhores locais e a privatização das Igrejas. Muito cedo, no entanto, fundações novas, como a de Cluny em 910, e experiências espirituais originais desenham os contornos de uma reforma monástica que, no espaço de um século, é reivindicada como uma reforma monástica de toda a Igreja.

É neste contexto que podemos identificar as premissas de uma "viragem afetiva" no cristianismo medieval. Este transparece inicialmente em círculos restritos, de monges e eremitas essencialmente, parecendo tocar determinadas regiões prioritariamente, como a Itália ou a Normandia, por detrás de pessoas carismáticas como Romualdo de Ravena († 1027), Bruno de Querfurt († 1009), Anselmo de Cantuária († 1109) ou João de Fécamp[5] († 1078). Esses monges que atravessam a Europa para restaurar a disciplina monástica e a liturgia são

---

3. ORIGÈNE. *Traité des Príncipes*. II, 4, 4. Trad. fr. de Marguerite Harl Gilles Dorival e Alain Le Boulluec. Paris: Études Augustiniennes, 1976, p. 102.

4. LACTANCE. *La colère de Dieu*. Trad. fr. de Christiane Ingremeau. Paris: Cerf, 1982.

5. NAGY, P. *Le don des larmes au Moyen Âge* – Un instrument spirituel en quête d'institution (Ve-XIIIe siècle). Paris: Albin Michel, 2000, p. 169-256.

excelentes administradores, líderes de homens e conselheiros dos poderosos que eles arrastam para dentro de seus projetos. Ao mesmo tempo, alguns deles, por sua vida e por seus escritos, testemunham uma espiritualidade de uma intensidade emocional inédita desde as *Confissões* de Santo Agostinho, *a fortiori* dentro do universo monástico. É assim que João de Fécamp escreve uma *Confissão teológica*, cujo título não engana, marcada por uma tonalidade nova. As emoções expressas pelo monge não são somente as do arrependimento: doravante, a alma se lança nos braços de Cristo:

> Amor que queima sem cessar e jamais se apaga, doce Cristo, bom Jesus, meu Deus, me abrase todo inteiro com teu fogo, com teu amor, com tua estima, com o desejo de ti, com tua caridade, com teu júbilo, com tua alegria; com teus desejos e tua suavidade, com teu gozo e com a cobiça de ti que é santa, casta e pura[6].

As lágrimas estão mais do que nunca em marcha, embora seu amargor tenha cedido diante de seu poder apaziguante, rumo ao encontro com Cristo. A dilatação afetiva da espiritualidade monástica intervém num contexto de debate ao redor do mistério da Encarnação e de devoção intensa para com a humanidade de Cristo e para o poder redentor de sua Paixão. Impulsionados por esta gigantesca onda, os valores monásticos tradicionais do desprezo pelo mundo e da ascese, que carregam sua dimensão emocional no arrependimento, na vergonha e na tristeza face aos pecados dos homens, se emancipam, de certa forma, dos vícios e das virtudes para encarnar a própria experiência espiritual.

O innamoramento *da espiritualidade monástica no século XII*

O século XII não se resume ao grande século do amor cortês; é também o do amor claustral, cultivado no segredo dos mosteiros. O valor do amor irriga então a espiritualidade monástica como um fluido vital. Este fenômeno toca principalmente as ordens reformadas dos monges ou dos cônegos. Ele prolon-

---

6. FÉCAMP, J. *La confession théologique*. Trad. fr. de Philippe de Vial. Paris: Cerf, 1992, p. 196-197.

ga as orientações tomadas no século precedente e é vivificado pelo crescimento do interesse pela obra de Agostinho, pela predileção por Ovídio, Virgílio e a literatura amorosa da latinidade clássica. Mais ainda, os autores do século XII provam uma verdadeira fascinação pelo *Cântico dos Cânticos*, o grande poema amoroso do Antigo Testamento. Por decênios, Bernardo de Claraval († 1153) foi elaborando um comentário, versículo por versículo, interpretando a relação da alma com Deus segundo a cenografia amorosa dos dois amantes do poema:

> *Sua boca me cubra de beijos* (Ct 1,2). Quem fala assim? A esposa. E quem é ela? *A alma sedenta de Deus* (Sl 42,3). Entretanto, distingo vários sentimentos, a fim de colocar em plena luz o que mais convém especialmente à esposa. [...] Mas quem pede um beijo, ama. Esse sentimento do amor é o mais elevado dos dons naturais, sobretudo quando remonta à sua fonte primeira, que é Deus. E para exprimir a doce afeição do Verbo e da alma não encontramos palavras mais doces do que as do esposo e da esposa[7].

Por longo tempo os historiadores se deleitaram opondo os dois universos do amor cortês e do amor de Deus, focalizando a questão da sexualidade, que é apenas um aspecto da determinação do desejo. As tensões sobre os dois registros de fato existiram, e traduzem os interesses às vezes divergentes da Igreja e dos nobres leigos. Mas as verdadeiras linhas de divisão transcendem os ambientes e se organizam numa sábia dialética entre o amor carnal e o amor espiritual, o amor servil e o verdadeiro amor. Se a carne é mais frequentemente ligada à matéria e ao corpo, enquanto o espírito é guiado pela virtude e pelo desejo de Deus, a relação é de ordem relacional, não substancial[8]. O que é carnal em um contexto pode tornar-se espiritual em outro. Seria perigoso, portanto, estabelecer uma estrita linha divisória no seio daquilo que constitui um mesmo mundo letrado que comunga de muitos valores comuns. O abade inglês

---

7. BERNARD DE CLAIRVAUX. *Sermons sur le Cantique* – Tomo 1: Texte latin des *Sancti Bernardi Opera*. Trad. fr. de Paul Verdeyen et Rafael Fassetta. Paris: Cerf, 1996, sermão 7, 2, p. 156-157.

8. GUERREAU-JALABERT, A. *"Spiritus et caro* – Une matrice d'analogie générale". In: MONREDON, T.D.; ELSIG, F.; MARIAUX, P.-A.; ROUX, B. & TERRIER, L. (dirs.). *L'Image en question* – Pour Jean Wirth. Genebra: Droz, 2013, p. 290-295.

Aelred de Rievaulx († 1167) conta como estes monges, desatentos às leituras piedosas feitas no refeitório, erguiam repentinamente as orelhas ao ouvirem o nome do Rei Artur. Em meados do século XII, Ricardo († 1173), cônego da abadia parisiense de São Vitor, num tratado consagrado à "violenta caridade" não hesita em casar a retórica do *Cântico dos Cânticos* com os códigos do *fin'amor* [amor cortês], fazendo da alma "consternada de amor" (Ct 4,9) por Cristo uma amante apaixonada, exagerada:

> Como é nobre o amor que supera qualquer outro sentimento! Quão veemente, verdadeiramente, a dileção que não dá nenhum descanso à alma! Quão violenta, oh! grande Deus, a caridade que expulsa com violência qualquer outra afeição! Quão sobreeminente este amor apaixonado que nunca se *satisfaz*! Oh! excelência do amor! Oh veemência da dileção! Oh violência da caridade! Oh suprema pré-excelência do amor apaixonado[9].

O próprio princípio da contemplação se torna um face a face amoroso com Cristo. A devoção do coração mobiliza a imaginação, os sentidos e os afetos para aplicá-los ao corpo e às emoções do próprio Cristo, por ocasião de sua Paixão prioritariamente, embora todas as etapas da vida de Jesus contenham um poder de conformação.

Esta nova forma de espiritualidade, centrada na humanidade de Cristo, é fundada quase que exclusivamente na afetividade: a educação espiritual do monge torna-se uma educação sentimental e emocional. O medo, a alegria, a doçura, a vergonha e o próprio ciúme são associados ao caminho espiritual. Os educadores monásticos advertem contra as derivas de uma vida emocional maldominada; eles denunciam os danos de certas emoções que devem ser erradicadas, como a inveja, simultaneamente emoção e pecado, ou a concupiscência, mas a maioria das emoções tem seu lugar. A palavra-chave é então "ordenar" (*ordinatio*) as emoções: para Ricardo de São Vitor ou Bernardo de Claraval, as virtudes nada mais são senão emoções ordenadas e medidas.

---

9. SAINT-VICTOR, R. *Les quatre degrés de la violente charité*. Ed. e trad. fr. de Gervais Dumeige. Paris: Vrin, 1955, § 17, p. 144.

O mosteiro como comunidade afetiva

Existe a relação com Deus e consigo mesmo, mas também a relação com o outro. O espaço do mosteiro é um lugar de vida comunitária, embora as formas de frequentação entre os monges variem de uma regra à outra, de um costume ao outro. Além disso, as comunidades de uma mesma congregação costumam manter vínculos entre si, se deparam com novos horizontes, eclesiásticos e leigos. Nestas diferentes escalas, o vínculo comporta uma dimensão afetiva determinante. Nas fontes, o vocabulário para dizer esta afeição é variado: caridade, amizade, dileção são os termos mais usados. Após séculos ao longo dos quais a afeição entre monges era vista de maneira ambivalente, entre desconfiança e benevolência, a partir do século XI a amizade espiritual renova os modos de vida claustral. E já que o vínculo com Deus também passa pela emoção, as delícias da amizade já não são mais apenas uma questão de rede, mas igualmente condicionadas ao seu poder afetivo.

A rica correspondência de Anselmo de Cantuária, do período em que esteve no mosteiro de Bec, entre 1070-1080, mostra esta intensidade retórica nas relações entre monges animados por um mesmo impulso renovador[10]. De maneira surpreendente, aos olhos da exigência da caridade, o Abade Anselmo admite não amar todos os homens da mesma forma:

> Existem, no entanto, vários para quem teu amor imprimiu em meu coração uma dileção especial, mais familiar[11].

Este primeiro círculo de amigos espirituais é constituído de monges de seu mosteiro e, mais particularmente, segundo sua correspondência, monges que seguiram na Inglaterra seu mestre Lanfranco († 1089), que se tornou

---

10. Cf. SOUTHERN, R. *Saint Anselm*: A Portrait in a Landscape. Cambridge: Cambridge University Press, 1993. • HASELDINE, J. "Love, Separation and Male Friendship: Words and Action in Saint Anselm's Letters to his Friends". In: HADLEY, D.M. (dir.). *Masculinity in Medieval Europe*. Londres: Longman, 1999, p. 238-255.

11. CANTORBÉRY, A. *Sur l'accord de la prescience, de la prédestination et de la grâce de Dieu avec le libre choix* – Prières et meditations. Trad. fr. de Michel Corbin e Henri Rochais. In: *L'Oeuvre d'Anselm de Cantorbéry*. Tomo 5. Paris: Cerf, 1988, prece 18, p. 391-393.

bispo de Cantuária. O tom pode até mesmo ser apaixonado, como nesta carta ao monge Gondulfo:

> Quando me disponho a te escrever, oh alma querida de minha alma, quando me disponho a te escrever, hesito sobre a melhor maneira de começar o que tenho a dizer-te. Com efeito, tudo aquilo que experimento a teu respeito é doce e agradável ao meu coração: tudo o que desejo para ti é o que meu espírito pode conceber de melhor. Na realidade, te vi tal como te amei, como bem o sabes; ouço dizer que és tal como te desejei, Deus bem o sabe. Onde quer que andes, meu amor te acompanha, e onde quer que eu resida, meu desejo te abraça[12].

O desejo expresso serve para dizer as solidariedades, desenha as redes eclesiásticas, mas, mais ainda, significa a excelência da condição monástica. Estas declarações de amizade apaixonada abundam no século XII sob a pluma dos grandes abades, de Pedro o Venerável († 1156), abade de Cluny, ou de seu contemporâneo o cisterciense Bernardo de Claraval. Mas é preciso abordar esta retórica inflamada com prudência; ela não significa necessariamente que um vínculo íntimo una os correspondentes[13]. Mesmo a hipótese de uma subcultura homossexual embalada por esta amizade espiritual, às vezes vislumbrada por alguns historiadores, não é sustentável. Não é menos verdade que as regras e as práticas de amizade deixam transparecer uma sentimentalidade masculina particular, da qual convém medir as implicações numa longa história da cultura amorosa entre pessoas do mesmo sexo. No mínimo, esta sentimentalidade indica que a força do vínculo público é realçada quando associada a uma retórica do íntimo. A forma não é nova, mas alcança uma intensidade desigual no século XII. Sobretudo, pela primeira vez, a própria natureza desta amizade espiritual é teorizada em

---

12. CANTORBÉRY, A. *Correspondance, Lettres 1 à 147*. In: *L'Oeuvre d'Anselm de Cantorbéry*. Tomo 6. Paris: Cerf, 2004, epístola 4, p. 38-40. Aqui nós assumimos a trad. de Jean-François Cottier: "Saint Anselme et la conversion des émotions – L'épisode de la mort d'Osberne". In: BOQUET, D. & NAGY, P. (dirs.). *Le sujet des émotions au Moyen Âge*. Paris: Beauchesne, 2009, p. 292-293, nota 76.

13. Sobre esse debate, cf. BOQUET, D. "L'amitié comme problème au Moyen Âge". In: BOQUET, D.; DUFAL, B. & LABEY, P. (dirs.). *Une histoire au presente – Les historiens et Michel Foucault*. Paris: CNRS, 2013, p. 59-81.

ambiente monástico. Aelred de Rievaulx escreve, por volta de 1160, um tratado intitulado *A amizade espiritual*, que se inspira no *De amicitia* de Cícero, retomando, pois, a forma do diálogo, mas aqui entre vários monges. Nesta, a amizade é definida, debatida, e, sobretudo, considerada uma afeição na ordem da caridade, o que representa uma grande novidade em relação aos tempos patrísticos em que a amizade era vista apenas como uma subcategoria da caridade.

> A amizade está num grau próximo da perfeição, que consiste em amar e conhecer a Deus. A partir do momento em que um ser humano faz-se amigo de outro, torna-se amigo de Deus[14].

Ao pensar a amizade espiritual como um estado de perfeição na ordem monástica, Aelred de Rievaulx coloca igualmente as condições de uma universalidade desta força mística[15]. De fato, no final do século XII percebe-se uma saída do claustro deste cristianismo afetivo que, num primeiro tempo, se desenvolveu no centro da reforma monástica. Esta dilatação atinge cada vez mais os leigos e faz-se acompanhar de um processo de incorporação do religioso em resposta a uma pastoral dos sacramentos que dá uma atenção particular ao poder das emoções.

A incorporação das emoções religiosas (séculos XII-XV)

Uma nova antropologia cristã das emoções

Nos séculos XI e XII tem início uma revolução intelectual na concepção cristã do homem, que só se tornará plenamente visível nos séculos seguintes: a capacidade de comover-se, que os autores denominam *affectus* ou *affectio*, e que doravante passa a ser concebida como uma faculdade da alma, em pé de igualdade com a vontade ou a razão. O homem não só prova emoções, é um ser emotivo, para o bem ou para o mal.

---

14. RIEVAULX, A. *L'Amitié spirituelle*. II, 13. Trad. fr. de Caëtane de Briey. Bégrolles-en-Mauges: Abbaye de Bellefontaine, 1994, p. 40.

15. Cf. BOQUET, D. *L'Ordre de l'affect au Moyen Âge* – Autour de l'anthopologie affective d'Aelred de Rievaulx. Caen: Crahm, 2005, p. 275-323.

Se as emoções entram no centro da dinâmica da salvação, sua relação com o corpo revela-se determinante. Ora, na antropologia cristã fundada pelos Padres da Igreja, as emoções são claramente movimentos da alma. Elas são vinculadas ao corpo pelos sentidos que as estimulam, mas a impulsão vem da alma, e inclusive, mais precisamente, da vontade, segundo Agostinho. Desta concepção resulta o princípio da responsabilidade moral de todo ser humano em face das próprias emoções, mesmo que ele tenha a impressão de que estas sobrevêm fora de qualquer tipo de controle. Este esquema, severo, mas simples em sua concepção, é questionado a partir do século XI. A questão do corpo, e mesmo a da naturalidade dos movimentos emocionais, na realidade volta à cena por diversas vias. A teologia da encarnação e o debate relativo à presença real de Cristo, corpo e sangue, na Eucaristia, encorajam o desenvolvimento de uma piedade de imitação da vida humana de Cristo e a participação de seus sofrimentos. A incorporação das emoções no discurso religioso intervém igualmente por outros caminhos, mais especulativos. A antropologia cristã, a ciência da natureza do homem, é revivificada a partir do final do século XI, notadamente ao contato das traduções novas a partir do árabe nos domínios da medicina e da filosofia. Assim, o monge Guilherme de Saint-Thierry († 1148) escreve um tratado sobre *A natureza do corpo e da alma*, único em seu gênero para a sua época, no qual aborda a questão das paixões simultaneamente sob um ângulo espiritual e segundo os recentes aportes da medicina humoral transmitida pelas traduções de Constantino o Africano, no final do século XI[16].

Junto a estes homens oriundos do mundo monástico e das escolas urbanas, apesar de uma aparente aquiescência para com a autoridade agostiniana, a ideia de que as emoções em sua espontaneidade implicam de antemão a responsabilidade moral já não satisfaz mais. A capacidade de cada um de se

---

16. SAINT-THIERRY, G. *De natura corporis et animae*. Ed. e trad. fr. de Michel Lemoine. Paris: Les Belles Lettres, 1988.

comover é natural, lembra, por exemplo, Abelardo[17] († 1142). As emoções não estão inteiramente contidas na vontade, mas aparecem primeiramente sob a forma de uma impulsão, que os autores denominam "movimento primeiro" ou "pré-paixão"[18]. No decorrer do século XIII, a reflexão dos teólogos escolásticos reforça ainda a articulação entre o corpo e a alma na teoria das paixões. A ciência escolástica distingue vários níveis de sensibilidade e de apetite, partindo dos impulsos estritamente corporais e culminando em impulsos puramente intelectuais. Para além da tecnicidade dos discursos, é justamente o princípio de uma continuidade entre o corpo e a alma que se impõe, e uma interação permanente com o registro emocional.

Nas sínteses produzidas pelos teólogos da universidade a partir do início do século XIII, a questão das paixões dá azo a uma exposição sempre mais sistemática. Assim, Jean de la Rochelle († 1245), mestre franciscano na Universidade de Paris, propõe em sua *Suma sobre a alma* uma síntese que considera tanto a compilação pseudoagostiniana *Sobre o espírito e a alma* escrita no século XII quanto o aporte grego com João Damasceno (século VIII), ou então as recentes traduções de Avicena († 1037). Jean de la Rochelle oferece assim uma taxonomia de 23 emoções que lhe serve precisamente para pensar a união do corpo e da alma; ele distingue duas formas de paixão: uma emotividade natural, que reenvia ao estado do homem antes do pecado original, e que não está absolutamente ligada ao pecado, e uma emotividade não natural, que resulta do pecado[19]. Desta forma, Jean concilia o princípio de uma emotividade neutra moralmente, porque dependente da natureza criada do homem, e a responsabilidade moral *in fine* ao abrigo da superioridade da razão que deve exercer um poder de controle e mo-

---

17. Cf. ABÉLARD. *Connais-toi toi-même*. I, 3. Trad. fr. de Maurice de Gandillac. Paris: Cerf 1993, p. 221.

18. Cf. BOQUET, D. "Des Racine de l'émotion – Les préaffects et le tournant anthropologique du XIIe siècle". In: BOQUET, D. & NAGY, P. (dirs.). *Le sujet des émotions au Moyen Âge. Op. cit.*, p. 165-186.

19. Cf. ROCHELLE, J. *Somme de l'âme*. Trad. fr. de Jean-Marie Vernier. Paris: Vrin, 2001, p. 126-128 e 222-226. Análise em BOUREAU, A. *De vagues individus: la condition humaine dans la pensée scolastique* – La raison scolastique III. Paris: Les Belles Lettres, 2008, p. 128-129.

deração. Alguns decênios mais tarde, o dominicano Tomás de Aquino († 1274) insere em sua *Suma teológica* o que se apresenta como um primeiro "tratado das paixões" produzido por um intelectual cristão da Idade Média[20].

Estes diferentes registros associando a teologia sacramental, a medicina ou a filosofia, que delimitam a partir do século XII os contornos de uma ciência das emoções inédita, podem parecer não manter uma relação longínqua com as práticas de piedade; na realidade, estes registros convergem para reconhecer uma legitimidade ao "homem das paixões" e contribuem assim para uma nova antropologia cristã fundada no poder salvífico das emoções encarnadas.

As paixões encarnadas segundo Francisco de Assis

Emblemática desta evolução, a figura de Francisco de Assis († 1226) personifica, na viragem do século XIII, a emergência de uma nova forma de perfeição cristã, vivida para além dos muros protetores dos mosteiros, no contato com as populações das cidades e campos. Desde o início de sua aventura, Francisco torna pública sua conversão por um gesto corporal dos mais radicais: convocado ao tribunal do bispo de Assis, intimado por seu pai a que cessasse de dilapidar as riquezas familiares em favor de suas obras piedosas, ele fica totalmente nu na grande praça da cidade da Úmbria, devolve suas vestes ao pai e coloca-se sob as asas da Igreja[21]. O gesto, literalmente um ato de desnudamento do asceta, é também um ato de conversão da emoção: ao se desnudar, Francisco se expõe voluntariamente à vergonha pública. Transgredindo a obrigação social do pudor, faz com que a vergonha mude de campo: ele, nu como o Cristo nu pregado na cruz, é humilhado, mas não sente vergonha, ao passo que seu pai, acusador, preocupado com sua reputação e sua honra, vê abater-se sobre si a reprovação pública[22].

---

20. THOMAS D'AQUIN. *Somme théologique*. Paris: Cerf, 1997, Ia-IIae, q, 22-48, p. 173-299.

21. Cf. THOMAS DE CELANO. Vita prima, 1C, 15. In: DALARUN, J. (dir.). *François de Assise – Écrits, viés, témoignages*. Tomo 1. Paris: Cerf/Éditions Franciscaines, 2010, p. 569.

22. Cf. BOQUET, D. "Écrire et représenter la dénudations de François d'Assise au XIIIe siècle". *Rives Nord-méditerranéennes*. vol 30, 2008, p. 39-63.

A vida inteira de Francisco é marcada por esta dupla eficácia religiosa do corpo e da emoção. Ele leva uma vida ascética, rude, feita de privações e lágrimas, mas, por piores que possam ter sido seus sofrimentos interiores, Francisco nunca se mostrou um santo triste; ele exprime perfeitamente este paradoxo fecundo do cristianismo emotivo em que a alegria espiritual nasce da memória, da partilha, e inclusive dos sofrimentos de Cristo e, por extensão, de toda forma de compaixão para com as dores de todos os sofredores. Se Francisco é descrito por seus biógrafos como um homem severo consigo mesmo, e no caso presente com seu entorno, ele se distingue, sobretudo, por sua alegria de viver: "sua face era sorridente, seu rosto benevolente"[23], uma descrição que contrasta com o discurso da ascese em que o rosto, grave e sisudo, deve refletir as privações. Tomás de Eccleston († 1258) conta que os jovens frades franciscanos de Oxford, no início do século XIII, fiéis a Francisco, eram inveteradas pessoas risonhas:

> Os frades eram tão alegres e joviais entre si que só com muita dificuldade continham seu sorriso ao se entreolharem[24].

Francisco mortifica sua carne, mas não despreza a matéria, englobando-a em seus louvores à criação. Tomás de Celano († 1260), seu primeiro biógrafo, não se cansa de sublinhar sua alegria, especificando que esta desconcerta seu entorno, pouco habituado a viver a penitência alegremente.

Francisco de Assis encarna o modelo espiritual do vento naturalista que sopra sobre a cultura cristã desde o fim do século XI. O que os teólogos do tempo mal começam a balbuciar em relação à naturalidade da emotividade, Francisco a vive, colocando todas as suas emoções ao serviço de seu projeto espiritual, que inclui alegria, riso, compaixão e dor. Longe da obrigação da *gravitas* – a parcimônia severa misturada ao remorso, que pesa sobre os ombros dos monges –, Francisco reivindica um uso espiritual de toda a gama das emoções, inclusive uma forma de indiferença e exuberância quando é questão de cantar

---

23. THOMAS DE CELANO. *Vita prima*, 1C, 83. Op. cit., p. 567.

24. THOMAS D'ECCLESTON. *Traité sur l'arrivée des frères mineurs en Angleterre* (1248). In: DALARUN, J. (dir.). *François d'Assise*. Op. cit., t. 2, p. 1939.

os louvores da criação. O mesmo vale para seu corpo: como os santos eremitas da tradição, ele agride seu corpo a fim de espiritualizá-lo, mas não para nisso; o corpo em sua materialidade é para ele um instrumento de comunhão com Cristo, como é seu relacionamento sensível, físico e emotivo em relação à natureza, aos animais ou às plantas. Neste sentido, a atitude empática de Francisco em relação a qualquer forma de vida, que em grande parte contribui em favor de sua legenda popular, não é fruto de um sentimentalismo bucólico, tampouco de uma religiosidade beata: é a materialização de uma antropologia religiosa fundada na compaixão, no sentido forte de uma glorificação do projeto divino no ato de "sofrer com" toda criatura, na alegria ou na tristeza.

Desde então, o nascimento de Jesus e sua condenação à morte explodem como acontecimentos fundamentais, capazes de realizar esta transformação do indivíduo e da comunidade cristã pelos sentidos e afetos:

> A humildade da Encarnação e a caridade da Paixão ocupavam a tal ponto sua memória que ele nem queria pensar em outra coisa[25].

Daí a veneração de Francisco pelo presépio, que vive como um desejo amoroso de ver e sentir o acontecimento carnal de Jesus, carne contra carne:

O santo parou diante do presépio e suspirou, cheio de piedade e alegria[26].

O célebre episódio da estigmatização funciona de maneira análoga, operando uma transformação sobre a matéria. Em 1124, ao retirar-se como eremita para o Monte Alverne, Francisco recebe uma visão espiritual – um serafim de seis asas, fixado numa cruz – cujo poder emocional se converteu em força de impressão corporal:

> Sentia um grande prazer e uma alegria enorme por ver que o serafim olhava para ele com bondoso e afável respeito. Sua beleza era indizível, mas o fato de estar pregado na cruz e a crueldade de sua paixão atormentavam-no totalmente. Assim se levantou, triste e

---

25. THOMAS DE CELANO. *Vita prima*, 1C, 84. Op. cit., p. 569.
26. Ibid., 1C, 85, p. 571.

ao mesmo tempo alegre, alternando em si mesmo os sentimentos de alegria e de dor. Tentava descobrir o significado da visão e seu espírito estava muito ansioso para compreender o seu sentido.
Sua inteligência ainda não tinha chegado a nenhuma clareza, mas seu coração estava inteiramente dominado por esta visão, quando, em suas mãos e pés começaram a aparecer, assim como as vira pouco antes no homem crucificado, as marcas de quatro cravos[27].

No começo do século XIV, um mestre franciscano, Pierre Thomas, se perguntava se os estigmas de Francisco poderiam ter sido causados por sua imaginação. Outros autores atribuem o mesmo poder sobre o corpo ao amor, discutindo sobre a capacidade de uma disposição interior, a emotividade neste caso, de produzir uma transformação sobrenatural do corpo[28]. A própria existência deste debate confirma a firme união que formam na espiritualidade cristã, a partir do século XIII, a natureza, o sobrenatural e a emoção. O texto da *Primeira vida* de Tomás de Celano, escrito logo após a morte de Francisco, não se reveste de considerações sábias para validar a capacidade da "visão do coração" de Francisco de exercer uma intervenção física. Pela força de suas emoções, colocadas no diapasão da Paixão de Cristo, Francisco obtém a graça de uma transformação de seu corpo, conformando-o ao corpo do Crucificado.

A mística afetiva das santas mulheres

Excluído o precursor Francisco de Assis, todos os estigmatizados da Idade Média são mulheres. Esta impressionante constatação se liga a outra evolução do cristianismo emotivo do final da Idade Média: sua feminização[29]. No século XII ainda, a espiritualidade afetiva é principalmente uma questão de homens, já que ela é monástica e também porque, na *ordo monasticus*, a separação fí-

---

27. Ibid., 1C, 94, p. 584-585.

28. Cf. BOUREAU, A. *Satan hérétique* – Naissance de la démonologie dans l'Occident médiéval (1280-1330). Paris: Odile Jacob, 2004, p. 233-241.

29. Cf. DALARUN, J. "Dieu changea de sexe, pour ainsi dire". In: *La religion faite femme, XI*ᵉ*-XV*ᵉ *siècle*. Paris: Fayard, 2009. • LETT, D. *Hommes et femmes au Moyen Âge* – Histoire du genre XII*ᵉ*-XV*ᵉ siècle. Paris: Armand Colin, 2013, p. 111-132.

sica dos sexos é um princípio quase absoluto, que se reforça ainda mais com a reforma gregoriana. Os textos de espiritualidade são escritos quase que exclusivamente por homens, dirigindo-se prioritariamente aos companheiros de claustro. E quando os abades pregam em comunidades femininas, o tom não é diferente. Se a devoção afetiva dos séculos XI e XII usa abundantemente a simbólica dos gêneros – em particular motivos femininos (maternidade espiritual; alma, esposa de Cristo etc.[30]) –, parece que essa simbólica era pensada e sentida de maneira análoga, tanto por homens quanto por mulheres.

Ora, esta configuração evolui nos primeiros decênios do século XIII, onde a devoção afetiva e incorporada vai se tornando progressivamente uma questão de mulheres. Este fenômeno marca fortemente a literatura hagiográfica produzida por homens de Igreja, alguns dos quais confessores, e inclusive amigos espirituais de mulheres das quais narram a vida piedosa. Estas santas mulheres são originárias de meios variados e conhecem frequentemente percursos de vida não lineares. A expressão emotiva e corporal da piedade das santas mulheres do século XIII se parece fortemente com o que as biografias de Francisco de Assis apresentam. É o caso, por exemplo, da *Vida* de Maria d'Oignies († 1213), primeira beguina a beneficiar-se de uma hagiografia escrita pelo grande pregador Jacques de Vitry († 1240), que foi seu confessor e amigo. Como Francisco, admirado por Jacques de Vitry, Maria d'Oignies mantém uma relação fusional com Cristo. A parte das emoções em sua piedade é maior, para não dizer invasiva. Maria é uma penitente; são, portanto, as emoções de arrependimento, de dor e de medo diante do pecado que dominam:

> O fundamento de sua fé, as premissas de seu amor, foi tua Cruz, tua Paixão. Ela ouviu tua palavra e ficou tomada de medo; ela considerou tuas obras e ficou cheia de pavor.
> Um dia, vieste encontrá-la. Ela contemplou as bênçãos que em tua clemência dispensaste ao gênero humano em te encarnando, e sorveu em tua Paixão tamanha graça de arrependimento, com

---

30. Cf. BYNUM, C.W. *Jesus as Mother*: Studies in the Spirituality of the High Middle Ages. Berkeley/Los Angeles/Londres University of California Press, 1982.

tamanha abundância de lágrimas no lagar de tua Cruz, que seus choros espalhados pela igreja consentiam seguir seus rastros[31].

As lágrimas são onipresentes: elas o serão junto a quase todas as santas místicas, como dom da graça divina. A dor, a vergonha, a angústia diante do pecado as atormentavam: nisto podemos perceber os efeitos – sublinhados pelos biógrafos – da pastoral que encoraja à confissão. Em 1215, na mesma época da redação da *Vita* de Maria d'Oignies, o quarto Concílio de Latrão torna a confissão dos leigos obrigatória ao menos uma vez por ano, uma postura penitencial que exige um comprometimento emocional total e sincero. Perfeitamente na linha promovida por Roma e formalizada por seus biógrafos, as santas mulheres são obcecadas pela ideia assustadora de ter-se esquecido de confessar um pecado, por mais insignificante que pudesse ser; atitude que se formaliza por uma exaltação emocional: assim, Jacques de Vitry conta como Maria, que já não sabia mais qual pecado confessar, fez apelo à sua memória para denunciar as ninharias de infância; ela se acusa então com tamanho vigor, gritando como uma mulher em trabalho de parto, que seu confessor e biógrafo não consegue evitar algum desdém[32]. É que as emoções religiosas das santas mulheres são marcadas pelo excesso: quando sofrem, sua dor é incomensurável; quando amam, toda sua alma e todo seu corpo se inflamam; quando se entusiasmam, sua alegria espiritual é tão demonstrativa que seu entorno se assusta. Cristina a Admirável († 1224), que viveu num convento beneditino antes de enclausurar-se, às vezes se comportava de maneira tão exaltada que suas companheiras a acreditam possessa, e a mandavam prender[33]. Ela mesma, ao voltar à normalidade, após seus transes, sentia vergonha por ter-se apresentado de maneira tão excessiva diante de suas companheiras.

---

31. JACQUES DE VITRY. *Vita Mariae Oignacensis*. In: *Acta Sanctorum*. Tomo 5. Paris, 23/06/1867, p. 542-572. • *Vie de Marie d'Oignies*. Trad. fr. de Jean Miniac. Arles: Babel, 1997, p. 45.

32. Ibid., p. 49.

33. CANTIMPRÉ, T. *Vita Christinae Mirabilis*. In: *Acta Sanctorum*. Tomo 5, 24/07/1868, p. 637-660.

Tentadora é a ideia de ver nessas manifestações exuberantes, que se reforçam nos séculos XIV e XV, os efeitos de uma autossugestão psicossomática[34]. No entanto, isso significaria aplicar uma grade de leitura puramente psicológica que não corresponde nem à forma de descrição destes fatos nem provavelmente os princípios que motivam a experiência destas mulheres. Além disso, seria esquecer que esses comportamentos são modelados pelos narradores; eles devem ser levados a sério por aquilo que apresentam – exemplos a serem admirados –, não ao pé da letra. A mulher mística da hagiografia é uma figura do processo de sensibilização e de incorporação de um cristianismo cujas modalidades são ao mesmo tempo doutrinais, pastorais e espirituais. A mulher mística não é nem marginal culturalmente nem fora de controle, mesmo quando sua experiência religiosa suscita desconfiança.

Dado que as experiências dessas mulheres, em grande parte iletradas, (i. é, já não dominam mais o latim) passam pelo filtro das narrativas hagiográficas, seria mais interessante confrontá-las com os raros escritos místicos produzidos por mulheres na mesma época. Alguns nomes passaram para a posteridade como os de Hadewijch de Brabante (século XIII), Beatriz de Nazaré († 1268), Margarida Porete († 1310), ou Catarina de Siena († 1380). Em geral, quase nada sabemos destas mulheres escritoras, fora dos textos que elas deixaram, escritos poéticos e espirituais que mostram uma real familiaridade com o saber teológico[35]. Se os escritos místicos destes autores às vezes são bastante herméticos, o que eles têm em comum é o fato de conceder um lugar determinante ao amor, alimentado pela retórica do *Cântico dos Cânticos* e pela cultura cortesã, cuja influência é particularmente forte na literatura vernácula:

> O gozo amaria fechar os olhos
> Na alegria calma daquilo que lhe é dado;
> Mas o Desejo tumultuado vem pressioná-lo,

---

34. Cf. CAROZZI, C. "Douceline et les autres". *Cahiers de Fanjeaux*, vol. 11, 1976, p. 251-267.

35. Cf. FRAETERS, V. "'Ô amour, sois tout à moi!' – Le désir comme agent de déification chez Hadewijch de Brabant". In: BOQUET, D. & NAGY, P. (dirs.). *Le sujet des émotions au Moyen Âge*. Op. cit., p. 353-372.

Vivendo sempre no ardor da expectativa
Pois a cada hora lança
Seu apelo: "Oh! Amor, seja tudo em mim!"
Em seguida intervém a Razão dizendo à alma:
"Veja o caminho que ainda te resta a percorrer."
Ah! Quando a Razão impede o livre-gozo
A ferida dói mais que qualquer outra pena[36].

A complexidade destes escritos vincula-se ao fato que o amor não se resume a um sentimento, ou a uma emoção instantânea; ele é um princípio ontológico na direção do qual a alma tende, e é a própria dinâmica do movimento que permite o encontro. Assim, *O espelho das almas simples* de Margarida Porete, através de uma retórica cortesã – Margarida, como João de Meun em *O romance da rosa*, faz dialogar figuras alegóricas denominadas Amor, Alma, Razão –, transmite um pensamento de tamanha densidade teológica que lhe valerá dois processos e uma condenação à morte[37].

Se a mística afetiva das mulheres, a produzida pelos textos ou a vivida na prática, cria problemas para alguns dignitários eclesiásticos, as tensões são acima de tudo de ordem disciplinar, vinculadas ao controle das comunidades e à ortodoxia da palavra[38]. Margarida Porete é assim entregue à fogueira na primavera de 1310 por ter sustentado e ensinado questões julgadas heréticas, um ano antes da abertura do Concílio de Viena, que condenou o modo de vida das beguinas, mas não a espiritualidade afetiva. Entretanto, nada consente afirmar que a intensidade emotiva, e inclusive erótica, da mística feminina, fosse prioritariamente visada pelas condenações eclesiásticas, embora, provavelmente, a exaltação de algumas condenações pudesse agravar a desconfiança. Margery Kempe

---

36. HADEWIJCH. "Chanson 25". Vol. 5, 1, p. 41-50. In: *Poèmes des béguines*. Trad. fr. de Jean-Baptiste Porion. Paris: Seuil, 1994, p. 211.

37. Cf. PIRON, S. "Marguerita, entre les béguines et les maîtres". In: FIELD, S.L.; LERNER, R.E. & PIRON, S. (dirs.). *Marguerite Porete et le miroir des simples âmes* – Perspectives historiques, philosophiques et littéraires. Paris: Vrin, 2013, p. 69-101.

38. Cf. SCHMITT, J.-C. *Mort d'une hérésie* – L'Église et les clercs face aux béguines et aux béghards du Rhin supérieur du XIVᵉ au XVᵉ siècle. Paris/Haia/Nova York: Mouton/L'Ehess, 1979, p. 195-202.

(† 1439), mística inglesa do século XV, recebia a Eucaristia sem poder conter seus soluços e, sobretudo, soltava gritos horríveis, assemelhando-se a uma fera; sob a dor, seus membros se deformavam, embora alguns desconfiassem tratar-se de crises de epilepsia[39]. Margery contava com defensores que a veneravam, que cuidavam dela, que a ouviam, a maioria persuadida de tratar-se da escolhida de Cristo na condivisão dos sofrimentos de sua Paixão; outros a vilipendiavam, a tinham por louca e perigosa, pior ainda, desconfiavam que ela alimentasse simpatia pela heresia Lollarda. Mas este caso extremo, que, aliás, suscita reações contrastantes, não é representativo da atitude geral. Esta religiosidade emotiva das "mulheres religiosas" (*mulieres religiosae*) manifestada com veemência podia incomodar e inclusive enervar seus contemporâneos, mas geralmente ela suscitava simpatia, e inclusive admiração. Estas mulheres penitentes eram muito ativas no cuidado dos doentes, acompanhavam os funerais, obravam em vista da salvação de todos através da oração, e a condição de "noivas de Cristo" lhes conferia um estatuto de mediadoras da graça. O verdadeiro perigo para uma Igreja sempre mais obcecada pela figura do diabo, no final da Idade Média, era a palavra "heresia", e não a intensidade emotiva da piedade. E aqui, a esposa de Cristo desfalecida não tinha nada a ver com a feiticeira[40].

Conversão religiosa e emoções coletivas (séculos XI-XV)

Converter-se e converter os outros: a vida religiosa dos últimos séculos da Idade Média é marcada pela ofensiva pastoral de uma Igreja que resolutamente se volta para a "nova fronteira" dos leigos. Mais do que nunca, as emoções religiosas – as que o fiel sente em suas práticas de devoção, as que o pastor

---

39. Cf. KEMPE, M. *Le Livre* – Une mystique anglaise au temps de l'hérésie lollarde. Trad. fr. de Daniel Vidal. Grenoble: Millon, 1987. Análise em L'HERMITE-LECLERCQ, P. *L'Église et les femmes dans l'Occident chrétien des origines à la fin du Moyen Âge*. Turnhout: Brepols, 1997, p. 398-399.

40. Cf. o resumo de Paulette L'Hermite-Leclercq de ELLIOTT, D. *The Bride of Christ Goes to Hell* – Metaphor and Embodiment in the Lives of Pious Women, 200-1500. Filadélfia: University of Pennsylvania Press, 2012. No mesmo sentido, cf. SCHMITT, J.-C. *Mort d'une hérésie. Op. cit.*, p. 195-202.

suscita por sua arte retórica, as encenadas pelas imagens, pelo teatro ou pelo desempenho do pregador – estão no centro do projeto que pretende fazer da comunidade dos cristãos uma comunidade afetiva de salvação.

Educar as emoções: pastoral do medo, pastoral da vergonha

Seguindo as regras da retórica antiga, herdadas de Aristóteles, Cícero ou Quintiliano, as emoções (*affectus* ou *passiones*) são auxiliares essenciais da arte de convencer, segundo os princípios do *docere* e *emovere*, ensinar e estimular, reassumida pelos autores cristãos. Mas, à medida que, desde Agostinho e Gregório Magno († 604), as emoções são vistas como aguilhões da alma que levam aos vícios e às virtudes, não estão apenas centradas no *emovere*, mas também no *docere*. A educação das emoções dos fiéis torna-se assim um desafio de primeira grandeza para a pastoral. Para tanto, os clérigos se dotam de instrumentos didáticos: os manuais do confessor e da pregação, ou, ainda, a própria compilação de *exempla*, ou seja, de breves narrativas em perspectiva moral destinadas notadamente a ser inseridas nos sermões. Todas as emoções passam pelo crivo da pedagogia pastoral, seja em relação ao desejo do "vício da carne", que convém dominá-lo mantendo-o dentro dos limites estritos do casamento, à cólera, que quase sempre é assemelhada a um vício, ou à aversão das coisas espirituais, denominada *acedia* [indolência, langor], de cujos efeitos devastadores os clérigos e os monges sempre alertaram. Trata-se de ensinar o cristão a cultivar as boas emoções, e mais ainda, de como experimentar ou provar das emoções; fato que reforça o vínculo entre emoção e introspecção. Vergonha e medo são as duas emoções de base que permitem lutar contra o pecado: vergonha de ter pecado e medo das consequências. Notórias são as representações horríficas, pintadas ou esculpidas nos painéis das igrejas, com silhuetas monstruosas de demônios ou rostos terrificados de pecadores condenados aos sofrimentos eternos. Emoções ruins como a cólera ou o desespero mostram, por exemplo, nos célebres capitéis romanos na comuna francesa de Vézelay, desenhos assustadores de personagens pouco humanos, com olhos esbugalhados, perturbados por espasmos grotescos. O medo do inferno serve então de horizonte para sensibilizar os crentes em relação a outros medos, o de não se confessar encabeçando a lista.

Se o ocaso da Idade Média foi marcado por uma pastoral do medo, ele o foi mais ainda por uma pastoral da vergonha[41]. Para os clérigos, a emoção do medo e a emoção da vergonha se conectam, e por sua própria linguagem, já que o termo *verecundia*, significando a vergonha ou o pudor, é construído a partir do verbo *vereor*, temer. O vocabulário clerical da vergonha reenvia tanto ao contexto da própria emoção quanto ao medo de expor-se à emoção. Assim, a vergonha tem esta vantagem sobre o medo: ela não incide apenas na conduta virtuosa, mas alimenta uma eficácia própria, de tipo sacramental, fato afirmado por um tratado anônimo do século XI, fortemente difundido, denominado *A verdadeira e a falsa penitência*:

> Em si mesma, a vergonha contém uma parte da remissão [...]. E já que a vergonha é um grande castigo, quem cora de vergonha pelo Cristo se torna digno de misericórdia[42].

É na vergonha que Adão e Eva se conscientizaram daquilo que haviam feito: sendo, pois, a vergonha um castigo, ela é, sobretudo, o primeiro passo rumo à remissão. O cristianismo da Alta Idade Média havia colocado o acento nas obras de penitência; a partir do século XI, observa-se uma atenção nova dos autores para com a vergonha como ressentido. Assim, a questão da vergonha diante do pecado passou a ser uma espécie de nova disciplina penitencial da confissão[43]. Desde o século XII, uma reflexão sobre a psicologia da vergonha no contexto da penitência emerge, sobretudo junto a Ricardo de São Vitor, mas também nas *Sentenças* de Pedro Lombardo († 1160), ou

---

41. Uma obra essencial para compreender este tema é SÈRE, B. & WETTLAUFER, J. (dirs.). *Shame Between Punishment and Penance: The Social Usages of Shame in the Middle Ages and Early Modern Times*. Florence: Sismel/Galluzzo, 2013.

42. *De vera et falsa poenitentia*. In: *Patrologie Latine*, t. 40, col. 1.122.

43. Cf. VINCENT, C. "Pastorale de la honte et pastorale de la grâce en Occident entre le XIIe et le XVe siècles". In: SÈRE, B. & WETTLAUFER, J. (dirs.). *Shame Between Punihment and Penance*. Op. cit., p. 157-175.

nos ambientes cistercienses. Logo após o quarto Concílio de Latrão, Tomás de Chobham († 1233-1236) figura como um dos primeiríssimos a tratar em detalhes da questão da vergonha em seus escritos, sobretudo na *Suma dos confessores* e na *Suma sobre a arte de pregar*, seguida por Guilherme de Auvergne († 1249) e Guilherme Peyraut[44] († 1271). A linha geral é sempre a mesma: existe a boa e a má vergonha do pecado, que o confessor e o penitente devem aprender a distinguir. A má vergonha é a que impede a confissão, já que motivada pelo orgulho e pelo medo da humilhação social. O confessor é convidado então a navegar pelos meandros da consciência do pecador: deve encorajar a ocorrência da vergonha, mas saber dosá-la. O excesso de vergonha mata a vergonha, dizem em substância os teólogos. Eles apontam, sobretudo, o conflito entre as normas sociais que tornam a expressão da vergonha arriscada em razão do vínculo extremamente forte entre vergonha e desonra, e as exigências religiosas que fazem da auto-humilhação do pecador uma condição de honorabilidade espiritual. Opostamente à má vergonha, a boa é a que leva ao arrependimento (contrição) e impele à denúncia da falta (confissão), condições da remissão dos pecados. Aos olhos da Igreja, o arrependimento não basta, é necessário que o pecado seja confessado ao sacerdote, no segredo da confissão, e inclusive publicamente, se a própria falta o exige. Sob este ângulo, a vergonha faz-se acompanhar ou assume a forma de uma dor e de uma tristeza, de uma aversão a si mesmo; tantas emoções que caracterizam a contrição e tornam insuportável o silêncio culpável... A boa vergonha, ressentida de forma preventiva, conserva enfim a função de um escudo virtuoso. Percebe-se como uma emoção pode tornar-se mais do que uma "paixão louvável" (Tomás de Aquino), como ela se transforma às vezes em um estado de vida, um *habitus*, sem deixar com isso de ser ressentida, repetidamente, fazendo do penitente uma pessoa envergonhada.

---

44. Cf. MORENZONI, F. "La bonne et la mauvaise honte dans la littérature pénitentielle et la prédication (fin XIIe-début XIIIe siècle)". In: Ibid., p. 177-193.

As emoções no púlpito

Ao ler os sermões e os testemunhos de pregadores que chegaram até nós, resta a impressão de que muitos pregadores sabiam manejar com talento a emoção no púlpito. Os procedimentos usados – já que se trata de técnicas aprendidas – reenviam às modalidades de enunciação recomendadas nos manuais de pregação, a uma linguagem corporal, e inclusive a verdadeiras encenações da palavra. Os pregadores são encorajados, por exemplo, a usar a forma do *sermo affectuosus*, o "sermão emocional", cujo objetivo é o de suscitar o temor e o amor a Deus[45]. Para tanto, as autoridades eclesiásticas temem os excessos, que a emoção sufoque a palavra e encubra a mensagem. Segundo Alain de Lille († 1202), Humberto de Romans († 1277) ou Tomás de Chobham, o pregador deve sempre controlar suas entonações, evitar as ênfases, moderar seus gestos, não bater as mãos ou arrastar os pés[46]. Enfim, não deve se transformar em comediante ou fazer de sua pregação um espetáculo teatral[47].

Entretanto, na prática, as *performances* da pregação e as do teatro religioso podem ser muito próximas: o pregador, no púlpito ou empoleirado num tablado, usa as mesmas receitas de dramatização que o ator, ao passo que o teatro religioso não hesita em colocar pedaços de sermões na boca dos atores. A encenação da palavra religiosa, pelas palavras (as palavras e o canto) e pelos corpos, também se dirige diretamente às emoções de um público composto por pessoas de todas as condições: burgueses, estudantes, "pessoas simples" iletradas. A emoção os une, apaga temporariamente as distinções sociais e culturais. Já no início do século XIII, Francisco de Assis, Antônio de Pádua ou de Lisboa

---

45. Cf. CASAGRANDE, C. *"Sermo affectuosus* – Passions et éloquence chrétienne". In: MOOS, P. (dir.). *Zwischen Babel und Pfingsten* – Sprachdifferenzen und Gesprächsverständigung in der Vormoderne (8.-16. Jh.) [*Entre Babel et Pentecôte* – Différences linguistiques et communication orale avant la modernité (VIIIᵉ-XVIᵉ siècles). Zurique/Berlim: LIT, 2008, p. 520.

46. BERARDINI, V. "Prédicateurs et acteurs – À la recherche d'indices de performance dans les sermons de la fin du Moyen Âge". In: BOUHAÏK-GIRONÈS, M. & BEAULIEU, M.A.P. (dirs.). *Prédication et performance du XIIᵉ au XVIᵉ siècle*. Paris: Garnier, 2013, p. 79-90. • MARTIN, H. *Le Métier de prédicateur en France septentrionale à la fin du Moyen Âge*. Paris: Cerf, 1988, p. 580.

47. Cf. MAZOUER, C. *"Praedicator sive histrio*: le spectacle de la prédication". In: BOUHAÏK--GIRONÈS, M. & BEAULIEU, M.A.P. (dirs.). *Prédication et performance...* Op. cit., p. 109-119.

(† 1231) ou Jacques de Vitry tinham a reputação de inflamar seus ouvintes. Estes procedimentos inclusive se intensificaram nos últimos séculos da Idade Média. O jovem pregador Roberto de Uzès († 1296), que oficiava entre Orange e Avinhão, encenava suas pregações de maneira espetacular: um dia apresentou-se acorrentado diante de seu auditório, outra vez imolou um cordeiro e aspergiu o próprio rosto com o sangue[48]. Vinha-se de longe para ouvi-lo, mas também para ouvir Bernardino de Sena († 1444), pregador de sucesso, por admirar sua capacidade como ator, suas mímicas, sua facilidade de entabular diálogos servindo-se de entonações diferentes da voz[49]. Os que testemunham falam da exaltação dos homens e das mulheres do público, que se comportavam como verdadeiros fanáticos: dormiam nas praças para encontrar o melhor lugar; ao ouvir o pregador, às vezes durante horas, as lágrimas rolavam aos jorros, os gritos ecoavam; o público interpelava, dialogava com o pregador. Em 1429, o *Journal d-unbourgeois de Paris* faz eco da popularidade do franciscano Frei Ricardo, capaz de mobilizar uma multidão de vários milhares de pessoas às portas de Paris:

> E, na verdade, no final de seu segundo sermão, o último que lhe tinha sido autorizado a fazer em Paris, quando recomendou a Deus todo o povo de Paris e pediu aos parisienses que rezassem por ele, prometendo que também iria rezar por eles, todos, grandes e pequenos, choravam tão copiosamente e tão profundamente, e o pregador com eles, que pareciam ter acabado de levar para a cova seus amigos mais íntimos[50].

As lágrimas são o mais frequentemente a resposta emocional, mas esta às vezes toma outro caminho, menos esperado, o do riso. Os *exempla* abundam em narrativas divertidas, e em diálogos engraçados denunciando tanto as pequenas mesquinharias do cotidiano como os pecados mais graves. Nenhum grupo social é poupado: a hipocrisia dos clérigos é sempre um tema popular;

---

48. Cf. AMARGIER, P. "Robert d'Uzès, prédicateur". *Cahiers de Fanjeaux*, vol. 32, 1997, p. 159-170.

49. Cf. BERARDINI, V. "Prédicateurs et acteurs..." Op. cit., p. 83.

50. *Journal d'un Bourgeois de Paris*. Éd. de Jean G. Thiellay. Paris: Plon, 1963, p. 106-108.

os pregadores escarnecem dos maridos para provocar risos nas esposas e fazem o mesmo com as esposas para o maior prazer dos maridos; as classes ascendentes das cidades, comerciantes e artesãos, também são alvos privilegiados, como aqui, quando Jacques de Vitry alfineta um açougueiro por sua atividade:

> Certa vez ouvi falar de um açougueiro que vendia carne cozida. Alguém, querendo lisonjeá-lo, lhe disse: "Lá se vão 7 anos que só compro carne aqui". O açougueiro, muito impressionado, lhe respondeu: "E o senhor ainda está vivo?[51]

Se a pregação brinca com as emoções, não é simplesmente para captar a atenção do auditório, mas também porque as emoções, segundo as concepções antropológicas do tempo, são agentes de transformação do estado interior das pessoas: elas incitam a agir e a converter-se. A emoção compartilhada reforça a coesão do grupo que, para além das hierarquias sociais, comunga nas lágrimas, no medo ou no riso. O tempo do sermão surge assim como um momento de criação de uma comunidade de adesão pela emoção, por mais efêmera que ela possa ser.

As multidões emotivas, entre fervor e furor

Da mesma forma que a emoção íntima experimentada no segredo da meditação, a emoção compartilhada coletivamente por ocasião de uma elevação eucarística, de um sermão ou de uma procissão participa das práticas de devoção nos últimos séculos da Idade Média; ela nutre um sentimento de pertença ao que os clérigos denominam "povo cristão" (*populus christianus*), comunidade de batizados a caminho da salvação. Na viragem do ano 1.000, esta entidade, até então mais abstrata, passa a incorporar as fontes, se configura em multidões de carne e sangue transportadas por impulsos de fervor religioso de uma amplitude inédita[52]. Assim, desde o final do século X, as assembleias da Paz de

---

51. Apud HOROWITZ, J. & MENACHE, S. *L'Humour en chaire* – Le rire dans l'Église médiévale. Genebra: Labor & Fides, 1994, p. 154.

52. Cf. DICKSON, G. *Religious Enthusiasm in the Medieval West*: Revivals, Crusades, Saints. Aldershot: Ashgate Variorum, 2000.

Deus reúnem, no dizer dos clérigos que delas tomam conta, não somente autoridades leigas e religiosas, mas também populações de todas as condições vindas em grande número expressar sua necessidade de paz e proteção, seu medo e ira diante das violências senhoriais das quais as comunidades são vítimas. O Monge Raul Glaber († 1047), contemporâneo dos acontecimentos, descreve o fervor que acompanha as assembleias de Paz ocorridas na França em 1033, após vários anos de penúria:

> A esta notícia, a multidão do povo se deslocou na alegria, grandes, remediados e pequenos, todos prontos a obedecer às ordens que lhes seriam dadas pelos pastores da Igreja, como se esta voz viesse do céu para dirigir-se aos homens[53].

Estes terrores populares, que aqui em nada têm de milenaristas, são acima de tudo "terrores pedagógicos"[54], encorajados pelos clérigos para disciplinar a nova ordem que eles defendem. Não é menos verdade que por ocasião dessas assembleias de Paz as multidões se fazem sempre mais presentes nas fontes, multidões cuja identificação é permitida pelas emoções coletivas que as mobilizam.

Este fervor religioso, carregado pelo novo contexto de piedade penitencial, atinge seu primeiro auge por ocasião da pregação da cruzada em meados dos anos de 1090[55]. As multidões são galvanizadas notadamente por um novo tipo de pregadores, os eremitas errantes, mais ou menos controlados pelas autoridades eclesiásticas, que percorrem os condados, se dirigem às camadas populares em língua vernácula[56]. Em 1095, o Papa Urbano II faz um apelo em favor da conquista dos lugares santos por ocasião do Concílio de Clermont, num

---

53. GLABER, R. *Histoires*, IV, 14. Trad. fr. de Mathieu Arnoux. Turnhout: Brepols, 1996, p. 249.

54. BARTHÉLEMY, D. *La mutation de l'an mil a-t-elle eu lieu?* Paris: Fayard, 1997, p. 356-361.

55. Cf. VAUCHEZ, A. *Les laïcs au Moyen Âge* – Pratiques et expériences religieuses. Paris: Cerf, 1987, cap. 4, p. 55-60.

56. Cf. HENRIET, P. "*Verbum Dei disseminando* – La parole des ermites prédicateurs d'après les sources hagiographiques (XIe-XIIe siècle)". In: *La parole du prédicateur, Ve-XVe siècle*. Estudos reunidos por Rosa Maria Dessì e Michel Lauwers. Nice: Centre d'Études Médiévales, 1997, p. 153-185.

clima de fervor atestado pelos contemporâneos[57]; um tipo denominado Pedro, eremita originário da Picardia, percorre então o oeste da França, com roupa de penitente, pés descalços, pregando a conversão e convocando para a libertação dos lugares santos. O sucesso é fulgurante, junto aos pobres e aos nobres. Segundo o Monge Guibert de Nogent († 1125), ele atraiu para si multidões que o adulavam a ponto de arrancar os pelos de seu burro para fazer deles relíquias[58]. Em alguns meses, milhares de pessoas, inflamadas pela palavra do pregador, puseram-se a caminho em direção à Terra Santa, ignorando as distâncias e mais ainda os perigos mortais que as esperavam. Muitas morreram massacradas pelos exércitos turcos antes de chegar ao destino.

Uma novidade nesta pastoral são as conversões massivas suscitadas, apresentadas como uma resposta emocional espontânea à palavra do pregador. Esta resposta aparece nas lágrimas, na alegria, na vontade de agir imediatamente. Tais impulsos populares rumo às cruzadas acontecem periodicamente nos séculos seguintes: em 1146, por ocasião da pregação da segunda cruzada, em 1212, com a famosa "cruzada das crianças" (*peregrinatio puerorum*), que de fato é representada por vários movimentos reunindo pessoas de condições modestas, ou as cruzadas dos pastores ou dos pastorinhos, em 1251 e 1320: estes movimentos e outros são iniciados por pregadores populares capazes de arrastar atrás de si multidões inteiras. O desejo de acertar as contas com os infiéis, o entusiasmo espiritual, a exortação à penitência, o ódio massacrante contra os judeus: eis algumas das características destes movimentos de convertidos.

As multidões exaltadas não surgem apenas no contexto das cruzadas, mas a partir do momento em que se instala uma crise profunda (guerra, miséria, epidemia). Em 1233, um movimento de grande devoção popular, o Aleluia, denominado assim por referência à liturgia pascal, encabeçado por pregadores franciscanos, levou a uma reforma dos estatutos comunais no interior de vá-

---

57. NOGENT, G. *Geste de Dieu par les Francs* – Histoire de la première croisade. Trad. fr. de Monique-Cécile Garand. Turnhout: Brepols, 1998, § 2, p. 76-77.
58. Ibid., § 8, p. 86-97.

rias cidades lombardas, num contexto de conflitos entre facções e luta contra a heresia[59]. Mas talvez sejam os movimentos dos flagelantes leigos, que eclodem periodicamente a partir de meados do século XIII, que melhor simbolizem estas novas modalidades de uma religiosidade emocional de grupo. A flagelação religiosa é uma prática antiga, de origem monástica, que quase havia desaparecido no Ocidente ao longo da Alta Idade Média. Ela ressurge no decurso do século XI, legitimada notadamente por Pedro Damião († 1072), autor de um tratado sobre o tema. Mas é em Perugia, na Itália, em 1260, que é confirmado o primeiro movimento popular de flagelação coletiva[60]. Este parece inspirar-se tanto nas antigas práticas monásticas quanto nas humilhações públicas impostas aos criminosos. Pouco tempo antes, em 1258, a região tinha passado por uma grande fome, agravada pelo conflito entre os guelfos (partidários do papa) e os gibelinos (partidários do imperador germânico). Em seguida, mas de forma esporádica, o fenômeno irrompeu alhures: em 1296, na Renânia, lá ainda num contexto de fome generalizada, e na Toscana, no início do século XIV, com o movimento dos *disciplinati*. Mas é por ocasião da grande peste de 1348-1349 que estas práticas de flagelação coletiva conhecem um apogeu de popularidade e violência, notadamente na região renana, onde são acompanhadas de massacres de judeus, tidos por responsáveis pelo flagelo.

O movimento flagelante é acima de tudo um reflexo da agressividade provocada pela angústia diante dos misteriosos flagelos naturais. Este ascetismo violento não faz senão exacerbar uma exaltação mística que a Igreja frequentemente aprovou em pequena escala. Ele exprime a consciência de uma culpa a expiar massivamente numa ótica escatológica. Os flagelantes são grupos de leigos masculinos que não aceitam em seu meio nem mulheres nem clérigos. Eles se deslocam permanentemente em grupos de algumas dezenas ou centenas de indivíduos no máximo, e formam um novo grupo quando se tornam ex-

---

59. Cf. VAUCHEZ, A. "Une campagne de pacification en Lombardie en 1233 – L'Action politique des ordres mendiants d'après la réforme des statuts communaux et les accords de paix". *Mélanges d'Archéologie et d'Histoire*, vol. 78, 1966, p. 503-549.

60. Cf. DICKSON, G. *Religious Enthusiasm... Op. cit.*, cap. 8.

cessivamente numerosos. Eles se vestem de uma longa túnica, cabeça coberta com um capuz, e carregam nas costas e no peito uma cruz vermelha. Tão logo chegam a uma cidade, seguem invariavelmente o mesmo ritual: se reúnem no átrio da igreja e desfilam em círculo salmodiando orações ou cânticos. Até aqui este gênero de manifestação mostra comportamentos que não se diferenciam em quase nada dos comportamentos de determinadas confrarias penitenciais, e inclusive das procissões paroquiais tradicionais. É em seguida que suas práticas se tornam mais radicais: uma vez por dia, se despem em público e se atiram várias vezes por terra, braços em cruz, fazendo-se flagelar com um chicote de três correias tendo na ponta pedaços de ferro. Por estas mortificações extremas, imaginam reencontrar a pureza do batismo e, livres então de todos os pecados, se tornarem insensíveis à peste. Na origem, o movimento era puramente religioso, mas pouco a pouco assume posições sociais e políticas (contra as riquezas urbanas e clericais), não sem lembrar as cruzadas populares de 1096 ou a cruzada das crianças.

O cronista de Liège Jean le Bel († 1370) foi testemunha dessas procissões de flagelantes e da devoção popular que os rodeava:

> Quando alguns destes penitentes e arrependidos chegaram em Liège, todos corriam para vê-los, tomados de estupefação, vendo-os tão dedicados aos seus sofrimentos; todos lhes davam dinheiro por compaixão; quem não podia hospedá-los ficava envergonhado, pois parecia a todos que se tratasse de santas pessoas e que Deus as havia enviado para dar o exemplo ao povo simples de fazer penitência em remissão dos pecados, a tal ponto que alguns habitantes de Liège incorporaram seus hábitos, traduziram seus cânticos e juntaram-se em grande número ao grupo[61].

A emoção religiosa circula: os flagelantes exibem sobre seus corpos as dores da penitência, dores que suscitam a admiração dos habitantes e inclusive a vergonha por não apoiá-los suficientemente, tanto que alguns, tocados por este

---

61. *Chronique de Jean le Bel*. Tomo 1. Ed. de Jules Viard e Eugène Déprez. Paris: Renouard, 1904, p. 224 [Trad. fr. em BRUNEL, G. & LALOU, É. (dirs.). *Sources d'histoire médiévale IXᵉ-milieu du XIVᵉ siècle*. Paris: Larousse, 1992, p. 808.

entusiasmo, se juntam ao movimento e vão formando verdadeiras multidões que se deslocam de lugar em lugar por semanas a fio.

As violências antissemíticas que acompanham estes movimentos lembram que as emoções que os animam não são apenas voltadas contra eles, mas também contra os que não pertencem ao *populus christianus*: os heréticos, os infiéis ou os judeus. Às vezes, são os próprios cristãos que sofrem as consequências da ebulição das massas. Assim, as tropas sublevadas por Pedro o Eremita se transformam em hordas raivosas quando atravessam a Europa Central:

> À beira de uma raiva execrável, eles incendiavam os armazéns públicos, violavam as mulheres jovens, dominavam e desonravam as mulheres casadas, arrancavam e queimavam as barbas dos homens[62].

O vínculo entre fervor religioso e massacres é flagrante nas fontes, seja por ocasião das cruzadas, no movimento dos pastorinhos ou junto aos flagelantes, o que põe com acuidade a questão da espontaneidade da emoção, a passagem do entusiasmo ao ódio, e sua instrumentalização pelas autoridades, leigas ou eclesiásticas.

Para o historiador é tentador ver junto aos flagelantes impulsos de exaltação incontrolados, um desatino próprio à multidão quando está sob o domínio da emoção. Ora, a história das emoções nos ensina precisamente que esta explicação ela mesma é fruto de uma construção histórica da multidão, identificada pela emoção partilhada: é porque todos os indivíduos são levados pela mesma emoção que sua soma díspar constitui uma multidão. Esta construção da multidão que seria por natureza emotiva – à origem mesma do sentido primeiro do termo *esmotion* em francês antigo, que significa sublevação, revolta popular – é produzida pela elite letrada que assim denomina a massa dos pobres iletrados. Ela faz-se acompanhar de uma infantilização, e até mesmo de uma animalização das massas pela emoção. Ora, o surgimento das multidões fervorosas nas fontes, a partir do final do século X, não é absolutamente o resultado de uma esponta-

---

62. NOGENT, G. *Geste de Dieu par les Francs*. Op. cit., § 8, p. 88.

neidade irracional, mas acontece num contexto religioso particular que associa a "viragem afetiva" da piedade, sua orientação penitencial e cristocêntrica e o esforço sem precedente da pregação aos leigos. A Igreja suscita e encoraja este fervor, legitima a via da salvação individual e coletiva pelas emoções, mas sempre tentando colocar limites. Em troca, a adesão das multidões testemunha uma receptividade: sozinha a palavra dos pregadores não poderia sublevar as massas, se não houvesse uma prévia disposição favorável, e até mesmo uma expectativa.

As violências que se infligem os flagelantes respondem a uma ritualização e a uma dramatização da fé que fazem sentido aos contemporâneos, assim como as violências antissemíticas se enraízam em comportamentos antigos. As autoridades, eclesiásticas ou leigas, às vezes são vítimas, mas às vezes suscitam estes movimentos. No reino de Aragão, como em outras regiões da Europa, o período de Páscoa é ocasião de tensões, às vezes de violências, contra as comunidades judaicas[63]. A Sexta-feira Santa ocasiona representações de dramas litúrgicos, denominados *Planctus*, lamentações que encenam os sofrimentos de Cristo na cruz e as dores de Maria, e que não deixam de lembrar a negação dos judeus de reconhecer a divindade de Jesus. Não é difícil imaginar que a encenação patética da Paixão podia excitar o desejo de vingança e favorecer a passagem às vias de fato contra os judeus acusados de ser um povo deicida. Em 1277, 1327, ou ainda em 1334, o Rei Aragão intervém para pedir a seus oficiais que coloquem fim às violências constatadas. O fato é que o rei intervinha menos para erradicar as violências do que para mantê-las num nível aceitável. Nada é feito, porém, para estancar as dramatizações antijudaicas das festas pascais; ao contrário, é a população judaica que deve ficar fechada em casa na Semana Santa para não suscitar transtornos. A maneira como estas manifestações de hostilidade são estimuladas pelas cerimônias pascais, bem como a maneira com a qual são contidas pelo poder real, num cenário que se reitera ano

---

63. Sirvo-me da análise de SOUSSEN-MAX, C. "Violence rituelle ou émotion populaire? – Les explosions de violence anti-juive à l'occasion des fêtes de Pâques dans l'espace aragonais". In: BOQUET, D. & NAGY, P. (dirs.). *Politiques des émotions du Moyen Âge*. Florence: Sismel/Galluzzo, 2010, p. 149-168.

após ano, militam em favor de uma ritualização do ódio antijudaico que, desde então, participa de uma política emocional dos equilíbrios sociais e religiosos entre as comunidades, imposta pela autoridade soberana.

As vias de expressão da emoção no cristianismo medieval foram múltiplas e todas confirmam que a aculturação religiosa das populações a partir do século XI fez-se em grande parte segundo uma dinâmica afetiva. Por isso, reconduzir este traço de civilização a um sintoma de irracionalidade, e, portanto, de imaturidade, continuar a ver nisto respostas instintivas diante das "desgraças dos tempos", revelaria um erro de julgamento bastante pesado, que desvelaria acima de tudo nossas próprias dificuldades de pensar na racionalidade das emoções e sua capacidade de estruturar as relações sociais. Nas sociedades medievais do Ocidente, e singularmente nas imediações culturais do cristianismo, as emoções estão longe de ser consideradas e vividas unicamente sob o ângulo psicológico, portanto, do ressentido subjetivo. Pela potência fundadora da Encarnação, as emoções-paixões de Cristo têm um valor paradigmático: elas definem as modalidades da condição humana após o pecado original e traçam o caminho da salvação. O sofrimento e a tristeza do homem agem como emoções-espelhos do sofrimento e da tristeza de Cristo; desta comunhão pela emoção nascem a esperança e a alegria da adesão da alma a Deus, num diálogo dos contrários que podem nos parecer desconcertantes, mas que repousa sobre uma base doutrinal sólida e possui uma impressionante eficácia espiritual. Além disso, o campo da piedade é atrelado ao conjunto dos dispositivos de comunicação que abrange a linguagem das emoções, verbal ou corporal, na Idade Média e para além dela, pois sobre este plano o século XVI não constitui absolutamente uma ruptura, uma plena legitimidade na esfera pública. Segundo esta lógica, a intensidade da emoção manifestada mostra ser uma garantia de autenticidade e, portanto, de capacidade de agir socialmente. Em sociedades profundamente marcadas pelo imperativo da honra, é a cristianização da vergonha, mais do que a do medo, que aparece como o grande desafio do governo religioso das almas e dos corpos.

9
FAMÍLIA E RELAÇÕES EMOCIONAIS

Didier Lett

Em 2002, Barbara Rosenwein constatou que os historiadores americanos especialistas das emoções tinham estudado principalmente as sociedades fundadas na honra e na formação da "família afetiva" (*affective family*[1]). Ao lado da vizinhança, das paróquias, das confrarias, das assembleias, das comunas ou dos mosteiros, a família e a parentela são "comunidades emocionais", isto é, "grupos dentro dos quais as pessoas aderem às mesmas normas de expressão emocional e valorizam ou desvalorizam as mesmas emoções ou constelações de emoção"[2]. Elas reúnem pessoas ligadas por relações de consanguinidade ou de aliança (parentesco) ou, embora nem sempre aparentadas, que vivem sob tetos comuns (família). Seus membros se encontram cotidianamente ou ritualmente. Eles defendem a mesma honra, os mesmos interesses[3] e os mesmos

---

1. "In the United States, modern emotions history tends to fall into two groups: studies concerned with the formation of the 'affective family' and those interested in 'honor-based' societies – the Deep South in the United States and Mediterranean cultures in Europe" (ROSENWEIN, B.H. "Worrying about Emotions in History". *The American Historical Review*, vol. 107, n. 3, 2002, p. 828).

2. ROSENWEIN, B.H. *Emotional Communities in the Early Middle Ages*. Ithaca/Londres: Cornell University Press, 2006, p. 2.

3. Cf. SABEAN, D.W. & MEDICK, H. (dir.). *Interest and Emotions*: Essays on the Study of Family and Kinship. Cambridge/Paris: Cambridge University Press/MSH, 1984.

valores, fazem julgamentos similares, compartilham uma vida sentimental e corporal, experimentam os mesmos prazeres ou desprazeres, os mesmos desejos ou repulsas. Eles se adoram... se detestam. O estudo das emoções no seio do casal, do grupo doméstico ou da parentela deve estar atento às diferenças de idade e de gênero, pois a família é um lugar privilegiado de encontros entre gerações e sexos. De que forma, nos últimos séculos medievais, se constroem as normas emocionais no seio da família e da parentela, e a partir de qual modelo? Como se manifestam as emoções entre marido e esposa, pais e filhos ou irmãos e irmãs? Quais são as emoções exigidas, autorizadas, malvistas, proibidas em função do sexo, da idade ou da posição na parentela? Existe, em relação às normas sociais comuns, um código emocional próprio à família?

Antes de propor alguns elementos de resposta a estas questões, quatro precauções metodológicas se impõem. Primeiramente, convém prestar uma atenção particular ao vocabulário das emoções usado pelo escritor ou pelo narrador bem como àquele que estes últimos emprestam aos atores apresentados. A *amicitia* circula no seio da parentela, mas nem sempre ela implica um vínculo afetivo. Seu emprego revela um jogo de deveres recíprocos que se impõem aos membros de uma parentela ou a um vínculo entre os membros de dois grupos familiares selados notadamente pelos casamentos (o *amicus* é um aliado potencial que se opõe ao *inimicus,* o inimigo privado). O *amor*, em contrapartida, induz a um vínculo dinâmico e interiorizado; ele introduz uma dimensão afetiva. O termo *affectio*, frequentemente associado ao *amor* (às vezes inclusive sob a forma *affectio amoris*), se aproxima mais de nossa noção contemporânea de afeto. Ele designa um sentimento, bom ou mau, que procede de *animus*, isto é, diz a inclinação da alma. Seu substantivo derivado, *affectus*, em Sêneca, já designa muito claramente a afeição. Em meados do século XII, no *Espelho da caridade*, o cisterciense Aelred de Rievaulx o definiu como "uma certa inclinação espontânea e doce da própria alma para com alguém"[4].

---

4. Apud BOQUET, D. *L'Ordre de l'affect au Moyen Âge* – Autour de l'anthropologie affective d'Aelred de Rievaulx. Caen: Crahm, 2005, p. 16. Cf. o inventário do vocabulário medieval das

Em seguida, urge prestar atenção ao contexto histórico, pois durante os quatro séculos considerados (séculos XII a XV) a expressão das emoções foi se transformando. Parece que, para além dos efeitos de fonte, os testemunhos da afeição entre marido e mulher, pais e filhos, ou irmãos e irmãs passaram a ser mais frequentes a partir da segunda metade do século XV. Falou-se inclusive, referindo-se a esta última parte da Idade Média, de um "avanço emocional" no interior da célula familiar[5].

Por outro lado, urge ainda ter consciência que as emoções às quais o historiador se refere nem sempre são as realmente manifestadas, mas as que ele identificou ou que acreditou identificar num documento escrito ou desenhado, única realidade histórica que restou. Ora, o contexto documentário transforma sensivelmente a expressão ou a representação das emoções. Algumas fontes parecem mais propícias do que outras (para nossa sensibilidade moderna?) a apreendê-las, como os *"ego-documents"*, ou testemunhos de si, as correspondências, os jornais de família ou os livros-razão nos quais a dimensão autobiográfica permite que o sujeito do discurso coincida com o objeto do discurso. Os testamentos, por serem frequentemente redigidos num momento de intensa e de última emoção, liberam igualmente profundos sentimentos em relação aos membros de uma mesma família. As crônicas ou as fontes literárias, que apresentam o mais frequentemente as emoções das famílias principescas e aristocráticas, também revelam um rico léxico afetivo. As narrativas de milagres ou as imagens abrem mais espaço ao *pathos*, mostrando uma profusão de emoções, geralmente exacerbadas.

Enfim, é essencial considerar a dimensão relacional da emoção e "ver as ações humanas como uma série de *sequências* em que as pessoas, engajadas

---

emoções proposto em ROSENWEIN, B.H. "Emotion Words". In: BOQUET, D. & NAGY, P. (dir.). *Le sujet des émotions au Moyen Âge*. Paris: Beauchesne, 2009, p. 93-106.

5. É o que propõe, a partir do estudo das cartas privadas de Nuremberg dos séculos XV-XVI, BEER, M. "'Wenn ych eynen naren hett zu eynem mann, da fragen dye freund nyt vyl danach' – Private Briefe als Quelle für die Eheschliessung bei den Stadrbürgerlichen Familien des 15. und 16 Jahrhunderts". In: BACHORSKI, H.-J. (dir.). *Ordnung und Lust* – Bilder von Liebe, Ehe und Sexualität in Spätmittelalter und früher Neuzeit. Trèves: Wissenschaftlicher, 1991, p. 90.

em *momentos* sucessivos, devem mobilizar nelas competências diversas para realizar, ao longo dos encontros com as *circunstâncias*, uma adequação à *situação presente*"[6]. A vergonha, o medo, o amor ou a alegria se manifestam diferentemente em função do contexto interlocutor. Cada indivíduo possui um "repertório emocional" (Amélie Rorty[7]), e ativa uma parte segundo seu humor e segundo as pessoas com as quais se encontra. Willian Reddy elaborou o conceito de "emotivo" (*emotives*) para sublinhar o quanto a expressão dos afetos transforma o estado emocional do locutor[8]. A emoção permite àquele que é o espectador de acessar ao estado físico e psíquico do outro, dando-lhe em troca a possibilidade de expressar seus afetos, o que cria um vínculo de comunicação emocional: "Já que as emoções são apreendidas no momento do intercâmbio de expressões, parece bastante natural que estas emoções tenham um papel no estabelecimento de vínculos coletivos"[9].

Percurso historiográfico: homens e mulheres instintivos no seio de famílias sem afeto

O medievalista que escreve uma história das emoções no seio da família medieval se depara com uma contradição historiográfica que consiste em dois falsos postulados, e que, a meu ver, nunca foram realçados: os homens e as mulheres da Idade Média ainda não controlavam seus afetos[10], embora nenhuma

---

6. DODIER, N. "Agir dans plusieurs mondes". *Critique*, n. 529-530, jun.-jul./1991, p. 427 [relatórios críticos de obras de Luc Blotanski e Laurent Thévenot].

7. RORTY, A.O. "Enough Already with 'Theories of Emotions'". In: SALOMON, R.C. (dir.). *Thinking about Feeling*: Contemporary Philosophers on Emotions. Oxford: Oxford University Press, 2004, p. 276-277.

8. REDDY, W.M. *The Navigation of Feeling*: A Framework for the History of Emotions. Cambridge: Cambridge University Press, 2001.

9. THÉVENOT, L. "Émotions et évaluations dans les coordinations publiques". In: PAPERMAN, P. & OGIEN, R. (dirs.). *Raison pratiques* – N. 6: La couleur des pensées – Sentiments, emotions, intentions. Paris: l'Ehess, 1995, p. 148.

10. Após os trabalhos de Johan Huizinga e de Norbert Elias, pensava-se que, nas sociedades ocidentais, o domínio dos instintos, a capacidade de domesticar seus desejos, a repressão dos afetos, das emoções e das manifestações corporais, era o resultado de um processo muito lento que se acelerou principalmente com a extensão das práticas da corte (essencialmente as de Luís

marca de afeição fosse perceptível no seio da família. Trata-se de pessoas bastante curiosas que, não obstante levadas por suas pulsões, não sabiam conter as próprias emoções, muito embora se mostrassem incapazes de manifestá-las na vida íntima e privada.

Os primeiros historiadores da família e da infância concordavam em considerar que a parentela e o grupo doméstico da Idade Média não passavam de meros instrumentos de reprodução biológica e social, de estruturas sem amor, sem afeição e sem emoção. Em 1960, Philippe Ariès escrevia que a família do Antigo Regime "era uma unidade moral e social, antes que sentimental", ou: "Não que a família não existisse como uma realidade vivida... seria paradoxal contestá-lo. Mas ela não existia como sentimento ou como valor"[11]. Em 1975, Edward Shorter admite como certo que sempre existiu entre a mãe e a criança "uma afeição residual", instintiva, mas que ela "não passa de um produto do vínculo biológico que as une"[12]. Segundo estes dois autores (cujas obras "clássicas" sobre a família são hoje abundantemente citadas no conjunto das ciências humanas e sociais), foi necessário esperar a aurora do século XVIII para que a afetividade entrasse na família, período em que esta "se libertou simultaneamente do biológico e do jurídico para tornar-se um valor, um tema de expressão, uma ocasião de emoção"[13]. Estes autores não fazem senão aplicar a evolução da história das emoções esboçada por Johan Huizinga e desenvolvida por Norbert Elias ao quadro particular da família. Eles partilham da mesma visão evolucionista: é a "civilização dos costumes" que, progressivamente, autoriza a manifestação e o controle das emoções. Daí toda uma série de analogias entre idade da vida e período da história, em que a Idade Média corresponde à vida emocional de uma criança, à puerilidade e às pulsões não

---

XIV, em Versalhes) e acabava se estendendo ao resto da sociedade. Cf. HUIZINGA, J. *L'Automne du Moyen Âge* (1919). Paris: Payot, 2002. • ELIAS, N. *La civilisation des moeurs* (1937). Paris: Calmann/Lévy, 1973. • ELIAS, N. *La dynamique de l'Occident* [extrato da obra surgida em alemão em 1939]. Paris: Calmann-Levy, 1975.

11. ARIÈS, P. *L'Enfant et la vie familiale sous l'Ancien Régime*. Paris: Plon, 1960, p. 414, 460.

12. SHORTER, E. *La naissance de la famille moderne* (1975). Paris: Seuil, 1977, p. 13.

13. ARIÈS, P. *L'Enfant et la vie familiale...* Op. cit., p. 3.

dominadas. Johan Huizinga escreve: "Toda experiência tinha ainda este grau de instantâneo e de absoluto que o prazer e o castigo têm no espírito de uma criança"[14]. Philippe Ariès o confirma arriscando uma explicação: "Esta sociedade [da Idade Média] de adultos nos parece hoje muito frequentemente pueril: questão de idade mental, sem dúvida, mas também de idade física, pois em parte ela era composta de crianças e pessoas jovens"[15]. Eles também concordam em considerar que a expressão das emoções nasceu inicialmente num ambiente abastado, beneficiando-se de condições materiais que lhes permitiam não apenas pensar na sobrevivência, para em seguida, lentamente, espalhar-se para o restante da sociedade.

Diante desta poderosa corrente historiográfica, os medievalistas do final do século XX e início do século XXI, sobretudo os especialistas da família, lutaram duramente para mostrar que os medievais dispunham de uma gramática própria das emoções. Eles mostraram que, em função do contexto e das estratégias, as famílias sabiam conter ou manifestar as emoções, que o grupo doméstico era um espaço de sentimentos e ressentimentos entre seus membros[16], e que os fenômenos de aculturação ou difusão de modelos nem sempre se davam de cima para baixo. A família era assim recordada por uma pluralidade de emoções, pois era nela que se viviam efetivamente os acontecimentos da vida mais intensos (nascimentos, batismos, casamentos, bodas, falecimentos, funerais etc.), momentos fortemente ritualizados que abriam espaço a uma profusão e a uma gestão dos afetos.

---

14. HUIZINGA, J. *L'automne du Moyen Âge*... Op. cit., p. 10.

15. ARIÈS, P. *L'Enfant et la vie familiale*... Op. cit., p. 134.

16. A bibliografia é muito vasta. Reenvio unicamente aqui ao último balanço historiográfico sobre a infância e a algumas obras em francês: LETT, D.; ROBIN-ROMERO, I. & ROLLET, C. "Faire l'histoire des enfants au début du XXIe siècle: de l'enfance aux enfants". *Annales de Démographie Historique*, n. 1, 2015. • LETT, D. *Famille et parente dans l'Occident medieval (V^e-XVe siècles)*. Paris: Hachette, 2000. • LETT, D. *L'Enfant des miracles* – Enfance et société au Moyen Âge (XIIe-XIIIe siècles). Paris: Aubier, 1997. • FINE, A.; KLAPISCH-ZUBER, C. & LETT, D. (dirs.). *Clio* – Histoire, femmes et sociétés – Vol. 34: Liens Familliaux. Toulouse: Presses Universitaires do Mirail, 2011.

Os modelos emocionais da família cristã

O Antigo Testamento

Para mensurar as emoções no seio das famílias medievais, urge considerar os modelos escriturários oferecidos a todos os cristãos, geralmente sob a forma figurada, propondo-lhes normas emocionais e desencadeando entre eles fortes emoções. Quando se aborda a representação dos sentimentos e dos gestos da afeição nas imagens, convém ser muito prudente e ter consciência dos limites do empreendimento. O documento figurado pouco nos ensina sobre a parentela vivida, sobre os sentimentos entre os membros de uma mesma família, já que não é sua função. Nas iluminuras, a grande maioria dos gestos é metafórica. Entretanto, às vezes é possível detectar como o artista tentou exprimir a afetividade. Para além do simbolismo evidente das representações das famílias bíblicas, podemos observar gestos de afeição nas cenas de encontros entre José e seus irmãos, entre Jacó e José, nos beijos e abraços intercambiados por Isaac, Rebeca e seus filhos. Da mesma forma, por ocasião da volta do filho pródigo (Lc 15,11-32), o beijo entre o pai e o filho significa certamente o perdão do pai e a possível salvação dos gentios pela redenção e o batismo, tornando-se a metáfora da reconciliação e, portanto, do amor de Deus. Mas esta cena também se apoia num certo número de realidades afetivas da sociedade que produziu este tipo de imagens.

A Sagrada Família

As emoções familiares bíblicas mais frequentes que homens e mulheres da Idade Média tiveram debaixo de seus olhos são as que aconteceram entre Cristo e sua mãe nas cenas relativas à Natividade, à Virgem com o Menino ou à Crucificação. Por ocasião do nascimento de Jesus, Maria, ainda na cama, segura o menino em seus braços ou o aleita ternamente. José geralmente aparece duplamente representado: ou está com sua mão sobre a face, apoiado num bastão, sonhando, convidando o espectador a pensar no mistério da Encarnação;

ou aparece ativo, alimentando o fogo, soprando as brasas, preparando o banho ou a refeição para a Virgem, embalando a Criança ou secando suas fraldas, incitando assim o fiel a relembrar de seu papel de protetor e alimentador (como o quadro das cenas da fuga do Egito). O pai adotivo de Cristo frequentemente é situado no registro mais baixo da imagem para significar sua pertença ao mundo terrestre. É o primeiro espectador humano da Encarnação, ocupando um papel de intermediário entre a cena em que se realiza a revelação divina e aquele que a olha, um "barqueiro" de emoções. No final da Idade Média, os intercâmbios emocionais entre os três personagens da Natividade são sempre mais intensos. Medindo a evolução da distância que separa seus três rostos entre meados do século XIV e meados do século XV, nos damos conta de que o rosto de José se aproxima dos rostos de Maria e de Jesus[17].

A representação da Virgem e o Menino foi igualmente um formidável modelo emocional. Ela permite mostrar a Encarnação e o poder de intercessão de Maria tão próxima do Filho de Deus e de estimular igualmente os cristãos à oração. Os pintores, iluminadores ou escultores, sobretudo a partir do século XIV, desenvolvem uma grande inventividade a fim de mostrar a humanidade dos dois personagens, mas insistindo na ternura entre Mãe e Filho. Maria de pé, sentada, de joelhos ou até mesmo deitada, frequentemente de cabeça inclinada, protege Jesus, o acaricia, encosta sua face na dele. O Menino a circunda com seus braços, se diverte com a ponta de seu véu ou mama em seu seio. Às vezes, suas auréolas se cruzam.

Os afetos também aparecem por ocasião da Paixão, da Crucificação ou da Descida de Cristo da cruz. No final da Idade Média, sob os pincéis dos pintores, as lágrimas invadem os rostos dos santos (João em particular), ou de Maria, tradicionalmente secos e serenos. Seus braços e suas mãos se fecham e se torcem

---

17. É o que prova Paul Payan aplicando "a teoria dos triângulos" elaborada pelo pediatra Aldo Naouri para as relações entre os três personagens da Natividade a fim de mostrar que o triângulo que obtemos dos rostos é sempre mais equilateral, traduzindo uma proximidade relacional equivalente entre Jesus, Maria e José (PAYAN, P. *Joseph* – Une image de la paternité dans l'Occident médiéval. Paris: Aubier, 2006, p. 131-136).

de dor. Esta encenação de emoções visa a confortar o meio no qual é produzida esta iconografia: as diferentes cortes europeias que compartilham gostos comuns e buscam na imagem um suporte à mediação pessoal ou coletiva[18].

O "beijo fecundante" e o massacre dos inocentes

Em estreita relação com a promoção do culto marial, o casal formado pelos pais da Virgem, Joaquim e Ana, conhece uma grande notoriedade, sobretudo na cena do encontro na Porta Dourada de Jerusalém. Como eles não podem ter filhos, o Anjo Gabriel lhes aparece e os intima a irem à Porta Dourada para ali encontrar-se e beijar-se. A partir do século XI, e do crescimento da ideia da concepção imaculada de Maria (teoria segundo a qual a Virgem teria sido preservada de toda mancha do pecado original desde o momento da concepção, que pesa sobre os homens desde Adão), beijar-se é algo "fecundante". Numa preocupação de humanização geral das figuras divinas no final da Idade Média, alguns iluminadores insistem no contato muito estreito dos corpos de Ana e Joaquim, no beijo amoroso, na boca ou nas faces.

Num outro registro, o massacre dos Inocentes ordenado por Herodes, advertido sobre o nascimento do Filho de Deus, permite igualmente aos artistas exprimir o forte vínculo maternal através do sofrimento das mães tentando em vão proteger a vida de seus primogênitos (Mt 2,16-18). A partir do século XII, num contexto de forte antijudaísmo e do sucesso sempre mais vivo dos escritos apócrifos da infância de Jesus, este tema conhece um grande desenvolvimento. Desde então surge um culto dedicado aos Santos Inocentes, com uma liturgia específica e uma festa particular (28 de dezembro). Na iconografia, os meninos do Massacre, como suas mães, são sempre mais aureolados. O pintor insiste tanto na causa (o massacre) quanto no efeito (a santidade). Estes pequenos prefiguram o sacrifício de Cristo assim como as mães, às vezes aure-

---

18. Cf. VERATELLI, F. "Les émotions en images à la fin du Moyen Âge – Le langage visuel de la douleur entre dévotion, représentation et réception". In: BOQUET, D. & NAGY, P. (dirs.). *Le sujet des émotions au Moyen Âge*. Op. cit., p. 379-391.

oladas e vestidas de um manto azul, anunciam Maria. O iluminador dramatiza sempre mais a cena insistindo no contraste entre a inocência das crianças e a crueldade dos carrascos[19], buscando suscitar a emoção do fiel e a arrancar-lhe lágrimas de compaixão[20].

Parentescos hagiográfico e espiritual

Outro modelo emocional é oferecido aos cristãos pelo parentesco hagiográfico, isto é, dos santos e das santas cujos cultos conhecem um formidável desenvolvimento no final da época medieval e que invadem as legendas e as imagens[21]. Santos e santas mantêm excelentes relações com os outros membros da família carnal, salvo, e isto é bastante frequente, quando esta última se opõe às suas escolhas espirituais e se torna um obstáculo à realização da santidade. A afirmação de sua identidade passa, pois, pela rejeição, pelo desprezo ou pela indiferença em relação à família biológica e social, e em relação a tudo aquilo que permite reproduzi-la. É por isso que os santos e as santas às vezes manifestam um ódio ferrenho contra seu cônjuge, filhos ou genitores. Na *Legenda dourada*, redigida nos anos de 1260, Jacques de Voragine conta que Alexis, confessor romano do século IV, não consumou seu casamento, abandonou sua esposa, deixou de lado seus pais e continuou vivendo em família sem jamais estabelecer contato com eles. Como os santos não são bons filhos, tampouco as santas são boas mães. Estas narrativas exemplares que difundem estes modos de comportamento tentam mostrar aos pais que, às

---

19. Cf. RAYNAYD, C. "Le massacre des innocents: evolution et mutations du XIIIᵉ siècle au XIVᵉ siècle dans les enluminures". In: ROBÉMONT, B. (dir.). *Le corps et ses énigmes au Moyen Âge*. Orléans/Caen: Paradigme, 1993, p. 157-183.

20. Sobre o impacto emocional que produzem sobre a piedade os quadros de altar esculpidos nos Países Baixos no final da Idade Média e no início do século XVI, cf. D'HAINAUT-ZVENY, B. "L'ivresse sobre – Pratiques de 'rejeu' empathiques des images médiévales". In: BOQUET, D. & NAGY, P. (dirs.). *Le sujet des émotions au Moyen Âge*. Op. cit., p. 393-413.

21. Cf. BARBERO, A. *Un santo in famiglia, vocazione religiosa e resistenze sociali nell'agiografia latina medievale*. Turim: Rosenberg & Selier, 1991. • MAILLER, C. *La parenté hagiographique (XIIIᵉ-XVᵉ siècle)* – D'après Jacques de Voragine et les manuscrits enluminés de la *Légende dorée* (c. 1260-1490). Turnhout: Brepols, 2014.

vezes, quando as circunstâncias o impõem, quando um dever cristão superior o exige, não se pode hesitar em abandonar, mesmo que provisoriamente, a própria família. Assim, os interditos maiores (incesto, patricídio, infanticídio, canibalismo) são às vezes transgredidos: filhos degolam seus pais, mães acediam seus filhos, matam suas próprias crianças ou as consomem etc. Este parentesco perturbado, desviante, invertido ou fantasiado produz uma gramática emocional muito perturbadora.

A inferioridade ideal do parentesco biológico manifesta-se neste mundo pela progressiva instauração, pela Igreja, do parentesco espiritual. Este propõe entre os membros da família e próximos (pai, mãe, compadre, comadre, afilhado, afilhada) um modelo que repousa no primado do afeto, cada qual devendo unir-se aos outros por um vínculo de amor (*caritas*), inspirado na predileção de Deus pelos homens e infundido em cada cristão no momento do batismo. É o *bonus amor* que, desde Agostinho, se impõe ao *malus amor* e à *cupiditas*[22].

Uma comunidade emocional

Fortes relações emocionais

Lugar de encontros cotidianos entre indivíduos ligados pelo sangue ou aliança, idade, sexo e geração diferentes, a família oferece uma gama de emoções muito ampla, ativada e reforçada pelos intercâmbios materiais, afetivos e simbólicos que atualizam as solidariedades familiares, pois, como o escreve Jean-Claude Kaufmann: "[...] não é a família que produz a familiaridade, mas, ao contrário, a familiarização do universo próximo que produz a família"[23]. Para perceber a pluralidade dos afetos, o historiador deve "descer" ao nível do "parentesco prático", que definiremos, com Florence Weber, como "o conjun-

---

22. GUERREAU-JALABERT, A. "Aimer de fin cuer" – Le coeurs dans la thématique courtoise". *Micrologus*, vol. 11, 2003, p. 343-371.

23. KAUFMANN, J.-C. "La familiarité". *Comprendre*, n. 2, 2001, p. 99.

to de obrigações e de sentimentos que dá sua eficácia aos vínculos oficiais de parentesco ou que cria outros vínculos"[24].

Para construir uma história das emoções é preciso estar atento aos termos usados ao dirigir-se à outra pessoa e que circulam entre os membros de uma mesma família, interrogando sua significação e as discrepâncias que apresentam em relação aos termos de referência. Estes termos usados no tratamento de outra pessoa da mesma família são grupos nominais usados para marcar o início do discurso em estilo direto reenviando exclusivamente à segunda pessoa (ao ouvinte). Eles são excelentes "indicadores linguísticos da estrutura social"[25], e das relações afetivas. Seu estudo revela o caráter de quem os emprega, mas desvela também os sentimentos de quem os usa em relação aos outros (diga-me como te diriges ao outro e dir-te-ei os sentimentos que tens para com ele). Estes termos delimitam fronteiras no interior de uma interlocução: superioridade/inferioridade, distância/intimidade ou formal/informal. Assim, nas fontes literárias medievais, os termos de tratamento que circulam entre marido e esposa são calcados sobre os intercambiados entre soberano e vassalo. Em relação ao seu marido, a esposa se encontra na mesma posição que o vassalo para com seu senhor. Ela o chama de "Meu Senhor", ou "Meu Mestre", termos que desvelam a autoridade e a superioridade do receptor. O marido, assim como o soberano, se dirige à esposa como "minha amiga". Estes intercâmbios verbais verticais entre cônjuges revelam vínculos emocionais fortes entre parceiros desiguais ou, ao menos, uma vontade de construí-los. Aos termos de tratamento ascendentes usados pela esposa respondem termos de tratamento (con)descendentes escolhidos pelo marido. No seio de uma relação amigável ou marcada por uma fortíssima afeição surgem às vezes termos de tratamento provenientes da irmandade. Assim, um marido, para significar sua afeição para com sua esposa, ou uma mulher que busca reconfortar uma

---

24. WEBER, F. *Le Sang, le nom, le quotidien* – Une sociologie de la parenté pratique. Paris: Aux Lieux d'Être, 2005, glossário, p. 9.

25. BRAUN, F. *Terms of Address*: Problems of Patterns and Usage in Various Languages and Cultures. Berlim/Nova York/Amsterdã: Mouton de Gruyter, 1988.

amiga ou uma vizinha infeliz, podem dirigir-se a estas pessoas em termos de "minha (querida) irmã". Nas inúmeras cartas trocadas com Francisco di Marco Datini (o comerciante de Prato), na viragem dos séculos XIV e XV, Ser Lapo Mazzei chama às vezes seu amigo fiel de "meu irmão mais velho". Ele estende sua afeição à Monna Margherita, esposa de Francisco, de quem se tornou fiel conselheiro e a quem ensinou a ler e a escrever. Monna Margherita aceita e valida este pseudoparentesco (relações sociais que se exprimem em termos de parentesco sem que resultem de vínculos de parentesco efetivamente reconhecidos pela consanguinidade ou pelo casamento), pois, em 1394, ela escreveu ao Ser Lapo: "Trate-me como uma irmã mais nova, pois eu te amo como um irmão mais velho"[26]. "Meu irmão" ou "minha irmã" são termos de tratamento que circulam horizontalmente, lembrando a pertença a uma mesma geração, acentuando a proximidade, a identidade e um igualitarismo.

Aprendizagem e reprodução das emoções

A família é o lugar privilegiado onde se aprende a dominar um código de emoções, estas "disposições cognitivas profundamente adquiridas" (*overlearned cognitive habits* – William Reddy[27]). A partir do século XIII, a fim de pensar a responsabilidade do sujeito, os escolásticos investem na noção antiga de pré-afeto para naturalizá-la e considerá-la própria aos animais, já que expressa fora do controle da vontade. Para que uma *propassio* se transforme em *passio*, é necessária a intervenção da razão[28]. A atitude dos pais e educadores em relação à criança, portanto, não é a mesma antes e após a idade da razão (*aetas discretionis*), que teoricamente é situada ao redor dos 7 anos. A *infans* permanece no estado da *propassio*, ou seja, continua num estado de "subdesenvolvimento emocional". É por essa razão que, não raro, encontra-

---

26. Apud ORIGO, I. *Le marchand de Prato* – La vie d'un banquier toscan au XIVᵉ siècle. Paris: Albin Michel, 1959, p. 206.

27. REDDY, W.M. *The navigation of Feeling*. Op. cit., p. 32.

28. Cf. as contribuições de Damien Boquet e de Alain Boureau em BOQUET, D. & NAGY, P. (dirs.). *Le sujet des émotions au Moyen Âge*. Op. cit.

mos em alguns pedagogos analogias entre crianças e animais, já que ambos são governados pela natureza. Em *Ratis Raving*, um texto escocês didático do final do século XV, afirmar que durante os três primeiros anos de vida, "da mesma forma que um animal, a criança só sabe rir ou gritar para expressar sua alegria ou sua aflição"[29]. Ela experimenta menos as emoções do que as respostas instintivas manifestadas aos estímulos, e, sobretudo, não controla a expressão de seus afetos, já que carente do elemento vital do domínio social das emoções, isto é, a temperança, virtude principal do final da Idade Média. Na *Suma Teológica* (v. 1.270), Tomás de Aquino consagra um artigo inteiro à temperança, sob a forma de uma questão muito reveladora: "A intemperança seria um pecado pueril?" E define a moderação (a temperança) como "uma dominação firme e comedida da razão sobre o desejo sensual e os outros movimentos desordenados da alma"[30]. A intemperança se explica em grande medida pela teoria dos humores. A criança não pode dominar suas emoções, pois seu corpo, "em cólera desordenada, é excessivamente estimulado e excessivamente aquecido"[31]. O estado amoroso, riquíssima matriz de produção de emoções, leva a atos irrefletidos e instintivos que lembram a infância. No final do século XII, Bernard de Ventadour escreveu: "O sentido do apaixonado não excede ao de uma criança"[32]. Esta ausência de moderação da *infans* ou do *parvulus* é perceptível nas narrativas de milagre: a partir do instante em que a criança recobra a saúde ou a vida, ela o manifesta sempre ruidosamente, sem muita moderação, frequentemente por risadas, por uma *hilaritas* que libera alegria, contentamento, bom humor[33].

---

29. "Rycht as a best child can no mare, / Bot lauch ore gret for Joy and care" (*Ratis Raving and others Moral and Religious Pieces in Prose and Verse*. Ed. de J. Rawson Lumby. Londres: Eets, 1870, p. 57).

30. THOMAS D'AQUIN. *Somme théologique*. Paris: Cerf, 1984, 2. parte, 2. secão, q. 142, art. 2, obj. 1-3; q. 141, art. 3, obj. 1.

31. ROME, G. *Le livre du gouvernement des Princes*. Ed. de Samuel P. Molenaer. Nova York: Columbia University Press, 1899, p. 111.

32. Apud TAVERA, A. "'Non ai de sen per un efan'. Les troubadours et le refus de la cohérence". In: *L'enfant au Moyen Âge*. Aix-en-Provence: Presses Universitaires de Provence, 1980, p. 341.

33. Cf. LETT, D. *L'Enfant des miracles. Op. cit.*, cap. 2.

A criança (*infans*) que, por definição, é incapaz de manter uma linguagem racional (*qui fari non potest*) não pode, portanto, integrar a gramática das emoções, indispensável à vida social e familiar. Isto não significa que se deva renunciar a educá-la, já que, sensível aos afetos, dispõe de uma espécie de memória inconsciente e consegue agir por imitação. Os pedagogos dizem que devemos nos apresentar diante dela como exemplos, pois, assim como a cera, a criança guarda de maneira indelével tudo o que viu ou ouviu. Gilles de Roma escreveu: "Assim como a cera mole facilmente assume a impressão e a forma do selo, as crianças, que são maleáveis e cambiantes, facilmente assumem os maus costumes e as péssimas maneiras"[34]. Em meados do século XIII, Bertoldo de Ratisbona fez uso de outra metáfora: "Um barril sempre guarda algo do que primeiramente foi colocado dentro dele [...]. Se ensinarmos primeiramente a virtude e a disciplina, as crianças jamais se esquecerão disto..."[35]

Portanto, é quando a criança atinge a idade da razão (na *pueritia*) que os pedagogos se interessam por ela e pelo controle de seus afetos, visto que, como o escreve Gilles de Roma, é a partir de então que "as crianças começam a ter o uso da razão em si"[36]. No livro do cavalheiro de La Tour Landry para o ensinamento de suas filhas (1371-1372), este autor oferece inúmeras e ricas recomendações às suas filhas sobre as maneiras de comportar-se em sociedade. Ele insiste na necessidade de ter um "olhar humilde e firme" e de não falar muito. O pudor obviamente é uma característica emocional primordial: "A mulher não deve mostrar seu belo rosto, nem seu pescoço, nem seu peito, nem nada que deve ser mantido coberto"[37]. Estas convenções, sobretudo pela integração frequente de *exempla*, suscitam igualmente emoções, em particular o medo, instrumento pedagógico central numa religião de salvação. Assim,

---

34. ROME, G. *Le livre du gouvernement...* Op. cit., p. 196-197.

35. RATISBONNE, B. *Péchés et vertus*. Trad. fr. de Claude Lecouteux. Paris: Desjonquères, 1991, sermão 21, p. 114.

36. ROME, G. *Le livre du gouvernement...* Op. cit., p. 220.

37. *Le livre du chevalier de la Tour Landry pour l'enseignement de ses filles*. Ed. de Anatole de Montaiglon. Paris: Jannet, 1854, cap. 11.

em sua *Doutrina pueril* (1280), Raymond Lulle convida os pais a aproveitarem todas as ocasiões cotidianas para inculcar a fé cristã, como lembrar ao próprio filho a pensar no inferno quando está diante de um punhado de favas ou ervilhas fervendo, imagem dos condenados que sofrem as penas eternas[38]. A emoção, tanto ontem quanto hoje, é um vetor eficaz de ensino: "Não existe compreensão senão pela apreensão afetiva. Fora dos afetos, é impossível transformar as capacidades e recursos intelectuais em potência ativa, em cultura. Esta permanece uma língua morta"[39].

A honra, matriz das emoções familiares

A honra não é uma emoção propriamente falando. Ela é um estado, uma qualidade, uma virtude que, na Idade Média, exerce um papel central no vínculo social[40]. Ela se revela, portanto, uma riquíssima matriz de emoções. O parentesco é uma comunidade emocional no interior da qual cada membro defende uma honra coletiva. Quando o grupo é ameaçado, quando sua coesão está em perigo, os afetos de solidariedade se manifestam. Nas cidades italianas do final da Idade Média, quando um adúltero, um concubino ou um violador é levado à justiça, o notário escreve no final do libelo que o ato foi cometido "contra os estatutos e ordenanças da comuna e contra os bons costumes" e, às vezes, "contra as leis humanas e divinas". Mas o delito também representa para o marido ou para o pai da vítima ou da culpável "uma desonra e uma vergonha muito graves" (*gravissimi opprobrium et verecundia*[41]). A *infama* é fortemente

---

38. LULLE, R. *Doctrine d'enfant*. Ed. de Armand Llinares. Paris: Klincksieck, 1969, título 99, p. 226.

39. ROBELIN, J. "La dimension sociale de l'affectivité". *Noesis.revues.org*, 2010, § 3.

40. Cf. GAUVARD, C. "*De grace especial*" – Crime, État et société en France à la fin du Moyen Âge. Tomo 2. Paris: Presses Universitaires de la Sorbonne, 1991, cap. 16. • GAUVARD, C. "Honneur". In: GAUVARD, C.; LIBERA, A. & ZINK, M. (dirs.). *Dictionnaire du Moyen Âge*. Paris: PUF, 2002, p. 687-689.

41. O exemplo evocado aqui provém de um caso de concubinato de uma tal de Onesta que, em Bolonha, de 1404 até 1408 foi a concubina (*amasia*) de Bartolomeu, suscitando a vergonha de seu esposo, Zenio (ARQUIVIO DI STATO DI BOLOGNA. *Curia del podestà* – Giudici ad Maleficia: sententiae, b. 33, set.-1408-abr./1412, fasc. 1, fl. 11). Sobre a vergonha, cf. BOQUET, D.

vinculada à vergonha e à difamação. "A honra é um bem que deve ser arduamente defendido. Quando ele não pode mais ser respeitado nem reconhecido, a situação torna-se conflituosa"[42]. É por isso que a inveja (*zelum, aemulatio, invidi*), a cólera (*ira*) e a vingança são às vezes consideradas emoções positivas, sobretudo quando servem para defender e lavar a honra familiar[43].

Quando o renome familiar é ultrajado pela injúria, pela invectiva, pela palavra ultrajante, ou por uma agressão física, para evitar a desonra ou a vergonha, para "reparar" a afronta, urge que o indivíduo, a família ou o clã se vingue e produza, sempre de maneira regrada e organizada, violência objetivando restabelecer a honra alterada. Os insultos endereçados às mulheres da família, tanto proferidos por homens quanto por mulheres, questionam a reputação sexual e a moralidade conjugal, portanto, a legitimidade das proles. Geralmente elas são acusadas de prostitutas ou mulheres de vida fácil (impudicas, licenciosas), ou enganadoras de seus maridos. São igualmente acusadas de ganhar o próprio dote e guarda-roupa se prostituindo ou servindo de intermediárias entre padres ou freiras da comunidade, ou, ainda, de se aproveitarem do encanto das próprias filhas. Consequentemente, são traidoras da própria família. Em contrapartida, os insultos contra os homens geralmente recaem sobre a honra sexual da própria esposa ou da mãe: eles são tratados como cornos, gigolôs ou bastardos ("filhos da mãe", "bastardos"). Quando se acusa um homem, trata-se de um ataque indireto, já que, de fato, é o renome da esposa, da mãe, da filha ou da irmã que está em jogo. Esses insultos revelam a importância que a sociedade medieval dá à fidelidade conjugal.

Para os homens da aristocracia, a honra se decide no campo de batalha. Alain Chartier, em sua obra *Le Livre des quatre dames*, redigido em 1416, faz falar quatro damas de Azincourt (1415). A primeira dama perdeu o marido

---

(dir.). *Rives méditerranéennes* – Vol. 31: *Histoire de la vergogne*. Aix-en-Provence: MMSH, 2008, em particular em suas relações com o pudor e a honra.

42. GAUVARD, C. *"De grace especial"*. Op. cit., p. 706.

43. Para a cólera que serve para lavar uma afronta, cf. CASAGRANDE, C. & VECCHIO, S. *Histoire des péchés capitaux au Moyen Âge* (2000). Paris: Aubier, 2003, p. 114-115.

num combate; o amante da segunda foi feito prisioneiro na Inglaterra; a terceira não tem notícias de seu bem-amado e não sabe, portanto, se ainda está vivo ou não; e o apaixonado da quarta é um covarde que abandonou o exército. Cada uma profere um longo discurso e recorre ao leitor e ao poeta para saber qual das quatro é a mais patética. A companheira do covarde proclama sua vergonha diante da fuga de seu amante. Nos ambientes aristocráticos, esta é uma emoção fortemente associada ao campo de batalha, pois este é o lugar em que se decide a honra[44].

Comover-se em família

Marido e esposa

Nos romances arturianos do século XIII, os autores usam um rico léxico para descrever os sentimentos de felicidade dos amantes, pois o amor-paixão é um dos principais meandros romanescos: *eür, eüre, joie, joians, leese, leez* etc. Existem numerosos adjetivos ou substantivos que exprimem o estado de satisfação, de gozo: *aise, baudour, queance, deduit, envoiseüre, soulas, monjoie, soulageus* etc.[45] O transporte amoroso de Tristão ou de Lancelot vai até o tresloucado amor que, mesmo que propiciando o prazer, ele também se reveste de formas de delírio compulsivo ligado a emoções nem sempre controladas. Nesse tipo de literatura, essas paixões contrastam com o amor conjugal tranquilo e sereno que Galehout, no *Lancelot en prose* definiu como uma "alegria sem maldade e sem pecado". É a *honesta copulatio* (união honesta) que se opõe ao termo *libido*, paixão carnal desenfreada. Na Alta Idade Média, para designar os sentimentos que unem dois cônjuges, emprega-se as noções de *caritas* (caridade) e *dilection* (amor preferencial

---

44. SÈRE, B. "Le roi peut-il avoir honte? – Quelques réflexions à partir des chroniques de France et d'Angleterre (XIIᵉ-XIIIᵉ siècle)". In: BOQUET, D. & NAGY, P. (dir.). *Politiques des émotions au Moyen Âge*. Florence: Sismel/Galluzzo, 2010, p. 49-74.

45. DYBEL, K. *Être heureux au Moyen Âge* – D'après le Roman arthurien en prose du XIIIᵉ siècle. Lovaina/Paris: Peeters, 2004, p. 7.

e respeitoso). No século IX, Hucbald de Saint-Armand evoca, na *Vita* que ele consagra à santa Rictrude, "o apego amoroso" (*affectus amoris*) que a santa experimenta por seu esposo. A partir do século XII, no quadro da implantação do casamento dito gregoriano e de uma reflexão sobre o comportamento dos cônjuges, desenvolveu-se um raciocínio sobre a *affectio maritalis* (às vezes denominada *affectio conjugalis*), que comportava uma dimensão emocional forte. Ele visava a prestar contas de um vínculo, de uma inclinação entre os cônjuges, de uma disposição ativa que os esposos deviam cultivar[46]. Nos testamentos masculinos do final da Idade Média, as cláusulas mais longas frequentemente eram as consagradas à esposa, revelando uma profunda preocupação de garantir a esta última as provisões máximas a fim de que ela pudesse viver decentemente após a morte do marido. Nos testamentos Chierisi (Piemonte), a esposa era designada por dois tipos de vocabulário. O primeiro se referia à sua capacidade passada, mas, sobretudo, futura (viúva), de governar e gerenciar os bens conjugais comuns (*rectrix, gubernatrix, domina, madonna*). O segundo prestava contas de uma real afeição marital: *dulcissima, dilectissima* e *amatissima*[47].

Sentimentos profundos são deduzidos da leitura das cartas trocadas entre esposos. A abundante correspondência entre Margaret e John Paston, da família da Gentry do Nortolk, em meados do século XV, evocava frequentemente as questões da gestão do campo, mas estas cartas também deixavam filtrar uma real ligação entre os dois cônjuges. As últimas frases destas cartas são sempre carregadas de grande ternura, por exemplo:

> Peço-lhe insistentemente informar-me sobre sua saúde e seus negócios, pois, tenha a certeza, não terei descanso enquanto não tiver notícias suas (15/02/1449).

---

46. GUAY, M. "Les émotions du couple princier au XVᵉ siècle: entre usages politiques et *affectio conjugalis*". In: BOQUET, D. & NAGY, P. (dirs.). *Politiques des émotions au Moyen Âge*. Op. cit., p. 93-111.

47. BARALE, L. "'*Uxor diletissima*' e '*domina rectrix*': personalitá giuridica della donna e spazi di scelta nei testamenti chieresi del XV secolo". In: ROSSI, M.C. (dir.). *Margini di libertà*: testamenti femminili nel medioevo. Verona: Cierre, 2010, p. 129-152.

Por favor, não seja avaro de cartas até seu retorno. Gostaria de receber uma todos os dias (jan./1453).

O tempo parece não passar, quando não tenho notícias suas (13/05/1465)[48].

A afeição conjugal igualmente aparece nos livros-razão, quando seu autor se lembra da esposa desaparecida. O florentino Donato Velluti, em sua *ricordanza*, evoca sua primeira mulher, morta em 1357, após 17 anos de vida em comum:

> Ela era pequena e nada bonita; mas sábia, bondosa, agradável e digna de amor, prendada de boa educação e de todas as virtudes; era completa e perfeita; ela se fazia amar e apreciar por qualquer pessoa; e eu tinha muito a me felicitar, pois me amava e me desejava de todo o coração. Ela era de uma alma muito boa, e não posso senão crer que Nosso Senhor Jesus Cristo a recebeu em seus braços por suas boas e excelentes ações, por sua caridade, por suas orações e por suas frequentações às igrejas [...]. Ela viveu comigo em santa paz e aumentou muito meu estado de graça, tanto em amor quanto em haveres[49].

Duas narrativas contemporâneas mostram a capacidade não das mulheres mas dos homens de dominar o ciúme conjugal, bem como superá-lo para servir a Deus, já que o bom cristão deve aceitar e inclusive favorecer uma relação de amor de seu cônjuge com um santo, com uma santa ou com a Virgem, vínculos extraconjugais fundados na união espiritual e considerados superiores aos laços matrimoniais. Em 1152, segundo seu hagiógrafo Tomás de Monmouth, Guilherme de Norwich aparece em sonho à mulher de um cavaleiro dos arredores de Lynn para agradecê-la pelo culto que ela presta em sua honra e lhe pede um anel de ouro como símbolo de seu amor e de sua união. Ao despertar, a devota mulher narra sua visão a seu esposo, que imediatamente a aconselha

---

48. *Les Paston: une famille anglaise au XVe siècle* – Correspondance et vie quotidienne illustrées. Ed. de Roger Virgoe. Paris: Hachette, 1990, p. 50, 75 e 140.

49. *La cronica domestica di messer Donato Velluti*. Ed. de Isidoro del Lungo e Guglielmo Volpi. Florença: Sansoni, 1914, p. 290.

a ir sem demora ao santuário para oferecer o anel a Guilherme[50]. Por volta de 1172, o hagiógrafo dos *Miracles de Notre-Dame de Rocamadour* apresenta um jovem casal aristocrático muito unido e cheio de amor um para com o outro. A dama pede a seu cônjuge: "Gostaria de saber se observas perfeitamente a fé conjugal e se ao meu amor tu não preferes o amor de alguma outra". O jovem esposo, querendo brincar, responde sorrindo: "Pensas que eu me satisfaço somente contigo? Pensas que não tenho tal ou tal amiga?" Levando a coisa a sério, incapaz de controlar-se, ela ameaça a abrir seu ventre, já que está grávida. O jovem cavaleiro continua sua brincadeira e "a infeliz jovem mulher, incapaz de suportar tal afronta e de dominar-se, esquecida de seu sexo, enfia uma faca em suas entranhas"[51]. A Virgem intercede e permite salvar a futura mãe, pois o amor do cavaleiro por Maria e sua fidelidade conjugal são mais fortes do que o suicídio e o infanticídio cometidos pela jovem esposa.

Se é tão difícil fazer emergir informações sobre a intimidade e a vida sexual do casal, é em razão do extremo pudor que os homens e as mulheres da Idade Média sentem[52]. Em 1359, uma longa pesquisa é feita em Entrevennes, na Haute-Provence, para tentar provar o casamento de Sibila de Cabris após a morte de seu esposo Aníbal de Moustiers diante de seu sogro que tenta reaver os bens. Raimunda Cabrilhana, amiga e vizinha do casal, é interrogada. Ela evoca a grande ternura e afeição que vinculava o casal:

> Pois muito frequentei sua casa, e frequentemente via seu marido beijá-la. Muitas vezes a vi num só e mesmo leito, com seu marido, nus e sozinhos. Vi sua beleza, sua juventude e sua aptidão a livrar-se dos gestos da copulação. Só posso testemunhar aquilo que vi, e podeis crer em mim[53].

---

50. MONMOUTH, T. *Les miracles de William de Norwich*. Vol. 7. Ed. de Augustus Jessopp e Montague Rhodes James. Cambridge: Cambridge University Press, 1896.

51. *Les miracles de Notre-Dame de Rocamadour au XIIᵉ siècle*. Ed. de Edmond Albe. Toulouse: Le Pérégrinateur, 1996, p. 113.

52. Cf. DUERR, H.P. *Nudité et pudeur* – Le mythe du processus de civilisation (1988). Paris: MSH, 1998.

53. Texto latino editado em COULET, N. *Affaires d'argent et affaires de famille en Haute-Provence au XIVᵉ siècle* – Le dossier du procès de Sybille de Cabris contre Matteo Villani et la compagnie des Buonaccorsi. Roma: EFR, 1992, p. 113.

O historiador das emoções nunca se satisfaz plenamente. Mas este testemunho é rico em ensinamentos. Ele nos ensina que a intimidade do casal medieval é limitada, que os vizinhos às vezes têm olhares invejosos ou de admiração sobre os cônjuges em vias de copular. Ele também revela a contenção dos homens e das mulheres da Idade Média, que não hesitam, mesmo quando seu objetivo é trazer provas daquilo que viram, em lançar um véu pudico sobre as aventuras perdidamente amorosas. A constatação é a mesma nas imagens. Percebe-se o casal dirigindo-se para o leito nupcial na noite do casamento, ou sentado na beira da cama, mas muito raramente no leito. Quando isso acontece, o homem e a mulher estão vestidos até o pescoço (il. 31, "Casal na cama").

Pais e filhos

O parto é um instante paradoxal em que a vida convive intimamente com a morte. O hagiógrafo dos *Miracles de Notre-Dame de Rocamadour* escreve: "Toda mulher, chegado o momento do parto, tem ordinariamente a morte à sua porta". Toda mulher que se prepara para o parto, cada família próxima que vai acompanhá-la nesta dolorosa prova, sente uma real angústia de morte. Os hagiógrafos insistem nos terríveis sofrimentos das mulheres em trabalho de parto, que podem durar vários dias. Estes sofrimentos são sem nenhuma dúvida uma realidade, mas eles também permitem aos contadores de milagres de mostrar a realização e a atualização de uma palavra bíblica, condição de resgate das mulheres: "Entre dores darás à luz os filhos" (Gn 3,16).

Os traços de amor e de ternura que os pais medievais experimentam por seus filhos, hoje não são mais evidenciáveis. Nas narrativas de milagre, percebem-se manifestações emotivas muito vivas do pai e da mãe por ocasião do desencadeamento da doença ou por ocasião do acidente de um filho ou de uma filha. Matilde e Roger têm um filho ilegítimo que, poucos dias após seu nascimento, adoece: "Cada um dos pais chora (*plorare*), mas a mãe, que o amava mais ternamente (*tenerius diligere*), derrama mais lágrimas[54]. Como o lembram os hagiógrafos, as mães agem por "amor filial" (*filialis dilectio*), expressão que designa de fato o que nós denominamos hoje amor parental. Diante da doença do filho, elas são movidas por uma "solicitude materna" (*materna sollicitudo*) ou pelas "entranhas maternais" (*mota visceribus matris*). Esta afeição é julgada mais visceral, mais selvagem, mais instintiva do que a manifestada pelo pai. Ora, a tendência aos excessos de ternura, a uma afeição excessivamente demonstrativa é condenada. Como o escreve Filipe de Novara, "não se deve dar ao filho grandes provas de amor, pois ele pode orgulhar-se delas e assumi-las como pretexto para fazer o mal"[55]. No seio da oposição binária das emoções cristãs entre paixões concupiscentes resultando da queda e afetos virtuosos voltados para Deus[56], as emoções dos "filhos de Eva", responsáveis pela falta, se inclinam mais para o polo negativo. As mulheres, sobretudo as mais jovens, são guiadas por suas paixões.

Isso não significa absolutamente que o pai seja mesquinho no tocante às emoções. Mesmo que estas sejam mais comedidas, urge livrar-nos da imagem de um pai medieval frio e distante[57]. A documentação narrativa, em particular, oferece reações afetivas muito comoventes entre filho e pai. As idas ou vindas deste último, ausente por uma jornada de trabalho ou por tempos mais longos, são frequentemente motivos para o narrador descrever as emoções. Num de seus inúmeros *exempla*, Jean Gobi evoca um pai deixando sua família, partindo para as cruzadas. E escreve: "E como ele estava em sua casa, chamou várias vezes em segredo seus filhos: os cobria de beijos, fortemente os abraçava e os segurava em seus braços"[58]. Entretanto, para o pai, assim como para a mãe, é

---

54. *Rerum britannicarum medii aevi scriptores* [Rolls series 67]. In: ROBERTSON, J.C. (ed.). *Materials for History of Archbishop Thomas Becket*. Londres: Kraus, 1965, t. 2, II, 47, p. 94.

55. NOVARE, P. *Les quatre âges de l'homme* (1888). Ed. de Marcel de Freville. Nova York: Johnson Reprint, 1968, art. 8, p. 6.

56. DIXON, T. *From Passions to Emotions*: The Creation of a Secular Psychological Category. Cambridge: Cambridge University Press, 2003, cap. 2, esp. p. 54-61.

57. Cf. LETT, D. "Les pères et la paternité au Moyen Âge". In: DELUMEAU, J. & ROCHE, D. (dirs.). *Histoire des pères et de la paternité*. Paris: Larousse, 2000, p. 17-42.

58. *La scala coeli de Jean Gobi*. Ed. De Marie-Anne Polo de Beaulieu. Paris: CNRS, 1991, n. 414, p. 339.

na hora do milagre que um verdadeiro choque emocional emerge. À cura da filha muda e semimorta (*semimortua*), um pai vê-se "transportado de alegria (*exultare gaudio*) e de maneira inesperada (*inopinato*)[59]". Da mesma forma, no instante em que Adão ficou sabendo que seu filho de 3 anos voltara à vida, "foi transportado por um transe tão louco (*tanto tripudio exsultare*) que exalava uma alegria comparável (*parem laetitia axhibere*) à da viúva dos evangelhos, carregando seu filho para fora da cidade"[60]. Tendo consultado em vão os médicos, outros pais levam seu filho de 10 anos, corcunda e paralisado das pernas, a Norwich, diante do túmulo de Guilherme. Logo que o filho sente seu estado de saúde melhorar, "na própria língua paterna grita: 'Pai, Pai'" (*lingua paterna*, "*Patrem, Patrem*"). E este último se alegra (*exsultare*):

> Imediatamente, ele [a criança] pôs-se de pé e, na presença de todos, a saúde foi devolvida ao filho, e o filho ao pai. Seguramente, o pai congratulou-se (*congaudere*) com o filho que, chegado triste (*tristis*) e enfermo (*contractus*), caminhou alegremente (*hilarus*) e ereto (*erectus*) ao lado de seu pai[61].

Haveria uma reciprocidade de sentimentos entre pais e filhos? Os pedagogos consideram que o amor dos pais é mais profundo do que o amor filial, pois os sentimentos experimentados pelo pai e pela mãe repousam sobre o conhecimento. Gilles de Roma escreve:

> Os pais e as mães amam mais seus filhos do que estes amam seus pais, [já que] ao nascer [os filhos] não têm suficiente discernimento para conhecer o pai ou a mãe; eles, portanto, os amam por natureza [...]; os pais e as mães são mais determinados do que seus filhos [...], e quanto mais consciente o amor, mais forte ele é[62].

Filipe de Novara explica que Deus deu às crianças "três maneiras de conhecimento e de amor natural". As duas primeiras procedem de seu modo de percepção, a terceira emana de seus pais: "A criança ama e reconhece primei-

---

59. *Rerum britannicarum...* Op. cit., t. 2, III, 73, p. 168.
60. Ibid., t. 1, II, 69, p. 231.
61. MONMOUTH, T. *Les miracles de William de Norwich.* VI, 12. Op. cit., p. 245.
62. ROME, G. *Le livre du gouvernement...* Op. cit., p. 192.

ramente a mulher que a nutre com seu leite [...]; ela manifesta a alegria para com os que brincam com ela, que a acariciam e que a carregam de um lugar para outro"; enfim, os pais lhe dispensam um grande amor "por natureza, pela compaixão e pela alimentação"[63].

Nas fontes narrativas, mesmo que o amor filial apareça proporcionalmente menos do que a afeição dos pais, algumas menções podem ser destacadas. No romance medieval em verso *La housse partie* (A fronha compartilhada), o autor descreve os sentimentos vividos por um adolescente por ocasião da morte de sua mãe: "Muito encolerizado e muito aflito / O valete se mantinha ao lado de seu pai / E frequentemente lamentava sua mãe, / Que o havia ternamente alimentado / Ele pasma-se, e chora"[64]. Muitos testemunhos medievais de amor filial são lembrados por adultos. Escrevendo sua autobiografia, Guibert de Nogent lembra sua grande ternura por sua mãe. Outro clérigo, menos conhecido, deixou-nos uma confissão bastante comovente. Este testemunho data de meados do século XIII, e provém de Frederico de Hallum, vigário de Frise, posteriormente cônego premonstratense, que fez uma oração fúnebre pública à sua mãe, no dia de sua morte: "Estou transtornado pela partida de minha mãe [...]. Devo-lhe muito [...]. Daí minhas lágrimas, meus suspiros, e este mal-estar que sinto. Daí minhas palavras extremamente doloridas"[65].

Irmãos e irmãs

Quando se profere um discurso sobre as emoções familiares, não se pode fazer economia das que alimentam o vínculo adelfo[66]. Negativas, elas se de-

---

63. NOVARE, P. *Les quatre âges de l'homme*. Op. cit., art. 2, p. 2.

64. *Recueil général et complet des fabliaux des XIIIe et XVe siècles*. Ed. de Anatole de Montaiglon e Gaston Raynaud. Paris: Librairie des Bibliophiles, 1972-1890 [reed., Genebra: Slatkine, 1973, I, 5].

65. *Gesta abbatum orti Sancte Marie*. Ed. de Aemilius W. Wybrands. Leeuwarden: Kuipers, 1879, p. 26-27. Citado e trad. em PLATELLE, H. "L'enfant et la vie familiale au Moyen Âge". *Mélanges de Science Religieuse*, vol. 39, 1982, p. 84.

66. Permito-me reenviar a LETT, D. (dir.). *Médievales* – Vol. 54: Frères e soeurs – Ethnographie d'un lien de parenté. Saint-Denis: Presses Universitaires de Vincennes, 2008. • LETT, D. *Frères et soeurs* – Histoire d'un lien. Paris: Payot, 2009.

senvolvem principalmente entre coirmãos do mesmo sexo e, sobretudo, por ocasião das partilhas hereditárias. Os afetos positivos se encontram mais entre um irmão e uma irmã que, seguindo trajetórias sociais diferentes, raramente entram em concorrência. O mais velho ou a mais velha geralmente se ocupam do caçula ou da caçula. Jean de Lodi, o biógrafo de Pedro Damião (1007-1072), conta que os pais deste último morreram quando Pedro tinha apenas alguns anos. Ele foi criado por seu irmão mais velho e sua esposa. Entretanto, como estes últimos o maltratavam, foi assumido por outro irmão, que lhe deu uma "afeição paternal"[67]. Jean Gerson (1363-1429), o mais velho de uma irmandade de doze filhos, manteve uma correspondência contínua, em latim com seus irmãos, em língua vernácula com suas irmãs. Numa de suas cartas, datada de 1408, endereçada a Nicolas, ele confessa: "Preferi escrever tudo isso a ti antes que a nosso irmão [Jean, o caçula] dado que, como um pai ou um irmão indulgente, pude fazer meu dever para com ele que, de saúde delicada, continua meu filho e meu irmão". Um filho mais velho não pode exprimir melhor a confusão das funções e das emoções fraternais e paternais![68]

A dor e a morte

A morte, não obstante tão frequente na Idade Média, é sempre um *trauma*, como o atesta o hagiógrafo por ocasião de uma epidemia devastadora no final do século XII: "Cada dia, vemos mortos sucumbindo, pagando o preço da carne. No entanto, ficamos admirados (*mirare*) e nos lamentamos (*plangere*) quando um amigo é abatido, como se não soubéssemos que ele devia morrer"[69]. As narrativas de milagre, lá ainda,

---

67. LODI, J. *Vita Petri Damiani*, caput I, t. 144, col. 115-118.

68. Cf. LEDWIDGE, F. "Relations de famille dans la correspondance de Gerson". *Revue Historique*, vol. 271, 1984, p. 3-23. • McGUIRE, B.P. "Jean Gerson and Traumas of Masculine Affectivity and Sexuality". In: MURRAY, J. (dir.). *Conflicted Identities and Multiple Masculinities*: Men in the Medieval West. Nova York: Garland, 1999, p. 45-72.

69. *Les miracles de Notre-dame de Rocamadour...* Op. cit., III, 24.

permitem observar a dor dos próximos, geralmente expressa de maneira exacerbada (cf. o quadro abaixo)[70].

> ### Fortes emoções!
>
> *Em 1220-1221, num contexto de guerra entre Filipe Augusto e Henrique III, Hugo de Pectonia, próximo do rei da Inglaterra, a fim de garantir a segurança de sua esposa e de seu pequeno filho, Jehan, de 3 anos de idade, enviou-os para Worcester. Passados oito dias, Jehan caiu gravemente doente. Hugo, advertido da agonia do filho, deixou seus serviços na corte do rei e, invocando São Wulfstano, juntou-se à esposa e ao filho. O hagiógrafo descreve a cena do reencontro e da dor terrível dos pais quando Jehan veio a falecer. Após esse episódio, finalmente, o pai, que apanhara o corpo de seu filho para levá-lo ao santuário de São Wulfstano, pôde ver a ressurreição de Jehan. Neste extrato, o hagiógrafo expõe os transtornos corporais e psíquicos que afetam os pais e mostra que no coração das emoções medievais, aqui no interior de uma pequena família, existe uma supervalorização da dor e do sofrimento.*

A mulher acolheu seu esposo apressadamente, e pessoalmente não sei se estava mais feliz com o retorno do esposo com saúde e salvo ou mais aflita pela morte iminente de seu filho. Assim, via-se dilacerada por sentimentos contrários (*sic contrariis affectibus distrahitur*), abatida por diversas paixões (*sic diversis passionibus affligitur*). Ela, pela abundância de lágrimas, demonstrava experimentar tanta paixão (*pati testatur*) por uma coisa quanto por outra. Com efeito, assim como em igual modo a tristeza (*tristicia*) e a alegria (*letitia*) invadiram suas paixões (*passiones*), seu coração, pelo escoamento das lágrimas, mostrava que estava oprimida tanto pela tristeza (*per tristiciam compressum*) quanto dilacerada pela felicidade (*per gaudium dilatatum*). Hugo, fazendo-se violência e querendo, por sua energia, comportar-se como homem, consolou a que estava de luto, não aceitando para si mesmo nenhuma consolação; consolou a que estava triste, ele mesmo entristecido até a morte. Ele revestiu seu rosto de bom humor (*hilaritate vultum induit*), mas, explodindo em seguida em soluços, traiu o estado de seu coração. Simulou alegria em seus abraços e em seus olhos, mas seus próprios olhos drenando lágrimas manifestavam suas dores (*dolores*) [...]. Enfim, ao aproximar-se a hora sexta, a criança suspirou pela última vez. Então Hugo abandonou-se às lágrimas e às lamentações (*lacrimae et lamenta*) e, como se nada mais pudesse fazer, se desfez novamente em

---

70. Cf. LETT, D. *L'Enfant des miracles*. Op. cit., p. 193-218. • ARCHAMBEAU, N. "Tempted to Kill: Miraculous Consolation for a Mother after the Death of her Infant Daughter". In: CARRERA, E. (dir.). *Emotions and Health, 1200-1700*. Leyde-Boston: Brill, 2013, p. 47-66.

rios de lágrimas (*rivi lacrimarum*). Tanto o pai quanto a mãe eram levados por um sentimento admirável para com este filho único, de tão bela aparência em seus traços corporais quanto em sua graciosidade de rosto. Ouvindo as lamentações inabituais (*insolita lamenta*), os vizinhos acorreram, oferecendo suas lágrimas àquele que tão prematuramente morrera. Eles participavam fortemente de seus sofrimentos e, vendo tamanho carinho, não podiam conter-se. Entretanto, eles aconselharam os pais, após enxugar-lhes as lágrimas, que pensassem numa sepultura para o filho, única coisa que restava a fazer, mas ninguém conseguia convencê-los. Ao contrário, o pai, impressionado por estes pedidos martelando seus ouvidos, quase enfurecido (*furibundus*), apoderou-se de seu filho morto e precipitou-se porta afora, suscitando nos presentes o pior dos medos; ele atraiu os olhares de todos por seu olhar inflamado, enchendo o céu com um uivo horrível (*horribilis clamor*). Ele não se comportava como um homem de passos comedidos, mas corria precipitadamente. A mulher, igualmente furibunda (*non minus furibunda*), seguia seu marido, braços erguidos, boca aberta, uivando. Correndo feito louca, ultrapassou o marido [...] e tentou arrancar o filho morto dos braços de seu pai: "Para onde te precipitas assim despido, meu esposo? Para onde levas, cruel, o filho de minhas entranhas? Vais precipitar-te no abismo com teu filho, de sorte que a Sabrina* seja o túmulo, para ti como para ele? Será que juntamente com a perda de meu filho terei que perder também meu marido?" É que ela ignorava o motivo de sua corrida, e que uma devoção inspirada por um efeito da vontade divina o impulsionava. Cada um destes pais desalmados puxava para si por ternura o corpo sem vida da criança e a manuseava com uma tenacidade inumana.

* Trata-se do Severn, rio que atravessa a Inglaterra ocidental.
Fonte: *The Vita Wulfstani of William of Malmesbury*, II, 15. Ed. de Reginald R. Darlington. Londres: Offices for the Royal Society, 1928, p. 163-167.

Quando uma pessoa agoniza, o hagiógrafo insiste na tristeza, no desgosto, no sofrimento, na aflição (*anxius, afflictus, luctus, tristis*) e na desestabilização do entorno (*esbahis, esperdus, forsenés*). Ao anúncio da morte, lamentações, gritos e choros dominam (*gemebundus, gemitus, ejulare, clamare, clamitare, ululare*), às vezes acompanhados de lágrimas (*cum lachrymis, plorare*) exprimindo a dor sentida pela perda de um ente querido, mas significando igualmente a compaixão pelos pecados que tornaram o homem mortal. É necessário distinguir a dor, emoção sentida, e o luto, expressão social da aflição por ocasião dos rituais funerários. Os homens e as mulheres da Idade Média têm consciência de que o choro é uma necessidade de todo trabalho de luto. Na obra *Le Mesnagier de Paris* (fim do século XIV), pode-se ler: "[...] quem tenta impedir a mãe de chorar seu filho morto ou impedi-la de verter todas as lágrimas de seu corpo até a última, é louco. Somente depois de tudo isso é chegada a hora de consolar e de aliviar sua pena com doces palavras"[71]. O grito, geralmente associado às lágrimas, ressoa como um dobre fúnebre à vista da criança morta: uma mãe, descobrindo seu filho afogado num poço, "aflita, atormentada (*dolens et anxia*), não sabendo o que fazer, destroçada em suas entranhas (*commota sunt* [...] *viscera eius*) pela sorte de seu filho, encheu os ouvidos de toda a vizinhança com um uivo horrível (*horribilis clamor*)"[72]. Os hagiógrafos apresentam o grito mais como uma reação feminina: à descoberta de sua filha afogada, uma mãe "põe-se a berrar como as mulheres que estão sempre prontas a gritar"[73]. Uma mulher que acaba de dar à luz ouve as vizinhas murmurarem que o recém-nascido está morto. Ela solta um grito (*claminare*) que ressoa por toda a casa. O marido penetra então no compartimento e, também ele, "esquecendo-se de que era um homem, uiva à maneira das mulheres" (*virum oblitus, foemineos inculcat ululatus*)[74]. Como o sublinha Nicole Loraux, "a mãe é aquela cuja dor, geralmente exteriorizada, sublinha o luto social"[75]. Os maridos às vezes gritam também, mas o fazem de maneira menos ruidosa. À morte de um filho de 8 anos, "o pai entrega-se aos suspiros e aos gemidos (*suspiriis et gemitui*), a mãe às lágrimas e aos prantos (*lacrymis et planctui*)"[76]. O grito paterno ocorre frequentemente numa segunda fase: Jordan, ao saber da morte da filha de 15 anos, se retira "abalado pela dor e pela fadiga" (*dolore et labore vexatus*). Depois,

---

71. *Le Mesnagier de Paris*. Tomo 1. Ed. De Georgina M. Brereton e Janet M. Ferrier. Trad. fr. de Karin Ueltschi. Paris: Librairie Générale Française, 1994, p. 327.

72. *The Vita Wulfstani of William of Malmesbury*. II, 12. Ed. de Reginald R. Darlington. Londres: Offices for the Royal Historical Society, 1928, p. 160.

73. MARCHANT, J. *Miracles de Notre-dame de Chartres*. Ed. de Pierre Kunstmann. Ottawa: Université d'Ottawa, 1973, p. 7.

74. *Rerum britannicarum...* Op. cit., t. 1, IV, 33, p. 346.

75. LORAUX, N. *Les mères en deuil*. Paris: Seuil, 1990, p. 58.

76. *Rerum britannicarum...* Op. cit., t. 1, II, 40, p. 201.

repentinamente, "saindo de seu torpor, irrompe aos gritos (*excitatus a somno cum clamore irruit*): "Será que minha filha está realmente morta?"[77] No final do século XII, um cavaleiro narra sua dor pela morte de seu pequeno filho (*parvulus*): "Não derramei nenhuma lágrima (*lacrymas non effunderim*) à maneira das mulheres (*de muliebri consuetudine*), mas definhei de dor (*dolore contabui*)"[78]. Nas fontes iconográficas, distingue-se igualmente dois tipos de manifestações de luto: os "gestos ponderados", traduzindo-se por um ar pensativo enlutado, sentado com as pernas cruzadas, a cabeça apoiada pela mão; e os "gestos exacerbados", espécie de gesticulação mortuária: cair desfalecido, abraçar o corpo, arrancar-se os cabelos ou contorcer-se as mãos[79]. É necessário fazer, pois, a diferença entre a realidade da emoção e suas atribuições. Assim, nos estatutos comunais da Itália do século XIII, se são majoritariamente as mulheres que são ameaçadas de uma condenação pelas manifestações de luto julgadas intempestivas, a grande maioria das sentenças contra esses ruidosos funerais concerne aos grupos de homens (às vezes mais de uma centena), pertencendo o mais frequentemente à elite[80]. O poder da dor seria capaz de ameaçar a paz comunal? Seja como for, essa emoção é onipresente na cultura comunal italiana. Podemos vê-la presente nas fontes literárias (na *Vita nuova* de Dante), nas fontes epistolares (na correspondência de Petrarca), nos tratados de retórica (na *Rhetorica antiqua* de Boncompagno da Signa, redigida por volta de 1230, ou nos tratados de Albertino de Brescia, escritos em meados do século), ou na pregação. O estudo dos sermões do pregador dominicano de Florença Frei Remígio de Girolami († 1319) mostra a riqueza do léxico das formas de aflição (*maerere, gemere, flere, plorare, plangere* e *lugere*), cada verbo reenviando a uma

---

77. Ibid., t. 1, II, 35, p. 191; t. 2, IV, 65, p. 235.

78. Ibid., t. 1, VI, 89, p. 483.

79. ALEXANDRE-BIDON, D. "Gestes et expressions du deuil". In: ALEXANDRE-BIDON, D. & TREFFORT, C. (dir.). *À réveiller les morts* – La mort au quotidien dans l'Occident medieval. Lyon: Presses Universitaires de Lyon, 1993, p. 121-133. A autora não percebe diferenças sensíveis entre as reações masculinas e femininas (p. 133).

80. LANSING, C. *Passion and Order*: Restraint of Grief in the Medieval italian Communes. Ithaca/Londres: Cornell University Press, 2008.

maneira específica de exprimir a dor: pelo rosto, voz, choros, gritos, gestos ou silêncio[81]. Todos estes escritos exerceram uma influência sobre os legisladores comunais. Ora, estas obras insistem na necessidade para o homem nobre de saber controlar suas emoções (cólera, violência, aflição etc.) a fim de preservar a paz comunal. Somente as mulheres, que não são cidadãs "por natureza", são incapazes de controlar suas emoções: as paixões excessivas e a concupiscência são femininas, ao passo que a racionalidade é masculina.

No final da Idade Média, a Igreja tentou cristianizar os rituais das lamentações controlando sempre mais estreitamente os velórios. Os estatutos sinodais do século XIII exigem mais compostura nas manifestações de luto. Nos de Bordeaux, podemos ler:

> Prescrevemos aos sacerdotes que, durante os ofícios dos mortos, proíbam que os leigos se cortem o rosto ou se arranquem os cabelos ou gritem de tal maneira que atrapalhem a oração durante o ofício divino e que, se isto ocorrer, os padres e clérigos cessem de salmodiar o ofício até que a calma seja restabelecida[82].

Num sermão intitulado *Aos que se desolam pela morte de seus próximos*, Jacques de Vitry, por sua vez, deplora que "alguns, por ocasião da morte de seus amigos, se arranquem os cabelos, se cortem o rosto e rasguem suas roupas". Ele também lembra dois versículos do Levítico: "Não façais incisões sobre vossos corpos por causa dos mortos" (19,28) e "Não rasgais vossas roupas" (10,6). A partir da primeira metade do século XIII, a exibição de emoções intensas (desespero, dor, raiva) começa a ser considerada perturbadora. Assim, os estatutos comunais italianos proíbem de fazer o *corrotto* por ocasião dos funerais, isto é, um ritual contável orquestrado por uma mulher denominada *computatrix* (literalmente, "mulher que conta"), sem dúvida uma profissional, contratada para entoar os cantos fúnebres. Espiões são enviados pelas autori-

---

81. Ibid., p. 56-57.
82. Synodal de Bordeux (1234), canon 80. Editado em *Les statuts synodaux français du XIIIe siècle* – T. 2: Les statuts de 1230 à 1260. Publicado e trad. por Odette Pontal. Paris: CTHS, 1983, p. 78.

dades comunais para localizar e denunciar as manifestações de luto. Estas proibições devem ser relacionadas com o novo acento posto na emoção interior. Segundo os teólogos, o Sacramento da Penitência (sobretudo, após o quarto Concílio de Latrão, em 1215), necessita da tristeza do pecado: os cristãos devem chorar seus pecados assim como o fazem com os mortos. Os sermões os convidam a guardar sua aflição por compaixão à morte de Cristo.

A família do final da Idade Média, portanto, é uma comunidade cheia de ricas emoções. Aí as pessoas ficam tristes, enraivecidas, com medo, manifestam desgosto ou surpresa. Essas manifestações variam em função do contexto documentário e relacional, do lugar ocupado por cada um ou cada uma no sistema de parentesco, idade ou gênero. O estudo das emoções familiares confirma os aportes do *"emotional turn"* [regime emocional] e desmente o modelo fundado numa concepção das emoções nascido sem o controle da razão. O "regime emocional" próprio às famílias medievais não tem nada de "pueril" nem de "violento". Ao contrário, é regrado e regulado por uma gramática muito específica que, apoiando-se em modelos bíblicos, é aprendido desde a mais tenra idade no seio do grupo doméstico. Ele permite que cada um de seus membros experimente a vergonha, aprenda a defender a honra parental, exprima o amor e a raiva, e grite a dor quando a morte, tão presente, vem ceifar um próximo.

10
AS EMOÇÕES POLÍTICAS NAS CORTES PRINCIPESCAS DOS SÉCULOS XIV-XV

Laurent Smagghe

Governar à época medieval é, em primeiro lugar, destacar-se nas práticas de uma comunicação simbólica fundada numa gramática de sinais, de gestos e comportamentos esperados que permitam a quem está no topo do Estado reivindicar a legitimidade de seu poder. No centro desta retórica particular está a emoção. Ela se manifesta largamente no espaço público a fim de dar um "suplemento de alma" ao discurso articulado, ou para substituí-lo quando as palavras são impotentes[1].

Enquanto objeto de publicidade, é em primeiro lugar o corpo do príncipe, simultaneamente físico e político, que deve exibir disposições físicas e emocionais particulares que testemunhem sua aptidão para governar. Equilibrado em suas proposições, robusto e vigoroso, ele se mune de uma compleição particular denominada "quente e sanguínea" fazendo do rosto e do coração lugares privilegiados de manifestação das emoções. Veículo de um discurso político, ele pode ser usado no exercício da justiça para dizer ora uma coisa

---

1. Sobre a função da emoção na prática do poder, cf. ALTHOFF, G. *Spielregeln der Politik im Mittelalter* – Kommunikation in Frieden und Fehde. Darmstadt: Primus, 1997.

ora outra, segundo uma economia da ira que deve menos à pulsão do que a um verdadeiro protocolo. No sofrimento como no furor, a emoção reforça a eficácia do poder, em particular por um uso retórico das lágrimas. Nos últimos dois séculos da Idade Média, os princípios deste discurso da emoção são largamente interiorizados pelos príncipes, a começar, obviamente, pelo rei da França. Entretanto, em muitos aspectos relativos tanto à abundância das fontes disponíveis e à ardente necessidade de reafirmar sem cessar os fundamentos ideológicos de um poder ameaçado quanto a uma história atormentada, a corte dos duques de Borgonha oferecia a vantagem da exemplaridade neste domínio. Ela nos servirá aqui de laboratório de observação, enquanto inspiradora de seus rivais europeus e enquanto projeta as bases de um Estado "habsburguense" que a herda.

Mesmo que Johan Huizinga considere em seu tempo os Países Baixos borgonheses como o crisol de uma emotividade vibrante, a escolha deste espaço impôs-se aqui em favor de características mais pragmáticas[2]. Nesses dois últimos séculos da Idade Média, séculos atormentados, os duques de Borgonha trabalharam para a consolidação de seu Estado (os Países Baixos borgonheses). Este plano foi frequentemente posto em risco pela violência dos particularismos de cidades flamengas invejosas de seus privilégios e importantes por sua superioridade econômica, mas igualmente pelo poder crescente da dinastia francesa da qual esses príncipes eram oriundos. Esta dupla tensão tornou necessária uma afirmação reiterada de sua autoridade sobre o plano material, mas igualmente simbólico, e nesta segunda dimensão a emoção foi frequentemente solicitada para afirmar e colocar em cena o poder. Além disso, os príncipes borgonheses eram forjados na cultura cavalheiresca e hauriam em parte seus modelos numa matéria épica fundada nos valores como a proeza heroica, a honra ou a amizade pelo companheiro de armas, valores que se manifestam geralmente com ostentação. É assim que amor, cólera, risos e lágrimas se tornaram, talvez na corte de Borgonha mais do que alhures, objeto de um dis-

---

2. A obra surgiu em 1919. Cf. HUIZINGA, J. *L'Automne du Moyen Âge*. Paris: Payot, 1995.

curso político elaborado para e pelo príncipe, limitado pelas recomendações dos moralistas políticos e embelezado pelos cronistas que viviam de subsídios principescos.

O corpo de emoção do príncipe[3]

Uma predisposição física para governar

Logo que ele surge, o príncipe gera em círculos concêntricos ao redor de sua pessoa tanto o amor fulminado como o receio de seu povo. Nesta dualidade reside a eficácia e a perenidade de seu poder. Para tanto, ser-lhe-á necessário suscitar ao primeiro olhar uma impressão de vigor corporal. Se sua força é consubstancial à sua beleza, ela testemunha, sobretudo, sua capacidade de castigar eventualmente, deixando falar a cólera. Esta qualidade, além disso, é radicalmente enraizada no gênero: quando por acaso elas acedem às responsabilidades, as damas são convidadas pela moralista Christine de Pisan a "forçar sua natureza" para assumir provisoriamente um coração de homem[4]. Esta virilidade emprestada faz da princesa uma mulher aumentada, mas ela é reversível por não atrair suspeição[5].

Nos retratos condescendentes e estereotipados, os cronistas curiais mostram a alta estatura de seu senhor, sua ampla cavidade torácica, na qual palpita um coração mutável e frequentemente convocado quando se trata de dizer a emoção, de mostrar suas boas dimensões e seus membros robustos. O Duque Charles o Temerário é assim descrito como um homem de tronco desenvolvido com braços de uma força fora do comum, bem plantado sobre suas pernas de coxas musculosas, no entanto mais magro do que gordo e, em consequência,

---

3. Cf. SMAGGHE, L. *Les émotions du Prince* – Émotions et discours politique dans l'espace bourguignon. Paris: Classiques Garnier, 2012.

4. PISAN, C. *Le livre des trois vertus.* Ed. de Charity Cannon Willard e Éric Hicks. Paris: Champion, 1989. É o conselho que deu São Bernardo à rainha de Jerusalém Mélisende (cf. DUBY, G. *Dames du XIIᵉ siècle.* Tomo 3. Paris: Gallimard, 1995-1996, p. 95).

5. Cf. BUBENICEK, M. *Quand les femmes gouvernent* – Droit et politique au XIVᵉ siècle: Yolande de Flandre. Paris, École des Chartes, 2002.

"alegre e ligeiro"[6]. Seus lábios são grossos e bem vermelhos, e nisso se assemelha a seu pai, Filipe o Bom, de "veias grossas e cheias de sangue"[7]. Mas, por sua infelicidade, Charles é igualmente obstinado, ciumento de seus interesses, que defende com energia, fervilhando de impaciência, muitas vezes grosseiro em relação a quem lhe faz obstáculo. A luta que nele se libera entre sua fogosa natureza e a temperança exigida por seu governo não agrada a Georges Chastellain[8], que sempre vê triunfar sua fogosa natureza. Excessivo calor e ruptura da economia interior das pulsões parecem assim elucidar o destino trágico de "Charles o Audacioso", morto em circunstâncias difamantes no campo de batalha em 1477.

Uma compleição quente e sanguínea

A teoria humoral estabelece que a compleição de um indivíduo resulta da mistura de quatro fluidos fundamentais: o sangue, a bílis amarela, a bílis preta e a fleuma. O comportamento tido por sanguíneo e colérico resultaria assim de uma ação conjugada entre o sangue e a bílis amarela (ou *cole*), humores reputados quentes, que induzem a propensão a uma emotividade adaptada ao exercício da autoridade. O sangue em leve excesso garante a coragem e a força física e moral, bem como a capacidade de usar a cólera. Apanágio do bom príncipe, o calor do corpo é nele visualizado por uma pilosidade generosa: o Duque Charles, "príncipe de belicoso sangue", é dotado de um tosão espesso[9], ao passo que seu avô, o Duque Jean Sem Medo, era castanho e bem barbudo, e seu pai, Filipe, tinha grossas sobrancelhas, que se empinavam quando se encolerizava[10]. Esta vantagem capilar vem redobrar uma discriminação sexual. De compleição fria e úmida, as mulheres são efetivamente prisioneiras de uma

---

6. CHASTELLAIN, G. *Oeuvres*. Ed. de Kervyn de Lettenhove. Tomo 7. Bruxelas: Heussner, 1863-1866, p. 228-229.

7. Ibid., p. 219.

8. Ibid., p. 230.

9. Ibid., p. 228-229.

10. Ibid., p. 219.

representação pejorativa de frouxidão e fraqueza, bem como de um domínio deficiente de suas paixões que as predispõe à esfera doméstica.

O sangue e o fogo do corpo fazem uma dobradinha por ocasião de episódios emocionais, afluindo de baixo para cima e colorindo o rosto quando, por exemplo, alguém extrapola. Sua semelhança somada à violência de comportamentos (sangue e fogo jorram, inundam, queimam, destroem) pode levar a atos desproporcionados resultantes de um transtorno humoral. A compleição sanguínea de Charles lhe impedia assim o consumo de vinho, bebida estimulante que corria o risco de exacerbar as características de sua inclinação natural, a qual, por sua vez, o estimulava a condenáveis excessos. Nos últimos 3 anos de sua vida, sua compleição desliza "do quente para o frio", e naufraga assim no humor melancólico, tomando péssimas decisões, ignorando os conselhos, persistindo numa cega exaltação que lhe fizeram multiplicar os fracassos militares, até o drama derradeiro[11]. O corpo de emoção, portanto, é uma questão de equilíbrio, e suas agradáveis proporções manifestam uma distribuição e uma circulação harmoniosa dos humores, ou seja, um corpo sadio e uma temperança emocional.

O rosto e o coração, "lugares" da emoção

Eis a razão pela qual a face, sobre a qual se imprime o estado emocional, deve ser objeto de vigilância a mais estrita, segundo os *Mirroirs* [Espelhos] do príncipe. Na literatura romanesca e cavalheiresca em voga na corte de Borgonha, o rosto é idealmente de uma carnação levemente colorida, pois o sangue aí aflora. Quando marcado por uma emoção violenta, ele se congestiona ou se descolore, se crispa ou se transforma numa máscara assustadora, ao passo

---

11. Cf. o julgamento bastante severo do memorialista Philippe de Commynes em suas *Mémoires* (Ed. de Joël Blanchard. Paris: Librairie Générale Française, 2001, p. 350-351) e o de Jean Molinet em suas *Chroniques* (Ed. de Georges Doutrepont e Omer Jodogne. Tomo 1. Bruxelas: Palais des Académies, 1935, p. 51 e 139). Para uma análise dessa fonte, cf. DEVAUX, J. "La fin du Téméraire... ou la mémoire d'un prince ternie par l'un des siens". *Le Moyen Âge*, vol. 95, 1989, p. 105-128.

que os olhos, "janelas da alma", se iluminam até abrasar-se numa expressividade impressionante. Esta excessiva plasticidade da fisionomia é proibida aos príncipes, pois seus incensadores não ignoram o perigo de perdição pelo olhar. Da mesma forma eles preferem exaltar sua capacidade de dissimular e fingir o estado de sua alma por expressões como "falso rosto", "duplo rosto", "bom aspecto". Em contrapartida, eles lançam mão de perífrases para ocultar os efeitos demasiadamente visíveis dos afetos sobre sua face[12]. Assim, Filipe o Bom tinha o olhar vivo e móvel; habitualmente sociável, às vezes podia fazer-se severo, mas percebia-se que o quente e o frio nele coabitavam harmonicamente. Convinha, porém, não ser "observado obliquamente" por ele. Seu filho Charles fez essa experiência, provocando nele uma cólera memorável, a ponto de o duque olhar para ele "com tamanha crueza que se podia imaginá-lo habitado por pulsões criminosas para com o próprio filho"[13].

Soberano de todo o corpo, interface entre o mundo exterior e a vida da alma que em parte revela, distribuindo aos membros o sangue e o calor, o coração é o lugar onde a emoção se inicia e permite aceder ao íntimo, à verdade psicológica. Quando o príncipe tem legítimos motivos de satisfação, por exemplo, ao assinar uma aliança, seu coração se faz leve (le "coeur luy esleva au ventre"[14], mas, em caso contrário, é o sobreaquecimento (seus negócios "luy cuysoient en coeur)"[15], e inclusive a ameaça de explosão sob o afluxo brutal do sangue (ele "s'en tint três-enflé en coeur et en maltalent"[16] ou "Il monstrat bien par semblant que le coeur lui enfloit de despit"[17], i. é, de humilhação e de vergonha). Um revés militar é recebido "duramente em seu coração", e o

---

12. "Il sembloit bien à son visaiage qu'il en fust estonné et esbaÿ" (CHASTELLAIN, G. *Oeuvres*. Op. cit., t. 7, p. 272).

13. Ibid., p. 219 (citação livremente traduzida do francês antigo).

14. Le livre des trahisons de France envers la maison de Bourgogne. In: LETTENHOVE, K. (ed.). *Chroniques relatives à l'histoire de la Belgique sous la domination des ducs de Bourgogne*. Tomo 2. Bruxelas: Hayez, 1873, p. 62.

15. CHASTELLAIN, G. *Oeuvres*. Op. cit., t. 2, p. 132.

16. Ibid., t. 4, p. 484. *"Maltalent"*: irritação, cólera, ressentimento.

17. Ibid., p. 123.

ressentimento ali imprime sua marca como uma ferida (lui "crevoit le coeur d'ennuy et de deliu)"[18], justificando suas investidas de fato.

A economia da cólera

A outra vertente do amor

Como Deus no Antigo Testamento, o príncipe pode exercer sua cólera, em caso de necessidade, e desta forma lembrar que o bom governo repousa sobre o exercício da justiça[19]. Esta cólera pode ser manifestada no espaço público por demonstrações de força proporcionadas. A violência vinda do alto, no entanto, jamais deve espalhar o ódio e a crueldade, e para tanto é necessário seguir as advertências dos moralistas políticos contra a deriva tirânica do poder. Esta violência não pode igualmente entrar em contradição com o amor e a benevolência do príncipe para com o seu povo, que espera dele ações concretas[20]. Este vínculo contratual é ambivalente, por isso urge ter jogo de cintura. Este talvez encontre seu sentido no termo francês antigo *"crémeur"*, que podemos traduzir por "temor".

Portanto, é exatamente o interesse que preside o amor do príncipe, e não uma predisposição natural da qual seria dotado, como as fontes bajuladoras gostam de repeti-lo. Ele adora seus súbitos e os apresenta como seus, garantindo-lhes a paz e uma justa tributação. Em contrapartida, estes lhe reiteram fidelidade e confiança, organizando na maior pompa suas entradas urbanas, e sob sua demanda eles podem ajudá-lo materialmente em seus empreendimentos. Seu compromisso com o bem público, frequentemente lembrado, é a fonte de sua magnanimidade e de sua capacidade de perdoar, legível em palavras como "clemência", "benignidade", "piedade" ou "misericórdia". Se ele não manifesta

---

18. Ibid., t. 2, p. 105-108. Em francês antigo, os termos *"ennuy"* [aborrecimento] e *"deuil"* [luto] têm um sentido mais forte do que sua acepção moderna. Eles traduzem respectivamente um desconforto, uma dor, psicológica para o primeiro e física para o segundo.

19. Sua complexão o predispõe a agir assim, como o vimos anteriormente.

20. Outorgando privilégios às cidades, p. ex.

mais este interesse por ações concretas, é legítimo rebelar-se contra sua autoridade, como o faríamos contra um tirano. Cuide-se, porém, de não dispensar sua clemência inconsideradamente sem a arbitragem de sua razão, para não ser acusado de frouxo[21]. Entre amor e temor, o bom príncipe deve abrir para si um caminho. É o que afirma Charles Soillot, que fez para Charles o Temerário uma tradução do tratado sobre a tirania de Xenofonte:

> Se o amor não vem temperar o temor, este se transforma em ódio, e deste ódio nasce a desordem, o complô mortal e outros perigos ainda[22].

O justo irritado

O amor do príncipe por seu povo, portanto, vem transcender sua força, mas o amor e a força não podem ser dissociados. Postos estes preâmbulos, uma justa cólera pode ser içada ao nível das virtudes do bom governante[23]. Mas urge ainda definir precisamente os limites dessa ira. Tais limites devem encontrar sua origem em desencadeadores aceitáveis, dentre os quais figuram os insultos feitos à autoridade e à honra do governante, bem como, por exemplo, as sublevações urbanas que ameaçam acima de tudo a integridade do Estado. Entretanto, mesmo neste caso, o príncipe é "lento em enfurecer-se"; ele sabe não ceder à urgência de sua pulsão primeira, dar à parte adversa tempo de retratar-se, aconselhar-se para estar seguro das justas represálias ou acalmar-se um pouco e, sobretudo, ameaçar. Esta ameaça é essencial no protocolo da cólera e frequentemente se resume em algumas palavras de intimidação cuja força

---

21. "[...] perdoar a todos é tão cruel quanto não perdoar a ninguém" (SÉNÈQUE. *De la clémence*, I, 3, 3; 5, 6; 7, 4; 12, 24, 1).

22. SOILLOT, C. La moelle des affections des hommes. In: STERCHI, B. *Über den Umgang mit Lob und Tadel* – Normative Adelsliteratur und politische Kommunikation im burgunddischen Hofadel 1430-1506. Tornhout: Brepols, 2005, p. 590-591.

23. Sobre o uso da cólera do governante, cf. ALTHOFF, G. "*Ira Regis*: Prolegomena to a History of Royal Anger". In: ROSENWEIN, B.H. (dir.). *Anger's Past*: The Social Uses of an Emotion in the Middle Ages. Ithaca/Londres: Cornell University Press, 1998, p. 59-74.

performativa é atestada: "sob pena de atrair sua indignação"[24]. Apelando para a majestade terrível do príncipe, a ameaça lhe fornece, ao menos por um tempo, a possibilidade de evitar a passagem ao ato desproporcional. Mais pragmaticamente: há muito a perder em danos materiais impostos a uma cidade da qual o príncipe tira uma parte substancial de seus rendimentos.

Se, não obstante tudo, a justiça deve ser relevada, ela não deve significar um esquecimento de si mesmo e das regras do bom governante. O contraexemplo a este respeito nos é fornecido, uma vez mais, pelo Duque Charles. Logo que este faz sua entrada na cidade de Gand, em 1467, a fim de ser ali investido como conde de Flandres, uma revolta oportunista foi deflagrada por motivos essencialmente fiscais. Esquecido dos conselhos de moderação prodigados por seu círculo, ferido em seu orgulho, cedendo à sua fogosidade natural, eis que ele abre caminho no meio da multidão apinhada na praça do mercado e, usando "palavras calorosas e amargas", bate com um bastão num dos revoltosos que não deixa por menos e se precipita sobre ele, interpelando-o com violência e irreverência. Esta cena deixou seu círculo estarrecido, consciente de que, desta forma, seu fogoso soberano havia "transposto o Rubicão"[25].

Se os cronistas mostram algum embaraço ao descrever pormenorizadamente a ira principesca e os estragos que esta pode causar, eles se alongam mais complacentemente na descrição de cerimônias de perdão que marcam o desfecho de um episódio emocional. No dia 31 de julho de 1453, o Duque Filipe recebeu o pedido de desculpas dos burgueses de Gand, que a pé se dirigiam até ele, cabeças descobertas e em mangas de camisa. Ajoelhando-se, exprimiam seu arrependimento em lágrimas diante do inimigo ducal reunido, ao passo que a chuva diluviana que se abatia sobre a multidão redobrava o patético da situação e a circulação das lágrimas[26].

---

24. SMAGGHE, L. "Sur paine d'encourir nostre indignacion: rhétorique du courroux princier dans les Pays-Bas bourguignons à la fin du Moyen Âge". In: BOQUET, D. & NAGY, P. (dirs.). *Politiques des emotions au Moyen Âge*. Florence: Sismel/Galluzzo, 2010, p. 75-91.

25. Para todas as passagens, cf. CHASTELLAIN, G. *Oeuvres*. Op. cit., t. 5, p. 263-268.

26. Ibid., t. 2, p. 389.

As damas, para apaziguar a cólera dos homens

Tão logo a cólera viril se aproxime ou se desencadeie, é frequente que a função mediadora ou moderadora das mulheres do alto escalão seja convocada. Estas permitem em primeiro lugar que o príncipe "mantenha a imagem", fazendo-se o vetor de seu estado emocional diante da parte adversa, por exemplo, nas embaixadas que elas conduzem. Paralelamente, elas se esforçam para moderar o ardor deste, sempre pronto a castigar. Esta dupla função é inerente à natureza do príncipe, como o indica Christine de Pisan:

> Por natureza os homens são mais corajosos e mais quentes, e o ardente desejo de vingança que os anima os torna cegos aos perigos e às funestas consequências que podem advir. As mulheres, mais temerosas e mais doces, podem, quando sábias, ser o melhor meio de pacificar qualquer homem[27].

A Duquesa Isabel de Portugal, esposa de Filipe o Bom, constitui sem sombra de dúvida o arquétipo da dama da paz, verdadeira Rainha Ester da esfera borgonhesa. Garantindo várias vezes a "interinidade" de seu esposo quando este estava em expedição militar, conciliando as partes opostas entre os turbulentos flamengos, ela é, além disso, um traço de união entre o duque e seu filho, que a similitude de seu temperamento fogoso opõe muito frequentemente. Mas é à esposa de Charles que cabe colocar um termo a uma querela antiga entre os dois homens, querela que cindia a corte em duas facções rivais e colocava em perigo o Estado inteiro. Uma cena violenta os levanta um contra o outro em janeiro de 1457, a ponto que o pai, enfurecido, parecia estimulado por intenções criminosas contra seu próprio filho. Após um crescimento vertiginoso da cólera cuidadosamente descrito pelo cronista Chastellain, a jovem condessa entra em cena, exprimindo por uma angústia expressionista a aflição geral da corte numa torrente de lágrimas, esforçando-se para corrigir a ordem social ameaçada pela brusca partida de Filipe. Sem dúvida alguma ela tem o poder, já que carrega no ventre seu herdeiro, e seu igual amor em relação aos

---

27. PISAN, C. *Le livre des trois vertus*. Op. cit., p. 32-35.

dois homens é lembrado com insistência pelo narrador. Sua dor era tão profunda que colocava em risco sua gravidez, situação insuportável para seu sogro. Ei-lo, pois, derramando lágrimas "bem grossas" e aceitando uma reconciliação de fachada com seu filho. Lembramos aqui, evidentemente, a semelhança com a célebre cena dos burgueses de Calais relatada por Froissart, na qual a Rainha Filipa da Inglaterra, igualmente grávida, estava coberta de razão sobre a cólera desmedida de seu esposo.

O príncipe aflito

As grandes dores seriam mudas?

Se as lágrimas não deixam de comparecer nas fontes medievais, elas, no entanto, apresentam o problema da contradição entre a expressividade que levantam e a obrigação de majestade pesando sobre o governante, que deve mostrar publicamente um domínio excepcional de seus estados de alma. Nas fontes, também os duques de Borgonha choram muito pouco e, quando o fazem, grande cuidado é dispensado para justificar longamente os motivos. Estes fazem parte, para o essencial, de um impedimento de ordem política ou militar, como o fracasso ou a impossibilidade de combater, a ruptura de uma aliança, a traição ou a morte de um combatente de alto nível. O arquétipo do cavaleiro borgonhês é sem sombra de dúvida Jacques de Lalaing, ao qual Chastellain consagra um volume inteiro de sua crônica, e que sucumbe em 1453, numa praça repleta de flamengos rebeldes à autoridade de seu amo, o Duque Filipe. Este último, arrebatado pela dor, não tem nem gesto nem palavra para expressar sua profunda aflição. Como testemunha disso, porém, choros alimentados e "copiosos" rolam abundantemente sobre seu rosto. Essa morte não é de pouca monta, já que priva o duque do mais valoroso de seus chefes do exército. A dor tornada pública do amo emana em círculos concêntricos sobre seu inimigo estranhamente silencioso, reunido ao redor dele. E é igualmente a "amizade" de seu companheiro de armas que mergulha Filipe na tristeza, como um Aquiles chorando seu Pátroclo[28]. Mas um mundo o separa do Carlos Magno da *Canção por Rolando*, chorando de maneira diferentemente demonstrativa sobre o cadáver de seu neto em Roncevaux[29].

As lágrimas de Filipe são fecundas, e sua força não consiste num abandono à lamentação estéril; elas, contrariamente, anunciam uma vingança iminente, permitindo protelá-la, mas mensurando-a. Exprimindo de maneira exclusiva a tristeza, elas evitam as derrapagens verbais e a gesticulação, não excluindo, entretanto, as represálias. Elas, além disso, reconciliam as duas acepções lexicais do termo ambíguo *"courroux"* [raiva], exprimindo segundo o caso a ira do príncipe (*courroux*-cólera) ou sua aflição (*courroux*-tristeza). Eis, incontestavelmente, as "boas lágrimas", postas a serviço do bom governante.

As lágrimas, um instrumento da retórica principesca

O ato de chorar, portanto, é um ato político. Trata-se, para o príncipe, de circunscrever à sua volta um espaço de aflição e de adesão que lhe permite atualizar o laço contratual que o vincula ao seu povo. Esta função retórica do choro e a progressiva conscientização de um "compartilhamento social da emoção"[30] permitem empregá-la como um instrumento de convicção. Em 1463, o futuro Duque Carlos desafia a autoridade de seu pai, mas acaba sendo privado de qualquer subsídio. Pleiteando sua causa diante dos Estados de Flandres a fim de obter um apoio financeiro, ele suscita a compaixão de seu auditório, segundo seu cronista[31]. Os notáveis reunidos manifestaram sua empatia com clamor e lágrimas versadas, dando assim continuidade ao mesmo movimento de seu pragmático pedido. É que o jovem conde soube suscitar as próprias lágrimas

---

28. Para essa passagem, cf. CHASTELLAIN, G. *Oeuvres*. Op. cit., p. 255.

29. As lágrimas de Carlos Magno eram destinadas a diferenciá-lo de Ganelon, ser "sem coração", cujos olhos nunca lacrimejavam.

30. RIMÉ, B. *Le partage social des émotions*. Paris: PUF, 2005.

31. Para o que segue, cf. CHASTELLAIN, G. *Oeuvres*. Op. cit., t. 4, p. 333-336. As citações foram traduzidas livremente.

para reforçar seu verbo. Ele se dizia vítima de uma injustiça cuja culpa não recaía sobre seu pai, mas sobre seus maus conselheiros. Humilde e sóbrio, e mantendo sempre os que lhe eram fiéis na mira de sua afeição, ele lamenta não mais poder obrar para o bem comum, já que lhe foram tolhidos os meios. Um longo preâmbulo deságua no modo patético do amor do governante para com seu povo e valida sua impotência, e é somente no final deste que seu pedido é formulado. Eis a reação do público:

> Então um clamor em gritos e lágrimas se eleva. E gritavam: "Todos nós aqui presentes, Monsenhor, estamos dispostos a morrer convosco. Ser-vos-emos fiéis e servi-lo-emos assiduamente, na riqueza e na pobreza [...]. Compartilhar de vosso sofrimento não é um fardo, é uma alegria".

Exibindo sua dor de maneira ostensiva, o príncipe-mendicante suscitou em seu entorno uma onda de empatia. Tendo conseguido alcançar o objetivo pelo qual se entregou a essa pantomima, conseguiu selar o pacto derramando suas lágrimas também:

> Meus filhos, obrigado por vossa manifestação de amor; Deus é testemunha: se Ele me der vida e fortuna, retribuir-vos-ei. Portanto, vivei e sofrei, e quanto a mim, sofrerei por vós.

Esta comunicação lacrimal demonstra pouco engajamento do príncipe, maior beneficiário desta sequência emocional.

Confirmar ou restaurar a ordem social

Nos exemplos precedentes, as lágrimas permitem confederar ao redor do corpo físico e político do príncipe os súditos. Agindo como um lubrificante social, o choro vem validar ou reforçar uma ordem necessária e percebida como temporariamente ameaçada. Por ocasião da morte do príncipe João sem Medo, assassinado pelo clã dos Armagnacs, torrentes de lágrimas se abateram sobre a corte do defunto. Ali o luto se manifesta por choros sonoros e mãos que se torcem, e por "corações que se fundem em lágrimas"[32]. Esta dor ostensiva e barulhenta exibe metaforicamente o caos deste tempo de crise, enquanto que o elemento líquido que envolve o sucessor lhe outorga a unção da legitimidade. Mais do que nunca a perenidade do poder é necessária à cristalização das forças ao seu redor, visando a organizar sua réplica. Mas esta exerce igualmente uma força de divisão.

Uma exaltação violenta toma conta de seu corpo inteiro, e depois o paralisa por longos minutos, para o estupor da plateia. Seus olhos se perturbam, seus lábios se escurecem, sua boca se crispa num riso convulsivo: "Tudo o que lhe restava de vida parecia refluir na direção de seu coração, e este se inflava de tal forma que foi necessário libertá-lo de suas vestes e abrir-lhe a boca à força"[33]. Por mais espetacular que possa parecer, esta cena garante a autenticidade do amor do pai para com seu filho, este último unindo-se ao espólio de seu pai, oferecendo ele mesmo o espetáculo de um jacente, postura da qual ele "ressuscita" rapidamente para ornar as necessidades da ação. Sua imobilidade o preserva da gesticulação, sempre percebida como transgressiva, pois incompatível com a conveniência exigida. Suas paixões permanecem contidas, e somente a alteração visível de seu corpo testemunha sua violência e a força daquele que poderá finalmente triunfar. Sua fisionomia assustadora sugere uma dor tão violenta que as lágrimas elas mesmas não conseguem expressá-la. Estas são, portanto, com os gritos, monopólio da corte, sobre a qual não pesa a obrigação de temperança, e que pode por esta música fúnebre estabelecer um contato lacrimoso com seu príncipe e demarcar o espaço do luto.

O corpo proteiforme do príncipe, material, político e simbólico, portanto, é o lugar de um discurso da emoção socialmente construída que permite a atualização de seu poder. Ele é ao mesmo tempo a origem das manifestações afetivas, o meio de sua expressividade, mas igualmente a fonte de possíveis

---

32. Aqui estão os motivos clássicos da deploração.

33. Para o conjunto das passagens, cf. CHASTELLAIN, G. *Oeuvres*. Op. cit., t. 1, p. 48-49. A citação foi traduzida livremente.

transgressões contra as quais os discursos normativos advertem, e que as fontes laudativas não medem esforços para ocultá-las. Pois, "quanto mais dono de si" for o governante, mais fora do comum é seu potencial emocional, usado para seduzir, convencer, tranquilizar ou, ao contrário, para ameaçar, reprimir e, em última análise, castigar para melhor perdoar. Pois, reinar é sofrer proporcionalmente ao fardo do cargo ocupado: o príncipe sofre à sua maneira, pública e significativamente. Em todos os episódios emocionais relatados pelas fontes, mas igualmente pelos silêncios ou elipses dos autores às vezes embaraçados quando as pulsões retornam, temos o sentimento que o príncipe age como um atleta emocional, preparando por esta gramática particular e integradora um espaço do qual é o centro e sobre o qual pode assentar sua autoridade.

IDADE MODERNA

O "homem honesto", e até mesmo o "cortesão", inovadoramente definido pelos incontáveis tratados sobre a etiqueta e a civilidade do século XVI, seria um homem "controlado" antes de ser impetuoso, símbolo maior de um regime emotivo. *O livro do cortesão*, de Baldassare Castiglione, datado de 1528, é um dos primeiros a inverter os valores medievais, a metamorfosear o modelo do cavaleiro para fazer da *boa graça* uma figura inédita, impondo ao físico e ao moral a fineza e a leveza.

Não que esta mudança seja massiva. Ela pode inclusive ser incompreendida, rejeitada. Alguns velhos figurões do século XVI a vinculam a um incoercível enfraquecimento, a um excesso de sensibilidade. A emoção, mais difusa, mais presente, não passaria de absurda debilidade: retrocesso da coragem, aumento da vulnerabilidade. O Duque de Royan, em sua obra *O perfeito capitão*, de 1588, vê nisso uma perda de força e de vitalidade: "Hoje somos tão delicados que mal brandimos nossas armas"[1]. Thomas Artus, contemporâneo de Henrique III, enfatiza o quadro, demorando-se nos milhares de detalhes que segundo ele confirmam uma perda de determinação e de firmeza: "suaves odores" para perfumar os lugares, "cores vivas" para "clarear a tez", "douramentos" enfim para transformar as espadas em objetos de decoração mais do que em objetos de combate[2].

De fato, um debate existe, tanto que os partidários da nova coerção, tornada autocoerção, não pretendem absolutamente comprometer seu domínio ou seu sangue-frio. Aos seus olhos, nenhuma "perda": é o regime emotivo que contrariamente é transformado. O desenvolvimento da cortesania, suas etiquetas, sua arte do "encanto", não mais unicamente o modelo das armas, mas do "bom gosto", a centralização do Estado, a difusão do urbano, inclusive o crescimento da técnica, de fato, tudo mudaram. O afeto ter-se-ia imposto. O que permite a Pierre de Avity pretender, em 1614, num impulso de egoísmo nacional, que "os estrangeiros viessem [fossem] para a França para aprender

---

1. ROYAN, H. *Le parfait capitaine*. Paris: [s.e.], 1588, p. 208.
2. ARTUS, T. *Description de l'isle des hermaphrodites (XVIᵉ siècle)*. Cologne: Demen, 1724.

toda sorte de gentilezas"[3]. A violência por si mesma já não é mais a mesma depois que um tratado clássico sobre a "questão da honra" passou a afirmar: "O povo despojou-se da faculdade de vingar-se ao mesmo tempo em que foi se deixando submeter"[4]. Somente o poder público deve então gerir a violência. A "coerção" também já não é mais a mesma a partir do momento em que a regra promete uma valorização íntima, uma distinção pessoal aceita e inclusive cobiçada. Ela se "incorpora", se torna autocoerciva, atitude tida por fazer "seu" o comportamento esperado.

Outra mudança, também central, acompanha estas invenções. Seu objeto vincula-se a uma palavra, à "emoção", termo usado pela primeira vez nos textos e nos dicionários do século XVI. A velha etimologia de *moveo* faz aqui alusão a um movimento concretamente "situado": uma agitação produzida no interior do corpo, acompanhamento físico fundado no transtorno íntimo ou moral. A novidade é clara: conceder uma imagem ao afeto para melhor apreendê-lo, fixá-lo, designá-lo materializando-o, ao passo que até então o afeto era designado apenas por atos e comportamentos. O fenômeno afetivo, desde então, se especifica, sua existência se densifica. O termo se aprofunda mais, se complica mesmo no século XVII, sugerindo um movimento "interior", desta vez destituído de referência física. É a "emoção de espírito"[5] evocada por La Rochefoucauld ou a "emoção da alma"[6] evocada por Descartes, "mecanismo" totalmente interiorizado, dando pela primeira vez existência a um largo domínio afetivo. O objeto desde então se diversifica, é descrito, desencadeando imbricações psicológicas tão perceptíveis quanto parcialmente "irrepresentáveis", das quais o *Tratado das paixões da alma* de Descartes é um dos primeiros modelos. Níveis de afeto também se esboçam, da emoção ao sentimento, do sentimento à paixão. Nada mais,

---

3. AVITY, P. *Les Etats, empires et principautez du monde*. Saint-Omer: Varennes, 1614, p. 91.

4. COURTIN, A. *Traité du véritable point d'honneur ou la science du monde*. Aterdam: Mortier, 1698, p. 215.

5. LA ROCHEFOUCAULD, F. Réflexions, ou Sentences et maximes morales (1665). In: *Oeuvres completes*. Paris: Gallimard, 1957, p. 445 [Coll. "Bibliothèque de la Pléiade"].

6. DESCARTES, R. Traité des passions de l'âme (1649). In: *Oeuvres et letres*. Paris: Gallimard, art. 28, p. 709 [Coll. "Bibliothèque de la Pléiade"].

definitivamente, do que uma inflexão nova do espaço interior levando à "revolução sentimental" da qual o século XVIII será verdadeiramente seu inventor. O universo físico se define, assim como se aprofunda.

Mais uma vez a relação entre razão e emoção muda. Velhos temores se deslocam, a relação com o oculto perde em intensidade trágica. Por longo tempo os sinais do céu, por exemplo, anunciavam epidemias, catástrofes, dramas ou infortúnios diversos; por longo tempo a ira divina e a implacável condenação dos pecados explicavam estes sinais, alimentando temores e pressentimentos constantes. A busca de indícios avivava uma angústia difusa, a ameaça e o medo se aprofundavam. Filipe de Vigneulles o mostra, em 1471, em suas *Chroniques messines*, perscrutando sistematicamente o céu, analisando suas formas, suas cores, seus movimentos, para tirar disso alarmes e tormentos: vimos "um maravilhoso sinal no céu com as estrelas" que "tinha uma longa cauda vermelha e terrível em forma de dragão e se mostrava de diversas maneiras significando várias coisas vindouras"[7]. O anúncio propaga o medo, a interpretação justifica a expectativa inquieta. Estes tipos de medo, em contrapartida, se desfazem parcialmente com a Modernidade. As "histórias prodigiosas" se desintegram, suas ameaças perdem em credibilidade. A calamidade depende menos do castigo do que do fenômeno mecânico. A explicação recorre mais à natureza do que ao sobrenatural. A visão da desgraça se deslocou: "Para se afirmar, esta nova representação precisa de um espírito científico que cesse de considerar a física como uma magia natural"[8]. Não que o medo, obviamente, tenha desaparecido, mas ele leva a discernir os fenômenos diferentemente, bem como a defender-se de outra forma. A razão ganha discretamente sobre a emoção, o espírito empreendedor paulatinamente se sobrepõe ao fatalismo. O epílogo de Jean de La Fontaine "Ajuda-te que o céu te ajudará" está longe de ter a banalidade que às vezes lhe é atribuída.

---

7. VIGNEULLES, P. *Chroniques messines* (XVe siècle). Apud CÉARD, J. & NEVEUX, H. "Rémission des fléaux et attente des merveilles". In: DELUMEAU, J. & LEQUIN, Y. (dir.). *Les malleurs du temps*. Paris: Larousse, 1987, p. 249.

8. Ibid., p. 312.

Urge ainda mensurar algumas especificidades da emoção no universo clássico. Silêncios existem, mostrando as distâncias com o universo contemporâneo, tolerâncias também, ou inclinações fortemente arraigadas. Ainda existe uma forma de "indiferença", por exemplo, em relação à sensibilidade hodierna. O tema da violência é seu melhor exemplo. Um caso muito específico o mostra: a emoção da mulher, quando ela é vítima, quase não é levada em consideração. Seu sofrimento pessoal não é mensurado. A gravidade tem a ver com outras referências: "A valorização da pessoa a quem a violência é feita aumenta ou diminui o crime"[9], o dizia ainda Daniel Jousse em seu *Tratado da justiça penal*, de 1769. O estatuto dos tutores vem em primeiro lugar, instalando prioritariamente esta valorização "qualitativa da pessoa", revelando a dependência feminina, bem como os graus de emoção aceitos. A desgraça da criada violentada tem pouquíssima força sobre os magistrados de então.

Perfil emocional particular ainda, com o lugar mais importante acordado aos suplícios no universo moderno. O espetáculo de esquartejamento do assassino do rei é um exemplo. Uma cena dessas, julgada "normal" no século XVIII, a ponto de aparecer como edificante aos que a assistem, não passará de intolerável exibição ainda no final do Antigo Regime. O suplício tornou-se crueldade. A emoção suscitada não é mais aceita. Só a sensibilidade no combate pode revelar alguma singularidade do regime emotivo do universo clássico: a maneira de confessar um prazer pela guerra, por exemplo, algumas vezes explicitamente mostrado. À semelhança das afirmações de Quincy, modesto oficial dos exércitos do rei, no final do século XVII: "Posso dizer que ninguém amou mais o ofício da guerra do que eu; eu me rejubilava e ali me sentia bem... Fazia disso um verdadeiro prazer"[10].

O universo psíquico transformou-se muito com a Modernidade; ele se aprofundou, se diferenciou, ao passo que se multiplicaram inegáveis especificidades nesse período.

Georges Vigarello

---

9. JOUSSE, D. *Traité de la justice criminelle en France*. Tomo 3. Paris: Debure, 1771, p. 743.
10. QUINCY, J.S. *Mémoires* (1713). Tomo 3. Paris: Laurens, 1898-1901, p. 211.

11
A EMERGÊNCIA DO TERMO "EMOÇÃO"

Georges Vigarello

Quando Julien Greimas[1] ou Edmond Huguet[2] percebem a presença totalmente inédita do termo "emoção" em seus dicionários especializados, ambos centrados na linguagem do século XVI, parecem confirmar um sentido existente há muito tempo: "agitação" ou efervescência quase corporal de um lado, "rebelião e sublevação"[3] popular de outro. É o que evocavam os termos "*esmouvir*" ou "*esmouvement*"[4], nos séculos XIV ou XV: prioridade dada à vertente física, transtorno particular provocado por tal "comoção". Os textos do século XVII prolongam ainda este mesmo sentido. Madame de Sévigné não diz absolutamente outra coisa, em 1685, comentando sua sensibilidade à mudança do clima: "A primavera vos traz sempre algum abalo"[5]. A tradição parece então não ter mudado: o abalo seria efeito de corpo.

---

1. GREIMAS, A.J. & KEANE, T.M. *Dictionnaire du Français Moyen* – La Renaissance. Paris: Larousse, 1992, verbete "*Émotion*".

2. HUGUET, E. *Dictionnaire de la Langue Française do XVIe siècle*. Paris: Champion-Didier, 1925-1967, verbete "*Esmotion*".

3. GREIMAS, A.J. & KEANE, T.M. "Émotion". Op. cit.

4. Cf. THOMASSET, C. & VIGARELLO, G. "'*Esmouvoir*', '*esmouviment*' – Archéologie médiévale du mot 'émotion'", p. 125.

5. MADAME DE SÉVIGNÉ. *Correspondance*. Paris: Gallimard, 1972, carta de 29/04/1685 [Coll. "Bibliothèque de la Pléiade"].

Impossível, entretanto, negligenciar a criação de um termo. Tanto que se incorporam, no século XVII, expressões inéditas mais complexas, como "movimento da alma" ou "movimento do espírito": "movimento" ainda, "agitação" também, mas desta vez orientados deliberadamente para um sentido figurado. O que designaria uma mudança na interiorização dos fenômenos afetivos, deslocamento que urge interrogar, senão avaliar.

"*Esmotion*" [abalo] do corpo

Urge primeiramente insistir na convicção tradicional da ancoragem física. O primeiro exemplo de Edmond Huguet para ilustrar o uso inédito do termo "*esmotion*" no século XVI está contido numa frase de Pierre de Changy privilegiando, com absoluta prioridade, o fato corporal: "Não há nada que provoque mais a luxúria do que o indevido e insolente abalo do corpo"[6]. A insistência é posta no "abalo", na "desordem", cuja primeira manifestação continua "material": transtorno vindo das carnes, experimentado nos órgãos, desenvolvido a partir deles, antes de alastrar-se ou agravar-se. Um sentido que existe desde sempre no verbo "*esmouvoir*". A designação habitual é exatamente, neste caso, a de "movimento": o verbo [s']"*esmovoir*", nos textos do século XIII, significa em primeiro lugar "deslocar-se", como o mostra, por exemplo, o termo de Joinville, quando afirma que "o rei *s'esmut* [se deslocou] com a tropa para a Babilônia"[7]; o mesmo verbo significa ainda "ser atingido" por uma mudança no corpo, termo que Joinville usa para dizer que o rei foi tão "*esmu*", que "sequer podia falar"[8]. O fato físico é decisivo. A obra *Le mesnagier de Paris*, no século XIV, evoca claramente ainda os transtornos da luxúria, considerada um incidente orgânico, uma violação quase mecânica:

---

6. VIVES, J.-L. *Institution de la femme chrétienne* (1543). Trad. fr. de Pierre de Changy. Genebra: Slatkine, 1970, p. 106.

7. JOINVILLE, J. Histoire de Saint Louis (XIIIᵉ siècle). In: *Historiens et chroniqueurs du Moyen Âge*. Paris: Gallimard, 1972, p. 211 [Coll. "Bibliothèque de la Pléiade"].

8. Ibid., p. 196.

E então vem o pecado da luxúria, que nasce da gulodice; pois, quando a pessoa de má índole come em demasia e bebe muito, além do que devia, os membros vizinhos e próximos do ventre são movimentados e aquecidos por esse pecado, e em seguida desordenam pensamentos e más cogitações[9].

Significação idêntica, enfim, quando Guilherme de Machault evoca, no século XV, a "concupiscência mecânica"[10]. Transtorno maquinal antes que transtorno de pensamento, o fato de estar "transtornado", no século XIV, ou nos séculos XVI ou XVII, se inscreve primeiramente no corpo. "Paixão", sem dúvida, mas vivida como choque, colisão, abalo quase carnal[11].

A própria língua clássica prolonga este sentido: o transtorno é físico, pouco importa se ligado à memória ou à imaginação. Esta é a afirmação de Madame de Sévigné, demorando-se nos efeitos de "representação" oriundos de dramas ou de catástrofes, bem como as dolorosas impressões que os acompanham: "Algumas vezes nos representamos tão vivamente um acidente ou uma doença [...] que a máquina fica toda abalada, e temos dificuldade de apaziguar"[12]. É o que sugere ainda um grito de um Dom Juan, levado pelo "transtorno": "Fui flechado no coração"[13], ou o uso do termo "tremor" por Pierre Richelet em seu *Dictionnaire François Contenant les Mots et les Choses*, de 1680[14]. O orgânico se impõe. É em seu nível que as perturbações têm lugar. Ele é o detonador e o impacto. Mais ainda: o sentido exclusivamente físico ocupa inúmeras expressões registradas por Antoine Furetière em seu *Dictionnaire Universel*, de 1690: "A febre começa e termina por um pequeno abalo da pulsação", ou ainda: "Quando fazemos algum exercício violento, sentimos uma movimentação dentro do

---

9. *Le mesnagier de Paris*. Tomo 1. Paris: Pichon, 1846, p. 50.

10. MACHAULT, G. *Oeuvres*. Tomo 3. Paris: Hoepffner, 1908-1921, v. 365.

11. Cf., mais acima, nota 6

12. MADAME DE SÉVIGNÉ. *Correspondence*. Op. cit., carta de 15/11/1684.

13. MOLIÈRE. Don Juan (1682). In: *Théâtre complet*. Texto elaborado e prefaciado por Robert Jouanny. Paris: Garnier, p. 722.

14. RICHELET, P. *Dictionnaire François Contenant les Mots et les Choses...* Genebra: Widerhold, 1680-1688, verbete "*Esmotion*".

corpo"[15]. Francisco de Sales, em 1617, radicaliza o tema evocando "o peso da pedra que dá o embalo e o balanço à descida"[16]. Definitivamente, uma maneira totalmente realista de dar alguma materialidade à surpresa e ao choque.

A aproximação com o sentido medieval é idêntico enfim quando o termo *"esmotion"* evoca, no século XVII, algum transtorno ou alguma agitação popular: movimento de pessoas, desordem de gestos e agressões. Imagem física sempre, mas centrada nas mobilizações, nas ações. A referência à "população agitada"[17] por Nicomedes, dirigindo-se a Prúsias, na peça de Corneille, em 1658, comporta o mesmo sentido que a referência à "agitação do povo"[18], contida na *Carta de abolição*, de Filipe I de Orleans, em 1367. A mesma referência igualmente quando do Antoine Furetière afirma que é "perigoso estar no meio de uma agitação popular"[19]. Febre material e excessos palpáveis permanecem no coração da afirmação: a exaltação, o desregramento coletivo, a desordem das coisas e das pessoas.

O de fora e o de dentro

Uma primeira mudança tem lugar, no entanto, quando os textos do século XVII distinguem mais sistematicamente o percurso indo de uma impressão sensível a uma impressão menos sensível. Não que o tema tenha estado ausente dos textos anteriores. *Le mesnagier de Paris* sugere, mostrando que, "com o tempo, a carne se transforma em deleitação"[20]. Ou *O livro da esperança*, de Alain Chartier, em 1430, evocando uma dinâmica passando do físico ao psicológico: "Tu que a adversidade atormenta, carne atordoa [*esmeult*] e

---

15. FURETIÈRE, A. *Dictionnaire Universel*. La Haye: Leers, 1690, verbete "*Esmotion*".

16. FRANÇOIS DE SALES. Traité de l'amour de Dieu (1617). In: *Oeuvres*. Paris: Gallimard, 1969, p. 371 [Coll. "Bibliothèque de la Pléiade"].

17. CORNEILLE. Nicomède (1658). In: *Chefs-d'oeuvres de Corneille*. Tomo 3. Paris: Firmin Didot, 1823, p. 195.

18. Lettre d'abolition de Philippe Ier d'Orléans (1367). Apud GODEFROY, F. *Dictionnaire de l'Ancienne Langue Française et de Tous ses Dialects du IXe au XVe siècle*. Tomo 3. Paris: Vieweg, 1881-1892, verbete "*Esmouvement*".

19. FURETIÈRE, A. "*Esmotion*", verbete citado.

20. *Le mesnagier de Paris*. Op. cit., p. 51.

mundo tenta... E o espírito maligno atenta, na expectativa de perverter-te e decepcionar-te"[21]. O sentido de *"esmeult"* aqui se desdobra na direção de um domínio mais íntimo. Alguns textos medievais podem até mesmo tornar a referência física quase discreta. O romance de *Perceforest*, por exemplo, no século XIV, onde o herói, carregando o significativo nome de "Estonné"[22], está *"esmu"* [agitado] de maneira mais oculta e mais global.

O encaminhamento e o desdobramento da emoção propostos por Francisco de Sales, no início do século XVII, são, no entanto, diferentes. A comparação privilegia o exemplo da pedra e seu efeito concreto, sem nenhuma dúvida objeto cujo peso e *"esmotion"* levam à queda[23]. A tentativa permanece a de descrever o que leva do transtorno ao seu aprofundamento, sem sombra de dúvida também, do choque ao seu desdobramento. As referências continuam, enfim, físicas, mas são então clara e deliberadamente transpostas, "interiorizadas", tornadas informações alusivas, referências figuradas mais do que referências materializadas. Esta transposição é decisiva. O "motor" é "psicologizado". O princípio e seu desenvolvimento se tornam fenômenos de pensamento:

> A complacência é o primeiro abalo ou a primeira emoção que o bem faz à vontade, e esta emoção é seguida do movimento e do escoamento pelo qual a vontade avança e se aproxima da coisa amada, que é o verdadeiro e o próprio amor[24].

Agitação física, deslocamento material, e até mesmo percurso "espacializado", estão presentes, mas tornados fictícios, deslocados, claramente "desmaterializados". Transtorno, certamente, mas de um lado a outro interiorizado: "Assim é a complacência que abala a vontade, é ela que a agita"[25]. O físico acaba sendo uma mera imagem.

---

21. CHARTIER, A. *Le livre de l'esperance*. Paris, 1430.

22. *Perceforest*. Tomo 1. Ed. de Gilles Roussineau. Genebra: Droz, 1988, p. 347: "Sy tant fut esmeu à cause de sa beauté qu'il ne lui challut qu'il feist, mais qu'il peust celle nuit couchier avec elle".

23. Cf., mais acima, nota 16.

24. FRANÇOIS DE SALES. *Traité de l'amour de Dieu*. Op. cit., p. 370.

25. Ibid.

Essa orientação é definitivamente adquirida quando passam a ser distinguidas, no século XVII, uma desordem "exterior" e uma desordem "interior"; as palavras de Pauline, por exemplo, dirigidas a Sévère no *Polyeucte* de Corneille:

> E ainda que o de fora seja sem emoção
> O de dentro não passa de transtorno e sedição
> Um não sei qual feitiço na tua direção me carrega[26].

Alusão aos "fogos acesos"[27] ainda, para significar o afeto: o recurso a alguma referência material continua, evidentemente, como para melhor dizer o transtorno, fixá-lo, dar-lhe existência e referência. Mas uma interioridade afetiva é doravante explicitada, designada, com suas desordens particulares, suas vicissitudes, todas suscetíveis de serem independentes do corpo. Jeanne dos Anjos, a possuída de Loudun, o diz à sua maneira, nos anos de 1630, mesmo não empregando o termo "emoção": "Ainda que externamente manifestasse um grande transtorno, em meu interior sentia uma chama e uma luz"[28]. Este intercâmbio entre "interior" e "exterior" evidentemente não inventa a existência do choque, a sugestão de sua força, a de seu impacto, mas designa pela primeira vez duas vertentes possíveis. Ele diferencia aquilo que até então permanecia enterrado, subentendido, limitado a alguma evocação de abalo ou de comoção.

Uma interioridade específica?

Esta distinção permite evocar o que não era evocado: a existência de "emoções" independentes de qualquer metáfora corporal. Esta distinção origina novas expressões de linguagem, exclusivamente centradas na alma ou no espíri-

---

26. CORNEILLE. Polyeucte (1641). In: RÉGNER, A. (ed.). *Théâtre classique*. Paris: Hachette, 1913, p. 264.

27. Ibid.

28. ANGES, J. *Autobiographie* (1644). Grenoble: Million, 1990, p. 112-113. O tema está próximo daquilo que diz no mesmo período o Padre Surin, exorcista de Irmã Jeanne dos Anjos, pregando um abandono às forças divinas para melhor preservar alguma serenidade interior: "O eu do observador se ausenta de uma poesia que conta o abandono consentido" (apud HOUDARD, S. *Les invasions mystiques* – Spiritualités, hétérodoxies et censures au début de l'époque moderne. Paris: Les Belles Lettres, 2008, p. 218).

to. Como a "emoção do espírito" evocada por La Rochefoucauld para melhor ridicularizar a sensibilidade feminina:

> As mulheres acreditam frequentemente amar quando não amam: a ocupação com uma intriga, a emoção do espírito gerada pela galantaria, a inclinação natural ao prazer de ser amada e a dor de recusar, as convencem que elas têm a paixão, quando, de fato, não são donas senão da sedução[29].

Expressão nova e marcante, mesmo se ela parece encarnar uma atenuação, e até mesmo um enfraquecimento de intensidade: a emoção do espírito seria mais superficial do que a emoção do corpo. A tensão aí seria menor, a profundidade também, levando inclusive a uma certa ilusão. Ocorre que um novo objeto psicológico é bem designado: uma nova interioridade até então negligenciada.

O sentido do "choque", em contrapartida, conserva toda a sua repercussão quando, nos *Les provinciales*, Pascal evoca "o espírito de caridade", atitude mental da qual se esperam rigor e exaltação: "O espírito de caridade e de doçura tem suas emoções e suas iras". Trata-se de uma "força" totalmente interior, de uma resolução pessoal tida por ser "convincente", capaz de combater a mentira, de permanecer o garante da verdade e inclusive "estimular" contra "o relaxamento dos costumes"[30]. Ela deve ter uma determinação, uma impetuosidade. Daí seus possíveis arrebatamentos, suas "emoções", senão suas "iras", pertencendo, eles ainda, e totalmente, ao campo mental do pensamento.

Descartes especifica este campo em suas particularidades no *Tratado das paixões da alma*, de 1649, focalizando os transtornos no estrito campo do pensamento, suas agitações, seus abalos. A definição restringe seu objeto: este nome "emoção da alma" pode ser atribuído a "todas as mudanças que a ela chegam, isto é, a todos os diferentes pensamentos que lhe ocorrem, mas par-

---

29. LA ROCHEFOUCAULD, F. Réflexions, ou Sentences et maximes morales (1665). In: *Oeuvres completes*. Paris: Gallimard, 1957, p. 445 [Coll. "Bibliothèque de la Pléiade"].

30. PASCAL, B. Les provinciales (1657). In: *Oeuvres complètes*. Paris: Gallimard, 1954, p. 783-784 [Coll. "Bibliothèque de la Pléiade"].

ticularmente porque, de todas as espécies de pensamentos que ela pode ter, não há outro que a agita e a sacode tanto quanto estas paixões"[31]. A referência ao corpo não está ausente. Este, sem sombra de dúvida, pode provocar, ajudar ou entreter a emoção, mas o que afeta a alma e seu desdobramento se dá em outro registro. Assim, um novo campo do afeto se diversifica e se constitui. Seu objeto é circunscrito: os pensamentos que "se referem particularmente à alma", diferenciados "dos outros sentimentos que às vezes relacionamos com alguns objetos exteriores, como os odores, os sons, as cores, e outros relacionados ao nosso corpo, como a fome, a sede, a dor"[32]. O propósito de Teresa d'Ávila que, em meados do século XVI, tentava esclarecer seus "transtornos" à luz de alguma "indisposição do corpo"[33] é definitivamente subvertido. É ao nível da alma, e somente da alma, que existe a emoção. É em seus pensamentos, em seu confronto, em seu conflito, que residem seu transtorno e sua perturbação. Um campo particular do afeto é assim especificado, e que se trata de explorar. Tanto que Descartes não distingue, em sua definição mesma, a emoção da paixão[34]. As particularidades do choque mental, nos textos do século XVII, são então mais delineadas do que aprofundadas.

A Modernidade não saberia ter inventado o impacto das emoções, sua força, sua diversidade. Abalo e arrebatamento têm evidentemente suas designações antigas. É na direção de uma interiorização do afeto, em contrapartida, que se orientam os textos dos séculos XVI e XVII. A visão da emoção faz-se mais complexa. Seu transtorno diz respeito a algum pensamento exclusivo, após ter sido prioritariamente percebido como "coisa" do corpo. O choque diz respeito ao registro da alma, sem que ele seja ainda nem nitidamente definido, tampouco nitidamente esclarecido.

---

31. DESCARTES, R. Traité des passions de l'âme (1649). In: *Oeuvres et letres*. Paris: Gallimard, 1953, art. 28, p. 709 [Coll. "Bibliothèque de la Pléiade"].

32. Ibid., art. 29, p. 709.

33. D'AVILE, T. *Vie écrite par elle-même* (XVIᵉ siècle). Paris: Seuil, 1995, p. 113.

34. Cf. DUMAS, G. *La vie affective* – Physiologie, psychologie, socialization. Paris: PUF, 1948, p. XIII.

12
UMA RETÓRICA AFETIVA NA RENASCENÇA
O exemplo de Montaigne

Lawrence Kritzman

No século XVI, na França, o indivíduo é colocado em primeiro plano e a interioridade se torna o espaço em que o sujeito humano pesa as exigências da honra, da vergonha, do medo, da dor, dos prazeres e culpas. Tais exigências acentuam o interesse pela pessoa singular. Montaigne faz disso um objeto maior, visando a estudar a paixão e a afetividade, fenômenos provenientes da alma e do corpo. Resta que sua maior focalização na moderação, na ponderação, fornece uma inegável originalidade à sua abordagem. O ser humano pode apresentar uma multiplicidade de paixões, mas o ensaísta tenta trabalhá-las, matizá-las, a fim de alcançar o ideal da moderação. Daí sua presença inédita e a reflexão ambivalente a seu respeito. Tanto que uma dupla exigência jamais é esquecida: uma gestão das peregrinações da vida e a fruição de seu próprio ser. O autor dos *Ensaios* introduz a modernidade dando à paixão um lugar tão novo quanto matizado.

Segundo o dicionário do século XVI de Huguet, o termo "emoção" significa agitação "quase corporal"[1]. No final da Idade Média, este termo fazia referência à ideia de "sentimento brusco, repentino". Falar da retórica afetiva em Montaigne reenvia ao fato de colocar alguma coisa em movimento, em

---

1. HUGUET, E. *Dictionnaire de la Langue Française du XVIᵉ siècle*. Paris: Champion-Didier, 1925-1967.

oscilação, e de fazer inclinar o que é percebido[2]. O próprio ato visando a testar as emoções supõe um mínimo de estabilidade; tentar testemunhar a diversidade de registros do afeto confirma a importância dos destinos individuais. Montaigne recusa inteiramente a ideia de generalização quando se trata das emoções. O indivíduo, uma vez mais, vem em primeiro plano:

> Nossa vida, como a harmonia dos mundos, é composta de elementos contrários e tons variados... Assim devemos fazer com os bens e os males que são parte integrante de nossa vida. Nosso ser só é possível com essa mistura (III, 13, 1.089-1.090)[3].

Desde a retórica antiga, a paixão parece ser um objeto privilegiado desta técnica de prudente matização. Cícero, por exemplo, mistura retórica e filosofia moral em textos como as *Tusculanas*, onde em geral "tolera" a paixão, ao passo que desconfia das paixões excepcionais[4]. Montaigne concede um lugar ainda maior à paixão, mostrando que o verbo *"esmouvoir"* implica a referência à *movere*, no sentido retórico de persuasão. Quando se trata das paixões, a antropologia de Montaigne não constrói modelos, pois o movimento da escrita destrói toda possibilidade de totalização. O movimento, conceito maior da arte ensaísta de Montaigne, lhe permite explorar o campo paradoxal em que se localizam todas as emoções:

> É tão grande a diferença entre nós e nós mesmos quanto entre nós e outrem (II, 1, 337).

A vitalidade exige a estimulação, e assim falar-se-á das emoções e não da emoção. Montaigne exige que se fale do caráter plural dos afetos.

Não se trata da arte de persuadir, mas antes da arte de dissuadir. A escrita junto a Montaigne questiona qualquer interpretação global das paixões. O caso particular substitui o geral, e qualquer moral prévia torna-se impossível.

---

2. Cf. GRAY, F. *La balance de Montaigne*. Paris: Nizet, 1982.

3. MONTAIGNE. *Essais*. Ed. de Pierre Villey. Paris: PUF, 1965.

4. CICÉRON. *Tusculanes*. Texto elaborado por Georges Fohlen e traduzido por Jules Humbert. Paris: Les Belles Lettres, 1960.

A paixão enquanto *topos* retórico requer uma resposta "kinética" que engendre a ação e a deliberação. Ela pode estimular mais do que importunar:

> A violência dos desejos estorva mais do que favorece o esforço em vista de um dado objetivo; tornamo-nos impacientes, ressentidos e desconfiados diante dos possíveis obstáculos (III, 10, 1.007).

Desde os primeiros ensaios, Montaigne questiona a tradição aristotélica que ambiciona desenvolver uma literatura ética e exemplar. Ele projeta elaborar uma escrita "modesta", que não serve mais para ensinar. É uma interrogação epistemológica que consiste em deslocar uma ordem conceitual preestabelecida baseada na causalidade. Examinando as emoções, o texto de Montaigne reflete o caráter inapreensível e imprevisível que descobrimos no homem, dando uma verdadeira importância ao afeto. Se o ensaísta pesa todas as coisas, é para melhor prestar contas do funcionamento conativo das emoções.

Através dos *Ensaios*, Montaigne mostra primeiramente uma certa desconfiança em relação à paixão, que suscita às vezes o irracional e a violência. No capítulo "Da tristeza" (I, 2), ele demonstra como o ser humano é vítima de uma multiplicidade de paixões para as quais dificilmente encontra uma expressão louvável. Enquanto emoção, a paixão pode ser uma forma de impetuosidade se caracterizando frequentemente por uma violência que rouba do homem a liberdade de expressão. A paixão destrói então o equilíbrio e a ordem no espírito; e por vezes ela se manifesta pela perda da percepção. O grande perigo, ao que parece, é a perda de si caracterizada por uma incapacidade de ser mestre de si mesmo:

> A impressão da emoção não será nele apenas superficial; ela penetrará até a sede da razão, infectando-a e corrompendo-a.
> Olhai bem discretamente e plenamente o estado do sábio Estoico...
> O sábio dos peripatéticos não permanece insensível às emoções, mas as modera (I, 12, 46-47).

Segundo Montaigne, o ser humano, em contrapartida, não pode fugir das paixões. Ele rejeita o idealismo estoico enquanto conceito perfeito, formulado por Sêneca, que permite ao ser humano elevar-se acima de si mesmo[5]. Se Montaigne revisa a virilidade de Sêneca, é para engajar-se na "resolução e garantia de uma alma regrada" (I, 19, 102). Sébastien Prat descreve a maneira com a qual a virtude simples de Sócrates, tal como é concebida em Montaigne, questiona a ortodoxia dos estoicos e assume valores como a constância mais humana e menos absoluta. Existe, pois, excelência neste "passo lento e ordinário" (III, 12, 1054), mas uma excelência humana, que não despreza nossa natureza, que não aspira a uma metamorfose julgada "monstruosa" por Montaigne[6].

Ao invés de condenar a paixão em todas as circunstâncias, Montaigne tenta dar-lhe um lugar no campo afetivo. Assumindo plenamente seu papel de ensaísta, ele brinca com sua vertente ambivalente, explorando seu papel positivo e negativo. Segundo ele, o medo, por exemplo, pode paralisar alguns indivíduos, mas em outros casos é capaz de impulsionar as pessoas à ação. O capítulo "Como uma mesma coisa nos faz rir e chorar" (I, 38) explicita aspectos emotivos contraditórios, como as lágrimas de César ao ver a cabeça cortada de seu inimigo Pompeu. "Sem dúvida, nossas ações, em sua maioria, são máscara e artifício... muito embora sejamos às vezes agitados por paixões diversas" (I, 38, 234). Consequência maior: as emoções são para "a volubilidade e maleabilidade de nossa alma" (I, 38, 234):

> Em alguns casos, a paixão é silenciosa e seu transtorno inconsciente, pois no capítulo "Da tristeza", novamente, o afeto nem sempre é manifestado e a dor geralmente é muda.

Na verdade, uma dor, para atingir seu ponto extremo, deve invadir a alma toda inteira, e tirar-lhe sua liberdade de ação. É isso que acontece quando nos chega uma má notícia: sentimo-nos tocados, paralisados, e incapazes do menor movimento (I, 2, 12). Esse fracasso afetivo representa

---

5. SÉNÈQUE. *Oeuvres complètes de Sénèque le Philosophe*. Trad. fr. de Joseph Baillard. Paris: Hachette, 1914.

6. PRAT, S. *Constance et inconstance chez Montaigne*. Paris: Classiques Garnier, 2012, p. 161.

um traumatismo que se traduz em aparência por uma incapacidade de experimentar a dor. A anestesia afetiva suspende a consciência do transtorno que não é verbalizado.

Montaigne fez a experiência direta das atrocidades cometidas entre católicos e protestantes por ocasião das guerras de religião. Ele as caracteriza como "a horrível corrupção dos costumes que as guerras civis trazem" (I, 23, 119). Quando é questão de crueldade nas guerras civis, Montaigne testemunha o efeito do choque e o desprazer provocados por estas explosões violentas:

> Entre os outros vícios, um há que detesto particularmente: a crueldade. Por instinto e por reflexão considero-o o pior de todos (II, 11, 429).

Embora o ensaísta proclame sua aversão contra a crueldade, ele reconhece, no entanto, que a natureza "ela mesma atrelou ao homem algum instinto de desumanidade" (II, 11, 408). Esta guerra fratricida radicaliza as massas e, neste contexto, Montaigne opta pela moderação. Mesmo reconhecendo os excessos autoritários de Carlos IX e de Henrique III, Montaigne se recusa a aceitar a maneira com a qual os protestantes se apossaram do *Discurso da servidão voluntária* de La Boétie (1576) para rebatizá-lo *Le Contr'Un*.

Daí, igualmente, seu questionamento sobre a razão, a qual constitui um poder e um defeito do espírito enganador segundo Montaigne. A razão é frequentemente concebida como uma anomalia da especulação. Representada por uma série de metáforas difamantes, a razão deve ser substituída pela moderação no processo de pesagem das coisas. A fim de vencer a violência associada ao dogmatismo, Montaigne prega uma virtude generosa na condução da vida.

A morte e a ameaça à tranquilidade

Outra ocasião de reflexão matizada, o tema da morte sobre o qual se abre o livro – o desaparecimento de La Boétie, tema emotivo: a premeditação da morte. Em vários "ensaios", Montaigne persegue sua abordagem de escritor pedindo a seu leitor e a si mesmo que contemplem o problema da morte através de uma questão retórica:

> Se ela nos assusta, como é possível dar um passo à frente, sem sobressaltos? (I, 20, 84).

O narrador, respondendo a esta questão, sugere um meio eficaz e quase terapêutico de superar o lado monstruoso associado à morte:

> O remédio do homem vulgar consiste em não pensar na morte. Mas quanta estupidez será necessária para tamanha cegueira? Por que não coloca o freio no rabo do asno, desde que se meteu na cabeça andar de costas? (I, 20, 84).

De fato, o homem vulgar vê na morte uma realidade assustadora, engendrada pelo poder da imaginação. Montaigne evoca então a imaginação temerosa do vulgar, assim como é expressa na linguagem das danças macabras do final da Idade Média:

> Vai-se, volta-se, corre-se, dança-se: nenhuma notícia sobre a morte, que beleza! Mas quando ela nos cai em cima, ou em cima de nossas mulheres, nossos filhos, nossos amigos, que os surpreenda ou não, quantos tormentos, quantos gritos, imprecações, despero! (I, 20, 86).

Examinando a maneira de comportar-se diante da morte, Montaigne propõe substituir a imaginação apavorada do homem "vulgar" pela imaginação corajosa do estoico orientando a antecipação na direção de uma capacidade de sustentar firmemente o pensamento da morte. Montaigne recusa esta relação ilusória na esperança de encontrar um conceito mais autêntico ao longo do próprio trabalho de escrita. Para além dos estereótipos frequentemente associados ao medo que ela inspira, a morte, desde então, é aproximada da liberdade. A premeditação da morte engendra a superação da sujeição. Nesse caso específico, a emoção deve ser superada, bem como interiorizada:

> Não sabemos onde a morte nos aguarda, esperemo-la em toda parte.

Meditar sobre a morte é meditar sobre a liberdade.

Quem aprendeu a morrer, desaprendeu de servir; nenhum mal atingirá quem na existência compreendeu que a privação da vida não é um mal; saber morrer nos exime de toda sujeição e constrangimento (I, 20, 87).

Ao invés de ser objeto da morte num estado de passividade (a morte nos espera; ela nos domina), urgiria aterrorizar a emoção e superar o medo opondo-se a ela.

Essa tentativa visando a desmistificar a morte tem sucesso quando o ensaísta diz: "A cada instante tenho a impressão de que ainda consigo driblá-la" (I, 20, 88). Este enunciado designa a morte em termos temporais e, assim, permite resistir diante dela. Mas se Montaigne põe em causa o remédio do homem vulgar, ser-lhe-ia necessário fazer o mesmo com o ponto de vista do estoico:

Que nenhum princípio, de Aristóteles, dos estoicos ou dos epicuristas, seja seu princípio. Apresentem-lhe todos em sua diversidade e que ele escolha se puder. E se não o puder fique na dúvida, pois só os loucos acreditam piamente em sua opinião (I, 26, 150).

Montaigne quer morrer como viveu, passando naturalmente da vida à morte e incorporando uma na outra:

Proponho que trabalhemos e prolonguemos os trabalhos da existência o quanto pudermos, e que a morte nos encontre plantando nossas couves, mas indiferentes à sua chegada, e mais ainda ante as nossas hortas inacabadas (I, 20, 89).

Dado que o tempo impõe ao homem mortes sucessivas a cada momento de sua existência, a noção de morte é traduzida pela imagem "plantando nossas couves", transformando a banalidade do fenômeno em modo de vida. Todas as análises do ensaísta no capítulo "De como filosofar é aprender a morrer" (I, 20) sublinham o caráter codificado e retorizado da "morte assustadora". Nesse ensaio, a mensagem literal aparece como o suporte da mensagem conotada: morrer equivale à bem-viver. Montaigne consegue temperar suas emoções e tirar da morte seu aguilhão. O ensaísta afirma que o conhecimento da morte começa pela experiência da temporalidade. Esta tomada de consciência, visando a temperar o medo, constitui uma mistura de impressões recebidas do exterior e de impressões que ele tira de seu próprio fundo. A morte não será mais o fim de uma vida, um processo que nos afasta de nós mesmos, mas um acidente, um fenômeno que se conclui na ordem da natureza.

Um exemplo central o mostra. No capítulo "Do exercício" (II, 6), Montaigne conta o episódio, frequentemente comentado, da queda do cavalo. Ele tenta contornar a impossibilidade de representar a experiência da morte após esta queda. Se o ensaio é essencialmente o trabalho do *exagium*, do exame, o esforço de "supor", com sua experiência e sua duração, a morte, ao contrário, se situa no domínio da não experiência, até mesmo da "não passagem":

> Mas não nos é possível exercitar-nos a morrer, o que constitui entretanto a mais árdua tarefa que nos cumpre enfrentar [...].
> Quanto à morte, só a podemos experimentar uma vez, e quando ela chega todos somos simplesmente aprendizes...
> Se não podemos alcançá-la, podemos aproximar-nos dela, reconhecê-la.
> Se não podemos penetrar no edifício, pelo menos podemos palmilhar as avenidas de acesso (II, 6, 371-372).

Retomando o *topos* clássico da morte, Montaigne encontra o meio de entrar numa relação paradoxalmente dinâmica com ela. A relação que ele entretém com a morte tal como ela é imaginada nesse ensaio é feita de desejo. Ironicamente, o medo da morte engendra o renascimento de um tema que, dessa vez, é assumido pela invenção de um eu fantasmático. Esse momento é comparado à "gagueira do sono": a figura que dorme num estado nebuloso escorrega "para as margens da alma" (II, 6, 375), na direção da doçura dos prazeres desconhecidos. Esse passado hipotético é reconstruído simbolicamente através da ilusão de uma experiência vivida que deveria ser, segundo ele, fora de alcance:

> Eu não sei, entretanto, nem de onde venho, nem para onde vou; tampouco posso formular e considerar aquilo que me perguntam (II, 6, 376).

Fazendo alusão à doçura desta experiência afetiva, o texto projeta quimeras que fecundam o prazer. Aqui, as emoções agem sobre o corpo que as traduz. O sonho dá a Montaigne a ilusão de dirigir sua vontade inventando a consciência do sonho. De forma irônica, o movimento na direção da morte sugere uma ressurreição paradoxal cuja força motriz é uma vacilação voluptuosa, uma ilusão, aquela de uma não passagem. Crer na experiência da morte depende então de um movimento capaz de atravessar o *no man's land* da aporia transformando a expiração numa regeneração ilusória. A experiência simulada como a do sonho abre o acesso a uma cena em que, passando por uma fronteira particular, muda a pretendida "realidade" da morte. "*Esmouvoir*", neste contexto, significa evacuar a dor e apaziguar a tensão. O medo da morte é atenuado pelo excesso da construção retórica. O afeto não é negado, mas totalmente retrabalhado. Aqui, Montaigne ultrapassa o *memento mori* cristão para entrar no cerne do que Pascal denomina, em seus *Pensamentos* (1670), "a indolência da salvação".

A amizade singular do antiensaísta

Outro exemplo do trabalho sobre o afeto: a amizade. Montaigne conheceu La Boétie em 1558 e considera seu *Discurso da servidão voluntária* uma obra exemplar. Assim, uma forte inclinação se desenvolve para um amor fatal que os ligou pelo destino: "Nós nos procurávamos antes de nos termos visto" (I, 28, 184). Este encontro, mediatizado por um texto, engendra uma amizade excepcional baseada na igualdade. "Nós éramos uma alma em dois corpos" (I, 28, 190).

Nesta relação extraordinária, nascida das cartas, La Boétie, "com a morte às portas" (I, 28, 184), lega sua "livraria" a Montaigne. O ensaísta em luto não encontrou ainda palavras para descrever a dor deste desaparecimento. "Se alguém me pressiona a dizer por que eu o amo, sinto que isto não pode ser expresso" (I, 28, 188).

A amizade da qual fala Montaigne não é universal; é antes um exemplo único de duas vontades que mergulham uma na outra numa relação quase mística:

A união de tais amigos sendo verdadeiramente perfeita, faz-lhes perder o sentimento de deveres entre si, e entre eles deixam de existir palavras que dividem: só resta benevolência, obrigação, reconhecimento, oração, agradecimento, e outros termos semelhantes (I, 28, 190).

A fronteira que separa Montaigne de La Boétie se apaga numa coletividade pessoal concreta sem qualquer modelo similar: um nós que faz desaparecer qualquer traço de alteridade. A voz narrativa se divide entre quem fala e aquele do qual se fala. "O segredo que eu jurei não revelar a ninguém, posso, sem perjúrio, comunicá-lo àquele que não é outrem, mas eu mesmo" (I, 28, 191). A distinção entre *eu* e *ele* desaparece na criação de um ser único e fusional em que os dois se tornam um. O termo "sujeito" não reenvia mais a uma relação de sujeito e objeto, mas antes a uma relação de autoidentidade como fundamento da ontologia da amizade.

Esta amizade exemplar ultrapassa todas as outras relações evocadas junto aos Antigos: a amizade natural; a amizade social; a amizade hospitaleira; a amizade venérea. Montaigne coloca suas amizades múltiplas em discussão para substituí-las por uma amizade única, a que não teria sido jamais percebida desde há vários séculos.

Em *Políticas da amizade*, Jacques Derrida põe em evidência a exclusão do feminino no texto de Montaigne[7]. Ele vê na relação dos dois amigos uma figura sublimada da homossexualidade. Numa ampliação da edição de Bordeaux, a afirmação inefável da qualidade da amizade conserva uma parte de mistério, permanecendo um indiscutível lugar de afeto:

> Se me pressionam a dizer a razão pela qual o amo, penso que isso só pode ser dito assim: "Porque estou nele; porque ele está em mim" (I, 28, 139).

Esta frase exprime, em sua brevidade e em sua sintaxe equilibrada, as coerções desta amizade. Ela reproduz mimeticamente o caráter restrito e exclusivo desta relação livremente escolhida.

---

7. DERRIDA, J. *Politiques d'amitié*. Paris: Galilée, 1994.

O que impressiona neste capítulo é a maneira com a qual o próprio trabalho de escrita nos *Ensaios* se reduz aqui à singularidade desta amizade. É a paixão do ensaísta que traduz a amizade como um fenômeno em si, sem nada de convencional nem de complexo. É "a coisa mais una e unida". O fruto desta "divina ligação" elogiada pelo ensaísta faz o elogio tornar-se, desde o desaparecimento do amigo, um ser fraturado que não vive senão pela metade:

> Éramos de metade em tudo, e hoje parece que lhe sonego a sua parte (I, 28, 193).

A amizade assim desfeita pela morte tornou o sobrevivente um sujeito lastimável. "Este *eu* não tem outra ideia senão pensar nele, e não pode agora relacionar-se senão consigo mesmo" (I, 28, 187). A perda de si, resultante do luto não dominado do amigo, provoca uma paixão retórica digna de lamentações de Petrarca por Laura. A paixão se extinguiu; o princípio de prazer cede seu lugar ao princípio de morte, onde não há senão "fumaça" e "uma noite obscura e tediosa" (I, 28, 193). Montaigne descreve assim este luto que provoca nele um desregramento das emoções:

> Desde o dia em que o perdi [...], não faço senão arrastar-me melancolicamente. Os próprios prazeres que se me oferecem, em vez de me consolar ampliam a tristeza que sinto da perda (I, 28, 193).

Se a paixão amical produz prazer concretamente, o desaparecimento do amigo engendra o sofrimento em que o afeto se torna sensibilidade hiperbólica. De fato, é esta melancolia que impede a amizade de idealizar o ser benéfico; ela destrava um movimento pelo qual o espírito se sente deprimido. Uma parte central da relação a si foi amputada. O arrebatamento da emoção torna a alma fatalmente ferida, o que leva o sujeito em luto a separar-se da fonte viva de toda percepção.

As emoções e a imaginação

Nova presença do afeto, nova vontade de matização, no capítulo sobre "A força da imaginação" (I, 21), Montaigne examina a relação entre a produção física e as pulsões sexuais, bem como a maneira com a qual a natureza pessoal é determinada pelos investimentos afetivos. O ensaio se compõe de uma série de anedotas, cada uma comportando uma representação da força da imaginação. Ele demonstra primeiro como ela é capaz de infligir formas diversas de violência:

> Ela me persegue e eu me esforço para fugir na impossibilidade de lhe resistir [...]. Não acho estranho que a imaginação dê e mesmo provoque a morte nos que não a controlam (I, 21, 97-98).

A imaginação, considerada potencialmente hostil ao sujeito que deseja, poderia constituir uma ameaça para seu bem-estar, em razão de sua força destruidora. Entretanto, ao inverso, a imaginação poderia igualmente provocar prazer, como nas ejaculações noturnas. Montaigne afirma:

> E tanto inflama a fogosa mocidade que ocorre aos jovens satisfazer em sonho seus desejos amorosos (I, 21, 98).

Montaigne descreve os perigos e a ambiguidade da energia especulativa da imaginação como capazes de produzir ficções para alimentar os desejos ou ficções que enaltecem uma espécie de pulsão de morte. O texto apresenta vários estudos de caso e constitui uma verdadeira história repressiva. Por exemplo: no esforço exigentíssimo de compreender a natureza da loucura, Galo se torna paradoxalmente vítima do próprio objeto de sua reflexão:

> Galo Víbio dedicou-se de tal modo ao estudo das causas e efeitos da loucura que perdeu a razão e não mais a recobrou (I, 21, 98).

Em outro caso, um condenado à morte, objeto de perdão, morre de medo justamente quando o juiz se apressa para acordar-lhe a suspensão da pena. "Ao lhe tirarem a venda verificaram que já estava morto, fulminado pela sua imaginação" (I, 21, 98).

O medo gerado pela emoção intensa em cada um desses casos aprisiona o sujeito ansioso no cenário interior de suas próprias tensões afetivas. O texto de Montaigne realça assim o esforço requerido da imaginação para atingir sua autoextinção. A utilização do termo "retesado" traduz a dificuldade de comunicação quando se está dominado pelas próprias emoções.

Neste ensaio, Montaigne empresta um exemplo excepcional tirado do livro *Dos monstros e dos prodígios*, de Ambroise Paré (1573), para ilustrar como o poder da imaginação pode engendrar uma "mudança de sexo":

> Não é tão extraordinário assim o caso, e essa espécie de acidente é bastante frequente. Pode-se observar, entretanto, que a ação da imaginação em tais casos consiste em uma contínua obsessão e excitação que levam à mudança definitiva de sexo como solução mais cômoda e eficiente (I, 21, 99).

A metamorfose sexual é realizada quando a lei do "gênero" é transgredida. O corpo, reconhecido como anatomicamente distinto, é capaz de sofrer transformações *via* comportamentos inesperados. Na reescrita da história de Maria que se tornou Germano, Maria, fazendo grande esforço num salto, sofreu uma metamorfose biológica: a brusca aparição de um sexo masculino nela. Este desempenho do "gênero" transforma a ideia do que normalmente consideramos natural. Apresentar traços tradicionalmente associados à emoção masculina "sobredetermina" a construção do "gênero": a emoção participa da distinção sexual:

> De passagem por Vitry-le-François, pude ver um rapaz a quem o bispo de Soissons, no Sacramento da Confirmação, dera o nome de Germano, e que todos os habitantes do lugar trataram por Maria; portanto, como mulher, até a idade de 22 anos. Quando o conheci já era velho, muito barbudo, e ainda solteiro. Explicou-me que em consequência de um esforço feito para saltar, lhe apareceram os órgãos viris. É ainda de uso na região as moças cantarem uma canção em que se recomenda não fazer grandes exercícios para não se tornarem rapazes, a exemplo de Maria-Germano (I, 21, 99).

Na história dessa menina que corre atrás de porcos em Vitry, aprendemos que o "gênero" e a "sexualidade" são noções variáveis. Se o gênero é fruto de um estado de espírito, então a construção do gênero é capaz de operar miraculosamente mudanças de sexo. Ainda que nascida como Maria, embora se comportando como homem, as marcas de outra sexualidade nela se inscrevem.

Agindo como homem, Maria/Germano adota os sinais biológicos da masculinidade. Se o gênero é ativamente escolhido, a sexualidade é passivamente recebida como consequência de uma maneira de pensar diferente. A emoção, sozinha, teria então suficientemente força para ajudar a reconfigurar a sexualidade.

As preocupações com o corpo

O autor dos *Ensaios* se preocupa muito com a sexualidade e com as emoções associadas ao desejo. Ele não tem medo de falar da ação genital "tão natural, tão necessária, tão justa" (III, 5, 1.324), e aborda temas como a impotência sexual e o amor, este último constituindo-se numa imensa fonte de prazer.

No domínio do corpo, a retórica afetiva leva a diversas considerações psicológicas. A história do cálculo renal e da expulsão da pedra, a dor lancinante do autor, mostra uma fusão da agressão e do erótico enquanto experiência de satisfação no ato de eliminar a dor. A metáfora da evacuação corporal do cálculo reaparece em "Da experiência" (III, 13) e funciona como um comentário do mesmo *topos* em "Da semelhança dos filhos com os pais" (II, 37). A expulsão da pedra é descrita e comentada como um alívio. Neste último exemplo, o pai biológico existe como um símbolo, vínculo "fatal" ao pai, mas também estímulo a ser superado[8]. De fato, Pierre Eyquem foi marcado pela doença do cálculo renal e Michel, igualmente diminuído por esta, se torna vítima por hereditariedade. O verdadeiro desafio será ir além desta "qualidade pedregosa" (II, 37, 763) e desengajar-se da figura do corpo paterno. Evocando essa passagem, alguns analistas sugeriram que o texto de Montaigne envolveu duplamente o nome de "Pedro", o do pai, o da doença: uma referência ao símbolo, uma referência ao real[9]. É esta convergência que permite à figura do filho de participar de um romance familiar liberado das coerções biológicas produzidas pela hereditariedade:

---

8. KRITZMAN, L.D. *The Fabulous Imagination*: On Montaigne Essays. Nova York: Columbia University Press, 2009. Discuto "o romance da pedra" mais detalhadamente nesse estudo.

9. COMPAGNON, A. *La seconde main ou le travail de la citation*. Paris: Seuil, 1979.

Parece haver na genealogia dos príncipes alguns nomes fatalmente afetados (I, 46, 276).

Transformando uma questão ontológica em termos de hereditariedade e situando-a numa perspectiva temporal, o texto de Montaigne descreve uma fatalidade genealógica. Assim surge o que poderíamos denominar hoje uma crise edipiana:

> Prodigioso é, com efeito, o que o sêmen prolífero engendra.
> Ele traz a marca não somente da constituição física de nossos pais, mas ainda de seus pensamentos e tendências.
> Onde se aloja, nesse germe, esse número infinito de formas embrionárias?
> Como se ordenam tais formas para que, através de um processo que não obedece a nenhuma regra, um neto se assemelhe ao avô, um sobrinho ao tio? (II, 37, 763).

O desafio à fatalidade imposta pela lei da hereditariedade é aqui inegável.

> Meu pai detesta toda sorte de molhos; eu os amo todos (III, 13, 1.102).

A experiência do corpo é igualmente "libertação" do cálculo renal. O que sugere que a relação necessária entre sofrimento e prazer é um espelho complexo da experiência humana. O ensaio ultrapassa o empirismo, pois a representação do eu é ao mesmo tempo dinâmica e contraditória. O poder da imaginação, engendrado pelas emoções, é um "ato com um personagem único" (III, 9, 979), que trata e reconfigura as sensações corporais. Como prática afetiva, a experiência marca o vínculo entre corpo e imaginação; querer conhecer permite abrir-se para alguma coisa vindoura. A fábula da onipotência é a que a fisicalidade do corpo, mediatizada pela figura do cálculo renal, se prolonga para além dos limites das coerções espaciais. O que emerge nesse ensaio é uma alegoria do movimento, um modo virtual, da mesma forma que ela se manifesta pelas emoções:

> Sou cuidadoso com minha imaginação; se pudesse, evitar-lhe-ia todo trabalho e pena. É preciso auxiliá-la, lisonjeá-la, enganá-la enquanto possível (III, 13, 1.090).

Nesse drama retórico, o espírito desapossa o corpo. O cuidado do corpo se torna uma das preocupações do afeto, já que permite superar as falhas da natureza:

> Ele [o espírito] me diz que esses cálculos renais são um mal menor para mim, já que todo edifício da minha idade poderia alojar o mal da gota (III, 13, 1.090).

O projeto da narrativa toma forma no romance do cálculo renal, seu sofrimento, sua expulsão. O cálculo, simbolizando a espectralidade do pai, problematiza o estatuto ontológico do *eu*. Neste contexto, o ensaísta entra numa relação com a morte e o luto. Se a identificação de inspiração psicanalítica opera segundo as exigências de incorporação e de introspecção, a imagem do cálculo bloqueado no corpo funciona então como uma metáfora de tudo aquilo que corrói Montaigne no interior dele mesmo.

A passagem da "pedra fálica" induz o movimento necessário, no sentido de "*esmouvoir*", para encontrar a tranquilidade. As consequências deste bloqueio corporal correriam o risco de subverter as inclinações naturais da energia libidinal e assim colocar em risco a existência do sujeito de desejos. O eclipse possível deste sujeito é antecipado por um movimento estratégico, quando a dor começa a se extinguir e quando se engaja uma relação agonística com a figura da doença ela mesma:

> Dou grande autoridade aos meus desejos e propensões. Não gosto de curar o mal pelo mal; tenho remédios que importunam mais do que a doença. De ser submetido à cólica e também de abster-me do prazer de comer ostras, são dois males num. O mal nos pressiona de um lado e de outro. Já que estamos de forma aleatória ao seu dispor, arrisquemos antes a seguir o prazer (III, 13, 1.086).

A recusa de apagar o apetite que constitui o desejo torna de novo possível a experiência da volúpia natural da vida. A emoção reencontra seu direito:

> Quanto a mim, portanto, amo a vida e a cultivo tal como Deus no-la outorgou [...]. Cometemos um grande erro em recusar seu dom, anulá-lo e desfigurá-lo (III, 13, 1.113).

A descrição desse drama retórico compensa o fracasso biológico, o poder retórico corrigindo as deficiências da natureza. O texto, que representa o drama afetivo da imaginação, permite à degenerescência do corpo superar a dor graças à criação de uma prosa poética de proporções épicas:

> Veem-te suar, empalidecer, corar, tremer, vomitar sangue, verter lágrimas, expelir urinas espessas e escuras, ou deixar de urinar, porque um cálculo cruelmente se incrustou na uretra (III, 13, 1.091).

O desejo de engendrar um pensamento mágico, graças ao poder da imaginação, constitui um investimento afetivo que visa a ultrapassar as coerções da vida:

> Meu espírito é próprio a este serviço: ele permeia todos os meandros; se ele persuade como prega, também me socorre (III, 13, 1.090).

Pelo viés desta encenação retórica, uma simulação do eu, uma maneira de esquecer a dor, torna o ensaísta capaz de enfrentar o desafio afetivo:

> Urge aprender a sofrer o que não se pode evitar (III, 13, 1.089).

A fim de preservar o prazer ameaçado pelo "poder" e pelo impacto do cálculo renal, o sujeito na dor deve esvaziar-se desta matéria estranha pela força da imaginação. A narração da dor corporal dá finalmente nascimento ao prazer produzido pela imaginação:

> Nada me parece mais delicioso do que o que sinto quando, depois de expelir um cálculo, recupero a saúde, depois da enfermidade, inteira e perfeita.
> Haverá na dor experimentada algo comparável ao prazer da repentina melhora?
> Muito mais bela é a saúde depois da enfermidade, e a segue tão de perto que posso distingui-las ambas, na sua luta encarniçada (III, 13, 1.093).

O drama do cálculo renal garante a passagem da agressão à satisfação erótica que emana do ato de esvaziar-se. O desejo, exercido pelo poder da imaginação, permite o restabelecimento da vida. A descrição de si como fenômeno corporal revela a maneira com a qual as emoções podem construir encenações, mascaramentos. Submetida às exigências da imaginação, a retórica afetiva de Montaigne produz um movimento que dá lugar a uma psico-história e a uma negociação da realidade entre mal-estar e prazer.

Da Idade Média à Renascença, através do exemplo de Montaigne, passamos de uma referência eclesial da dor, ou da paixão, a um discurso radicalmente secular em que a subjetividade foge ao determinismo universal. De fato, as emoções são submetidas a um exame que revela a modernidade de Montaigne. Em matéria de paixões e desejo, não existe filosofia coerente, pois o jogo psico-afetivo engaja a experiência tal como ela é imaginada. A retórica afetiva junto a Montaigne produz um engajamento na ação e um "processo deliberativo" que dá toda a sua importância a "tantas emoções que nos afetam"[10]. O ensaísta demonstra que a dimensão ontológica do desejo poderia engendrar afetos dos quais o desejo jamais é a essência.

---

10. NAYA, E. & GIACOMOTTO-CHARRA, V. *Essais de Montaigne*. Livro I. Neuilly: Atlande, 2010.

13

ALEGRIA, TRISTEZA, TERROR...

A mecânica clássica dos humores

Georges Vigarello

Uma longa tradição agrupa o conjunto dos afetos sob o termo "paixão". O termo designa as expectativas da alma. Ele se impõe com toda evidência, atravessando o tempo, desde a Antiguidade até o universo clássico. É genérico, global, significando um conjunto aparentemente unificado: o que a alma sofre, o que ela experimenta, o que a constrange também. Dito diferentemente: o conjunto de suas derivas, de suas alterações, e inclusive de suas "doenças". Esta é a primeira característica deste universo na tradição ocidental.

Uma dupla transformação, em contrapartida, ocorre ao longo da nossa modernidade: os detalhes psicológicos se acumulam, para melhor designar as paixões; as categorias se tornam claras também, para melhor designar os afetos. O espectro se alarga discretamente diferenciando "emoção", "sentimento", "paixão". O universo afetivo se estrutura, ao mesmo tempo em que se diversifica.

A tradição das paixões

Se o termo "paixão" tende tradicionalmente a reagrupar os fatos afetivos, é primeiramente a questão de seu espectro que se impõe, a questão de sua variedade. A tradição divide estes fatos afetivos em primeiro lugar segundo seu objeto, diferenciando a busca de um bem ou de um mal, aquilo que "satisfaz" ou "desagrada": o amor, o desejo, a alegria num caso, a raiva, a aversão, a tristeza noutro. Ela os divide em segundo lugar de acordo com a perspectiva de sua realização "possível": o fato, em particular, "de que o bem ou o mal também pode ser vislumbrado como difícil de conquistar ou de evitar"[1], o "desejo" transformado em "esperança", a "expectativa" transformada em "temor", o impossível transformado em cólera. Trata-se, aqui, de um efeito reativo: o atraente se faz repulsivo, a apetência se faz despeito. Isto engendra outra série de afetos: a das paixões dominadas pelo desespero, pelo medo, pela exasperação... Dois reagrupamentos gerais podem desde então se impor. O primeiro comporta as paixões "concupiscíveis", as que "consideram o bem ou o mal sensível simplesmente enquanto bem ou enquanto mal"[2], dito de outra maneira, o amor, a alegria, o desejo, a raiva, a aversão, a dor; o segundo contém as paixões "irascíveis", as que consideram o bem ou o mal "como difícil de conquistar ou de evitar", ou seja, a esperança, o desespero, o medo, a audácia, a cólera. Esta é a paisagem tradicional do afeto.

Estas mesmas paixões dependem ainda inevitavelmente de uma relação com o corpo. Elas são o efeito de sua influência, como se inscrevem nele. Elas lhe estão intimamente ligadas, partes físicas que vêm perturbar a alma até "possuí-la". É o que Tomás de Aquino sintetiza com a maior clareza no século XIII:

> Tais paixões, quando sobrevêm, são acompanhadas de um movimento determinado do coração, resultando numa mudança no corpo[3].

Daí esta evocação de forças diretamente materiais. São os humores aqui, ou os espíritos, sua parte mais sensível, que exercem esta função, sugerindo movimentos ou estados diferentes segundo as paixões implicadas. Tantas mudanças físicas tidas por falar, numa palavra, do psicológico:

---

1. SOMME, L.-T. "Passions et temporalité Saint Thomas d'Aquin". *Revue d'Éthique et de Théologie Morale*, vol. 254, 2009, p. 51-61.

2. Ibid.

3. THOMAS D'AQUIN. *Somme théologique* (XIIIᵉ siècle). Tomo 3. Paris: Garnier/Flammarion, 1999, cap. 103, § 4, p. 364.

> Na cólera, os espíritos são calorosos e sutis [...]. Tendem a subir. Assim se reúnem na região do coração [...]. Mas no medo, em razão da invasão do frio [...], os espíritos tendem a descer [...]. Longe de unir-se na região do coração, o calor e os espíritos fogem para longe do coração[4].

Esta "imagem", diretamente oriunda do físico, é central: os movimentos orgânicos internos "imitam" o moral. A inquietação, por exemplo, é feita de abandono ou de desterro dos espíritos, e a atração é feita de efervescência ou de abundância dos espíritos: a tristeza "se apresenta em forma de fuga ou de distanciamento" e o prazer "em forma de busca ou de aproximação"[5]. No primeiro caso os espíritos escasseiam, se retiram em direção ao coração, tentando evitar toda presença ou todo "peso" do mal[6]; no segundo se multiplicam, se "disseminam" a partir do coração, tentando aproximar o que os atrai e o que os encanta.

Precisamos insistir nesta homologia. Tomás de Aquino oferece uma explicação quase metafísica, já sugerida por Aristóteles: a alma é necessariamente "imóvel", o movimento pertence ao corpo. Por isso, o corpo é como a atualização da alma: o acontecimento daquilo que nela é "potencialidade". Daí esta relação muito precisa: "Quando dizemos que a alma foge do mal na tristeza, ou aproxima o bem no prazer, só pode tratar-se de um movimento metafórico"[7]. É o que Tomás de Aquino afirma tão longamente quanto distintamente:

> Nós dissemos precedentemente que nas paixões da alma o próprio movimento do poder apetitivo é como o elemento formal, e a mudança orgânica o elemento material. Existe uma correspondência entre um e outro. Daí a semelhança entre as características dos movimentos do apetite e a mudança física que se segue. No plano sensível, o medo implica uma contração. É pelo fato de ele

---

4. Ibid., Ia-IIae, q. 44, art. 4, sol. 1.

5. Ibid., q. 36, art. 1.

6. Ambroise Paré, evocando este "refluxo", fala claramente de uma tentativa de "se descarregar de tão grande *faix* [peso]". Cf. *Les oeuvres* (1585). Tomo 1. Bièvres: Centre Artistique et Culturel du Moulin de Vauboyen, 1969, p. 36.

7. TALON-HUGON, C. *Les passions rêvées par la raison* – Essai sur la théorie des passions de Descartes et de quelques-uns de ses contemporains. Paris: Vrin, 2002, p. 25.

provir da representação de um mal ameaçador que é difícil de afastá-lo. Esta dificuldade vem de nossa própria falta de força. Já dissemos tudo isso. Ora, quanto mais forte for esta fraqueza, mais nosso campo de ação se encolhe. Disso resulta que a apreciação de onde procede o medo produz uma contração no poder apetitivo. Inclusive podemos constatar, entre os moribundos, o poder vital retirar-se para dentro, pelo enfraquecimento de sua energia; e quando, numa cidade, os habitantes têm medo, abandonam os subúrbios e se refugiam o máximo possível no centro. À imagem desta contração que sobressai do apetite sensível, o medo produz no organismo esta contração que internaliza o calor natural e os espíritos vitais[8].

Consequência maior: o "conteúdo" psicológico pode ser expresso por fórmulas físicas.

O "material" das paixões

A referência material continua assim por longo tempo determinante na "expressão" da paixão. Temática aprofundada mais ainda pelos médicos. Aldobrandino de Siena, por exemplo, um dos primeiros a fazer da medicina um ensino universitário, contemporâneo, aliás, de Tomás de Aquino, atém-se sistematicamente aos deslocamentos dos humores. Secos demais ou excessivamente úmidos, quentes em demasia ou muito frios, muito estáticos ou excessivamente agitados, estes líquidos dão, quase nos mesmos termos, a tonalidade daquilo que é ressentido pela alma. A cólera "aquece o corpo, o desseca, provoca a febre e destrói o calor natural", ao passo que a alegria, quando comedida, agitando docemente os espíritos, esta parte mais sensível e espiritual do sangue, "mantém o corpo sadio e conforta o calor natural"[9].

Uma diferença é igualmente sublinhada, por exemplo, entre o que ocorre "repentinamente" e o que sobrevém de "tempos em tempos", entre o brutal e

---

8. THOMAS D'AQUIN. *Somme théologique.* Op. cit., Ia-IIae, q. 44, art. 1.

9. *Le Régime du corps de Maître Aldebrandin de Sienne* (XIIIe siècle). Paris: Champion, 1911, p. 31.

o moroso, entre o medo e a tristeza. Esta diferença distingue o que hoje denominaríamos "emoção" daquilo que chamaríamos de "sentimento" ou "paixão", com seus efeitos percebidos como "físicos", a primeira ameaçando mais o "calor natural" do que a segunda. Ocorre que "categorias" afetivas diferentes não são claramente constituídas.

A referência material para falar do psíquico torna-se mais decisiva ainda quando Marsile Ficin tenta explicar o arrebatamento do amor. Os olhos são aqui determinantes. Eles são ativos, portadores de uma "missão" concreta. Projetam corpúsculos que atingem a pessoa seduzida. Transformam em realidade concreta a "flecha" das mitologias amorosas. Assim, os olhos do amante "faíscam" na direção do sujeito amado dos espíritos, que, "em razão de sua grande sutileza", o atravessam, o ocupam, ou mesmo "penetram nas entranhas e pelas veias e artérias e se espalham por todo o corpo e agitam o sangue"[10]. O amor supõe assim uma imagem de corpos minúsculos emitidos pelos olhos antes de atingir as carnes, difusão julgada tão marcante que somente os olhos poderiam dizer sua beleza. Daí esta conclusão tornando-se sistema, largamente distanciada da sensibilidade de hoje: "Por mais bela que seja uma pessoa, se não tiver os olhos lindos, não saberia oferecer um amor apaixonado"[11]. A expectativa pessoal, seu transtorno, mais do que por efeitos íntimos dir-se-ia por objetos. O que permite explicar segundo um registro de "coisas" a existência de um sentimento interior, mais fugaz, senão mais inapreensível. A linguagem parece encontrar aqui seu limite, a descrição também.

Qualidades materiais e qualidades psíquicas

O fluxo de tais corpúsculos oriundos dos olhos pareceria, com toda certeza, mais contestável no século XVI. Uma racionalização crescente entrega tais objetos ao sortilégio, à crença abusiva: tema próximo ao das "feitiçarias" torna-

---

10. FICIN, M. *Discours de l'honneste amour sur* Le banquet *de Platon* (XVe siècle). Apud FERRAND, J. *De la maladie d'amour ou mélancolie érotique*. Paris: Moreau, 1623, p. 55.
11. Ibid., p. 56.

das "vãs e inúteis"[12], próximo ainda à faculdade emprestada por longo tempo aos bruxos, à sua maneira de "encantar" exclusivamente pelo olhar. Tantas manifestações julgadas a partir de então sem impacto! As matérias, os corpos, os objetos, não saberiam projetar qualquer força oculta, tampouco saberiam emitir algum poder invisível ou escondido. Os olhos não podem de repente apreender o amante com seus corpúsculos, exatamente como as pedras preciosas não podem, contrariamente às velhas crenças, projetar nenhuma luz, ou curar os males: "Parece supersticioso e mentiroso acreditar que haja uma virtude fantástica e secreta nas pedras preciosas, quer as carreguemos sobre nós mesmos, quer usemos seu pó"[13]. Da mesma forma, o amor, o afeto, não podem nascer destes poderes difusos e secretos. Atribuir tais efeitos íntimos às influências veladamente físicas cai-se, desde então, na superstição.

Em contrapartida, são os dispositivos psicológicos, as dinâmicas interiores, que permanecem descritos segundo mecanismos físicos: o movimento secreto e escondido dos corpúsculos, por exemplo, sua agitação figurada. As interpretações de Aldobrandino de Siena, ou de Tomás de Aquino, evocando a vida interior segundo as referências concretas de fluxos materiais, dos humores circulando no corpo, continuam válidas ainda no século XVI e XVII. A representação de deslocamentos de objetos fundamenta a representação de deslocamentos íntimos. A efervescência dos líquidos serve de imagem aos acontecimentos "emotivos", como o fariam um teatro e seu cenário.

Tidas por objetos quase físicos, as paixões são, sobretudo, mais do que antes, submetidas a cruzamentos, a combinações, a enfrentamentos. Elas devem ser controladas ou reforçadas, equilibradas ou rejeitadas, segundo sua ressonância material. O pavor pode curar a cólera ou a febre limitando-as. A tristeza pode compensar a avidez do homem "gordo e rechonchudo"[14], dire-

---

12. MONTEUX, J. *Le livre de la santé*. Paris: Chaudière, 1572, p. 181.

13. JOUBERT, L., apud PARÉ, A. *Discours de la licorne* (1580). In: *Des monstres, des prodiges, des voyages*. Paris: Livre Club du Libraire, 1964, p. 66.

14. MONTEUX, J. *Le livre de la santé*. Op. cit., p. 179.

cionando o conjunto dos humores para o coração e absorvendo-os. A "ira" é "grandemente benéfica aos efeminados e pusilânimes"[15], inflamando e tornando mais denso seu sangue. O terror, em contrapartida, pode restringir e contrair os humores até a "morte súbita"[16], ressecando-os ao extremo. Tantas observações que confirmam o quanto a psicologia é estudada aqui segundo os efeitos supostamente materiais. A tristeza, por exemplo, não é explorada interrogando-se os vestígios íntimos que ela imprime, ou os efeitos morais que impõe; ela não é seguida em suas ressonâncias eventualmente duráveis ou seu lento encaminhamento de consciência, seu sofrimento secreto, sua ferida, mas, em contrapartida, ela existe segundo seu efeito sobre as matérias do corpo. Ela pode então, agindo diretamente sobre os líquidos e limitando-os, "ajudar" as pessoas informando que uma presença aquosa "submerge": os gordos, os "entupidos". Ela "reduz" a parte transbordante de seu corpo. A partir de então, dor e preocupação são menos evocadas segundo suas expectativas íntimas. Não seriam julgadas "convenientes" aos jovens que transbordam os humores?[17] A cólera, enfim, geralmente temida, e até mesmo condenada, pode ser "útil" aos "pituitários e lânguidos"[18]. Não agiria ela sobre os espíritos despertando-os? Daí também essa anedota segundo a qual Hali Rhodoan, médico árabe discípulo de Avicena, teria curado "um policial congelado, paralisado e já duro de frio, provocando-lhe grande ira e fúria"[19]. O "aquecimento" material, neste caso, está no centro do afeto. As paixões permanecem então como dinâmicas físicas. O que legitima sua intervenção possível nas terapias: o terror pode curar a "febre alta", ou a cólera "as doenças frias"[20]: a mecânica aqui prevalecendo sobre a psicologia.

---

15. Ibid., p. 181.

16. Ibid., p. 180.

17. Ibid., p. 182.

18. CARDIN, J. *Subtilité et subtiles inventions* – Ensemble les causes occultes et raisons d'icelles. Paris: Le Noir, 1566, p. 350.

19. MONTEUX, J. *Le livre de la santé*. Op. cit., p. 181.

20. Ibid., p. 181-182.

Os movimentos, os fluxos, os percursos se explicitam mais ainda no século XVII por uma espécie de um aumento de vontade erudita. São mais teorizados também. Marin Cureau de La Chambre o demonstra melhor do que qualquer outro em 1640 com seu monumental *Caractères des passions*, inesgotável reservatório de referências e exemplos:

> Já que, nas paixões, os movimentos dos espíritos e do sangue são conformes ao que a alma ressente nela mesma, não resta dúvida que o amor, unindo o apetite à ideia do bem que lhe é representada, não produza igualmente nos espíritos alguma espécie de movimento que auxilie seu propósito e torne esta visão mais forte[21].

Daí esta longa descrição de "espíritos" que, no amor, "acorrem às partes exteriores e as tinge com a cor do sangue"[22]. Ou a evocação de uma expansão totalmente diferente na ousadia, cujos movimentos de espíritos se projetam "para fora" por outras causas, se enrijecem, se inflamam, animando as disposições da alma.

A interioridade passa a ser então o conjunto dos movimentos corpusculares. Os objetos palpáveis tendem assim a assumir o lugar dos afetos mentais. Uma persistente analogia permite falar da vertente afetiva em termos de "coisas", o que "esquiva" um recurso mais difícil à linguagem abstrata ou à referência íntima. Primeiro princípio de uma psicologia embrionária refugiada desde então num recenseamento de materialidade: "Os movimentos do corpo, que são efeitos da alma, devem ser as imagens das agitações que ela se oferece"[23]. A "obscuridade" do "de dentro" é manifestada com a "clareza" das coisas do "de fora".

Da mecânica à psicologização

Trata-se de uma mecânica que se impõe no século XVII, com a importância nova dada à aproximação entre as ações do corpo e as ações das máquinas do

---

21. LA CHAMBRE, M.C. *Les caractères des passions*. Tomo 1. Paris: Rocoler, 1640, p. 62.
22. Ibid., p. 64.
23. TALON-HUGON, C. *Les passions rêvées par la raison*. Op. cit., p. 41.

tempo: referência sistemática inspirada nos "mecanismos criados pelo homem tornados tão numerosos para impor um novo modelo de funcionamento"[24]. Os percursos passionais tornar-se-iam infinitos percursos geométricos e materiais. As disposições íntimas teriam seus canais, seus automatismos, seus trajetos, mesmo que alguns ainda fossem julgados desconhecidos:

> Quando a alma sensitiva recebeu a ideia de um objeto agradável, ela é determinada a fluir abundantemente no coração através dos nervos, e esta determinação procede aparentemente da estrutura da máquina da qual não podemos elucidar suas molas propulsoras. Se tivéssemos meios para descobrir inteiramente a estrutura do corpo, não ficaríamos impressionados com os diversos movimentos da alma, mas veríamos a necessidade destas determinações. Entretanto, dado que existe uma infinidade de condutos e propulsões que se esquivam à nossa visão, ficamos impressionados e perdemos até a esperança de poder determinar algo de particular sobre este tema[25].

A literatura da Europa moderna acompanha tais descrições, mantendo seu valor metafórico e desenvolvendo-o. Como, por exemplo, no temor de Fedra ao ver Hipólito, expresso pelo refluxo do sangue direcionando-se ao coração, no teatro de Racine: "Eis que meu sangue todo retorna ao coração"[26]. Ou o sofrimento de Madame de Montmorency, evocado por Tallemant des Réaux: sua tristeza e choros fizeram com que "de curvada que se encontrava [...] ficasse ereta como outrora, sua fluxão sendo escoada pelos olhos"[27].

Outra originalidade da descrição clássica é a de aventurar-se nos matizes. Um termo, julgado evocá-los, assume uma importância e um sentido novo com a ambiência do século XVII: o "vapor", referência totalmente mecânica

---

24. ROHOU, J. *Le XVIIe siècle* – Une révolution de la condition humaine. Paris: Seuil, 2002, p. 208.

25. LAMY, G. *Explication mécanique et physique des fonctions de l'âme sensitive.* Paris: Houry, 1687, p. 141-142.

26. RACINE, J. Phèdre (1667). In: *Oeuvres completes.* Tomo 1. Paris: Gallimard, 1960, p. 768 [Coll. "Bibliothèque de la Pléiade"].

27. RÉAUX, G.T. *Historiettes* (XVII siècle). Tomo 1. Paris: Gallimard, 1960, p. 364 [Coll. "Bibliothèque de la Pléiade"].

que designa "a fumaça que se eleva do estômago ou das entranhas na direção do cérebro"[28]. O termo é polissêmico, sem sombra de dúvidas, e "o usamos para qualquer coisa", garante Madame de Sévigné[29], designando tanto os transtornos físicos quanto os transtornos mais íntimos, todos ligados à invasão do cérebro por estas matérias "ascendentes" e importunas. As mais escuras, por exemplo, as que "procedem do baço", são causa de "melancolia"[30], sugerindo novamente a referência analógica designando as "fuligens e as nuvens escuras que se elevam na direção do cérebro"[31]. Por isso, o "vaporoso" ou a "vaporosa" se tornam mais suscetíveis a transtornos pessoais, insuficiências eventualmente leves ou mais "pesadas", que fazem toda a sua originalidade. Os vapores "anódinos", sobretudo, revelam ser mais "novos". Madame de Sévigné reconhece sua possível presença imaginária: "Quanto a mim, já não tenho mais vapores. Acredito que me ocorriam apenas por dar-lhes importância"[32]. Sua presença, com o universo clássico, é constantemente evocada: "pequenas coisas", "pequenos temas"[33], suscitando inclusive idas às "águas", as mais famosas delas as de Vichy, consideradas pelo *Le Mercure galant* de 1678 "excelentes por seus vapores"[34].

Impressionante é esta busca de graus nas paixões e na afetividade, esta nova escala testemunhando o "processo civilizatório"[35] largamente estudado hoje, diferenciando sempre mais as referências de comportamentos e costumes. Descartes o mostra mais do que outros, demorando-se nas várias intensidades do apego e do amor:

---

28. *Dictionnaire de l'Académie Française*. Tomo 2. Paris: Coignard, 1692, p. 613.

29. MADAME DE SÉVIGNÉ. *Correspondence*. Tomo 3. Paris: Gallimard, 1978, p. 583, carta de 04/04/1689 [Coll. "Bibliothèque de la Pléiade"].

30. RICHELET, P. *Dictionnaire François Contenant les Mots et les Choses...* Genebra: Widerhold, 1680-1688, art. "*Vapeurs*".

31. CHESNE, J. *Le pourtraict de la santé*. Saint-Omer: Boscart, 1618, p. 16.

32. MADAME DE SÉVIGNÉ. *Correspondence*. Op. cit., p. 153, carta de 05/11/1684.

33. Ibid., p. 135. Cf. LA BRUYÈRE, J. *Les caractères* (1688). Paris: Garnier-Flammarion, 1954, cap. "De la société et de la conversation", p. 134-158.

34. *Le Mercure galant*, mai./1678, p. 108.

35. Cf. ELIAS, N. *La civilisation des moeurs* (1937). Paris: Calmann-Lévy, 1973, p. 66.

Quando estimamos o objeto de amor inferior a nós mesmos, por ele não alimentamos senão afeição; quando este objeto é estimado à nossa altura, o denominamos amizade; quando o estimamos mais, a paixão experimentada pode então ser chamada devoção[36].

A tentativa visando a objetivar diferenças é aqui central, como o é na distinção feita, por Descartes ainda, entre efeitos vindos da razão e efeitos procedentes dos sentidos, os primeiros julgados menos "violentos" do que os segundos "porque o que chega à alma pelos sentidos a toca mais fortemente do que o que lhe é representado pela razão"[37]. A afetividade passional não esgota "toda a afetividade": "há espaço para uma afetividade não passional"[38]. Assim é o amor "puramente intelectual", ou a "alegria puramente intelectual"[39], ambos completamente distintos da paixão. É o que mostram "todos esses movimentos da vontade aos quais pertencem o amor, a alegria e a tristeza enquanto pensamentos racionais e não paixões"[40]. Ou o que mostra ainda a "imaginação da fruição"[41], por exemplo, mantendo-se a este respeito particular, totalmente diferente de sua concretização, ao passo que ambas podem depender da alegria. Jean-Marie Beyssade fala assim de "duas afetividades cartesianas"[42], e Carole Talon-Hugon de "dois tipos de afetividade"[43]. Disparidades e intensidades se alargam. O campo do afeto foi se tornando mais complexo.

Originalidade mais marcante enfim, transformando-se inclusive em total ruptura, a supressão da analogia possível entre os movimentos formais dos espíritos e os movimentos interiores da alma: uma reaproximação destas já não se impõe mais. Mas, sem dúvida, uma mecânica ainda existe. Ela comanda as

---

36. DESCARTES, R. Traité des passions de l'âme (1937). In: *Oeuvres et lettres*. Paris: Gallimard, 1953, p. 734 [Coll. "Bibliothèque de la Pléiade"].

37. Ibid.

38. TALON-HUGON, C. *Les passions rêvées par la raison*. Op. cit., p. 163.

39. DESCARTES, R. Les principes de la philosophie (1644). In: *Oeuvres et lettres*. Op. cit., p. 655.

40. DESCARTES, R. *Carta a Chanut*, 01/02/1647.

41. DESCARTES, R. *Les principes de la philosophie*. Op. cit., p. 655.

42. BEYSSADE, J.-M. *Études sur Descartes – L'histoire d'un esprit*. Paris: Seuil, 2001, p. 349.

43. TALON-HUGON, C. *Les passions rêvées par la raison*. Op. cit., p. 164.

paixões via nervos. Impõe orientações diversas à glândula pineal, lugar exclusivo da alma no sistema cartesiano. Sem dúvida uma analogia bastante global também persiste entre "lentidão e vivacidade", "tristeza e alegria"[44]. Mas estes deslocamentos se mostram definitivamente mais complexos, mais numerosos. Eles não saberiam ser, em suas formas, em seus percursos, simples "imagens" dos sentimentos. A designação das qualidades psicológicas se impõe, longe de eventuais mimetismos físicos. Por outro lado, as possibilidades de percursos nervosos são tão disfarçadas quanto infinitas: a alma permanece acionada "em tantas outras formas diferentes que há diversidade sensível nos objetos"[45]. O que invalida, desde já, toda tradução metafórica: "Os sentimentos não se parecem mais com as configurações materiais singulares que os ocasionam"[46]. Uma busca de descrição "interior", um afinamento da linguagem, uma diversificação de expressões devem prevalecer. É o caso, como vimos, com a vontade de distinguir, no amor, a afeição, a amizade e a devoção[47]; ou, ainda, a vontade de diferenciar um amor intelectual de um amor sensível[48]. É o caso, enfim, com a vontade de distinguir amores segundo seus próprios objetos:

> As paixões que um ambicioso tem pela glória, um avarento pelo dinheiro, um alcoólatra pelo vinho, um bruto por uma mulher que pretende violentar, um homem honrado por seu amigo ou por sua amada, e um bom pai por seu filho [são] bem diferentes entre si[49].

A exploração das formas passionais, seus graus, suas diversidades, desenvolveu-se largamente. Um campo quase psicológico se constituiu, revelando o que Erich Auerbach qualifica de "interesse novo e particular pelo conteúdo da personalidade humana, interesse que obviamente há muito tempo vinha

---

44. RODIS-LEWIS, G. *L'Oeuvre de Descartes* (1971). Paris: Vrin, 2013, p. 34.

45. DESCARTES, R. *Traité des passions de l'âme*. Op. cit., p. 712.

46. TALON-HUGON, C. *Les passions rêvées par la raison*. Op. cit., p. 134.

47. Cf., mais acima, nota 36.

48. Cf., mais acima, nota 37.

49. DESCARTES, R. *Traité des passions de l'âme*. Op. cit., p. 733.

sendo preparado"[50]. O *Tratado das paixões da alma* multiplica a este respeito os matizes, tidos por independentes de qualquer descrição de percurso físico interno. Tal é a distinção feita entre "duas cóleras", uma "muito rápida e que se manifesta fortemente ao exterior, mas que, por outro lado, tem pouco efeito e pode facilmente ser apaziguada"; outra "que não parece tão acessível, mas que marca mais o coração e cujos efeitos são mais perigosos"[51]. Daí a inevitável constatação do aprofundamento do campo psicológico: "Somos forçados a constatar que, quanto mais avançamos no tratado, mais o objeto das paixões se complexifica, e se espiritualiza a tal ponto que a hipótese de uma evolução psicológica parece comprometida"[52].

Uma especificidade da emoção?

Ocorre que uma referência julgada "evidente" na psicologia contemporânea, a distinção feita entre paixões e emoções, o tempo longo do afeto, o tempo curto do choque, ambos podendo não estar ligados, não está presente no texto cartesiano. Os termos "emoção" e "paixão" permanecem substituíveis um pelo outro. O conjunto da vida afetiva se resume desde então à "paixão". É o que dizem as definições: as paixões "são emoções da alma que normalmente as referimos a ela e que são causadas, mantidas e fortalecidas por algum movimento dos espíritos"[53]. Nenhuma diferença entre os dois termos: o de emoção conserva seu sentido tradicional, movimento interior ou "movimento dos espíritos"[54], imagem privilegiando o tema da efervescência; o da agitação, ele mesmo igualável à paixão. Aqui, a referência à impulsão, a realizada num horizonte

---

50. AUERBACH, E. *Le culte des passions* – Essais sur le XVIIe siècle français. Paris: Macula, 1998, p. 47.

51. DESCARTES, R. *Traité des passions de l'âme.* Op. cit., p. 789-790.

52. TALON-HUGON, C. *Les passions rêvées par la raison.* Op. cit., p. 176.

53. DESCARTES, R. *Traité des passions de l'âme.* Op. cit., p. 128.

54. É o que resume Francis Bacon evocando seu próprio recenseamento das paixões: "É lá que eu busquei o movimento dos espíritos pelas paixões da alma" (*Histoire de la vie et de la mort* (1628). Paris: Loyson, 1647, p. 261).

de efervescência e de mobilidade, se impõe. O que torna desde então idênticos "não somente o que denominamos hoje paixões, amor, ódio, ambição, desejo, mas também as emoções, como a surpresa, a alegria, o medo etc."[55]

Tudo muda, em contrapartida, no século XVIII: a referência ao "choque", a diferença feita entre o abalo curto e o acometimento longo, fenômeno brusco e fenômeno durável, prevalecem definitivamente. Expressões novas aparecem sob a pluma de moralistas ou médicos: "emoção viva", "viva emoção", "violenta emoção", "acidente nervoso"[56], "emoção dos sentidos"[57], "abalo violento"[58], todos diferentes dos acometimentos do universo passional. Uma intensidade feita de surpresa e de confusão torna-se aqui específica, como o é ainda sua brevidade. Seus sinais se vinculam às comoções, aos tremores, aos abalos. A imagem é a do choque. A forma é a do golpe. Com consequências particulares, cujas desordens nem sempre são as das paixões. Tal é o caso desta "filha de 30 anos", relatado pelo *Journal de Médecine* em 1779, vítima de "ataques nervosos", começando "por um sentimento de angústia e de palpitação no estômago" em consequência de uma "viva emoção"[59]; ou o caso relatado no mesmo jornal, sempre em 1779, dessa "moça de aproximadamente 30 anos", vítima de uma "fortíssima febre acompanhada de delírio maníaco", ocorrida após uma "violenta emoção"[60]. Théophile Bordeu evoca o caso de um homem cujo "braço incha" após uma "sensação viva"[61]; Victor de Sèze evoca os casos de

---

55. DUMAS, G. *La vie affective* – Physiologie, psychologie, socialization. Paris: PUF, 1948, p. XIII.

56. WHYTT, R. *Traité des maladies nerveuses, hypocondriaques et hystériques.* Tomo 2. Paris: Didot, 1777, p. 1.

57. BRETONNE, R. *Monsieur Nicolas.* Tomo 2. Paris: Jonquières, 1924, p. 269.

58. ANDRY, C.-L.-F. & THOURET, M.-A. "Nouvelles observations sur l'usage de l'aimant dans le traitement de plusieurs maladies". *Histoire de la société royale de médecine* – Année 1779. Paris: Société Royale de Médecine, 1780, p. 528.

59. LAROCHE, D. "Observation sur l'usage intérieur de la fleur de zinc". *Journal de la Médecine, Chirurgie, Pharmacie*, vol. 72, 1779, p. 528.

60. Ibid., p. 529.

61. Apud TISSOT, S.-A. Traité des nerfs et de leurs maladies (1778). In: *Oeuvres.* Paris: Rozier, 1861, p. 126.

"alargamento ou de fechamento da região epigástrica" após cada "emoção"[62]. Mais ainda, Christoph Hufeland distingue as pessoas cujas "emoções provocam efeitos diferentes"[63] segundo as partes do corpo atingidas pelo "choque": o pulmão, o estômago, o cérebro... Tantos episódios brutais, acontecimentos, acidentes, todos diferentes da sensação puramente passional.

A pesquisa psicológica se aprofundou. Formas afetivas foram sendo especificadas. Assim, à distinção feita entre diversas paixões, no século XVII, sucede, no século XVIII, a feita entre diferentes categorias de afetos, a emoção passando a ser um novo campo de transtorno, uma perturbação particular, tanto física quanto moral. As consequências também são novas: sufocações, espasmos, palpitações, este vasto conjunto de reações difusas dominadas pela metáfora do aperto brusco ou do arrebatamento vivo. Os testemunhos individuais igualmente são novos, longe da única evocação dos vapores ou dos "ataques" passionais de outrora. É o que mostra Madame de Épinay e seus incômodos na respiração: "Tomou conta de mim uma espécie de sufocação que me tornou o estômago tão dolorido que nada mais sentia de mais forte em mim"[64]; ou Condorcet e suas sensações: "Experimentei em Allais asfixias e convulsões, produzindo efeitos dolorosos no diafragma"[65]; ou os heróis de Richardson ou do Abade Prévost, e seus transtornos íntimos: os sofrimentos de Clarisse Harlowe, que mal conseguia mascarar seus abalos físicos ao saber de seu casamento "forçado" – "Sentia meu coração pesado... Suspirei, chorei, calei-me"[66]. Daí esses calafrios ou contrações, esse universo físico regularmente "irritado", essas vibrações repetidas, ou, ao contrário, essas expectativas de calma ou de relaxamento.

---

62. SÈZE, V. *Recherches physiologiques et philosophiques sur la sensibilité ou la vie animale.* Paris: Prault, 1786, p. 155.

63. HUFELAND, C.W. *La macrobiotique ou l'art de prolonger la vie de l'homme* (1798). Paris: Baillière, 1838, p. 407.

64. D'ÉPINAY, L. *Les contre-confessions* – Histoire de Madame de Montbrillant (XVIIIe siècle). Prefácio de Élisabeth Badinter. Paris: Mercure de France, 1989, p. 311.

65. CONDORCET, N. *Correspondence inédite de Condorcet et Mme. Suard, M. Suard et Garat, 1771-1779.* Ed. de Élisabeth Badinter. Paris: Fayard, 1988, p. 57.

66. RICHARDSON, S. *Lettres anglaises, ou Histoire de Miss Clarisse Harlowe* (1748). Tomo 1. Paris: Cazin, 1784, p. 180-185.

Nesta exploração mais circunstanciada do íntimo, outra referência metafórica além daquela dos humores exerceu sem dúvida um papel importante. Trata-se da eletricidade e de sua inexorável invasão do imaginário fisiológico no século XVIII: não mais os humores ou os espíritos, mas as correntes e os circuitos; não mais os líquidos e seus transbordamentos, mas as tensões e seus impactos. É que a própria imagem do nervo é transformada, criando um novo universo de referências senão de sensibilidade: "O fluido nervoso é um vapor elétrico muito sutil e muito elástico"[67]. Esta imagem especifica o tema do abalo, do choque repentino, do estremecimento. Pierre Bertholon, em Lyon[68], o Abade Nollet, em Paris[69], Johann Heinrich Winckler, em Leipzig[70], Jean-Louis Jallabert, em Genebra[71], Giuseppe Veratti, em Bolonha[72], todos eles, provocando o choque, passando de um indivíduo ao outro pelo simples contato a partir de uma corrente elétrica, concretizam e visualizam a imagem da corrente e de seus avatares no organismo.

A paisagem do afeto pode assim "hierarquizar-se" melhor. O tema do choque, caracterizando a emoção, se diferencia do tema da atração ou da rejeição intensas, próprias à paixão. Na cultura das Luzes, o choque passa a ser menos "vivo" do que a paixão, mas mais "contínuo", mais "discreto" do que a emoção. A *Enciclopédia* o evoca no verbete relativo à ternura: "A sensibilidade está mais próxima da sensação, e a ternura do sentimento"[73]. O *Le Dictionnaire des*

---

67. SAUVAGES, F.B. *Nosologie méthodique dans laquelle les maladies sont rangées par classes, suivant le système de Sydenham et l'ordre des botanistes* (1763). Tomo 2. Lyon: Bruyset, 1772, p. 271.

68. BERTHOLON, P. *De l'électricité du corps humain dans l'état de santé et de maladie*. Lyon: Bernuset, 1780.

69. NOLLET, J.-A. *Essai sur l'électricité des corps*. Paris: Guérin, 1746.

70. WINCKLER, J.H. *Essai sur la nature, les effets et les causes de l'électricité* (1744). Paris: Jorry, 1748.

71. JALLAVERT, J.-L. *Expérience sur l'électricité, avec quelques conjectures sur la cause de ses effets*. Paris: Durand Pissot, 1749.

72. VERATTI, G. *Osservazioni, fisico-mediche intorno alla elettricità*. Bolonha: Lélio dalla Volpe, 1748.

73. D'ALEMBERT JR. & DIDEROT, D. *Encyclopédie, ou Dictionnaire Raisonné des Sciences, des Arts et des Métiers*. Paris: Briasson-David l'Aîné/Le Breton/Durant, 1751-1780, verbete *"Sensibilité"*.

Arts o evoca a propósito da impressão estética: "pode-se dizer que existe sentimento na obra de um artista"[74]. O afeto, nesse caso, não apenas se diversificou, mas hierarquizou-se, "estruturou-se". Seu espectro não apenas se alargou, mas se transformou.

A Modernidade transformou a paisagem tradicional do afeto. Ela chegou aos limites dos mecanismos humorais, acentuando a diversidade do universo passional. Mas, sobretudo, ela acentuou sua vertente qualificativa sugerindo manifestações totalmente diferentes, indo da emoção à paixão.

---

74. WATELET, C.-H. *Dictionnaire des Arts de Peinture, Sculpture et Gravure*. Paris: Prault, 1792, verbete *"Sentiment"*.

14
A INVENÇÃO DE UMA AUTOVIGILÂNCIA ÍNTIMA

Alain Montandon

A aprendizagem das maneiras de comportar-se e de agir é antiga e os preceitos de boa conduta remontam tanto ao Egito antigo com as máximas de Ptah-hotep[1] quanto à Antiguidade greco-latina. A Idade Média, contrariamente a algumas visões comuns, não se fez de rogada, e foram especialmente os mosteiros que redigiram as normas de conduta. Mas é no século XVI e, sobretudo, no século XVII, com a monarquia absoluta, que o processo civilizatório mencionado por Norbert Elias se desenvolve de maneira considerável para culminar num ideal de autorrestrição que faz do indivíduo o centro organizador de seu comportamento e da expressão de suas emoções[2]. Com o *cogito* cartesiano, que coloca o sujeito no centro do dispositivo, com o herói de Corneille "mestre de si mesmo como do universo", e com o adágio clássico segundo o qual o eu é detestável, encontramos os fundamentos das regras de conduta que geram as interações sociais.

---

1. Cf., p. ex., os textos reunidos em LÉVÊQUE, J. *Sagesses de l'Égypte ancienne.* Paris: Cerf, 1997.

2. ELIAS, N. *La civilisation des moeurs* (1937). Paris: Calmann-Lévy, 1973. ELIAS, N. *La dynamique de l'Occident* (1939). Paris: Flammarion, 1985.

Norbert Elias mostrou como a monopolização do poder pela monarquia contribuiu para uma mudança das interações sociais fundadas no rechaço das paixões. Suas teorias foram objeto de diferentes críticas, em particular da parte de Hans Peter Duerr[3], que contra-argumentava que em todos os tempos os homens sempre elaboraram regras e coerções destinadas aos próprios contemporâneos. Sem dúvida o pudor é universal (mesmo se ele assume formas diferentes segundo as culturas), e muito provavelmente os homens da Idade Média não tinham maneiras tão grotescas quanto os manuais de conduta nos parecem fazer crer. Lendo *La civilisation puérile*, de Erasmo (1530), muitos são os que ficariam horrorizados com a descrição do que convém evitar (como se o que é condenado fosse de uso corrente!). Mas o novo, a partir do século XVI, e que vai assumir toda a sua amplitude no século XVII, é a extraordinária difusão dos tratados de cortesia, impressos, lidos, traduzidos – testemunhando assim uma nova percepção das relações humanas e uma mudança radical nas representações da comunicação social, cujo favorecimento e expansão a literatura curial e os manuais de boas maneiras testemunham. Vale lembrar aqui a dupla face das representações sociais que Denise Jodelet e Serge Moscovici[4] sublinharam, sobretudo a vertente cognitiva e a vertente conativa, ou seja, o conhecimento e a ação.

Enquanto fenômenos, as representações sociais se apresentam sob formas variadas, mais ou menos complexas: imagens que condensam um conjunto de significações, sistemas de referência que permitem interpretar ou dar sentido, categorias que servem para classificar as circunstâncias, teorias que permitem tomar uma decisão, em suma: uma atividade mental que permite aos indivíduos e aos grupos fixar a própria posição em relação a situações, e o estabelecimento do ordenamento das normas.

---

3. DUERR, H.P. *Nudité et pudeur* – Le mythe du processus de civilisation. Paris: MSH, 1998.

4. JODELET, D. *Représentations sociales*. Paris: PUF, 1989. • MOSCOVICI, S. *La psychanalyse, son image et son public*. Paris: PUF, 1961. • MOSCOVICI, S. (dir.). *Psychologie sociale*. Paris: PUF, 1997.

As representações sociais forjam as evidências da realidade consensual. Elas são produto e processo de uma elaboração psicológica e social do real. A marcação social dos conteúdos ou dos processos de representação deve reportar-se às condições e aos contextos nos quais emergem as representações, às comunicações pelas quais elas circulam, às funções que elas exercem na interação com o mundo e com os outros.

Ora, o que é novo nesta história das emoções são estas representações do comércio social que a literatura das boas maneiras ajuda a conhecer e a povoar os espíritos, respondendo assim ao processo de civilização da forma como Elias o descreveu.

A Idade Média havia estabelecido inúmeras bases de uma civilidade, criando códigos que distinguiam a classe dos guerreiros nobres, ou, em outros termos, a cavalaria. As grandes cortes feudais, nas imediações dos grandes senhores, tinham regras de compostura e a literatura cortesã, instrumento na mão do clero, servia para tornar mais civilizada a aristocracia militar.

A progressão do processo de autovigilância (Elias fala de processo de civilização) é contínua e as regras de conduta se especificam e se afinam no ambiente militar, impregnando progressivamente outras categorias sociais. A civilidade medieval encontra sua expressão mais acabada no ideal da *cortesia*, modelo de comportamento que se desenvolve, como o indica a etimologia do termo, nas *cortes* feudais, a partir do final do século XI. A cortesia implica atenção e disponibilidade em relação ao outro; ela garante, no interior do ambiente ao qual se reporta, uma vida social harmoniosa e equilibrada; mais concretamente, valoriza uma preocupação que suscita no século XII o surgimento de verdadeiros fenômenos de modos de vestir-se; paralelamente, a cortesia prega uma vida mundana brilhante, sensível ao prazer da conversação, inclusive uma espiritual e agradável brincadeira. Nisso o ideal cortês se opõe aos costumes cavalheirescos, rudes e brutais, exigindo o controle da força e do instinto.

A literatura cortesã foi um instrumento nas mãos dos clérigos para tornar mais civilizada a aristocracia militar. À medida que elabora modelos (Artur,

Lancelot, Tristão) e contramodelos (Keu), tomados da ficção e tornados familiares, o romance cortês exerce uma função preponderante. Claude Roussel lembra que o homem cortês se opõe ao vilão[5]. A cortesia valoriza a moderação, a sujeição do instinto e o ideal do *fin'amor* [amor cortês], que pelo jogo da sublimação do instinto sexual abre ao cavaleiro serviçal o acesso aos valores sociais mais elevados.

Algumas regras de moderação das grandes cortes feudais foram postas por escrito. Textos, como os *Disticha Catonis*, que foram retomados por vários séculos, e outras obras, latinas ou redigidas nas línguas vernáculas, testemunham uma preocupação didática mais acentuada e multiplicam as normas concretas de comportamento. Estes tratados se articulam o mais frequentemente com um ensinamento moral que, para o essencial, procede de Cícero, de Sêneca e dos Padres da Igreja (Tertuliano, Santo Ambrósio etc.). As regras elementares de conservação permanecem dominadas pelo ideal onipresente da moderação. Como bem o demonstrou Claude Schmitt, a reflexão sobre o gesto, após ter conhecido um relativo eclipse ao longo da Idade Média, precisamente no século XII reata com a tradição antiga, prolongando-a e influenciando-a. Hugo de São Vitor elabora assim no século XII, em seu tratado *De l'institution des novices*, uma verdadeira teoria do gesto ideal:

> Para ser julgado virtuoso, o gesto deve ser ao mesmo tempo gracioso sem frouxidão (pois, excessivamente mole, exprimiria lascívia) e severo sem alvoroço (pois, entregue ao alvoroço, exprimiria a impaciência ou a cólera). Da mesma forma, deve ser simultaneamente calmo sem relaxamento (expressão da negligência) e sem descaramento (expressão do orgulho), grave sem lentidão (expressão da preguiça) e vivo sem precipitação (expressão da inconstância)[6].

---

5. RUSSEL, C. "Le legs de la rose: modèles et préceptes de la sociabilité médiévale". In: MONTANDON, A. (dir.). *Pour une histoire des traités de savoir-vivre en Europe*. Clermont-Ferrand: Faculté de Lettres et Sciences Humaines, 1995.

6. Apud SCHMITT, J.-C. *La raison des gestes dans l'Occident médiéval*. Paris: Gallimard, 1990, p. 184.

Hugo de São Vitor articula fundamentalmente o interior e o exterior, *intus* e *foris*, a alma e o corpo, o espírito e a matéria que a disciplina se encarrega de regular com força em suas manifestações desordenadas e em seus impulsos descontrolados. A introspecção deve servir de guia ao exercício da moderação, da prudência e da temperança.

O dever de domínio fisiológico do corpo é muitas vezes reiterado: "Quanto mais a natureza te força a soltar um pum ou a urinar, ser-te-á necessário esforçar-te, fechar bem as pernas e não deixar sair nada de desagradável" e "fechar fortemente, ainda que pareça que a dor te venha atormentar como a uma mulher em trabalho de parto"[7]. A este respeito, Erasmo será menos severo. Mas tudo o que sai do corpo – catarro, bocejo, arroto – deve ser objeto de severas autovigilâncias.

O que caracterizaria o homem medieval seria certa instabilidade psicológica, daí seu pendor por atos violentos que Johan Huizinga evidenciou com todas as letras: "A vida era tão violenta e tão contrastada que exalava odor de sangue e de rosas. Os homens dessa época, gigantes com cabeça de criança, oscilam entre o medo do inferno e os prazeres ingênuos, entre a crueldade e a ternura. [...] Sempre vão de um extremo ao outro"[8]. Os bruscos acessos de cólera e de agressividade, a passagem brutal de um estado de alma a outro não passam de diferentes aspectos de uma mesma estrutura emocional que Jérôme Thomas evidenciou[9]. A exuberância de uma juventude muito agitada, "movida à fúria" (cólera), sedenta de aventuras, tendo por característica a violência, valor dominante "exacerbado pela bebida, pelo desejo, pelo ressentimento, pela inveja, pela insubordinação, pelo jogo"[10], frequentemente foi descrita e retomada por Castiglione, testemunhando assim uma continuidade histórica impressionante. Esse autor elabora na obra *Le courtisan* (II, 36) o perfil dessas pessoas que

---

7. SULPICE, J. *De moribus in mensa servandis libellus*, 1483.

8. HUIZINGA, J. *L'Automne du Moyen Âge*. Paris: Payot, 1975, p. 47.

9. THOMAS, J. *Corps violents, corps soumis* – Le policement des moeurs à la fin du Moyen Âge. Paris: L'Harmattan, 2003, p. 60.

10. LEGUAY, J.-P. *La rue au Moyen Âge*. Rennes: Ouest-France, 1984, p. 213.

se entregam aos jogos grotescos e que, dirigindo-se às mulheres, lhes proferem palavras sujas e licenciosas, e se gabam de suas bobagens e malvadezas:

> Frequentemente se empurram escadas abaixo, se desferem pauladas nas costas ou se lançam tijoladas na cabeça, se atiram punhados de poeira nos olhos, precipitam seus cavalos abismo abaixo ou do alto de alguma encosta. Além disso, quando estão à mesa, se jogam sopa no rosto, molhos e geleias, tudo o que estiver ao alcance da mão, e se riem de tudo isso.

Assim, a partir do século XII começa-se a pregar fortemente posturas designadas pelas palavras *medocritas, moderatio, prudencia, modestia* e *temperentia*. Sem dúvida, inicialmente a coerção é exterior, mas Hugo de São Vitor pensa que, com o hábito, é possível "imprimir no espírito a mesma forma de virtude que a disciplina conserva na atitude externa do corpo"[11]. Trata-se de espaços bem particulares que, com maior ou menor eficácia, exercem a função integradora ou pacificadora. O espaço curial – mas também as abadias e a cidade medieval – é "um lugar original de onde emerge progressivamente uma nova sociabilidade fundada no controle da violência, da pacificação das relações interpessoais, dos gestos comedidos, do domínio do corpo submetido a regras estritas que o aprisionam numa camisa de força cada vez mais draconiana"[12]. As confrarias, por sua vez, tentavam ritualizar as relações sociais debelando a violência. "A cidade murada contribui para forjar mentalidades diferentes, para transformar os modos de pensar, os comportamentos"[13]. A ascendência da cidade opõe a urbanidade dos cidadãos aos arruaceiros, aos agricultores e aos vilões, e ensina o bem falar ao homem do campo. Nesses espaços onde frequentemente se vive em aglomerações, os homens exercem uma pressão maior uns sobre os outros e a exigência de uma "boa conduta" se torna cada vez mais necessária.

---

11. Apud SCHMITT, J.-C. *La raison des gestes dans l'Occident médiéval*. Op. cit., p. 50.

12. THOMAS, J. *Corps violents, corps soumis*. Op. cit., p. 27.

13. GONTHIER, N. *Cris de haine et rites d'unité* – La violence dans les villes, XIIIe-XVIe siècle. Turnhout: Brepols, 1992, p. 11.

As regras da civilidade impõem uma certa reserva física, de governar-se e conhecer-se, de evitar impulsos repentinos. Assim, dignidade de compostura e justeza do movimento se tornam normas explícitas. Jérôme Thomas evidenciou que a partir do século XIII o corpo vai aparecendo sempre mais como uma posse privada e que entre os indivíduos vai se impondo cada vez mais uma grande distância física. A prática do autocontato (como o de tocar-se o corpo em público e particularmente os orifícios corporais) é permanentemente repelida: Bonvesin della Riva recomenda não "colocar os dedos dentro das orelhas, nem as mãos sobre a cabeça"; não "colocar os dedos na boca para limpar-se os dentes"; não intimidar outrem por uma excessiva proximidade ou com uma atitude inconveniente; não entrar em contato com objetos que não nos pertencem. "Dois homens de nobre estirpe não devem servir-se da mesma colher" (*Disticha Catonis*). Todas estas regras antecipam longamente *La civilité puérile*, de Erasmo. Da mesma forma, a autovigilância, este elemento de estruturação do processo de individualização[14], é (muito) progressivamente interiorizada.

Perto do final da Idade Média, as regras da vida em sociedade se complexificam e se aperfeiçoam, e as noções de intimidade e decoro vão se insinuando pouco a pouco no cotidiano, começando a policiar o homem medieval: "A autovigilância mal começa a progredir, mas uma dinâmica se esboça. Um estado de espírito lentamente se difunde e pouco a pouco torna os cidadãos mais receptivos à necessidade de domínio das próprias emoções"[15].

O surgimento da sociedade curial tem por corolário uma transformação do campo social graças ao monopólio da coerção física exercida pelo poder do príncipe. Elena Brambilla analisou justamente esta passagem contínua e progressiva de uma regulação das pulsões e da pacificação do modo de vida que gera uma psicologização das regras de comportamento e uma reflexão sobre si mesmo, abrindo, com a interiorização das regras de conduta, uma nova forma de autoanálise:

---

14. THOMAS, J. *Corps violents, corps soumis*. Op. cit., p. 128.
15. Ibid.

Trata-se da passagem da coerção para a autovigilância como processo de disciplinamento, isto é, da interiorização progressiva por força das circunstâncias (materiais, econômicas) e por coerção violenta. Assim se concretiza o processo de "curialização dos guerreiros", que se realiza sob a pressão da economia e da violência real [...]. Esse processo de "curialização" é igualmente um processo de autodisciplinamento, como *tomada de distância* do sujeito em relação às suas emoções agressivas, e de autocontrole de seu *eu* racional sobre seu *eu* emotivo. Esse controle se apresenta inicialmente sob forma de simulação ou de máscara, em seguida como uma parte do código de comportamento (etiqueta) não apenas sofrido, mas igualmente aceito, para, enfim, tornar-se quase inato, instintivo ou inconsciente[16].

Para concluir diríamos, nas sendas de Claude Roussel, que a civilidade da Renascença e o conceito clássico de homem honrado lançam evidentemente suas raízes nesta empresa original de regulação e de harmonização das relações sociais que desabrocharam desde a Idade Média, e particularmente a partir do século XII[17].

A originalidade do livro de Erasmo escrito em 1530 é a de fazer entrar a compilação de tradições orais na cultura impressa, a ponto de ancorar as características de civilidade na prática da aprendizagem da leitura. Com a difusão extraordinária desse escrito pedagógico destinado não a uma classe privilegiada, mas a todos, a obra de civilidade pueril transformou-se num gênero literário próprio que vai acompanhar a educação dos jovens por séculos afora.

Se Erasmo, em seu conteúdo, retoma a maioria dos preceitos em uso ao longo de todo o período medieval[18], ele insiste particularmente no aspecto civili-

---

16. BRAMBILLA, E. "Modèle et méthode dans *La société de cour* de Norbert Elias". In: ROMAGNOLI, D. (dir.). *La ville et la cour*. Paris: Fayard, 1995, p. 227.

17. RUSSEL, C. "Le legs de la rose: modèles et préceptes de la sociabilité médiévale", cap. cit., p. 77.

18. Se três séculos separam Erasmo de Hugo de São Vitor, encontramos muitos preceitos idênticos: "A onipresença das circunstâncias, a atenção dedicada à qualidade do interlocutor, a importância fundamental da noção do meio-termo ou ainda o controle da palavra, da roupa, do gesto. É justamente a relação entre interior e exterior, esta capacidade que o corpo tem de ser ao mesmo tempo espelho e instrumento de educação do espírito, graças a um exercício de discipli-

zacional de uma boa educação que deve contribuir na formação da criança, afastando-a dos impulsos instintivos e bestiais; daí a abundância de imagens animais presentes, com a finalidade de contrastar. Assim, condenando a gargalhada ou a risada imoderada que, segundo ele, não é adequada a nenhuma idade, e menos ainda ao período da infância, nosso autor a compara ao relincho de um cavalo. Este ato é julgado indecente particularmente junto "aos que riem abrindo horrivelmente a boca, franzindo as bochechas e descobrindo toda a dentadura: este é o riso de um cachorro ou o riso sardônico. O rosto deve manifestar hilaridade sem sofrer deformações, tampouco denunciar uma naturalidade corrompida"[19]. Convém, por consequência, moderar as expressões do rosto, assim como a cabeleira, que não deve nem cair sobre os olhos, nem esvoaçar por sobre os ombros: "Elevá-los, sacudindo a cabeça, é assemelhar-se a um cavalo que lança ao vento suas crinas". O mesmo vale para as roupas que, de alguma forma, são "o corpo do corpo", e que dão "uma ideia das disposições do espírito": vestir roupas extravagantes e multicores é querer assemelhar-se aos macacos. "Se teus pais te deram roupas elegantes, não te observes muito a fim de contemplar-te, não gesticule de alegria, não te exponhas complacentemente aos olhos de todos. Isso seria buscar assemelhar-se a um macaco ou a um pavão."

Nosso autor repete as condenações habituais relativas às composturas à mesa a fim de ensinar as crianças a conter-se e a comportar-se com moderação. Da mesma forma, engolir um grande pedaço de comida significa assemelhar-se à gula voraz de uma cegonha. "Lamber o açúcar ou qualquer outra guloseima grudada no prato é agir como um gato, não como um homem". Para Erasmo, a temperança deve ser aprendida desde cedo, e a criança não deve satisfazer à saciedade seu apetite:

> Existem pessoas que mal se põem à mesa e já levam as mãos ao prato. Essas se assemelham a lobos, ou a esses glutões que tiram

---

na que se realiza pela introspecção, pela autoconsciência, pela autovigilância" (ROMAGNOLI, D. (dir.). *La ville et la cour*. Op. cit., p. 75.

19. Esta citação e as seguintes são extraídas de ERASMO. *La civilité puérile* (1530). Ed. de Alcide Bonneau. Pari: Liseux, 1977.

a carne da marmita e a devoram antes que, como diz o ditado, sejam feitas as libações aos deuses. Não comece a comer imediatamente o que te oferecem no prato; estarias denunciando tua gula, podendo inclusive ser perigoso, pois, ao colocar sem desconfiança na boca alimentos muito quentes, podes ser forçado a cuspi-los, ou queimar o céu da boca, tornando-se assim ridículo e patético. Espere, pois, um pouco; é bom que uma criança se habitue a domar seu apetite.

Domar o animal em si para ser humano, eis o credo humanista daquele que pensa que a verdadeira conveniência consiste em "satisfazer a natureza e a razão".

O aspecto selvagem e rebelde que poderia emergir de uma criança deve ser dominado em seu aspecto exterior, bem como em suas disposições interiores:

> Isso para que o bom temperamento de uma criança se manifeste em todas as partes (é principalmente no rosto que ele brilha), para que seu olhar seja doce, respeitoso, honesto, já que olhos selvagens indicam violência, olhos fixos sinalizam descaramento.

É necessário que o indivíduo não ande nem muito lentamente nem apressadamente[20]; que sua voz seja doce e impostada ("não forte, como a dos camponeses, tampouco tão fraca que mal chega aos ouvidos"); que sua palavra não seja nem precipitada nem destituída de reflexão: "deve ser calma e distinta".

Mas, além das prescrições detalhadas muito frequentes neste gênero de enumeração – "É igualmente indecente elevar os cabelos balançando a cabeça, tossir, cuspir sem motivo, coçar a cabeça, limpar as orelhas, limpar o nariz com a mão, passá-la sobre o rosto, como se quiséssemos enxugar o rubor, esfregar-se a parte inferior e posterior da cabeça, dar de ombros, movimentos

---

20. Della Casa faz a mesma observação, mas sublinhando bem, diferentemente de Erasmo, uma distinção social: "O homem de qualidade não deve correr nas ruas, nem se apressar demais, pois isso convém a um lacaio e não a um cavalheiro, além de se fatigar, de suar, de ofegar, que são coisas de certos ramos sociais. Também não devemos caminhar muito lenta e gravemente como faria uma mulher madura ou uma casada, e não é conveniente gesticular demasiadamente ao caminhar" (DELLA CASA, G. *Galatée*. Paris: Librairie Générale Française, 1988, p. 105).

bastante familiares entre os italianos. Dizer sem balançar a cabeça ou chamar alguém forçando a cabeça para trás, e (para não especificar tudo) falar por gestos e sinais, coisas que convêm a um homem feito e não a uma criança" –, existem outras que são sintomáticas de uma mudança de sensibilidade e que marcam uma ruptura com a cultura medieval, pois não se trata mais de afastar as atitudes repugnantes ou pouco higiênicas, mas de adotar perante os outros alguma distância ou reserva. Não convém apenas não colocar os cotovelos sobre a mesa, mas urge igualmente "ficar atento para não incomodar o vizinho com os cotovelos, ou quem estiver à sua frente com os pés", atitude que testemunha uma evolução quanto à proximidade do corpo.

O último capítulo da obra *La civilité puérile*, de Erasmo, insiste na ausência de orientação social específica e na prescrição de regras de conduta para todos:

> Aqueles cuja fortuna os transformou em plebeus, em gente de condições humildes, literalmente em camponeses, devem esforçar-se mais a fim de compensar por boas maneiras as vantagens que o acaso lhes negou. Ninguém escolhe nem pai nem país; todos podem adquirir qualidades e costumes.

Uma das razões que fez do tratado da civilidade de Erasmo um dos maiores sucessos editoriais da Europa do Antigo Regime, juntamente com *Il libro del cortegiano, Il Galateo, La civil conversazione*, seguramente é essa abertura que potencialmente colocava seus preceitos de civilidade ao alcance da maioria.

Definindo, no *Il libro del cotegiano* (1528), o cortesão ideal que por suas inúmeras qualidades, talentos e comportamento deve oferecer uma boa impressão de si, Baldassare Castiglione enuncia o princípio fundamental de um domínio de si que, em qualquer ocasião, remete ao abandono do esnobismo a fim de apresentar-se naturalmente. A desenvoltura (*sprezzatura*) está próxima de uma honesta dissimulação relativa à aquisição de *performances* espontâneas. O ideal de Castiglione que, evocado com nostalgia para com os costumes da corte, a de Urbino especificamente, doravante pertencente ao passado, torna-se, com a obra *Il Galateo* (publicação póstuma, 1558), de Giovanni Della Casa, mais centrada nas aparências exteriores, no sentido de uma mecanização do comportamento:

> Para quem não vive nem nos desertos nem nos eremitérios, mas nas cidades ou entre os homens, não há dúvidas de que lhe é útil saber ser gracioso e agradável tanto em sua conduta quanto em suas maneiras[21].

O que é novo não é o conteúdo sobre a maneira de bem comportar-se, conhecida desde Bonvesin della Riva até Erasmo, mas a extraordinária difusão tipográfica de recomendações num mundo onde é necessário submeter-se para não desagradar, e consentir para conquistar. A etiqueta se torna um valor pragmático para o condicionamento dos espíritos nesta pedagogia da "disciplina do músculo" e da "inserção na classe"[22]. Della Casa sublinha a importância das pequenas faltas: "Quanto menores elas forem, mais é necessário ter o olho atento, porque não as percebemos tão nitidamente e porque elas deslizam para os hábitos sem sermos avisados"[23]. Esta pressão crescente é exemplificada no *Galateo* com a anedota do incidente em que o bispo, por intermédio de Galateia, dá ao Conde Ricardo um conselho, de maneira polida e delicada: o de corrigir o ruído que ele faz à mesa quando mastiga[24].

A grande evolução que levou a uma autovigilância reforçada e a uma interiorização das regras é, por um lado, devida a esta "publicidade" dos livros de comportamento e manuais de boas maneiras que aumentam a consciência dessas obrigações e sua pressão. Por outro lado, como Norbert Elias o mostrou claramente[25], o fenômeno da "curialização", isto é, da extensão das práticas da

---

21. Ibid.

22. FIORATO, A. "L'ocultation du savoir et l'exaltation de la raison des autres dans le *Galateo* de Della Casa". In: GUIDI, J. (dir.). *Le pouvoir et la plume* – Incitation, contrôle et répression dans l'Italie du XVIᵉ siècle. Paris: Université de la Sorbonne Nouvelle, 1982.

23. DELLA CASA, F. *Galatée*. Op. cit., p. 111.

24. Ibid., p. 43-45.

25. ELIAS, N. *La civilisation des moeurs* (1937). Paris: Calmann-Lévy, 1973. • ELIAS, N. *La dynamique de l'Occident* (1939). Paris: Calmann-Lévy, 1975. • ELIAS, N. *La société de cour* (1974). Paris: Flammarion, 1985.

corte a uma parcela maior da sociedade, com a pacificação dos costumes devido à monopolização do poder e da violência pelo Estado (a interdição do duelo é um de seus símbolos), teve por consequência um controle de si cada vez mais severo e o afastamento das pulsões agressivas. Tal controle exigia acionar a indiferença, não deixar transparecer as próprias emoções, adaptar-se com a leveza das circunstâncias, o que implicava simultaneamente um sentido agudo de observação e uma observação de si mais reforçada, atitudes mostradas amplamente pelo Monge de Bellegarde em suas *Reflexions sur le ridicule et sur les moyens de l'éviter* (1696) ao analisar as necessidades do decoro:

> Urge prestar uma grande atenção sobre si a fim de distinguir o que convém e o que precisa ser evitado. As conveniências de comportar-se decentemente são de uma extensão infinita: o sexo, a idade, a profissão, o caráter, o tempo, o lugar impõem diferentes deveres. Urge conhecer estas diferenças e sujeitar-se a elas, se quisermos nos adequar ao sabor do mundo[26].

Detalhando os maus efeitos da cólera ou do espírito de tristeza, o Abade Bellegarde faz do ridículo a pedra de toque de qualquer transgressão das normas sociais:

> O meio de desconcertar as pessoas orgulhosas é falar-lhes sem exaltar-se. Esta moderação é a marca de uma alma dona de si, e este contraste evidencia mais ainda o ridículo da exaltação dos que vos ofendem[27].

O ridículo exerce a função de sanção social a fim de evitar qualquer dissonância nas relações interindividuais. Ele se opõe ao gracioso ou ao natural caracterizados pela *sprezzatura* associada ao comportamento ideal do cortesão definido por Castiglione, que condena, por sua vez, a afetação, maior defeito no comportamento social. A sanção do ridículo, segundo François de Callières, é a chacota que estigmatiza um comportamento pervertido:

---

26. BELLEGARDE, J.-B.M. *Réflexions sur le ridicule et sur les moyens de l'éviter; où sont representez le moeurs et les différens caracteres des personnes de ce siècle*. Paris: Guignard, 1696, p. 362-363.
27. Ibid., p. 20.

As conveniências são leis não escritas que vão se afirmando por um longo uso, e pelo consentimento unânime dos homens polidos, que enchem alguém de reprimendas ou ridicularizam os que as infringem[28].

O ridículo estigmatiza tudo aquilo que extrapola o "natural" convencionado e qualquer afastamento de uma conduta esperada:

> Um excesso de sinceridade não é menos ridículo do que uma teimosia persistente [...]. O ridículo é igual a amar mais do que ser elogiado, ou recusar os elogios com uma afetação demasiadamente perceptível[29].

Os memorialistas testemunham estas cenas de mortificação pelo ridículo a exemplo de Molière, que mostra em sua obra *Les précieuses ridicules* (1659) como as mulheres que querem sobressair-se culminam numa cegueira caricatural. Da mesma forma, conter-se é renunciar a toda singularidade, a todo afastamento do individual, para obedecer aos códigos da civilidade.

E isto tem um sentido político, já que o ridículo reside no desconhecimento dos usos da corte, e mais largamente de tudo aquilo que dela emana. Dominique Bertrand o mostrou claramente quando explicou que a normalização pelo ridículo corresponde ao triunfo de um código mundano, que faz as vezes da moral heroica:

> A perseguição aos ridículos tem implicações políticas muito transparentes. Contribuição notável à submissão dos descontentes, o ridículo aparece como emanação de uma sociedade de corte que edita modelos. Encorajando a uniformidade, ele se exerce contra os excessos da vaidade e do amor-próprio, sobre os quais se apoiava a moral heroica. O sentimento do ridículo supõe também uma concepção renovada da honra como interiorização de um julgamento público sobre as regras de comportamento no mundo, e não sobre proezas militares. La Rochefoucauld resume num paradoxo a brutalidade da nova sanção mundana, mais implacável

---

28. CALLIÈRES, F. *De la science du monde*. Paris: Ganeau, 1717, p. 89.
29. BELLEGARDE, J.-B.M. *Réflexions sur le ridicule*. Op. cit., p. 2 e 90.

do que as regras da moral heroica: "O ridículo desonra mais do que o desonrador" (máxima 326)[30].

As prescrições relativas a algumas práticas nas quais se exercem as relações sociais em que o domínio de si deve exercer uma função importante servirão de exemplo. Se a dança popular é uma maneira de exteriorizar inúmeras emoções fortes, e se por essa razão foi muito criticada e condenada pelos teólogos que a caracterizavam como *praeludium veneris* e cuja impureza é destinada aos infernos, existe outra forma de dança que vai se impondo progressivamente como dança nobre na sociedade, e que passa a ser uma boa escola de polidez[31], denominada por Thoinot Arbeau de "baixa dança": "Seu nome, baixa dança, pois quando dançamos o fazemos tranquilamente, e o mais graciosamente possível"[32]. De fato, por natureza ela é um exercício de civilidade para privilegiados. É um meio de aprender a controlar melhor os próprios gestos, e um espetáculo admirável do domínio que cada qual pode assumir de si mesmo. Também na Renascença a dança é fortemente valorizada nas cortes, onde ela oferece um belo exemplo de eficácia das autovigilâncias. Esta dança é vista como moderadora das paixões, justamente por recusar os movimentos violentos e qualquer forma de brusquidão graças ao seu furta-passo modesto e comedido: "A dança serve para moderar quatro paixões perigosas: o temor, a melancolia, a cólera e a alegria", escrevia Ménestrier em sua obra sobre os bailados[33].

O nobre humanista Giambattista Giraldi Cinzio (1504-1573), na obra *L'Homme de cour*, exortava os jovens combatentes a praticar *La moresca* [dança provençal] a fim de canalizar a própria violência e proibir-se os combates privados. Ele lembra como

---

30. MONTANDON, A. (dir.). *Dictionnaire raisonné de la politesse et du savoir-vivre*. Paris: Seuil 1995, p. 792-793, verbete "Ridicule".

31. MAGENDIE, M. *La politesse mondaine et les théories de l'honnêteté*. Paris: PUF, 1925, p. 80.

32. D'ARBEAU, T. *L'Orchésographie*. Langres: Jean des Preys, 1589.

33. MÉNESTRIER, C.-F. *Des ballets anciens et modernes selon les règles du théâtre*. Paris: Guignard, 1682, p. 311.

junto aos romanos, os sacerdotes denominados Saliens, ao oferecerem sacrifícios a Marte, deus da Guerra, manuseavam as espadas e os escudos numa medida de tempo boa e apropriada como os vemos fazê-lo hoje nas danças provençais, por movimentos do corpo vigorosos e leves ao longo da música[34].

Em 1589, o borgonhês Jean Tabourot (vulgo Thoinot Arbeau), em sua *Orchéosographie et traité en forme de dialogues par lequel toutes personnes peuvent facilement apprendre et pratiquer l'honnête exercice des danses*, colocava a dança sob o signo da honestidade. A prática festiva é um código de retórica gestual, um código de urbanidade e de civilidade de um grande valor pedagógico[35]. Molière, que era muito amigo de Beauchamps, coreógrafo e mestre de dança do rei, evidenciou claramente o alto valor da arte. São as visões de nobreza e de galanteria de Monsieur Jourdain[36] que o estimulam a assumir o indispensável mestre de dança para tentar integrar uma série de gestos que lhes são fortemente inabituais. Da forma como o diz muito acertadamente Emmanuel Bury, "este caráter bem concreto do domínio do corpo continuará sendo, em última análise, o objetivo confessado do exercício coreográfico"[37]. A lição de minueto dada a Monsieur Jourdain exemplifica este adestramento do corpo: "Em cadência, por favor. A perna direita. Não balance excessivamente os ombros. Os dois braços devem parecer estropiados. Erga a cabeça. Gire a ponta dos pés para fora. Endireite o corpo"[38].

O sacerdote Claude-François Ménestrier via na aprendizagem da dança o aprendizado de uma conservação, de uma postura, de um *habitus* com-

---

34. CINZIO, G.G. *L'uomo di corte*: discurso intorno a quello che si conviene a giovane nobile e ben creato nel servire un gran príncipe. Ed. de Walter Moretti. Modène: Mucchi 1989, V, 3.

35. Cf. FRANKO, M. *The Dancing Body in Renaissance Choreography (c. 1416-1589)*. Birmingham: Summa, 1986.

36. "Ce nous est une douce rente que ce Monsieur Jourdain, avec ses visions de noblesse et de galanterie qu'il est allé se mettre en tête" (MOLIÈRE. *Le bourgeois gentilhomme* (1670), ato I, cena 1).

37. BURY, E. "Apprendre la danse et la formation de l'aristocrate en France au XVIIe siècle". In: MONTANDON, A. (dir.). *Sociopoétique de la danse*. Paris: Anthropos, 1998, p. 197.

38. MOLIÈRE. *Le bourgeois gentilhomme*. Op. cit., ato II, cena 1.

portamental próprio a identificar o homem honrado, perfeitamente mestre de si mesmo:

> A dança não é apenas um divertimento do homem nobre, mas uma espécie de estudo e de aplicação absolutamente necessária para regrar os movimentos. É efetivamente ela que dá um ar nobre e desembaraçado a todas as ações, uma certa graça, que raramente vemos naqueles a quem não ensinamos a dança[39].

Thoinot Arbeau dá aos dançarinos alguns conselhos, sobretudo pedindo--lhes que fiquem eretos, e com o rosto sorridente. Ele explica "que é inconveniente para uma donzela ter uma compostura máscula, da mesma forma que o homem deve evitar os gestos das mulheres: é o que vocês podem perceber nas reverências, pois ao fazê-las os homens levam bruscamente o pé cruzado para trás, e as donzelas dobram os dois joelhos levemente e se reerguem da mesma forma"[40]. Quase na aurora do século XVII, Tuccaro elogia a harmonia que preside a dança: "A arte foi introduzida para dispor e regrar o movimento de nosso corpo com alguma graça maior do que aquela que a natureza nos presenteou"[41]. As qualidades simultaneamente físicas, estéticas e morais que Tuccaro destaca são a ordem e a moderação, a harmonia do corpo em movimento regulando a harmonia da alma. A dança não só permite controlar, limitar, travar e coagir, mas supõe adaptar-se aos parceiros, ao ritmo da música, sem limitar-se aos impulsos do dançarino. Para Tuccaro, a dança ideal exaltada na *L'Astrée* e nos romances pastoris[42] é uma síntese do "decoro relativo aos movimentos, aos gestos, às formas, às posturas e aos atos... do corpo em seu conjunto". E, entre os gestos de conveniência que presidem este exercício, uma nota particular diz respeito à reverência, a esta qualidade respeitosa de uma pessoa convidada a

---

39. MÉNESTRIER, C.-F. *De ballets anciens et modernes...* Op. cit., p. 33.

40. D'ARBEAU, T. *L'Orchésographie.* Op. cit.

41. TUCCARO, A. Trois dialogues de l'exercice de sauter et voltiger en l'air, avec les figures qui servent à la parfaite démonstration et intelligence dudit art (1599). Apud FRANKO, M. *The Dancing Body...* Op. cit.

42. LAVOCAT, F. "La chaine mystérieuse – Danser en arcadie et en utopie". In: MONTANDON, A. (dir.). *Sociopoétique de la danse.* Op. cit., p. 81-97.

honrar as boas maneiras. Jean-Claude Margolin vê nisso "o início ou a abertura de uma educada conversação dançada", e pergunta: "Não seria a dança uma longa metáfora da conversação"?[43] Assim encontraríamos as mesmas obrigações entre a boa conversação e as boas maneiras:

> Quando entrares no lugar onde se encontra a companhia preparada para a dança, escolherás alguma donzela honrada, a que mais te agradar, e tirando o chapéu ou o boné com tua mão esquerda, lhe estenderás a mão direita e ela se erguerá para te acompanhar[44].

Não obstante sua ignorância, Monsieur Jourdain sabe perfeitamente a importância da reverência que devia fazer à bela marquesa da qual estava apaixonado: "Se quiseres saudá-la com muito respeito, é preciso primeiro fazer uma reverência para trás, depois caminhar na direção dela com três reverências para frente, e na última deves abaixar-te até a altura de seus joelhos"[45]. François de Lauze, que começa sua obra pela reverência, justifica a dança como aprendizagem da arte de caminhar: "Esta maneira de caminhar totalmente grave e nobre te fornecerá, além de uma grande facilidade para a dança, um suporte mais garantido para abordar ou receber as boas graças de alguma companhia"[46]. Faz-se necessária a liberdade do natural aprendido e esta desenvoltura despreocupada e amável que sabe dar naturalidade ao artifício, esta *sprezzatura* própria ao homem honrado: "Quanto tempo, regras, atenção e trabalho para dançar com a mesma liberdade e a mesma graça com a qual caminhamos!" (La Bruyère). A arte da graça é aquela de uma compostura dominada. A graça é efetivamente uma medida, uma proporção sintomática de uma vigilância interiorizada, naturalizada. Esta bela porcentagem sem a qual o bem não seria belo, nem a beleza

---

43. MARGOLIN, J.-C. "La civilité nouvelle – De la notion de la civilité à sa pratique et aux traités de civilité". In: MONTANDON, A. (dir.). *Pour une histoire des traités de savoir-vivre en Europe.* Op. cit., p. 151-177.

44. TABOUROT, f. 25r°. Citado e traduzido em inglês por Mark Franko. *The Dancing Body...* Op. cit., p. 35. Cf. MÉNIL, F. *Histoire de la danse à travers les âges.* Paris: Picard-Kaan, 1906, p. 160.

45. MOLIÈRE. *Le bourgeois gentilhomme,* ato II, cena 1.

46. LAUZE, F. *Apologie de la danse et parfaite méthode de l'enseigner tant aux cavaliers q'aux dames,* 1623, p. 27.

agradável e, segundo Della Casa, que cria "certa luz que sai do belo conjunto de coisas bem compostas, bem distintas umas das outras e todas em seu conjunto"[47]. Esta arte social que é a dança cria o bom acordo e a harmonia – Ménestrier recorreu a Platão e a suas *Leis* (653e-654b) para explicar as relações entre a dança e a harmonia, entre a alma e o corpo[48]. A dança não é apenas descontração contra as fadigas e remédio contra a melancolia, mas modelo da concórdia: Molière manda um recado ao mestre de dança como ao mestre de música dizendo que todos os infortúnios dos homens, as guerras etc., provêm do fato de que os homens não sabem dançar[49].

O domínio social implicado na dança como aprendizagem da ordem, da conservação e da civilidade foi compreendido como um dos exercícios "mais vantajosos e mais úteis para nossa nobreza", dizia Louis XIV em suas *Lettres patentes pour l'établissement de l'Académie Royal de Danse*, ocasião em que afirmou seu reconhecimento simbólico e a institucionalização de seus quadros ao criar, em 1661, a Academia Real de Dança.

Outro exemplo da aprendizagem do domínio de si e da própria impulsividade pode ser o duelo. A repressão das reações emotivas concerne igualmente ao duelo, obviamente condenado pela religião cristã (cf. Pascal), mas que por muito tempo foi considerado uma maneira obrigatória de reagir diante de qualquer provocação. O reenvio à moral cristã nos preceitos relativos ao duelo participa da domesticação das elites da nobreza. Christophe Losfeld[50] mostrou que, testemunha da independência dos nobres que estimavam poder fazer por si mesmos vingança às ofensas sofridas, o duelo é severamente condenado no período clássico. Já o era no século XVII, mas no horizonte de uma ética estoi-

---

47. DELLA CASA, G. *Galatée*. Op. cit., cap. XXVIII.

48. MÉNESTRIER, C.-F. *Des ballets anciens et modernes...* Op. cit., p. 32-33.

49. "Tão logo um homem cometa uma inobservância em sua conduta, seja nos negócios de família ou no governo de Estado, ou no comando de um exército, não costumamos dizer: 'Esse cara deu um passo em falso neste ou naquele caso?' [...] E dar um passo em falso não procederia do não saber dançar?" (MOLIÈRE. *Le bourgeois gentilhomme*. Op. cit., ato I, cena 1).

50. LOSFELD, C. *Politesse, morale et construction sociale* – Pour une histoire des traits de comportement (1670-1788). Paris: Champion, 2011.

ca[51]. Doravante, esta condenação o remete a uma concepção cristã. Marmet de Valcroissant, por exemplo, afirma:

> É principalmente por um princípio de virtude e de caridade que não se deve sonhar com a vingança; além disso, nossos projetos nunca se realizam da forma como os desejamos, como os planejamos; não obstante tudo, um cristão nunca deve descarregar seus fracassos sobre os outros ou perder-se em duelos[52].

Esta crítica da vingança pessoal – lugar-comum da literatura moral e comportamental da época[53] – não significa, entretanto, uma adequação perfeita entre o discurso religioso e o discurso aristocrático que, bem ao contrário, neste particular assume muitas liberdades. As leis que condenam o duelo não apontam nenhuma palavra para esta prática condenada vigorosamente pela literatura comportamental. Assim o Padre Antoine de Balinghem, no *Le vrai pont d'honneur* (1618), lembra as verdades da fé ensinadas pela Igreja, acrescentando, porém, que os nobres não são mais os próprios justiceiros, mas que doravante é o poder real que dispõe dele, justificando as leis contra o duelo: "Trata-se de provar a todos os súditos, mesmo aos nobres, que o corpo humano pertence menos ao seu possuidor do que ao soberano"[54]. O valor sagrado da vida humana é doravante assumido pelo Estado. É o que Horácio proclama na tragédia dos Cornélios: "Nosso sangue é sua propriedade, ele pode dispor dele"[55].

---

51. Cf. BADY, R. *L'Homme et son "institution", de Montaigne à Bérulle*. Paris: Les Belles Lettres, 1964, p. 120-121.

52. VALCROISSANT, M.M. *Maximes pour vivre heureusement dans le monde, et pour former l'honneste homme*. Paris: Sercy, 1662, p. 169.

53. LOSFELD, C. *Politesse, morale et construction sociale* (Op. cit.) dá alguns exemplos: BERNARD, J.-F. *Réflexions morales, satirique et comiques sur les moeurs de notre siècle*. Amsterdã: Bernard, 1713, p. 156 e 304. • BELLEGARDE, J.-B.M. *Lettres curieuses de littérature et de moral*. Paris: Guignard, 1702. • BRILLON, J.-J. *Portraits sérieux, galands et critiques*. Paris: Brunet, 1696, p. 49. • LUBIERES, A. *L'Esprit du siècle*. Paris: Émery, 1707, p. 208. • CHAPPELL, W. *L'Art de vivre contente*. Amsterdã: Roger, 1707, p. 214. • LE NOBLE, E. *L'École du monde, ou Instruction d'un père à un fils...* Paris: Jouvenel, 1695. Para o problema do duelo, cf. BRIOIST, P.; DRÉVILLON, H. & SERNA, P. *Croiser le fer* – Violence et culture de l'épée dans la France moderne (XVIe-XVIIIe siècle). Seyssel: Champ Vallon, 2002, p. 369-383.

54. BALINGHEM, A. *Le vrai point d'honneur à garder en conversant, pour vivre honorablement et paisiblement avec un chacun*. Saint-Omer: Boscart, 1618, p. XIX.

55. CORNEILLE. *Horace* (1640), ato V, cena 2, v. 1.542.

Balinghem apresenta inúmeros argumentos contra a prática do duelo. Seus conselhos para o verdadeiro homem honrado se encontram de maneira idêntica e mais elaborados nos tratados mais tardios, nos quais se busca evitar a todo custo qualquer escalada agressiva. Não querer vingar-se se transforma em sinal de grandeza:

> É obra de uma alma nobre prestar cuidadosamente atenção para não ferir em nada, nem o renome, nem a honra nem a paz e o repouso de outrem, tampouco dizer-lhe ou fazer-lhe algo que possa deixá-lo corado, sentir-se envergonhado e mortificado em público[56].

A primeira coisa a ser feita diante de uma ofensa, escreve ele, é calar-se, fazer como se nada tivéssemos ouvido ou visto, de sorte a considerá-la como algo que não nos pertence; em seguida, convém agir não impulsivamente, mas responder com prudência. Os que não podem se reconciliar, os irreconciliáveis, são impróprios para a vida social e ficam na solidão como animais selvagens, segundo Eustache du Refuge. Convém igualmente evitar esse tipo de gente:

> Por isso, a fim de não incorrer em tantas inimizades, penso que é melhor não revidar e mostrar que somos pessoas reconciliáveis, mesmo diante de grandes injúrias: estas devem ser diferenciadas segundo o motivo dos que as cometem e, algumas vezes, segundo seu teor[57].

Du Refuge em seu *Traité de la cour* (1616) não se cansa de mostrar o quanto é necessário moderar as paixões e suportar as injúrias, e igualmente saber reconciliar-se com os inimigos, insistindo que um homem honrado deve liderar esta reconciliação.

Este resguardo contra o duelo através do aconselhamento à prudência está presente nas teorias clássicas da conversação. Balinghem já aconselhava a interpretar tudo num sentido positivo tanto nas conversações da corte quanto nos salões, bem como deixar-se persuadir pela boa vontade do outro. Em pri-

---

56. Ibid., p. 331.
57. REFUGE, E. *Traité de la cour, ou Instruction des courtisans*. Amsterdã: Elzevier, 1656, p. 249.

meiro lugar, portanto, aconselha-se a considerar a boa intenção do parceiro ("Minamos tudo e perturbamos nossa paz ao interpretarmos erroneamente, e assim apanhamos com a mão esquerda o que se nos é apresentado com a direita")[58]. Em segundo lugar, sugere-se que não se acredite levianamente em rumores e boatos, ou seja, evitar a desconfiança. Atitudes estas confirmadas por Morvan de Bellegarde:

> Com um homem desconfiado é difícil de lidar; urge muita cautela, sobretudo para que ele não se sinta encoberto por nossa sombra. As pessoas de um mérito tacanho sempre parecem andar sobre espinhos; interpretam tudo atravessado; sempre acreditam que falamos delas e, pior, falamos mal. Assim, às vezes brutalmente, elas te chamam à parte e te pedem explicações por obras que nem sequer sonhaste imputar-lhes[59].

Bellegarde também aconselha a comportar-se com discrição numa conversação, e diante de uma injúria ele recomenda a prudência. Indiretamente ele afirma que o abrandamento das emoções pode advir da maneira de acolher e de falar. Assim, seu conselho insiste em evitar zombarias sangrentas, insultos e calúnias:

> Se o insulto é inocente, responder com palavras ofensivas seria uma atitude excessivamente brutal. A vingança mais certeira seria uma réplica imediata, capaz de punir o gracejador e destituí-lo das próprias armas. Se o insulto for chocante, recomenda-se então adotar um ar mais grave, mostrando ao agressor o quanto ele foi desagradável, tentando convencê-lo assim de nosso legítimo direito de nos ofender[60].

A preferência por este ou aquele indivíduo importa. E, para evitar qualquer inconveniente, Balinghem aconselha evitar pessoas com quem temos certa antipatia ou aversão, sobretudo as passionais, as irritáveis, as que adoram contrariar etc., e, particularmente, as invejosas. Em contrapartida, nosso autor

---

58. BALINGHEM, A. *Le vrai point d'honneur*... Op. cit., p. 434.
59. BELLEGARDE, J.-B.M. *Réflexions sur le ridicule*... Op. cit., p. 353-354.
60. Ibid., p. 203.

aconselha frequentar "pessoas simples, fáceis e moderadas, que não alimentam nenhum interesse em instigar nossa irritação"[61]. Assim, na reflexão de Balinghem, a prevenção contra o duelo se baseia na teoria de uma retórica agradável e sem conflito que permite o afastamento de uma escalada das emoções, assemelhando tal postura às regras que regem uma boa conversação.

Parece-nos que esta moderação da manifestação das emoções já está presente, de maneira sintomática, na literatura clássica. Sintomática não porque esta literatura renuncie à evocação das paixões, mas os cânones em vigor, fazendo do Classicismo uma escola do domínio de si construída numa busca da harmonia, exigindo o respeito ao decoro, à ordem e ao equilíbrio, correspondem às leis da sociabilidade. O homem honrado se guarda de manifestar suas emoções pessoais; por isso o mau humor de Alceste é condenado. Da mesma forma, o escritor clássico desenvolve uma retórica do pudor, da modéstia, da reserva; ele jamais força o pensamento, tampouco a expressão da emoção. Ele dispõe da arte da ênfase retórica com ironia [litotes], diz o mínimo com uma preocupação de economia psíquica e estética. O "Podes ir, não te odeio por isso" de Chimène[62] deixa entender mais do que afirma.

O teatro clássico, longe de suprimir a emoção, a canaliza e a põe em relação com a razão. O assassinato de Horácio não é um ato selvagem sedento de sangue, cometido com um furor irracional, mas resultado de um ato deliberadamente pensado. Com o verso 1319, "Já é demais, a paciência deu lugar à razão"[63], busca-se fazer justiça castigando aquela que, deixando-se superar pela emoção, pede a maldição sobre Roma, aquela que rompe com sua família, com sua pátria, e aquela que clama alto e bom som e com ironia sua traição:

> Degeneremos, corações meus, de tão virtuoso pai;
> Sejamos indignas irmãs de tão generoso irmão[64].

---

61. BALINGHEM, A. *Le vrai point d'honneur... Op. cit.*, p. 201.
62. CORNEILLE. *Le Cid* (1637), ato III, cena 4.
63. CORNEILLE. *Horace*, ato IV, cena 5.
64. Ibid., v. 1.239-1.240.

Todo o sentido da peça de Corneille é exatamente a (re)apresentação de um controle adquirido sobre si mesmo, "uma conquista de si", segundo Serge Doubrovsky[65]. Renegar as próprias paixões, desfazer-se das emoções pessoais por uma causa superior e transcendente, negar-se a servir ao Estado, eis a grandeza do herói que, para servir a Roma, é obrigado a asfixiar qualquer outro sentimento em prol do serviço à própria pátria[66]. A grandeza do herói corneliano, como sempre se repete, é a de resistir aos sentimentos, a de repelir com firmeza qualquer sinal de fraqueza, a de afastar por essa razão as lágrimas da sensibilidade feminina.

Não esqueçamos que a peça é dedicada a Richelieu, e que, independentemente das razões, seu sentido é eminentemente político. Trata-se justamente de vencer as emoções como a tristeza, o desespero, a cólera, o desejo de vingança etc., em nome da razão do Estado, subordinando assim o individual e o particular ao geral e ao universal. O ato V vem corroborar as teses de Elias que consideram que o rei surge para impor sua ordem e sua justiça sobre a antiga autoridade familiar. Esta monopolização da violência e do poder é afirmada pela aparição da figura real, nova e superior autoridade, instaurando uma ordem política que priva o clã de suas prerrogativas ancestrais. Doravante ele garante "a preeminência do jurídico, e definitivamente o político e o militar"[67]. Segundo Alain Couprie, ao pedir o castigo do criminoso, Valère realça os perigos que o herói imporia à realeza ao atribuir a si mesmo o ofício de juiz. Ele obriga o rei a fazer justiça para que a Razão controle e limite a Força, sempre em risco de degenerar em violência. O rei em sua magnanimidade abole a falta, entretanto, sem absolvê-la:

---

65. DOUBROVSKY, S. *Corneille et la dialectique du héros*. Paris: Gallimard, 1963.

66. "Nossa desgraça é imensa; ela está em seu auge; / Eu a encaro por completo, mas não tremo absolutamente: / Contra quem quer que seja que meu país me empregue, / Cegamente e com alegria aceito esta glória; / Receber tais comandos / Deve asfixiar em nós qualquer outro sentimento. / Este dever santo e sagrado rompe qualquer outro vínculo. / Roma escolheu meu braço, eu nada examino" (CORNEILLE. *Horace*, ato II, cena 3, v. 489-498).

67. Nota de Alain Couprie, in: CORNEILLE. *Horace*. Paris: Librairie Générale Française, 1986, p. 125.

Viva, pois, Horácio, viva, guerreiro tão magnânimo:
Tua virtude eleva tua glória acima de teu crime[68].

Leo Spitzer analisou muito inteligentemente o que ele denomina efeito de surdina no teatro de Racine através desse estilo singular, totalmente introspectado, fechado em sua interioridade, "frequentemente moderado e abafado, de um racionalismo manifesto, quase puramente formal"[69]. Esses efeitos de mitigação, nosso autor os percebe em procedimentos diversos: na desindividualização através do emprego do artigo indefinido, no uso do plural em vez do singular (os indivíduos se fazem na multidão), cedendo espaço assim para a impessoalidade e para a distância necessárias a fim de eliminar as impressões excessivamente individuais que barrariam o acesso à generalidade e à universalidade. Assim, Maurice Blanchot define o escritor clássico como aquele que "sacrifica a palavra que lhe é própria [...] para dar voz ao universal"[70]. A emoção, reprimida e ocultada, não deixa de fazer-se presente de maneira subterrânea e, se Spitzer conclui sobre a aparência fria do estilo, nem por isso ignora o ardor escondido.

Reencontramos assim na ficção o que os tratados das boas maneiras exigiam em termos de renúncia e de domínio de si, bem como uma de suas consequências mais fortes, o controle e a repulsão da emoção, ou, no mínimo, para retomar a bela expressão de Spitzer qualificando a idade clássica do homem honrado, "seu abrandamento". É interessante perceber o quanto este cavalheirismo, que foi um modelo de decoro e de doçura, pôde invadir a tragédia, que era o espaço privilegiado da manifestação das maiores paixões. Carine Barbafieri[71] conseguiu mostrar que a tragédia, embora sendo o espaço do terror, não se mostrou insensível à doçura, "muito pelo contrário". Constatando que desde 1634 o poema trágico pendia para o lado de uma *aurea mediocritas*, os

---

68. CORNEILLE. *Horace*, ato V, cena 3, v. 1.759-1.760.

69. SPITZER, L. *Études de style*. Paris: Gallimard, 1970, p. 208.

70. BLANCHOT, M. *L'Espace littéraire*. Paris: Gallimard, 1955, p. 208.

71. BARBAFIERI, C. *Atrée et Céladon* – La galanterie dans le théâtre tragique de la France classique (1634-1702). Rennes: PUR, 2006.

personagens que se exprimem numa linguagem galante se veem obrigados a respeitar os imperativos da polidez, e a fúria, paixão trágica por excelência, vê-se assim desacreditada e inconveniente. Já não se tolera mais o desrespeito às leis de civilidade, e o próprio Cavaleiro de Méré censura Cinna por falar muito abertamente de sua virtude[72].

Assim, mesmo o herói trágico não poderia prescindir da exigência da honestidade: "Podemos ser homens honrados sem sermos heróis, mas não podemos ser heróis sem sermos homens honrados", escrevia Saint-Évremond[73]. O herói, portanto, não deve dar livre-curso à sua cólera ou fúria, e La Mesnardière em sua *Poétique* (1640) aconselha que o poeta "jamais permita que seu personagem principal despeje suas injúrias, indignas de um homem honrado, e menos ainda suas blasfêmias, odiosas às *boas almas*"[74]. "Se a paixão por excelência da tragédia é a compaixão, o poeta deve preocupar-se em mostrar personagens 'cheios de doçura de espírito', esta doçura sendo o 'fundamento da compaixão'", escrevia Carine Barbafieri, citando La Mesnardière[75]. Essa doçura é igualmente esperada nas representações dos atores trágicos, que se veem "paradoxalmente louvados por sua representação impregnada de uma feliz honestidade, civil e elegante"[76].

Cavalheirismo e honestidade, aliado à doçura, à urbanidade e a uma retórica do pudor, da modéstia, da reserva, para nunca dar livre-curso à manifestação da emoção caracterizam, portanto, esse controle dos afetos presente nas representações das interações sociais no período clássico, que é simultaneamente uma arte do distanciamento[77].

---

72. MÉRÉ. Des agréments (1677). In: *Oeuvres complètes*. Tomo 2. Paris: Roches, 1930, p. 15.

73. SAINT-ÉVREMOND, C. *Oeuvres en prose*. Tomo 1. Ed. de René Ternois. Paris: Didier, 1962, p. 239.

74. LA MESNARDIÈRE, J. *La poétique*. Genebra: Slatkiner, 1972, p. 101.

75. BARBAFIERI, C. *Atrée et Céladon*. Op. cit., p. 142.

76. Ibid., p. 156.

77. "Arte do distanciamento", para retomar um título que Thomas Pavel deu à sua obra sobre a idade clássica (Gallimard, 1996). A título de exemplo, podemos citar o abandono do tratamento do tu heroico nas tragédias, a partir dos anos de 1640, para passar a tratar as pessoas por vós. Cf. VIALLETON, J.-Y. *Poésie dramatique et prose du monde – Le comportement des personnages dans les tragédies en France au XVIIe siècle*. Paris: Champion, 2004.

15
AFEIÇÕES DA ALMA E EMOÇÕES NA EXPERIÊNCIA MÍSTICA

Sophie Houdard

*Para acompanhar os textos cristãos que nos séculos XVI e XVII
receberam o estatuto teórico e/ou prático de "místicos" é necessário
remontar às paixões do sofrer.*
Michel de Certeau[1]

Considerar que as emoções estão no centro da vida religiosa e mística é uma evidência. Quase demasiada! Isso corre o risco de fazer-nos esquecer que uma tradição intelectual ocidental as associou. Após Kant ter concebido o "sentimento religioso" como um dado antropológico universal, é a sociologia das religiões que, no início do século XX, designa como "mística" a presença de "fatos emocionais" nas "representações coletivas" dos primitivos[2]. Lucien Lévy-Bruhl usa o adjetivo *místico* para distinguir o domínio das representações (cognitivas e intelectuais) *puras* da atividade mental dos primitivos, identificada como um conjunto de crenças em forças e influências invisíveis extraordinárias, nas quais as emoções exercem uma função

---

1. CERTEAU, M. *La fable mystique*. Tomo 2. Paris: Gallimard, 2013, p. 219.

2. Muito interessantes são as elaborações de Yannick Fer ("Émotion") e de François Trémolières ("Mystique/mysticisme") em AZRIA, R. & HERVIEU-LÉGER, D. (dirs.). *Dictionnaire des Faits Religieux*. Paris: PUF, 2010.

simultaneamente forte (em particular de nomeação do sagrado) e intelectualmente rudimentar, visto que funcionam, segundo esse autor, como afetos pré-racionais[3]. A sociologia das religiões de Émile Durkheim opera um deslocamento importante. Para ele, as emoções religiosas revelam o poder moral que os indivíduos dão a objetos, símbolos ou seres, aos quais atribuem uma "energia física" que "submete" a vontade dos que por eles se deixam impressionar: a partir de então, segundo Durkheim, as emoções são religiosas à medida que participam no processo de organização social (como superação do indivíduo, elevação, já que o faz "crescer", aceitação das regras morais coletivas) e porque sua intensidade – que historicamente se revela nos episódios de entusiasmo coletivo – está na origem da "revivificação" das crenças do grupo[4]. Reconheceu-se, com o vocabulário das emoções coletivas (o "grande abalo coletivo", a "efervescência geral", o *tonus* moral"), a importância da psicologia das massas, tão em voga entre as duas guerras e tão permeável às ideias mais inquietantes. Seja como for, a perspectiva de Durkheim nos mostra como as emoções religiosas associadas à mística cristã (o "misticismo religioso de nossas sociedades", escreve Lévy-Bruhl) exercem um papel na análise sócio-histórica do desenvolvimento das religiões instituídas, sua intensidade colocando-as em tensão com a estabilidade da Igreja. As emoções místicas serão desde então pensadas como atividades "afetuosas" perturbadoras, destrutivas, úteis, entretanto, à renovação espiritual das comunidades e, para retomar as expressões de Max Weber, úteis à instituição pela efervescência que lhe trazem[5]. Compreendidas como irracionais (ou

---

3. LÉVY-BRUHL, L. *Les fonctions mentales dans les sociétés inférieures*. Paris: Alcan, 1910, p. 30: "Em outros termos, a realidade em que se movem os primitivos ela mesma é mística".

4. DURKHEIM, É. *Les formes élémentaires de la vie religieuse* – Le système totémique en Australie. Paris: Alcan, 1912. O episódio citado é o da noite de 4 de agosto de 1789, a emoção transformando a multidão num "grupo encarnado e personificado" por intermédio de um orador ou pela força do grupo (cf. esp. p. 293-302). Citamos ainda, a respeito da noção de "força" de origem religiosa que se impõe ao indivíduo a partir do exterior: "Ele sente perfeitamente que é acionado, mas não por que é acionado" (p. 299).

5. WEBER, M. *Économie et société I*. Paris: Plon, 1971. Sobre os afetos nos "Fundamentos metodológicos" de Max Weber, cf. FAVRET-SAADA, J. "Weber, les émotions et la religion". *Terrain*, n. 22, mar./1994, p. 93-108.

pré-racionais), as emoções místicas pertencem a uma história etnocentrada, fundada numa antinomia da razão e da natureza, e numa ideia da emoção como *quantum* energético coletivo, transbordando até mesmo em forma de pânico[6]. Estamos, pois, envolvidos com uma categoria sociológica importante, mas que não permite compreender como a teologia mística afetiva (antes que emocional), apoiada em formas de vida místicas e numa doutrina prática, se desenvolveu no catolicismo no período moderno.

É a ascensão da psicologia religiosa e a ideia da religião como "fato de consciência" ligado a uma "experiência individual" que podem nos ajudar a pensar as emoções místicas no período moderno. Com William James, Henri Bremond e Jean Baruzi, a noção de experiência religiosa é central e, com ela, a subjetividade dos atores místicos, isto é, os que reconhecem uma pertinência não somente aos fenômenos místicos, mas, sobretudo, aos testemunhos escritos tidos por descrevê-los[7]. Apesar da interpretação às vezes obsoleta e apologética de um Bremond, que pretende surpreender o vivido por detrás dos escritos do século XVII, o observador trabalha doravante sobre documentos que ele reconhece – e este é um dado muito importante – como "secundários" (autobiográficos, em particular)[8]. O interesse pela "literatura[9]" e pela linguagem mística – que Jean Baruzi compreende como um "problema" – opera então uma reviravolta decisiva, que a influência de Michel de Certeau desenvolverá em seguida voltando-se para a linguística e para a pragmática[10].

---

6. Durkheim vê na emoção que exercem o ascedente moral e a força do grupo, o que determina os atos violentos bárbaros ou heroicos (*Les formes élémentaires de la vie religieuse*. Op. cit., p. 300).

7. William James propõe uma fenomenologia religiosa que não coloca a questão da causalidade (loucura, exaltação etc.), mas olha sua utilidade para o sujeito (*L'Expérience religieuse* – Essai de psychologie descriptive. Paris/Genebra: Alcan/Kündig, 1906). É a William James que devemos a definição da religião como "fato de consciência".

8. BREMOND, H. *Histoire littéraire du sentiment religieux depuis les guerres de religion à nos jours* (1911-1933) [reed., TRÉMOLIÈRES, T. Grenoble: Millon, 2006]. • BARUZI, J. *Saint-Jean de la Croix et le problème de l'experience mystique*. Paris: Alcan, 1924.

9. O Abade Bremond entende pela palavra "literatura" uma biblioteca de livros impressos.

10. CERTEAU, M. *La fable mystique*. Tomo 1. Paris: Gallimard, 1982, 3. parte.

A experiência não é uma realidade psicológica que poderíamos encontrar ou reconstruir, ela é apreensível somente nos escritos que, para os atores místicos do século XVII, são o lugar da experiência, a escrita afetada por indícios de movimentos (as moções) do Espírito ou de Deus. É, com efeito, no final do século XVI e no século XVII, no momento da Contrarreforma, que a palavra "mística" se impõe em francês, tornando-se o substantivo de uma ciência secreta (a "ciência dos santos"), experimental e afetiva, distinta da teologia escolástica e positiva[11]. As noções de experiência e de conhecimento experimental de Deus são aqui centrais, dando seu desenvolvimento a toda literatura espiritual, frequentemente na primeira pessoa, onde se divulgam os segredos do amor de Deus, isto é, um estilo de união com Deus, e onde se justifica uma fenomenologia dos transtornos da alma e do corpo (gritos, ardores, securas, estremecimentos, êxtase etc.). Muitos escritos, de fato, pretendem estabelecer o arquivo destes movimentos extraordinários[12], afirmando a irredutibilidade da experiência discutida em linguagem ordinária. Fazer a história das emoções místicas consiste desde então em interpretar escritos que são formações de um compromisso que oferecem *ficções da alma* organizando cenas experimentais artificiais, artefatos de um encontro afetivo entre Deus e um sujeito, no cruzamento do indivíduo que escreve e o público que se apossa deste escrito. Se alguma coisa das emoções dos místicos chega até nós, só se dá indiretamente, graças a escritos comoventes, enunciações marcadas pelo encontro com o poder de um Deus ou de um Espírito que se impõe, que agita e que faz sair de si (que move em sentido próprio); enunciações que se apoiam no vocabulário intelectual latino dos afetos que urge orientar para Deus (*affetus, affetio, motio, perturbatio, passio, inclinatio*)[13]. As afeições, de origens patrísticas, ainda não

---

11. Em seu "glossário da teologia mística", o jesuíta Maximilien van der Sandt (Sandaeus) define a mística como o "conhecimento experimental de Deus", ou "doutrina prática e afetiva ocupada totalmente com a obra do amor místico e da união" (*Pro theologia mystica clavis*. Cologne: Gualterius, 1640, p. 4).

12. Antoine Furetière define assim a emoção em seu *Dictionnaire Universel* de 1690: "movimento extraordinário que agita o corpo e que transtorna o seu temperamento ou a atitude".

13. Sobre essa questão de léxico sobre o qual ainda voltaremos, cf. BOQUET, D. & NAGY, P. "Pour une histoire des emoticons – L'histoire face aux questions contemporaines". In: BOQUET,

significam um sentimento terno; situadas na alma, são qualidades cuja sede está na vontade que preside os atos[14]. É necessário, pois, prestar atenção ao vocabulário da época, onde o termo "afeições" define poderes racionais de desejo e de ação que dependem de uma antropologia da pessoa – este composto de corpo e de alma – capaz de se unir a Deus pelos afetos[15]: movido pelas visitas do Espírito, cada místico começa a discernir as emoções, isto é, os movimentos, no cruzamento do corpo e da alma, e que são *efeitos de presença*.

Michel de Certeau escreveu a respeito dos documentos místicos de que dispomos dizendo que se trata de "resíduos sociais", restos de processos e polêmicas que pesaram sobre estas experiências unitivas no momento em que os sinais sensíveis, e inclusive legíveis, se tornaram socialmente inaceitáveis, considerados falsos, ridículos, e até mesmo patológicos[16]. Pois o paradoxo da mística é que esta se desenvolve no século XVII cercada de desconfianças e de processos, pouco tempo antes de desaparecer do catolicismo no final do século, no momento da condenação do quietismo. Veremos que as emoções e as afeições são um elemento muito importante de uma antropologia, de uma teologia e de uma literatura místicas na época moderna; sobre estes domínios as emoções escrevem o capítulo mais intenso e mais controvertido.

D. & NAGY, P. (dirs.). *Le sujet des émotions au Moyen Âge*. Paris: Beauchesne, 2009, p. 43-47. O funcionamento das afeições ou emoções na espiritualidade na época moderna ainda tem muito a ver com a antropologia dos afetos da época medieval. Nós reenviamos aos trabalhos de Damien Boquet, em particular *L'Ordre de l'affect au Moyen Âge* – Autour de l'anthropologie affective d'Aelred de Rievaulx. Caen: Crahm, 2005. Cf. tb. HOUDARD, S. *Les invasions mystiques* – Spiritualités, hétérodoxies et censures à l'époque moderne. Paris: Les Belles Lettres, 2008.

14. Sobre a evolução do vocabulário místico, que cessa pouco a pouco de designar atos para significar experiências sensíveis (como os termos "arrebatar" e "arrebatamento"), cf. DEMONCEAUX, P. *Langue et sensibilité au XVIIᵉ siècle*. Genebra: Droz, 1975, p. 73-107.

15. CHÂTILLON, J. "Cor et cordis affectus". In: *Dictionnaire de Spiritualité Ascétique et Mystique*. Tomo II. Paris: Beauchesne, 1953, esp. as col. 2.299-2.300: "*L'affectus* est une puissance dépendant de mens et anima".

16. Michel de Certeau, no cap. "Historicités mystiques", sublinha a necessária desmistificação que produz o pesquisador quando compreende que os documentos dos quais dispõe não são identificáveis à "mística", mas aos processos, às medidas disciplinares, às qualificações negativas que os cercam (*La fable mystique. Op. cit.*, t. 2, p. 23).

Os movimentos do Espírito

Os "místicos", os "espirituais" ou os "contemplativos": os termos são frequentemente confundidos no início do século XVII para identificar os que pendem para doutrinas e práticas denominadas perigosamente novas, obrigando, por seus críticos, as grandes ordens da Contrarreforma a verificar suas maneiras de rezar e de levar a própria vida religiosa. Se seguirmos o exemplo dos jesuítas, veremos que a novidade não é o apanágio desses jovens religiosos que, inversamente, denunciam a não fidelidade ao projeto de seu fundador Inácio de Loyola. As autoridades jesuítas e carmelitas não fogem da necessidade de ter que enfrentar a expansão de uma nova geração insatisfeita diante de um ativismo mundano segundo eles ignorando os objetivos fixados nas origens de suas ordens ou de suas reformas, e cujo objetivo – quer se trate de pregação, de pastoral ou de exercícios espirituais – deveria ser o de ocupar-se primeiro com a vida interior. Pois, na França, a mística nasceu do sentimento de uma perda, de uma corrupção, de um "mal-estar católico"[17] posterior ao fracasso da Liga, ocasião em que emergiu a incapacidade das instituições de ouvir e fazer falar o Espírito e a criar uma comunidade social no catolicismo real. Assim, a razão do mau diretor espiritual surdo e erudito, surdo porque douto, persegue os escritos místicos, cujos autores estão em busca de uma palavra divina (Escrituras, oração, sermão, conversação) que os círculos devotos e grupos espirituais produzem, substituindo sua palavra àquela de um Deus incompreensível. Os místicos se reconhecem "santos", menos por seus milagres do que por suas comunicações com Deus e por seus "estados" de conformidade com Cristo, aos quais acedem após seus exercícios ascéticos. Seus escritos descrevem as "coisas interiores e espirituais", e ali a vida mística depende da experiência que se afasta das instituições eclesiais.

A tensão entre *interior* e *exterior*, *espiritual* e *cerimonial* (ou carnal, mundano), *ordinário* e *extraordinário*, ocupa um lugar importante nas pesquisas que

---

17. É Robert Descimon que o evoca em sua introdução ao livro de Stéphane-Marie Morgain: *La théologie politique de Pierre de Bérulle (1598-1629)*. Paris: Publisud, 2001, p. 15.

as autoridades organizam para compreender a expansão destes grupos que se apresentam como "místicos"[18]. Assim, as moções do Espírito, centrais na prática do discernimento presentes nos exercícios espirituais jesuítas, constituem, para os espirituais, "graças extraordinárias" que as autoridades da Companhia de Jesus julgarão rapidamente incertas, ilusórias e, sobretudo, antinômicas ao exercício da razão. As moções (*mociones*) ou movimentos do Espírito são objeto de discernimento (a *discretio spirituum* de origem medieval identificando sua origem) central na prática dos exercícios; eles são o pivô da questão, de tal maneira que a ausência de movimento constitui um problema:

> Quando o diretor espiritual dos exercícios percebe que à alma do destinatário não chega nenhuma moção espiritual, sejam consolações, sejam desolações, e que este não está agitado por diversos espíritos, deve interrogá-lo muito sobre os exercícios, se os faz no tempo previsto, e como[19].

Já que a agitação trabalha o sujeito cristão desde a Queda[20], sua atividade é capturada na vigência passional. Sendo os exercícios espirituais a observação de si como tema, ao exercitá-los o indivíduo aprende a reconhecê-los, a senti-los, a fim de filtrar os bons movimentos dos maus e preparar-se para fazer suas opções de vida (objetivo destes exercícios espirituais), purificando suas intenções. A natureza dos movimentos desde há muito tempo referida a uma tríplice causalidade – natural, demoníaca ou divina – preocupará a primeira metade do século XIII, sobretudo por ocasião das questões de possessão diabólica[21]. Os espirituais se voltam então para o próprio interior e perscrutam e analisam as modalidades de seus atos e decisões, às vezes de

---

18. A pesquisa deflagrada na Companhia de Jesus pelo Geral Aquaviva teve lugar em 1611. Junto aos carmelitas, "problemas" de espiritualidade emergem na mesma época. Cf. HOOGLEDE, H. "Les premiers capucins belges et la mystique". *Revue d'Ascétique et de Mystique*, vol. 19, 1938, p. 245-294.

19. "Sixième annotation". In: *Exercices spirituels*. Paris: Desclée de Brouwer, 1963, p. 17.

20. Expressão emprestada de BOUREAU, A. "Un sujet agite – Le statut nouveau des passions de l'âme ao XIIIᵉ siècle". In: BOQUET, D. & NAGY, P. (dirs.), *Le sujet des émotions au Moyen Âge*. Paris: Beauchesne, 2009, p. 187-200.

21. As questões de religiosas possuídas fizeram muito barulho nas crônicas do tempo. A mais conhecida é a questão de Loudun (1634-1637).

maneira bastante, ou excessivamente, meticulosa – trata-se do problema dos escrúpulos que se situam entre a espiritualidade e a teologia moral –, mais preocupados com o sujeito do que com o objeto, já que é a intenção que se busca e se regula através das práticas que orientam a afetividade na conformidade com a vontade divina.

O exame dos movimentos, moções espirituais interiores, portanto, está no fundamento da experiência que tem por campo o sujeito ele mesmo, assim como está no fundamento das práticas de seu fundador:

> [...] sentindo então de um lado minha inclinação e de outro o prazer de Deus Nosso Senhor, comecei imediatamente a prestar atenção e a querer fazer-me chegar o prazer de Deus Nosso Senhor; e nisso as trevas começaram progressivamente a afastar-se de mim e as lágrimas a chegar-me[22].

Este extrato do *Journal des motions intérieures* de Inácio de Loyola é um texto fundante que mostra a dupla coerção na qual se realiza o "movimento" divino, em tensão entre sua necessidade e sua ausência possível. O extrato do jornal de Inácio de Loyola mostra o trabalho do tempo no momento da decisão, e desta forma a instabilidade da autoridade como da autorização que decide (neste caso os recursos a obter nas casas religiosas): o extrato, datado de 12 de março de 1544, descreve a tomada de decisão como moção da vontade (inclinação) que se deixa penetrar pelo (bom) "prazer de Deus", pelo querer de Deus. Mas, como se percebe, a moção não é uma revelação, é inclusive na ausência de qualquer sinal que a moção reside, na forma de um querer do querer de Deus o sujeito se encontra como que "decidido" por Deus, situação que as lágrimas (purgativas ou efeitos da visita da luz eterna) ratificam finalmente como "efeitos". Desde então, a moção é do sujeito ou divina? Eis toda a dificuldade da expectativa de um dizer que nem sempre aparece e que o sujeito espera e produz. Eis toda a complexidade do discernimento.

---

22. LOYOLA, I. *Journal des motions intérieures*. Ed. crítica de Pierre-Antoine Fabre. Bruxelas: Lessius, 2007; cf. suas "proposições de leitura", p. 260ss.

Esses exemplos mostram a importância do movimento interior, que faz agir, decidir, querer, e que se distingue do primeiro modo de eleição, dispensando do exercício, já que Deus se dá diretamente:

> Quando Deus Nosso Senhor move e atrai a vontade, de tal modo que sem duvidar, nem poder duvidar, a alma fiel segue o que lhe é mostrado... Assim fizeram São Paulo e São Mateus quando seguiram Jesus Cristo Nosso Senhor[23].

O segundo modo se realiza através dos exercícios, "pela experiência das consolações e das desolações", e pela experiência do discernimento cuja importância já foi anteriormente mencionada. A prática dos exercícios se funda na aplicação dos sentidos e, sobretudo, do sentido do sabor, que mostra o papel-chave da *experiência divina* pela apropriação das representações sensíveis. Contemplação regrada e metódica, o exercício espiritual conhece um desenvolvimento gigantesco no século XVII; é disponibilizado inclusive aos leigos, para seus usos e práticas místico-afetivas. É Deus se manifestando num "colóquio" em que o prazer e a suavidade permitem saborear interiormente as coisas místicas.

O exercício de conformação afetiva proposto pelos exercícios espirituais, que leva em conta o papel dos sentidos espirituais e do corpo, deve muito à *devotio moderna*, que fez prevalecer no século XV uma devoção imaginativa e afetiva definida frequentemente como uma prática (*praxis pietas*) destinada a produzir por exercícios metódicos sensações da presença de Deus. No século XVII, os leigos encontram nesses métodos de oração o meio de elaborar com seus diretores espirituais métodos nos quais o interior é o espaço novo de suas observações e de suas maneiras de dizer a união direta com Deus[24]. É no interior que as afeições da alma, correspondentes à vontade, são sensibilizadas, isto é, solicitadas e colocadas em movimento pelo Espírito ou por Deus

---

23. *Exercices spirituels*. Op. cit., p. 98-99.

24. Mino Bergamo rastreou a centralidade do motivo da interioridade no século XVII, espaço em que os diferentes modelos antropológicos da alma vão se desenvolver (*L'Anatomie de l'âme de François de Sales à Fénelon*. Grenoble: Millon, 1994).

até chegarem a operar a união no fundo da alma, pois é no mais íntimo deste interior (fundo da alma ou sua extremidade) que se encontra o espaço em que se dá a comunicação direta.

A emoção, portanto, é exatamente um "movimento extraordinário", rápido, que move e põe em causa o corpo e o espírito, como a definiu Antoine Furetière em seu *Dictonnaire Universel* (1690), a diferença que no vocabulário espiritual *affectus* ou *affectio* são qualidades da alma que colocam em causa o apetite racional que quer entrar naturalmente em contato com um objeto. Trata-se, se assim o preferirmos, de movimentos indiferentes em si (eles testemunham a natureza humana passional) que precisamos orientar ou ordenar para que fujam das paixões negativas e se orientem para as afeições do coração e do espírito, a fim de conduzir estas afeições para Deus até conformar-se aos seus desígnios.

Quando o jesuíta Jean-Joseph Surin escreve em 1661 a uma carmelita de Bordeaux, por ocasião da Festa de Pentecostes, que os apóstolos foram "repentinamente investidos do Espírito Santo e penetrados por sua luz e unção", Surin não lembra apenas a cena escriturística, mas monta um cenário com sua correspondente e, nesse cenário evocado e imaginado, a questão é sermos *hic et nunc* "como que possuídos de outro Espírito", violentamente transformados (conformados), vivendo "transportados pelo amor, sempre felizes em Deus e não respirando senão sua glória", como sujeitos movidos, acionados e agitados pelo Espírito e pregando "como raios fulminantes" por toda a terra[25]. Em seu *Cathéchisme spirituel*, publicado em 1657, o Padre Surin havia evocado os dois modos de comunicação da graça, o ordinário e o extraordinário, "que coloca o homem acima de si mesmo" por obra do Espírito Santo "espalhado pelo corpo", purificando-o e tornando-o conforme a Deus. O primeiro se realiza "por assaltos do Espírito Santo que, descendo sobre o homem, move e agita a natureza, de sorte que o corpo sofre estremecimentos semelhantes aos da febre,

---

25. SURIN, J.-J. *Correspondence*. Texto organizado, apresentado e comentado por Michel de Certeau. Paris: Desclée de Brouwer, 1966, p. 1.138. Nesse mesmo volume se encontra o desenvolvimento da "controvérsia sobre as graças místicas", p. 517-523.

durante os quais a alma sente uma suavidade indizível; e por tais movimentos a própria natureza é subjugada e preparada para as operações da vida sobrenatural". A segunda se faz "por uma efusão da Graça nos sentidos. De onde por vezes se seguem movimentos sublinhados por vários doutores místicos"[26].

Surin é muito claro aqui: as emoções provocadas são ao mesmo tempo "assaltos" violentos e perturbadores, pela mistura de sofrimento e prazer, que *alteram* a alma e a matéria corporal a fim de orientar os apetites naturais, levando o indivíduo a abandonar-se à graça e a deixar-se "subjugar"[27] por ela. A pessoa movida, se seguirmos a lógica de Jean-Joseph Surin, consente em alienar sua vida a Deus, da mesma forma que o súdito – em sentido político – deve entregar sua liberdade ao príncipe. As emoções não são, portanto, nem irracionais nem uma resposta irresistível a um fluxo: elas são o efeito de uma "inação", de uma operação mística na alma[28], cujo objetivo é a submissão dinâmica da alma num corpo movido pelo divino, pois, para Jean-Joseph Surin, é o homem vivo em sua inteireza que deve querer, porque pode e quer esvaziar-se para poder unir-se. É muito importante que o jesuíta evoque uma comunicação graciosa natural e uma comunicação extraordinária, a segunda constituindo a sequência da primeira ou seu grau mais elevado. Pois o termo "afeição" designa, desde a mística medieval cisterciense do século XII de Bernardo de Claraval, uma potência indeterminada ligada a um apetite natural que urge orientar, ordenar e purificar pela via purgativa[29].

A componente natural e dinâmica da afetividade é essencial nesta antropologia dos afetos espirituais. O sujeito decide de fato unir-se a Deus, mas

---

26. SURIN, J.-J. *Cathéchisme spirituel*. Paris: Cramoisy, 1669, 6. parte, p. 500-502. A partir de 1661, os editores condensam os três volumes de mais de duzentos capítulos editados em 1657.

27. Audrey Duru mostrou como a poesia espiritual permite a narração de uma "relação consigo", que se realiza acessando a alteridade no mais íntimo de si (*Essais de soi* – Poésie spirituelle et rapport à soi, entre Montaigne et Descartes. Genebra: Droz, 2012).

28. O termo "inação" guarda no vocabulário místico o sentido local ao prefixo *in-*. No momento da condenação do quietismo, ele será entendido como negativo e designará a passividade do místico; sua indolência, dirá Boileau (Épître XII, "Sur l'amour de Dieu").

29. Um exemplo de seu uso consta no *Dictionnaire Universel*, de Antoine Furetière: "o objeto move a potência"; abertura do verbete "*Émotion*".

respondendo à solicitação do Espírito, ao movimento interior que dá o primeiro *impetus* à sua conduta cujos efeitos deve desde então observar, isto é, discernir: o motivo da cooperação com a graça (que se transformará no centro dos debates teológicos no século XVII) é aqui ligado ao da liberdade, o sujeito que escolhe desejar Deus. Simultânea e paradoxalmente, o sujeito místico se aniquila diante da onipotência ou do beneplácito divinos, pois, para um grande número de espirituais, o vocabulário político faz da união com Deus uma união em que a vontade conquista sua liberdade (i. é, abandona a falsa liberdade dos sentidos) na forma de dependência absoluta, na abdicação total de si para viver segundo Deus.

O século XVII é herdeiro do vocabulário experimental da mística afetiva cisterciense: a afeição da alma, do espírito, do coração (*animae, mentis, cordis*) é, junto a Bernardo de Claraval, como o propõe um de seus comentaristas, "a pulsão que cria o desejo. O sujeito sofre uma atração, é 'afetado' por um valor que o atrai. O desejo é posto em movimento"[30]. É a mesma atração que faz nascer a amizade, o amor, a simpatia na vida natural. É ela que coloca em relação naturalmente um sujeito e Deus, ou, se preferirmos, um sujeito e um objeto que coloca em movimento este desejo (inicialmente passivo) de unir-se, o sujeito que consente e canaliza este dinamismo. Como escreve Jacques Blanpain, "é com a onipotência de seu desejo humano bem orientado que o monge deve chegar a Deus"[31]. O *sermon du Cantique des Cantiques*, de Bernardo de Claraval, oferecerá por vários séculos o canto nupcial do amor divino "pressionado a penetrar em nós", e que se faz sentir por suas queimaduras e seus ardores, pois "o Senhor, escreve São Bernardo, está totalmente próximo dos que têm o coração transtornado"[32].

---

30. BLANPAIN, J. "Langage mystique, expression du désir dans les *Sermons sur le Cantique des Cantiques*, de Bernard de Clairvaux". *Collectanea Cisterciensia*, vol. 36, 1974, p. 58-68. Cf. tb. a sequência de seu artigo na mesma revista, p. 226-247.

31. Ibid., p. 61.

32. Sermon sur le Cantique des Cantiques, 57,6. In: *Oeuvres mystiques de Saint Bernard*. Prefácio e trad. fr. de Albert Béguin. Paris: Seuil, p. 593 (extrato do Sl 33,19).

Francisco de Sales bebe desta antropologia do amor de origem cisterciense: "primeira afeição" da vontade (de seus apetites racionais), o amor "põe em marcha todo o resto", escreve o bispo de Genebra em seu *Traité de l'amour de Dieu* (1617)[33]. O amor de Deus se dirige a todos e a todas, e a teologia mística afetiva moderna bebe da ideia de uma eficácia espiritual da amizade e da "complacência do coração" que as fraternidades e grupos espirituais saberão conservar: este primeiro abalo, "primeira emoção que faz o bem na vontade [...], para o qual o coração tende, que se antecipa e deseja este objeto presente, se chama propriamente desejo"[34]. Saindo dos mosteiros para a época moderna, a espiritualidade mística concebe uma antropologia do sujeito capaz de unir-se naturalmente a Deus, no sentido que o afeto ou a afeição permite ao homem, que é imagem de Deus, mesmo dessemelhante (a "dissimilitude" foi ocasionada pelo pecado), restaurar sua capacidade total de unir-se, de fundir-se, de cooperar com a graça[35]. Desde então, a amizade carnal e interessada é o fundamento natural e social que constrói o dinamismo que podemos denominar psicoafetivo, corporal-espiritual, que leva à caridade. O discernimento dos movimentos interiores deve conduzir à paz e ao amor de Deus. A destruição dos maus movimentos deve levar a outra emoção, a da alegria como afeto divino: se é pelo afeto que o humano é humano e pelo afeto que ele caiu, é igualmente pelo afeto que será capaz de entrar na vida sobrenatural.

No século XVII, esta antropologia, entrando em conflito com outros modelos (neoestoicismo, cartesiano, clínico), se degrada pouco a pouco, e com ela a função dos movimentos do espírito e do discernimento na condução da vida[36].

---

33. SALES, F. Traité de l'amour de Dieu. In: *Oeuvres complètes*. Paris: Gallimard, 1969, esp. I, 7 [Coll. "Bibliothèque de la Pléiade"].

34. BOQUET, D. *L'Ordre de l'affect au Moyen Âge*. Op. cit. O autor, como Aelred de Rievaulx, diz que a dimensão interindividual da amizade é o fundamento afetivo, antropológico e social que condiciona a união com Deus e a inscreve num *continuum* hermenêutico. Cf. SALES, F. *Traité de l'amour de Dieu*. Op. cit., p. 371-372.

35. Gn 1,26: "Deus criou o homem à sua imagem e à sua semelhança"; pela imagem, o homem é ligado a Deus como ser, enquanto que a semelhança depende de sua participação voluntária.

36. Cf. ICARD, S. (dir.). *Le discernement spirituel au XVIIe siècle*. Paris: Nolin, 2011, em particular GOUJON, P. "Le devenir du discernement chez les jésuites français du XVIIe siècle", p. 9-21. A degradação da antropologia é também a do vocabulário e da cosmologia dionisianos.

Tudo acontece como se o dinamismo de restauração da carne pela conformidade ou "deiformidade" não fosse mais evidente; como se a experiência do sobrenatural fosse decididamente suspeita de entusiasmo e de iluminismo; como se a liberdade de eleição e de decisão nascida da sujeição ao Espírito entrasse em conflito com outras respostas fornecidas pela filosofia à questão de saber o que fazer e como fazer opções na vida; enfim, como se as emoções devessem ser compatíveis com a teologia marcada no século XVII pelo ressurgimento forte de Tomás de Aquino e de Agostinho.

Até então, os procedimentos das afeições operam na intersecção entre o coletivo e o individual, os espirituais vivendo como um grupo ou um corpo de amigos de Deus ou amantes de Deus aderindo a conceitos e noções e praticando uma linguagem na qual as afeições exercem um papel determinante. Nesta lógica cada qual podia, através da percepção de si, da atividade afetiva e, paradoxalmente, de uma experiência absolutamente singular e extraordinária, produzir um corpo espiritual e social compreendido como corpo místico da Igreja.

Histórias de amor, histórias comoventes

Os místicos são em primeiro lugar leitores: eles leem "autores místicos" modernos classificados numa tradição que vai da Idade Média ao século XVII. Eles recorrem aos comentários do *Cântico dos Cânticos* e às poesias sacras e profanas para apropriar-se de uma linguagem amorosa com a qual fabricam usos que os tornem "amantes de Deus", segundo a expressão de Francisco de Sales[37]. Os livros lhes fornecem métodos que são modos de emprego da linguagem mística, a fim de transformar-se em atores do amor de Deus. Todo livro místico prepara uma comunicação com Deus, um colóquio, transformando-os em diálogo com o leitor. Se abrirmos uma das inúmeras obras em que a "mística e celeste sapiência" é disponibilizada ao uso dos leitores, ficamos

---

37. Audrey Duru mostrou como a poesia espiritual entra na história da subjetividade, construindo uma pessoa ao mesmo tempo singular e universal (*Essais de soi*. Op. cit.).

impressionados pela maneira com a qual o autor constrói estas obras em vista de experimentadores potenciais da oração, muitas vezes confundindo teologia mística com oração. Tomemos o exemplo dos *Secrets sentiers de l'amour divin*, do franciscano Constantino de Barbanson, publicado em 1623. Segundo esse autor, é a experiência de leitores que nos permitirá compreender as "conversações místicas" que se declinam segundo os "humores" de cada um, ou de seu grau de evolução na prática, em função de seu estado passional. A obra detalha os "pontos" que devemos conhecer para poder exercer a prática amorosa, e descreve a oração mental através da qual, como o indica o título, "possamos chegar à fruição de seu divino amor, com os graus, os estados e as operações que ali encontramos"[38]. Se é a Deus que classicamente nos remetemos como endereço preliminar, se é Ele que deve segurar a pluma do autor e autorizá-lo a divulgar segredos mais secretos que os do príncipe, a carta ao leitor e o prólogo definem o espaço de uma publicação restrita aos que já tiverem "degustado" a "saborosa" prática amorosa (e não o conhecimento teológico especulativo e a ciência literária). O autor explica a estes "experimentadores" mais ou menos traquejados nas "vias místicas" que é dentro deles que se encontra o ponto de união e que é neles ainda que as núpcias espirituais se concretizam, cada um sendo capaz de encontrar em si a fruição divina e conduzir uma experiência mística que, em última análise, é uma experiência de si:

> [...] assim, nossa apetência, que é extraída de seu objeto em conformidade com seu humor, tem meios de encontrar nele toda sorte de razões para ser poderosamente aliciado, sensibilizado e docemente forçado a direcionar para Deus seu desejo, segundo o alcance de sua natural inclinação (Prólogo).

A variedade de humores e de apetências explica a diversidade de métodos e práticas, sendo a sabedoria eterna, segundo Constantino de Barbanson, obediente à "natureza da compleição" e aos estados passionais e sociais: existem, portanto, métodos espirituais para os leigos, para as mulheres, para os reli-

---

38. BARBANSON, C. *Les secrets sentiers de l'amour divin esquels est cachée la vraye sapience céleste et le royaume de Dieu en nos ames...* Cologne: Kinkius, 1623.

giosos, para os temerosos ou puros, para os toscos sensuais ou imaginativos, e para os traquejados. Daí a razão da existência de inúmeras obras tratando destas questões relativas à "via mística e interior":

> [...] umas referindo-se à vontade de Deus, outras à resignação. Umas à via purgativa, iluminativa e unitiva, outras discursando sobre o *Palácio* do amor, o *Castelo* da alma, a *Noite* escura [...], já que, diferentemente, todos nós somos atraídos por Deus e por tantas diferentes razões [...]. Forçosamente, pois, é necessário que uma obra explique uma via e outra explique outra (Prólogo).

Vale lembrar primeiramente que as vias equivalem a lugares, e que esses lugares são títulos de livros. Sem dúvida essas obras são tão conhecidas que dispensam a menção de seus autores, mas ainda que Constantino de Barbanson proceda por metonímia na descontextualização dos escritos de Laurent de Paris, de Teresa de Ávila e de João da Cruz, de sorte que os títulos valham como "noções" místicas, ele os apresenta como tratados a serem utilizados pelos leitores[39]. Esses livros fornecem, portanto, segundo o autor, não narrativas individuais, mas modelos tipos, *figuras de texto*, no sentido de dar aos leitores um modo de analisar-se para produzir por sua vez uma nova via, um novo título que talvez venha a ocupar um espaço na biblioteca dos "novos" místicos, dos quais Surin, por exemplo, mais tarde elaborará a lista em seu *Catéchisme spirituel*. Constantino de Barbanson cita desde então títulos que são acima de tudo lugares imaginários (o palácio, o castelo, a noite), *ficções da alma* que produzem um "espaço de expressão" onde se instala um locutor e onde o leitor é convidado a instalar-se. As ficções (que Michel de Certeau denomina fábulas místicas) substituem experiências artificialmente produzidas num escrito individual que desaparece no próprio gesto de dar-se a ler aos outros, isto é, de prestar-se ao seu uso. Se, como já dissemos acima, a mística se elabora sobre

---

39. PARIS, L. *Le palais de l'amour divin entre Jésus et l'âme chrétienne*, cuja primeira parte foi publicada em Paris pela editora De La Noue et Chastellain, em 614. *Le château, ou demeures de l'âme*, de Teresa de Ávila, terceiro dos três livros, traduzido em 1601 pelo cartuxo de Bourgfontaine. Os escritos de São João da Cruz suscitaram censuras e reticências nos carmelos espanhóis. Eles surgiram em francês graças ao conselheiro de Estado René Gaultier, incansável tradutor da mística espanhola (JOÃO DA CRUZ. *Les oeuvres spirituelles*. Paris: Sonnius, 1621).

um fundo de ausência e de carência, sobre a nostalgia de um desejo de ouvir a Palavra, as ficções da alma são um espaço de projeção (no sentido quase cinematográfico) destinado a representar, a figurar as comunicações diretas com Deus. Esses lugares da alma, composições de lugares segundo a tradição inaciana, devem permitir ao leitor que se represente por sua vez sua alma como fora dele, para ver-se, analisar-se numa espécie de introversão (entrar em si) e de teatro extrovertido (ver-se em todos os estágios da alma). Nesses lugares, "eu" deixo ver Deus como em eco ou em reflexo. *Via, castelo, noite, palácio* são "vias místicas", de espaços talvez ainda ligados aos antigos dispositivos da memória artificial, que são oferecidos a uma atividade de ensaio de si.

Como o sublinharam um bom número de comentaristas, a escrita mística é paradoxal, ela supõe um sujeito aniquilado, perdido no infinito de Deus, onde ao mesmo tempo se inscrevem uma singularidade absoluta e o caráter irredutível de uma interioridade[40]. No centro deste dispositivo, as *Vidas*, ainda o veremos, vão exercer um papel específico.

Teresa de Ávila forneceu as mais perfeitas análises de sua interioridade, a ponto de alguns autores falarem dela em termos de "realismo"[41]. A *Vida* e o *Castelo ou Moradas da alma* produziram gerações de místicos, em particular religiosas, todas inspiradas nas palavras e nas etapas da união com Deus, vistas como um lugar da alma (uma "morada"), ou maneiras de falar de si e da união. Na edição da *Vida* de Teresa, que Élisée de Saint-Bernard oferece em 1630, a dedicatória a Louis XIII lembra ao soberano o quanto este "se derreteu em lágrimas" ao ler as edições anteriores, primeiro leitor comovido sobre o qual os outros saberão "regozijar-se das carícias e ternuras que Deus dispensa na oração" e que Teresa soube descrever tão bem. A emoção real garantiu uma eficácia do livro na agitação dos afetos.

---

40. MANTERO, A. "Louange et ineffable: la poésie mystique du XVIIe siècle français". *Littérature Classiques*, n. 39, 2000, p. 296-315. • BERGAMO, M. *La science des saints, le discours mystique ao XVIIe siècle*. Paris: Jérôme Millon, 1992.

41. LEPÉE, M. *Le réalisme chrétien chez sainte Thérèse d'Avila*. Paris: Desclée de Brouwer, 1947.

Mas o que Teresa descreve? Um itinerário de união com Deus que se faz na progressiva abolição dos poderes da alma (imaginação e memória), ao passo que a vontade se contrai e se estende até a inflamação amorosa que tem lugar no mais "suave deleite". O estado de união, cujas etapas Teresa minuciosamente observa, culmina num estado de loucura e de embriaguez que não pode, segundo ela, ser contado senão sob a forma de poesias, versos patéticos que são substituídos pela descrição ao mesmo tempo impossível e indecente de um corpo que ela diz estar prestes a explodir. Pois, não podendo a alma conter tamanha alegria, seria necessário então que "todos os membros da alma falassem para louvar Sua Majestade", escreve Teresa[42], traindo a tensão entre estados emocionais violentos feitos de ardores, de veemência, de gritos, e seu caráter irrepresentável, justamente por causa do regime da aparição das emoções e de sua irredutibilidade à linguagem articulada. "Num instante, escreve Teresa, o jardineiro celeste fornece prazeres, suavidades, insanidades gloriosas, celeste alegria em que se aprende a verdadeira sabedoria e é, para a alma, a mais deleitável das fruições"[43]. Teresa convida o religioso que controla seus escritos e que é seu primeiro leitor a deixar-se afetar, por sua vez, a fim de evitar, como ocorre com muitos pregadores, a "carência do fogo do amor"[44].

Na união, a vontade é vinculada, absorta em Deus, ao passo que a memória, "agitada como uma borboleta noturna", é "queimada pelo fogo da candeia divina com as outras potências reduzidas ao pó"[45]. No caminho que leva à fruição, a carne (marcada pelo pecado e pela queda) é destruída, a fim de conformar-se com Aquele a quem a alma acolhe como eco; mas o corpo, por sua vez, participa "palpavelmente desta alegria e deste júbilo"[46]. Teresa defende, contra os adeptos da mística nórdica abstrata, a função necessária da imaginação e a

---

42. *Les oeuvres de sainte Thérèse de Jésus*. Trad. fr. de Élisée de Saint-Bernard, edição acompanhada da bula de canonização. Paris: Sonnius, 1630, cap. 16, p. 94.

43. Ibid.

44. Ibid., p. 97.

45. Ibid., p. 113.

46. Ibid., p. 173.

participação do corpo, como composto humano, vestígio, apesar da queda, da presença divina. É todo o criado que deve ser restaurado na união e no êxtase (compreende-se perfeitamente que Surin, lembrado mais acima, foi um grande leitor de Teresa).

O êxtase de Teresa virou celebridade na escultura de Bernin, como se seus escritos o tivessem convidado a produzir esta "máquina de emoções", este dispositivo esculpido que exibe o corpo patético da religiosa[47]. O êxtase é objeto de descrições minuciosas, e inúmeras por parte de Teresa, detendo-se no que a alma "sente", e no que ela pretende "declarar", no entanto, sem poder fazer outra coisa senão mostrar um "sentir" que resiste justamente à demonstração.

Neste êxtase denominado por ela voo do espírito,

> [a alma] sente que o coração quase lhe falta, numa espécie de desfalecimento e desmaio, acompanhado de um grande e suave contentamento, pois o fôlego e todas as forças corporais lhe faltam, embora, não obstante a grande dificuldade, mal consiga mexer as mãos[48].

Na obra *Les relations* (1576), Teresa descreve seu pavor diante do termo "êxtase", palavra para ela excessivamente equívoca. Daí sua preferência por termos como "arrebatamento", "transporte", ou ainda "outra forma de oração":

> Trata-se de uma espécie de ferimento feito na alma, como se alguém atravessasse com uma flecha o coração ou a alma. Em seguida surge uma dor tão viva que faz gemer, mas é simultaneamente tão deliciosa que a alma gostaria que tal sensação jamais cessasse. Não se trata de uma dor corporal, tampouco de um ferimento material. É algo totalmente imerso na alma, sem que a dor corporal se manifeste. Não posso oferecer uma ideia destas coisas, a não ser por comparações, e pessoalmente só sei adotar algumas grosseiras, muito grosseiras, para o objetivo que persigo, mas elas não podem ser contadas nem escritas, já que só as compreende quem as vive. [...] Conheço uma pessoa que, certa feita, em oração, ouviu uma

---

47. Sobre as obras de Bernin como "máquinas de emoções", cf. CARERI, G. *Envols d'amour – Le Bernin, montage des arts et dévotion baroque*. Milan: Usher, 1990.

48. *Les oeuvres de sainte Thérèse de Jésus*. Op. cit., p. 104.

voz maviosa cantando. Ela garante que, se o canto não tivesse cessado, sua alma poderia ter-lhe fugido, tamanho o deleite e a doçura que Nosso Senhor a fez saborear. Sua Majestade interrompeu este canto, pois aquela cujos sentidos estavam tão paralisados bem podia ter morrido, na impossibilidade em que se encontrava de pedir para que o canto cessasse. De fato, impossibilitada de manifestar-se exteriormente ou de mover-se, ela compreendeu perfeitamente o perigo em que se encontrava: era como se estivesse num sono profundo, sonhando com uma situação da qual gostaria de livrar-se, mas destituída da voz, não obstante seu querer[49].

O cenário do êxtase é um cenário de oração (o da palavra assassinada) e de escrita narrada como uma experiência redacional em que se busca encontrar meios redacionais (comparações, imagens) que somente outro cenário, o do pesadelo como expressão do mutismo, de palavra obstruída, pode comparar-se ao excesso de dor e fruição.

As desconfianças que pesam sobre o êxtase não são novas, e Teresa conhece perfeitamente os riscos a que incorre: sua *Vida*, vale lembrar, é primeiramente um documento apologético que é obrigada a redigir, visando a poupá-la do processo de inquisição que a ameaça. Se, por um lado, ela busca a aprovação dos doutos religiosos, por outro também busca não extrapolar os limites das próprias "loucuras", termo dito expressamente por ela. Ora, o êxtase é uma cena muda, enganosa, que a iluminação, a possessão ou as delícias de um corpo erotizado sente. É, pois, (por um truque de mágica?) a utilidade do êxtase que ela deve defender ao invocar a comunicação das grandezas de Deus, o conhecimento infuso pelos Salmos que são ouvidos imediatamente em língua vulgar, de forma a manter unida a dupla contradição de dever fornecer pela obediência uma explicação regrada das operações da alma e a descrição de seus excessos, de suas saídas de si.

Nas análises dos diferentes tipos de êxtases que Teresa distinguiu em várias noções – união, arrebatamento, elevação, voo do espírito –, ela evoca a

---

49. D'AVILA, T. Les relations. In: *Oeuvres complètes*. Paris: Desclée de Brouwer, 1964, p. 864-865.

força do sofrer, que simultaneamente é dor veemente e doçura ou suavidade, a tal ponto que no quarto grau da oração "não se sente absolutamente nada, mas gozamos sem saber o que estamos gozando"[50], sendo a emoção aqui, em sentido próprio, uma saída de si (movimento) munida da força impetuosa de um arrebatamento, porque o desejo de Deus (entendamo-lo nos dois sentidos) é tão poderoso que remove a alma e deixa o corpo no "martírio saboroso" do "corpo deslocado"[51]. Aos olhos dos outros, este corpo aparece "como morto", às vezes com "perda de sentido" por um curto espaço de tempo, sem que o sujeito possa dizer o que se passa, olhos tão fechados que não veem nada ou não "pensam absolutamente em ver".

O sofrer é uma mistura de martírio e gozo e, para descrevê-lo, Teresa usa a metáfora ou a figura teológico-linguística do anjo que planta uma flecha em suas entranhas, infligindo-lhe um ferimento – efeito da palavra divina na alma –, marcando o lugar interior do eco da Palavra que o anjo transverbera, isto é, reflete e faz transitar[52]. É preciso ter presente que as emoções são efeitos da Palavra de Deus, não sensível obviamente, mas efeitos que tocam o corpo, sentidos na "morada" da alma, neste espaço de ficção em que o prazer e o sofrimento são descritos como *pati divina*. Durante o arrebatamento, as faculdades estão em descanso, e é Deus que é tido por tudo fazer, isto é, que comunica, altera, agita. Costumava-se então dizer: Deus não se comunica mais com a comunidade, e dificilmente através de seu corpo eclesial visível, mas os místicos o comunicam, isto é, se deixam falar por Ele, com o risco, como o escrevia Michel de Certeau, de exacerbar a diferença entre uma palavra que está faltando – "texto sem voz" – e "vozes insensatas (que não articulam mais a narratividade ortodoxa)"[53]. As emoções (não) são (senão)

---

50. *Les oeuvres de sainte Thérèse de Jésus.* Op. cit., p. 104. Sobre o gozo distinto em uso (*utilfrui*), cf. as páginas decisivas de LE BRUN, J. *Le pur amour – De Platon à Lacan.* Paris: Seuil, 2008.

51. *Les oeuvres de sainte Thérèse de Jésus.* Op. cit., p. 123.

52. O anjo é uma substância espiritual sem corpo, ele não tem a necessidade da palavra para comunicar, mas faz passar até os homens a palavra divina, segundo as hierarquias dionisianas.

53. CERTEAU, M. *La fable mystique.* Op. cit., t. 2, p. 221.

efeitos da presença de Deus, e esta presença jamais é tão garantida quanto no momento em que o corpo desmaia e o êxtase deixa o sujeito fora de si, sensibilizado, sem voz e como morto. O ferimento (do anjo) representa a passagem de uma palavra extraordinária que afeta a alma e o corpo por "palavras eficazes" ou, segundo Teresa, palavras patéticas, que se imprimem na alma e permanecem, após o êxtase, provocando lágrimas.

Entretanto, o que é que prova realmente que se trata da presença do Espírito Santo ou de Deus? O escrito autobiográfico é ao mesmo tempo uma empresa de autodiscernimento e uma prova documental destinada aos responsáveis que leem a vida religiosa. À questão que lhe coloca o confessor a respeito de saber o que garante a presença de Deus, Teresa responde:

> Eu não saberia dizer, mas o sinto, o vejo claramente, e sobre isso não posso duvidar de forma alguma [...], enfim, que se tratava de coisas palpáveis e evidentes. Eu lhe ofereci diversas comparações a fim de fazer-me entender, mas, naturalmente, não existe nenhuma que, ao que me parece, tenha alguma relação com esta maneira de ver [...][54].

Acontece que o efeito é interior, isto é, secreto, e ninguém, a não ser a primeira pessoa do singular, pode garanti-lo, mesmo sem poder explicá-lo (somente os doutos o podem fazê-lo). Quanto aos sinais corporais, gritos e tremores, é uma forma de dizer, uma locução bíblica: trata-se da embriaguez espiritual, que é a expressão dos movimentos violentos da graça que altera mecanicamente o coração sob a força de seu fluxo de volúpia. Ao sonho da palavra divina que feriria o corpo até fazê-lo explodir, Teresa confere um deslocamento, visto que é a escrita comovente que se transformará em lugar de ferimento e que impedirá o sonho de morte a invadir as páginas aqui e acolá:

> A alma diz mil loucuras santas e, no entanto, muito sábias para dar contentamento àquele (Deus) que a mantém em tal estado: eu conheço uma pessoa [sem dúvida ela mesma] que fazia versos espontaneamente bem-feitos, e cheios de bons julgamentos, mesmo

---

54. *Les oeuvres de sainte Thérèse de Jésus.* Op. cit., p. 174.

não sendo poeta [...]; ela compunha versos sem pensar neles. Ela gostaria que seu corpo e sua alma se fizessem em pedaços para mostrar a alegria que sentia com essa dor[55].

Teresa não é a única a perceber a discrepância irredutível entre a afeição, o ferimento e sua expressão. O jesuíta Maximilien van der Sandt (Sandaeus) consagra em 1640 um léxico da teologia mística adaptada à sua natureza experimental. Ele explica que, se a linguagem mística é afetada, frequentemente hiperbólica, excessiva e imprópria em seus termos como em suas maneiras, isto se dá em razão da própria qualidade das emoções místicas (*affectuum*)[56].

No final da primeira parte do século XVII percebe-se que a mística é ao mesmo tempo uma experiência e um modo de expressão sem que se possa separá-los, isto é, que a experiência da saída de si por conformidade a Deus, por elevação, por superação da natureza é também (e talvez primeiramente) uma superação da linguagem ordinária da teologia especulativa[57]. Este fechamento em maneiras de falar (este *modo loquendi* tão bem percebido por Michel de Certeau) está presente em Teresa de Ávila: o ferimento, efeito de uma palavra divina, só pode ser dito (lembremo-nos do pesadelo do grito sufocado) num regime de expressividade poética ou nas marcas de uma enunciação comovida que se desloca sobre o sujeito como um poeta escrevendo a dificuldade da empresa descritiva do sujeito extasiado[58]. A escrita afetada da qual fala Teresa alivia o transtorno, acalma o sofrer, e é para esta finalidade que são úteis as poesias (epitalâmios, cânticos, canções) que Teresa de Ávila, Jean-Joseph Surin, Maria da Encarnação-Guyart (sempre comparada com Teresa) e tantos outros vão co-

---

55. Ibid., p. 96.

56. *Pro theologia mystica clavis.* Op. cit., preâmbulo.

57. Os místicos, ao contrário, não o dizem. E Sandaeus assume então tornar solúvel o vocabulário místico na teologia escolástica.

58. Clément Duyck mais recentemente defendeu sua tese de doutorado sobre "A poética do êxtase (França, 1601-1675)" na Sorbonne Nouvelle-Paris 3. É dele que eu empresto muitos dados, e sobretudo a noção estilística da expressividade que ele sorveu junto a Charles Bally e Gustave Guillaume; ela permite compreender o funcionamento da irredutibilidade do êxtase à sua expressão e estudar o lugar da poesia na "aplicação" das emoções extasiadas. A ele meus agradecimentos.

locar em prática. Pois o êxtase não oferece nenhuma ciência, a não ser a do sujeito sobre ele mesmo, afetado, confiante na visita divina, compartilhando com o leitor o início da centelha amorosa, um mesmo afeto e escritos que a mística nupcial e a poesia amorosa oferecem aos usuários da experiência escrita.

Ilusões e falsificações, o fim das emoções místicas

Quando Teresa desloca a emoção do teatro do corpo para um estilo ou uma lírica afetiva, ela apela para as loucuras do irmão Pedro de Alcântara, para Francisco de Assis e todos os santos que teriam querido se esconder no deserto para "gritar e cantar" os louvores de Deus. Teresa evoca estes sainetes de júbilo (alegria que se parece com a embriaguez) que encontramos, por exemplo, junto ao místico reno-flamengo Hendrik Herp (Harphius † 1477), quando define a embriaguez espiritual:

> [...] a embriaguez espiritual é uma recepção mais ampla do sabor afetivo e volúpia interna em nosso coração, mais do que se poderia desejar ou digerir, pela qual nosso coração humano é tão vivamente inflamado e estimulado por um desejo de júbilo divino que todas as suas veias e artérias se abrem, e de tal forma se dilatam em si mesmas que o peito parece demasiadamente pequeno [...]. E este fervor infuso nos corações não pode ser reprimido pelos que ainda não fizeram a experiência [...], sem que por gestos inabituais ela se mostre externamente[59].

Cantos, júbilos, lágrimas, gemidos, gritos, tremedeiras são evocados, como os que são "forçados a saltar e bater palmas", na iminência de explodir sob a abundância do espírito nos poderes da alma.

A visibilidade de tais comportamentos é doravante suspeita. Em meados do século XVII, a ursulina Maria da Encarnação conta que, "quando a impetuosidade do amor era muito violenta e temia explodir externamente, [costumava] retirar-se em seu recinto para aliviar pela pluma escrevendo os movimentos

---

59. HERP, H. *L'Ecole de sapience, ou Theologie mistique*. Arras: Guillaume de la Rivière, 1605, p. 222-224.

de sua paixão"[60]. A dissimulação é a garantia de uma espiritualidade exigente que desconfia dos gostos e das consolações, ao passo que a mística do puro amor preferirá sempre a "aridez", o "abandono", a "desolação", que deixam o sujeito devastado, inteiramente abandonado à graça, na angústia da dúvida e da perda. Mas a cena descrita aqui é também a que determina a recepção dos fenômenos extraordinários na vida pública. A própria Teresa de Ávila, dirigindo-se muito tempo antes às suas companheiras religiosas, desconfiava das fraquezas naturais com seu sexo, levando-as muito frequentemente a confundir suas deficiências com os arrebatamentos. Assim, o arrebatamento dos místicos descrito na sexta morada deve permanecer secreto "desde que, quando se está diante de algumas pessoas, a vergonha ou confusão que ainda resta for tamanha que em parte separa a alma daquilo com o qual ela se regozijava; sem falar do sofrimento e da preocupação que procede daquilo que os outros poderão dizer, dada a malícia do mundo"[61].

No período histórico em que Teresa elabora seus escritos, os processos feitos aos *Alumbrados* convencidos de iluminismo ocupam as mentes, e o risco de ser declarado herético era enorme. Nas notas para oficiar os exercícios espirituais, os diretórios do final do século XVI desconfiam do verbo "sentir", justamente por pertencer ao vocabulário dos Iluminados, já condenados em Sevilha, em 1623. A experiência dos místicos continua nova, singular e incerta, suspeita de não passar de ilusões sustentadas com complacência, sobretudo pelas mulheres, junto às quais a imaginação natural exerce um papel central. O título da obra do jesuíta François Guilloré é emblemático da viragem que se opera na avaliação das operações místicas durante a segunda metade do século XVII: *Les secrets de la vie spirituelle qui en découvrent les illusions* [Os segredos da vida espiritual que trazem à luz suas ilusões][62]. Dedicado a Inácio de Loyola, mestre em discernimento, o

---

60. MARTIN, C. *La vie de la vénérable Mère Marie de l'Incarnation, première supérieure des ursulines de la Nouvelle France.* Paris: Billaine, 1677, p. 129-130.

61. D'AVILA, T. *Traité du Chasteau, ou Demeure de l'âme.* Tomo 3. Lyon: Rigaud, 1621, p. 156.

62. GUILLORÉ, F. *Les secrets de la vie spirituelle qui en découvrent les illusions.* Paris: Michellet, 1673.

livro denuncia as perigosas ilusões da vida espiritual ascética – ilusões externas: austeridades, jejuns, mortificações – e mística – ilusões do Espírito: fervor dos desejos, da oração, das doçuras interiores, dos suspiros e das lágrimas. Doravante nenhuma operação, nenhuma expressão espiritual está imune à falsificação particularmente temível no domínio do amor divino. Com François Guilloré, a antropologia de um sujeito capaz de conformar-se a Deus naturalmente implode: ao invés das afeições, como potências espirituais neutras que o sujeito deve ordenar para o Bem, as paixões passam a ocupar o terreno para fazer do amor-próprio o inextirpável senhorio humano. O homem (e mais ainda a mulher) adora amar, e este prazer não é mais a garantia de um caminho para Deus, mas a inclinação desastrosa das ilusões que os romances veiculam. Como moralista, o jesuíta François Guilloré descreve as confusões que as pessoas alimentam entre o fato de amar e de "ter o peito aquecido pelos ardores celestes", de "ser penetradas pelas doçuras dessa paixão celeste", de conhecer "os tradicionais langores" e de "carregar no coração sua viva chaga" até "desfalecer pela suavidade dos próprios excessos"[63]. A enumeração é um catálogo de citações emprestadas com ironia da mística nupcial que Guilloré transforma em cenas de pedantes excitadas. Desde então os místicos não são mais vistos como loucos de Deus ou em Deus, mas simplesmente *visionários* que confundem o amor de Deus e "a imagem que fazemos dele". O deslocamento operado pelo jesuíta é importante, já que faz a mística andar lado a lado da autoilusão produzida por metáforas. Ao invés destas belas imagens, "a questão, escreve Guilloré, como ordinariamente é concebida, só é verdadeira na pureza da especulação", do contrário, ela não passa de uma "ideia", isto é, de uma "agradável ilusão"[64].

A teologia mística defendida como uma enunciação acordada às afeições e à experiência de Deus não passa, junto a Guilloré, de um palavreado. Os próprios espirituais passam a produzir desde então métodos para evitar as ilusões (da melancolia, do diabo ou da imaginação) que temem e, sobretudo, as de

---

63. Ibid., p. 399.
64. Ibid., p. 400.

confundir os efeitos das palavras com o próprio Deus. Certificando, como o faz François Guilloré, de que uma "questão" existe e que esta reside na especulação racional, ele nos mostra como a mística passa a ser enganação voluntária ou involuntária. Os místicos confundem os termos e as coisas, sobretudo as mulheres que leem os tratados de oração como romances nos quais encontram um amor "tenro e efeminado" e arrebatamentos "afetados e mimados"[65].

O *Examen de la théologie mystique*, do carmelita Jean Chéron se dedica, em meados do século, a uma impiedosa crítica às metáforas místicas, das quais denuncia a ambiguidade sensível, dispensando com um mesmo gesto a antiga simbólica do *Cântico dos Cânticos* e a antropologia da alma, que uma interpretação literal rapidamente erotizou[66]. Ele igualmente identificou os ardores do amor divino como maneiras de falar profanas, às quais as mulheres se abandonam com delícia, "passivamente", tão bem que a vida dos místicos "é uma contínua inversão do espírito"[67]. Para Jean Chéron, não é "conveniente que a alma conduza as afeições, as paixões, os deleites e gostos espirituais, afastando-a assim da razão e da doutrina"; a partilha entre sensível e racional é operada e as "afeições" não podem mais levar ao conhecimento afetivo de Deus. Aqui elas são confundidas com as "paixões", que não dependem mais da vontade, mas do apetite sensitivo que é muito distinto do aparelho intelectual. O afeto cisterciense (e seu vocabulário) sede seu lugar ao da escolástica tomista. O afeto místico é uma paixão, um fenômeno psicossomático, uma manifestação corporal, menos irracional do que socialmente inaceitável, porque visivelmente desordenado e inconveniente. A naturalização da deificação do homem pelo amor cisterciense é doravante impossível, a ordem natural e a ordem sobrenatural são absolutamente distintas, e qualquer pretensão contrária será percebida como entusiasta, ilusória ou simplesmente ridícula:

---

65. Ibid., p. 412.

66. CHÉRON, J. *L'Examen de la théologie mystique*. Paris: Couterot, 1657. Cf. HOUDARD, S. "Du sens virtuel des métaphores spirituelles: l'amour unitif et les 'inclinations incarnées'". *Libertinage et philosophie au XVIIᵉ siècle,* vol. 13, 2012, p. 65-79.

67. CHÉRON, J. *L'Examen de la théologie mystique*. Op. cit., p. 290.

As ações de uma pessoa sábia, escreve Chéron, são sempre bem-compostas e, por conseguinte, se alguém gesticula como alguém que está fora de si, ninguém me convenceria que estes sejam efeitos da divina sabedoria. Eu aprovo os cânticos e os louvores a Deus. Sei bem que a alegria que dilata os poros faz com que os espíritos vitais fluam, e carreguem consigo as lágrimas dos olhos, mas são lágrimas que escapam, pois chorar por causa de prazeres que acreditamos procedentes de Deus como por um motivo de choros seria um chorar insensato. Quanto a esta inquietação de todos os membros, que marca uma leveza insuportável, não saberia justificá-la, tampouco ver uma devota correr, saltar e galopar, contra toda verdadeira modéstia, ou bater palmas[68].

A vida mística, como se percebe, é mais burlesca do que perigosa, sobretudo com a devota que corre e bate palmas! No *L'Examen* de Chéron, é uma antropologia que cessa de funcionar, como mostra o motivo dos espíritos vitais para explicar a produção das lágrimas corporais, e é igualmente uma linguagem simbólica que desmorona, as metáforas literalmente traduzidas como embriaguez, como arroto místico, como gula espiritual, desagregando muito eficazmente toda uma literatura apoiada num vocabulário bíblico, em proveito de uma razão social e moral que desconstrói num mesmo golpe a antropologia do sujeito místico aberto aos movimentos do Espírito e às invasões espirituais.

Somente as emoções extraordinárias podem talvez ainda sustentar a teologia mística: as mortificações excessivas de uma Agnès de Langeac[69], os sofrimentos infligidos sem limite algum, as formas de vida as mais contrárias à ordem social, "o horror à beleza, o horror ao mundo, o horror ao corpo", como o proclama o biógrafo de Agnès de Ranfaing[70], invadem as biografias que

---

68. Ibid., p. 296.

69. *La vie de la vénérable mère Agnez de Jésus religieuse de l'ordre de S. Dominique au dévot monastère de Sainte Catherine de Langeac, par un prestre du Clergé*. Le Puy: Delagarde, 1665.

70. Trata-se de uma *Vida* manuscrita por volta dos anos de 1650 pelo Padre Dargombat, que fez parte dos jesuítas místicos da Loraine da primeira geração, antes de ter sido suspeito de superstição e heterodoxia pelas autoridades jesuítas da França (*A vie de la Reverende Mere Elizabet de la Croix de Jesus fondatrice de la congregation de Notre Dame de Refuge et premiere superieure de son premier monastere à Nancy*).

circulam nos mosteiros. Como estas *Vidas* de religiosas estudadas por Jacques Le Brun, onde a "modalidade excessiva ou aberrante" da confissão conjuga, fora de qualquer aceitabilidade teológica, o ápice da repulsa e a aspiração a um gozo[71]. Em seu prefácio à vida de Agnès de Langeac, o Padre Charles-Louis de Lantages multiplica as autoridades para enquadrar uma vida dificilmente compatível com os traços da canonicidade e justificar as "maravilhas da Graça" que o autor julga difíceis de imitar e, sobretudo, de crer. Assim, Agnès de Langeac "participa" sensivelmente do mistério da Paixão: toda Sexta-feira Santa sangra abundantemente na hora do golpe da espada que sente violentamente; religiosas contam que suas visões e seus arrebatamentos a fazem enxergar o calvário e o próprio Cristo; que seus estigmas aparecem nos pés e nas mãos com uma "perversidade extraordinária"; e dizem ainda que ela mesma teria conhecido a ressurreição... A biografia apresenta um desses casos extraordinários que o excesso sangrento, a imitação literal e patética do *Ecce homo* produz claramente, como as exibidas repetidamente por uma santa em suas devoções às cinco chagas, num martírio de amor caracterizado por uma violência inacreditável[72]. A religiosa do Convento de Langeac é um livro vivo, um relógio da Paixão, um corpo literalmente oferecido ao martírio do amor. François Guilloré denuncia essas violências corporais e esse sofrimento excessivo que as devotas assumem, para "ver seu lado transpassado por uma flecha de ouro como o conseguiram essas santas mais famosas"[73]. Sentir-se como uma santa, como Teresa, como uma imagem de santa: o sofrer não diz mais nada, é uma ilusão de si, é o triunfo do amor-próprio e o fim do sentido da experiência unitiva.

Quando Lantages escreve a biografia, Agnès de Langeac há tempos havia falecido. Ela orientou outro místico, Jean-Jacques Olier, cujas angústias e desesperos são para Henri Bremond fenômenos mórbidos, neuroses, que nada

---

71. LE BRUN, J. *Soeur et amante*. Genebra: Droz, 2013, cap. 3, p. 62.

72. Cf. os textos reunidos em ALBERT, J.-P. *Le sang et le ciel* – Les saintes mystiques dans le monde chrétien. Paris: Aubier, 1997.

73. GUILLORÉ, F. *Les secrets de la vie spirituelle*. Op. cit., p. 483. Sobre as mutações do sofrimento no século XVII, cf. GIMARET, A. *Extraordinaire et ordinaire des Croix* – Les représentations du corps souffrant, 1580-1650. Paris: Champion, 2011.

têm a ver com a mística[74]. Se aqui não se trata de apresentar um diagnóstico retrospectivo, vale lembrar com Michel de Certeau que "depois do século XVI é frequentemente num 'manicômio' que são alojados esses 'doentes' de amor, afetados por um mal que desconhecem"[75].

Na biografia de Marthe d'Orasion, aristocrata de Provença que se transferiu para Paris no início do século XVII para viver junto aos pobres uma vida de sofrimentos e humilhações, o autor mostra seu combate contra as emoções públicas (furores, querelas) que sua família fez para impedi-la de seguir um destino tão violentamente hostil à sua classe, e tão indigno[76]. É à sombra de um manicômio em Paris que ela se instala, encontrando, segundo seu biógrafo, nesta "ação nova e estranha", nesta inversão da dignidade aristocrática, a maneira de levar uma vida heroica e extraordinária, que fez dela uma espiritual numa aristocracia que muito colaborou com os capuchinhos no primeiro terço do século XVII. O manicômio é um espaço de ascetismo e de heroísmo onde ela quer ser sepultada, contra a vontade de sua parentela. A honra da família será finalmente preservada, pois é junto aos capuchinhos de Paris que foi enterrado seu corpo intacto junto ao de Madame de Mercoeur.

Lá pelo final do século XVII, Louise de Bellère du Tronchay, que escolheu chamar-se Louise du Néant, está enferma no manicômio geral da Salpêtrière [local para loucos, pobres, prostitutas e perturbadores da ordem social]. Seu biógrafo, que é seu último diretor espiritual, o jesuíta Maillard, escreve sua vida no início do século XVIII. Ele detalha as "austeridades indiscretas" de Louise, seus "berros de condenada" que a fazem rejeitar as comunidades religiosas e sua família, ela que "entra em situações de desespero e em convulsões que causam o prazer da plebe que não cessava de dizer que seu destino seria a fogueira": considerada feiticeira e louca entre as loucas, Louise du Néant

---

74. BREMOND, H. *Histoire littéraire du sentiment religieux...* Op. cit., t. 1, p. 1.184.

75. CERTEAU, M. *La fable mystique.* Op. cit., t. 2, p. 220.

76. [PIERRE BONNET]. *L'Amour de la pauvreté décrite en la vie et en la mort de haute et puissante dame Marthe d'Oraison, Baronne d'Allemaigne, Vicomtesse de Valernes, laquelle décéda en l'Hotel-Dieu de Paris au service des Pauvres en 1627.* Paris: Recolet, 1632.

escreveu umas cinquenta cartas (em dois períodos: 1679-1681 e 1684-1694) que Maillard publica, cartas excessivas e inquietantes, que Louise, internada na Salpêtrière, escreve aos que ainda leem a intensidade estranha e singular de uma experiência mística que se passa no próprio espaço da loucura[77].

Com Louise du Néant, as emoções (gritos, violências, desprezos, mortificações) são atribuídas ao espaço social onde elas se situam e são descritas: percebendo-se ela mesma como um lixo e uma escória social, pior do que qualquer outra criatura e até as mais pobres de todas, Louise du Néant se identifica com o lugar onde está internada e ali monta o palco de suas loucuras. As cartas de Louise du Néant são impressionantes, elas descrevem uma experiência que alguns jesuítas entendem ainda como mística (os padres Guilloré e Briard) não obstante esses uivos de feiticeira e gritos de criatura louca.

Doravante e por muito tempo, as emoções místicas são cercadas de excesso e pavor da loucura. As encontramos ainda no século XIX no manicômio da Salpêtrière, junto aos primeiros especialistas das neuroses, que verão os extasiados como histéricos anônimos. Num século, o território racional e sensitivo das "afeições" da alma desmoronou-se como um baralho diante de uma nova antropologia do homem das paixões. O vocabulário místico e as experiências vão se tornando paulatinamente sempre mais suspeitas no século XVII, e as longas prisões de Madame Guyon[78] mostram perfeitamente como se torna impossível fazer penetrar no espaço católico o discurso místico e as práticas espirituais do amor puro e o padecer. As emoções, efeitos da presença de Deus numa alma, são doravante sinais patológicos dos indivíduos, que afetam suas "atitudes passionais", que por um lado a medicina assumirá, e por outro as ternuras piegas da religiosidade encarregar-se-á de reduzir a uma sensibilidade religiosa aceitável.

---

77. *Le triomphe de la pauvreté et des humiliations ou la vie de Mademoiselle de Bellère du Tronchay, appelée communément soeur Louise*, publicada em 1732 somente. A obra é citada na reedição de Grenoble, Millon, 1987.

78. Ela ficou encarcerada por vários anos (1695-1703) por ocasião da questão do quietismo. Cf. MADAME GUYON. *Récits de captivité*, 1709. Grenoble: Millon, 1992.

16

A EFUSÃO COLETIVA E O POLÍTICO

Christian Jouhaud

Diante dos fatos: emoções transcritas, emoções transmitidas

O Rei Henrique IV é assassinado em Paris no dia 14 de maio de 1610. Os *Registres-Journaux*, de Pierre de L'Estoile, descrevem e comentam o ocorrido. Eles mencionam muito rapidamente que a primeira iniciativa dos que acompanhavam o rei em sua carruagem, desde o momento em que constataram sua morte, foi a de "certificar da melhor maneira possível o povo, fortemente emocionado e assombrado com este incidente": "repentino e extraordinário incidente que parecia perturbar tudo e transformar-se num caos, e abrir as portas a uma insurreição". O assassino foi levado à estalagem de Retz, perto do local de seu crime, "por causa do povo do qual, uma vez estando amotinado, temia-se que se precipitasse contra ele, arrancar-lhe as roupas ou fazê-lo em pedaços". Não houve insurreição, mas a notícia da morte do rei "causou tamanha consternação e espanto no coração deste pobre povo, inebriado pelo amor ao seu príncipe, que num relance viu-se a face de Paris totalmente mudada": "as lojas fecham as portas; todos gritam, choram e se lamentam, grandes e pequenos, jovens e velhos; as mulheres e as meninas se arrancam os cabelos"[1]. Os cronistas

---

1. L'ESTOILE, P. *Mémoires-journaux, 1574-1611*. Ed. de Gustave Brunet, Aimé-Louis Champollion e Eugène Halphen. Tomo 10. Paris: Librairie des Bibliophiles, 1875-1896, p. 221.

estabelecem assim os sinais e os gestos de uma intensa emoção coletiva que se manifesta numa universal lamentação pública: interrupção de toda atividade, gritos, choros, mulheres que se arrancam os cabelos ou simulam fazê-lo, encontrando assim espontaneamente os muito antigos rituais de luto, num desespero impressionante. Uma deploração tão ativa excede os lamentos que a acompanham. Ela assume o valor de exaltação penitencial e, sublinhando a lamentação, a supera e a exaure. Mas simultaneamente a consuma: a convenção gestual do furor desesperado torna inteligível o clamor inarticulado e universal.

Na opinião de Pierre de L'Estoile, esta emoção coletiva é *popular*. Quanto à postura desse autor, termos mais comedidos nascem de sua pluma, mas nem por isso abstraem a perda comum. É assim que o ato da escrita leva à reflexividade quando se trata de falar de si:

> Com a vida de meu Rei aqui termino o segundo registro de meus passatempos melancólicos, e de minhas vãs e curiosas pesquisas, tanto públicas quanto particulares. Pesquisas interrompidas frequentemente há um mês pelas vigílias das tristes e desagradáveis noites que sofri, inclusive nesta última, pela morte de meu Rei, o qual, ainda que não me tenha jamais feito o bem ou o mal, posso dizer com sinceridade que o amei apaixonadamente, e que lamento profundamente a morte deste bondoso príncipe.

O ato de descrever afetos pessoais após ter evocado as manifestações de uma emoção coletiva dá sua forma à expressão de uma reação emotiva ao evento. O singular e o coletivo são apreendidos na mesma sequência de escrita em que assumem sentido um em relação ao outro. Mas os afetos coletivos são sempre os dos outros: a dimensão coletiva das emoções públicas não encontra descrições, explicações ou comentários, a não ser em escritos que lhes são exteriores e num vocabulário elaborado ou reproduzido nesta exterioridade.

As jornadas das barricadas parisienses no início da Fronda, nos dias 26, 27 e 28 de agosto de 1648, permitem matizar e aprofundar esta constatação. Se analisarmos três das narrativas mais célebres deste acontecimento, a do cardeal de Retz, a de Françoise Bertaut de Motteville e a de Omer Talon, nos damos conta de que o terceiro é o mais preciso em sua descrição dos atores. Ele coloca em relação, por exemplo, locais e ações ("o povo da cidade se agitou", por causa da prisão do conselheiro no Parlamento Broussel no dia 26) e, sobretudo, distingue cuidadosamente a rebelião armada "dos burgueses" e as ações incontroladas "dos populares". A ação defensiva das companhias da milícia burguesa tem como consequência a diminuição contínua dos transtornos, como o mostrou Robert Descimon[2]. O testemunho de Talon, advogado geral do Parlamento, confirma esta análise[3]. Para ele são os vizinhos, os habitantes e os burgueses que devem se responsabilizar pelas mil e duzentas e sessenta barricadas de Paris. E mesmo na tarde do dia 27, quando o Parlamento saiu em bloco do Palácio Real e foi preso e forçado a dar meia-volta, Talon sublinha: "M., o primeiro presidente, foi preso na rua da Arbre-Sec, próxima à Rua Bétizy, pelos burgueses e, dentre outros, por um particular, o qual, colocando a mão sobre o braço, e tendo a espingarda na mão, lhe disse para que voltasse e chamasse M. Broussel"[4]. Ele sublinha que os excessos populares são pontuais e ligados a situações precisas (a caça ao Chanceler Séguier refugiado no Hotel de Luynes no dia 27). O termo desclassificatório "populaça" só aparece sob sua pluma na narração da interlocução entre o primeiro presidente e a rainha. Este magistrado ilustre pa-

---

2. DESCIMON. R. "Les barricades de la Fronde parisienne – Une lecture sociologique". *Annales ESC*, n. 2, 1990, p. 397-422. Esse impressionante artigo estabelece a geografia e a cronologia precisa dos três dias dos tumultos. Ele analisa acima de tudo o papel fundamental da milícia urbana, essa tropa municipal organizada por bairros (dezesseis bairros) em cento e quarenta e cinco companhias. Trata-se de uma força militar de aproximadamente quarenta mil homens hierarquizados segundo a escala social urbana e integrando os artesãos e seus companheiros, bem como os notáveis burgueses. A milícia, portanto, encarna a cidade como comunidade cívica. Ela monta guarda diante das portas e protege os bairros, a comunidade e a vizinhança. Nesse sentido, sua função é em primeiro lugar defensiva: ela conserva os privilégios da cidade em particular contra a presença ou a ameaça de presença dos soldados na cidade. Ela também garante a segurança do bairro, daí as correntes que permitem criar uma barreira e, em 1648, como no tempo da Liga, as barricadas que reforçam e bloqueiam a circulação de tropas ameaçando a autonomia urbana ou de pessoas desconhecidas suscetíveis de pilhar as casas dos burgueses. A milícia urbana é, portanto, um órgão de defesa de uma ordem sociopolítica urbana contra uma ordem governamental: aqui está toda a ambiguidade das jornadas de agosto de 1648.

3. TALON, O. Mémoires. In: *Nouvelle collection des memoires pour servir à l'histoire de France*. Tomo 6. Paris: 1839, p. 262-268.

4. Ibid., p. 266.

rece, neste breve episódio, proceder a um controle do vocabulário, como se tivesse que superar uma fundamental incompreensão da parte do governo, incompreensão que, aliás, Robert Descimon sublinhou: "as solidariedades urbanas" eram para a corte mistérios tão nebulosos quanto os "mistérios do Estado para o povo"[5]: "Não sabemos qual será o efeito de uma populaça exaltada, irritada, e que, não tendo chefe, também carece de obediência". A rainha respondeu num tom bastante ácido: "Foram vocês que agitaram o povo e são o motivo da sublevação, e que vieram pessoalmente, a fim de sublevar a populaça"[6].

Mas, por própria conta, Talon continua a evocar "a ordem que os burgueses estabeleceram em seu bairro, os quais, em sua maioria, empunharam armas para se garantir contra os vagabundos e para manter a autoridade do Parlamento [...][7]". Assim se dá conta perfeitamente do efeito integrador das barricadas que defendem a ordem social mobilizando "o povo" numa expressão unânime. Ele igualmente mensura que o Parlamento, órgão político e judiciário do Estado, garante o contato e a possível tradução da linguagem e do gestual entre a ordem governamental e a ordem urbana.

Bem diferente é a postura de Motteville. Para ela, a palavra "povo", termo que emprega com muita frequência, assume seu sentido quando é referido ao de "canalha". E, se as correntes que fecham as ruas são acionadas, é em razão da ação desse povo, por causa de sua "raiva", de sua "revelia". Os parisienses, quando evocados, se comportam como "desvairados". Quanto ao dia 27, o olhar de Motteville faz-se mais preciso: ela evoca os velhacos, os desesperados (termo usual para designar criminosos), a multidão como uma grande saqueadora, esta canalha "com gritos horrendos", a populaça, esses milhares de travessos, a fúria do povo etc. "Os burgueses que haviam empunhado armas para salvar a cidade da pilhagem não eram mais sábios do que o povo, e reivin-

---

5. DESCIMON, R. "Les barricades...", p. 416.
6. TALON, O. *Mémoires*. Op. cit., p. 265.
7. Ibid., p. 268.

dicavam a soltura de Broussel"[8]. Tudo isso depende de um desregramento passional socialmente indiferenciado, pois as condutas perdem toda razão e toda legitimidade quando podem ser relacionadas e classificadas como "populares":

> Para lá também foram enviados soldados, para ver se as armas fariam medo a esta furiosa tropa; mas, depois que alguns golpes afastaram um pouco esta gente, sua cólera aumentou, e sua raiva tornou-se ainda mais forte. Este remédio, que só é dado forçadamente e para se ter uma ideia se ele seria útil para a cura, não tendo efeito, deixou de ser receitado e julgou-se que o melhor era não fazer nada de extraordinário, por medo de fazer os parisienses saberem do perigo que tal fúria expunha a França[9].

Motteville, desde o aposento da rainha, onde exerce a função de primeira dama de companhia e, segundo ela, a de confidente, não percebe nada daquilo que nutriu a interpretação dos acontecimentos feita por Talon.

Quanto a Retz, ele é como Talon, perfeitamente ciente das realidades sociopolíticas da cidade, das redes de clientela que a atravessam; ainda assim apaga esta experiência e este conhecimento em sua narrativa[10]. Primeiramente dá muito mais atenção ao "teatro" do gabinete da rainha do que à ação ela mesma. Ele se coloca abundantemente em cena numa sequência de planos conciliatórios que, se assim se pode dizer, distinguem os indivíduos sem dar atenção concreta aos atores coletivos. Ele os apaga mesmo quando evoca o início dos tumultos, após a prisão de Broussel, e os substitui por um "on" [pronome indefinido se, por exemplo, diz-se, fala-se] aparentemente unânime, que se tornou célebre: "Explode-se de repente"; "as pessoas se agitam"; "corre-se", "grita-se" e "fecham-se as lojas". Mas quando ele mesmo sai às ruas percebe "uma multidão de pessoas que mais urravam do que gritavam", "um número infinito de pessoas". E quando a rainha é avisada de "que os burgueses ameaçam pas-

---

8. MADAME DE MOTTEVILLE [Françoise Bertaut]. *Mémoires*. In: *Nouvelle collection des mémoires relatifs à l'histoire de France*. Tomo 24. Paris: Didier, 1866, p. 191.

9. Ibid.

10. CARDINAL DE RETZ. *Mémoires* (1717). Paris: Gallimard, 1984, p. 215-223 [Coll. "Bibliothèque de la Pléiade"].

sar por cima dos seguranças", ele dá a palavra ao Marechal de La Meilleraye, que garante "que derrotaria essa canalhada". Por ocasião de sua segunda saída, ele vê "uma multidão de pessoas", depois "uma multidão de burgueses"; por conseguinte, burgueses qualificados pelo fato que somam multidões e assim se popularizam. Terceira saída pelas ruas: ele fala para "uma multidão incontável", descrita como "esta comuna", termo que designa tradicionalmente o ator coletivo das revoltas populares, e que Furetière, em seu *Dictionnaire Universel* (1690), define como "a ralé", com este exemplo costumeiro: "a ralé se rebela facilmente". Gondi, que não é ainda cardeal de Retz, se apresenta em seguida em sua narrativa como o instigador dos tumultos do dia 27 de agosto e, se evoca Miron, coronel do bairro de Saint-Germain-l'Auxerrois, é para colocá-lo como conspirador controlado por ele. Ambos são os autores de um complô cujos atores, que, aliás, não são nomeados, não passam de instrumentos. O resto é obra da canalha em furor.

Esta diferenciação entre, de um lado, o advogado-geral Talon e, de outro, Motteville e Retz, pode ser atribuída a uma série de fatores que não serão desenvolvidos aqui[11]. Lembramos simplesmente que Talon morreu em 1652; seu relato, continuado por alguns meses por seu filho, é o mais próximo dos acontecimentos narrados. Os textos de Retz e de Motteville foram sem dúvida elaborados uns vinte anos mais tarde, num momento em que a luta pela autonomia cívica de Paris não passava de uma lembrança, onde os protagonistas, o governo, a municipalidade, o Parlamento, se encontravam na mesma interpretação, e qualificavam os acontecimentos de 1648, com leves diferenciações, como uma exaltação emotiva popular. Esta versão, destituída dos enfrentamentos sociais reais dos tumultos da Fronda, cruzou o processo de canonização literária de seus autores. Ela impôs a ideia de que a emoção coletiva do "povo" é irracional e infrapolítica. Assim, as emoções singulares dos locutores permitem dar espaço, no caso de Motteville, à fina zombaria que se desenro-

---

11. Sobre a questão das memórias do século XVII, cf. JOUHAUD, C.; RIBARD, D. & SCHAPIRA, N. *Histoire, littérature, témoignage* – Écrire les malheurs du temps. Paris: Gallimard, 2007, p. 23-88.

lava nas imediações da rainha e que, se assim podemos dizer, transformava a política em literatura[12], e, no caso de Retz, à sutileza das interpretações dos cálculos políticos, únicos suscetíveis de prestar contas da lógica das ações[13]. É assim que o memorialista pode declarar-se isento da emoção que pouco a pouco toma conta do gabinete da rainha, quando o *lieutenat* civil ali "entra naquele instante com uma palidez mortal no rosto" – "nunca vi na comédia italiana medo tão ingenuamente e tão ridiculamente representado". Trata-se de uma emoção coletiva que o observador avisado transforma em cena de teatro burlesco despolitizando-a e, no fundo, popularizando-a, mostrando assim que esta paixão tipo terror "que escorre [...] por contágio em seu espírito, em seu coração", não passa de um sintoma da incapacidade política.

Emoções populares: uma patologia

A obra intitulada *De la sagesse* [Sobre a sabedoria], de Pierre Charron, publicada em 1601, teve várias edições. Seu sucesso intelectual confirma seu sucesso editorial: a presença de Charron, mencionada ou não, se impõe ao menos até meados do século XVIII. Longe de ser o simples divulgador de Montaigne, para alguns Charron conseguiu condensar e direcionar para a ação todo um conjunto de reflexões e de ensinamentos de moralistas antigos ou contempo-

---

12. MADAME DE MOTTEVILLE. *Mémoires*. Op. cit., p. 182: "Esta princesa [a rainha] guerreava continuamente com minha covardia. Mas ela teve a gentileza de jocosamente dizer-me que ao meio-dia, logo após seu regresso do *Te Deum*, quando lhe falaram sobre o barulho que o povo começava a fazer, imediatamente pensara em mim e no terror que eu poderia sentir ao saber desta notícia terrível e sobre as correntes esticadas no meio das ruas e as barricadas. Ela havia adivinhado, pois eu quase morri de espanto quando me disseram que Paris estava novamente sob as armas: jamais acreditara que esta Paris, berço das delícias e de pessoas gentis, pudesse ver novamente guerras ou barricadas após as havidas ao longo da história de Henrique III. Enfim, esta brincadeira prolongou-se noite afora [...]".

13. CARDINAL DE RETZ. *Mémoires*. Op. cit., p. 212. "Ao longo deste ano de agitação, eu mesmo me vi tomado por um movimento interior só conhecido de poucas pessoas. Todos os humores do Estado estavam tão sensibilizados pelo calor de Paris que tranquilamente julgava que a ignorância do médico não fora capaz de prevenir a febre. Eu não podia ignorar que estivesse tão mal em meu espírito de Cardeal [Mazarin]. Eu via a carreira aberta, mesmo para a prática, às grandes coisas, cuja especulação muito me havia impressionado desde a infância; minha imaginação me forneceu todas as ideias do possível; meu espírito não as desmentia, e eu repreendia em mim mesmo a contrariedade que encontrava em meu coração de assumi-las".

râneos. Ele consagra um desenvolvimento ao "povo" e outro às "agitações populares e à sublevação". Para ele, o povo "é uma fera estranha de várias cabeças [...], que se agita e se tranquiliza, que aprova e desaprova instantaneamente a mesma coisa". Este ser "de várias cabeças" e de emoção dispensa a razão. É "uma fera selvagem": o adágio *vox populi vox dei* deveria ser substituído por *vox populi vox stultorum*. As emoções populares "se agitam no calor das coisas, se transformam em tumultos súbitos, e duram pouco". Elas podem ser controladas por "advertências e remédios" em termos de "conversas por alguma autoridade munida de virtudes e reputação singular, eloquente, possuidora da gravidade, da graça e da simpatia de adular um povo: pois, à presença de tal autoridade, como que por um estalo, o povo se acalma". Mas esta autoridade, sobretudo, não deve fazer-se de humilde ou mostrar medo, tampouco abandonar-se à imaginação "de que o pior está por vir". Este ensinamento se resume neste parágrafo:

> Existem, portanto, dois meios de apaziguar um povo agitado e furioso: o primeiro consiste em estimular seu orgulho via autoridade e razão. Sendo este o melhor e o mais nobre dos meios, convém que seus chefes o adotem. O outro, mais ordinário, passa pela bajulação e pela adulação, sobretudo porque resistir abertamente ao povo é uma idiotice. Feras selvagens jamais devem ser domadas a pauladas, assim como belas palavras e lindas promessas jamais devem ser economizadas. Neste caso os sábios permitem mentir, como o fazemos com as crianças e os doentes[14].

Que seja necessário comportar-se junto ao povo como se age com as crianças e com os doentes, eis a face meiga de um ensinamento largamente retomado na literatura e nas memórias dos administradores ao longo do século em questão. Mas uma versão mais brutal de repressão sangrenta também pode basear-se no mesmo fundamento ideológico. Em ambos os casos, esses grandes servidores do Estado adotam uma sistemática, um método para pensar o povo

---

14. CHARRON, P. *De la sagesse.* Tomo 2. Paris: Chassériau, 1824, p. 412-413. Vale lembrar que a segunda parte desta citação, a partir de "As feras selvagens...", é um reemprego de BODIN, J. *Le six livres de la République,* IV, 7.

e prestar atenção aos sinais anunciadores de transtornos: o método da medicina em relação aos seus sintomas mórbidos. Esse método tem a vantagem de conjugar imediatamente uma semiologia e uma terapêutica mais ou menos rude, e também permite esquecer tudo o que impediria o acesso ao estatuto do sintoma. Escrevendo ao Chanceler Séguier após as revoltas na região de Périgord ocorridas no mês de junho de 1635, o Tenente Verthamon evocou "uma doença de todas as pessoas daqui, uma sobrecarga de tristezas, um tédio que poderia degenerar em euforia incontrolada seguida de pilhagem, de subversão e mortes, enfim, uma loucura, uma melancolia"[15].

Embora estas realidades sociais e institucionais se transformem ao longo dos séculos XVII e XVIII, estas imagens permanecem e se tornam inclusive mais visíveis com a institucionalização dos delegados de polícia nos bairros das grandes cidades. A *Enciclopédia*, sob a pluma de Jaucourt, rompe com esta tradição, mas o dicionário de Trévoux, em sua edição de 1881, ou os grandes tratados de polícia de Delamare (1705-1738) e de Des Essarts (1786-1789), perpetuam esta tradição. A desordem é ainda pensada em termos de febre ou maus humores sutilmente em ação no corpo popular, e degenerando em "emoções" mórbidas. O que leva a um paradoxo: as palavras e as ações do povo são irresponsáveis e loucas, e jamais atingem o grau de legitimidade necessária para serem consideradas como políticas (esta exclusão do político comporta, aliás, a evidência de uma tautologia: "o povo é povo em qualquer lugar", lê-se no *Dictionnaire* de Furetière). Não obstante isso, estas palavras, estas ações são evidenciadas, selecionadas, classificadas, transmitidas semanalmente ao chefe de polícia de Paris, arquivadas.

Além disso, as condutas consideradas populares "popularizam" aqueles e aquelas que as praticam. Dessa forma, uma comunidade de profissionais, um grupo miliciano – como o já visto nas barricadas de 1648 em Paris –, ou uma

---

15. Apud BERCÉ, Y.-M. *Histoires des croquants* – Étude des soulèvements populaires au XVIIe siècle dans le Sud-Ouest de la France. Tomo 1. Paris/Genebra: Droz, 1974, p. 322. A carta resumida por Yves-Marie Bercé está reproduzida em *Lettres et mémoires adressés au chancelier Séguier*. Tomo 1. Ed. de Roland Mousnier. Paris: PUF, 1964, p. 259-264.

assembleia socialmente compósita, sob a pluma dos magistrados ou no relato de testemunhas se transformam em "povo", o que é simultaneamente uma maneira de desqualificar as ações públicas e de proteger os atores destas ações. Assim eles passam a ser vistos como incapazes de resistir ao próprio impulso "agitado", sobretudo quando este se traduz em comportamento violento.

A violência, quando manifestada, é evidentemente o sinal paroxístico da virulência patológica da emoção/agitação popular. A "comuna" [ralé] se torna então a expressão coletiva da "fúria" popular, engendrando medo e pânico junto aos notáveis urbanos ou rurais, não importando as cumplicidades das quais poderiam se beneficiar os desordeiros[16]. A crença nos rumores mais loucos geralmente atribuídos ao povo emocionalmente desequilibrado se apodera então das "pessoas de bem" alarmadas pelos rumores de subversão total, de pilhagens, de roubos, e chega-se inclusive a pensar nesta gente como um "povo canibal".

Essa violência gera mais medo ao ser ritualizada e cuidadosamente colocada em cena como ato de justiça realizado contra um agressor cuja ação, o mais frequentemente a serviço do fisco real, parecia inverter o pacto social e, em sentido mais amplo, político, sobre o qual estava fundada a justiça elementar que permitia à cidade, ao bairro, ao vilarejo viver ou sobreviver. E, após a morte deste inimigo do bem comum, a mutilação dos cadáveres pode assim passar por uma transposição de ritos judiciários, em um tempo em que se cortavam em pedaços os cadáveres dos condenados à morte, depois de lhes cortar, antes da execução, os punhos e a língua. Da mesma forma, os saques às casas dos agentes do fisco, agressores da comunidade ou "traidores", destruindo inclusive os tetos das casas e arrancando-lhes portas e janelas, permaneciam nas lembranças populares como a destruição dos lares de grandes criminosos. Formulada esta constatação, podemos observar que a dimensão sistematicamente judiciária da violência popular manifesta ao mesmo tempo um respeito intenso ao rito a ponto de reproduzi-lo e subvertê-lo por uma inversão carnavales-

---

16. Vale lembrar que a obra de Roland Mousnier consagrada às revoltas camponesas do século XVII se intitula *Fureurs paysanes* [Fúrias camponesas].

ca. Na verdade, essas duas dimensões coexistem em uma economia passional complexa que somente o estudo minucioso de cada um dos episódios violentos permite desdobrar.

Seja como for, as condutas violentas dos distúrbios camponeses ou urbanos não se exercem sem limites nem sem razão, e é nesse sentido que podemos considerar com toda justiça que elas têm uma dimensão política, tanto na designação dos inimigos que elas visam quanto na concepção da comunidade que exprimem. De tumulto em tumulto, os gestos, os gritos de guerra, como o famoso "Viva o rei sem a gabela" [imposto do sal], as palavras de ordem, retornam efetivamente com uma espantosa constância. A própria violência não é cega. Ela considera e trata os agentes do fisco, frequentemente designados pela denominação de "gabeleiros", como agressores criminosos. Para os perturbadores que enfrentam esses agentes, a violência é exatamente um ato comunitário. Impossível aparecer como responsável pela morte de um "gabeleiro", já que alguns registros afirmam que "uma multidão de golpes lhe foram desferidos". "Todos e todas lhe atiraram pedras ou bateram." Em muitos casos, as mulheres e as crianças são encarregadas de dirigir os primeiros insultos ao cadáver, exprimindo pela evidência de sua "inocência" a dimensão ao mesmo tempo justiceira e comunitária da ação. Os revoltados tomam cuidado de multiplicar os sinais explícitos de respeito em relação a tudo aquilo que parece proclamar a existência de sua comunidade (cidade, bairro, paróquia).

No embalo da "emoção" aparece, pois, a referência a uma ordem implícita que a ação busca impor ou restaurar[17]. A violência não se transforma em assassinato senão após o fracasso desta tentativa, após o esgotamento de toda uma série de transações que são igualmente procedimentos de amortecimento da violência[18]. O tumulto, deste ponto de vista, pode ser considerado uma prática

---

17. Encontramos aqui a problemática da "economia moral" da multidão de Edward P. Thompson; cf. esp. "The Moral Economy of the English Crowd in the Eighteenth Century". *Past Present*, n. 50, 1971, p. 76-136.

18. DYONET, N. "Les procédures d'amortissement de l'effervescence populaire urbaine au XVIIIe siècle en France". In: BARBICHE, B.; POUSSOU, J.-P. & TALLON, A. (dirs.). *Pouvoirs, contes-*

sociopolítica que postula o recurso a quadros específicos de racionalidade, lá onde os teóricos do popular e os tratados de polícia só enxergam insensatez e perda coletiva de controle de si.

Da revolta à submissão

Em 1630, em Dijon, houve um levante chamado "Lanturelus". Ele foi desencadeado por um projeto de transformar o estatuto fiscal da Borgonha de um país de estados em um país de eleições. Os estados provinciais tinham por primeira função negociar o montante de impostos com o poder real e de organizar sua divisão entre as comunidades. Seu desaparecimento teria significado o fim desta antiga liberdade. No dia 27 de fevereiro, o tumulto explode logo após o anúncio da próxima instalação dos eleitos pelo Tribunal de Contas. Os viticultores – a maioria diaristas – que residem na cidade se fazem de líderes à frente de uma multidão que assume como grito de guerra o refrão de uma música (*Lanturelu, lanturelu*). Casas de notáveis comprometidos com intrigas estatais, ou simplesmente suspeitos de estar envolvidos, são pilhadas. E também a do primeiro presidente no Parlamento, na qual foi queimado um retrato do rei (o gesto fará escândalo). No segundo dia do tumulto dos viticultores os camponeses a eles se juntaram. As autoridades municipais e "a boa burguesia" organizam então uma verdadeira resistência militar aos tumultos, desencadeando sangrentos combates de rua.

Este tumulto dos "Lanturelus" oferece em seu desenvolvimento uma espécie de cenário tipo, mencionado muitas vezes: a agitação se concretiza primeiramente por agrupamentos (frequentemente ligados a uma circunstância banal: feira, mercado, carnaval); em seguida ocorrem as primeiras violências, dirigidas contra os agentes do fisco e seus "discípulos". Num primeiro momento, as autoridades locais ficam na retaguarda, sem intervir com a força, ao

---

tations et comportements dans l'Europe moderne. Paris: Presses de l'université Paris-Sorbonne, 2005, p. 731-745.

mesmo tempo passivas e atabalhoadas, às vezes parecendo até coniventes. Num segundo momento, o movimento se radicaliza, a violência descamba. A entrada na cidade de pessoas suburbanas ou camponesas alarma os notáveis que temem a pilhagem. Assiste-se então a uma reassunção do próprio domínio burguês que facilita a mobilização da milícia e culmina na punição dos tumultuadores.

Dois meses mais tarde, o rei e seu governo, a caminho para a Itália, chegam a Dijon. O soberano exigiu que os habitantes só se apresentassem diante dele "com atitudes de arrependimento e de remorso pela falta cometida", impondo-lhes algumas medidas: que nenhum sino soasse à sua chegada, que a municipalidade não viesse ao seu encontro para acolhê-lo, que as portas da cidade fossem vigiadas por soldados de seu regimento de guardas, que todos os viticultores diaristas fossem expulsos da cidade "como as mais indignas visões de seus olhos, em razão do crime cometido"[19]. Em 28 de abril, um dia após a chegada do rei a Dijon, a municipalidade, os oficiais da milícia urbana e os burgueses mais eminentes – não mais do que uma centena de indivíduos – recebem a autorização de poder saudar e acolher o rei no local de sua hospedagem. O soberano, os grandes senhores de seu entorno, seus principais ministros, os responsáveis por anotar as queixas ordinárias, os secretários de seus comandos, um após outro passam a ocupar seus lugares num estrado de "três degraus", coberto por um toldo. A municipalidade e os burgueses "se ajoelharam longe seis pés do primeiro degrau" do estrado. O advogado escolhido como porta-voz fala ajoelhado, cumprindo o papel que lhe fora prescrito para esta cerimônia de submissão e de arrependimento. Seu discurso, feito em nome de toda a cidade, cujos principais notáveis estão presentes e ajoelhados na sala de audiência, sala situada fora do hotel da cidade e das sedes das instituições de Dijon, fundamenta-se inteiramente na enunciação comovida de uma verdadeira contrição:

> Majestade, nossos espíritos estão de tal forma tomados de espanto que mal conseguimos encontrar em nós mesmos o uso da razão.

---

19. *Mercure François*. Tomo 16 (1629-1630), p. 151ss.

E nossas línguas quase mudas parecem negar-nos o exercício e as funções da palavra. Tudo o que percebemos com o olho interior do pensamento se reduz ao triste tema de nossas misérias. E, para onde quer que nossa imaginação se transporte, sempre se depara com o declive de um terrível precipício.

Seria o olho interior do pensamento o ator da paisagem de arrependimento ou receptor passivo? Seria este olho interior o olho da imaginação? Seria um órgão emotivo agitado pelo fluxo perturbado por um *pathos*? O impulso emocional exprimir-se-ia por uma palavra emotiva que penetraria a escrita que a difunde? Se assim fosse, far-se-ia então necessário distinguir narrativas de emoções experimentadas que supõem uma exterioridade própria à análise e uma escrita ela mesma tomada de uma emoção que a atravessa. Seja como for, os atores de outrora deviam, em circunstância semelhante, de alguma forma não perder de vista a emoção para expressá-la o mais exatamente segundo as exigências do discurso de submissão. Ou seja, não deviam se deixar dominar por afetações que pudessem tornar a palavra inaudível, reduzida a burburinhos, aniquilada pelo espanto aterrorizador da presença do rei, confrontada com a vergonha e a culpabilidade. Entretanto, como nas lamentações poéticas da época, as palavras do advogado transcritas pelo *Mercure François* transcorrem num fluxo contínuo. A emoção consegue ser representada com eloquência ao se proferir, e vice-versa:

> Entretanto, Majestade, eis-nos aqui em lágrimas, de joelhos por terra, com o coração em carne viva, desgostosos, buscando testemunhar à Vossa Majestade que detestamos, com horror e execração, o crime destes miseráveis [...]. O excesso de vossa bondade nos encorajou a ousar suplicar muito humildemente de Vossa Majestade, de mãos juntas, e com todas as paixões de nossas almas, as graças de vosso perdão, bem como misericórdia aos que cometeram uma ofensa tão extraordinária e capital.

Cerimônia à parte, as implicações do perdão são evidentemente muito objetivas: elas têm a ver com os privilégios urbanos, com o abrandamento dos custos de alojamento das tropas, com a recuperação dos símbolos usuais do orgulho citadino, muito embora a linguagem dos sentimentos de submissão seja constantemente reivindicada pelo poder real como forma de reconhecimento de sua dominação. Ela é imposta como proclamação política da autoridade do rei em muitos outros lugares. É uma maneira de mostrar a submissão proclamando-a, misturada com os gestos da cerimônia. E, portanto, de torná-la efetiva e atual.

Foi assim que, da mesma forma, um ano antes da cerimônia de Dijon, a cidade de Montauban, que havia enfrentado as tropas reais em guerra contra as cidades protestantes do Midi, e finalmente teve que aceitar um acordo de submissão política à ordem real, foi coagida a dobrar-se a uma demonstração de submissão cuidadosamente elaborada pelo Cardeal Richelieu, em troca de uma entrada sem violência das tropas reais na cidade. Esta cerimônia concluiu o processo de rebaixamento político das cidades huguenotes após o cerco de La Rochelle, empreendimento guerreiro que havia conhecido episódios particularmente sangrentos como a pilhagem de Privas (maio de 1629). Ela permite a entrada dos soldados na cidade, em perfeita ordem: o fato é suficientemente raro para que seja sublinhado pelas diversas narrativas. Richelieu, garante efetivo do acordo e da ordem, faz disso um instrumento de ostentação de sua suposta benevolência, que ressoa em eco proporcional às palavras de submissão que a solicitavam. O cardeal entra em Montauban no dia 20 ou 21 de agosto (as fontes divergem). O primeiro conselheiro e o tenente-coronel do presídio proferem arengas que reiteram o pedido de proteção direta, sem nenhum intermediário. Richelieu recusa o toldo que lhe é oferecido e proíbe que os conselheiros caminhem ao redor de seu cavalo, considerando que estas honras são devidas ao rei. Ele se dirige, para um *Te Deum*, a uma igreja com o teto furado, e pelo caminho mantém um diálogo com os magistrados municipais de Montauban diante dos muitos espectadores que se apinhavam ao longo do caminho: ele ordenou aos conselheiros "que o esperassem em seu alojamento, mas eles responderam que nada os impediriam de ir aonde quer que ele fosse; e se puseram à frente de seu cavalo e tomaram o caminho da igreja, pois havia tanta gente nas ruas, nas janelas e nas portas das casas que era até difícil de andar, e no céu ecoavam gritos de *Viva o rei e o grande cardeal!*" As duas partes selaram assim o acordo: uma brindava o poder do respeito à liberdade de consciência dos protestantes, outra a submissão confiante que permite passar por cima das divergências confessionais. Os conselheiros, no entanto, esperaram por muito tempo em frente à igreja, exibindo aos olhos "do povo" o triunfo da concórdia e da obediência: proclamação sem palavras, mas sinal eloquente da paz restabelecida, proclamação pela cerimônia não em seu cerne ritualizado, mas em sua periferia, transformando-se assim, talvez, em cerne político dos afetos contritos da submissão, manifestados pelo corpo imobilizado aguardando o desenrolar do espetáculo.

Dijon ou Montauban, e tantas outras cidades, sucedem a grande e patética cena da rendição de La Rochelle no final do mês de outubro de 1628, depois de mais de um ano de cerco e bloqueios. Este acontecimento, um dos mais famosos da história do século XVII, foi celebrado por um grandíssimo número de narrativas, de poemas, de opúsculos e impressões de toda espécie, sendo erigido assim numa das maiores proezas militares da história. Estima-se que uns vinte mil moradores de La Rochelle morreram de fome ou de doenças num ano. Estamos falando de uns dois terços da população da cidade. A submissão aqui é um dado militar e demográfico, mas sua manifestação pública foi exigida pelos vencedores e sublinhada pelas narrativas, em particular pelo periódico governamental *Mercure François*, como um incontrolável impulso de fervor desenfreado. Assim, quando as primeiras tropas entraram na cidade, "o povo foi tão docemente e tão caritativamente tratado pelos soldados que direcionou seus olhos para o chão e gritou, lacrimejando, *Viva o Rei!*" E, quando o soberano em pessoa dá um passo à frente, eis o que acontece:

> Por determinação do Rei, duzentos ou trezentos habitantes transpuseram as portas da muralha sobre o fosso em fila indiana, e vendo Sua Majestade aproximar-se, caíram de joelhos, enfiaram a cabeça na lama e gritaram com voz trêmula: *Viva o Rei que nos fez misericórdia!* Sua Majestade, vendo este dever de obediência

cumprido os saúda; e eles, vendo a prova de sua bondade e clemência, redobram seus gritos [...], e choraram lágrimas mais copiosas do que antes. Tão logo o Rei entrou na cidade, o tribunal de justiça da cidade, em número de quinze ou dezesseis pessoas, prostrado de joelhos no calçamento, apresentou-se à Sua Majestade, mas ninguém discursou, já que haviam sido proibidos de falar. Todos gritavam alto e bom som: *Viva o Rei, que nos agraciou,* sendo seguidos por um grito geral de *Viva o Rei!* Grito que se estendeu até a chegada à *Sainte-Marguerite.* Era um grito recheado de intenso ressentimento de dor e de alegria: um em razão do reconhecimento da própria falta, outro movido pela grande clemência de Sua Majestade[20].

Essas manifestações públicas se estendem até o entardecer, deslocando-se de lugar em lugar, apresentando a grande miséria dos sobreviventes pálidos e geralmente esqueléticos, deixando rei e soldados em lágrimas. Quatro anos mais tarde, a cidade voltou à vida, suas muralhas e seus privilégios ao menos. A Rainha Ana da Áustria a visitou solenemente. Uma *Recepção real feita à entrada da rainha na cidade de La Rochelle* é divulgada imediatamente em Paris, após ter sido largamente difundido o texto de La Rochelle intitulado *Relato do que se passou à entrada da rainha na cidade de La Rochelle*[21]. Esse texto começa por uma carta dedicatória a Richelieu. Acamado por doença, o cardeal não pôde assistir a entrada que, não obstante seu estado de saúde, a organizou, decretando para esse fim uma série de rigorosas prescrições. O autor do relato se chama Daniel Defos. Era um dos vencidos de 1628. Advogado, ele fazia parte do conselho da cidade por ocasião do cerco, antes de participar das negociações da rendição. Em 1632 ele assume a pluma para celebrar a entrada da rainha na cidade agora subjugada, desarmada, destituída do título de municipalidade, sem milícia burguesa, sem bastiões. Dentre os muitos relatos de entradas reais da primeira metade do século XVII, este impressiona. A surpresa vem do tema central: a derrota de La Rochelle. Longe de evitar esta lembrança, ou de man-

---

20. *Mercure François*. Tomo 14 (1627-1628), p. 709-710.
21. LA ROCHELLE. *Charruyer* [s.n.t.].

tê-la a distância, Richelieu impôs sua recordação sistemática. Ao comemorar a própria derrota, os moradores de La Rochelle são coagidos a reproduzi-la.

O primeiro arco do triunfo erguido, segundo o costume à entrada mesma da cidade e um pouco além das muralhas, celebrava o rei e o cardeal, mas dois grandes desenhos também mostram "nossa inanição, as grandes enfermidades que devoravam nossas famílias durante a obstinação do cerco". Este tema macabro foi estranhamente mostrado. De um lado, um primeiro desenho mostra moribundos e mortos "de olhos pálidos e ocos, nariz longo e transparente, face terrosa e disforme, crânio inchado, pescoço um pouco mais longo, orelhas pendentes e cabelos desgrenhados e eriçados". De outro lado, um segundo desenho evoca o trágico espetáculo dos esfomeados: "Este prodigioso carnaval era representado por estranhos e assustadores quadros. Enquanto um carregava nos ombros um cachorro morto segurando-o pelas pernas traseiras, uma criança tranquilamente, por detrás da pessoa que o carregava, lhe comia as orelhas cruas... Outro arrancava de um buraco da muralha um lagarto pelo rabo, cuja metade ainda abanava entre seus dentes [...]. Via-se também meninas delicadas arrancando meio quilo de couro de cabra, colocá-lo sobre um pequeno braseiro, enriquecê-lo com algum tempero e sebo, estufar o peito e comê-lo rapidamente antes que alguém chegasse". Estranha maneira de evocar a memória dos milhares de compatriotas mortos pela fome, justamente por um autor que estava em La Rochelle por ocasião do cerco. Defos deixa claro que é para impressionar a rainha, mas será que o tema do carnaval se presta a tanta morbidez?

Depois dos arcos do triunfo (com outros mortos de fome), após os discursos, os concertos, os diversos espetáculos alegóricos, o *Te Deum*, a missa de ação de graças, os fogos de artifício, os petiscos, os banquetes, as ceias, a peça de teatro junto aos jesuítas, e antes do bailado final etc., a corte foi convidada a assistir a um espetáculo náutico. Nada mais do que uma grande batalha naval, uma reconstituição da última tentativa da frota inglesa, em 1628, de romper o cerco que protegia La Rochelle. Ouvia-se o trovejar de canhões e marinheiros lançando-se ao ataque (nada disso acontecera quatro anos antes). Na representação, evidentemente, os ingleses foram derrotados. Ao fugirem, um navio turco apareceu, mas foi capturado após algumas manobras espetaculares. Era uma reconstituição livre, mas em tamanho natural, ao largo do porto.

Na noite anterior, fogos de artifício tinham sido lançados sobre as águas, também estes destinados a representar uma batalha naval. Centenas de foguetes e petardos partiam de navios que, pouco a pouco, se aproximavam, se enfrentavam e acabavam entrechocando-se ao som de rajadas de canhões, de fogos de artifício e luzes ofuscantes. Tamanha era a vivacidade do espetáculo que, de repente, os espectadores se assustaram: "todas as pessoas que lá estavam observando o espetáculo ao longo das margens foram tomadas por uma síndrome de medo, saíram em disparada e tão desordenadamente que num instante os espaços ao redor ficaram vazios; e a corte ficou sozinha e imóvel observando o festim". Eis que os papéis se esclarecem: a corte impassível e, juntando-se ao espetáculo de falsos combates contra La Rochelle revoltada, um verdadeiro pânico entre os espectadores. Que exímia colaboração da parte dos espectadores, que condescendência submeter-se à função de vencidos, que ousadia ao comemorar o próprio fracasso, que valentia ao aderir à imagem difundida em toda parte por seus vencedores! Na versão entusiasta da festa descrita por um dos vencidos, o pânico integra-se perfeitamente à narrativa. Ele se harmoniza com o carnaval macabro desenhado no arco do triunfo, com as "memórias fantásticas" que, após o cerco, espalharam em toda a parte os rumores da fome (pessoas comendo ratos, canibalismo solto, comida horrível) numa atmosfera de navio de loucos desgovernado. Os próprios espectadores e seu medo grotesco são parte do espetáculo para os cortesões impassíveis, e desta forma reproduziram um pouco a queda ao infra-humano, mais cruelmente atingida durante os horrores do cerco.

Os habitantes de La Rochelle, portanto, mostraram com grande zelo, por ocasião da visita da rainha, a adesão à imagem do próprio combate e da própria derrota divulgada pelos vencedores. O teatro da submissão, sincera ou não, funcionou perfeitamente bem, ao menos na narração desta comemoração, largamente divulgada por um impresso, que traz em suas linhas uma prova ativa desta submissão: ele *realiza* as prescrições do poder, sem que subsista qualquer interstício ou se transforme em motivo ou fermento de contestação. A emoção manifestada pelo pânico mostrou assim a renúncia a toda atitude de reserva política da parte dos vencidos de 1628.

Comunidades emotivas?

Marie Du Bois (1601-1679) era camareiro do rei e fidalgo da região de Vendôme. Ele redigiu um jornal publicado sob o título *Mémoires*[22]. Três episódios de sua narrativa nos permitem colocar a questão das emoções públicas em sua relação com as comunidades que as exprimem e com os indivíduos que nelas se identificam, delas se apropriam e por escrito as difundem.

Militante da reforma católica, membro de várias confrarias, Marie Du Bois empenhou-se em devolver à igreja paroquial Saint-Oustrille, em Montoire, o aspecto por ele imaginado antes das guerras de religião, começando por melhorar a esplanada que, com o passar do tempo, se deteriorara. A empreitada não foi nada tranquila, já que casas tinham sido construídas sobre a esplanada, bem como um forno comum, cujo proprietário era o Duque de Vendôme. Esta empreitada suscita hostilidade, sobretudo da parte dos que podiam sentir-se lesados pelas demolições necessárias. Em 21 de dezembro de 1647 ocorreu o seguinte episódio:

> Estando com algumas pessoas que comigo trabalhavam para aplainar o caminho e para torná-lo acessível, Dorey e Jean e [suas] duas esposas, crendo que as coisas de Deus e públicas lhes podiam ser prejudiciais, me abordaram. A mulher de Fournier veio a mim com um olhar raivoso e furioso e começou a vomitar contra

---

22. *Mémoires de Marie Du Bois sieur de Lestourmière et du Poirier, gentilhomme servant du roi, valet de chambre de Louis XIII et de Louis XIV, 1647-1676.* Ed. de Louis de Grandmaison, Vendôme, Société archeologique, scientifique et littéraire du Vendômois, 1936. Cf. mais recentemente: *Moi, Marie Du Bois, gentilhomme vendômois valet de chambre de Louis XIV*. Apresentado por François Lebrun. Rennes: Apogée, 1994. • JOUHAUD, C. *Sauver le Grand-Siècle?* – Présence et transmission du passé. Paris: Seuil, 2007.

mim mil injúrias e calúnias e, apoiada pela mulher de Dorey, disse mil idiotices, desejando que eu fosse enterrado dentro deste lugar. Naquele instante acreditei que Deus queria se servir da língua destas mulheres para provar minha constância numa ação que era para a sua glória e para o seu serviço. Assim, nada lhes respondi; apoiado em minha bengala, ouvi e sofri tudo o que elas quiseram me dizer, em presença de muita gente que lá estava.

A raiva e a fúria das duas mulheres, manifestada "em presença de muita gente", assume o aspecto de uma emoção popular e de um início de sublevação; elas deixam pelo menos pairar no ar a ameaça. A passividade estoica do destinatário das injúrias que, apoiado em sua bengala, com a qual podia bater nelas e restabelecer assim a ordem da hierarquia social, quebra, representando a constância, a ameaça sediciosa e emocional da cena e a espiritualiza. Pelo menos é o que parece querer operar a narrativa que transforma o espetáculo escandaloso da raiva pública em espetáculo edificante simultaneamente para o grande número de pessoas presentes e para os eventuais leitores. A bengala, símbolo de superioridade social, tornou-se símbolo ostensível de superioridade moral expressa pela ausência de resposta. Entretanto, o homem que não reage "segundo o mundo" entrega-se, de fato, a um exercício espiritual: ele coloca sua constância à prova aplicando um método, o de "servir-nos da Santa Escritura para protegermo-nos contra nossos inimigos". Deus, de fato, lhe "colocou no pensamento" o exemplo de Davi. O exemplo bíblico lhe veio ao espírito ao longo da própria ação, numa simultaneidade que lhe oferece ao mesmo tempo uma interpretação do que viu e os meios espirituais de uma resistência à agressão.

Mas depois, por ocasião da elaboração do episódio, as palavras das mulheres martelam seu espírito "noite e dia". Outra espécie de impacto emocional da injúria pública aparece aqui. Ela certamente permite reencenar – e aperfeiçoar – a resposta espiritual feita à violência sofrida, mas a interpretação privada, no aconchego do lar onde o manuscrito é alimentado e no repouso do leito, à noite, tende a deslocar a constância edificante da prova continuada de palavras de insultos recebidos em pleno rosto. A prova solitária da injúria não punida obviamente apresenta riscos simbólicos porque está longe do costume da dominação nobiliária; ela manifesta uma proximidade íntima com o Absoluto, mas esta privatização da emoção pública também é manchada por uma angustiante incerteza.

Um dos vizinhos nobres de Du Bois é um huguenote. Há muito tempo eles vinham mantendo relações amigáveis. Mas a questão religiosa permanecia um domínio mantido à distância de suas relações de vizinhança. Certo dia Du Bois iniciou uma conversa na esperança de obter assim sua conversão, mas logo desistiu. Num dia de abril de 1661, esse vizinho caiu gravemente doente. Du Bois o visitou e foi acolhido calorosamente: "Ele me estendeu a mão e me disse: 'Meu amigo, estou doente'". Mas as coisas se deterioraram quando ele aconselha o doente a voltar-se para Deus: a esposa e os domésticos o empurram para fora e lhe pediram para nunca mais voltar. O vizinho morreu e no dia do enterro o tempo literalmente fechou:

> Era 27 de abril, uma manhã de quarta-feira simplesmente linda; por volta das 10h ou 11h da manhã, no momento em que seis homens apanharam o cadáver de seu quarto para levá-lo à charrete que estava no pátio, o céu escureceu, formou-se uma tempestade tão escura e tão furiosa de granizo, chuva e vento que os que o carregavam, não enxergavam um palmo à sua frente; de repente, a tempestade lhes arrancou este infeliz corpo das mãos, arremessando-o no lodo.

Esta emoção meteorológica só pode ser interpretada como o maior sinal público da *cólera* divina. E tudo vai então de mal a pior:

> Eles passaram pelo caminho de La Chartre, em Montoire; eu estava na janela de meu quarto, os vi passar com um duplo desprazer, pois naquele instante o granizo triturava minhas árvores, debaixo das quais tive muitos remorsos. Este mau tempo os acompanhou até Montoire, torcendo e arrancando as árvores que encontrava pelo caminho. Chegados ao cemitério, tiraram o corpo da charrete para enterrá-lo; a tempestade arrancou novamente o caixão das mãos dos que o carregavam, e o revirou tão furiosamente que

o corpo quase saiu do esquife. Estavam presentes àquele enterro quase todas as crianças de Montoire, que faziam grande algazarra, e, bem diante do Marquês de Cognée e os poucos huguenotes que o haviam acompanhado, estas crianças fizeram suas imundícies sobre a tumba, e os que não tinham vontade de fazê-lo juntavam barro e o atiravam contra o caixão [...]. Deus mostrou claramente através destas marcas que aquele infeliz morreu em sua desgraça, e que os verdadeiros inimigos de Deus são os hereges.

O olho do narrador que acompanha o cortejo fúnebre até o fim de seu calvário sem sair de sua janela garante assim o vínculo entre a revolta meteorológica contra a heresia e a das crianças, que fazem algazarra, defecam sobre a tumba, insultam o morto, e os que o acompanham. A agitação emocional revela que a chuva, o vento e o granizo mexem com o equilíbrio do mundo ao proclamar a cólera divina. As crianças que, a exemplo das mulheres de Montoire, se comportam como atores de uma verdadeira emoção popular, desafiando a ordem social em nome da repulsa que suscita a heresia, são descritas em termos de porta-vozes inocentes desta cólera divina. A reação de Du Bois em relação ao que ele mesmo apresenta como um comportamento emocional não somente público, coletivo, mas que se apoderou da ordem natural do mundo, sublinha sua ausência de emoção pessoal: enquanto tal, a desgraça de seu vizinho o deixa indiferente, fora de qualquer compaixão.

No final do mês de junho de 1655, ele volta de seu serviço na corte e participa então da cerimônia de batismo do campanário da igreja paroquial em Couture-sur-Loir. Marie de la Giraudière, órfã de pai e herdeira do domínio senhorial e do castelo da Possonnière, é a madrinha. Seu tio Henry de la Heurlière, senhor de Vaumarin, é o padrinho. Du Bois aceita em seguida que se faça em sua casa o lanche e o baile oferecidos pelo padrinho. Esta festa bucólica – alegria paroquial partilhada pelos grandes e pequenos notáveis, ao menos desta vez misturados – mostra o espetáculo edificante de uma piedade que permite celebrar a hierarquia social local. Entretanto, alguns dias depois, a jovem madrinha do campanário, com apenas 13 anos de idade, é raptada por um grupo de cavaleiros e imobilizada na charrete de sua mãe ao fazer a travessia de um rio[23]. Nos romances heroicos, os raptores sempre obedecem aos códigos do amor galante: na narrativa de Du Bois, a opção galante é rapidamente sublinhada, mas esta versão reconfortante não exclui a violência da reação dos próximos da jovem moça raptada, de seus aliados, pais e amigos.

A evocação à agitação emocional coletiva suscitada pelo rapto narrada por Du Bois precede efetivamente a entrada em cena do narrador como testemunha e ator secundário do rapto. De fato, sua narrativa parece avançar sozinha, em função da opção, dos gestos, das interpretações que não pertencem verdadeiramente a ninguém, mas que se impõem por si mesmos, como se a ruptura das convenções narrativas – eventualmente romanescas – carregasse ela mesma a ameaça da reviravolta dos valores morais não questionados.

A emoção das pessoas do entorno da raptada, que na ação convém manifestar e até exibir para mobilizar os apoios, é descrita e inteiramente assumida em sua versão pública como comportamentos esperados e socialmente conhecidos. O tio não perde tempo: "Ele dá suas ordens tão perfeitamente assertivas que, nas vinte e quatro horas seguintes, já dispunha de um número suficiente de homens para invadir o castelo [onde os raptores se haviam retirado]". É nesse momento que Du Bois entra em ação:

> Partimos. Messieurs de Censsey [o huguenote...], de La Fosse, de La Grange, de La Coste e eu, duas horas depois, e chegamos ao Ludes pelas oito ou nove horas da manhã: encontramos Madamme de la Giraudière excedida pela dor, arrancando-nos muitas lágrimas dos olhos e soluços do coração.

Todos esses homens armados, que parecem surgir de todos os lados, se dispõem a cercar o castelo, mas, quando chegam aos seus muros, "tudo estava concluído". A determinação do tio foi suficiente: a jovem, que havia sido "colocada nas mãos de uma velhota e de duas jovens de condições", é devolvida à família. O momento crucial é aquele em que a jovem herdeira declara "com

---

23. Sobre a questão do rapto, cf. HAASE-DUBOSC, D. *Ravie et enlevée* – De l'enlèvement des femmes comme stratégie matrimoniale au XVIIe siècle. Paris: Albin Michel, 1999.

tamanha ingenuidade e inocência que, apesar de Monsieur de Fontenaille tê-la raptado dos braços de sua mãe, tinha todos os motivos do mundo para sentir-se satisfeita com ele, visto que a tratou com tanta honra e civilidade, que podia perdoá-lo". Com base nesta declaração, os tios garantem a integridade da vida do raptor e todos puderam se alegrar "de terem logrado tanta honra e tanta glória num caso cujas consequências poderiam ser incontornáveis".

A emoção pública se manifesta neste caso segundo várias ordens de *pathos* mostrados sem outro comentário pelo narrador: *pathos* da mãe que se "desorienta" (segundo Furetière: "se perturba, se impressiona, perde o raciocínio") e chora "excedida pela dor"; *pathos* heroico dos guerreiros que cavalgam a noite inteira e se lançam numa ação que poderia desautorizar duramente a justiça real; *pathos* da inocência que salva a vida do raptor; *pathos* enfim da alegria pública que explode numa "aclamação de regozijo sem igual". E não é à toa que Du Bois reassume sua função de ator: "fui levado pelo impulso; para começar, subi ao quarto cuja janela dava para a rua, onde estavam todas as minhas armas, com uma das quais disparei uma rajada, e em seguida todos os demais atiraram". Rajadas de homenagem, rajadas de alegria, rajadas de triunfo.

Quanto à emoção, para Du Bois não existe senão a pública: cada sentimento manifestado é mostrado na evidência de sua partilha com os demais membros do grupo. Dessa forma é construído, por uma reviravolta emocional coletiva, um teatro social erigido como lugar de representação e de certificação de uma ética. Se dessa forma o narrador transmite algo a seus descendentes ou destinatários de seu manuscrito, esse algo é sua partilha espontânea do *ethos* nobiliário: este se funda espontaneamente no mundo heroico dos raptores que não violam seus prisioneiros, e no mundo dos defensores de prisioneiros que garantem e salvaguardam a vida dos raptores. Desta vez, o nome do rei, seu mestre, cuja autoridade reverencia, não é absolutamente convidado a partilhar das emoções dos que, na evidência da demonstração, em ato e em narrativa, esquecem singularmente o Estado.

Na narrativa dos três episódios que acabam de ser evocados, a emoção pública, por sua expressão gestual e verbal, clarifica os estatutos sociais: as mulheres de Montoire vomitam sua raiva inteiramente popular, as crianças e a cidade praticam um rito de zombaria às custas de um cadáver nobre mas que a heresia o degradou, os próximos e os amigos da família de Madame de la Giraudière manifestam um heroísmo de pessoas nobres de romance – heróis? – recorrendo à ajuda da vítima inocente de um raptor que sua nobreza de comportamento finalmente salva. Nesta clarificação aparece nitidamente uma dimensão política. O arrebatamento emocional apaga estranhamente a presença do Estado, seus servidores e suas prescrições: a força dos engajamentos sociais e espirituais suplanta ou inibe o brilho do superego real.

17
A HONRA, DO ÍNTIMO AO POLÍTICO

Hervé Drévillon

> Desta paixão geral que a nação francesa tem pela glória, formou-se no espírito dos indivíduos um não sei exatamente o que, que denominamos *ponto de honra*. Ele é característico de cada profissão, mas é mais marcante junto aos homens de guerra, e é o ponto de honra por excelência. Ser-me-ia bastante difícil fazer-te sentir o que ele é, pois sobre ele não temos uma ideia exata[1].

Fazendo da honra uma paixão francesa, Montesquieu, pela voz de Usbek, sublinhou sua natureza eminentemente política. As *Lettres persanes* [Cartas persianas] inauguraram assim a reflexão levada adiante na obra *De l'esprit des lois* [Do espírito das leis], que define a honra como o princípio do governo monárquico[2]. Numa sociedade de ordens, a honra era simultaneamente a expressão e o fundamento das hierarquias que atribuíam a cada corporação ou comunidade seu lugar na sociedade. O respeito aos códigos de honra engajava cada indivíduo a comportar-se de acordo com as expectativas que a sociedade

---

1. MONTESQUIEU. *Lettres persanes* (1721), lettre 90.

2. MONTESQUIEU. *De l'esprit des lois* (1748), III, 7, "Du prince de la monarchie". Coube a Céline Spector o mérito de ter chamado a atenção sobre o interesse das *Lettres persanes* para a construção filosófica do conceito de honra. Cf. SPECTOR, C. *Montesquieu, les* Lettres persanes – De l'anthropologie à la politique. Paris: PUF, 1997. • SPECTOR, C. *Montesquieu* – Pouvoirs, richesses et sociétés. Paris: PUF, 2004. • "Vices privés, vertus publiques": de la Fable des abeilles à L'Esprit des lois". In: CARRITHERS, D.W. (dir.). *Montesquieu and the Spirit of Modernity*. Oxford: Voltaire Foundation, 2002, p. 127-157.

tinha em relação ao seu estado. A honra do fidalgo devia incitá-lo assim a não tolerar nenhuma baixeza, assim como a do padeiro era a de fazer um bom pão.

Como lembra Montesquieu, esta injunção se formou "no espírito dos indivíduos". Sua eficácia residia precisamente em sua capacidade de fazer da honra uma questão de amor-próprio envolvendo a própria definição do indivíduo. A profundidade desta interiorização justificava os comportamentos mais radicais, como o duelo ou o suicídio[3], demonstrando a impossibilidade de sobreviver a uma honra desrespeitada. Montesquieu, com efeito, lembra que o ponto de honra "é mais marcante junto aos homens de guerra, e é o ponto de honra por excelência". De todas as profissões, cuja honra constitui o caráter, o ofício das armas tem a particularidade de submeter os indivíduos a uma injunção potencialmente mortal. É nesse sentido que a honra das pessoas de guerra possuía o valor de exemplaridade que lhe foi conferido nas *Lettres persanes* e no senso comum.

Embora fosse corriqueiro caracterizá-la como uma lei, a honra não formava uma norma desencarnada que flutuava no universo abstrato das ideias. Ela não traçava vias predeterminadas, como o faria, por exemplo, a lei positiva com suas prescrições e suas proscrições. A honra residia inteiramente no ponto de honra mesmo, que cada um resolvia a seu modo, em função do ofício pessoal que o identificava. Nesse sentido, a honra se constituía numa paixão política, que submetia as relações sociais à apreciação, eventualmente faltosa, dos indivíduos. Cada um, com efeito, era juiz dos insultos que recebia e dos meios apropriados de repará-los. Este é o grande paradoxo do ponto de honra pelo qual um indivíduo marcava sua ligação com a norma coletiva, afirmando, ao mesmo tempo, sua autonomia soberana. Aí residia a verdadeira função política da honra, que, no caso de uma sociedade de ordens e corporações, permite definir o indivíduo como o lugar de uma imprescritível e singular dignidade[4].

---

3. PINGUET, M. *La mort volontaire au Japon*. Paris: Gallimard, 1991.

4. DRÉVILLON, H. "L'âme est à Dieu et l'honneur à nous – Honneur et distinction de soi à l'époque moderne". *Revue historique*, vol. 654, 2010, p. 361-395.

Segundo Roland Mousnier, a sociedade de ordens classificava os indivíduos de acordo com "a estima social, a honra e a dignidade vinculadas pela sociedade a funções sociais sem relação direta com a produção de bens materiais"[5]. Fiel, nesta questão, à tradição dos jurisconsultos do Antigo Regime, Roland Mousnier considerava a honra sob o ângulo estatutário da dignidade conferida por um estado de vida. Como escrevia Charles Loyseau, "as ordens são dignidades permanentes e vinculadas à vida dos homens que por elas são honrados"[6]. Ao longo de todo o Antigo Regime, a fé no sucesso dessa classificação estruturou as representações da ordem social e inspirou um importante dispositivo legislativo, que fixou na lei as hierarquias da honra. O privilégio era sua expressão mais emblemática, pois fundava a desigualdade em direito consubstancial ao Antigo Regime. Além da economia, o privilégio regulava as relações entre grupos e indivíduos. No espaço público, o *Cérémonial François*, publicado em 1619 por Teodoro Godefroy, atribuía a cada indivíduo o lugar que lhe era devido segundo a dignidade de seu estado, ao passo que a longa série dos editos suntuários [que impediam as classes pobres de se vestirem como os nobres] promulgados entre 1485 e 1660 convidavam cada indivíduo a "vestir-se segundo sua condição". As marcas da honra eram verdadeiramente constitutivas da ordem social, das quais simultaneamente eram a expressão e o fundamento[7]. Antoine de Montchrestien, por exemplo, considerava os costumes indumentários como um divisor da dignidade social, afirmando que seu desregulamento introduzia "a corrupção de nossa antiga disciplina"[8].

---

5. MOUSNIER, R. *Les institutions de la France sous la monarchie absolue*. Tomo I. Paris: PUF, 1974, p. 94.

6. LOYSEAU, C. Traité des offices (1610), I, 9, 33. Apud MOUSNIER, R. *Les institutions de la France sous la monarchie absolue*. Tomo I. Paris: PUF, 1974.

7. NEUSCHEL, K.B. *Word of Honor*: Interpreting Noble Culture in Sixteenth-Century France. Ithaca/Londres: Cornell University Press, 1989.

8. MONTCHRESTIEN, A. *Traité de l'économie politique* (1615). Genebra: Droz, 1999, p. 93. Sobre essa questão, cf. JOUANNA, A. *Ordre social* – Mythes et hiérarchies dans la France du XVIe siècle. Paris: Hacette, 1977. • FOGEL, M. "Modèle d'État et modèle social de dépense: les lois somptuaires en France de 1485 à 1660". In: GENET, J.-P. (dir.). *Genèse de l'État modern*. Tomo 5. Paris: PUF, 1988.

A honra e o privilégio não eram o apanágio da nobreza. Cada indivíduo, desde que não fosse um vagabundo "sem eira nem beira", era vinculado a uma comunidade provida de direitos e da dignidade que o situavam na ordem social. O mundo dos ofícios, por exemplo, era estruturado pela economia do privilégio que conferia a cada profissão um determinado número de direitos, de deveres e princípios de organização compilados em estatutos particulares. Em 1673, Colbert lembra esse fundamento da economia política ordenando "a todos os que exerciam a profissão de comércio [...] e a toda espécie de artes ou ofícios [...] que se estruturassem em corporações, comunidades e 'jurandes'". Aplicando essa injunção, as autoridades municipais implementavam uma política de instituição de comunidades de ofícios em setores de atividade onde antes não existiam. Em Vannes, por exemplo, os sapateiros foram os primeiros a entregar seus estatutos em 1685, seguidos pelos marceneiros, depois pelos alfaiates. Eles estimavam poder situar-se "doravante acima de todos os outros", pois a partir de então passavam a ser "os únicos artesãos da cidade [...] a serem considerados mestres [...], por Sua Majestade, através de uma carta, que lhes estabelecia e lhes conferia o direito de mestria da própria arte". No dia 10 de junho de 1686, uma ordem expedida pela polícia municipal lhes reconhecia oficialmente o direito de marchar "à frente de todas as outras confrarias de artesãos" na procissão solene, na Festa de Corpus Christi.

Privilégios e primazias estruturavam as identidades de grupo e as relações entre seus membros. Por essa razão se constituíam num poderoso princípio de organização social, mas igualmente numa fonte inesgotável de conflitos, já que cada indivíduo podia reivindicar para si as honras devidas aos membros de sua condição. Bastava alguém ser envergonhado para arruinar a reputação do grupo que representava. Assim, a honra assumiu a forma de um capital social com o qual cada indivíduo podia comprometer a totalidade de seus pares. É a interiorização desta pulsão coletiva pelos "indivíduos" que, segundo Montesquieu, imprimia um valor constitucional a esta impulsão, justamente por coagir os indivíduos a agirem segundo a expectativa social.

A submissão de cada indivíduo à injunção da hierarquia nunca era tão evidente quanto nas situações de conflito nas quais a reivindicação da honra era assumida até as últimas consequências, quando, por exemplo, o confronto com um adversário armado implicava uma opção de vida ou morte. A honra é sustentada por uma lógica paroxística de submissão do sujeito à injunção de agir, podendo chegar ao sacrifício de si. Mesmo se o duelo era uma prática antiga, sua ascensão, entre as guerras de religião e a Fronda, marcou consideravelmente os contemporâneos. Em 1587, François de La Noue falava dos duelos dos "últimos quarenta anos"[9], ao passo que outros sublinhavam mais claramente a coincidência entre o desenvolvimento dos combates singulares e as guerras de religião. No final do século XVI, Pierre de L'Estoile considerava que o duelo tinha provocado a morte de 7.000-8.000 fidalgos nos últimos vinte anos[10]. Em sua história do duelo, François Billacois estima o balanço em 350 combates mortais anuais nos primeiros anos do século XVII[11]. O fenômeno não era exclusivamente francês, visto que, na mesma época, as monarquias espanholas e inglesas foram confrontadas com uma comparável exaltação do sentimento da honra. Isto se traduziu na publicação de inúmeros tratados sobre o ponto de honra, sobretudo pela presença recorrente do duelo no teatro, por um aumento da atividade judiciária, e até mesmo legislativa (na Inglaterra), visando os combates singulares.

Na França, o edito de 1602 assemelha o duelo a um crime de lesa-majestade e era seguido de um processo de criminalização, que culminou com o edito de 1679. Esta atividade legislativa levava em consideração as evoluções do combate singular. Depois de meados do século XVI, os enfrentamentos se tornaram mais expeditivos e, sobretudo, muito mais letais. François Billacois percebe uma espécie de pressa em esvaziar as querelas "imediatamente", redu-

---

9. LA NOUE, F. *Discours militaires et politiques* (1587). Genebra: Stoer, 1596, p. 349.

10. L'ESTOILE, P. *Mémoires-journaux. 1574-1611*. Ed. de Gustave Brunet, Aimé-Louis Champollion e Eugène Halphen. Tomo 10. Paris: Librairie des Bibliophiles, 1875-1896, p. 214.

11. BILLACOIS, F. *Le Duel dans la société française des XVIᵉ et XVIIᵉ siècles* – Essai de psychologie historique. Paris: L'Ehess, 1986.

zindo ao mínimo o procedimento e o cerimonial do combate. Desprovidos de proteção, os duelistas manuseavam com um refinamento de estilo e de eficácia as espadas antigas que se tornaram instrumentos de uma violência civilizada[12]. A morte não era um risco colateral, mas o horizonte intransponível que conferia todo seu sentido a esta celebração brutal do culto à honra.

Todo combate singular resultava de um desmentido, que era a resposta a uma acusação ou a uma injúria que questionava, através de um indivíduo, a honra de uma família, de uma comunidade ou de um "partido". Era assim que, durante os tumultos civis, o duelo prolongava as rivalidades políticas. Tornada lendária, a pulsão dualística dos Mignons foi oficialmente denunciada no *Ordonnance de Henri III sur le faict des querelles qui pourroient advenir en son logie ou à la suite de la Cour* [Decreto de Henrique III sobre o fato das querelas que poderiam advir em seu lar ou na corte] de 12 de janeiro de 1578, dois meses antes de celebrar o combate que opôs Jacques de Lévis, Conde de Caylus, vulgo Quélus, "um dos grandes Mignons [preferidos] do rei", e Charles de Balzac, Barão de Entragues, vulgo Antraguet, "favorito da casa de Guise"[13]. O duelo opôs os dois homens acompanhados cada um de duas testemunhas: François d'Aydie de Ribérac e Georges de Schomberg para Antraguet; Louis de Maugiron e Guy d'Arces de Livarot para Quélus. Para o grande escândalo dos observadores, as testemunhas se transformaram em "segundos", e entraram no combate, fatal para quatro dos seis protagonistas. Para François de La Noue, o duelo dos Mignons ilustrou o humor belicoso que havia invadido a nobreza francesa ao longo das guerras de religião:

> De todas as causas conjugadas ao mesmo tempo, com a má disposição que as longas guerras civis engendraram, formou-se este hediondo animal que denominamos querela, que se infiltrou no meio da nobreza e pouco a pouco foi devorando-a, sem que ela se apercebesse. Que ato foi esse, desses seis cortesões

---

12. BRIOIST, P.; DRÉVILLON, H. & SERNA, P. *Croiser le fer* – Violence et culture de l'épée dans la France moderne (XVIᵉ-XVIIIᵉ siècle). Seyssel: Champ Valon, 2002.

13. L'ESTOILE, P. *Registre-Journal*. Paris: Lemerre, 1888, p. 249.

que marcaram encontro em Tournelles, onde tanto se encarniçaram que quatro deles perderam a vida no local e dois ficaram gravemente feridos?[14]

O desencadeamento do furor partidário sobrepunha frequentemente as solidariedades familiares, que lhe conferiam o caráter de uma verdadeira *vendetta*, às vezes alimentada por várias gerações. Em dezembro de 1643, a Duquesa de Longueville e Madame de Montbazon se acusaram mutuamente de terem escrito cartas de galanteria. A querela foi assumida por seus pretendentes: apaixonado pela Duquesa de Longueville, Maurice de Coligny, neto do almirante assassinado pelo Duque de Guise por ocasião da Saint-Barthélemy, busca um adversário dentre os apaixonados de Madame de Montbazon e o encontra... o Duque de Guise, neto do assassino de seu avô! Vale lembrar que o assassinato do almirante por Henri de Guise teria sido para vingar o assassinato de François de Guise por Jean de Poltrot de Méré em 1563. A *vendetta* entre os Guise e os Coligny, portanto, já se arrastava por quatro gerações.

A defesa da honra feminina motivou muitíssimos conflitos, pois, segundo uma formulação de Marc de La Béraudière, em *Le Combat de seul à seul en champ clos* (1608) [O combate corpo a corpo em campo fechado], "é preciso amar sua amante e não desonrá-la: conservar sua honra na ponta da espada, eis o dever do valente fidalgo". Corneille, em *Horace* [Horácio], mostrou as últimas consequências da assunção da honra feminina pelos homens, através do assassinato de Camila por Horácio. Desconsolada de dor após a morte de seu amante Curiácio, assassinado por seu irmão, Camila renega sua família e Roma, "único objeto" de seu ressentimento. Horácio, que percebe sua renegação como uma "desonra mortal", mata sua própria irmã:

> Ó Céu! que jamais viste tamanha fúria!
> Crês tu, pois, que eu seja insensível ao ultraje,
> Que eu sofra em meu sangue esta mortal desonra?[15]

---

14. LA NOUE, F. *Discours militaires et politiques*. Op. cit., p. 246.

15. CORNEILLE. *Horace* (1640), acte IV, scêne 5.

A honra das mulheres engajava a de sua família e a de seus irmãos, maridos ou amantes, que eram seus tutores. É assim que, sob a ordem do tribunal dos marechais, o Sieur de Villeneuve dirige, por volta de 1620, este bilhete honrável a Monsieur de Favières, enquanto tutor da honra de sua mãe e de sua sogra:

> Não me recordo absolutamente de ter proferido as palavras ultrajantes de que me acusam contra a honra e a reputação das senhoras de Favières: da dona da casa e da senhora Favières sua sogra. No entanto, em resposta ao parecer e ao conselho de meus amigos, declaro que se isto aconteceu talvez tenha sido em razão de uma leve raiva ou descontrole da razão. Reputo como mal tudo aquilo que eu possa ter feito ou dito e que compromete a reputação das mencionadas senhoras. Imploro vosso perdão e esquecimento e a aceitação destas minhas escusas [...].

Em sua resposta, Monsieur de Favières reconheceu seu estatuto de procurador:

> Por opinião e conselho de meus amigos, aceito para as senhoras mencionadas a justificação que fazeis em vossa declaração, Monsieur de La Villeneuve. Prometo fazer chegar até elas esta informação e dizer-vos que por hora estou satisfeito com vossa declaração [...][16].

Para além da comunidade familiar afirmou-se aqui a pertença comum ao grupo da nobreza, cada qual tendo ouvido "a opinião e o conselho" de seus amigos, a fim de restaurar a unidade perturbada pela querela.

Qualquer forma de solidariedade era, portanto, suscetível de degenerar em conflito quando a honra do grupo era posta em risco por um de seus representantes. No mundo rural, as solidariedades nas aldeias eram exacerbadas, especialmente por ocasião de encontros festivos[17]. É assim que em 1582, em Mandray, um vilarejo montanhoso nos Vosges, explode uma querela com os habitantes do vilarejo vizinho de La Croix-aux-Mines, por ocasião da Festa de

---

16. BNF, fr. 3585.

17. MUCHEMBLED, R. *La violence au village (XVIe-XVIIe siècle)*. Turnhout: Brepols, 1989.
• BERCÉ, Y.-M. *Fête et revolte* – Des mentalités du XVIe au XVIIIe siècle. Paris: Hachette, 1976.

São Tiago Maior. Segundo o testemunho de um protagonista, "havia lá duas carroças, uma perto da outra; sobre uma delas estavam os trovadores de La Croix e na outra os de Mandray; Jean Gabourel, trovador de La Croix, que se apresentou por primeiro, batia seu bombo mais forte do que o outro a fim de ter a honra de ser aclamado o melhor tocador do instrumento; surgiu então Jean, filho do prefeito [de Mandray], para desafiá-lo". A rivalidade entre os dois trovadores degenerou em confusão geral, "trovadores e companheiros, tanto os de La Croix quanto os de Mandray, começaram a empurrar-se e partiram então para as vias de fato usando espadas e pedras, uns contra os outros"[18].

As estruturas comunitárias da sociedade do Antigo Regime mantinham os indivíduos em múltiplas coerções de solidariedade que às vezes comprometiam as próprias vidas. Estruturada como um conjunto de corporações e comunidades, cujas relações eram regidas por uma rigorosa economia do privilégio e da conveniência, a sociedade do Antigo Regime alimentava uma suscetibilidade constantemente mantida em alerta. O insulto e a maledicência eram revestidos assim de uma gravidade considerável. Segundo o advogado de François Dareau, autor em 1765 de um *Traité des injures* [Tratado das injúrias], não havia nada "mais contrário ao bem-estar público do que os ultrajes, os insultos e, sobretudo, os comportamentos que levavam aos enfrentamentos corporais entre os cidadãos. Se voltarmos ao início da formação das corporações políticas, podemos perceber que o primeiro desafio foi o de subtrair-se às injúrias dos próprios vizinhos"[19].

No início do século XVII, Marie de Gournay, a "filha da aliança" de Montaigne, ilustrava a importância acordada às injúrias e à maledicência ao atribuir-lhes a responsabilidade pelo desenvolvimento dos duelos e inclusive a guerra civil. Ela considerava que "o escárnio deu um empurrão, ou ao menos

---

18. Apud DIEDLER, J.-C. "Penser et vivre l'honneur dans les communautés rurales: l'exemple de la Lorraine du sud des XVIᵉ et XVIIᵉ siècles". In: DRÉVILLON, H. & VENTURINO, D. (dirs.). *Penser et vivre l'honneur à l'époque moderne*. Rennes, PUR, 2011, p. 314.

19. DAREAU, F. *Traité des injures dans l'ordre judiciaire* (1765). Paris: Nyon, 1785, p. VI.

a largada, a todos os males que a França sofreu nos últimos sessenta ou setenta anos"[20]. O fato é que à "maledicência simples", a zombaria, apelidada de "*draperie*", tinha acrescentado o agravante fato da diversão, que estimulava os maldizentes a tratar este mau hábito com condescendência "a fim de ter todo o privilégio a uma esgrima"[21]. Segundo esses casuístas da zombaria, que Marie de Gournay combate, esta só afetava sua vítima quando visasse a um defeito real. Nesse caso, ela não passava de uma expressão da verdade e, portanto, recomendava-se não censurar o zombador. Se, ao contrário, se tratasse uma mentira, então a vítima não devia sentir-se ofendida por um escárnio, já que este só afetava sua reputação e não sua verdadeira honra.

Marie de Gournay opôs-se a esta arguição mostrando que a zombaria afetava os indivíduos no mais profundo de seu ser, e isso porque a tão propalada distinção entre a falsa e a verdadeira honra carecia de sentido. De fato, o escárnio produzia feridas pessoais, visto que afetava "diversas partes dessa reputação ou conveniência mundana"[22], parte integrante do ser social. Para demonstrá-lo, Marie de Gournay evocou alguns episódios do período das guerras de religião em que as investidas contra "a honra do mundo", isto é, quando as ausências de decoro público provocavam catástrofes bem reais. Por exemplo, por ocasião da entrada do almirante de Joyeuse numa cidade cujo nome não é mencionado, "um cavalheiro renomado, respeitado e de ótima formação na província, repentinamente perdeu a voz ao iniciar um discurso público de boas-vindas a Joyeuse. Por qual razão, se pergunta nossa autora, seus desalmados e esnobes companheiros de corte, que o rodeavam, desandaram a rir, ao invés de mostrar piedade para com o sofrimento e a confusão de tão estimada pessoa? Vale lembrar que este infeliz foi tão surpreendentemente tocado pela atitude do grupo que, ao invés de, alguns dias depois, deslocar-se com ele para

---

20. GOURNAY, M. "De la médisance et qu'elle est la principale cause des duels". In: GOURNAY, M. *L'Ombre de la Damoiselle de Gournay* – Oeuvres composée de mélanges. Paris: Libert, 1626, p. 129.
21. Ibid., p. 207.
22. Ibid.

outra região, preferiu remoer-se de remorso por lá mesmo"[23]. Outro exemplo, mais grave ainda, é o que desencadeou a "rebelião armada de 1580", provocada por Margarida de Navarra, esposa do Rei Henrique de Navarra. Essa senhora, "enfurecida por algumas afirmações intencionais atribuídas ao Rei Henrique III" contra o próprio marido acabaram convencendo-o de que, de fato, se tratava de afirmações contra ele mesmo. Esta afirmação falsa de sua mulher o irritou tanto que o levou a deflagrar tal rebelião armada[24].

A exacerbação dos sentimentos da honra aumentava a carga emocional de situações controversas, além de alimentar o círculo vicioso das vinganças. A violência vingativa[25] surgia como modalidade ordinária de resolução de conflitos, já que a lei da honra fazia triunfar uma ordem emocional submetida à apreciação arbitrária dos indivíduos. A vingança, segundo Antoine de Courtin, ilustrou o império da paixão, que "corrompe as questões que nos dizem respeito ou se referem aos nossos semelhantes"[26]. Na obra *Conversations sur divers sujets* [Conversações sobre diversos temas], Madeleine de Scudéry sublinhou o caráter "violento" e "defeituoso" das vinganças exercidas entre particulares, pois geralmente "acreditamos ter sido mais ofendidos do que realmente fomos; por consequência, a vingança geralmente está acima da ofensa, e os meios usados para nos vingar nem sempre são apropriados"[27].

Os *Comentários* de Blaise de Monluc ilustram todas estas desordens. Acusado de desvios financeiros no exercício de sua função de tenente-geral de Guyenne, Monluc foi vítima da política da paz de Saint-Germain (1570), ele que havia encarnado a solução militar para a resolução do conflito religioso. Único juiz da própria honra, ele mostra toda sua arbitrariedade na narrativa de

---

23. Ibid., p. 211.

24. Ibid., p. 216.

25. CARROLL, S. *Blood and Violence in Early Modern France*. Oxford: Oxford University Press, 2006.

26. COURTIN, A. *Suite de la civilité française, ou Traité du point d'honneur et des règles pour converser et se conduire sagement*. Paris: Josset, 1675, p. 142.

27. SCUDÉRY, M. *Conversations sur divers sujets*. Lyon: Amaulry, 1680, p. 33-34.

sua última ação de guerra ao longo do cerco de Rabastens. Ferido no rosto por uma bala de mosquete que, em sentido estrito, o fez passar vergonha, ele se confia a seu subtenente, Monsieur de Goas: "No momento não tenho nenhuma preocupação com a morte. Peço-vos encarecidamente que me mostreis toda a amizade até aqui demonstrada, não permitindo que ninguém saia vivo desta"[28]. Sua ordem foi executada escrupulosamente e o cerco de Rabastens se concluiu com um massacre geral, não poupando nem prisioneiros nem mulheres. O poder soberano de determinar por si mesmo as vias de uma conduta honrosa poderia escapar ao arbítrio do ressentimento ou ao erro do julgamento? Monluc, no final de sua narrativa, fingiu acreditar nisso: "Não pense, você que lê este livro, que ordenei esta execução tanto para vingar meus ferimentos quanto para espalhar o terror em todo o país a fim de que ninguém ouse enfrentar nosso exército"[29]. Mesmo assim, o motivo deste episódio reside inteiramente na aflição pessoal, na violência intimamente ressentida, que exige um irreprimível apetite de vingança. A defesa da honra era uma questão singular da qual Blaise de Monluc sublinhou o caráter estritamente pessoal: "Nossas vidas e nossos bens pertencem ao nosso rei, nossa alma pertence a Deus, nossa honra nos pertence, visto que sobre minha honra meu Rei nada pode"[30].

A injúria física ou moral colocava em risco a própria integridade do indivíduo, que assim se tornava o único juiz do ultraje recebido e dos meios apropriados para vingá-lo. Em Rabastens, Monluc nada fez senão manter a promessa feita em 1569, após o cerco de Navarrenx, onde fidalgos católicos foram executados por protestantes: "Tudo é permitido àquela gente lá, e a nós nada. Virá o tempo, creio eu, em que tudo se inverterá, e então os pagaremos com a mesma moeda"[31]. Mas qual ultraje os protestantes de Navarrenx teriam a intenção de reparar? Descrevendo o desenvolvimento dos duelos no con-

---

28. MONLUC, B. Commentaires (1592). In: PETITOT, C-B. (ed.). *Collection complète des mémoires relatifs à l'Histoire de France.* Tomo 22. Paris: Foucault, 1822, p. 461.
29. Ibid.
30. Ibid., p. 306.
31. Ibid., p. 724.

texto das guerras de religião, François de La Noue identificou perfeitamente o funcionamento desta engrenagem: "Um busca satisfações em benefício próprio; outro se vinga cruelmente"[32]. Assim se iniciava o ciclo da vingança que respondia com a transgressão uma transgressão. Em 1694, o *Dictionnaire de l'Académie française* definia a vingança como o ato de "buscar a reparação de uma injúria fazendo sofrer alguma pena aquele que a cometeu". A vingança submetia a ideia de reparação à intenção infamante. Ela isolava o indivíduo numa fortaleza de sofrimento que, em detrimento da lei, só media o grau da injúria e seu castigo.

O tempo das desordens civis parece ter sido marcado pelo desregulamento das paixões vingativas. Teria seu recuo, após o fracasso da Fronda, ao inverso, marcado o progresso de uma "civilização dos costumes", aliviando assim a carga emocional dos conflitos particulares ou políticos? Mais genericamente: o recuo da violência a partir de meados do século XVII dever-se-ia a uma erosão da suscetibilidade e do sentimento da honra, que era seu motor? Esta hipótese defendida por Michel Nassiet[33] prolonga as críticas formuladas, no século XVII, pelos moralistas e pelos juristas que viam na honra o principal motor da violência. Segundo Grotius, a pacificação das sociedades passava pelo confinamento do direito natural de vingar-se num estrito monopólio do poder público encarnado pelos magistrados. À virtude, que é o único bem real, Grotius opunha os bens imaginários, que estavam na origem dos inúmeros conflitos: "a vingança e as distinções que nos elevam acima dos outros não têm, enquanto tais, nenhuma ligação com a virtude, ou com uma utilidade real"[34]. Pascal, por sua vez, opunha a verdade inabalável e intangível da virtude e dos princípios religiosos. Contra o duelo, ele invocava a submissão absoluta e não negociável à Lei que proíbe o homicídio: "Esta defesa geral retira dos homens todo o

---

32. LA NOUE, F. *Discours militaires et politiques*. Op. cit., p. 354.

33. NASSIET, M. *La violence, une histoire sociale* – France, XVIe-XVIIIe siècles. Seyssel: Champ Vallon, 2011.

34. GROTIUS, H. *Le droit de la guerre et de la paix* (1625). Amsterdã: Pierre de Coup, 1724, p. 82.

poder sobre a vida dos homens"[35]. O exame casuístico das situações em que o homem podia fundamentar seu duelo parecia-lhe constituir uma concessão ao direito de matar, que corria o risco de levar a "matar pelo menor motivo, quando se buscava preservar a honra acima de tudo" – "diria inclusive podemos matar até *por uma maçã*", especifica Pascal –, a partir do momento em que, aos olhos dos duelistas, "o direito de defender-se se estende a tudo o que for necessário para preservar-se de qualquer injúria"[36].

A crítica aos fundamentos filosóficos da honra favoreceu os esforços envidados pelos detratores do duelo, bem como pela ação judiciária e legislativa do poder real. À força de declarações públicas, Louis XIV se gabava de ter posto um fim ao funesto costume do duelo. O tema do "duelo abolido" foi tratado através de um medalhão exposto na galeria das Glaces, por uma série de medalhas, pelo relevo em bronze do pedestal da estátua de Louis XIV no centro da Praça das Vitórias, ou ainda por uma peça em versos assumida em 1672 pela Academia francesa:

> Louis fala, ele é o mestre, a França o escuta.
> O século se corrige, e nosso espírito adestrado
> para a coragem alcança hoje sua maturidade[37].

A ideia do desaparecimento do duelo foi tão bem difundida que Voltaire a admite sem hesitar: "Este costume horrível durou até o tempo de Louis XIV", escreve ele no *Essai sur les moeurs et l'esprit des nations* (1756) [Ensaio sobre os costumes e o espírito das nações].

Entretanto, muitos indícios sugerem a persistência dos combates singulares, aos quais François Billacois atribuiu "um desfecho que nunca acaba"[38]. Sem dúvida o duelo cessou de constituir um paradigma político desde a extin-

---

35. PASCAL. "Quatorzième lettre écrite par l'auteur des lettres au provincial aux révérends pères jésuites". In: *Oeuvres Complètes*. Paris: Seuil, 1963, p. 437.

36. Ibid., p. 437-438.

37. LA MONNOYE, B. Le Duel aboly (1671). In: PELLISSON-FONTANIER, P. *Relation contenant l'histoire de l'Académie française*. Paris: Le Petit, 1672, p. 588.

38. BILLACOIS, F. *Le duel dans la société française...* Op. cit., p. 309ss.

ção dos últimos focos da Fronda. Apesar disso, o hábito de regrar um litígio empunhando a espada não parece ter absolutamente recuado, segundo os relatórios dos cirurgiões que autopsiavam os cadáveres furados a golpes de espada encontrados nas ruas de Paris, ao longo de todo o século XVIII[39]. Como escrevia em 1715 o Abade Saint-Pierre em seu *Memorando para aperfeiçoar a polícia contra os duelos*: "não duelamos absolutamente menos do que outrora, sobretudo nos últimos 15 anos; mas disso não nos vangloriamos mais publicamente; tomamos sim o cuidado para que nada seja público, e só nos gabamos diante de nossos camaradas, que se acreditam falsamente obrigados ao segredo"[40]. O envio do duelo para a esfera da clandestinidade não deve ser interpretado como um abrandamento do sentimento da honra, mas, ao contrário, como a prova de seu enraizamento nas consciências e comportamentos.

Era necessária, com efeito, uma fé inabalável na imperiosa lei da honra para esvaziar uma querela num face a face clandestino, sem sofrer a menor coação exterior e sem buscar a menor publicidade. Os duelos mais discretos e, portanto, os menos acessíveis ao olhar do historiador, podem ser desvendados também na leitura dos processos judiciários que os revelam. Assim, após um conflito de jurisdição, o Chanceler Séguier tomou conhecimento de uma questão ocorrida em Étrépangy, no Vexin, no dia 5 de novembro de 1660. Naquele dia, à meia-noite, dois jovens fidalgos "embriagados" e "montados num mesmo cavalo" se apresentam ao albergue de Adrien Regnault, vulgo Du Jardin. Amigos de longa data, o Barão de Vielpont e o cavaleiro Doudeauville acabam de passar o dia com François Grandin, Sieur de Mausigny, permanecendo também ele em Étrépagny. Ao cair da tarde, após um jantar bem regado, os dois amigos decidiram dirigir-se ao albergue para dormir, já que seu anfitrião não dispunha de espaço para alojá-los. Chegados ao albergue, os dois rapazes pedem meio litro de vinho e se deitam na mesma cama "sem despir-se de suas

---

39. Cf. análises em SERNA, P. *Croiser le fer*. Op. cit., p. 338.
40. ABBÉ DE SAINT-PIERRE. *Mémoire pour perfectionner la police contre les duels*. Rueil, 1715, p. 15.

roupas emporcalhadas"; desfecho bem ordinário de uma noite de bebedeira[41]. Após terem passado a noite juntos, os dois foliões se levantam, descem até a cozinha um pouco antes das seis horas da manhã, tomam o desjejum e partem novamente, ambos montados no mesmo cavalo. No entanto, entre as sete e oito horas, "quando o sol começava a despontar", uma serva que se dirigia ao moinho descobre um cadáver à beira do caminho. Rapidamente, um "rumor geral" se espalha: o cavaleiro Doudeauville acaba de matar em duelo o Barão de Vielpont. Jean Boissard, "mestre cirurgião", vai ao local e constata a morte causada por um ferimento "no mamilo direito por um golpe de espada"[42].

Jean Moreau, senhor de Beaulieu, dispensado do corpo de polícia montada de Gisors, assumiu o caso, contra o parecer de outro juiz local que não acreditava na tese do duelo. Ele começa sua argumentação a partir do interrogatório de Marie Bassin, a mulher do dono do albergue, que declarou que um dos dois rapazes, ao longo da noite, "fazia caretas ao seu comparsa"[43]. Além disso, o testemunho do cirurgião permite estabelecer que o cadáver foi "retirado e inumado em um lugar secreto", num campo. Para Jean Moreau, um cenário parece desenhar-se: os dois rapazes brigaram no albergue "onde teriam marcado um duelo" e, em seguida, "naquela segunda-feira de manhã montaram no mesmo cavalo para ir ao local onde deviam se enfrentar". Eis, portanto, como, ao abrigo de qualquer pressão social, dois amigos podiam ser levados a matar-se para acertar um litígio de bêbados. Longe das espetaculares rebeliões armadas da nobreza descontente do início do século XVII, esses combates clandestinos mostravam a permanência de uma suscetibilidade totalmente interiorizada.

A perspectiva de morrer por um leve insulto, por uma simples gozação ou por uma careta, traduzia toda vigência do sentimento da honra. Além disso, o próprio Grotius admitia que, apesar dos progressos do monopólio do Estado

---

41. BNF, Fonds français 17355, fol. 316s.: "Information du 9 novembre 1660, déposition d'Adrien Regnault dit du Jardin".

42. Ibid. "Information du 3 mars 1661, déposition de Jean Boissard, maistre chirugien".

43. Ibid.: "Information du 9 novembre 1660, déposition de Marie Bassin".

da violência legítima, ainda "se conservavam alguns traços e alguns reflexos do antigo direito, em matéria dessa espécie de punição feita tanto pelo exemplo quanto pela vingança. Isto se vê em locais e entre as pessoas que não dependem de determinados tribunais e, além disso, em certos casos muito particulares"[44]. No exército, onde os homens viviam com a espada ao lado, a defesa do amor-próprio frequentemente assumia um tom dramático. Simples oficial sob Louis XIV, o cavaleiro de Quincy assim narra a desventura do cavaleiro de Tirmois:

> O cavaleiro de Tirmois, de tempos em tempos, fazia troça de Boscon [...]. Fingia falar-lhe, não mexendo senão os lábios. Boscon era quase surdo, prestava o máximo de atenção, mas em vão: não entendia nada, e todos caiam na gargalhada. Por fim, o surdo se dá conta da zombaria, e pede satisfações ao cavaleiro, que lhe concede um acerto de contas. O surdo lhe dá uma bela surra; foi vitorioso. Não há do que se impressionar. O surdo deve ensinar aos jovens, como aos velhos, que a gozação sempre deve ser submetida à razão, e nunca se deve ridicularizar nem fazer pouco de ninguém, sobretudo quando se trata de defeitos naturais. Cedo ou tarde somos punidos. Martial diz: *Risu ineptior res ineptior nulla est*, ou seja, não há nada de mais tolo do que rir no momento errado[45].

Será que o exército constituía o último bastião de uma cultura da honra defendida ao extremo na ponta da espada? Sem dúvida os acertos de contas no exército eram mais frequentes do que alhures. Com certeza, igualmente, nesse ambiente a suscetibilidade dos oficiais era exacerbada pelas constantes rivalidades que perpassavam este universo em plena mutação[46]. No entanto, não devemos atribuir ao exército de Louis XIV o monopólio da honra, sobretudo numa sociedade pacificada pela erosão das solidariedades comunitárias. De fato, a sociedade do século XVIII alimentou o culto à honra lhe dando formas mais variadas e, talvez, menos sistematicamente violentas do que antes. O peso das

---

44. GROTIUS, H. *Le droit de la guerre et de la paix*. Op. cit., p. 582.

45. *Mémoires du chevalier de Quincy*. Ed. de Léon Lecestre. Tomo 1. Paris: Renouard, 1898, p. 171.

46. DRÉVILLON, H. *L'Impôt du sang* – Le métier des armes sous Louis XIV. Paris: Tallandier, 2005.

estruturas comunitárias continuava se exercendo sobre os indivíduos e exigindo-lhes submissão às injunções do grupo. Entretanto, doravante esta pressão se exercia mais sobre os indivíduos dotados de uma autonomia mais ampla.

A suscetibilidade levada às suas últimas consequências havia contribuído para moldar os indivíduos soberanos, que se afirmavam na reivindicação da honra. Contrariamente ao que esperava Pascal, esta afirmação do arbitrário individual constituía a força da honra. Montesquieu reconhecia tranquilamente que ela dependia do capricho das interpretações individuais repousando sobre uma base filosófica errada[47]. Esta mistura de juízos prévios, de orgulho e de vaidade tinha a faculdade de submeter os princípios da moral e da lei ao seu império: "A honra, misturando-se em tudo, entra em todas as formas de pensar e em todas as maneiras de sentir, e inclusive orienta os princípios. Esta honra bizarra faz com que as virtudes não sejam senão o que lhe apetece"[48]. Dentre as bizarrices da honra, Montesquieu sublinhou esta capacidade de inspirar comportamentos tão contraditórios como a obediência e a rebelião:

> Não há nada que a honra prescreva mais à nobreza do que servir o príncipe na guerra. De fato, é uma profissão distinta, já que seus acasos, seus sucessos e inclusive suas misérias levam à grandeza. Mas, ao impor esta lei, a honra se pretende um árbitro; e se este árbitro se sente chocado, ele exige ou permite que voltemos atrás[49].

Expressão do peso das estruturas comunitárias, que coagiam os indivíduos a submeter-se às suas injunções, a honra, dialeticamente, revertia a relação de submissão erigindo os indivíduos em intérpretes da lei. A honra, nesse sentido, constituía uma forma de "distinção de si"[50], que alimentava um processo de individuação no próprio interior – e não independentemente – dos registros coletivos de atribuição identitária. Este "retorno à distinção" permite apreen-

---

47. "É verdade que, filosoficamente falando, é a honra falsa que conduz todas as partes do Estado" (MONTESQUIEU. *De l'esprit des lois*, III, 7).

48. Ibid., IV, 2.

49. Ibid., IV, 3.

50. LAHIRE, B. *La culture des individus* – Dissonances culturelles et distinction de soi. Paris: La Découverte, 2004.

der o indivíduo como o lugar de recomposição das identidades múltiplas do qual é a sede e cuja confrontação com a expectativa dos outros alimentava a indescritível variedade da questão da honra. É, portanto, na relação especulativa com o outro que se decidia o ponto de honra, esta relação social que permite determinar o que um indivíduo deve aos outros e o que os outros lhe devem[51].

Assim, a exaltação do sentimento da honra acompanha o desenvolvimento do individualismo na sociedade do Antigo Regime. Uma questão sobrevinda em 1729 nos oferece uma ilustração[52]. Um *factum* foi redigido para este caso: a questão opunha a dama Magdelaine Maréchal, esposa do Senhor de La Brosse, escudeiro, residente em Nicolas Aujay, Senhor de La Busserolle, acusado de "ter-se insinuado clandestinamente na corte do Castelo de La Brosse, de esconder-se no quarto, de lá ter permanecido apesar da presença de Magdelaine, de ter-lhe proferido injúrias, de querer jogá-la no fosso do castelo pela janela, de tê-la atirado sobre uma cama, erguido sua saia e ter-lhe dado umas palmadas". La Busserolle foi considerado culpado e condenado a um banimento de nove anos além de ter que pagar uma multa de 2.000 libras. Recorrendo da sentença proferida pelo tribunal dos marechais, o acusado foi ao parlamento de Paris para defender sua causa através de um *factum* de complacência misógina: "Se a honra das damas se encontra ferida neste caso, não é seguramente por culpa do Apelante, que nunca faltou com o respeito com o bom sexo, do qual ousa lisonjear-se de merecer os sufrágios". Magdelaine, autora da denúncia, era acusada de ter "ofendido a honra de seu sexo, pela indiscrição de ter-se escandalizado", e por ter obtido o favor dos juízes que a apoiaram. À reivindicação da honra de Magdelaine Maréchal, o Senhor de La Busserolle opôs a distribuição convencional dos gêneros situando "a honra das damas" no registro da discrição e da submissão à máscula fiabilidade do sedutor. Mas seus argumentos se voltaram contra si mesmo, pois a corte de Tournelle considerou o *factum* um "libelo

---

51. JOUANNA, A. "Recherches sur la notion d'honneur au XVIe siècle". *Revue d'histoire moderne et contemporaine*, vol. 15, 1968, p. 597.

52. BVFm fr 21726, fol. 287ss: "Processo do grande criminoso em que uma dama de qualidade se queixa de ter sido chicoteada pelo amigo de seu marido".

difamatório" constituindo uma circunstância agravante do delito julgado em primeira instância. A corte confirmou a condenação e a publicou sob o título particularmente sugestivo de *Acórdão da Tournelle criminal, em favor das mulheres, que condena um particular que ofendeu uma delas*. O julgamento denunciou o caráter misógino dos argumentos apresentados pelo Senhor de La Busserolle censurando-o de ter a presunção "de nunca ter faltado com o respeito para com o bom sexo do qual se sentia orgulhoso e, sem dar-se conta, o estava ridicularizando". A decisão reconhecia a Magdelaine Maréchal o direito de ela mesma defender sua honra, não sem mais tarde esclarecer exatamente a razão:

> Como a Suplicante percebeu que seu marido não quis vingar uma ação tão indigna por achar que era uma questão que só interessava a ela, e que, ao invés de defendê-la, levou o caso para o lado da zombaria e da raiva contra a Suplicante a fim de ultrajá-la e maltratá-la ao extremo, a família da Suplicante e a nobreza da Província – diante desta covardia pouco comum – a aconselharam a formalizar seu pedido de reparação.

O direito de Magdelaine Marechal, portanto, só foi reconhecido em razão da omissão de seu marido, que deveria ter assumido a defesa da honra da própria esposa. Além disso, "Madame de La Brosse é a mulher de um fidalgo e procede de uma casa que há vários séculos fornece ao Estado e à Igreja os Grandes Oficiais de Justiça, as Grandes Condecorações, os Condes de Lyon e os Bispos". O Senhor de La Busserolle, no entanto, não passava de um "plebeu cujo maior mérito era o de não ser dono de nada e uma pessoa por quem ninguém alimentava qualquer apreço"[53]. A honra da nobreza, que neste caso estava indiretamente em jogo, exigia, para ser defendida, o estabelecimento prévio da faculdade de Madame de La Brosse de agir enquanto pessoa de direito. Para estabelecer esta capacidade, fazia-se previamente necessário reconhecer-lhe a dignidade de um sujeito autônomo e, portanto, em primeiro lugar, a pertinência de sua ação enquanto mulher e enquanto pessoa singular.

---

53. Em seu *factum*, La Busserolle afirma ser filho do tenente de justiça de Montluçon e possuir "alianças que o distinguem da populaça e que são sustentadas por um caráter de honra e de probidade".

Como organizar então uma sociedade na qual cada indivíduo seria o juiz da regulação da própria ação baseado em princípios dos quais ele mesmo se transformaria em árbitro soberano? Montesquieu pensava que, não obstante as manifestações violentas e os caprichos da honra, este princípio podia produzir os mesmos efeitos sociais que a virtude. Pouco importava se os homens fossem animados pelo amor-próprio ou pelo apetite de glória, contanto que suas ações favorecessem o bem comum. Seu livro *Do espírito das leis* explorava as vias constitucionais deste princípio moral exposto por Mandeville: "os membros da sociedade, seguindo caminhos absolutamente contrários, se ajudavam como que por despeito"[54]. Assim, apesar de sua violência e irracionalidade, o duelo podia ser visto com bons olhos por alguns.

Boulainvilliers pensava estabelecer um verdadeiro contrato social sobre a possibilidade oferecida a cada indivíduo de defender a própria honra empunhando uma espada. Ao invés de contar sobre a ação do poder soberano, ele defendia a faculdade de autorregulação de uma sociedade na qual a sanção da maledicência seria garantida pelo duelo. Em sua obra *História do antigo governo da França* ele comparou a situação criada pela repressão aos duelos sob Louis XIV e o regime feudal "que dava primazia à honra e à coragem, que gerava mais virtudes, que eliminava mais vícios, que preservava o homem honesto contra os insultos do covarde"[55]. A defesa da honra pela espada surgia como garantia da estabilidade do contrato social que assegurava o reconhecimento da virtude pela dissuasão da calúnia. A apologia ao duelo trazia um duplo desmentido à legislação real e aos que, como de La Rochefoucauld, questionavam a capacidade da rebeldia pública de restabelecer imparcialmente as reputações. A honra, segundo a crítica jansenista, era duplamente culpada, já que se confundia com a paixão egoísta do amor-próprio e porque dava ao público o poder arbitrário de determinar, segundo sua fantasia, seus erros e seus interesses, o

---

54. MANDEVILLE, B. *La Fable des abeilles, ou les Fripons devenus honnêtes gens* (1714). Tomo 1. Londres: Aux dépens de la Compagnie, 1740, p. 11.

55. BOULAINVILLIERS, H. *Histoire de l'ancien gouvernement de la France*. Amsterdã/-La-Haye: Aux dépens de la Compagnie, 1727, p. 65.

preço da virtude: "Queremos que nossa reputação e nossa glória dependam do julgamento dos homens, que nos são todos contrários, ou por seu ciúme, ou por sua preocupação, ou por sua falta de esclarecimentos"[56]. O duelo, segundo Boulainvilliers, era uma maneira de proteger a economia da reputação contra a malvadeza e os erros das pessoas de prestígio. No fundo, a arbitragem ferrenha era suposta intervir em última instância para garantir a autorregulação da notoriedade, justamente numa sociedade forjada pelos interesses particulares e pela concorrência entre as reivindicações da honra.

A economia da reputação era teoricamente regulada pelo cerimonial, pelas regras da primazia e pelas arbitragens reais. Mas as frustrações engendradas por este regime instável acabaram se tornando um lugar-comum. A falta de respeito ao *status* social, às primazias e os desvarios da política real da atribuição de favores e recompensas alimentaram o descontentamento nobiliário. Dado que o duelo não lhe parecia de natureza tal a estabelecer mais seguramente as reputações, Saint-Simon frequentemente invocou a autoridade discreta do poder público. Influenciado pelo jogo das proteções e alianças, parecia-lhe arbitrário que o poder soberano nomeasse funcionários e distribuísse favores. Inúmeras vezes ele mostrou a que ponto o rei era enganado por reputações usurpadas. Após a pesada derrota de Blenheim (1704), o memorialista constatou, por exemplo, que a incompetência de Villeroy "não jogava em seu favor", ao passo que Tallard, que não tinha brilhado mais do que ele, foi "magnificamente recompensado". Mas, diante desta cegueira, Saint-Simon opôs o julgamento "público" que "não teve medo nem dos marechais, nem dos generais, nem dos particulares enganados, nem das tropas cujas cartas falavam mal: foi tanto barulho pelas ruas que incomodava até suas famílias"[57].

O poder de arbitragem do público estava presente em todos os níveis da sociedade militar onde um regime de notoriedade perfeitamente autônoma

---

56. ROCHEFOUCAULD, F. *Réflexions, ou Sentences et maximes morales* (1665), máxima 268.

57. SAINT-SIMON. *Mémoires* (1829). Tomo 2. Paris: Gallimard, 1953, p. 363 [Coll. "Bibliothèque de la Pléiade"].

podia transformar cada regimento numa "república"[58] submetida a uma lei da honra estritamente observada e delimitada. Frequentemente discordante da sanção oficial do mérito, esta economia da reputação alimentava o sentimento de uma soberana independência do valor militar. Aplicável para além da esfera militar a toda espécie de comunidade, esta lógica foi assim descrita por Tocqueville:

> Todas as vezes que os homens se reúnem em sociedades particulares, entre eles imediatamente se estabelece uma honra, isto é, um conjunto de opiniões que lhes é próprio sobre o que se deve louvar ou censurar; e estas regras particulares têm sempre sua fonte nos hábitos especiais e nos interesses especiais da associação[59].

Pressionada pelo paroxismo de sua própria lógica, a honra podia assim se apresentar como uma forma de autoridade soberanamente independente. Segundo Montesquieu, "o santuário da honra, da reputação e da virtude parece ter-se estabelecido nas repúblicas e nos países onde podemos pronunciar o termo *Partido*"[60], pois as reputações necessitavam de um apreço público livremente consentido. Ao contrário, sob um regime tirânico, a reputação e a virtude não distinguiam realmente os indivíduos, já que não exprimiam senão a opção arbitrária do soberano. Numa monarquia moderada, segundo Montesquieu, a honra era o "tesouro escondido da nação e o único bem sobre o qual o soberano não é o dono"[61]. Foi considerando esta soberania poderosa da arbitragem que Rousseau examinou o poder da honra, situando esta última acima da lei. No edifício teórico da filosofia política de Rousseau, a honra ocupa um lugar totalmente particular, que ele mesmo expôs na *Lettre à d'Alembert*, em sua reflexão sobre o teatro. Imperiosa e caprichosa, segundo Rousseau, a honra marcava a irredutibilidade dos costumes à lei: "a força das leis tem sua própria medida; a dos vícios que elas

---

58. A expressão é empregada em suas memórias em MONTBAS, J.-F.B. *Au service du roi*. Paris: Calmann-Lévy, 1926.

59. TOCQUEVILLE, A. De la démocratie en Amérique (1758). In: *Oeuvres Complètes*. Tomo 3. Paris: Lévy, 1868, p. 382.

60. MONTESQUIEU. *Lettres persanes*. Op. cit., lettre 90.

61. Ibid.

reprimem também tem a sua"[62]. Embora deplorasse o caráter violento do duelo, Rousseau não deixava de reconhecer-lhe uma função social. As questões da honra não podiam ser regradas pela via legislativa e judiciária que, proibindo os combates singulares, situava os indivíduos ultrajados na insustentável obrigação de escolher entre a desobediência e a desonra. Escolha desumana sobre a qual Rousseau logo tomou partido ao afirmar que "a própria lei não pode obrigar ninguém a se desonrar"[63]. Rousseau analisou, pois, a maneira com a qual essa imperiosa potência moral podia se adequar ao reino da lei, situando o tribunal do ponto de honra numa posição totalmente singular no interior do edifício institucional:

> Nada sendo mais independente do poder supremo do que o julgamento público, o soberano devia guardar-se, em tudo, de misturar suas decisões arbitrárias entre as decisões tomadas para representar este julgamento e, além disso, para determiná-lo. Ele devia, ao contrário, esforçar-se para colocar a corte acima dele, assim como submeter-se a si mesmo às suas respeitáveis decisões[64].

O rei, submetido às decisões tomadas pelo tribunal dos marechais, devia assim se inclinar diante da autoridade soberana do "julgamento público". A invocação recorrente da honra nas admoestações das cortes soberanas respondia à mesma lógica, delimitando uma instância à qual o próprio rei devia submeter-se. O conceito e a prática da honra poderiam perfeitamente ter-se constituído numa matriz da opinião pública. Não seria a reputação, ela também, um "tribunal de opinião"? E a honra, nesse sentido, não permitiria pensar as origens culturais da Revolução Francesa numa certa continuidade com o Antigo Regime?

Evidentemente a honra não é uma invenção do Antigo Regime, mas sua formalização, e a exacerbação de suas manifestações criaram uma situação singular entre os meados do século XVI e a Revolução. O enraizamento dos duelos, a instituição e a intensa atividade do tribunal dos marechais, bem como a constituição da honra em paradigma político (revoltas, reivindicações corpo-

---

62. ROUSSEAU, J.-J. Lettre à d'Alembert (1758). In: *Oeuvres completes*. Op. cit., t. 1, p. 222.
63. Ibid., p. 224.
64. Ibid., p. 223.

rativas), foram suas principais características. Destas diversas manifestações de um processo de cristalização, a análise de Tocqueville da crise do Antigo Regime oferece uma explicação[65]. A honra, que é o produto das "diferenças" e das "desigualdades", prosperava numa sociedade feudal em que "todas as camadas sociais se diferenciavam, embora fossem fixas". Cada indivíduo buscava encontrar então o seu lugar numa hierarquia das dignidades sancionadas pelas instituições do regime feudal. A monarquia perturbou esse funcionamento instaurando uma "uniformidade da legislação" contrariada pela persistência das corporações e das comunidades. Os indivíduos, "que não se diferenciavam entre si senão pelos direitos", se fecharam numa reivindicação de honras e prerrogativas tornada politicamente inepta, moralmente artificial, mas sempre social e culturalmente eficaz. A cristalização do sentimento da honra se insere assim numa perspectiva política, que permite compreender as relações entre os grupos sociais que a monarquia havia tornado iguais na privação da liberdade e rivais na reivindicação das dignidades e privilégios.

Para Tocqueville, o fundamento moral dessa crise política residia no "individualismo coletivo que preparava as almas para um verdadeiro individualismo que conhecemos". Considerado depositário das prerrogativas da comunidade à qual pertencia, cada indivíduo "só mantinha sua condição particular porque outros se particularizavam pela condição"[66]. Tocqueville declina sobre o modo paradoxal da relação entre o indivíduo e o grupo, relação sobre a qual se funda o processo de distinção que alimenta a honra. De fato, a honra era uma injunção, uma obrigação imperiosa que permitia ao indivíduo, que a ela se submetia, afirmar-se como sujeito, na dupla acepção do indivíduo subjugado e de personalidade soberana. É bastante provável que justamente nesta articulação dialética residisse o valor constitucional da honra e se decidisse a questão da emergência do indivíduo numa sociedade corporativa.

---

65. "São as diferenças e as desigualdades dos homens que criam a honra" (TOCQUEVILLE, A. *De la démocratie en Amérique*. Op. cit., t. 3, p. 394).

66. TOCQUEVILLE, A. L'Ancient Régime et la Révolution (1856). In: *Oeuvres complètes*. Op. cit., t. 4, p. 14.

18

CORAÇÕES VALENTES, CORAÇÕES TERNOS

A amizade e o amor na época moderna

Maurice Daumas

Perdido é todo o tempo que não se passa amando.
Giulio Cesare Vanini. *De admirandis* (1616).

A amizade amorosa, uma emoção atual

A paisagem afetiva jamais cessou de se modificar. Vivemos num mundo em que a "mixidade" física e conceitual engendra variedades sentimentais que outrora não existiam. A amizade amorosa é uma delas. O intercâmbio dos sexos se realiza no trabalho, na vizinhança, nas festas e cerimônias, nos espaços públicos, nos lugares de solidarização e de diversão. A erotização de nosso entorno procede de olhares mútuos, de gestos e palavras de delicadeza, de imagens onipresentes e da voz, viva ou em *off*. A familiaridade com o outro sexo nunca foi tão forte, e leva a testemunhos de afeição que podemos chamar de amizade, em sentido amplo do termo. Eles recobrem uma vasta gama de relações que vão desde as pessoas com as quais trocamos alguns afagos até aquelas com as quais trocamos confidências. Embora nem sempre conscientemente, este clima de amizade amorosa preenche uma parte considerável de nossas necessidades afetivas. À medida que estas relações entre os sexos são malcategorizadas, poderíamos situá-las no registro da emoção antes que no do sentimento.

Nossas categorias de pensamento, que só conhecem o amor e a amizade, estão atrasadas em relação aos fatos sociais. A mixidade, da forma como é vivida, é um fenômeno recente, cuja visibilidade, conceitualização e valorização ainda estão por vir. A gama de emoções que corresponde à amizade amorosa ainda não recebeu sua construção social. No entanto, o questionamento sobre a natureza da amizade amorosa está longe de ser desconhecido, como o mostra a consultoria da blogosfera e das redes sociais. Esta interrogação geralmente é feita em moldes tradicionais: pode existir uma amizade entre as mulheres e os homens? (subentenda-se: uma amizade verdadeira, que não se transforme em amor). Esta questão só emergiu realmente no século XVIII. Antes seria absurda. A amizade era concebida como uma relação igualitária (o que excluía por definição a mixidade) e, em sua versão elitista, de uma qualidade tão particular que as mulheres não podiam acessá-la, inclusive entre si. Por aí podemos perceber que a paisagem afetiva que precedeu a revolução sentimental apresentava traços bem diferentes da nossa. Nem a amizade nem o amor se pareciam com o que conhecemos hoje.

O culto da amizade

Além dos testemunhos que o historiador reúne sobre a manifestação direta dos sentimentos, ele também pode explorar o vocabulário desta manifestação e os mitos que a escoltam. Estamos acostumados a pensar com palavras, que inscrevem os vínculos afetivos em categorias. Por exemplo: no século XVI não se falava em *amor conjugal*, mas em *amizade conjugal*, o que dá uma coloração diferente à situação atual em termos de relações esperadas entre os esposos. Pensamos igualmente em termos de mitos, que servem de referenciais aos sentimentos. Tais mitos se nos apresentam sob a forma de histórias que oferecem matéria para o entretenimento, suporte para os devaneios, exemplos de virtudes a cultivar ou modelos de comportamento. O período entre os séculos XVI e XVII é rico em mitos amorosos: da história da *Psiqué* à do *Astrée*, passando pelas narrativas de *Roland furieux* e *La Jérusalem délivrée*. O Mito de Montaigne e de La Boétie só se desenvolve depois da segunda metade do século XVIII[1]. Outrora eram invocados modelos antigos (Aquiles e Pátroclo, Orestes e Pilades, Lélio e Cipião), bíblicos (Davi e Jônatas), cavalheirescos (Roland e Olivier, Ami e Amile).

Se os mitos de amizade não alcançam a amplitude dos mitos amorosos certamente é porque vemos na amizade um estado (afetivo e relacional) antes que uma história narrada. O amor, ao contrário, não existe senão através de uma história. Esta pode ser lida nos manuais de correspondência através da sequência lógica das cartas de declaração amorosa, de confirmação, de crítica, de "protesto"[2] e, enfim, de ruptura. Hoje a amizade não tem história, ou, mais exatamente, esta história não interessa a ninguém e, portanto, não faz parte da representação coletiva da amizade. Outrora era diferente. Os manuais epistolários da época moderna não chegam a codificar a ruptura da amizade, pois, diferentemente do amor, a amizade é um vínculo sagrado. Mas existem outras formas epistolares, notadamente a declaração de amizade e a reclamação de amizade. A amizade *é declarada, demandada, oferece-se* uma amizade. Saint-Simon afirma ter feito e ter recebido muitas declarações de amizade. Não temos por que duvidar dessas amizades estabelecidas por contrato. Declarar a própria amizade, assumir o risco de ser rejeitada, é testemunhar o valor que lhe acordamos. É atestar igualmente que a amizade, como o amor, pode existir de maneira unilateral – o que hoje não tem sentido. Se damos tanta importância à declaração, de amor ou amizade, é igualmente porque queremos amar por primeiro. "Eu vos amei por primeiro": eis um refrão das memórias e das correspondências. É um privilégio divino e régio doar-se, amar por primeiro: o amor de Deus e a graça principesca são o *primum mobile*, a origem do circuito afetivo que anima o mundo e a corte. Amar por primeiro também é aplicar a lição do Evangelho e, sobretudo, o conselho de Horácio, muito repetido nos ambientes eruditos onde o neoplatonismo se difundiu: "Amai e sereis amados".

---

1. DAUMAS, M. *Des trésors d'amitié* – De la Renaissance aux Lumières. Paris: Armand Colin, 2011, p. 199ss.

2. Aqui protesta-se de seu amor. Cf. DAUMAS, M. "Manuels épistolaires et identité social (XVIe-XVIIIe siècle)". In: *Revue d'histoire moderne et contemporaine*, vol. 40, 1993, p. 529-556.

Concebida como essência do vínculo social, a amizade tem por vocação congregar todas as relações humanas e dar-lhes uma visão harmoniosa: a amizade é conjugal, fraternal, paternal; ela coloca em sintonia patrão e servo, príncipe e súdito, cidadão e pátria. Entretanto, entendida como vínculo que une dois amigos, ela pode ser enquadrada na ordem das paixões, na categoria dessas forças turbulentas que perturbam a razão. Não há nada de incompreensível na aceitação de um pedido de amizade de alguém. Da mesma forma, consideramos sem grandes escrúpulos que as leis da amizade se revelem superiores às do Estado, e que em nome delas possamos nos revoltar contra o príncipe. A lei divina quase não é mais respeitada. Ainda que se retome, à exaustão, a expressão de Péricles "amigo até o altar", sabe-se perfeitamente que a virtude vem frequentemente depois da amizade. Esta, aliás, tem seus próprios altares.

Junto aos letrados, onde prevalece a referência antiga, a era dourada da amizade se identifica com a lembrança de Pitágoras ("Entre amigos, tudo é comum"), com os tratados e diálogos de Platão (*Lísis*), Aristóteles (*Ética a Nicômaco*), Cícero (*De amicitia*), Sêneca (*Cartas a Lucílio*), Plutarco (*Vida dos homens ilustres*). É sobre eles, bem como sobre o modelo da fraternidade cristã legada pelos evangelhos e pelos Padres da Igreja, que os humanistas edificam sua rede de amizade. É com eles que Montaigne dialoga. A amizade é concebida *à antiga*. Nos anos de 1580, Philippe van Winghe celebra sua amizade com Abraham Ortelius por um retrato no *Album Amicorum* do cosmógrafo (cf. desenho ao lado).

Nesta narrativa das origens, os dois homens, vestidos com uma toga, apertam a mão por sobre um altar onde arde uma chama, na presença do deus do Amor. A cena, acima da qual se lê uma inscrição em letras romanas, é gravada numa placa de mármore[3]. Os ambientes humanistas cultivaram ostensivamente uma amizade concebida sob o modelo da antiga *philia*, como essência da vida social, própria a fundar a república das correspondências. Eles deram uma forte visibilidade a esses rituais de amizade como a correspondência (cartas publicadas em coletâneas), a troca de presentes (notadamente retratos), a hospitalidade e o apoio nas adversidades.

O homem decente herda esses rituais. Ele mesmo encarna o protótipo do amigo, e vive rodeado de amigos verdadeiros: "Todos os deveres da honestidade estão englobados nos deveres da perfeita amizade", escrevia em 1728 a Marquesa de Lambert[4]. As regras da correspondência, da polidez, da frequentação e da "conversação" dão ao século XVII um fundamento novo ao culto à amizade. Os tratados de boas maneiras, os manuais do cortesão, os ensaios sobre a honestidade ensinam a arte de escolher amigos, mas também a de reconhecer os falsos amigos. Pois o homem de bem tem a corte como pano de fundo – e ninguém ignora que os "falsos amigos" podem ser tudo, menos amigos. Os falsos amigos e os aduladores são desprezados desde a Antiguidade, mas parece que na corte tenham encontrado seu ambiente natural. Ora, ao se definir como um mundo de paz e de concórdia, a corte e os círculos cultivados que frequentam os salões, ao contrário, se apresentam como o lugar onde reinam a amizade e os rituais que a constituem. A contradição não é senão aparente, mas ela alimenta toda uma literatura que se interroga sobre as regras da vida em sociedade, sobre o crédito a ser aportado às aparências e, finalmente, sobre o valor a ser dado à amizade.

---

3. ORTELIUS, A. *Album amicorum Abraham Ortelius*. Trad. fr. de Jean Puraye. Amsterdã: Van Gendt, 1969, fl. 52. Sobre os álbuns de amizade, cf. esp. MOUYSSET, S. "L'Amitié reste e jamais ne s'efface – Les *alba amicorum*: de la marque d'amitié au réseau d'amis (France-Suisse, XVIe-XIXe siècle)". In: DAUMAS, M. (dir.). *L'Amitié dans les écrits du for privé et les correspondances, de la fin du Moyen Âge à 1914*. Pau: Presses Universitáires de Pau et des Pays de l'Adour, 2014, p. 61-76.

4. COURCELLES, A.-T.M. *Avis d'une mère à son fils, suivis du Traité de l'amitié*. Paris: Ganeau, 1728.

O período histórico que dedicou um culto especial à amizade, portanto, é também um período de questionamento implícito da herança antiga pelo fato de abandonar progressivamente o conceito de *philia* como vínculo social universal. O campo semântico da amizade restringiu-se ao longo do século XVIII, a ponto que o termo passou a designar pura e simplesmente um vínculo entre amigos. A era dos moralistas trouxe um novo golpe à amizade. Se o adulador é um falso amigo, então somos para nós mesmos nosso melhor inimigo, já que "o amor-próprio, escreve La Rochefoucauld, é o maior dos aduladores" (máxima 2). As máximas que o duque e Pascal consagraram à amizade criticam a própria base das relações humanas denunciando a duplicidade e a hipocrisia, filhas do amor-próprio:

> O que os homens denominaram amizade não passa de uma sociedade, de um ordenamento recíproco de interesses, de bons serviços; enfim, é simplesmente um bom comércio onde o amor-próprio sempre está em busca de algum benefício (LA ROCHEFOUCAULD, máxima 83).

> Tenho por verdade que, se todos os homens soubessem o que dizem uns dos outros, não existiria mais do que quatro amigos neste mundo (PASCAL. *Pensée melées*, 646).

Entretanto, La Rochefoucauld faz coro com Montaigne ao considerar que a verdadeira amizade, embora raríssima, pertença obviamente a este mundo. Este elitismo é característico de uma época em que a amizade é ao mesmo tempo o vínculo social por excelência e a relação humana mais rara e mais elevada. "É o bastante se a fortuna nos alcança uma vez a cada três séculos" (*Essai*, I, 28). Compreende-se, pois, a razão pela qual as mulheres não possam conquistar essa amizade. Aliás, a concepção exaltada e febril da amizade presente nas representações carrega a marca do temperamento masculino: quente e seco.

A amizade como paixão

A amizade daquele tempo é menos um "doce comércio" do que um "movimento da alma": uma paixão. A amizade é concebida e vivida como um valor conquistador. Hoje ninguém se pergunta quem "amou por primeiro". Esta preocupação indica a grande consideração dispensada à natureza eletiva da amizade. Resultado de uma livre-escolha, a amizade evidencia a liberdade do indivíduo no interior do grupo. O que hoje não faz grande sentido se revestia de outro valor numa sociedade em que as regras da vida comum eram mais coercitivas e onde a hierarquia social se fazia mais firmemente sentir. Optar por um amigo livremente é o primeiro gesto de liberdade, gesto original de onde derivam os direitos e os deveres mais fundamentais. Fundada na liberdade e na igualdade, a amizade, essa *nobre* servidão voluntária, é, para La Boétie, a antítese da tirania e a alavanca de sua reversão.

A igualdade caracteriza a relação amigável que, por sua vez, se apresenta como um parentesco fictício[5] através do qual os atores se elevam mutuamente à estatura de irmãos. A amizade verdadeira conjuga as vantagens da família (adquirida) e da aliança (escolhida): sendo *fraterna* ela se define pela entrega total, gratuita e sacrificial, e segundo as obrigações dos laços de sangue. A exigência de igualdade permite propor algumas questões teóricas (Pode um rei ter amigos? Podemos ser amigos de um ministro?), mas, sobretudo, ela ajuda a afastar determinadas categorias sociais importunas, como as mulheres, os clientes, os serviçais. A amizade verdadeira não transpõe a posição social, bem como não pode se desenvolver entre os dois sexos.

Surgidos na Renascença, os duplos retratos de amigos sublinham essa igualdade sugerindo a intervenção dos personagens[6]. Esses quadros são raros, já que a prática mais comum consistia em enviar o próprio retrato ao próprio amigo. Dentre os duplos retratos mais célebres está o de Erasme e de Peter Gillis (1517), pintado por Quentin Metsys e destinado a Thomas More. No *Double portrait*, de Jacopo Pontormo (1523), os dois homens, desenhados com

---

5. BURKE, P. "Humanism and Friendship in Sixteenth-Century Europe". In: HASELDINE, J. (dir.). *Friendship in Medieval Europe*. Stroud: Sutton, 1999, p. 262-273.

6. Sobre a representação da amizade na época moderna, cf. DAUMAS, M. "La Discrète. L'amitié dans les arts, de la Renaissance aux Lumières". In: DAUMAS, M. (dir.). *L'Amitié dans les écrits du for privé...* Op. cit., p. 315-330.

vestes idênticas e segurando na mão uma frase do *De amicitia*, parecem formar um único corpo. No século seguinte, o exemplo mais original é o *Double autoportrait* de Jean-Baptiste de Champaigne e de Nicolas de Plattemontagne (1654). Estes dois amigos, igualmente vestidos com roupas idênticas, assumem posturas simétricas, um assinando o retrato do outro. Os dois jovens teriam compartilhado a tarefa: Champaigne desenhando o quadro, Plattemontagne pintando-o[7].

Esses retratos refletem um brio explícito, cujos testemunhos escritos indicam que ele pode chegar às raias da ostentação. Infeliz daquele que não pertence à "sociedade dos amigos", já que a conquista do poder lhe é interditada. Em suas memórias, Nicolas Goulas (1603-1683), fidalgo ordinário da casa de Gastão de Orleans, se descreve em sua juventude desprovido de tudo, "ardente de amor e consumido pela ambição". A amizade ostensiva lhe fornecera um meio de realizar esta última paixão:

> A ambição me devorava; eu ardia de desejo de ascensão; o lugar que eu ocupava junto a Seu A.R. me parecia excessivamente baixo, e eu não estava em condições de ascender, dada a qualidade e os méritos dos que se aproximavam de Monseigneur. Eles eram como uma enorme árvore cujos ramos estendidos me ofuscavam a luz do sol e me impediam de crescer. [...] Foi naqueles idos que fiz amizade com M. de Brasseuze, fidalgo de qualidades e méritos, o qual, encontrando-se na mesma condição que a minha junto ao Seu A.R. e com a mesma idade e praticamente as mesmas inclinações, me ofereceu amizade, e assim fomos nos destacando entre as pessoas do círculo de A.R[8].

A amizade-paixão é regida pela ética da virilidade, que naquele tempo repousava sobre a consideração dispensada à violência, um valor emblemático do qual apenas se deplorava o abuso. Dentre todos os ofícios que contam para a amizade, a ajuda armada não é a menos insignificante. A amizade do

---

7. Segundo WILLIAMS, H. *Autoportrait ou portrait de l'artiste peint par lui-même?* – Se peindre soi-même à l'époque moderne (2009) [Disponível em ImagesRevues.revues.org].

8. GOULAS, N. *Mémoires, 1627-1651*. Paris: Société de l'histoire de France, 1879, p. 40-41.

campo de batalha e a da luta livre que consolida os companheiros são modelos da amizade viril. Nesse clima cultural, a dedicação total que caracteriza a amizade verdadeira significa não hesitar em empenhar a própria vida em favor de um amigo, sob pena de perder a própria honra. A moda dos duelos, que se estendeu do final dos anos de 1570 à Fronda, é emblemática desse espírito. Desaprovada pelos mais velhos arrependidos, ela é reivindicada pelos mais jovens, já que existe uma honra a ser conquistada num convite ao combate. Em meados do século XVII, o fidalgo normando Henri de Campion se explica sobre motivos – ambição, paixão pelo ponto de honra – que não são estranhos, mas, ao contrário, estreitamente ligados à concepção que se tinha da amizade:

> Não é que eu fosse brigão; mas me sentia à vontade quando meus amigos se metiam numa encrenca para poder ajudá-los, pensando, segundo o costume de então, valorizar-me pelo duelo e pelos procedimentos que ele exige. É uma fraqueza, mas a confesso ingenuamente[9].

Esse convite às armas envolve uma infinidade de situações em que a amizade se revela indispensável, como nos raptos e nas expedições. A concepção puramente afetiva que temos da amizade nos impede de ver o que as pessoas da época mais apreciavam: sua capacidade de aliviar as tensões e facilitar o sucesso numa sociedade mais cerceada, mais regida pelo favor e mais sensível à questão da honra do que a nossa.

Em contraposição a esta posição social vantajosa, a amizade-paixão é trançada de deveres como uma graça coercitiva. Tudo contribui, portanto, para conferir-lhe uma aura espiritual, que vem apoiar o mito dos grandes amigos, com o *fatum* de seu encontro, o vínculo estreito que os une, a veneração da qual são objeto. Essa época, aliás, se mostra atenta às amizades espirituais, que são uma das formas mais características do vigoroso movimento religioso nascido no século XVI.

---

9. CAMPION, H. *Mémoires, 1613-1663*. Paris: Mercure de France, 1990, p. 85.

Como a família, a amizade se parece com uma instituição. Ao contrário do amor, ela não entra verdadeiramente na categoria dos comportamentos "privados", "particulares", que suscitam desconfiança. Ao contrário, entendida em seu sentido mais nobre, a amizade "interessa ao público", pois ela tem deveres que a sociedade se encarrega indiretamente de fazer respeitar. É um vínculo honrável, já que de essência política e masculina.

A amizade, a misoginia e o amor

À idade das galantarias, confrontar a amizade e o amor é um jogo mundano ao qual Charles Perrault aportou uma fina contribuição com seu *Dialogue de l'amour et de l'amitié* (1660) [Diálogo do amor e da amizade]. Que a amizade possa ser concebida entre um homem e uma mulher é uma ideia de vanguarda somente possível nos salões. Mutações mais importantes afetam a terceira parte do século XVII, na qual os historiadores do sentimento percebem o momento de uma inflexão em que surgem as condições da "revolução sentimental" do século seguinte.

A cultura da Renascença flui numa misoginia descomplexada que as reformas e o desenvolvimento do Estado administrativo e centralizado às vezes acentuam, por exemplo, com a repressão crescente aos crimes reputados femininos (feitiçaria, adultério, infanticídio). A amizade como valor erudito, a amizade-paixão que conhece seu pico nessa época, é um dos pilares da dominação masculina, tanto nos princípios quanto nos fatos. O dogma da inferioridade natural das mulheres persiste e as afasta da verdadeira amizade, que só pertence aos homens. É uma evidência para Montaigne, como o era para os seus contemporâneos: as mulheres não têm a capacidade de elevar-se a esta altura, e a alma delas não é suficientemente forte para sustentar um vínculo tão estreito e tão durável (*Essais*, I, 28). No século seguinte, os moralistas ainda veem na amizade um território masculino: "As mulheres – escreve La Bruyère – vão mais longe no amor do que a maioria dos homens, mas os homens as superam na amizade" (*Caractères*, III, 55).

No tempo da amizade-paixão, os modelos são todos masculinos (companheirismo, fraternidade de armas, comunhão de grandes almas), e as redes de amizade excluem as mulheres. Só contamos sete dentre elas sobre os seiscentos e sessenta e seis correspondentes de Erasmo, e apenas uma sobre os cento e trinta e três signatários do *Album amicorum*, de Ortelius. A sociedade das cartas, que cultivava o hábito da correspondência entre amigos, está entre os grupos mais misóginos e mais hostis ao casamento. Segundo Pierre Gassendi, seu biógrafo, o grande epistológrafo Peiresc "detestava a frequentação de mulheres; era difícil de encontrar nele o que quer que fosse de positivo sobre elas"[10]. Na outra extremidade da sociedade, os agrupamentos de jovens machos – bandos de aprendizes ou estudantes, associações de juventude – repousam sobre uma ideologia da virilidade musculosa e da misoginia casual. Nesse contexto cultural que desencoraja a mixidade, a superioridade da amizade sobre o amor não se discute. De Montaigne a La Rochefoucauld se repete incessantemente, de uma forma ou de outra, que a verdadeira amizade é muito rara, bem mais rara que o verdadeiro amor.

Da forma como é concebida, a amizade é menos um vínculo do homem com outro homem do que um vínculo entre varão e varão, que a presença feminina só pode fazer definhar. A amizade-paixão é fortemente erotizada e é vivida sob o modo homoerótico, como o atestam as condutas. Junto aos memorialistas, é possível tornar-se amigo da mesma forma que apaixonar-se: o encontro é providencial, a fascinação é recíproca, a declaração acontece, os corações se abrem e se extravasam. Os manuais epistolares oferecem um florilégio de cartas de amizade que não devem nada, em seu caráter veemente e apaixonado, às cartas de amor. Nas fraternidades das armas como na ética do duelo, o sonho de uma "amizade até a morte" lembra o vínculo entre Eros e Tânatos. Enfim, a mitologia da infidelidade conjugal[11], tão viva nessa época, reflete o sonho de

---

10. GASSENDI, P. *Vie de l'illustre Nicolas-Claude Fabri de Peiresc* (1641). Paris: Belin, 1992, p. 258.

11. Cf. DAUMAS, M. *Au bonheur des mâles* – Adultère et cocuage à la Renaissance, 1400-1650. Paris: Armand Colin, 2007.

um mundo em que os homens se bastariam a si mesmos e se reproduziriam sem o auxílio das mulheres[12].

Por comparação com a amizade, o amor sofre de dois grandes males: sua culpável cumplicidade com o outro sexo e a devastação que a paixão pode causar. Como escreve Montesquieu em *Mes pensées* [Meus pensamentos], "é certo que o amor tem um caráter diferente da amizade: esta nunca enviou um homem para um asilo de alienados". O amor não tem o *status* de valor social significativo, e seria um pouco exagerado dizer que ele se encontra com a amizade na relação do vício para a virtude. Os provérbios, dominados por sua função normativa, mostram a que ponto o grupo suspeita dele como um elemento perturbador da estratégia das famílias: "Quem se casa por amor tem belas noites e péssimos dias", "A beleza não salga a marmita"[13]. A partir de meados do século XVI, o Estado intervém na luta contra os casamentos clandestinos, geradores de casamentos desiguais. Ele também legisla mais severamente contra o adultério, essa outra desordem fomentada pela paixão amorosa.

A representação social do amor, portanto, repousa primeiramente sobre sua incompatibilidade com o casamento: não que a época desconheça os casamentos por amor, mas os reprova; ela admite que a inclinação predispõe os esposos ao bom entendimento, mas com a condição de que tal inclinação não ultrapasse o limiar da amizade; a corte e a frequentação são, portanto, autorizadas, mas dentro das normas impostas pelas famílias; enfim, preconiza-se a afeição mútua no interior do casamento, mas sob uma forma moderada – não convém, notadamente, fazer a esposa passar à frente de seus amigos. Num contexto cultural mais misógamo do que misógino, o casamento não pode ser o lugar onde o homem busque satisfazer o essencial de suas necessidades afetivas e identitárias. É necessário esperar o século XVII para que a Igreja faça progressivamente passar, nas "finalidades" do casamento, o que ela denomina

---

12. Cf. HÉRITIER, F. *Masculin/Feminin II* – Dissoudre la hiérarchie. Paris: Odile Jacob, 2002, p. 233: "Le grand rêve: l'entre-soi".

13. Cf. FLANDRIN, J.-L. *Les amours paysannes (XVIe-XIXe siècles)*. Paris: Gallimard, 1975.

"comunhão de vida", "a união das almas e dos corpos", antes do sacrossanto imperativo da procriação[14].

Uma vez construídos estes diques, o amor pode desenvolver-se e ser celebrado como a maior fonte de felicidade que existe sobre a terra. Apesar de seus medos e de suas angústias, a Renascença – "renascer" aqui assume todo o seu sentido – marca o retorno propício do amor na cultura das elites. A exaltação do corpo feminino nas artes, o lugar cedido às damas na sociedade cortesã, as especulações filosóficas sobre o lugar do amor na ordem do mundo bastariam para testemunhar este fato. Mas, mais ainda, é a explosão dos mitos amorosos que caracteriza esse momento particular da história do sentimento[15]. Que sejam tiradas de Ovídio ou da Bíblia, recuperadas do tempo do *fin'amor* [amor cortês] ou forjadas na corte de Ferrara, hipnotizantes histórias de amor se desenvolveram na Renascença e deram músculos à cultura até o século XIX. Dentre as mais célebres figuram a história de *Psiqué* (o maior mito amoroso do Ocidente), a de Armide, tirada da obra *A Jerusalém libertada* (que inspirou mais de duzentas óperas), a de Romeu e Julieta (única a conservar até hoje sua aura mítica). O nascimento da ópera, que é a encenação mais bem-sucedida do desejo amoroso, testemunha o estímulo sensual que anima a primeira modernidade.

O amor no tempo da virilidade irrepreensível

Mesmo se um homem, solteiro ou casado, se doa primeiramente aos amigos, a conquista das mulheres continua a pedra de toque da virilidade. Não é necessário seduzir para casar-se, pois o casamento responde a outras necessidades que ultrapassam a satisfação dos desejos afetivos do indivíduo. Entretanto, se a escolha raramente é deixada por conta dos interesses, estes últimos

---

14. DAUMAS, M. *Le mariage amoureux* – Histoire du lien conjugal sous l'Ancien Régime. Paris: Armand Colin, 2004, p. 62s.

15. DAUMAS, M. "Les mythes amoureux dans l'art de la Renaissance". In: CHANOIR, Y. & PIOT, C. (dirs.). *Sexe au pouvoir, pouvoirs du sexe* – Les verts galants dans l'histoire. Lavardac: D'Albret, 2013, p. 47-74.

dispõem, segundo a situação e as circunstâncias, de uma liberdade de manobra na qual se hospeda a corte amorosa. Esta está longe de ser uma questão privada. Além da supervisão das famílias, da mediação dos amigos e do olhar dos rivais, é preciso contar igualmente com os interditos da Igreja, sua luta contra o concubinato e a coabitação dos noivos, enfim, sua aplicação em fazer respeitar as promessas do casamento. Nem tudo é permitido, visto que por detrás da honra de uma mulher se perfila a de um homem ou a de vários homens (pai, irmãos, tios...). Numa sociedade em que a violência não é considerada um estado excepcional das relações humanas, mas antes uma norma, o amor vive em harmonia com a força. Entretanto, a sociedade não é uma selva, tampouco as mulheres estariam todas no mesmo barco.

A divisão dos papéis, que é a regra nas situações em que os sexos são associados, atribui ao homem e à mulher engajados numa relação amorosa funções distintas. Antes do casamento, o amor é "tarefa" dos homens; após o casamento, ele passa ao encargo das mulheres. O homem deve ser namorador, conquistador, se necessário brutal: "Nunca o apaixonado tímido conquistou belas namoradas"[16]. O amor é a coisificação do desejo masculino e o motor do comportamento dos jovens viris de temperamento sanguíneo. A eles as investidas, a organização de festas da juventude, as justas sob o olhar das moças, as brigas para delas se apropriar. As moças não são realmente confinadas a uma função de competição e de espectadoras. Se lhes reconhece notadamente o direito de pôr-se em evidência, mas desde que seja para encontrar um marido. De resto, a função que lhes é atribuída consiste em resistir às investidas masculinas: "O amor e a ousadia existem no homem para reivindicar; o temor e a castidade na filha para não aceitar", escreve Nicolas Pasquier, no início do século XVII[17]. Entretanto, após o casamento, o amor é inteiramente encarnado pela mulher – esposa e mãe. Os sinais se invertem: o amor é então impregnado

---

16. LE ROUX DE LINCY, A. *Le Livre des proverbes français* (1842). Paris: Hachette, 1996, p. 62.
17. A correspondência do filho de Étienne Pasquier foi publicada em 1623. Reed.: PASQUIER, É. *Oeuvres completes*. Genebra: Slatkin, 1971, p. 1.157.

de submissão, de paciência, de abnegação, de escuta, de caridade, virtudes nas quais se encarna a feminidade propriamente dita. O homem fica nos bastidores e se lhe aconselha de não amar imediatamente sua mulher como o faria com sua "amante". Conceito que, aliás, também é formulado pelo Concílio de Trento (1545-1563): "Não há nada de mais vergonhoso do que amar sua mulher com tanta paixão como se o fizesse com uma adúltera".

O amor não se restringe aos pretendentes ao casamento. Aliás, por longo tempo a literatura só louvou os amores extraconjugais. É somente ao longo do século XVI que ela pende em favor do casamento, tendo por ponto culminante *L'Astrée*, que termina por um grande himeneu [enlace matrimonial]. As relações de sedução impõem que o homem se mostre um "amante ardente", que desfaça a resistência da mulher, tanto pelo gesto quanto pela palavra[18]. A honra masculina deve desarmar sua correspondente, a "vergonha" feminina. A oportunidade deve ser desfrutada quando ela aparece, mesmo "às escondidas", e mesmo correndo o risco de abusar da situação. Não é exagero dizer que no tempo de Brantôme os varões tinham na boca o sabor da *violentação* e da *violação*. O autor das *Dames galantes* [Damas namoradeiras] dedicou-se a uma verdadeira apologia do estupro[19]. Ele é representativo dessa fração da sociedade masculina que não reconhece a regra segundo a qual estuprar não é amar. Lucien Febvre o havia observado a respeito da novela IV do *Heptameron*: do ponto de vista de Hircano, se Bonnivet, em sua tentativa de estupro, tinha desistido de perseguir Margarida de Navarra, foi porque "seu coração não estava tão repleto de amor"[20]. Vale lembrar que o século XVI quase não faz diferença entre sentimento e sensualidade[21].

As relações de sedução não se resumem a esses comportamentos, por mais característicos que, para a época, possam ser. Insistir neles é correr o risco de

---

18. VIGARELLO, G. *Histoire du viol. XVIᵉ-XXᵉ siècle*. Paris: Seuil, 1998, p. 55.

19. Cf. DAUMAS, M. *Les système amoureux de Brantôme* – Essai. Paris: L'Harmattan, 1998, cap. 7.

20. FEBVRE, L. *Amour sacré, amour profane* – Autour de l'Heptaméron (1944). Paris: Gallimard, 1996, p. 293.

21. FLANDRIN, J.-L. *Le sexe et l'Occident* – Évolution des attitudes et des comportements. Paris: Seuil, 1981, p. 37.

esquecer o essencial: é na relação amorosa que as mulheres mais obtêm suas gratificações identitárias. Como a amizade, esse outro vínculo de delícias, que é o amor, vê-se "em pé de igualdade e partilhado", na expressão de Denys Lambin, o grande helenista cuja correspondência amorosa foi conservada[22]. O amor é "mútuo e igual entre os amantes", lê-se em *Amadis de Gaule* (1508). E, para Louise Labé: "O amor se apraz com coisas iguais"[23]. Colocar em prática o ideal de igualdade não é tão evidente num contexto de misoginia exacerbada. Trata-se, no entanto, de uma necessidade para chegar a forjar essa "identidade de casal" visada por todos os amantes, seja qual for a época considerada: um sentimento de simbiose onde ambos experimentam a sensação de exercer o mesmo papel a dois, e no qual as necessidades identitárias de cada um parecem idealmente satisfeitas[24]. Lembramos que foi sobre o tema do casamento que um autor, Philippe Fortin de la Hoguette, em meados do século XVII, deu uma das primeiras formulações em termos identitários deste sentimento: o casamento, escreve ele, é bem-sucedido quando a união entre os esposos "lhes é tão íntima que a nossos olhos se assemelha com nosso amor-próprio"[25].

O discurso amoroso masculino apresenta características que lhe são próprias. Tanto ontem quanto hoje, o homem é coagido a provar sua boa-fé e a afastar a imagem de sedutor, multiplicando sinais de denegação da agressão. A dupla moral sexual, ou a duplicidade de critérios, que garante a superioridade masculina, deve ser negada a fim de que a relação se estabilize num pé de igualdade. Daí os juramentos, os protestos e as garantias de fidelidade que os homens multiplicam em suas cartas. Ao longo do tempo, o discurso masculino se emendou a fim de aproximar-se do discurso feminino. No século XVI,

---

22. *Lettres galantes de Denys Lambin, 1552-1554*. Ed. de Henri Potez e François Préchac. Paris: Vrin, 1941.

23. LABÉ, L. Débat de folie et d'amour (1555). In: *Oeuvres complètes*. Paris: Garnier/Flammarion, 1986, p. 64.

24. Para uma maior precisão, bem como sobre a emergência do "amor-ternura", cf. DAUMAS, M. *La tendresse amoureuse. XVIe-XVIIIe siècles*. Paris: Perrin, 1996, cap. 5-6.

25. HOGUETTE, P.F. *Testament ou Consils fidèles d'un bon père à ses enfants*. Paris: Vitré, 1948, p. 387.

e mais no século XVII, num contexto de misoginia assumida, os homens não renunciavam à imagem que tinham das mulheres ("Temo vosso sexo", escreve várias vezes Lambin a Simone Richard em 1554)[26], mas excluem do grupo comum aquela que amam. Em 1686, o advogado Pierre Dorcière assim fala das mulheres à sua amada Madeleine Mathieu:

> [Quanto às mulheres...] o cuidado com a própria beleza parece ser o único existente, e quase sempre ele faz ignorar o coração, cujos defeitos destroem ordinariamente os sentimentos vantajosos que, de bons olhos, poderiam ter inspirado. Sobretudo às pessoas com um gosto refinado. Mas quanto a ti, meu docinho, tu não tens nada que não seja digno de ser adorado[27].

É assim que os homens conseguem conciliar a inferioridade natural das mulheres e a pressão do amor na direção da igualdade.

O advento da ternura

Esse deslocamento é apenas um dos sinais da instalação de uma nova concepção do amor ao longo do século XVII, que abre mais espaço aos valores "femininos" (ou seja, os tradicionalmente atribuídos às mulheres). Testemunha disso é a evolução da linguagem afetiva. Se a linguagem da amizade pouco mudou em três séculos, o mesmo não se pode afirmar da linguagem do amor: termos duravelmente se instalaram (*galanteio*), expressões mudaram de sentido (*fazer amor*) e o próprio termo *amor* abandonou o encanto venenoso da paixão para assumir a leveza íntima do sentimento. Mas é a eclosão de um de seus sinônimos, a *ternura*, que melhor caracteriza a inclinação afetiva ao longo do século XVII.

Nos anos de 1630-1650, o termo *ternura* assume o sentido afetivo que conhecemos, conservando por algum tempo seu sentido material (a *ternura*

---

26. *Lettres galantes de Denys Lambin*. Op. cit. Cf. tb. DAUMAS, M. *La tendresse amoureuse*. Op. cit.

27. Apud SOLÉ, J. "Passion charnelle et société urbaine d'Ancien Regime". In: *Annales de la faculté des lettres et sciences humaines de Nice*, n. 9-10, 1969, p. 221-232.

ou a maciez de uma carne, de um pedaço de madeira). Quando surgem os dicionários, lá pelo final do século, a *ternura* tornou-se um equivalente do *amor*: "A delicadeza do século enclausurou este termo no amor e na amizade", escreve Furetière no *Dictionnaire Universel* (1690). Mas as conotações dos dois termos são bem diferentes. Se o *amor* exala um perfume de virilidade, a *ternura* e seu campo lexical (*terno, ternamente, rebento*) veiculam uma ideia de fraqueza, de fragilidade, de dependência que reenvia à esfera da mulher e da criança. Embora próxima da compaixão (este sentimento raramente "masculino"), a ternura se tornou a via de acesso à identidade do casal. "*Coração tomado de ternura*", "*soçobrar sob um acesso de ternura*": expressões que designam o desaparecimento das defesas identitárias diante do outro, que abrem a porta a esse sentimento de fusão, de comunicação que caracteriza ao mesmo tempo a experiência amorosa e a relação da mãe com a criança.

O sucesso do amor-ternura corresponde a uma valorização social do amor: diferentemente do *amor* e do *galanteio*, *ternura* é um termo inteiramente positivo, que não apresenta nenhuma tonalidade agressiva. Designar assim o amor significa, sobretudo, colocar o acento no ideal de igualdade e de reciprocidade que é o seu. No século XVI, os comportamentos designados *ternos* (*acarinhar, afagar, mimar*) se exercem entre protetores e protegidos: homens que protegem mulheres, adultos que protegem crianças. Um homem pode mimar uma mulher, mas a recíproca não é pensável. Ora, sob o regime da ternura, não existe nem sentido nem hierarquia, os intercâmbios afetivos são recíprocos e marcados pelo selo da igualdade: "Ele tem muita ternura por ela; ela tem o coração cheio de ternura por ele" (*Dictionnaire de l'Académie française*, 1694).

O sucesso crescente do vocábulo *ternura* nas correspondências e na literatura[28] ao longo da segunda metade do século XVII pode ser interpretado como uma promoção do sentimento feminino e uma extensão do poder de

---

28. Há 10 ocorrências do termo "ternura" em *La princesse de Clèves*, de Madame de la Fayette (1678), 55 em *Les illustres françaises*, de Robert Challe (1713) (STEWART, P. *L'Invention du sentiment* – Roman et écomonie affective au XVIIᵉ siècle. Oxford: Voltaire Foundation, 2010, p. 75).

confirmação das mulheres. A presença das rainhas nas cortes e nos salões e a ascensão de algumas mulheres ao campo literário são outros sinais da melhoria da imagem da mulher e de sua posição social. Entretanto, nesses espaços de mixidade reina uma igualdade enganosa. Aí as mulheres só são respeitadas e veneradas no limite do papel que se lhes é imposto. É nessa condição que os homens admitem sua influência, isto é, lhes reconhecem um poder de confirmação. Ora, este, como bem o percebemos nos salões e na corte, diz respeito a um domínio muito preciso: a carreira masculina. A valorização do sentimento feminino é perceptível, sobretudo, através do advento de uma literatura fundada na anatomia do coração amoroso e mais particularmente no testemunho feminino. Pois os modelos culturais exercem uma grande influência na formação da relação amorosa[29].

Na evolução do vocabulário afetivo, o termo *galanteria* conheceu o mesmo desenvolvimento no século XVII que o termo *ternura*. Mas ele suscitou muito mais interesse e estudos. A galanteria é um dos ramos da arte de agradar. Nos dicionários, seu campo recobre o da graça sedutora, do gracejo, da denguice. Montesquieu, numa passagem da qual em geral só se fala da última frase, define a galanteria como uma arte da sedução *masculina* proveniente da época dos paladinos e transmitida pelos romances de cavalaria:

> A nossa ligação com as mulheres está fundada na felicidade vinculada ao prazer dos sentidos, no encantamento de amar e ser amado, e ainda no desejo de agradá-las, pois elas são juízes muito esclarecidos a respeito de uma parte das coisas que constituem o mérito pessoal. Este desejo geral de agradar produz a galanteria, que não é o amor, mas a delicada, a volúvel, a perpétua mentira do amor (*De l'esprit des lois*, XXVIII, 22).

Antes de tornar-se a "sensação do século", sob o governo de Louis XV, a galanteria atravessou uma longa história. Não obstante isso, todos os usos do termo presentes nos dicionários do século XVII mostram que o galanteio

---

29. BURGUIÈRE, A. *Le mariage et l'amour en France, de la Renaissance à la Révolution*. Paris: Seuil, 2011, p. 318s.

designa comportamentos legítimos tanto para homens quanto para mulheres. Um homem que se entrega à galanteria é um *galanteador*, já uma mulher, esta não passa de uma *namoradeira*. E de tanto frequentar as namoradeiras, os galanteadores rapidamente se familiarizam com a galanteria. Assim, nesta nova divisão dos papéis, a galanteria é para a sedução masculina o que a ternura é para o encanto feminino. Que se tenha escrito muito mais sobre a galanteria do que sobre ternura ao longo dos séculos é acima de tudo um efeito da dominação masculina.

A ascensão da afeição conjugal

Na segunda metade do século XVII o desenvolvimento do amor-ternura, o "movimento galanteador" e a instalação de um novo modelo conjugal coincidem. A abordagem moderna do casal repousa sobre a afeição mútua e a fidelidade de ambas as partes.

No século XVI aconselha-se o marido a não tratar a mulher na cama como uma "amante", e na vida cotidiana não considerá-la sua "camareira". Prostituída e serva são os dois pontos de comparação da mulher casada, o que não é de bom agouro para o amor preconizado entre esposos. Longe da paixão, a "amizade conjugal" que celebram os autores é uma afeição pensada, que deve nascer do casamento e fortificar-se com o tempo. Amar seu cônjuge é antes de tudo um dever que se declina em duas versões, que excluem a igualdade: o homem deve um amor benevolente, que lhe evitará um reinado de tirano; a mulher deve um amor de deferência, que a afastará da falta de respeito e da desobediência. Magnanimidade de um lado, veneração de outro: o modelo é calcado nas relações entre Deus e os homens. Existem testemunhos sobre o amor que poderia existir entre esposos, mas não passam de exceções. O mais comum é que, até meados do século XVII, os homens que testemunham publicamente o amor que têm por suas esposas não usufruem de nenhuma vantagem, a não ser a de passar por pessoas originais e, em nenhum caso, por exemplos.

Um comentarista de La Rochefoucauld[30] escreve a expressão "o casamento faz tremer", num momento em que, não obstante tudo, o casamento vinha sendo valorizado sob o efeito de diferentes fatores, dentre os quais sua sacralização pelo Concílio de Trento e a repressão crescente às sexualidades não conjugais. Nos anos de 1640, muitas obras, notadamente assinadas por jesuítas, se debruçam sobre a família e sobre a conduta a ter para alcançar a felicidade no casamento. A afeição conjugal está no centro desses discursos, que dão conselhos sobre os meios de cultivá-la. A primeira obra destinada a superar as crises do casal é a do Padre Le Blanc, em 1664: *La Direction et la consolation des personnes mariées, ou les Moyens infaillibles de faire un mariage heurex d'un que serait malheureux* [Orientação e consolação das pessoas casadas, ou meios infalíveis para tornar um casamento feliz ou infeliz]. O amor conjugal não é mais somente um dever moral, mas um dinamismo espiritual sustentado pela graça conferida pelo sacramento. A doutrina sacramental da Igreja leva a responsabilizar os cônjuges na construção da vida a dois: o amor não é mais um preceito paulino, mas um sentimento que se cultiva. A fidelidade ocupa um lugar central nesse novo modelo de casamento.

Essas transformações explicam apenas em parte o endurecimento moral que acompanha o fortalecimento da Igreja e do Estado. Elas respondem a uma aspiração mais profunda das sociedades, que se manifesta notadamente pela valorização do sentimento nas relações entre os sexos e pela promoção conjugal da mulher através de um princípio de consagração do amor no casamento[31]. Parece que os dois fenômenos podem ser ligados e que o casamento e a família sejam o cadinho no qual se modelou a nova paisagem afetiva. Esse casamento, tão desprezado pelos homens no fim da Idade Média, que pensavam que Deus o havia criado para enquadrar as mulheres, assumiu o aspecto de um enlace de

---

30. "Não examino absolutamente se o casamento é de instituição divina ou humana, não quero absolutamente nem elogiar nem satirizar o casamento; digo somente que o termo casamento faz tremer" (*Réflexions et maximes morales de M. le Duc de La Rochefoucauld, nouvelle éditions avec des commentaires par M. Manzon*. Amsterdã-Clèves: Baertstecher, 1772, p. 368).

31. WALCH, A. *La spiritualité conjugale dans le catholicisme français, XVIe-XXe siècles*. Paris: Cerf, 2002, p. 256s.

amor ao longo do século XVIII. O casamento tardio, a diminuição do distanciamento da idade entre os esposos e a focalização da sexualidade nos casados contribuíram para a estruturação do casamento numa base afetiva. Pouco a pouco, a união conjugal e a família reduzida se tornaram fontes de gratificações identitárias para os homens. Os elogios que congratulavam o "bom pai" e o "bom marido" passaram a superar os do "bom amigo". E a ternura, padrão do sentimento maternal e do sentimento amoroso, irradia no final do século todas as relações entre os membros da família.

A conversão da amizade

Essas evoluções tenderam a relativizar o lugar da amizade no espectro afetivo dos indivíduos. Ela jamais recebeu tantas honrarias quanto no século XVIII, que inventou o modelo cultural de Montaigne e de La Boétie. No entanto, não é nesse século, em que tanto se celebrou a mulher e o amor, que foi possível escrever, como o autor dos *Ensaios*: "O amor me alivia e retira do mal que me foi causado pela amizade" (III,4). Pois, no século XVIII, é a amizade que consola o amor, e não o inverso. Montaigne, é bem verdade, não falava de "amizades vulgares", mas da "verdadeira amizade". Esta, doravante, está aberta às mulheres. Melhor, a amizade entre um homem e uma mulher não tem mais nada de inconcebível, mesmo que nos espaços públicos, onde oficialmente a amizade é celebrada – templos maçônicos e academias –, continuem fechados ao gênero feminino.

Na história da amizade e de sua celebração urge distinguir o momento passional do momento sentimental. O Século das Luzes faz uma leitura sentimental de Montaigne e louva a amizade como a "coisa doce" de que falava La Fontaine. É que a amizade, à semelhança do amor, sofreu uma inflexão em favor dos valores reputados femininos: suavidade, sensibilidade, ternura... Ao sentimentalizar-se a amizade feminizou-se. As fraternidades viris não desapareceram, muito pelo contrário, mas a amizade deixou de ser concebida como o apanágio dos homens. Semelhantemente, sua representação é ostentada a partir dos anos de 1750[32]. Pela primeira vez a amizade é conjugada no feminino, e em temas muito variados: companheiras que passeiam ou leem juntas uma carta, confidentes femininas, altar da amizade... Com suas encomendas feitas a François Boucher e a Jean-Baptiste Pigalle, a Marquesa de Pompadour, engajada numa relação platônica com o rei, iniciou uma celebração sem precedentes e plenamente feminizada da amizade e sua ligação com o amor.

A amizade não conheceu declínio, mas uma desclassificação em benefício do amor. Daí, igualmente, e por consequência, a retração da misogamia, que na primeira modernidade ocupava o centro da misoginia. A inclinação dos valores sociais em favor do casal devidamente casado carregava consigo ao longo do século XVII um "sopro de amizade" que, de tempos em tempos, parecia pertencer exclusivamente ao casamento[33]. O amor assumiu o lugar da amizade inclusive no vocabulário: já não se fala mais de amizade entre pai e filho, entre esposa e marido. Na hierarquia afetiva, a "amizade conjugal", em vias de tornar-se "amor conjugal", deixa de fazer parte das "amizades vulgares". No século XIX, excetuando-se as obras filosóficas e os discursos políticos, a amizade deixa de designar a essência do vínculo social. O próprio termo tornou-se unívoco: a amizade, dizem os dicionários, é uma "relação entre amigos".

O campo semântico da amizade se empobreceu ao mesmo tempo em que o pensamento da mixidade progredia e, com ele, o poder de confirmação das mulheres. Em termos afetivos e identitários, doravante os homens demandam menos amizade do que no período em que suas relações ou sistemas de valores eram saturados de masculinidade. Recusando-se a apresentar uma orientação sexual, a amizade deixou campo livre à emergência de uma categoria particular de relações intrassexos: a homossexualidade. Michel Foucault sublinha que "a amizade desapareceu [...]. Enquanto a amizade era vista como relação impor-

---

32. Cf. DAUMAS, M. *Des trésors d'amitié*. Op. cit., p. 236s. • DAUMAS, M. (dir.). *L'Amitié dans les écrits du for privé...* Op. cit., p. 315-330.
33. Para nossa época, cf. BIDART, C. *L'Amitié, un lien social*. Paris: La Découverte, 1997, p. 364: "O casamento continua sendo o responsável pelo abandono dos amigos, bem como o nascimento do primeiro filho".

tante e socialmente aceita, ninguém se dava conta de que os homens faziam amor entre si[34]. Destituída da paixão e deserdada da sexualidade, a amizade cedeu ao amor essa função explosiva, tinta de sagrado, que só se obtém albergando o desejo. A originalidade de nossa época, em relação à paisagem moderna do século XVIII, é que, da amizade amorosa à homossexualidade, o amor se desdobra em variedades sempre mais numerosas e paulatinamente mais aceitas.

---

34. "Uma de minhas hipóteses é que a homossexualidade, o sexo entre homens, tornou-se um problema no século XVIII. Nós a vemos entrar em conflito com a polícia, com o sistema judiciário etc. A razão pela qual ela passou a ser socialmente problema, é que a amizade desapareceu. Enquanto a amizade era algo importante e socialmente aceito, ninguém se dava conta que os homens faziam amor juntos. Aliás, que eles fizessem amor ou não, não tinha nenhuma importância. Mas, uma vez desaparecida a amizade enquanto relação culturalmente aceita, a questão surgiu: 'O que fazem, pois, os homens juntos?' Estou certo de que o desaparecimento da amizade enquanto relação social e a declaração da homossexualidade como um problema sócio-político-médico fazem parte de um único e mesmo processo" (Entrevista concedida a *The Advocate*, jornal *gay* de São Francisco, em outubro de 1982. Apud ÉRIBON, D. *Michel Foucault*. Paris: Flammarion, 1989, p. 337-338).

19
A MELANCOLIA

Yves Hersant

A experiência no-lo ensina e a história no-lo confirma: sem ser ela mesma uma emoção, a melancolia é dotada de um grande poder emotivo. Proteiforme, ela conhece inúmeras variedades e espécies; ela pode ser estimulante ou patológica, doce ou amarga, religiosa ou erótica, fecunda ou estéril; longe de reduzir-se à tristeza ou à atual "depressão", ela atua sobre todas as frequências de nossos afetos (e se mostra compatível com a risada). Impressiona-nos a extensão dos registros e a prodigiosa diversidade das manifestações melancólicas: agressividade e ensimesmamento, acabrunhamento e entusiasmo, culpabilidade e desejos loucos, lamúria e desprezo, ideias fixas e loucas, quimeras... Segundo Robert Burton, que nela se reconhecia, "a Torre de Babel nunca produziu tantas línguas confusas quanto o caos da melancolia de sintomas diferentes"[1]. É de mil maneiras que se manifesta o medo da finitude, o desespero amoroso ou o desprazer de viver. Mas a proliferação dos sintomas, que torna tão difícil e incerta a classificação nosográfica, é, na verdade, uma riqueza; ela confirmaria, se fosse necessário, que a melancolia excede o domínio médico no qual ela nasceu. Entre a loucura e as afeições de todos os dias, ela mantém um

---

1. BURTON, R. *Anatomie de la mélancolie* (1621). Trad. fr. de Bernard Hoepffner e Catherine Goffaux. Tomo I. Paris: Corti, 2000, p. 661.

continuum; em seu grau mais fraco ela pode nos roubar o sol, e é ela ainda que em seu grau mais intenso pode fazer naufragar nossa razão. "Ela é totalmente una", dizia Robert Burton: "Podes, portanto, considerá-la no sentido que quiseres, no sentido próprio ou impróprio, passageiro ou permanente, pelo prazer ou dor, tolice, descontentamento, medo, tristeza, loucura, pela parte ou pelo todo, real ou metaforicamente, *t'is all one*"[2]. Ela pode afetar qualquer pessoa, não é menos coletiva do que individual, e em grande medida lhe devemos o que denominamos nossa cultura.

Sua apreensão histórica, ainda que sumária e limitada (como nas páginas que seguem) ao período que no Ocidente se estende da Renascença às Luzes, esbarra em duas dificuldades que importa lembrar a título de prudência introdutória. A primeira é lexical: termo polissêmico, palavra composta, a "melancolia" foi ao longo dos séculos se abalroando de significações muito diferentes; quanto à permanência do termo, os fatos mostram impressionantes deslocamentos de sentido[3]. Na aurora de nossa Modernidade, e tanto em continuidade quanto em ruptura com as tradições expostas mais acima nesta obra[4], a *melancholia* latina pode designar um "humor", nomear uma "doença" ou ser indício de um "temperamento". Enquanto humor, a bílis negra se aloja principalmente no baço (*spleen*, em inglês), e se dota de poderes tão terríveis quanto fabulosos; suas simples exalações podem obscurecer nossas sensações e nossas ideias. Sabe-se que, com o sangue, ela constitui a bílis amarela e a expectoração, acopladas às qualidades que são o frio, o calor, o seco e o úmido. Ou seja, o sistema dos quatro humores que, na tradição de Hipócrates e de Galeno, sempre dominante na Renascença, é tido por reger toda a existência dos homens, notadamente em termos de saúde, sobretudo "quando estes prin-

---

2. Ibid., p. 55.

3. Mas é a habilidade mesma do termo antigo que foi ajustando-o: ele lhe deve sua força, como sua persistência em nosso vocabulário. Cf. SVAIN, G. *Dialogue avec l'insensé*. Paris: Gallimard, 1994.

4. Cf. SARTRE, M. "Os gregos", p. 17. • VIAL-LOGEAY, A. "O universo romano", p. 64. • THOMASSET, C. "Referências cotidianas, referências médicas", p. 139. • VIGARELLO, G. "Alegria, tristeza, terror... A mecânica clássica dos humores", p. 241.

cípios estão numa justa relação de compleição, força e quantidade, e quando a mistura deles é perfeita"[5]. Entretanto, quando um desequilíbrio se instala e uma patologia surge, o mau funcionamento do sistema provoca perturbações somáticas, acompanhadas de desordens emocionais. É assim que a fria e seca melancolia-humor, fluido imaginário frequentemente comparado a um alcatrão viscoso[6], provoca a melancolia-doença. Atingindo o corpo e a alma, as vísceras e o espírito, esta melancolia-doença pode revelar-se perigosa: segundo a temperatura da mistura humoral, quem por ela for afetado pode mergulhar numa total prostração ou invadido por acessos de furor. É aí que se afirma a medicina antiga, transmitida pelos árabes.

Entretanto, independentemente destes últimos, aos quatro humores foram sendo associados os quatro temperamentos. Assim, desde o século XII, difundiu-se a ideia de que a predominância da bílis negra ou do sangue, da bílis amarela ou da expectoração poderia agravar não essa ou aquela doença, mas certos protótipos de indivíduos portadores de compleições específicas. Desde então, o aumento anormal da bílis negra, seu *superexcessio*[7], deixa de ser visto como patológico e passa a predispor o indivíduo a determinadas emoções. Eis os humores dotados de um valor psicológico e moral; eles agem sobre a sensibilidade, moldam o que chamamos de personalidade individual. O sucesso e a

---

5. HIPPOCRATE. *De natura hominis*. Trad. fr. de Jacques Jouanna. Berlim: Akademie-Verlag, 1975, cap. 4. Na imensa bibliografia que a melancolia provocou, sublinhamos particularmente KLIBANSKY, R.; PANOFSKY, E. & SAXL, F. *Saturne et la mélancolie*. Trad. fr. de Fabienne Durand-Bogaert e Louis Évrard. Paris: Gallimard, 1989. • PIGEAUD, J. *La maladie de l'âme*. Paris: Les Belles Lettres, 1981. • PIGEAUD, J. *De la mélancolie* – Framents de poétique et d'histoire. Paris: Dilecta, 2005. • PIGEAUD, J. *Melancholia*. Paris: Payot & Rivages, 2008. • STAROBINSKI, J. *L'Encre de la mélancolie*. Paris: Seuil, 2012.

6. Sobre a bílis negra não saberíamos dar melhor descrição do que a de Jean Starobinski: "Não se trata mais das Erínias noturnas, mas das trevas; não se trata mais de Deus, mas do irresistível; não se trata mais de abraços paralisantes do demônio, mas do vagaroso visco, do alcatrão viscoso e frio que, invadindo todos os vasos do organismo, obstaculiza o fluxo dos espíritos vitais. À possessão sobrenatural sucede uma investida corpórea a partir de dentro" (*L'Encre de la mélancolie*. Op. cit., p. 611).

7. Do ponto de vista médico, muitos autores, após Galeno, distinguem uma bílis negra "natural" e uma bílis negra "chamuscada", isto é, fervendo. Mais nociva, ela resultaria da combustão de outro humor, que pode ser a própria bílis negra "natural".

longevidade deste sistema não devem ser subestimados; desde o final da Idade Média, longe de interessar exclusivamente aos doutos, a caracterologia dos quatro temperamentos conheceu uma ampla difusão. Os autores de *Saturne et la mélancolie* [Saturno e a melancolia] mencionam a este respeito "o número incalculável de manuscritos, de encartes, de almanaques e panfletos que [...] divulgam até nas choupanas mais modestas, além das definições (retomadas da Antiguidade tardia) dos diferentes tipos de temperamentos, a noção ainda mais venerável de uma correspondência misteriosa entre os elementos, os humores, as estações e as idades do homem"[8].

Durante séculos o tipo sanguíneo será reputado o melhor dos quatro; ele se opõe diametralmente ao *typus melancholicus*, frio e seco, que por sua vez entra em correspondência com a terra, com o outono, com a idade madura ou a velhice. As emoções experimentadas pelo colérico, em particular medo e tristeza, seriam as causadoras da bílis negra que nele superabunda, ou, ao contrário, seria a cólera que aciona a tristeza e o medo? Qualquer hipótese que retenhamos, entre o afetivo e o físico, aponta para alguma direção. Assim, se a semiologia médica se transforma em fisiognomonia, isto é, se consideramos que a "composição" e a "compleição" do corpo "declaram e mostram manifestamente pelos sinais exteriores as coisas que estão dentro do homem"[9], é possível então prever, segundo a fisionomia de um humano, sua vida íntima e passional: se tem uma tez terrosa, o corpo magro, cabelos raros, então seu temperamento é melancólico e, portanto, sujeito às paixões tristes. Esta é uma doutrina largamente difundida que, por razões diversas – e com resultados diferentes –, a Renascença e as Luzes vão em particular derrubar. Tanto é verdade que a melancolia, guardando intactas suas ambivalências e sua estrutura, se modifica no espaço social e se inscreve na história em pé de igualdade com

---

8. KLIBANSKY, R.; PANOFSKY, E. & SAXL, F. *Saturne et la mélancolie*. Op. cit., p. 188.

9. São nesses termos que Bartolomeo Coclès, autor de *Chyromantie ac Physionomie Anastasis*, publicada em 1504 em Bolonha e frequentemente reeditada, expõe o princípio-diretor das fisiognomonias. Cf. tb. COURTINE, J.-J. & HAROCHE, C. *Histoire du visage, XVIe-début XIXe siècle*. Paris: Rivages, 1988.

as emoções. Suas configurações variam, mesmo quando perduram seu nome e o sofrimento causado.

Nasce aqui uma segunda dificuldade. A melancolia não é apenas dotada de um espectro semântico particularmente amplo que impede os historiadores de mantê-la numa definição categorial. Ela igualmente esbarra numa lógica mais corriqueira. Nesse sentido, faz-se necessário considerar ao mesmo tempo sua historicidade e sua permanência, sua origem estreitamente médica e seu alcance largamente cultural, sua dimensão passional e seu alcance cognitivo. Este último ponto é o mais espinhoso: precisamos desfazer-nos do dogma da irracionalidade das emoções. Mesmo tocando a loucura por um de seus extremos, a melancolia também se comunica com o conhecimento e com a razão em estreita cumplicidade. Se lhes são associadas, é bem verdade, afetos como o desgosto, a indignação, o furor, a raiva, a tristeza ou o medo, ao mesmo tempo ela pode ser um vetor privilegiado do conhecimento de si e do mundo. O questionamento angustiado e angustiante do melancólico pode levar a um desencantamento lúcido; a interrogação de seu sofrimento pode levá-lo às mais altas reflexões e à tomada de consciência de seu ser íntimo. Nossa época parece ter descoberto que as emoções são indispensáveis aos comportamentos racionais, mas a melancolia há muito tempo conheceu a relação estreita entre pensamento e ansiedade.

Relação paradoxal, relação perigosa, já que a ruminação interior do colérico pode associar-se tanto a uma desvalorização de si e à inércia como fecundar a inteligência. Jean Starobinski, atento a uma metáfora térmica muito cara aos antigos médicos, bem o percebeu: "A melancolia é simultaneamente o que há de glacial em nós e o que pode inflamar-se. Como se o gelo pudesse jorrar de um incêndio. A bílis negra é concebida sob o modelo do carvão que, embora completamente frio, pode incendiar-se. O ardor pode nascer deste mesmo frio"[10]. Em suma, a melancolia não é somente dupla, enquanto se apresenta

---

10. STAROBINSKI, J. "La mélancolie peut être généreuse" [entrevista com Martin Legros]. In: *Philosophie Magazine*, vol. 75, nov./2013.

como orgânica e espiritual, secreção material e sentimento imaterial, ela é também ambivalente. Essa ambivalência que fascinou os renascentistas (a partir de um texto atribuído a Aristóteles, que citaremos mais adiante) aparece como seu paradoxo constitutivo: o mesmo mal-estar que torna o homem semelhante às feras, ou que o petrifica e o mergulha na estupidez, pode ser a marca de um ser genial e criativo.

Felizmente – última observação preliminar –, para buscar apossar-se desta complexa e fugidia noção, dispomos de inúmeras fontes. Entre os séculos XV e XVIII, sem falar dos períodos ulteriores, multiplicaram-se as representações e os discursos que pretendem prestar contas do estado dos coléricos: poemas e narrativas, tratados e panfletos, gravuras e quadros, muito mais numerosos do que os melancólicos, quando a loucura os poupa, adoram deixar seu mal falar e tentar curá-lo manifestando-o. Nesse sentido, a melancolia, por um novo paradoxo, serve a si mesma de antídoto. Tanto melhor para os historiadores: o *corpus* que descobrem é gigantesco. Embora nem sempre consigam abordar todo esse material, nem levar em conta os casos singulares para matizar suas análises, pelo menos podem tentar captar – apesar da discrepância entre o estado colérico e sua expressão, e esperando que o vivido das emoções palpite ainda na carne dos textos e das imagens – as evoluções mais claras da sensibilidade melancólica.

Outro elemento encorajador: apesar da profusão de textos e imagens, é possível ver se desenhando configurações privilegiadas, representações codificadas, e acompanhar as variações destes paradigmas. No domínio iconográfico, em particular, aparece admiravelmente por sua reiteração a pose do personagem sentado e pensativo, cabeça apoiada por uma mão, da forma como o apresenta em sua versão canônica a *Melancolia I* de Dürer (il. 11, "O gênio melancólico"); a esta *figura sedens* e a este *gestus melancholicus*, menos tributários sem dúvida da semiologia médica do que das representações antigas do luto, incontáveis artistas puderam associar sucessivamente a reflexividade ou o medo, a tristeza ou o desgosto, o tédio ou a doce nostalgia (embora se deva prestar atenção, segundo a pertinente formulação de Sabine Forero Mendoza, e não "concluir da identidade de uma postura a identidade de uma significação", e menos ainda a identidade das emoções ressentidas ou suscitadas)[11]. Da mesma forma, nos discursos melancólicos algumas formas repetitivas se manifestam, determinados motivos são recorrentes, certos temas atravessam os séculos: a gravidade e a obscuridade, o outono e o "nunca, jamais", o crepúsculo e a ruína. Metáforas também se reiteram – que não são, de resto, metáforas senão aos olhos de quem não é melancólico: o espinho na carne, o corpo de vidro, o labirinto, o inferno e a queda, a hemorragia e o abismo... O mesmo nos discursos retóricos: os autores vão se repetindo, às vezes talvez sem dar-se conta, inclusive quando inovam cientificamente. Desta forma, a psiquiatria nascente, no início do século XIX, reassumirá as anedotas dos renascentistas, que retomam os médicos árabes, que por sua vez transmitem as narrativas gregas; é sobre algumas invariantes que a diversidade se construiu.

Uma rica herança

Dentre estas invariantes, alguns textos antigos solicitaram constantemente o imaginário dos renascentistas; ao menos dos humanistas, filósofos ou médicos. Seu papel, como o do pensamento cristão e o das especulações astrológicas do qual falaremos mais adiante, foi capital: se a melancolia conheceu no século XV e, sobretudo, no século XVI, uma verdadeira "idade de ouro" – isto é, se em tempos particularmente tumultuados ela ocupou os espíritos e invadiu os corações, acompanhou a subjetividade nova, suscitou um vivo interesse dos intelectuais e o fascínio dos artistas –, em grande medida foi em razão da redescoberta, da reinterpretação, da difusão ou vulgarização destes textos fundamentais. Não podemos deixar de lembrá-lo: todos eles simultaneamente nutriram teorias novas e modelaram a sensibilidade de uma época.

---

11. MENDOZA, S.F. "Poses et postures mélancoliques – Fragments d'une étude iconographique". *La mélancolie*. Ed. de Gérard Peyer. Pessac: Presses universitaires de Bordeaux, 2012, p. 381-388.

A primeira herança figura nos *Aforismos* de Hipócrates (VI, 23), e nenhum médico a ignora: "Quando medo (*phóbos*) e tristeza (*dysthymia*) duram muito tempo, este estado está em relação direta com a bílis negra (*melancholia*)". Formulação decisiva, pois ela explica por uma causa natural – e não mítica, como nos primeiros tempos da Grécia – as desordens do espírito; ela religa causalmente o passional[12] ao somático. A outro médico da Antiguidade, Areteu de Capadócia, são devidas não somente uma distinção entre melancolia e mania, que foi muito importante para a história da psiquiatria ("junto aos maníacos, o pensamento se volta ora para a cólera, ora para a alegria; junto aos melancólicos, ele só se volta para a tristeza e para o abatimento"), mas também uma preciosa indicação suplementar: o abatimento do melancólico, garante este terapeuta, está ligado a uma única *phantasia*, "a uma única aparição, sem febre"[13]. Eis o doente da bílis negra estreitamente subjugado pela imaginação, ou, mais exatamente, pela faculdade de fazer aparecer e de produzir imagens imateriais; ele é movido por imagens, se concentra sobre um objeto fantasmático; o imaginário é seu reino. Rica intuição, que conhecerá inúmeros desenvolvimentos filosóficos.

Não menos fecunda iria ser a ideia, atribuída a Aristóteles, de que o melancólico e o gênio compartilham da mesma natureza. "Por qual razão, se pergunta o filósofo em um de seus *Problemas*, todos os que foram homens excepcionais, no tocante à filosofia, à ciência do Estado, à poesia ou às artes, são manifestamente melancólicos, e alguns a ponto de serem inclusive tomados por males dos quais a bílis negra está em sua origem?"[14] Por que a bílis negra,

---

12. Como sublinhou Jackie Pigeaud, a tradução do original *dysthymie* para *tristeza* e a limitação de *phobos* para *medo* marcam na realidade uma deformação: "medo e tristeza são paixões, e foram definidas como tais pelos estoicos". Essa interpretação tira a definição hipocrática "de um psicologismo, e a conduz a um dualismo evidente". *Phobos* designaria mais exatamente uma fuga angustiada diante do real, um recuo, e *dysthymia* um abatimento (PIGEAUD, J. *De la mélancolie*. Op. cit., p. 139).

13. Apud PIGEAUD, J. "La rhétorique d'Arétée". In: LECLANT, J. & JOUANNA, J. (dirs.). *La médecine grecque antique*. Paris: Académie des inscriptions et belles lettres, 2004, p. 188.

14. O problema XXX, 1 foi traduzido e comentado em PIGEUD, J. *L'Homme de génie et la mélancolie*. Paris: Rivages, 1988.

cujos funestos efeitos os médicos descrevem, também pode levar à mais nobre exaltação espiritual, às mais altas produções do espírito? Platão, notadamente em *Fedro*, tinha revalorizado o furor, suscetível de nos aportar os maiores benefícios "à medida que nos é enviado como um presente divino" (204a). Da melancolia, no entanto, ele desconfia. O ato de violência dos aristotélicos, cuja filosofia natural entende colocar em relação processos mentais e processos físicos, é atribuir ao furor criativo uma origem natural, íntima, interna, e não mais transcendente e divina. A bílis negra, à maneira do vinho, faz do melancólico um ser lábil e polimorfo; ele faz-se outro, e é precisamente na aptidão de sair de si mesmo que reside a habilidade criativa. Far-se-ia outro até chegar à "alienação"? Até à loucura? Eis um dos problemas que suscita este *problema*; nosso autor, por sua vez, considera que a diferença entre o gênio e o louco, ambos dotados de uma mesma mistura de bílis negra, não é de natureza, mas de grau. Que o colérico seja igualmente o homem do riso, ou possa mostrar-se um "grande jocoso", é o que um último texto fundador expõe. A reflexão sobre as relações entre o físico e o moral assume desta vez a forma de uma ficção epistolar (que teve um grande sucesso e despertou o interesse de escritores, dentre os quais Rabelais, Montaigne, Robert Burton e La Fontaine). *Sobre o riso e a loucura*: este pequeno romance falsamente atribuído a Hipócrates, já que data sem dúvida do século I, coloca em cena o filósofo Demócrito. Sentado sob um plátano em seu jardim em Abdera, ele redige uma obra sobre as causas da melancolia. Para a consternação do público, o velho sábio só se interrompe para dissecar os animais (pois procura neles a sede da bílis negra, mas "é no homem que ela reside"), e depois retorna aos homens para ridicularizá-los. Seu riso sarcástico é tão feroz, tão "louco", que urge convocar Hipócrates. Ao término de uma expedição que poderíamos denominar iniciática, o médico volta para casa descrevendo uma tríplice inversão: o presumido louco é um grande sábio, o terapeuta um ignorante e a normalidade uma ilusão. Entre o homem que não regula bem da cabeça e o homem do riso, o confronto termina com a vitória deste último: a competência do médico desaparece diante da competência do filósofo. O riso convulsivo [*rictus*] que Demócrito carrega no rosto, de cuja força os habitantes de Abdera duvidam, é o emblema de seu gênio: a marca do espírito mais penetrante[15].

A esses textos seminais, que permitiram *pensar* a melancolia mais do que tornar sensíveis seus efeitos emocionais, conviria acrescentar os que o estoicismo latino consagrou ao tédio, à *nausea*, ao *taedium vitae*... Mas este conjunto não constitui senão a parte pagã da herança. É a tradição cristã que, espiritualizando-a, confere à melancolia sua dimensão mais afetiva.

É evidente que com a doutrina da Queda se desenvolve a ideia de falta, de sentimento de pecado e vazio existencial, de lamento pelo Paraíso perdido, remetendo a muitas emoções sutis e desconhecidas do paganismo antigo; essas ideias não afetam apenas o indivíduo, mas a humanidade inteira, doravante mergulhada num universo hostil. Sobre este terreno fértil desenvolveu-se, em particular, "outra melancolia", denominada *acedia* [indolência]: verdadeiro flagelo da alma, que ao largo de toda a Idade Média não cessou de expandir seu império, passando dos eremitas isolados às comunidades monásticas, dos mosteiros ao mundo leigo. Pavorosa aridez espiritual, a indolência leva a perder a esperança na salvação, a experimentar dissabor por aquilo que é, a desejar o que é inapreensível; os que andam nesta assombrosa indolência, ou *accidioso fummo* de que fala Dante, sofrem ao mesmo tempo as provações de um tempo interminável, paralisante, fechado ao porvir, bem como a provação de um espaço paradoxal cuja estreiteza é sentida como imensidão desértica. No início do século V, João Cassiano deu a este mal uma descrição alucinante[16].

---

15. HIPPOCRATE. *Sur le rire et la folie*. Trad. fr. de Yves Hersant. Paris: Rivages, 1989.

16. Cf. AGAMBEN, G. *Stanze* – Parole et fantasme dans la culture occidentale. Trad. fr. de Yves Hersant. Paris: Bourgois, 1981, p. 23-24. Alguns textos de Evágrio e de João Cassiano são apresentados e comentados por Patrick Dandrey em sua rica *Anthologie de l'humeur noire*. Paris: Le Promeneur, 2005. Sobre a indolência, cf. esp. FORTHOMME, B. *De l'acédie monastique à l'anxio-dépression*. Paris: Sanofi, 2000. • LARUE, A. *L'Autre mélancolie* – Acedia, ou les chambres de l'esprit. Paris: Hermann, 2001. Para uma visão panorâmica da questão, cf. HERSANT, Y. "L'acédie: essai de synthèse". In: *Humanistica* – An International Journal of Early Renaissance Studies, n. 1-2, 2007, p. 205-210.

Ora, esta multiforme indolência, que a Igreja iria "elevar" ao *status* de pecado capital, entrou em relação íntima com a multiforme *melancholia*: ao longo da Idade Média, embora oriundas de contextos muito diferentes, duas tradições se juntaram. De um lado, uma teologia e uma moral, aperfeiçoadas por escritores espirituais; de outro, uma terapêutica e uma filosofia, elaboradas ao longo dos séculos pelos rivais de Hipócrates e de Galeno, ou dos discípulos de Aristóteles. Desse encontro entre o religioso e o medicinal, Hildegarda de Bingen pode dar exemplarmente testemunho: a melancolia, diz ela,

> nasceu do sopro da serpente. [...] Ela não se encontra no homem, dormindo ou acordado, sem a intervenção do diabo: com efeito, a tristeza e o desespero brotam da melancolia que passou por Adão em razão de seu pecado. Pois, a partir do momento que ele transgrediu o preceito divino, a melancolia fixou-se em seu sangue, da mesma forma que a claridade desaparece quando apagamos uma vela e dela só resta um pavio fumegante e malcheiroso[17].

Assim, a predominância da bílis negra no corpo do homem resulta diretamente do pecado original; e um papel importante cabe ao diabo. Negro como ela, o homem vai se tornar um grande provedor de emoções melancólicas. De fato, a emergência de nossa "modernidade" vai de par com um grande medo de satã, cujos terrores medievais a Renascença intensificou: a partir do século XIV, a Europa conheceu uma verdadeira invasão do demoníaco, e inclusive "a consciência religiosa da elite ocidental cessou por um longo período de resistir à onda gigantesca de satanismo"[18]. Antes do *Renascimento* florentino, raros são os autores que, como o Bispo Guilherme de Auvergne, valorizam o temperamento melancólico, sustentando que ele "afasta os homens dos prazeres do corpo e das agitações do mundo" (*De universo*, II, 3). Para a grande maioria, a melancolia só pode ser eminentemente suspeita, pois a bílis negra é fragilizada por um humor ou uma disposição que abre o caminho para o maligno: agindo

---

17. HILDEGARDE DE BINGEN. *Les causes et les remèdes* (XIIᵉ siècle). Livro II. Trad. fr. de Pierre Monat. Grenoble: Million, 1997.

18. DELUMEAU, J. *La peur en Occident, XIVᵉ-XVIIIᵉ siècles*. Paris: Fayard, 1978, p. 233.

pelas vias naturais, o diabo encontra na tristeza melancólica de suas futuras vítimas um "banho" totalmente preparado (*balneum diaboli*). Daí por que, junto aos autores de tratados teológicos ou morais, as frequentes advertências. Daí também, nas obras de divulgação, a descrição da melancolia com traços menos próprios a inspirar simpatia: inchado, rosto cadavérico, misantropo, o infeliz conserva os olhos pregados no chão, caminha torto, alterna tristeza e riso (o baço, de onde provém a bílis negra, sendo igualmente a sede da hilaridade); é esperto e avarento, sombrio e atormentado, simultaneamente apático e agitado por ferozes desejos sexuais.

Entretanto, se a Idade Média religou estreitamente a melancolia a satã e ao pecado, não menos fortemente ela também a associou a Saturno. Aqui é suficiente lembrar o essencial: assim como a pessoa sanguínea é posta em relação com Júpiter, a colérica com Marte, a fleumática com a Lua, da mesma forma a compleição melancólica, determinada por alguma coisa fria, seca e negra é posta em relação com o mais frio e o mais sombrio dos planetas até então conhecidos. Por longo tempo os "saturnianos" foram vistos como pessoas menos afortunadas, física e moralmente desvalorizadas. No entanto, apesar da ambivalente melancolia, alguns traços positivos permanecem – dentre os quais a nobreza intelectual, a aptidão para a geometria e para a reflexão filosófica... –, pois Saturno, assim como a bílis negra, é portador de uma dialética: astro pesado, carregado de poderes imaginários e terrificantes, ele produz homens que atraem coisas materiais e fúnebres; mas, ao inverso, sendo também o astro mais elevado, ele produz *contemplativos* que atraem as coisas do espírito. É o que ilustra ainda, dentre outras, no final do século XVI, uma gravura de Hermann Müller (il. 10, "Les enfants de Saturno" [Os filhos de Saturno]): entre Touro e Capricórnio, carregado por uma nuvem escura, o canibal Saturno aparece no céu armado com sua foice, ao passo que na terra seus "filhos" se dividem em dois grupos de personagens. Os da esquerda morrem perdidos; à direita, sob o olhar de dois músicos, um geômetra ou cartógrafo manuseia o esquadro e o compasso.

Melancolia generosa e melancolia funesta

Fisiologia humoral, caracterologia dos quatro temperamentos, meditações cristãs, especulações astrológicas: é deste complexo conjunto de tradições que se alimenta, para repensar a melancolia e dar-lhe todo o seu alcance emocional, o humanismo da Renascença.

O que entender aqui por "humanismo"? Voltado simultaneamente para o longínquo passado e para o futuro, ele se define não somente como redescoberta do que tinham de novo os textos da Antiguidade – provocando uma revolução cultural de múltiplas consequências[19] –, mas também como projeto filosófico: na perspectiva que abre, a *humanitas* é uma conquista, não um dom ou uma qualidade natural, e o homem novo é convidado a tomar consciência de seu poder criativo, a *explorar seu foro interior*, a *desenvolver o sentimento de si*, espreitando suas emoções. Disso resulta, para dizê-lo em termos anacrônicos, uma espécie de psicologia do profundo; aplicada à melancolia, ela enriquece menos o aporte dos médicos (frequentemente repetitivos) do que o dos filósofos, poetas e artistas.

E o que entender aqui por "Renascença"? Menos um período histórico, do qual é difícil fixar seu início ou fim, a Renascença é um *movimento* que, partindo da Itália, percorreu a Europa em ondas sucessivas, de amplitude variável segundo as regiões, momentos e ambientes. Desde o início ela mostrou claramente sua oscilação entre dois extremos: a uma Renascença otimista, vigorosa e conquistadora, que descobre terras desconhecidas, inventa máquinas, explora o macro e o microcosmo (graças notadamente aos anatomistas, neste último caso), opõe-se ou sobrepõe-se uma Renascença inquieta, transtornada por guerras e epidemias, por perturbações religiosas e pelo crescimento de angústias apocalípticas.

Nesse clima geral, a melancolia encontra muitas razões para se desenvolver, para o pior ou para o melhor. Citemos desordenadamente: o sentimento de

---

19. Cf. esp. RICO, F. *Le revê de l'humanisme* – De Pétrarque à Erasme. Trad. fr. de Jean Tellez. Paris: Les Belles Lettres, 2002.

ser exilado num mundo onde Deus não é mais o referente de todas as coisas; a inquietação diante do desconhecido, que se intensifica à medida que progride o desejo de conhecimento; a dor de viver num meio-termo entre os Antigos e os Modernos, entre a imobilidade e a errância, entre a pequenez e a imensidão. E principalmente, talvez, a apreensão nova diante da morte[20], doravante percebida como uma aniquilação ao invés de uma figura do pecado: se do século XIV ao século XVI a representação da morte permanece globalmente cristã, agora ela conhece profundas transformações, devidas notadamente às contestações da fé tradicional, à reativação das fontes pagãs, à afirmação da liberdade humana, ao desenvolvimento das noções de indivíduo e sujeito. Esta crise, avivada mais ainda pela Reforma, se traduz por uma interiorização e por uma humanização: o morrer é percebido como uma aventura do eu, ao invés de um acontecimento que afeta a criatura pecadora.

Testemunha disso é Petrarca, o pai do humanismo renascente, para quem indolência, melancolia e morte se associam estreitamente. Em seu *Secretum*, que conservou ciosamente como uma obra íntima[21], o poeta se confronta consigo mesmo por intermédio de Santo Agostinho: sob a forma de um diálogo com o grande teólogo (em presença de uma Verdade silenciosa), ele registra suas vertigens e suas paixões contraditórias, das quais a indolência-melancolia é a síntese. Seu foro íntimo se expõe porque seu eu se divide e sua consciência, assim cindida, desaloja os motivos de seu mal-estar, o primeiro dos quais o amor, enquanto desejo do inacessível, e o sentimento de finitude. É impressionante que a esse Agostinho fictício, que num espírito medieval o estimula a meditar sobre a morte para aproximar-se de Deus (e que o faz com um realismo vivo: é preciso, diz o santo, observar de perto os moribundos, sua respiração que diminui, seus olhos macilentos e espantados, seu nariz estreitado, seus

---

20. Sobre esse tema, cf. ARIÈS, P. *Essais sur l'histoire de la mort en Occident* – Du Moyen Âge à nos jours. Paris: Seuil, 1975. • ARIÈS, P. *L'Homme devant la mort*. Paris: Seuil, 1977.

21. Redigido entre 1347 e 1354, o *De secreto conflictu curarum mearum* só foi publicado após a morte do grande humanista-poeta e impresso em 1473. Sob o título *Mon secret* [Meu segredo], uma tradução francesa foi feita por Dupuigrenet Desroussilles (Paris: Rivages, 1991).

lábios espumantes...), Francisco Petrarca responde colocando-se num plano psicológico, e não religioso ou moral: para ele, a morte não é um operador de conversão, mas uma causa suplementar de dor melancólica. Não menos impressionante, já que se trata do sinal de uma sensibilidade nova, é a satisfação que paradoxalmente ele experimenta: "Sinto um prazer amargo nessas lágrimas e nesses sofrimentos. Só com muito custo conseguem afastar de mim esse prazer amargo".

Desfrutar da própria melancolia: este prazer para "almas de elite" muitos renascentistas vão tentar oferecê-lo a si mesmos. Sobretudo quando, no final do século XV, retorna o antigo *problema* de Aristóteles; entre melancolia e competências intelectuais superiores, eis o que restabelece a associação. Com a soberania do espírito humano, o humanismo italiano afirma efetivamente a preeminência da via especulativa e erudita: via excitante, pois a razão humana se vê dotada de poderes quase divinos; mas via arriscada, pois a meditação tem por companheiro o tormento. De forma que, imprensado entre a afirmação de si e o desespero, entre a possibilidade do sobre-humano e a de ser rebaixado às fileiras da animalidade, da forma como o expõe Giovanni Pico della Mirandola em seu *Discours sur la dignité de l'homme* (1487) [Discurso sobre a dignidade do homem], o homem letrado constata que sua liberdade é trágica; ao mesmo tempo redescobre a bipolaridade de uma melancolia capaz de levar o homem aos extremos. O grande artesão desta redescoberta é o médico e filósofo Marsile Ficin, tradutor de Platão e ele mesmo filho de Saturno.

Em seus *Trois livres de la vie* (1489) [Três livros da vida], concebidos como um complemento médico e astrológico à *Théologie platonicienne* (1482) [Teologia platônica], a intenção é apontar aos intelectuais uma rota de fuga às desastrosas ameaças dos próprios temperamentos: são-lhes sucessivamente aconselhadas, nos três níveis que a obra distingue, uma dietética, uma farmacopeia e uma magia astral recorrendo aos talismãs. Ora, tratando dos sintomas e da terapêutica, Ficin mostra que se Saturno é um inimigo, já que engendra a melancolia e ameaça a saúde, também é um poderoso aliado dos letrados que a ele recorrem: o mais alto dos planetas pode guiá-los em seus mais elevados voos. Tríplice consequência: uma revalorização astrológica do cruel planeta, uma revalorização médico-filosófica da melancolia e, mais do que nunca, uma estreita associação entre ambas, já que as duas revalorizações compartilham da mesma ambivalência. Ideias elitistas, seguramente, e reservadas a uma "elite". O mal--estar da bílis negra certamente não invadiu inteiramente o campo social, mas o sentimento expandiu-se largamente como um fenômeno de moda varrendo a Europa, indicando uma profundidade psicológica, garantindo o poder intelectual, embora podendo levar também a um furor visionário.

A obra de Ficin, que enaltece a concepção moderna de genialidade, exerceu sua influência em igual medida para além do círculo dos letrados, já que as emoções melancólicas não podiam ser o apanágio exclusivo dos intelectuais. Um homem de ação as experimenta, ou finge experimentá-las, tanto quanto um defensor da *vita contemplativa*, e cientes de que existe uma melancolia do político e uma solidão do poder. Entretanto, mais impressionante ainda é a melancolia dos artistas, que no século XVI não tardaram a assumir o modelo *melancholicus* de Ficin: se dermos crédito às *Vies* [Vidas] de Vasari (1550, 1568), raros são os pintores ou escultores sobre os quais Saturno não tenha exercido sua influência[22]. Assim o exige, explica Romano Alberti em seu *Trattato della nobiltà della pitura* (1585) [Tratado da nobreza da pintura], o próprio exercício da arte dos pintores: "Querendo imitar, eles devem reter as visões fixadas no próprio espírito, para em seguida poder exprimi-las"; e entregando-se sem cessar a esta tarefa, "eles mantêm o espírito em tamanha abstração, separado da matéria, que a melancolia os alcança – esta melancolia que, segundo Aristóteles, significa talento e sagacidade". Ela estimula "fantasmas", desencadeia imagens interiores, suscita uma miríade de visões. Disso também dá testemunho, desta vez, Michelangelo que, do sentimento de culpabilidade ao desregramento do desejo, dos transtornos da imaginação ao ensimesmamento, da solidão

---

22. Cf. WITTKOWER, R. & WITTKOWER, M. *Les enfants de Saturne*. Trad. fr. de Daniel Arasse. Paris: Macula, 1991.

antissocial à agressividade suicida, apresentou todos os sintomas deste primeiro "mal do século". Não sem razão Rafael o desenha em sua célebre *Escola de Atenas* (1509-1512) com traços de um verdadeiro saturniano: ensimesmado, uma mão sustentando a bochecha esquerda, absorto em seu trabalho. E quanto mais Buonarroti avança em idade, mais se lhe invade um sofrimento que com justeza pode ser denominado melancólico. Ora se vangloria de sua solidão e de seus males, ora se apequena e se humilha ("teria sido melhor, em meus primeiros anos de vida, se tivesse aprendido a fazer fósforos", escreve ele a Luigi del Riccio)[23]. Contorcendo-se ou exaltando-se, sobre o essencial ele não varia: suas criações e seus sofrimentos – esta melancolia que o martela – lhe são indissociáveis. Não se trata tão somente de uma melancolia, mas de um poder simultaneamente paradoxal: abominável e generoso, inibidor e construtivo.

Entretanto, se o humanismo florentino valoriza o "saturnismo", uma corrente que o abomina mais do que nunca se desenvolveu. E isso porque alguns médicos, a exemplo de Ambroise Paré, não se esquecem de que os coléricos são propensos a enxergar diabos em toda parte, serpentes em qualquer tumba, e lembrando também que os teólogos católicos insistem que o humor negro, de acordo com o ensinamento de Hildegarda, está estreitamente vinculado ao pecado original. As reformas, tendo Lutero à sua frente – que comunica a inteiras populações seu medo do diabo –, combatem com furor uma melancolia mais próxima de satã que de Saturno, muito embora também se tenha difundido fortemente a ideia, ao se desencadear a caça às bruxas no século XVI, de que a melancolia e a bruxaria se conjugam: os demonólogos insistem que o humor negro predispõe às ilusões insufladas pelo maligno, ao passo que raros médicos, como Jean Wier, tentam defender as mulheres afetadas por tais fenômenos explicando que suas visões fantásticas resultam de uma simples doença[24].

---

23. Apud VENTURI, A. *Michel-Ange*. Trad. fr. de Jean Chuzeville. Paris: Grés, 1927, p. 16.

24. Em sua obra *De Praestigiis daemonum et incantationibus ac venificiis libri V*, publicada em 1563, Jean Wier se opõe ao famosíssimo *Martelo das bruxas (Malleus maleficarum)*; mesmo sem deixar de crer no diabo, ele distingue os "mágicos infames", realmente culpáveis por crimes diabólicos, e as bruxas, tomadas de ilusões patológicas devido a um desregramento dos humores.

Melancolia generosa, melancolia mortífera: nada ilustra melhor sua oposição, ou sua complementaridade, do que uma comparação, mesmo que precipitada, entre a *Melancolia* de Cranach (il. 9, "Melancolia sedutora") e a *Melencolia I* de Dürer (il. 11, "O gênio melancólico"). De um lado, gravada em 1514, uma alegoria humanista: no centro de uma loja de antiguidades enigmática, *Melencolia* está sentada, asas dobradas, expressão sombria, um compasso na mão direita, a bochecha esquerda apoiada sobre o outro punho fechado[25], imobilizada em sua pose meditativa e lançando para fora do quadro da gravura um olhar alucinado. Trata-se de uma figura geralmente interpretada como um retrato imaginário do gênio melancólico. Admite-se, com Panofsky e seus amigos, que nessa obra mais do que complexa – onde à iconografia tradicional do temperamento colérico se misturam as alusões à Paixão de Cristo, onde à *De vita* de Fecin se mistura a *Occulta philosophia* de Agrippa de Nettesheim –, o artista colocou poderosamente em cena um drama sombrio do conhecimento. A melancolia aí se revela em sua dimensão especulativa: a "lerdeza animal de um temperamento triste, prosaico", se eleva aqui "à altura de uma luta com problemas intelectuais". Ora, em violento contraste com este "retrato espiritual", Cranach pinta uma sedutora Melancolia, adorável e perigosa, que nos desvia do bom caminho: uma traiçoeira, que se disfarça em seu contrário para nos despachar ao demônio. De fato, sentado sobre um balanço cujo ponto de fixação é invisível, e cujo movimento religa os dois espaços do quadro, um dos quatro *putti* pintados por Cranach nos conduz a um sabá. 18 anos após *Melencolia I*, usando diversos motivos (o cachorro triste, a esfera, o anjo), Cranach construiu uma alegoria de sentido diametralmente oposto: à imobilidade meditativa sobrepõe uma dinâmica erótica: ao olhar alucinado do anjo geômetra, um olhar menos saturniano do que venusiano, verrumado sobre o espectador por uma habilidosa embaixatriz da deusa dos amores; ao retrato do intelectual,

---

25. É realmente ao zumbido no ouvido esquerdo, sublinha Giorgio Agamben, e não à sonolência da *indolência* "que devemos atribuir o gesto da mão esquerda sustentando a cabeça, característica das representações do temperamento melancólico" (*Stanze*. Op. cit., p. 39).

uma representação do diabólico, pois, por detrás da sedutora, é o príncipe das trevas que se vislumbra. À cena de sedução sucede uma cena de terror[26].

Rumo a emoções novas

Ao longo dos dois séculos seguintes, as emoções melancólicas – sendo, como todas as outras, entidades cultural e socialmente construídas, cuja representação é compreensível – conhecem impressionantes transformações. Em razão, por um lado, da diversidade crescente com a qual, nas principais culturas europeias, é apreendido o mal-estar colérico e, por outro lado, em razão do progressivo afastamento da antiga teoria dos humores.

Analisemos o primeiro ponto. No século XVII, a melancolia não afeta mais apenas os indivíduos, nem apenas grupos particulares (como, na Renascença, os letrados e artistas, os apaixonados e as bruxas): seu império e sua influência se estendem a nações inteiras. Tornando-se coletiva, ela provoca "melancolias nacionais". Eis o que pode surpreender: como passar de um corpo singular ao corpo espiritual e político de uma nação? Grande é o risco de considerar as coletividades como identidades fechadas; aos olhos de um homem de hoje, suas diferenças devem ser captadas nos comportamentos e nas práticas, não num pretenso *ingenium* que as submergiria por completo. Este risco, porém, o período clássico o assumiu: uma tipologia das nações foi constituída, ou melhor, uma caracterologia, sempre em constante referência aos humores cujo longo reinado parecia nunca chegar ao fim. Assim, François de la Mothe Le Vayer publicou, em 1647, um *Discurs de la contrariété d'humeurs qui se trouve entre certaines nations, et singulièrement entre la françoise et l'espagnole* [Discurso da contrariedade dos humores que se encontra em determinadas nações, e singularmente na francesa e na espanhola]. E nessa brincadeira pouco rigorosa,

---

26. Para uma análise menos sumária, cf. HERSANT, Y. "Mélancolie rouge". In: CLAIR, J. (dir.). *Mélancolie – Génie et folie en Occident*. Paris: Gallimard-Rmn, 2005, p. 112-120. Esse catálogo, feito por ocasião de uma grande exposição organizada em Paris e em Berlim em 2005-2006, testemunha por si mesmo a riqueza do "museu melancólico".

num tempo em que se considerava a Europa um corpo cujos membros eram fornecidos por cada nação, o humor negro só pôde exercer um papel propriamente determinante.

Do outro lado do Canal da Mancha, por exemplo, a *Elizabethan Malady* é vista como estruturante: aos seus olhos como aos dos estrangeiros, o inglês é necessariamente melancólico[27] – se não como os heróis saturnianos e descontrolados de Thomas Kyd ou de Christopher Marlowe, pelo menos como o Conde de Northumberland (Henry Percy, alquimista e matemático, membro presumido da "Escola da noite"); se não como Hamlet, o herói abúlico e sombrio que assombra a morte e o espectro paterno[28], ao menos como o Jacques de *Comme il vous plaira*, exemplo amargo da agitação do mundo, capaz de "sugar a melancolia de uma canção como uma doninha suga os ovos" (ato II, cena 5). O caso mais impressionante é o de Robert Burton, autor de uma extraordinária síntese das interpretações da melancolia: redigida sob a máscara de um novo Demócrito, sua *Anatomie de la mélancolie* (1621) [Anatomia da melancolia] é ao mesmo tempo um testemunho da experiência vivida ("Escrevo sobre a melancolia esforçando-me para evitar a melancolia") e a mais erudita das sumas eruditas, construída como um organismo dissecado, recortada em partes, seções e subseções, que de uma edição à outra o autor enriqueceu até a chegada de sua morte ocorrida (por suicídio?) em 1640, após decênios de uma vida dedicada aos estudos em Oxford.

Da *Elizabethan Malady* diferencia-se a melancolia espanhola, da qual incontáveis viajantes esboçaram o retrato tópico: secos e miseráveis como seu entorno geográfico, aquecidos pelo sol, os ibéricos são orgulhosos e sombrios, tempestuosos e taciturnos; o próprio Jean Bodin, no quinto dos seus *Six livres de la République* (1576) [Seis livros da República], assegurava que Saturno governa

---

27. Cf. BABB, L. *The Elizabethan Malady*. East Lansing, Mich.: Michigan State College Press, 1951 [reed. 1971].

28. Shakespeare tinha lido o *Treatise on Melancholy* (1586), de Timothy Bright [*Traité de la mélancolie*. Trad. fr. de Éliane Cuvelier. Grenoble: Million, 1996); mas a melancolia do seu *Hamlet* ultrapassa e muito a do modelo médico.

os países meridionais. Longe de rejeitar semelhante julgamento, seus interessados o revertem em favor próprio: para Juan Huarte de San Juan, cujo admirável *Examen des esprits* (1575) [Exame dos espíritos] incluiu uma cartografia humoral, relacionando a região habitada e a compleição do indivíduo, este *ingenium* melancólico dos espanhóis é a característica maior deste povo. Para Baltasar Gracián, de acordo com seu *Criticón* (1651-1657), a assombrosa e grave Espanha é a herdeira mais digna das qualidades da bílis negra, cujo calor contrastou suas qualidades: não existe *espanidade* sem temperamento melancólico.

Desta forma os afetos se inscrevem num registro nacional. O *spleen* [tédio] será inglês, a *Sehnsucht* [ansiedade] alemã, a *dor* [nostalgia] romena... E a *saudade* pertence à língua portuguesa. Indissoluvelmente ligada à "alma da nação", objeto de incontáveis comentários, ela foi objeto de uma verdadeira mitologia; seu próprio nome, provavelmente derivado do plural latino *solitates* ("solidões"), e particularmente cara a um povo sempre atraído para o outro lado da fachada atlântica, veio designar um tipo particular de relação com o tempo, com o infinito e com a história[29].

Não menos singular, e inclusive bastante isolado, é o caso da França. Com pouquíssimas exceções, e com o risco de "recaídas", ela se define de Saturno e dos excessos de seus poderes. Não que seus médicos, como André du Laurens, fiquem indiferentes à bílis negra, não que seus demonólogos, como Pierre de Lancre, esqueçam a ligação entre melancolia e satanismo, não que seus escritores, como Jean-Pierre Camus, desdenhem o espetáculo de horror e o teatro da impiedade[30], mas a convicção que os franceses têm de serem "temperados", sua rivalidade cultural ou política com os vizinhos italianos, espanhóis e ingleses, o esgotamento ao qual as guerras civis os levaram, tudo isso questiona seus

---

29. Em 1606, em sua *Origem da língua portuguesa*, Duarte Nunes de Leão situa a *saudade* no cruzamento de dois afetos: a lembrança nostálgica e o desejo de uma felicidade que falta.

30. LAURENS, A. *Discours des maladies mélancoliques* (1530). Paris: Klincksieck, 2012. • LANCRE, P. *Tableau de l'inconstance des mauvais anges et démons* (1612). Paris: Aubier, 1982. • CAMUS, J.-P. *Les spectacles d'horreur* (1630). Paris: Classiques Garnier, 2013. Sobre a resistência francesa à melancolia, cf. FUMAROLI, M. "La mélancolie et ses remèdes: la reconquête du sourire dans la France classique". In: CLAIR, J. (dir.). *Mélancolie*. Op. cit., p. 212-224.

clichês. Mais do que a exaltação, eles valorizam o equilíbrio; mais do que os entusiasmos místicos, o humanismo devoto impera; mais do que as ferocidades amorosas, descritas por Jacques Ferrand em sua *De la maladie d'amour ou mélancolie érotique* (1610, 1626) [Da doença do amor ou melancolia erótica], o "amor cortês" dos pastores de Urfé[31] e as galanterias dos salões; mais do que uma misantropia de um Alceste, a sociabilidade das pessoas de bem. A "honestidade" se impõe então, de cujas premissas Nicolas Faret fala em sua obra *Honneste homme, ou l'Art de plaire à la cour* (1629) [Honesto homem, ou a arte de agradar à corte]; esta honestidade cortesã triunfa sob o Rei-Sol, que combate o Sol negro. Existe "conveniência", assim poderíamos dizer ao lermos os *Ensaios* de Montaigne (II, 20), "em nutrir-nos na melancolia"; mas só parece tolerável uma melancolia controlada, que aperfeiçoa a razão ao invés de destruí-la.

Nada de impressionante, por conseguinte, que com mais sucesso surja na França outro tipo de melancolia: a que Furetière, em seu *Dictionnaire universel* (1690), define como "uma suave melancolia", "um devaneio agradável, um prazer que se encontra na solidão, para meditar, para sonhar com os próprios negócios, prazeres ou desprazeres". Com as Luzes sobrevém uma espécie de revolução emocional, largamente preparada pela evolução da medicina: já ameaçada por Harvey e sua descoberta da pequena e grande circulação sanguínea (1628), depois contestada por Van Helmont para quem "não existe nenhum humor melancólico no corpo humano" (*Ortus medicinae*, 1648, obra póstuma), a teoria dos humores cede progressivamente lugar a outros modelos explicativos. Na etiologia médica, ao colérico sucedem as estruturas nervosas, doravante concebidas como sistema *sensível* que permite ao homem conhecer-se e reagir ao mundo. De um a outro paradigma, a transição se estabelece no tratado *De melancholia et morbis melanchonicis* de Anne-Charles Lorry (1765): da melancolia humoral, essa obra distingue uma melancolia nervosa, que marca uma alternância de espasmos e de atonia. É

---

31. Na obra *L'Astrée* se observa claramente o movimento de recolhimento íntimo da melancolia, o *regressus*: se os pastores em seu pastoreio renunciam às pompas e à mundanidade, é para aninhar-se num ambiente eminentemente propício à exploração do eu, às aventuras da psiqué.

esta última, promovida à doença da sensibilidade, que vai invadir o século: se seu verbete na *Enciclopédia* de D'Alembert e Diderot resta discreto[32], ela revela-se altissonante na literatura e nas artes.

Deleitando-se, escritores e artistas percorrem os domínios inexplorados da sensibilidade: eles se extravasam, se derretem em doces lágrimas, e estas, capazes de dizer a verdade da vida emocional, se tornam uma forma de expressão específica. Mede-se, como o suíço Zimmermann, "as vantagens da solidão para o coração"[33]; as pessoas se comovem diante das ruínas, como Volney ou Bernardin de Saint-Pierre em seus *Études de la nature* (1784). Trata-se de uma suave melancolia, já que colorida de volúpia, que abraça Rousseau em suas caminhadas, quando compensa sua "morosidade em pensar" pela "vivacidade do sentir" – e, quando faz dela, em sua obra *Rêveries* (1782) [Devaneios, ou os devaneios do caminhante solitário], para ainda usufruir de prazeres que não existem mais. Experimenta-se sob a forma de uma amargura o puro prazer de existir; e a melancolia, segundo a expressão de Kant, convertida em "sentimento suave e nobre"[34], faz perceber a vida como uma música evasiva e misteriosa, já que a melancolia se musicaliza, ao mesmo tempo em que se feminiza.

Assim, já não é mais um filho de Saturno que representa Joseph-Marie Vein (il. 12, "Languidez amorosa"), nem uma sedutora demoníaca, nem uma heroína do pensamento; mas uma mulher enlanguescida e sonhadora, exposta à mais suave melancolia.

Esta suavidade não durará...

---

32. Redigido pelo próprio Diderot, o verbete "*Mélancolie*" só tem algumas linhas, metade das quais consagradas aos quadros de Domenico Fetti e Joseph-Marie Vien (il. 12, "languidez amorosa"). Sublinha-se, no entanto, o interesse de uma carta – longa demais para ser reproduzida aqui – que Diderot escreve à Sophie Volland no dia 31 de outubro de 1760; narra a ela o que um escocês lhe disse sobre o *spleen* [tédio] (Lettres à Mademoiselle Volland. In: *Oeuvres complètes de Diderot*. Tomo 18. Paris: Classiques Garnier, 1875, p. 530).

33. ZIMMERMANN, J.G. *De la solitude, des causes que en font naître le goût, de ses inconvénients, de ses avantages et de son influence sur les passions, l'imagination, l'esprit et le coeur*. Trad. fr. de Antoine-Jacques-Louis Jourdan. Paris: Baillière, 1840, cap. 4.

34. KANT, I. *Observations sur le sentiment du beau et du sublime* (1764). Trad. fr. de Roger Kempf. Paris: Vrin, 1992, p. 29.

20

O QUE DIZ A LEI: RAPTAR, ABUSAR, VIOLAR

Georges Vigarello

Quando o carcereiro do Presídio de Sainte-Cloy, em Bordeaux, é "espancado a pauladas na portaria", num dia de setembro de 1536, é por ele "ter tido relações com uma prostituta, sua prisioneira, contra a vontade dela"[1]. A pena deveria ter sido a morte: a violência é comprovada, o papel do guardião é transgredido, a moral divina também. Os textos jurídicos contemporâneos previam tal sanção. Uma indulgência, no entanto, interveio: o carcereiro sofreu uma pena "leve", aplicada, além disso, longe dos olhares públicos. Um julgamento desses é banal na jurisprudência do século XVI: ausência de qualquer evocação da espécie de violência, poucas indicações sobre as circunstâncias do crime, alusão brevíssima à reclamação da moça. Uma consideração particular é acrescentada: a vítima aqui não tem marido. O que o direito antigo sublinha escrupulosamente – falo aqui do Antigo Regime –, é que o ato de "força" cometido contra uma prostituta não casada é menos grave do que um ato idêntico cometido contra uma prostituta casada. A "injúria", no segundo caso, é direcionada mais ao marido do que à vítima; daí o agravamento do fato.

O exemplo desse carcereiro de Bordeaux do século XVI é canônico: se aqui a violência é praticamente silenciada, da vítima também não se diz quase nada.

---

1. PAPON, J. *Recueil d'arrêts notables des cours souveraines de France* (1556). Genebra: Stoer, 1648, p. 1.259.

O lado social é o mais importante: ausência de marido, estatuto desvalorizado da moça, responsabilidade atenuada do carcereiro. Nesse caso a vítima só aparece em razão de sua imagem: representante da prostituição e insuficientemente "protegida". Daí a ignorância sobre qualquer expectativa íntima. O universo emocional da pessoa "abusada", este lado psicológico tornado hoje tão central, parece deixar de existir aqui. Muito claras são as referências desses julgamentos tradicionais; igualmente claras são suas consequências sobre o universo emocional, visto que elas não somente levam a hierarquizar as violências ao referi-las a seus autores, mas a priorizar também as expectativas de seus tutores, pais ou maridos, bem como seus temores, seus ditames, e sem levar em conta os sentimentos das vítimas. Dito em outras palavras: o que as vítimas podem experimentar é infinitamente inferior à ofensa feita aos seus "proprietários". Uma dupla desigualdade leva ao silêncio os reclames da vítima: a distância social e a distância entre homem e mulher.

Mais profundamente, essa forma de julgamento coloca ainda em evidência a difícil consideração de qualquer interioridade pessoal, sua difícil objetivação, a negligência persistente de seu papel, seu peso nos comportamentos. Dificuldade tamanha aqui que, quando posteriormente as Luzes vão exigir mais rigor, mais sensibilidade ou compaixão em relação às violências sexuais, muitos exemplos revelarão ainda uma quase-impossibilidade de atingir o sofrimento pessoal, ou simplesmente de designá-lo. Nesse caso um transtorno desses permanece em "suspenso", sem qualquer estatuto "público", escondido, ignorado.

É a uma história da emoção, ou mais amplamente do afeto, que desde então conduz a história de tais julgamentos, o lentíssimo reconhecimento da laceração íntima, seu mascaramento persistente, sua igualmente duradoura amputação.

Os julgamentos antigos e os paradoxos da "indulgência"

É necessário insistir inicialmente sobre uma aparente ambiguidade. O "estupro das mulheres" é um crime "execrável", dizem os textos no limiar de nossa Modernidade. Ele aniquila as famílias e desafia o rei: "É um crime capital punido com a morte"[2]; um ato de "tigre faminto"[3], um gesto de "bode fedorento"[4]. Tamanha brutalidade seria "atroz", misturando os gestos mais reprovados: os da devassidão, da luxúria, da barbárie. A gravidade sem dúvida é marcante, a denúncia também o é, mas, numa palavra, uma e outra geralmente são pouco ou malconsideradas. Uma leitura atenta desses mesmos textos, a de sua jurisprudência em particular, revela uma indulgência insidiosa, difusa, velada, uma ausência de atenção ao sofrimento da vítima. Uma complacência toda particular para com o "abusador", "indulgência" que precisa ser explicada.

Violência e emoção

Em primeiro lugar, é uma relativa banalização da violência na sociedade antiga que favorece alguma tolerância a esse respeito. A brutalidade frontal, os gestos de assalto, o "ferimento" não suscitam necessariamente o escândalo que hoje poderiam gerar. A violência sexual igualmente não provoca o que será mais tarde "sentido" ou denunciado:

> A violência sexual se inscreve num sistema em que a violência reina por assim dizer naturalmente, gratuitamente (aos nossos olhos), crianças são excedidas por golpes de adultos; mulheres, por homens, ou por outras mulheres; domésticas, por seus patrões. Às vezes, o agressor quebra seu bastão, ou sua espada, no lombo das vítimas, e às vezes até as mata. Parece bem artificial, em tais condições, isolar o delito sexual das outras formas de agressividade constantemente presentes, ou latentes, na vida cotidiana da sociedade [tradicional][5].

---

2. DENISART, J.-B. *Collection de décisions nouvelles et de notions relatives à la jurisprudence*. Tomo 4. Paris: Desaint, 1775, p. 625.

3. Crueldade mais do que bárbara e desumana de três soldados espanhóis contra uma jovem menina flamenga (1606). In: LEVER, M. *Canards sanglants* – Naissance du fait divers. Paris: Fayard, 1993, p. 122.

4. LE BRUN DE LA ROCHETTE, C. *Les procès civils et criminels* (1609). Tomo 2. Rouen: Vaultier, 1661, p. 7.

5. DESAIVE, J.-P. "Du geste à la parole: délits sexuels et archives judiciaires (1690-1790)". In: *Communications*, n. 46, 1987, p. 124.

Aqui a hipótese de Norbert Elias continua central, mostrando como as "normas da agressividade" variam com o tempo, como elas se "aperfeiçoam", se "civilizam", "embotadas e limitadas por uma infinidade de regras e interditos que se tornaram autorrestritivas"[6]. Uma das consequências, evidentemente, incide na lentíssima evolução da imagem da vítima: a persistente ignorância de seu sofrimento, de sua emoção possível, de sua perplexidade.

Daí o paradoxo extremo de casamentos impostos com o estuprador. A proposição de tais casamentos podia remeter inclusive a alguma decisão julgada generosa para com a vítima, ao passo que sua sensibilidade era totalmente ignorada. É o que fez o Duque de Médici numa novela de Matteo Bandello, em meados do século XVI, ordenando o casamento entre um de seus protegidos, nobre, e sua vítima, filha de um moleiro, por ele violada alguns dias antes[7]. Para além da justiça do príncipe, nos séculos XVI e XVII os magistrados podiam agir da mesma forma. É o caso do julgamento feito em Aix, no dia 29 de março de 1653, num processo opondo a "Donzela Raimondi de Reillane" e "M. Raspaud, advogado em Aix". O homem "teria forçado" a jovem mulher "em sua honra, impedindo-a de gritar por socorro, por ter-lhe amordaçado com um lenço, e assim tê-la engravidado". A jovem mulher se defendeu. Com alguns golpes "ensanguentou e feriu Raspaud no rosto", segundo os relatórios do processo. Uma "frequentação" ocorreu, portanto, mas o tribunal não interrogou nem sobre as formas nem se houve coerções. A "defloração violenta", no entanto, é registrada, levando finalmente à prisão o culpado: Raspaud é condenado "à morte, a não ser que se case com a donzela Raimondi. Foi o que aconteceu"[8]. Uma ordem "social", impessoal, triunfou, ignorando o que a reclamante pode experimentar.

---

6. ELIAS, N. *La civilisation des moeurs* (1939). Paris: Calmann-Lévy, 1973, p. 280.

7. Cf. BANDELLO, M. "La justice d'Alessandro" (1554). In: *Conteurs italiens de la Renaissance*. Paris: Gallimard, 1993, p. 590 [Coll. "Bibliothèque de la Plêiade"].

8. BONIFACE, H. *Arrêts notables de la cour du parlement de Provence*. Tomo 4. Aix: Molin, 1708, p. 319.

O poder dos tutores

Um sistema circunstanciado e claro foi paulatinamente se impondo nos processos da Modernidade: o da família, o de uma ascendência parental diretamente exercida sobre a vítima. O que subentende uma inquietação: o perigo de uma possível "sedução sem a vontade ou o desejo expresso dos pais, mães e tutores"[9]. Esta "subornação" da mulher tornaria o fato ainda mais grave se ela fosse "abusada". Ameaça totalmente "destrutiva", já que tal ato subverteria as famílias pelo fato de ignorar a vontade dos pais. O que leva, nos comentários e nas alegações, a privilegiar um termo específico, o de "rapto", para melhor designar a maneira com que a vítima é "subtraída" de seu ambiente, afastada dele, arrancada. Nesse contexto o termo não significa outra coisa senão "ruptura", "desenraizamento". Este é o termo usado na obra *Les établissements de Saint Louis,* no século XIII, para designar a "violação": "Raz, si est fame efforcier"[10] [trad. livre: "Rapto é quando a mulher é levada à força"]. O mesmo ainda que, nesse caso, os *Coutumes de Beauvaisis* usam: "L'en apele rat femme esforcier"[11] [trad. livre: "A isso denominamos rapto forçado da mulher"]. É dele ainda que os tratados usam para designar um gênero muito específico de crime: a "sedução" exercida sobre uma moça[12]. Não que a vítima, nesse caso, seja retirada de casa. Ela o é, em contrapartida, simbolicamente, suscetível de ser secretamente retirada de seus tutores, feita estrangeira a eles.

Este tema da sedução vislumbrado como uma maneira de enganar a vítima, "apaixoná-la", afastando-a de seu dever e de seus pais, aos poucos se torna objeto de um medo maior no início de nossa Modernidade, quando se estabelecem as famílias, quando se reforçam as filiações e as linhagens. O ho-

---

9. Coutumes de Bretagne. In: MOULIN, C. *Coutumes générales et particulières de France et des Gaules.* Tomo 2. Paris: Méjat, 1635, p. 784.

10. Apud LANGUI, A. & LEBIGRE, A. *Histoire du droit penal.* Tomo 1. Paris: Cujas, 1979, p. 159.

11. Ibid.

12. Cf. LE BRUN DE LA ROCHETTE, C. *Les procès civils et criminels.* Op. cit., t. 2, p. 7.

mem, prioritariamente, com sua "dominância", com seu poder moral e físico presumido, disporia desse poder ameaçador. O termo "sedução" tem de imediato uma significação particular, diferente do sentido atual. Ele reenvia ao exercício de uma ascendência indevida, uma maneira de abusar, de enganar, atitude tanto mais condenável, já que exercido pelos tutores, provocando eventualmente, em última análise, o irremediável: o "comércio carnal", a possível gravidez da "raptada", a perturbação "insuportável" na ordem das linhagens. Este ato induz então à rejeição da moça, a perda de sua honra, a impossibilidade de encontrar um marido. Foi exatamente este "abuso", ocorrido em maio de 1579, que se transformou em objeto de uma ordem real regularmente lembrada nos decênios seguintes. Texto "referência", sentenciando o "sedutor" a uma morte sem remissão, mesmo que sequer se trate de uma violência física:

> Os que raptarem rapazes ou moças, menores de 25 anos, sob pretexto de casamento, ou outro, sem a vontade, o conhecimento, o querer ou o consentimento expresso dos pais, mães ou tutores serão punidos de morte, sem esperança de indulgência ou perdão, não importando os consentimentos que os ditos menores poderiam ter alegado por ocasião ou antes do rapto. E semelhantemente serão punidos extraordinariamente os que tiverem participado do rapto e aconselhado, confortado e, de alguma maneira, ajudado na realização de tal ato[13].

Fato este que inevitavelmente orquestra um regime emocional, legitimando ou deslegitimando o que os atores experimentam.

O verdadeiro "perigo" da sedução

O ato de sedução é tão marcante que desde o século XVI é julgado mais perigoso do que a brutalidade. É o que Guillaume du Blanc afirma claramente em 1606, numa de suas argumentações jurídicas:

---

13. *Ordonnance du roy Henri III*. Blois, mai./1679, art. XLII.

A força que atinge o corpo pode deixar a alma intacta [...]. Mas a persuasão que extorque um silencioso consentimento da pessoa raptada compromete criminosamente alma e corpo juntos[14].

Esta "sedução", que com ela arrasta tanto a alma quanto a carne, só poderia ser "atroz", mergulhando a vítima na sensualidade, exigindo punir "mais severamente" o rapto persuasivo do que o rapto forçado[15]. Desde então ela cresce em importância nas referências jurídicas do tempo, voltando regularmente nas argumentações do século XVII: "O rapto forçado só mexe com o corpo, já o rapto persuasivo mexe com o corpo e com a alma"[16]. Esta afirmação desenha assim o perfil emocional promovido ao longo do período clássico: o ataque ao corpo não poderia atingir verdadeiramente o íntimo, a violência não poderia arrebatar a pessoa, ao passo que a sedução remete irremediavelmente a moça ao opróbrio, à ignomínia, à rejeição. Ela lhe tira sua honra, tornando-se infinitamente mais grave se a moça é virgem, já que potencialmente capaz de arrancar-lhe a decência. Assim, o efeito da sedução é claramente especificado: ele atinge o social, não o psicológico. Drama muito especial, que consiste em imiscuir a vítima à desonra, não a algum colapso emotivo interior.

A ascendência exclusiva do social

É justamente diante das exigências sociais e parentais que a emoção deve dobrar-se. E são muitas, estruturadas. E vão sendo cada vez mais especificadas nos discursos jurídicos do século XVII. Elas orientam a maneira de distinguir as gravidades e orientam o modo de vislumbrar as sanções. Criam hierarquias nos prejuízos, distâncias nas responsabilidades, desigualdades nas penas, graus múltiplos, detalhados, em qualquer avaliação. O que poderia sentir uma criada, por exemplo, não tem nenhum peso em relação ao que poderia sentir

---

14. ROUILLARD, S. *Plainte sur rapt pour Mademoiselle F.G. D.D.B., tant en son nom que comme curatrice de M.D.L.T. sa fille accusatrice*. Lyon: Ancelin, 1604, p. 25.

15. Ibid., p. 35.

16. BONIFACE, H. *Arrêts notables...* Op. cit., t. 5, p. 542.

uma patroa ou um patrão: lá ainda, a ofensa sofrida por uma vítima socialmente "protegida" é de antemão mais profunda do que a ofensa sofrida por uma vítima que não o é, e essa mesma ofensa visa em primeiro lugar o "estatuto" do tutor mais do que a "intimidade" de sua "protegida".

O que dizem os documentos de prisão do século XVII

Único aspecto considerado: salvaguardar as autoridades e as pertenças familiares. Esse mesmo poder dos tutores é o único vislumbrado por Nicolas Frerot nos crimes de lascívia, no final do século XVI, quando, a pedido de Henrique III, o jurista áulico coleta os "editos e ordenanças" dos reis de França, cria um dicionário, define os grandes temas, sublinha os grandes perigos. Nem o estupro nem o rapto "violento" são aqui objeto de algum verbete ou comentário. Não que, evidentemente, sejam ignorados, como as tradições e suas sentenças bem o mostram, mas somente a "subordinação" é sublinhada, julgada mais preocupante, mais ameaçadora. O único exemplo de crime sexual, fora do adultério, evocado nesse texto, não obstante monumental, resta o ato cometido por Jean Badufle, condenado, num primeiro momento, no dia 2 de dezembro de 1597, "a ser pendurado e estrangulado por crime de rapto de Julienne François". O homem reconhece "ter raptado" Julienne "temerariamente, maldosamente e imprudentemente". Ele a teria "seduzido e corrompido". Tê-la-ia "convencido". E a teria "engravidado"[17]. O termo "raptar" equivale aqui a "seduzir". Crime de "persuasão", portanto, e não crime de violência, crime cuja gravidade recai muito mais sobre o "roubo" sofrido pelos tutores do que sobre as consequências sofridas pela mulher seduzida.

As coleções de acórdãos do século XVII prolongam essa mesma seleção parcial, mantendo o termo "rapto" para designar os crimes de sedução assim considerados. A escolha dos casos selecionados revela por si mesma o foco da

---

17. FREROT, N. *Basiliques, ou édits et ordonnances des rois de France* (1601). Paris: Buon, 1611, p. 456.

atenção. São somente dois processos de "rapto", por exemplo, que Jean Dufresne retêm como indicações de crimes de luxúria em seu *Journal des principales audiences du Parlement* entre 1623 e 1651[18]. É igualmente um único processo de rapto que Claude Blondeau e Gabriel Guéret retêm ainda no *Journal du Palais* entre 1660 e 1678[19]. Todos são tratados como "seduções", nunca como violências. Seleção idêntica, enfim, com o *Recueil de divers plaidoyers et harangues* de Antoine Le Maistre, texto célebre, objeto de seis edições entre 1657 e 1705[20], retendo quatro crimes de "rapto", todos baseados em "sedução". Comentários, subtítulos, títulos de capítulos, índices, todos designam os temas mais preocupantes: "Que mal faz um raptor a uma moça"[21]? "Moça a quem se lhe roubou a honra"[22], "Artifício dos homens para corromper as moças"[23], "Procedimento ordinário e ridículo dos raptores"[24] – este último termo designando, muito evidentemente aqui, os "sedutores". Tais títulos e subtítulos evidenciam uma hierarquia dos crimes. Neles a violência tem pouco espaço, é quase negligenciada. O sentimento das "seduzidas" também tem pouco espaço, os juízes tentando categorizar as "seduções", suas vertentes institucionais, seus perigos presumidos, evocando prioritariamente o tema do casamento, suas vias ilícitas, suas coerções forçadas.

Os julgamentos graduais da sedução

As formas de julgamento são igualmente reveladoras: a situação social do "raptor", ou da vítima, independentemente da idade, têm prioridade sobre a pena. A proporção da "maior" ou "menor" sorte avaliada entre as partes per-

---

18. Cf. DUFRESNE, J. *Journal des principales audiences du Parlement depuis l'année 1623 jusqu'à présent*. Paris: Alliot, 1658.

19. Cf. BLONDEAU, C. & GUÉRET, G. *Journal du Palais, 1660-1678*. Paris: Le gras, 1755.

20. LE MAISTRE, A. *Les plaidoyers et harangues*. Paris: Charpentier, 1705.

21. Ibid., p. 322.

22. Ibid., p. 327.

23. Ibid., p. 406.

24. Ibid., p. 415.

manece a referência primeira, o que atenua o alcance do texto muito "genérico" de 1579, precedentemente citado:

> Em termos de rapto, é necessário considerar se o raptor é de igual condição que a raptada, ou maior, ou muito mais insignificante. No primeiro caso o raptor é punido de morte quando prefere não se casar com a raptada. No segundo caso precisa casar-se com ela ou adotá-la. No terceiro caso é punido de morte[25].

Pouca pena de morte, na verdade, já que geralmente o homem consegue pleitear a "má reputação" da vítima, sua libertinagem, ou confessa seu próprio arrependimento, sua contrição, profunda, pessoal. Jean Badufle, por exemplo, como vimos acima, condenado em primeira instância em Chartres, em 1597, a "ser pendurado e estrangulado" por "crime de rapto de Julienne François" apresentou recurso. Ele se arrepende, "pede perdão e benevolência ao rei". Então é condenado a ser "espancado, nu, a golpes de vara", a "redimir-se percorrendo as ruas da cidade de Chartres com uma corda pendurada ao pescoço", a depositar "50 escudos" ao pai da demandante, 20 escudos ao rei, antes de ser banido da cidade por 5 anos[26], sanção particularmente grave, mas que foge ao rigor dos textos.

As discussões jurídicas mais corriqueiras acontecem quando a condição da vítima é julgada "mais insignificante" e quando devem ser decididas as penalidades, as compensações ou os desembolsos. As serviçais, ditas serventes, sobretudo as que trabalham em cabarés, em razão da "baixeza e da vileza de seu emprego"[27], *a priori* têm seus depoimentos descartados, já que esse tipo de "serva é desacreditada em razão de sua má conduta"[28]. Um exemplo: a denominada "Laugière", com 18 anos de idade, acusa, em 1649, por "crime de rapto", Salier Mercier, rapaz de 24 anos, que vive sob a tutela dos pais. Ela confessa

---

25. BONIFACE, H. *Recueil de arrêts...* Op. cit., t. 1, p. 322.

26. FREROT, N. *Basiliques...* Op. cit., p. 456.

27. BONIFACE, H. *Recueil de arrêts...* Op. cit., t. 4, p. 322.

28. PINAULT, M. *Recueil d'arrêts notables du parlement de Tournay.* Valenciennes: Henry, 1702, p. 306.

tê-lo "frequentado por 3 ou 4 anos" sob a "promessa verbal" de casamento. Acabou dando à luz um filho, que afirma ser dele, fato que levou Salier Mercier a raptá-la, provocando assim o processo. Rapidamente, porém, o "recurso" de Laugière cai "no limbo". Um "comunicado mais amplo"[29] é decretado, significando o quase-abandono do processo. A intervenção do pai de Salier Mercier insistindo que Laugière "serve num cabaré" e denunciando sua "má reputação" foi levada a sério pela corte. A partir dessa intervenção a voz da vítima deixou de ser ouvida.

Discussões podem ainda existir sobre o próprio estatuto da servente, acentuando o sentido das "progressões" da pena. Isabeau Faventine, por exemplo, em 1663, servente numa hospedaria, mas sobrinha da dona do estabelecimento, primeiramente "não foi recebida" em sua queixa de ter sido raptada por Jean Berges, "comerciante de sapatos". As condições das partes seriam desiguais. A insistência de Isabeau, em contrapartida, valorizando seu parentesco com a dona da hospedaria, levou a corte a reavaliar sua condição. Jean Berges foi "condenado a casar-se com ela, fato consumado na paróquia da Madalena"[30].

Os julgamentos graduais do estupro

Os atos de violência e suas sanções são submetidos ao mesmo princípio de progressão. É necessário, em contrapartida, esperar até o século XVIII para que tais situações sejam encaradas com alguma vontade de precisão. Aqui entra em cena, sem dúvida, uma maior sensibilidade trazida pelo universo das Luzes: a violência seria finalmente levada mais a sério. Mas isso não elimina ainda a diferenciação social. Os textos de matérias criminais o mostram ao discorrer especificamente sobre o estupro ou o rapto de violência nos crimes de luxúria, sempre indicando sua hierarquia "socializada": "A qualidade da pessoa a quem é feita a violência aumenta ou diminui o crime. Assim, uma violência feita a

---

29. Ibid.
30. Ibid., p. 323.

uma escrava ou a uma serva é menos grave do que a violência cometida contra uma filha de condição honesta", afirma Daniel Jousse em seu *Traité de la justice criminelle* de 1771[31]. Tal afirmação permite compreender melhor o caso de Marie-Anne Hubé, em meados do século, jovem de 15 anos que vendia ervas aromáticas no canto da esquina da Rua Mazarine. Marie-Anne foi atraída para o bilhar de Jean Grusse, no fundo de um beco, sob o pretexto de algum presente. Jean, acompanhado de dois companheiros, a violou. O processo indica que os três, além de "forçá-la", bateram nela, ameaçaram-na a engolir vidros, sentaram-se sobre seu rosto para impedir seus gritos. Os médicos jurados de Châtelet dizem ter "notado as partes naturais avermelhadas e inflamadas, o hímen rompido e o escoamento de uma matéria esverdeada"[32]. Os acusados foram encarcerados, mas liberados alguns meses depois, em razão de um "mais amplo informe", que praticamente pôs fim aos procedimentos. A família de Grusse dispõe de um poder muito superior ao de Marie-Anne Hubé, e o sofrimento de Marie-Anne não seria comparável ao de uma "mulher de condição".

Assim, o estatuto do agressor, e não mais o da vítima, revela, por tabela, sua verdadeira dimensão. Por exemplo, a violência feita por um serviçal é sempre mais grave. Ela o é inclusive incomparavelmente. A escala se desloca com a diferenciação social: o ato de um "serviçal de lavoura, ou camponês"[33] abusando de sua patroa não tem o mesmo peso que o ato idêntico de um criado de melhor condição social. Existem diferenças no estado de escravidão, nos níveis de valor e de responsabilidade entre um escravo maltrapilho e um escravo que vive entre a criadagem. Mais grave aqui, sem sombra de dúvida, é o gesto de um "doméstico de estado distinto"[34] que teria atacado sua patroa muito mais distinta do que ele.

---

31. JOUSSE, D. *Traité de la justice criminelle en France*. Tomo 3. Paris: Debure, 1771, p. 746.
32. AN, Y10062. Duperroy, Grusse e Marceau.
33. JOUSSE, D. *Traité de la justice criminelle en France*. Tomo 3. Paris: Debure, 1771, p. 715.
34. Ibid.

O início de uma alusão à emoção

Não obstante tudo, os textos se enriquecem ao longo da Modernidade. Uma consideração mais atenta ao estupro nas matérias criminais do século XVIII não incide mais unicamente na apreciação social dos atores. Ela também incide no estudo das condições da realização do ato. O fato violento é mais explorado, detalhado. Ele é evocado segundo sua evolução, seu quadro: circunstâncias, gestos, lugares, entorno. Situações até então pouco analisadas. Os costumes anteriores se atinham à alusão enigmática de "violação da mulher" ou de "mulher raptada". Os textos do século XVIII tentam acrescentar definições, sugerir limites, enunciar a existência ou não da violação. O que implica inevitavelmente uma curiosidade inédita: um olhar sobre os atores, sobre suas atitudes e reações.

Uma impossível "psicologia"

A presença da violação, inclusive o uso do próprio termo, cresce nos textos de assuntos criminais a partir de meados do século XVIII. Os dicionários redigem verbetes sobre o tema, os tratados acrescentam exemplos e sanções[35]. Os comentários os distinguem mais do que o anterior "rapto de violência"[36]. Estas mudanças fazem sentido: a lenta elisão do termo "rapto" e a escolha do termo "violação" dão mais peso à vítima, à sua "dor" possível, lhe reconhecem mais individualidade, mesmo se o poder dos tutores e a maneira de fundamentar o julgamento sobre seus "danos" próprios, como vimos, ainda estejam longe de ser eliminados. Outro limite: essa sensibilidade ainda não permitia a abordagem do sofrimento psicológico, avaliá-lo, pesá-lo.

---

35. Cf. FERRIÈRE, C.-J. *Dictionnaire de Droit et de Pratique...* Paris: Brunet, 1740.

36. O tratado de Pierre-François Mouyart de Vouglans, p. ex., em 1757, *Institutes au droit criminel, ou Principes généraux en ces matières, suivant le droit civil, canonique, et la jurisprudence du royaume,* distingue claramente "rapto" e "violação", ao passo que a edição de 1700 do tratado de François Lange, *La nouvelle pratique civile, criminelle et bénéficiale,* limita-se ainda ao termo "rapto".

Impossível não dar-se conta de que essa atenção nova convive há muito tempo com as referências tradicionais. As indicações retidas certamente se desenvolvem, se enriquecem, se diversificam, mas sem que o princípio do julgamento se transforme profundamente. Os afetos da pessoa "forçada" e seu papel na evolução dos fatos não são necessariamente melhor contemplados na sociedade das Luzes do que outrora. Somente se impõem, por exemplo, os dados materiais, os indícios vindos das coisas, as conversas colhidas de terceiros. Testemunhas e gritos são julgados decisivos. Os fatos devem ser vistos, percebidos: "Forçosamente entendemos quando o grito daquela que pedia ajuda nos chegou aos ouvidos", já afirmava Laurent Bouchel em 1629[37]. Pierre-François Muyart de Vouglans é mais preciso em 1757, embora evite abordar o íntimo: se a vítima não profere "grandes gritos", se ela "se cala no momento", se "ela não apresenta uma resistência forte e contínua", sua queixa "não é mais admissível"[38]. Os ferimentos também podem ser levados em conta, mas com a condição de que sejam "consideráveis". Muyart de Vouglans é um dos primeiros a especificá-los em 1757, evocando "os indícios de violência ainda presentes na pessoa, como contusões ou ferimentos feitos com armas ofensivas"[39]. A violência extrema, portanto, e somente ela, é aqui realçada, inclusive sem ser mencionada por Guy du Rousseaud de la Combe em seu *Tratado de matérias criminais* de 1741[40], ou Daniel Jousse em seu *Tratado* de 1771[41].

Só existe, portanto, o que se ouve, o que se vê e não o que se "experimenta" ou se vive. O universo interior, dito diferentemente, não é pensado. O juiz não saberia aproximar-se dele, já que exclusivamente atento aos fatos "testemunhados". A vítima existe em sua "exterioridade", em seus sinais manifestados, ruídos, gritos, ferimentos. Sua presença tem a ver com as coisas, não com sua consciência. O que não nega absolutamente a existência de um espaço íntimo,

---

37. BOUCHEL, L. *La bibliothèque ou thresor du droict françois*. Paris: Buon, 1629, p. 46.
38. VOUGLANS, P.-F.M. *Institutes au droit criminel...* Op. cit. Paris: Le Breton, 1757, p. 498.
39. Ibid.
40. COMBE, G.R. *Traité de matières criminelles*. Paris: Le Gras, 1741.
41. JOUSSE, D. *Traité de la justice criminelle em France*. Op. cit.

mas este último é ligado à moral, não à psicologia. A anulação desde então é dupla: negligência da atitude "interior" durante o ato, negligência do ferimento "interior" depois deste.

E quando a violência acontece longe de tudo, quando faltam sinais julgados visíveis, quando a acusação se limita exclusivamente à palavra da vítima, a moral ainda seria a única referência a subsistir: a *fama*, a reputação da mulher. É o que leva Bornet à absolvição, em 1786, um jornalista de 26 anos acusado de ter "maltratado e violentado"[42] a "mulher Lacroix" numa casa de Louveciennes. Nenhum grito foi ouvido, nenhuma testemunha compareceu para depor. Bornet se defende, pretende que a mulher consentiu, declara "ter-lhe pagado" o serviço, garante "que dois soldados da cavalaria lhe haviam dito que ele podia fazer o que eles mesmos fizeram". Os juízes nada investigam. A "mulher Lacroix" é casada, nenhum sinal de defloração possível poderia ser procurado, sua reputação não é totalmente "verificável". A pesquisa não cruza nem os fatos nem as consciências. Bornet é absolvido.

O ato e a suspeição

Impossível, enfim, ignorar a presença da suspeição para com a mulher nesses processos do século XVIII, mesmo aqueles para com os quais a cultura do tempo não obstante tudo promete maior sensibilidade. Persiste uma dúvida sobre a palavra da mulher, nega-se seu alcance jurídico, sua profundidade. Nada mais aqui senão o prolongamento da tradição: "Como o testemunho das mulheres pode ser mais tênue e mais sujeito a variações, ordinariamente temos menos consideração para com este testemunho do que para com o dos homens", certifica-nos Jean-Baptiste Denisart em seu *Tratado de jurisprudência* de 1757[43]. O que deslegitima *a priori*, e em grande parte, a defesa da vítima, bem como sua convicção e sua descrição dos fatos.

---

42. AN, Y10448. Bornet.

43. DENISART, J.-B. *Collection de decisions nouvelles...* Op. cit., verbete *"Femme"*.

Esta dúvida se encarna ainda numa crença deliberada, partilhada por todos os jurisconsultos do século XVIII: a mulher dispõe de suficientes armas físicas para se defender; um homem sozinho não conseguiria "forçá-la". Jean-François Fournel o especifica em 1778, numa obra cujas reflexões cruzam o "adultério", a "injúria" e a "sedução": "Seja qual for a superioridade da força de um homem sobre a de uma mulher, a natureza deu a esta recursos incontáveis para contornar o triunfo do adversário"[44]. Garantia implacável: uma mulher sempre estaria em condições de resistir a uma agressão, a não ser quando os agressores são "vários"[45]. Uma anedota retorna regularmente nesse tipo de textos: um juiz obriga um homem acusado de estupro a remeter uma bolsinha de escudos em favor de sua acusadora; mas, imediatamente depois, tomado por dúvidas e sedento por provas, o mesmo juiz autoriza o homem a reaver a bolsa a qualquer custo; a mulher se endurece, se insurge, devolve os socos recebidos, se debate, aperta seu "haver" sobre si e o defende tão bem que consegue "escondê-lo"; daí a certeza e a "prova": a mulher "teria podido defender ainda melhor seu corpo do que o dinheiro, se o tivesse desejado"[46]; assim a queixa se torna mentira. O estupro "consumado" seria um estupro consentido; "a sabedoria que sucumbe é quase sempre uma meia-sabedoria"[47].

A emergência penosa da emoção

Permanecem, sem sombra de dúvida, os lentíssimos efeitos de uma mudança de sensibilidade: um deslocamento nos termos, nos gestos, nas avaliações.

A atenção crescente ao estupro de crianças é um primeiro indício, a partir de meados do século XVIII, da emergência da emoção. Uma renovação do sentimento sobre a infância, sem dúvida, bem descrito pelos historiadores, explica o que acontece no alvorecer dessa "compaixão" inédita. As simples estatísticas

---

44. FOURNEL, J.-F. *Traité de l'adultère, considéré dans l'ordre judiciaire*. Paris: Bastien, 1778, p. 82-83.
45. JOUSSE, D. *Traité de la justice criminelle en France*. Op. cit., t. 3, p. 746.
46. Apud VOUGLANS, P.-F.M. *Institutes au droit criminel...* Op. cit., p. 498.
47. Ibid., p. 83.

dos processos o confirmam: se uma média de três estupros pode ser recenseada todos os 10 anos no parlamento de Paris ao longo do século XVII, uma média de vinte e cinco, em contrapartida, é relatada no mesmo parlamento nos últimos decênios do século XVIII[48], dos quais três ou quatro apenas concernem a estupros de adultos. O aumento, portanto, é largamente devido ao estupro de crianças. Estatísticas modestas, se comparadas às da atualidade, mas se, por um lado, elas indicam a raridade do fato julgado, por outro testemunham a existência de um crime cuja presença judiciária era até então ínfima.

Uma segunda mudança pode relacionar-se ao argumento das apelações jurídicas, dos comentários sobre os fatos. Um exemplo o sugere, revelando uma progressiva presença da "compaixão". O caso é o de uma queixa por rapto formulada em Angers, em 1594, pelos pais de uma menina, Renée Corbeau, contra um rapaz que, sob "promessa de casamento", tê-la-ia seduzido e "engravidado". O rapaz, que estudava na cidade, confrontado aos fatos, aceita o casamento e em seguida volta para Sées, sua cidade natal, para obter a autorização de seu pai. Ao receber uma negação categórica, muda então de ideia, decide ordenar-se "subdiácono", anulando de imediato qualquer possibilidade de casar-se. O processo é retomado. O jovem é então incriminado. A pena recai sobre a "única" alternativa restante: o enforcamento. Seguem-se comentários exaustivos em termos de jurisprudência até que, de repente, a jovem moça entra na sala dos juízes e os convence a autorizar o casamento. Só faltava a opinião do papa, que em seguida será obtida por intervenção do rei.

Dois momentos-chave desse "drama" jurídico – tornado exemplar para as coletâneas de direito, a ponto de ser evocado como uma sequência quase teatral: são reinterpretados nos textos primeiro o da sedução, em seguida o da "retrocessão" dos juízes. Uma primeira leitura, a de Julien Peleus, contemporâneo do processo, se alonga sobre a diferença social: o jovem estudante é nobre, Renée Corbeau não. A sedução se opera em sentido único: "O homem se deita com

---

48. Tirados da série dos AN, Y10515-Y15530, entre 1760 e 1790, somando somente os casos de primeira instância no fórum criminal do parlamento de Paris.

uma jovem de aproximadamente 20 anos"[49]. Esta espera um "benefício" obscuro do rapaz: "Vendo que ele estava apaixonado por ela, arranca dele a promessa de casamento mediante a qual dormem juntos em segredo"[50]. A falta é patente; além disso, a jovem pode ser "interesseira". Completamente diferente, em contrapartida, é a leitura dessa mesma sedução na coletânea *Questões célebres e interessantes*, de François Gayot de Pitaval, em 1734. Desigualdade social, sem dúvida, mas "afeição" compartilhada: "Ele teve a felicidade de agradar aquela que tanto o comprazia; sua paixão mútua se torna tão forte que em seus devaneios amorosos lhe propõe casamento"[51]. A jovem não é mais passiva, mas ativa; o argumento volta-se para o "amor", não para a obediência ou o ganho. Pitaval se interessa pelos sentimentos, a ponto de imaginá-los para melhor explicá-los. Uma segunda diferença marcante vem à tona ainda na evocação relativa à "retrocessão" dos juízes. Julien Peleus, no século XVI, faz Renée Corbeau assumir o "erro", o de ter atraído seu "sedutor", sua própria passividade, sua condescendência também, fontes de catástrofe: "confessando que o caminho que ela havia aberto ao jovem às suas boas-graças seria a causa de sua desgraça"[52]. Nesse caso, resta-lhe somente sua sinceridade que, por sua vez, pode redimi-la. Um "pecado" sinceramente confessado se transforma em perdão. Os juízes estremecem. Completamente diferente, um século depois, é a interpretação de Pitaval. Não é mais a própria falta que a jovem Renée Corbeau reivindica, tampouco sua culpabilidade, mas o amor. O argumento então se inverte: a fonte do crime não é mais sua "malvadeza", mas sua ternura; já não se trata mais de transgressão da lei, mas de entendimento entre consciências. Dito de outra forma: a jovem se assume "culpada", mas diferentemente da culpa alegada por Peleus ela alega ter primeiramente experimentado o sentimento, e só posteriormente tê-lo imposto. Assim o reivindica, o torna público. Trata-se de uma maneira totalmente inédita,

---

49. PELEUS, J. *Oeuvres, contenant plusieurs questions illustres.* Paris: Buon, 1638, p. 248.
50. Ibid.
51. PITAVAL, F.G. *Causes célèbres et intéressantes* (1734). Tomo 1. Amsterdã: Chatelain, 1756, p. 43.
52. PELEUS, J. *Oeuvres...* Op. cit., p. 248.

nesses anos de 1730, de emprestar a uma moça uma palavra sobre sua existência íntima: "Senhores, mudai de ideia, olhem para mim como a sedutora e meu amante como a pessoa seduzida"[53]. Iniciativa maior que rompe com a tradição, tanto mais que é acompanhada pelo pedido igualmente inédito feito aos juízes de experimentarem o que a jovem mulher vive interiormente: "Ah, se vocês pudessem entrar em meu coração para perceber o quanto sofro!"[54] É justamente aqui que tem início uma interrogação psicológica, e não mais simplesmente moral, mesmo que ainda se trate mais de sedução do que de estupro, mais de ternura do que de brutalidade[55]. A interioridade pessoal paulatinamente vai se abrindo, muito prudentemente e parcialmente ainda, mas abre-se um caminho possível em meio às argumentações jurídicas.

O ato de violência sexual se confronta, pois, com uma psicologia do íntimo. O perigo é o de produzir uma fratura decisiva que destrói a integridade da pessoa, já que a indescritível emoção sentida está no centro do dano. Entretanto, não são estas as indicações oferecidas pelos julgamentos antigos em relação ao estupro ou ao "suborno". Outras referências prevaleceram: uma relativa banalização da violência gerando alguma "indiferença" em relação à pessoa "atingida"; uma maior importância dada ao estatuto social dos atores referindo o sofrimento mais à "distinção" do que ao "sentimento" individual; um difícil acesso à interioridade da pessoa; uma preferência maior aos testemunhos exteriores, aos indícios materiais, fazendo a vítima existir mais por suas demonstrações externas do que por seus sentimentos íntimos. A história dos processos de violência ou coerções sexuais revela uma história da emoção. Por muito tempo essa emoção foi negligenciada, violada. Foi necessário esperar o dinamismo do século XVIII para que, mesmo que lentamente, ela emergisse das sombras. Mas ela não é ainda apreciada em sua verdadeira profundidade.

---

53. PITAVAL, F.G. *Causes célèbres et intéressantes*. Op. cit., p. 47.

54. Ibid., p. 49.

55. Cf. as análises de Anne Fillon sobre a sociedade do vilarejo de Maine no século XVIII, levando às mesmas conclusões (*Les Trois Bagues au doigt* – Amours villageoises au XVIIIe siècle. Paris: Robert Laffont, 1989, p. 300s.).

21
EMOÇÕES EXPERIMENTAIS: TEATRO E TRAGÉDIA NO SÉCULO XVII FRANCÊS
Afetos, sentidos, paixões

Christian Biet

> Na terça-feira 12 de fevereiro, um dito de Le Large, filho de um comerciante de tecidos de Paris, bêbado como um gambá, cantava em meio à plateia, atrapalhando o espetáculo. Por duas vezes consecutivas o responsável pela ordem do local, o Opéra de Paris, um agente do exército, solicitou-lhe mais circunspeção. À solicitação, o ébrio simplesmente respondeu que quem vai ao Ópera, vai para cantar. Resposta que obrigou o agente a conduzi-lo ao quartel real e, posteriormente, em razão do que fez, ao rei. E Sua Majestade ordenou que o prendessem no Fort-l'Évêque por 15 dias.
> *Garde de l'Opéra et punition de ceux que y commettent des désordres*[1]

Para que as emoções possam ser descritas devem figurar nas fontes passíveis de acesso, caso contrário, não passariam de hipotéticos objetos de devaneios. A emoção, portanto, em primeiro lugar é um discurso sobre a emoção, observável como tal, dado que a emoção em si não tem, nesse caso, realidade

---

1. Bibliothèque-musée de l'Opéra de Paris (rés. 516, microfilm 248). Este "manuscrit Amelot" é um manuscrito anônimo de meados do século XVIII, que pertenceu a Amelot, secretário de Estado na residência do Rei Louis XVI, e que contém elementos extremamente preciosos sobre a história da Academia Real de Música. O original foi queimado por ocasião da Commune de Paris em 1871, mas uma cópia do século XIX existe no Ópera.

apreensível fora do dispositivo que a produz. Convém assim descrever e observar esse dispositivo de maneira a prestar contas das manifestações, mas o dispositivo pode ser determinado a partir de uma série de enunciados específicos, ou seja, de discursos (no plural), ou de notificações particulares de uma organização espacial, social, manifestada no coração de uma cidade. É nesse quadro que tentarei analisar as manifestações das emoções, referindo-as ao fenômeno teatral ao longo do século XVII, e concordando que a tarefa é árdua, que as emoções são diversas e heterogêneas, muito embora sejam observáveis.

As emoções da sessão

O que é uma emoção no teatro? Por quem e como ela é produzida? Por quem e como é experimentada? Se observarmos o teatro a partir da unidade da *sessão* (que, no mínimo, começa no momento em que entramos num local de espetáculo até o momento em que saímos dele), as emoções, da forma como são descritas ou observáveis nos documentos, são acima de tudo sociais: elas aparecem *por* e *no seio* da assembleia, no fato de estarmos conscientemente, e inclusive ostensivamente, entre indivíduos. Como em qualquer acontecimento social, a emoção observável por uma ação advém por um movimento do corpo que consiste em entrar num lugar onde outros estão, e onde os outros envidaram os mesmos esforços para estar lá, naquele delimitado espaço social. Paga-se para entrar, para *experimentar* (colocar à prova, provar) o fato de estarmos juntos num mesmo lugar a fim de construir o acontecimento com os outros. E o que se experimenta então, nesse movimento, varia segundo os protocolos sociais, que histórica e localmente são diferentes.

Ora, se consultarmos os programas, os registros ou os mais diversos testemunhos de então[2], inevitavelmente perceberemos que, no século XVII, ao entrar

---

2. Nestes últimos tempos, inúmeros artigos sobre estas questões foram publicados. De nossa parte nos respaldaremos mais nas seguintes obras: SURGERS, A. *Scénographie du théâtre occidental*. Paris: Armand Colin, 2007 [reed. in: PASQUIER, P. & SURGERS, A. *La représentation théâtrale en France au XVIIᵉ siècle*. Paris: Armand Colin, 2011]. • Jean Clarke sobre o Hotel Guénégaud: *The Guénégaud Theatre in Paris (1673-1680)* – Tomo 1: Founding, Design and Production.

num teatro, o espectador citadino imediatamente se dá conta de que aproximadamente dois terços de seus colegas estão em pé na plateia, e que ao menos uns quarenta deles estão sentados nas duas laterais do palco, ao passo que somente alguns outros ocupam os camarotes, e que outros ainda, menos numerosos, justamente por não ocuparem os melhores lugares, se acomodam numa espécie de anfiteatro, no fundo da sala. Neste ambiente, normalmente mais iluminado pela luz do dia (embora com janelas que podem ser abertas ou fechadas), e igualmente munido de grandes lustres (sobretudo no teto), os espectadores podem deslocar-se à vontade ao longo da sessão, comunicar-se entre si, interromper os comediantes, de forma que estes se veem obrigados a redimensionar a atenção do público, falando mais alto, dirigindo-se diretamente a ele, retomando o foco das atenções.

Se, evidentemente, não é mais possível reconstituir cada sessão, tampouco postular que em qualquer evento os espectadores costumeiramente faziam algazarra, é possível entender, a partir de um determinado número de informações cruzadas, que os eventos teatrais citadinos dos séculos XVII e XVIII concediam aos espectadores uma liberdade de ação, de palavra e de intervenção muito superiores às que hoje conhecemos. Permitir que mais de 70% dos espectadores ficassem em pé e em movimento, e que nas laterais da sessão se sentassem entre quarenta e cinquenta pessoas – entre 1637 e 1759, de acordo com a leitura dos programas ou dos registros – não é uma informação qualquer. Consultando os arquivos policiais podemos ainda observar que inúmeros incidentes aconteciam nesses locais (tanto no *Comédie-Française* quanto no *Opéra*, sem falar de outros espaços teatrais)[3]. Tudo isso consta nos múltiplos e repe-

---

Lewiston/Nova York: The Edwin Mellen Press, 1998. • HOWE, A. *Le théâtre professionnel à Paris, 1600-1649*. Documentos analisados por Madeleine Jurgens e Alan Howe. Centre historique des Archives nationales, 2000. • Conjunto do projeto sobre os registros da Comédie-Française feitos notadamente pelas equipes da Universidade Paris-Ouest-Nanterre-La-Défense e do MIT ("Comédie-Française Registers Project" [http://sfregisters.org]. • As informações que estão no site da Comédie-Français [comedie-francaise.fr].

3. Cf. BIET, C. "Le lent dressage des publics de théâtre: l'avénement du théâtre dans le champ littéraire (XVIIᵉ-XVIIIᵉ siècle français)". In: *La guerra dei teatri* – Le controversie sul teatro in Europa dal secolo sedicesimo alla fine dell'Ancien Régime. Firenze: Dipartimento di Filologia Moderna dell'Università degli Studi di Firenze, 2007.

tidos decretos sobre a necessidade dos espectadores observarem um mínimo de disciplina, de silêncio[4], mas também presentes nos relatórios, nos anais, e inclusive nos próprios textos das peças. Assim, Molière, em *Les fâcheux* (1662) [Os importunos], logo no início de sua comédia, faz narrar a Erasto, um de seus personagens, a seguinte anedota: estando no teatro, Erasto viu entrar em cena – num dos locais onde desde 1637 ao menos uns quarenta espectadores podiam pagar um alto preço para se fazerem presentes – "um homem *à grands canons*" [i. é, vestido com uma calça rendada e forrada de medalhas barulhentas abaixo dos joelhos], estes ornamentos então na moda. Estrondosamente e em plena apresentação, a fim de sentar-se em destaque e pôr-se obviamente em evidência, o dito cujo deslocou sua cadeira para o centro do palco, voltou suas costas ao público e ficou de frente para Erasto, a fim conversar com ele e finalmente abraçá-lo, desgostando assim todos os presentes:

> Os atores entram em cena, todos fazem silêncio. De repente, ruidosa e extravagantemente, um homem *à grands canons* entra bruscamente, gritando: "*Holà-ho*!, uma cadeira imediatamente!"
> E, com grande estrondo, surpreende e perturba a assembleia, justamente na parte principal da peça.
> Misericórdia!, nós franceses, tão frequentemente corretos, será que jamais assumiremos um ar de pessoas razoáveis, perguntei eu, e será que é justamente sobre nossos defeitos extremos que no teatro público devemos brincar sobre nós mesmos e confirmar, assim, por risadas desvairadas, o que nossos vizinhos falam de nós?
> Enquanto sobre este tema o homem dava de ombros, os atores quiseram continuar suas representações. Mas o homem, para assentar-se, produziu novos estrondos. E depois, atravessando o palco em disparada, pôs-se ao lado. Mas, mesmo podendo sen-

---

4. Consultaremos, em termos de fonte, o vasto *corpus* que mostra as decisões do Parlamento, os despachos de polícia e as ordenanças reais relativas à segurança dos espetáculos (Archives de la préfecture de police, "Collection Lamoignon"), sem considerar o preciosíssimo *Traité de la Police où l'on trouvera l'histoire de son établissement, les fonctions et les prérogatives de ses magistrats, toutes les loix et tous les réglements qui la concernent*, de Nicolas Delamare (1705) – Livro III: *Des moeurs*. Tomo 3: *Des spectacles*. Cap. 4. "De la Comédie-Française; son origine, son progrès, e les règlements qui en ont été faits pour en permettre, corriger et discipliner les représentations, ou pour en assurer la tranquillité". Ed. de 1723 [Disponível na Bibliothèque Administrative de la Ville de Paris].

tir-se à vontade nas laterais, bem no meio do palco preferiu plantar novamente sua cadeira. E, com suas largas costas, caçoando dos espectadores, para 3/4 da plateia escondeu os atores.

Um rumor elevou-se, do qual outra pessoa ter-se-ia envergonhado. Mas ele, determinado e constante, não deu a mínima atenção, e continuou sentado de costas para o público. E para minha desgraça, achegou-se para perto e me disse: "Ah! Marquês, como te sentes? Sofra que eu te abraço" (MOLIÈRE. *Les fâcheux*, ato I, cena 1).

Mesmo que a anedota seja inventada ou que Molière exagere, só podemos nos impressionar com o que é dito dos movimentos ou das "emoções" dos espectadores; das múltiplas interações entre a cena e o espaço do teatro que fazem o evento teatral; dessas sessões e das "emoções públicas" que percorrem esses espaços; dos momentos de sociabilidade exacerbada em que todos parecem dirigir-se a todos sem considerar que a apresentação dos comediantes é o centro das emoções e das ações. É por isso que o Estado, a fim de controlar a sessão e as "emoções públicas" que aí se manifestam, multiplica os mandados de polícia e as prisões – sobre isso todos dizem a mesma coisa: é preciso ser severo. E esta repetição dos textos jurídicos testemunha que sua aplicação é difícil, senão impossível:

> Proibamos tanto os ditos acusados quanto todas as outras pessoas de qualquer condição e estado de fazer qualquer insolência na dita casa e Hotel de Bourgogne, quando aí for apresentado algum espetáculo; proibamos igualmente que se jogue pedras, se provoque discórdia ou qualquer outra coisa que possa levar à sublevação, sob pena de prisão ou punições corporais. Caso tais insolências ocorram, o presente decreto será publicado e lido em voz alta no local do referido Hotel de Bourgogne, no mesmo dia em que tais fatos acontecerem. Assim ninguém poderá reclamar de ignorância sobre este decreto que leva o selo da polícia militar de Paris[5].

As ordenanças, que só podem regularmente constatar a desordem e tentar regrá-las, exigem ainda que os locais de espetáculo sejam plenamente ilumi-

---

5. Despacho de polícia que permite aos comediantes franceses de se apresentarem no teatro do Hotel de Bourgogne segundo as condições aqui impostas, datado de 5 de fevereiro (Registro do Juiz Pregoeiro feito em 1594).

nados[6] (a escuridão cria a desordem) e que, sob esta luz, os comissariados de polícia de bairro, ajudados por seus homens, cuidem da ordem impedindo que armas, trapaceiros e encrenqueiros entrem nos teatros[7]. Enfim, as referidas ordenanças considerarão que os comediantes serão responsabilizados pelos "escândalos que [...] poderão acontecer"[8]. Mas nada disso funcionou.

Não se trata aqui de estigmatizar o papel da polícia e dos promotores, nem de insurgir-se contra a repressão policial, mas simplesmente de descrever as emoções dos salões daquela época, bem como mostrar a maneira como a necessidade da "tranquilidade pública" nos estabelecimentos teatrais teve dificuldade de se impor. Para estabelecer-se, esta vontade de aumentar a atenção dos espectadores sobre a "representação" de uma ficção teve que enfrentar, de fato, espectadores que não a entendiam desta forma. E efetivamente o que eles rejeitavam era a implantação de um novo espetáculo "dramático", sem que tal resistência estivesse forçosamente relacionada com o que era representado. Assim, quando em 1673 a polícia teve que fechar por algum tempo o teatro do Hotel de Bourgogne, não era contra *Mithridate*, tampouco contra Racine, que a insurgência se

---

6. Despacho de polícia relativo à disciplina a ser observada pelos comediantes, datado de 12 de novembro de 1609: "Serão obrigados os ditos comediantes a serem iluminados por lanternas ou diferentemente, bem como o palco, as entradas e as galerias, as portas e as saídas, sob pena de pagar 100 libras de multa e punições exemplares. O comissário de polícia do bairro se encarregará de fazer cumprir este decreto, e de relatar as contravenções à polícia; e o presente regulamento será lido e publicado diante de dito hotel, com o povo reunido, e fixado nas principais saídas do palco. Feito e determinado no Châtelet de Paris no dia 12 de novembro de 1609" (DELAMARE, N. *Traité de la police...* Op. cit., liv. III, t. 1, p. 472).

7. Despacho de polícia contra os vagabundos e encrenqueiros que perturbam a tranquilidade pública na entrada e na saída dos espetáculos e durante a noite, datado do dia 22 de dezembro de 1640 (Registro do Juiz Pregoeiro feito em 1639). É, portanto, por um lado, sob a condição de que os próprios comediantes regrem as ações perigosas que podem ocorrer nos espetáculos – se necessário, a polícia os ajudará na manutenção da ordem – e, por outro, que as ações que em suas ficções são representadas não sejam desonestas – se necessário, a censura os ajudará neste projeto –, que ditos comediantes evitarão as sanções da lei. Desta forma poderão ser "reabilitados", como o propõe a célebre declaração real de 16 de abril, apoiada evidentemente por Richelieu, que tem todo o interesse em submeter os teatros ao serviço de Sua Majestade – e sua própria política cultural (Declaração do Rei Louis XIII a respeito dos comediantes, 16 de abril de 1641. Despachos registrados no Parlamento. Louis XIII, vol. 8: Archives de France, lado GGG, fl. 234).

8. Arrêt du Parlement, 6 novembre 1574. O conjunto das referências que seguem nas notas fazem referência aos Archives de la préfecture de Police, "Colletion Lamoignon".

estabeleceu, mas porque uns tipos incontrolados apareceram naquele local de assembleia, o então teatro da cidade, e detonaram o espetáculo:

> Sobre o que nos foi representado pelo procurador do rei, que determinados personagens desempregados, armados de espadas, que em diversas ocasiões provocaram consideráveis desordens nesta cidade, e que ultimamente, com temeridade extrema e grande escândalo, forçaram as portas do Hotel de Bourgogne, e se teriam agrupado para a realização deste ato com vários outros vagabundos, os dito cujos, reunidos em grande grupo e armados de mosquetões, pistolas e espadas teriam aberto à força as entradas do mencionado Hotel de Bourgogne durante a apresentação da comédia por eles interrompida; aí teriam cometido tamanha violência contra toda sorte de pessoas que cada espectador tentou buscar por diversos meios evadir-se e livrar-se destes personagens bisonhos que abriram fogo contra tudo e contra todos e que, com brutalidade sem tamanho, maltrataram indistintamente toda sorte de gente[9].

Se formos além da anedota, bem como das informações jurídicas, sociais e políticas relativas às condutas dos participantes das sessões, facilmente podemos compreender que esses ambientes oferecem experiências emocionais fortemente heterogêneas, erráticas, não disciplinadas pelos códigos ulteriores da representação teatral. Mas essas observações permitem também concluir que os espectadores tinham um nível de atenção diferente, portanto, que os comediantes deviam adotar um certo tipo de compostura, enfim, que o teatro era um lugar atravessado por emoções não necessariamente ligadas à peça apresentada, mas sempre em contato com comportamentos individuais e coletivos de ser e de apresentar-se, bem como de representação social. Seja como for, é dentro desse quadro que devemos imaginar a pluralidade das emoções e das propostas da sessão teatral e, o veremos ainda, a realidade dos desempenhos.

---

9. Despacho de polícia para manter a tranquilidade pública nos lugares em que se representam as comédias, publicado e afixado no dia 10 do mesmo mês, 9 de janeiro de 1673 (DELAMARE, N. *Traité de la police...* Op. cit., liv. III, t. 1, p. 474).

Emoções e desempenho

Antes de qualquer tentativa de representação existe a *performance*, ou seja, o desempenho. Em face de uma massa em movimento, barulhenta, de espectadores – acabamos de ver a heterogeneidade de sua evolução e como isso acontece, ou seja, por seus movimentos e atitudes criadores de um espetáculo capaz de engendrar emoções –, o corpo dos comediantes apresenta um segundo dispositivo emocional. Os comediantes, segundo o que podemos saber a seu respeito, declamam ou representam publicamente e, como anteriormente dissemos, interagem com os espectadores. O que prevalece, portanto, é o desempenho pessoal: antes de serem personagens, efetivamente e em primeiro lugar eles se fazem *presentes* e, no século XVII, esta presença é acima de tudo a encarnação dramática do personagem representado, tanto que inúmeras comédias se divertem justamente ao mostrá-los no desempenho de seus papéis.

Assim, segundo *La critique de l'école des femmes* (1663) [A crítica da escola das mulheres], é possível observar um Molière encenando um Dorante-cavalheiro e que busca apoio da plateia, situada no nível inferior, para fazer troça dos pequenos marqueses que estão à sua direita e à sua esquerda, e isso para defender a *Escola das mulheres*, apresentada um ano antes. Molière-Dorante intervém assim como *performer*-ator (ele é ator) e como personagem (ele é Dorante), em nome do líder dos atores da companhia teatral. Da mesma forma, em *L'Impromptu de Versailles* (1663) [O improviso de Versailles], quando ele se coloca em cena como diretor da companhia teatral e pede a seus comediantes de representar diretamente a própria presença (Brécourt é Brécourt, La Grange é La Grange e Mademoiselle Béjart é Mademoiselle Béjart), Molière insiste em primeiro lugar no desempenho dos atores antes de considerar os princípios do papel e os da representação (Brécourt é igualmente o "homem de qualidade", La Grange um "marquês ridículo" e Mademoiselle Béjart uma "puritana"). Esta maneira de colocar em cena a presença dos próprios comediantes, ou seja, seu desempenho, não é uma novidade do século XVII: em inúmeras comédias de "teatro no teatro" vemos intervir, sobretudo no quadro da fábula representada, comediantes que exercem um papel de comediante (brincando ou não com o personagem), diante de um público fingindo que reage a este desempenho – por exemplo, em Jean de Rotrou, *Le véritable Saint Genest* (1646) [O verdadeiro São Genest].

Showing doing[10], como dizem os ingleses, ou, traduzindo, mostrar que se faz. Mostrar-se "representador" permanecendo si mesmo, eis o funcionamento primordial do sistema de representação. Portanto, é o desempenho do ator que vai primeiramente acionar as emoções tanto nele quanto no espectador. A partir de então, as emoções experimentadas podem ser de vários tipos: emoção dos espectadores (e dos parceiros) diante da virtuosidade técnica do gesto ou da declamação; emoção para operar esses gestos e essas declamações; emoção para integrá-las aos imperativos da sessão; emoção enfim para a representação de um personagem. Na tragédia, por exemplo, a apresentação, em grande parte codificada, mas sempre solene, dramática e hipertrofiada, com uma declamação particular diferente da pronunciação dita natural, com roupas preferencialmente brilhantes ou suntuosas, executada num contato face a face com o público: todo esse aparato concorre para que o comediante se sobressaia, se mostre realmente "artista" e exiba sua competência a um público que julgará sua profissão por sua desenvoltura no palco. E são essas posturas, essa declamação, essa impostação, esses gestos e essa nobreza que convêm às emoções fortes que ajudam a construir o personagem.

Emoções e representação

Já podemos abordar o terceiro estrato deste pequeno sistema das emoções no teatro (após termos apresentado o da *sessão* e o do *desempenho*), que é o da representação, e que, por sua vez, supõe que os comediantes-*performers* assumam um papel, um personagem (tipo ou caráter) ao *representá-lo*:

---

10. Cf. SCHECHNER, R. *Performance* – Expérimentation et théorie du théâter aux USA. Ed. de Anne Cuisset e Marie Pecorari. Dir. de Christian Biet. Trad. fr. de Marie Pecorari. Montreuil--sous-Bois: Théâtrales, 2008.

É necessário que um ator, para exprimir essas paixões e esses sentimentos o mais naturalmente e o mais vivamente possível, estimule em si mesmo os *movimentos*[11].

O comediante tem por função representar as emoções estimulando "movimentos" a fim de que os espectadores possam observar os sentimentos e as paixões do personagem (avaliando, como dissemos, a virtuosidade do comediante). Entretanto, neste ponto emerge então uma possível contaminação das emoções: o ator finge viver as emoções dos personagens para que elas hajam sobre um público, e assim comovê-lo. E, inversamente, essas emoções podem locomover-se do personagem ao comediante, contaminando-o. Segundo Pierre Nicole, célebre Monsieur de Port-Royal, contrário ao teatro,

> trata-se de um ofício que tem por objetivo divertir os outros; ofício em que homens e mulheres aparecem no palco para representar paixões de raiva, de cólera, de ambição e, principalmente, de amor. Urge-lhes apresentar tais paixões o mais naturalmente e o mais vivamente possível. Tais atores não saberiam representá-las se antes, de alguma forma, não as tivessem estimulado neles mesmos, e se, nas próprias almas, já não tivessem imprimido as pregas manifestadas no rosto por ocasião da representação. Portanto, urge que os que representam uma paixão de amor se sintam tocados por ela ao representá-la, que não imaginem apagar do próprio espírito a mesma impressão que voluntariamente estimularam, e que ela deixe neles uma grande disposição a esta mesma paixão que conscientemente quiseram sentir[12].

Segundo esse autor do *Tratado da comédia* de 1667, o comediante, ao reproduzir os sinais das emoções, corre o risco de ser *física e moralmente atingido* por tais emoções representadas[13], já que se dispôs a experimentar certas paixões que

---

11. PÉGURIER, L. *Décision faite en Sorbonne touchant la comédie*. Paris: Coignard, 1694, p. 76 (grifo meu).

12. NICOLE, P. *Traité de la comédia* (1667). Ed. de Laurent Thirouin. Paris: Champion, 1998, p. 36-38.

13. Compreende-se a razão pela qual este argumento da contaminação é retomado pelos opositores do teatro, Nicole, como acabamos de ver, e Charles de La Grange que, em 1694, entende perfeitamente o jogo duplo do comediante, simultaneamente *performer* e personagem, vendo nisso também todo o impacto negativo possível junto aos espectadores: "O ofício de comediante

deveria representar. Com a leve diferença de que essa contaminação é produzida por uma elaboração emocional da parte do próprio comediante, que obviamente pode ficar contaminado, mas que é principalmente uma técnica para dirigir-se aos espectadores a fim de que eles mesmos experimentem emoções. Além disso, vimos que é impossível apagar a presença do *performer* que, acima de tudo, se apresenta, ele mesmo, no palco, mas simultaneamente representando outro personagem: o grande comediante Montfleury continua Montfleury e compreende perfeitamente que não devemos esquecê-lo sob os traços de Orestes furioso – mesmo que se diga que ele havia morrido de tanto representar a hipertrofia furiosa; quando Fedra entra em cena, é também ou primeiramente a Champmeslé que aparece. Contaminação-identificação ou distância, eis as questões recorrentes sobre as quais Diderot se debruçará na obra *Le paradoxe du comédien* [O paradoxo do comediante], (publicada postumamente em 1830, mas realmente escrita entre 1769 e 1773). Entretanto, já que se trata aqui de prestar contas das emoções aparentemente sentidas por quem participa do fenômeno teatral nos idos do século XVII, também existe a interrogação sobre as transformações dos termos do debate.

"Leves" manifestações do corpo ou siderações diante da violência?

As emoções têm uma história, já o dissemos, e o termo "emoção", assim como aparece nas fontes, é observável a partir do momento em que esta emoção reenvia a marcas visíveis ou legíveis atribuídas a um fenômeno afetivo. Dessa forma podem ser convocados as *paixões*, os *sentimentos*, as *moções*[14], as

---

do qual fazemos o panegírico não consiste somente em divertir a todo mundo durante duas ou três horas; toda a jornada está envolvida, e toda a vida é infectada por esse sujo ofício. Um personagem a ser representado ocupa completamente aquele que o apresenta; ele ocupa todo o seu tempo: se um ator representa o personagem de um amante desafortunado ou outro que se dá bem em suas investidas amorosas, nisso ele pensa dia e noite; ele sonha com os melhores meios de exprimir-se de uma maneira viva e emocionante. Para tanto, é preciso que ele sinta os movimentos e as paixões que nós não ousaríamos voluntariamente admitir em nosso espírito nem por um instante, sem nos acreditarmos culpáveis diante de Deus" (LA GRANGE, C. *Réfutations d'un écrit favorisant la comédie*. Paris: Couterot, 1964, p. 63-64).

14. Segundo Robert Martin, no *Dictionnaire du moyen français* [cnrtl.fr], o termo "moção" tem primeiramente o sentido de *impulso, movimento,* mas também de *incitação, impulsão que impele um indivíduo a agir de tal ou tal forma;* enfim, *agitação coletiva, sublevação, motim.*

afeições, as *inclinações* e as *emoções,* sem que as distinções sejam sempre claras, a fim de determinar os laços que mantêm o corpo com a alma, com o espírito, mas também com a razão. Ater-nos-emos, pois, à compreensão histórica das formas como a multiplicidade dos afetos é percebida enquanto fato cultural datado, social e geograficamente determinado, e buscaremos desvendar sobre quais enunciados esses afetos podem emergir.

Ora, de imediato, um fato surpreende quem consulta as primeiras definições do termo *emoção* nos dicionários do final do século XVII. Contrariamente ao que podemos pensar das emoções, da forma como elas funcionam nas narrativas ou nas tragédias do início do século, as emoções da segunda parte do século XVII aparecem como o esboço ou o começo de uma ação mais forte. Assim são registradas como *leves* impulsões, ou manifestações do corpo, *moções* ou *movimentos* detectáveis, manifestados mas discretos, que podem testemunhar ou não uma agitação da alma, do espírito, ou uma agitação "moral". Essas moções, ou movimentos, são capazes de agitar os corpos, mas também de estimular seus humores para finalmente causar transtornos, alteração nos espíritos em *émouvant,* isto é, estimulando as paixões do espírito ou da alma:

> *Esmotion,* s.f. Movimento extraordinário que agita o corpo ou o espírito, e que perturba o temperamento ou o equilíbrio. A febre começa e acaba por uma pequena *esmotion.* Quando fazemos um exercício violento, sentimos a *esmotion* no corpo. Um amante sente a *esmotion* ao avistar sua amada, um guerreiro ao avistar seu inimigo.
>
> *Esmotion* diz-se igualmente de um início de sublevação. O fato perigoso de encontrar-se no meio de uma *esmotion* popular (FURETIÈRE. *Dictionnaire Universel,* 1690).
>
> *Esmouvoir,* v. Estimular para colocar em movimento, ou arrancar. São necessários dez homens para *esmouvoir* este sino, para colocá-lo em movimento. Com a força das alavancas, logo arrancaremos esta estaca, ela começa a se *esmouvoir.* Este reduto começa a se *esmouvoir,* ele está abalado. Trata-se de um termo que vem do latim *emovere.*

Esmouvoir diz-se mais particularmente do que é mais sutil no corpo, algo que colocamos em movimento por algum calor ou remédio. O sol de janeiro *esmeut* os vapores e os nevoeiros, mas ele não pode dissipá-los. Esta dose de sene poderá *esmouvoir* os humores, mas ela não é suficientemente forte para expulsá-los. Os temperamentos secos são mais difíceis de *esmouvoir* do que os outros. Os ventos *esmeuvent* o mar. As tempestades *esmeuvent* as areias, a poeira. A cólica vem dos ventos que são *esmeus* no corpo. *Esmouvoir* também é usado figuradamente em moral das paixões. A ciência de um orador é exatamente a de saber *esmouvoir* eximiamente as paixões. A miséria *esmeut* a piedade. As injúrias *esmeuvent* a cólera. Um estoico não se *esmeut* por qualquer acidente de infortúnio que lhe chegue. Ele só se *esmeu* quando o acusam de traição. Ele fala sem *esmouvoir*. Ele se deixou *esmouvoir* pelos gritos e lágrimas desta viúva.

Esmouvoir diz-se também em caso de sublevação e de querelas. O povo começou a se *esmouvoir* por ocasião da publicação desta afirmação: é mais difícil acalmar do que *esmouvoir*. Foi fulano que *esmeu* a questiúncula, que começou a querela. É de sujeitos frívolos que geralmente se *esmeutent* as grandes guerras (FURETIÈRE. *Dictionnaire Universel*, 1690).

Como se pode perceber, segundo Furetière, em 1690 a emoção é entendida como um movimento físico extraordinário e sutil que pode ser provocado por uma técnica, ou por uma arte. Esse movimento é também detectável graças a sinais visíveis mais sutis, mesmo se nessa definição a emoção é só o início de uma manifestação que pode tornar-se mais violenta. Trata-se do esboço de um sentimento, ou de uma paixão mais forte e mais perceptível. Se as emoções agitam e colocam em movimento os elementos do corpo, elas também são precursoras de uma ação mais forte ou mais radical que seria a manifestação integral de uma paixão.

As observações que podemos fazer das emoções, da forma como são invocadas nas narrativas ou tragédias da primeira parte do século XVII, é que elas representam ações *fortes, contundentes*, e que, nesse caso, o envolvimento, a paralisação dos espectadores e leitores é determinante tanto no processo de produção emocional quanto no processo de recepção. "Estamos enojados de livros que ensinam; ofereçam-nos livros capazes de nos *emouvoir*", dizia Agrippa d'Aubigné, em seu parecer "Aos leitores" sobre os *Trágicos* (edição de 1623)[15]. Em igual medida, os autores das tragédias do início do século XVII, e talvez com mais determinação ainda seus precursores do século XVI, cultivam a encenação de emoções violentas, quadros sangrentos, assassinatos odiosos ou execuções espantosas (atrás das cortinas do palco e inclusive ao vivo, no palco, à vista do público):

> As temáticas ou matérias da tragédia espelham as ordens do rei: batalhas, mortes, estupros de meninas e mulheres, traições, exílios, reivindicações, choros, gritos, falsidades e outras questões similares [...]. Quanto mais cruéis, mais excelentes as tragédias. [...] Horácio, em sua *Arte poética*, diz com todas as letras que sistematicamente não devemos representar os horrores da tragédia ao povo: *Ne pueros coram populo Medea trucidet, aut humana palam coquat exta nefarius Atreus. Aut in avem Progne vertatur*[16], e tampouco esquartejar uma criança ou algo semelhante no palco. A razão reside na própria interdição: por qual motivo desmembrar um homem no palco? Poder-se-ia inclusive afiançar que ele seria desmembrado nos camarotes, e instantes depois anunciar que foi desmembrado, e mostrar a cabeça ou outras partes. Sumariamente diria que a metade da tragédia se realiza atrás das cortinas, visto que é lá que se realizam as execuções que se propõe apresentar no palco[17].

Laudun d'Aigaliers, em sua *Arte poética* de 1598, afirma que os efeitos cruéis capazes de desencadear emoções violentas devem ser buscados nas tragédias, mas que tais efeitos são difíceis de realizar. Não é sobre os princípios que devemos concordar com Horácio, mas sobre as possibilidades de realização da crueldade; é por isso que é possível colocar em cena um horror requintado:

---

15. D'AUBIGNÉ, T.A. *Les Tragiques*. Ed. FANLO, J.-R. [manuscrito de Genebra (T), provavelmente posterior a 1623, e variantes]. Paris: Champion, 1995.

16. HORACE. *Epitre aux Pisons* (*Art poétique*), v. 185-187: "Que Medeia não venha engolir seus filhos sob o olhar do povo; tampouco o horrível Atreu fazer ferver, em pleno teatro, vísceras humanas. Não quero ver Procne metamorfoseando-se em pássaro [...].

17. LAUDUN D'AIGALIERS, P. *L'Art poétique François*. Vol. 4. Paris: Du Brueil, 1598, p. 281-285.

mascarando-o atrás das cortinas, se tecnicamente não é possível representá-lo no palco, ou representando-o diretamente, quando é possível a fim de não deixar o essencial das representações horríveis sempre longe dos olhares do público. O que está em questão é a possibilidade material de uma encenação do horror mais do que é permitido ou não mostrar no palco[18]. Compreende-se que naquela época as emoções não eram apenas desencadeadoras de paixões, ou sinais leves dos sentimentos, convidadas a tornar-se ações, mas eram justamente produzidas por representações violentas. Esta oposição teórica entre a definição de Furetière e o desenvolvimento de Laudun exige alguns exemplos a fim de observar essa transformação que iria da irrupção de emoções fortes próprias a envolver os espectadores à análise das emoções e de seu desenvolvimento a partir dos sinais de sua aparição.

O que podemos dizer das emoções teatrais do início do século XVII?

No início do século XVII, a tragédia pós-"humanista" se interessa pelos efeitos da emoção extrema e, paralelamente, as narrativas sangrentas de Boaistuau, Rosset, Van den Bussche (Sylvain) ou Camus realizam, em suas narrações, baforadas paroxísticas a fim de, em princípio e segundo as declarações de alguns de seus autores, guiar o leitor rumo a uma devoção inabalável. Jean-Pierre Camus, por exemplo, bispo de seu Estado, grande provedor de narrativas trágicas, sangrentas, e confiante numa apologética contrarreformista combatente, usa, entre 1630 e 1640, todas as marcas de sangue para levar os leitores à salvação, pelo excesso[19]. Como bom conhecedor das paixões humanas, ele brinca fortemente com as imagens marcantes, mas, no reverso desta louvável intenção, dir-se-ia que tais efeitos, inclusive no interior de uma narrativa enquadrada, podem deixar o leitor em tal estado de estupor

---

18. E em sua peça autobiográfica, *Dioclétian*, Laudun d'Aigaliers insiste no fato de que se trata de representar uma das perseguições mais sangrentas dos reinos de Diocleciano e de Maximiliano, o que já diz muito... (cf. LAUDUN D'AIGALIERS, L. *Poësies*. Paris: Le Cler, 1596, p. 1-60, aqui p. 5).

19. Cf. ROBIC, S. *Le salut par l'excès* – Jean-Pierre Camus (1584-1652), la poétique d'un êvèque romancier. Paris: Champion, 1999.

que o objetivo devoto às vezes está sujeito à caução e que pode prevalecer um prazer pelo arrebatamento[20].

Consecutivamente à tragédia humanista de Garnier, já sangrenta – mas sem os grandes efeitos impressionantes que em seguida vão ocorrer –, e paralelamente às narrativas dos *Espetáculos de horror* camusianos[21], existe uma tragédia superviolenta sobre a qual muitos textos recentemente foram publicados[22]. *Le more cruel* (v. 1610), *La tragédie mahométiste* (1612), das quais os autores normandos são anônimos, *Scédase, ou l'Hospitalité violée* (1624), *Alcméon, ou la Vengeance féminine* (1626), de Alexandre Hardy, ou ainda tragédias de martírio como *Le martyre de Saint Vincent* (1618), de Jan Boissin de Gallardon, são peças escritas durante a (re-)nascença do teatro do pós-guerras de religião, nas quais os efeitos, encenados e em ação nos teatros das cidades, parecem fluir no palco para captar um público heterogêneo, sem que se possa verdadeiramente medir seu impacto. Está claro, portanto, que a técnica principal é impressionar para tornar mais atento um público por essência diversificado e sem tradição de ouvir e ver com mais atenção. Do mesmo modo, os personagens são apresentados num estado emocional de horror, de cólera, de violência, e inclusive de crueldade, ou seja, em momentos de paroxismo totalmente extraordinários. Esse teatro de experimentação, que lança imagens impressionantes no rosto dos espectadores[23], tenta imprimi-las em seus espíritos para dar vigor às emoções sentidas.

---

20. No século seguinte, Sade, que conhece perfeitamente Camus e Rosset, pelo fato de lê-los regularmente, se lembrará disso.

21. CAMUS, J.-P. *Les Spectacles d'horreur, où se découvrent plusieurs tragiques effets de notre siècle.* Paris: Soubron, 1630.

22. BIET, C. (dir.). *Théâtre de la cruauté et récits sanglants* – France (fin XVIe-début XVIIe siècle). Paris: Laffont, 2006 [Coll. "Bouquins"]. • BIET, C. & FRAGONARD, M.-M. (dirs.). *Tragédies et récits de martyres en France (fin XVIe-début XVIIe siècle).* Paris: Classiques Garnier, 2009.

23. Do mesmo modo que, para o teatro elisabetano, fala-se de *striking effects*, assim também o teatro inglês do final do século XX e do início do século XXI, o de Sarah Kane, Edward Bond ou Howard Barker pode ser definido como um teatro *in-yer-face* – termo inventado pelo crítico britânico Aleks Sierz (*In-Yer-Face*: British Drama Today. Londres: Faber & Faber, 2001) e que convém também ao teatro aqui estudado.

Estimulação, atenção, visibilidade: a história, a fábula do mouro cruel

A intriga de *Tragédie française d'un More cruel envers son seigneur nommé Riviery, gentilhomme espagnol, sa Damoiselle et ses enfants* [Tragédia francesa de um mouro cruel para com seu senhor denominado Riviery, fidalgo espanhol, sua senhorinha e suas crianças][24], que tomamos aqui como exemplo para ilustrar este primeiro tema, é resumida por seu longo título: um escravo mouro, por muito tempo maltratado por seu patrão (um fidalgo espanhol chamado Riviery), decide vingar-se e espreita o momento propício. O mouro previne os espectadores no prólogo que será implacável. O patrão, consciente de sua crueldade para com seu escravo (ou tocado pela providência e buscando emendar-se), toma então a decisão de libertá-lo, apesar da opinião desfavorável da senhorinha, sua esposa, que o alerta contra a crueldade dos bárbaros pagãos. A fábula podia parar por aí: o mouro estaria enfim livre para retornar à sua pátria ou, agradecido, poderia continuar servindo livremente seu patrão. Ora, Riviery decide mantê-lo ao seu serviço e, para mostrar-lhe sua boa-fé, ou o poder sobre

---

24. Texto anônimo publicado em 1613 em Rouen, pela Abraham Custurier, livraria situada à Rua Écuyère. O tema do drama, como o sublinha o "Argumento", é tirado de uma das *Novelle* de Bandello. O que o autor não especifica é que a fonte na qual fundamenta sua intriga não é a novela italiana ela mesma, mas sua tradução e sua adaptação por Belleforest, da qual várias edições aparecem em Rouen entre 1603 e 1607 (BELLEFOREST, F. *Histoires tragiques extraites des oeuvres italiennes du Bandel*. Rouen: L'Oyselet-Calles, 1603-1604). A "fonte" mais evidente, literária como cenograficamente, é a *Medeia* de Sêneca. Como Medeia, o mouro domina a cena (Medeia está sob o teto que ela ocupa com Jason e seus filhos, se vinga de seu marido matando seus filhos; o mouro está sob a proteção de Riviery que é a antecena, entre os espectadores e o espetáculo de horror). O mouro, aliás, faz uma vez referência à mágica (ato IV, v. 592). Da mesma forma, esta semelhança cenográfica (muito compartilhada naquele tempo) consistindo em colocar no alto (uma cena sobrelevada) um personagem vociferante no final do espetáculo será retomada, dentre outras peças, por *La Rhodienne, ou la Cruauté de Soliman*, de Pierre Mainfray, em 1618, onde se vê Perside empoleirada no alto das muralhas da cidade de Rhodes, falando mal de seu soberano antes de ser abatida por seus arqueiros. Essa tragédia, como muitas outras dessa época, poderia passar por uma "imitação" de Sêneca. Mas ela está muito mais próxima do teatro elisabetano. As formas utilizadas – o personagem de preto no teatro, notadamente as sequências centrais, e em particular o juramento sobre o Deus dos cristãos e da mutilação, que encontramos em *Titus Andronicus* de Shakespeare (1590) – são as mesmas nos dois lados do Canal da Mancha. Existe, pois, senão uma circulação difícil de atestar – nossa equipe de pesquisa "Histoire des arts et des représentations" da Universidade Paris-Ouest-Naterre-La-Défense está investigando – pelo menos um parentesco entre este teatro francês e o teatro europeu, mais particularmente inglês, daquele tempo.

ele, o incumbe de uma missão de confiança: proteger sua mulher e seus três filhos em seu novo castelo enquanto, como bom fidalgo, Riviery se entrega ao passatempo favorito de um homem de sua estirpe: a caça.

A ocasião, tão desejada pelo mouro, surge então. Tendo-se fechado no castelo do patrão com seus "protegidos", faz então valer sobre eles sua vingança: estupra a mulher diante dos filhos, ordena ao patrão (que escondido atrás das muralhas voltou para salvar sua família) que corte seu nariz na sua presença (punição infligida aos escravos que tentavam fugir), jurando pelo Deus cristão que libertaria as crianças. Tendo prometido isso, diante do patrão sangrando, voltou atrás do juramento, justificando que sua promessa não valia nada, já que seu deus era Mahon (Maomé). O mouro, em seguida, joga, em presença de Riviery, seus pequenos reféns do alto da torre, depois degola a senhorinha, ao vivo, antes de lançá-la também pela torre do castelo. Realizada a malvadeza, para que sua vingança fosse perfeita e não atraísse a retribuição pela justiça dos cristãos, a única solução é concluir definitivamente a ação. Ele se evade então da ação dramática jogando-se do alto do castelo, mas, suspenso por uma espécie de asas, sobrevoa o local avistando abaixo as muralhas, os fossos, os cadáveres que Riviery, pai desfigurado e viúvo enlutado, contempla. E quando, enfim, faz-se necessário que a peça deplore os crimes, nos últimos instantes da tragédia, lá ainda, alivia-se o luto, reduz-se a elegia, e passa-se então à normalidade da vida, e imediatamente depois as cortinas são fechadas.

Tomados pelo horror das ações apresentadas e entendendo todas as emoções verbalizadas pelos personagens ao longo das ações executadas, a todo instante os espectadores são provocados por algumas questões: quem está errado, quem tem razão? O mouro vingador, que se queixa de ter longamente sofrido as malvadezas de seu patrão e de ter sido seu escravo? O patrão, que sofreu ao vivo a tortura e a humilhação diante dos espectadores, que sem poder agir viu seu novo e belo castelo investido por um negro, e que perdeu sua linhagem, sua mulher, sua honra e seu nariz sem poder se vingar? A senhorinha que, solidária ao marido, não soube convencê-lo da periculosidade dos mouros?

Será que todos os ocidentais, ou todos os espanhóis, que praticam a escravidão estupram? E será que todos os negros se vingam da violência sofrida dos brancos? Todos os que, violentamente, matam e ferem? Todos os que, nos períodos de turbulências, cometem perversidades e se queixam de serem violentados e humilhados? Seja como for, os papéis são escritos de tal forma que os personagens e os comediantes devem passar por uma série de emoções: a cólera, a indignação, o discurso sobre a astúcia, a veemência, a humilhação, o pedido de piedade, o sofrimento físico, a impotência de agir, o abatimento, os choros, o extremo desgaste, o luto etc., para "tocar" em cheio os espectadores. Cada espectador, em particular ou conjuntamente, sente-se refém de emoções difíceis de controlar e da razoabilidade de sua própria opinião, difícil de ser feita, debatida, julgada.

Em seu conjunto, porém, a tragédia do *Mouro cruel* oferece uma curiosa mistura emocional, referencial e genérica. Nela encontramos uma passagem pastoril com uma narrativa de caça e o sentimento de viver feliz retirado nessas suas terras, grandes monólogos trágicos, queixas e elegias, momentos cômicos, de honra e de crueldade, que o espectador paga para ver e vale o preço pago. Encenar o *Mouro cruel*, portanto, é evidenciar um crime, um tema judicial, uma vingança enfim, da qual o público espera uma conclusão. Ao mesmo tempo vítima, criminoso e carrasco, Riviery, o patrão espanhol, está no centro do caso, e paralelamente o remete aos espectadores e ao mundo de fora que, impotente ou despreocupado, deixa que os crimes diariamente aconteçam. Nesse teatro, urge enfrentar a violência arcaica e atual, apresentar a situação diretamente ao espectador, correr o risco da comoção e do horror para, em seguida, poder ir mais longe. O teatro do final do século XVI e do início do século XVII não atenua os sinais visíveis do horror pelo discurso neutro. Isso porque, mesmo que os espectadores se fascinem com os suplícios, igualmente se sentem imprensados entre o terror repulsivo, o prazer de senti-lo, o sofrimento de suportá-lo, a necessidade de condenar os crimes e a multiplicidade de sentidos contraditórios que as peças teatrais podem apresentar.

Oferecendo ações hiperviolentas ao vivo (sabemos que às vezes são reenviadas, em outras tragédias e por comodidade cenográfica, aos camarins), a tragédia, como nos mistérios tardios e em certas peças humanistas, cultiva *efeitos* cênicos, mesmo deixando um grande espaço ao discurso, com uma linguagem poética e retórica tida como possível ainda, embora às vezes recoberta e subjugada pelas ações. Assim, quando o mouro se dirige à senhorinha antes de sacrificá-la, ele opõe à oração fervorosa desta que vai morrer a urgência do que ele deve realizar:

> Será que já não falaste o bastante, já não cacarejaste demais?
>
> Já não imploraste o suficiente ao teu Cristo?
>
> O que pretendes que ele te faça neste momento?
>
> Tuas queixas, teus lamentos não são nada, te asseguro.
>
> Não! Não penses que invocando-o vou desviar de ti a mão que te matará (*Mouro cruel*, ato IV, v. 647-653).

Palavra e ação, palavra contra ação, palavra acentuando ou tentando moderar as ações terríveis: é nessa luta, complementar, entre as ações cênicas e o trabalho poético textual que a tragédia moderna se fundamenta diante de um público novo. As emoções extremas, soberbamente encenadas, na mais exímia *performance*, são assim tidas por capazes de produzir junto aos espectadores (e na ficção junto aos personagens) fenômenos de estarrecimento pela violência, simultaneamente confrontados com os do pensamento e os do julgamento sobre esta violência. Pois, contrariamente às ideias recebidas, parece que a paralisação das sensações não intimida a reflexão, ou não impede: o pavor e o pensamento, o estarrecimento e a reflexão, o horror e a análise, a *pathia*[25] e a distância, a proposição da ação violenta feita pelos comediantes e a participação do público na sessão se conjugam então.

Como se pode perceber, as emoções-moções tais como podem aparecer nos teatros do final do século XVI e do início do século XVII são ao mesmo tempo interiores, produzidas na alma e profundamente sociais. Elas funcio-

---

25. Retomo aqui o termo utilizado em ROBIC, S. *Le salut par l'excès*. Op. cit., p. 94.

nam a partir de grandes quadros dinâmicos que são apresentados visando a desenvolver um *efeito intelectivo* capaz de produzir emoções paroxísticas, mas também levam a pensar e a imaginar uma interpretação do mundo. Assim, nos teatros, por ocasião das apresentações, os espectadores são confrontados, cada um em particular, com quadros-ficções metafóricos que os estimulam, que os deslumbram e que os levam a julgar por meio das próprias emoções que eles ajudam a construir. É dessa forma, pelo choque das imagens discursivas, plásticas, e pelos desempenhos, que as emoções são física e topologicamente compartilhadas, heterogêneas e con-divididas. Estas peças concebidas como máquinas de produzir emoções violentas remetem, portanto, aos afetos, bem como ao julgamento e ao entendimento.

Emoções mais "clássicas"

O que vem a seguir é mais conhecido e certamente melhor balizado pela crítica[26]. Em razão disso só abordaremos rapidamente os aspectos maiores. A emoção-moção, *via* desencadeamento dos afetos por quadros dinâmicos impressionantes realizados no palco, pouco a pouco é posta de lado pelas correntes do século XVII. Se, como vimos, uma certa liberdade era consentida aos comediantes e aos autores do início do século XVII, a fim de agitar as emoções, animar a imaginação, compor quadros e chocar os sentidos tanto nas ficções propostas quanto nas sessões apresentadas, esta liberdade de experimentação parece contrair-se diante daquilo que sempre mais intensa e claramente vai se denominando "perigo das paixões não moderadas". Regulação do sentir e dos afetos, necessidade de um discernimento racionalizado: eis, pois, as duas principais evocações para que os efeitos impressionantes,

---

26. FORESTIER, C.G. *La tragédie française* – Passions tragiques et règles classiques. Paris: Armand Colin, 2010 [versão rev. em *Passions tragiques et règles classiques* – Essai sur la tragédie française. Paris: PUF, 2003]. • MERLIN-KAJMAN, H. (dir.). *Littératures classiques* – N. 8: Les émotions publiques et leurs langages à l'âge classique. Villeneuve-d'Ascq: Presses universitaires du Midi, 2009. Cf. esp. GUYOT, S. & THOURET, C. "Des émotions en chaîne: représentation théâtrale et circulation publique des affects au XVIIe siècle", p. 224-241.

no teatro, se interrompam durante as apresentações e por ocasião do discurso poético, e assim prevaleçam sobre as ações. De uma necessidade de arrebatamento do corpo e do espírito dos espectadores pela emoção violenta e pela *"pathia"*, passa-se então a apresentar uma série de enunciados discursivos que, ao invés de fazer agir as paixões através de moções-ações, colocam poeticamente um pensamento nas paixões e comentam a emergência das emoções, falam do transbordamento das paixões e, mais geralmente, das armadilhas dos sentidos.

A partir deste princípio poderíamos então nos perguntar se, desde 1640, enquadrar as emoções e aprofundá-las analisando-as não evitaria cair nas paixões à época definidas como nocivas ou condenáveis. E, já que se duvida tanto dos perigos da emoção fogosa e eficaz, torna-se então necessário lançar mão de todos os meios para contê-la, ou para evitá-la, a fim de não ceder às paixões vorazes. Talvez também não haja mais a urgência de *sentir* novamente a violência de um passado ainda recente, mas, ao contrário, a urgência em propor que os afetos sejam enquadrados, autorizados e postos a serviço do que agora se denomina razão, ou Estado. É assim que podemos invocar os progressos da civilidade, considerando as condições práticas nas quais as ciências teatrais se desenvolveram. Entretanto, os autores e os teóricos buscam primeiramente impor a ideia de que a tragédia representa e produz emoções decentes, ou admiráveis, que convêm ao suposto respeito dos comediantes e dos espectadores, bem como à nobreza dos personagens[27].

---

27. É sob a condição que os comediantes regulem eles mesmos as ações perigosas que ocorrem no teatro – e, em caso de necessidade, a polícia os ajudará a manter a ordem –, de um lado, e que as ações que eles representam em suas ficções apresentadas não sejam desonestas – e, se necessário, a censura os ajudará nesse projeto –, de outro lado, que não cairão nas garras da lei e que serão "reabilitados", como o propõe a célebre declaração real de 16 de abril de 1641. Declaração evidentemente apoiada por Richelieu que tem todo o interesse em colocar o teatro ao serviço de Sua Majestade (e sua própria política cultural): *Déclaration du Roy Louis XIII au sujet des comédiens* (16 avril 1641), ordonnances enregistrées au Parlement, 8e vol. de Louis XIII, lado GGG, fol. 234.

A admiração e seus perigos

A *mímesis* busca imitar então o que há de belo na natureza, representar o que nela há de melhor, e assim resgatar um contentamento e um desejo de modelação *via* paixão admirável, paixão positiva. A emoção que o espectador é convidado a experimentar é assim a admiração, e Corneille constitui aqui a referência primeira. Para ele, é possível "purgar, moderar, retificar e até desenraizar [nele] a paixão que mergulha aos [seus] olhos na infelicidade os personagens [que ele lastima]" (*Discours sur la poésie dramatique*, 1660). E, se Corneille concede que o temor e a piedade possam ser bons vetores para a emoção trágica, ele faz da admiração, que supera e esclarece este temor e esta piedade, uma emoção prioritária. A propósito de Nicomedes, Corneille escreve:

> Este herói a meu ver foge um pouco às regras da tragédia, no sentido que não busca gerar piedade pelo excesso de seus infortúnios; mas o sucesso mostrou que a firmeza dos grandes corações, que tão somente excita a admiração na alma do espectador, às vezes é igualmente tão agradável quanto a compaixão que nossa arte nos pede de reproduzir na representação de suas infelicidades. Esta representação gera algumas infelicidades, mas não chega a arrancar lágrimas. Seu efeito se limita a colocar os espectadores nos interesses deste príncipe, e a fazê-lo criar desejos por suas prosperidades. Na admiração por sua virtude, eu encontro uma maneira de purgar as paixões, admiração da qual Aristóteles nada falou, e que talvez seja mais garantida do que a prescrita por ele para a tragédia através da piedade e do temor. O amor que a admiração nos dá por esta virtude que admiramos nos imprime na alma a raiva pelo vício contrário (CORNEILLE. *Examen*, 1660).

Ora, aqui também esta emoção, ou esta paixão positiva, pode ser perigosa se seu efeito (junto aos espectadores e aos personagens admirados) propicia um modelo e uma resposta imitativa: a admiração não deve ser nem excessiva nem ceder sistematicamente lugar a um tipo-ideal, pois precisamos desconfiar da admiração-estupefação, perigosa porque absoluta, portanto, excessiva.

A apropriação pelo espectador do modelo proposto pela atitude do herói não tem espaço para sua representação no mundo[28].

Mas se, para Corneille, os heróis não podem ser santos – e ele poderá constatá-lo, e lastimá-lo, após o fracasso de *Teodoro* (1646), peça que segue diretamente *Rodogune* (1645) –, eles correm o risco de às vezes ser perigosos, e inclusive diabólicos. A admiração, por ser, no início, moralmente neutra enquanto fundada em alguma coisa "grandiosa", igualmente pode ser aplicada ao mal. Um mal que fascina, por menos que ele se integre a "uma grandeza de alma que tem algo de tão elevado, já que detestamos suas ações e admiramos a fonte de onde elas partem" (CORNEILLE. *Examen* de 1660). Como se pode perceber, talvez seja isto que ainda ligue Corneille ao sistema emocional precedente: o personagem de Cleópatra, em *Rodogune*, é admirável por ela ser grande e escandalosa. É a razão pela qual deve ser punida, mas, mesmo assim, não deixa de ser extraordinária, e inimitável por encarnar o horror, e temível porque seu personagem soube perfeitamente "impressionar" os outros heróis e os espectadores. Por seu silêncio, seus cálculos, mas principalmente por essa postura de grandeza mortífera, Cleópatra, assim como Medeia, desestabilizou os valores. O que a torna admirável é o fato de ter progressivamente questionado as verdades mais inquestionáveis: o direito de primogenitura, o amor materno, o interdito de parricídio e de infanticídio, a verdade ela mesma, já que não a revelará jamais. Ela encarna sozinha a dúvida sobre o resto do mundo e sabe morrer em plena consciência, por um gesto tão "grande" quanto estoico e imoral. Estupor, fascinação e paralisia são as emoções que ela induz junto aos outros personagens e, supõe Corneille, junto aos espectadores. Será necessário, no entanto, nessa perigosa urgência, ultrapassar essa admiração diabólica, pois não estamos mais no tempo da admiração dos monstros – o de outrora. Antíoco, o filho medíocre, mas quase virtuoso, deverá falar para reorientar a leitura e permitir que a moral e a lei triunfem, *in extremis*.

---

28. Cf. BIET, C. "Plaisirs et dangers de l'admiration". *Littératures classiques*, n. 32, 1997.

Corneille, com toda justiça, pode reivindicar a admiração como paixão essencial impressa na tragédia, mas ele também assume sua ambiguidade, e brinca com ela. Nele a admiração é efetivamente o que surpreende e ofusca, e seus desfechos o atestam particularmente. Para ele a admiração é algo que ainda deve ser contido, canalizado, para que nenhuma torrente passional arrebate os personagens e os espectadores. A grandeza outrora admirada deve agora ceder lugar a uma admiração plena de discernimento, mais calma, mais moral, mais estável, num termo: mais monárquica.

Terror e piedade

Entretanto, se Corneille é importante enquanto retoma a emoção, ou a paixão pela admiração, ele não representa toda a segunda metade do século. Retomando a *Poética* de Aristóteles (que, graças aos italianos, mal acabava de penetrar nos espíritos dos autores e dos teóricos de então), seus contemporâneos, d'Aubignac[29] por primeiro, e mais particularmente seus caçulas, dirão principalmente que o temor e a piedade que se deve solicitar nas tragédias permitem uma *purgação* ou uma *dulcificação* das paixões humanas. Assim, estas emoções – o temor e a piedade – estarão em condições de ceder espaço a uma espécie de sublimação ou, como emoções dolorosas, serão transformadas, pelo teatro, em prazer estético[30]. O espanto, a surpresa, o exercício do horror, o arrebatamento "patético" proporciona aos espectadores o estupor, a cólera e

---

29. D'AUBIGNAC, F.H. *La pratique du théâtre* (1657). Ed. de Hélène Baby. Paris: Champion, 2011.

30. Podemos ver nisto a justificação da moralidade do teatro (séculos XVI e XVII): mostrando as consequências das terríveis ações, a tragédia nos permite experimentar o temor e a piedade que curam o espectador "purgando-o" das más paixões, pelo espetáculo terrível que ele tem diante dos olhos; outra interpretação levemente diferente: fazendo o espectador experimentar as paixões positivas que são justamente o temor e a piedade, ele é levado a rejeitar as más paixões que são representadas nas tragédias. Também podemos ver aqui a expressão de um funcionamento médico: fazendo-nos experimentar paixões depuradas (é a função da *mímesis*), a tragédia nos garantiria paixões "plenas" e o prazer liberado seria assim o alívio que derivará desta operação. Enfim, o efeito estético consiste não numa purgação, mas na instalação de uma distância em relação ao que é apresentado pela representação. Cf. ARISTOTE. *Poétique*. Trad. fr. de Michel Magnien. Paris: Le Livre de Poche, 1990, esp. o prefácio.

a indignação diante dos crimes expostos, cedem assim espaço a emoções mais "clássicas" (no sentido que a antiga estética aristotélica as apresenta como essenciais) evocadas e comentadas pelos teóricos e praticadas pelos autores. E, se admitirmos que a *catarse* consiste em criar emoções insuportáveis e simultaneamente temperá-las pela arte, é possível então afirmar que a arte trágica está lá para atenuar, ou dulcificar, as emoções ao privilegiar a clareza da forma a fim de transformá-las em prazer. O reconhecimento, o momento da revelação ou do desfecho tem assim um impacto emocional no espírito do espectador, revelando-se muito útil à moral. De fato, já que não existe mais nem angústia excessiva nem horror insuportável (graças à plausibilidade e à decência), pode haver então reflexão, compreensão e conversão.

Retorno, pelo poema dramático, da máquina de emoções

Racine usa muito pouco a admiração, já que simultaneamente constata o horror das paixões e a impossibilidade do homem desfazer-se delas. Mesmo não oferecendo um horizonte absolutamente positivo à maioria de suas tragédias, Racine propõe compartilhar a dor dos heróis, suas inquietações, e inclusive suas infelicidades, através das lágrimas, ou seja, por uma versão cristã da piedade: a compaixão. Reivindicando o temor e a piedade, e transformando a piedade em compaixão a fim de compartilhar a dor numa espécie de cerimônia das lágrimas, entende levar o espectador a um estado moderado e mais condizente com a razão. A emoção, ou mais especificamente a efusão, em *Berenice* (1670), por exemplo, consiste em reunir num mesmo movimento emocional – trata-se da efusão das lágrimas – personagens, comediantes e espectadores. E igualmente sabemos que Racine se apoia numa poesia que solicita muito direta e fisicamente a emoção engendrada pelo nascimento, pela sucessão e em seguida pelo transbordamento passional. Mas quando, no Hotel de Bourgogne, em 1º de janeiro de 1677, a Champmeslé, apresentando *Fedra*, declama: "Eu o vi, corei e empalideci à sua vista, / Uma perturbação elevou-se em minha alma desesperada, / Meus olhos não viam mais e sequer podia falar, /

Senti todo meu corpo estremecer e arder" (*Phèdre et Hippolyte*, ato I, cena 3, v. 273-276), podemos afirmar que as emoções desencadeadas por estes versos[31] são primeiramente as que consistem em julgar o desempenho da atriz, neste caso a Champmeslé, de quem se dizia que à época gostava de apresentar a peça o mais rapidamente possível e desconfiava-se inclusive de seu excessivo interesse pelo lado financeiro. Poderíamos então, como ainda o fazemos hoje, julgar a comediante com uma prevenção positiva ou negativa, sermos, segundo os espectadores e os grupos, envolvidos ou não por sua apresentação que (talvez) consegue eliminar a desatenção crônica. O repetimos, a atenção dos que estão na plateia (espectadores em pé, na parte baixa), a atenção em todo o teatro (principalmente dos espectadores sentados nos dois lados do cenário), a atenção dos espectadores acomodados nas poltronas privilegiadas (pessoas geralmente ocupadas com outras coisas, em particular, para mostrar-se), e as poltronas de segunda classe ou do anfiteatro. Enfim, talvez esse variado público pudesse aplaudi-la, encorajá-la, criticá-la; talvez algum burburinho lhe pudesse ser endereçado etc.

Tudo isso nos faz compreender que a multiplicidade e a variedade das emoções não brotam exclusivamente do texto, do personagem, mas também do funcionamento, da encenação (mesmo que até então ainda não existisse um diretor ou cenógrafo) e das circunstâncias (a estreia é diferente das outras apresentações). As emoções e as moções que durante a sessão agitam os espectadores do Hotel de Bourgogne são tão heterogêneas quanto os espectadores que pagaram por suas poltronas para ocupá-las.

E se, a partir desse primeiro reflexo das emoções, formos ao texto de Racine supondo que a comediante o apresenta (segundo os códigos e à sua ma-

---

31. As emoções desencadeadas por estes versos não são, ou não são unicamente, as que as notas das edições eruditas comentam. Obviamente é possível admitir que Racine manifesta um certo prazer, ou experimenta uma certa emoção, ao reescrever os autores antigos, e os espectadores podem se comover e ter algum prazer em reconhecer uma referência a Eurípedes, a Safo, ou ao Pseudo-Longin traduzido por Boileau. Podemos inclusive imaginar que até seria possível experimentar uma espécie de contentamento literário ao constatá-lo, mas também podemos pensar que outras emoções, menos eruditas, são mais evidentes.

neira), percebemos que toda a atenção é centrada no relato das premissas da paixão e nos gestos "suaves" que fazem com que, uma vez posta em cena, esta paixão, ao longo da apresentação, inverta tudo. Estamos, pois, no exórdio da apresentação da comediante, do texto e da crise emocional. Na citação proposta, a comediante que apresenta Fedra não narra apenas ter experimentado uma série de emoções, mas também consegue transcrevê-las em seu rosto e em seu corpo. Estes sinais, descritos por um relato de um passado onde surgiram, supõem que o corpo de Fedra de repente estremeceu e ardeu, e se Fedra *sente* que estremece e arde ainda, a Champmeslé deve mostrá-lo e os espectadores percebê-lo (e os códigos semiológicos podem variar de uma época ou tradição à outra). Ao mesmo tempo em que Fedra confessa sua paixão, a descrição física, e inclusive clínica, dos sintomas e das emoções que estão no texto, permite à comediante compor por seu corpo e por sua declamação uma paixão devoradora que os espectadores veem, compreendem como tal, e os estimula. A partir de então, as emoções e a compreensão se encadeiam: se Fedra carrega estes sinais e se a Champmeslé os transcreve, é também para que os espectadores possam interpretá-los a partir daquilo que eles mesmos sabem das emoções.

Thymós [alma, vontade, desejo] e *Bouleumata* [decisões]

O personagem de Fedra pode então aparecer suportando não apenas o peso de sua genealogia, mas também uma genealogia submetida à sua compleição, ao corpo e à alma que a constituem, ao seu próprio "caráter" construído a partir de uma teoria física e emocional[32]. Fica então evidente que Fedra e a Champmeslé apresentam o segredo do teatro desvelando a representação de "seu" corpo e de "sua" alma pelos termos usados. *Via* texto de Racine, Fedra e a Champmeslé personificam uma representação física e emocional da doença

---

32. Cf. PIGEAUD, J. *La maladie de l'âme* (1981). Paris: Les Belles Lettres, 1989, cap. 4.
• PIGEAUD, J. "Euripide et la connaissance de soi". *Les études classiques*, vol. 44, 1976, p. 3-24.
• BIET, C. "Les destin dans *Phèdre*, ou l'enchaînement des causes". In: BESSIÈRES, J. (dir.). *Théâtre et destin*. Paris: Champion, 1997, p. 91-115.

da alma visto que elas proclamam seus sinais, e a comediante é levada pelo texto a mostrar seus sintomas físicos que designam uma tensão, um conflito inerente à própria constituição do personagem. Fedra torna-se assim um dado biológico, genealógico, natural, que o poema dramático representa no seio de uma crise interna que os espectadores da época podem descodificar, já que podem conhecer muito bem as teorias médicas, físicas, emocionais, às quais Racine recorre.

Fedra deve então ser representada e interpretada, assim como a Fedra de Eurípedes e a de Sêneca – Racine apenas transcreve, reescreve, estes dois autores –, num horizonte que a situa entre os dois poderes bipolares de seu temperamento. Servindo-nos de termos emprestados de Eurípedes e parafraseando os estudos de Jackie Pigeaud[33], poderíamos dizer que seu *thymós*, sua *libido* e suas *bouleumata*, seus planos, sua vontade de controle, seu desejo razoável manifestado pela parte racional da alma que permite o julgamento e o raciocínio estão em conflito. Mas seu *thymós* que a desencaminha é mais forte do que suas *bouleumata*, ou seja: trata-se da "natureza" do personagem assim constituído, de seu destino, e do resultado de uma circunstância, ou de um acidente.

É aí que Racine, que usa as teorias contemporâneas das emoções (presentes mais em Sénault ou em Cureau de La Chambre do que em Descartes)[34], aprofunda seu trabalho, comenta as emoções e sintomas atribuídos ao seu personagem, e faz a etiologia do processo emocional e físico que desencadeou a mais funesta paixão. De fato, segundo a narrativa emprestada a Fedra, tudo partiu de um olhar: o olhar pousado de Fedra sobre Hipólito, por ocasião de um primeiro encontro que permitiu a *thymós* destruir o equilíbrio frágil do "personagem", muito tempo antes do início da peça. Quando as cortinas se

---

33. PIGEAUD, J. *La maladie de l'âme* – Étude sur la relation de l'âme et du corps dans la tradition médico-philosophique antique (1981). 3. ed. Paris: Les Belles Lettres, 2006. • PIGEAUD, J. *Poétiques du corps* – Aux origines de la médecine. Paris: Les Belles Lettres, 2008.

34. SPENAULT, J.-F. *De l'usage des passions*, 1641. • LA CHAMBRE, M.C. *Les caracteres des passions*. 5 tomos publicados entre 1640 e 1663. • DESCARTES. *Traité des passions de l'âme*, 1649. Cf. DUMORA, F. "Topologie des émotions – *Les caracteres des passions* de Marin Cureau de La Chambre". In: *Litteratures classiques*, n. 68, 2009, p. 161-175.

abrem, Fedra é apresentada, portanto (e deve/pode, pois, ser julgada para ser interpretada assim), como que atingida por um mal ao qual sua compleição a dispunha e que ela mesma se obstina a silenciar. Alguma coisa se acumula nela, uma força prestes a explodir, uma torrente cujo poder infla suas veias (Eurípedes e Sêneca falam de "vísceras" tanto para Fedra quanto para Medeia). E, para se compreender bem as emoções que estão em jogo, Racine inclui indicações destinadas a interpretar o personagem partindo da análise do percurso clínico de Fedra segundo teorias galênicas e textos médicos e morais do século XVII[35].

Nessa tensão introdutória, no íntimo de Fedra coração e corpo sofrem: o calor, o fogo do olhar, suas entradas no sangue cercam o coração, sua víscera mais forte. Receptáculo das sensações e centro da circulação sanguínea (o sabemos graças a Harvey, desde o século XVII), o coração não pode fazer surgir nenhum movimento a fim de que o corpo arda, as veias se inflem, o sangue enegreça e o exterior do corpo simplesmente core ou chore. E quando o sangue escaldante toca o cérebro, nada mais é possível senão uma consciência do ardor, senão o travamento das ações. A razão se depara com uma torrente. Únicas saídas possíveis: sangue (vermelhidão) e lágrimas, indícios somados da dor ardente que invadiu o corpo. Como se percebe, os sinais do corpo e as manifestações da alma se conjugam nesse "caso" particular, e o texto aprofunda suas relações no próprio interior de uma emoção dominante: o sofrimento extremo.

Tudo é dor nesse poema dramático que a Champmeslé deve declamar: pouco a pouco Fedra vai se tornando mais vagarosa, deixa de se alimentar, deseja a morte, se recusa a viver, sonha e delira (ato I, cena 3). Assumindo "ao pé da letra" as metáforas do homem cortês[36], isto é, concretizando essas metáforas no corpo e na alma, Racine garante que Fedra arde verdadeiramente e o constata exprimindo-o. Para além das lágrimas e do sangue, portanto, algo a mais emer-

---

35. Cf. os tratados de Nicolas Abraham de La Framboisière (*Oeuvres*. Ed. de 1631 e 1644), de Cureau de La Chambre, dentre outras, e naturalmente os textos de Jackie Pigeaud. Enfim, meu estudo sobre *Racine, ou la Passion des larmes*. Paris: Hachette, 1996.

36. Cf. VIALA, A. "Racine galant, l'amour au pied de la lettre". In: *Les Cahiers de la Comédie-Française*, n. 17, 1995, p. 39-48.

giu: as palavras, a poesia violenta. A doença física ("da alma") é proclamada, com vergonha e desespero. Superando o rubor do sangue e das lágrimas, Fedra manifesta seu mal, depois abre espaço à cólera furiosa. O forte rubor do rosto, a respiração profunda, as lágrimas, os olhos esbugalhados, a mudança constante da expressão, "enquanto o sangue borbulhando jorra das profundezas da região precordial" (SÊNECA. *Sobre a ira*, I, 1, 4[37]), são sinais conhecidos da raiva e da loucura, excetuando-se que os gestos de Fedra, de fato, não mudam. Se a efervescência é intensa, só as palavras da paixão mostram o sofrimento, e sempre opostas às da razão. Não existe *furor* em Fedra, mas um interminável martírio, uma série de monólogos que conjugam as indecisões de uma alma e um constante conflito entre os dois polos que a definem. O personagem permanece hermético, fechado em si mesmo, observa seu conflito, vê de alguma forma sua melancolia erótica sem dar-lhe contornos heroicos.

Ao contrário das formas trágicas precedentes, a tragédia clássica não pretende mais deixar um personagem crescer na expressão furiosa de sua melancolia e remete para outros tempos o sofrimento heroico. Muito embora o ato final suicida seja, ele também, um gesto que não se vê, já que ocorre por detrás das cortinas. Fedra reconhece verdadeiramente seu envenenamento ao constatar, pelo veneno que injeta em suas veias, a toxina da qual já estava inundada. Não houve equilíbrio possível, assim como não haverá mais a aparição da luz sem a passagem por uma escuridão absoluta. O olhar, detonador da doença de Fedra, deve extinguir-se para que um novo fogo apareça e nos prometa um dia imaculado.

> E a morte, roubando a claridade aos meus olhos, devolve ao dia toda sua pureza que maculava (*Phèdre et Hippolyte*, acte V, scène 7, v. 1.643-1.644).

Nada saía do personagem senão lágrimas, um rubor de vergonha, confissões e uma poesia trágica. Por graus, a peça seguiu a compleição, as emoções e o destino da madrasta, e incluiu nessa progressão o conjunto da equipe

---

37. SÉNÈQUE. *Dialogues*. Tomo 1. Trad. fr. de Abel Bourgery. Paris: Les Belles Lettres, 2012, p. 98.

dramática, expondo a desordem compósita da qual Fedra é vítima e que simultaneamente alimenta, para que enfim as cortinas se fechem, após a morte de Fedra e Hipólito, a caminho de um retorno da ordem moral e dolorosa. O destino é uma espécie de doença (a melancolia erótica) racional e fisicamente analisável, que teria sido possível combatê-la suprimindo-lhe a causa (o olhar) e não dando crédito aos seus efeitos. Poderiam então a emoção das lágrimas, a compaixão cristã e o terror vencer a fascinação e a aceitação do irracional para deixar campo livre à razão? Existiria lá a expressão de uma vontade de ver o espectador afastar-se do destino e dos excessos da paixão pelas emoções experimentadas no exercício do teatro?

O prazer do mal e o da oscilação

Não obstante nem Racine nem a teoria o digam (senão Saint-Réal in *De l'usage de l'histoire à M****, em 1671, ou Saint-Évremond in *De la tragédie ancienne et moderne*, em 1672)[38], é bem verdade que o prazer trágico reside também no fato de constatar, na emoção, o transbordamento passional. O contentamento em ver o mal e o alegrar-se com o sofrimento seria assim a outra face do prazer compassivo. Existe no homem uma fonte fecunda de desumanidade, de malignidade e malícia. Para constatá-lo, segundo Saint-Réal, basta observar o prazer que sentem os participantes das corridas de touros, sedentos por mortes, sangue e possibilidade de um acidente; ou acompanhar as façanhas de um bailarino sobre cordas: a torcida é para que ele se esborrache. Tais atitudes nos permitem compreender que a curiosidade bárbara é a outra face da piedade trágica, e que muitas vezes ela assume o seu lugar. Este prazer é evidentemente o prazer sombrio de que falam os teólogos e os censores do teatro, e que os autores trágicos devem prudentemente negar ou silenciar. Diante desse extremo

---

38. SAINT-RÉAL, C. *De l'usage de l'histoire à M**** (1671). Texto apresentado por René Démoris e Christian Meurillon. Genebra: Gerl 17/18, 2000. • SAINT-ÉVREMOND, C. De la tragédie ancienne et moderne (1672). In: *Oeuvres de Monsieur de Saint-Évremond*. Tomo 3. Paris: Des Maizeaux, 1753, p. 302.

perigo de produzir um impacto emocional na representação da dor e do horror, diante da criação poética e discursiva desse prazer sombrio que consiste em saber da tortura, em torturar e torturar-se a si mesmo, os autores só podem silenciar, mesmo permitindo que o fenômeno se realize *via* textos dramáticos propostos aos comediantes e aos espectadores.

Sobra, portanto, o próprio risco da representação das paixões: estas *estimulam* e *fascinam* os espectadores a ponto de assumirem o *prazer de se comover e desfrutar da representação do mal*. Entretanto, Racine não reata com as *performances* sangrentas e cruéis do início do século. Ele não as impõe com toda a força cênica que elas possuem. Ele as analisa, de certa maneira faz sua etiologia aprofundando o processo de seu desenvolvimento, as desloca na *psiqué* dos personagens transcrevendo o horror *no* e *pelo* poema dramático. Agora o teatro trágico e o espetáculo cruel são situados e analisados no espírito, no corpo, na linguagem e na *psiqué*, e não mais nas ações visíveis, efervescentes e paroxísticas. Trata-se de um espetáculo analítico das paixões, intimamente ligado ao agenciamento das palavras, dos versos, das expressões racinianas, a fim de que o processo das emoções e das paixões seja exposto e decodificado no palco.

Libido dominandi (paixão tirânica de subjugar o outro, portanto, paixão política), *libido sentiendi* (ou amor-paixão, onda do coração à qual nada resiste), tão frequentemente presentes nas intrigas, e em menor medida nas tragédias, *libido sciendi, curiositas* (desejo desenfreado de saber, de possuir todas as chaves do mundo): eis as grandes vilãs e as causas principais do uso dos afetos no palco. E quando um autor ou um comediante mostra a que ponto elas podem dominar um personagem, então é possível esperar que elas desencadeiem outras paixões-emoções negativas complementares como a inveja, a raiva, o despeito, passíveis de serem transcritas fisicamente – como Charles Le Brun perfeitamente o demonstrou em suas *Expressões das paixões da alma* (edição póstuma de 1727). Ora, para freá-las, urge conhecer os sinais que as anunciam, esses sinais visíveis não obstante suaves que agem e agitam os corpos e os espíritos: essas emoções comentadas por Furetière. Sobra, portanto, o próprio risco da representação das paixões: que elas fascinem o espectador a ponto de fazê-lo sucumbir ao prazer de ver o mal.

O que acabamos de apresentar, mesmo nos atendo especialmente ao teatro, mostra que as emoções, que só podem ser apreendidas dos documentos onde elas aparecem, devem ser observadas através de quem as descreve e tomando como referência quem as experimenta ou quem as faz experimentar. Ou seja, elas devem ser vistas simultaneamente em relação às instâncias que as realizam (comediantes, espectadores, autores, mas também personagens na ficção) e em função dos fenômenos nos quais elas aparecem (a sessão teatral, p. ex.). Por conseguinte, foi um sistema folheado de emoções que tivemos que enfrentar, e se conseguimos definir as emoções como sinais oferecidos à leitura alheia, ou sinais expostos a fim de serem vistos, isto nos permitiu constatar sua extrema diversidade. Foi a essa diversidade e a essa primeira heterogeneidade constitutiva do teatro, e ostensivamente figurada pelo teatro, que fomos obrigados a nos ater.

O que em seguida foi possível perceber nessa rápida incursão na tragédia do século XVII foi a evolução do modo de funcionamento das emoções. Se inicialmente as emoções eram tidas por impor-se em reação a uma espécie de violência imposta por efeitos impressionantes diretamente visíveis, podendo contribuir na manifestação do horror, ou desencadear nos espectadores uma fascinação pela violência representada, imediatamente nos foi possível compreender também que as imagens mais impressionantes eram veiculadas pelos poemas dramáticos; e que esses poemas se preocupavam mais em descrever, em pensar e em analisar as emoções presentes nas intrigas. Os efeitos das emoções propostos aos espectadores se tornavam assim objeto de discurso. Como se as emoções-moções, as emoções-ações, vividas no quadro de uma série de afetos intelectivos e destinadas a paralisar e arrebatar os espectadores imprimindo-lhes uma sensação forte, pouco a pouco devessem ceder espaço a um trabalho de comentário e de análise do desenvolvimento e do funcionamento das próprias emoções, de sua diversidade e de seus vínculos mantidos com o corpo, com a *psiqué*, com a razão.

Enfim, o terceiro ponto que se nos apresentou é que em todos os níveis o conjunto das instâncias exerce influência simultaneamente sobre a heterogeneidade das emoções teatrais e sobre sua principal contradição: a oposição entre as emoções produzidas para que os espectadores sejam destinados a *se reunir em harmonia* a favor de uma proposição cênica, e as que resultam de uma *constatação de discórdia, de dúvida,* ou de desordem irreconciliável. É nessa oscilação emocional e axiológica que as sessões, mais uma vez em todos os níveis, dentre os quais o da ficção representada, eram realizadas. E essa oscilação é uma emoção que determina naturalmente a inquietação, a dúvida, mas também uma energia consagrada a inquietar-se, a restar desperta e inquieta diante dos horrores, dos erros ou dos crimes.

Compreende-se que a heterotopia que é o teatro[39] conteste todos os outros espaços por ser capaz de criar ilusões que denunciam os espaços reais como ilusões, por ser uma ilusão estética e social assumida: estamos juntos, pagamos para este fim, e aqui fazemos o que nos agrada, às vezes mais às vezes menos, porque o que fazemos é isolado, mas às claras. Além disso, vemos simultaneamente ilusões apresentadas por comediantes, conscientemente, sabendo que o que é apresentado é ao mesmo tempo simulado e está relacionado com o que existe lá fora. Muito embora a cidade reunida veja no teatro emoções estetizadas que simultaneamente lembram um passado e mostram um presente particular que é o do momento da arte, excepcional aos olhos do mundo, onde o que importa é a experimentação das ideias, das emoções, das percepções, e tudo através de um fenômeno social isolado e num local determinado.

---

39. Cf. FOUCAULT, M. "Des espaces autres" (Conférence au Cercle d'étude architecturales. Paris, 14/03/1967). In: *Architecture, mouvement, continuité*, n. 5, 1984, p. 46-49 [Foucault só autoriza a publicação deste texto escrito em 1967 na Tunísia na primavera de 1984]. • BIET, C. "Séance, performance, assemblée et représentation: les jeux de regards au théâtre (XVIIe-XXIe siècle). In: *Littératures classiques*, n. 83, 2013. • BIET, C. "Towards a Dramaturgy of *Appearance* – An Aesthetic and Political Understanding of the Theatrical Event as *Session*". In: *On Dramaturgy*: Performance Research, vol. 14, n. 3, 2009, p. 102-109.

Heterotopia axiológica, o teatro é também uma heterotopia emocional, onde o que é experimentado por um momento, pela assembleia e por cada um em particular, é uma sequência de emoções contraditórias em parte emancipadas do mundo exterior, em parte produzidas por ele. Experimentando as emoções, por ocasião da sessão, bem como olhando e ouvindo a representação das ficções dramáticas, os espectadores estão assim sujeitos a toda sorte de emoções heterogêneas que os surpreendem, os "sacodem", os perturbam, os atormentam ou os reconfortam. Talvez seja essa mesma diversidade que os leva a esse espaço tão específico a fim de fazer parte do funcionamento errático e regrado dessa grande máquina de produzir emoções.

22
A EMOÇÃO MUSICAL NO PERÍODO BARROCO

Gilles Cantagrel

Se muito se questionou a "linguagem" musical, suas eventuais "significações" e as modalidades de sua execução, pouco se falou sobre a emoção experimentada pelos ouvintes, sobre esse "movimento estimulado nos humores, nos espíritos, na alma", segundo o *Dictionnaire de l'Académie* de 1740. No entanto, essa "sensação" propiciada pela música assume uma importância considerável nessa época que os historiadores da arte costumam denominar "barroca", ao passo que os compositores se preocuparam particularmente com os sentimentos de seus ouvintes e com sua estimulação.

Um período novo

No século XVI, a música erudita, sagrada ou profana, se encarna numa polifonia vocal sustentada ou não por instrumentos. Canções de guerra, de profissões ou de amor são as mais frequentemente destinadas a quatro vozes diferentes, não importando se as palavras são coletivas ou individuais. Quando, em 1564, o franco-flamengo Orlando de Lasso (de Lassus) exclama em sua canção: "Quando meu marido chega em casa, meu soldo é ser espancada", quando, ainda, em 1601, o bávaro Hans Leo Hassler faz cantar *"Mein Gemüth ist mir verwirret"* [Meu coração está transtornado por uma formosa donzela], tanto a mulher espancada quanto o apaixonado explorado se expressam a quatro vozes, todas na primeira pessoa. Quanto ao louvor a Deus, este só pode ser celebrado por corais. E tanto as assembleias humanas quanto as coortes celestes, todas, indiferentemente, só podem elevar a Deus cantos de divina perfeição. A emoção espiritual surda aqui, junto ao romano Palestrina como no castelhano Victoria, da perfeição polifônica, onde várias vozes se misturam e se combinam num sábio contraponto, espelha perfeitamente a teologia medieval.

Por volta de 1600 uma verdadeira revolução emerge no pensamento musical, e consequentemente na linguagem sonora. Sob a pressão das pesquisas das *camerate* por meio das quais os humanistas florentinos tentavam ressuscitar a tragédia antiga, a necessidade de registros de expressão mais pessoais, mais individuais, aparece com urgência. Esta tentativa de restauração da tragédia se manifesta pela vontade de encenar as emoções, de teatralizá-las. Em ruptura radical com a sublime polifonia da Renascença, o madrigal dos "Tempos modernos" se torna intensamente dramático, traduzindo a força das imagens e palavras dos textos cantados. A música, que ainda há pouco parecia emanar exclusivamente do céu, doravante passa a proceder também dos homens.

As consequências desse movimento das ideias são capitais para a música. Esta, doravante, é levada a individualizar-se na apresentação do solista, ao passo que as vozes polifônicas de antanho passam a ser sustentadas por instrumentos. Por conseguinte, com esta autonomização da apresentação, é a música puramente instrumental que passa a desenvolver-se. E, já que se trata de restaurar o teatro grego, esses elementos conjugados vão dar conjuntamente origem à ópera profana e ao *oratório* espiritual.

Enquanto Claudio Monteverdi, genial inovador, imagina um estilo novo e animado, o *stile concitato*, a fim de melhor traduzir os registros expressivos dos textos que ele exalta na música de seus madrigais, o Cônego Giovanni Maria Artusi publica em Veneza, contra essa arte nova, um panfleto virulento denominado *As imperfeições da música moderna*. Imbuído do ideal de uma perfeição quase abstrata, ele não consegue apreciar satisfatoriamente a impressionante novidade desta *seconda prattica* que coloca em primeiro plano a expressão das emoções do coração humano.

> As novas regras que estão agora em uso e os novos modos que dela decorrem fazem com que a música moderna seja desagradável ao ouvido [...]. Sinceramente, estas composições são contrárias a tudo quanto há de belo e bom na arte da música; elas são insuportáveis ao ouvido e, ao invés de seduzi-lo, o ferem. O autor não tem nenhuma consideração pelos santos princípios relativos à altura e à finalidade da música[1].

Artusi se refere a estas "novas regras" como uma revolução. E, de fato, o são!

Muito característico desta corrente, dentre tantos outros, um madrigal do *Sexto livro de madrigais* (1613), de Don Carlo Gesualdo, denominado *Moro, lasso, al mio duolo* [Morro, desgraçadamente, em meus tormentos], marca a transição operada nesse início de século XVII. Escrito a cinco vozes no estilo das canções polifônicas da última Renascença, ele trata – sempre na primeira pessoa – da dor de um ser rejeitado, mas com a máxima intensidade emocional possível: "Morro, desgraçadamente! em meus tormentos, / Quem poderá devolver-me a vida? [...] Aquele que pode dar-me a vida, infelizmente! oferece-me a morte". Vertiginosas tensões harmônicas em dissonâncias insólitas se alastram por longos acordes extáticos a fim de revirar a alma do ouvinte, fazendo-o assim cativo dos sofrimentos que o compositor quer passar-lhe.

Desde 1601, o romano Giulio Caccini já podia afirmar no prefácio de uma coletânea justamente intitulada *Le nuove musiche* [As novas músicas] que o objetivo do canto é o *di muovere l'affetto dell'anima*[2], ou seja, de colocar em movimento os afetos da alma. Movimento: eis a palavra mestra da arte barroca. Por volta de 1618, em terra germânica, Michael Praetorius, compositor e teó-

---

1. ARTUSI, G.M. *L'Artusi, overo delle imperfettioni della moderna musica ragionamenti dui*. Veneza: Vincenzi, 1600.

2. CACCINI, G. Prefácio da coletânea de árias e madrigais *Le nuove musiche*. Florença: Marescotti, 1601.

rico, proclama que um cantor tem por objetivo tocar o coração e colocar em movimento, literalmente "*en émoi*", os afetos[3].

Hoje, Philippe Beaussant resume dizendo que "a finalidade última da música não é mais a de construir um universo sonoro harmonioso, mas traduzir pelos sons uma emoção sugerida pelas palavras"[4].

Eloquência e discurso musical

Doravante fala-se em "discurso musical". De fato, trata-se de um discurso construído pelo músico – estruturado segundo as regras da retórica e destinado, como o discurso verbal, a suscitar a emoção. Na França, o padre filósofo Charles Batteux afirma que a continuidade dos sons "deve formar uma espécie de discurso monitorado; e se existem expressões que me embaraçam, por não terem sido preparadas ou explicadas por aquelas que as precedem ou as seguem, se existem as que me desviam e se contradizem, então não posso me sentir feliz". E, um pouco mais adiante, diz que o compositor deve "imitar o orador que emprega todas as figuras de linguagem e as variações de sua arte"[5].

Na Alemanha, o teórico dos temperamentos musicais Johann Georg Neidhardt defende que o objetivo da música é o de fazer sentir todos os efeitos da forma como o melhor dos oradores o faz[6]. E, para seu conterrâneo Johann Joachim Quantz, "a expressão na música pode ser comparada à de um orador. O orador e o músico têm o mesmo propósito, tanto em relação à composição de suas produções quanto na própria expressão. Eles querem conquistar os corações, estimular ou apaziguar os movimentos da alma, e fazer o ouvinte passar de uma paixão à outra". O mesmo Quantz quer que o compositor, "de acordo com a finalidade de cada peça, trate de fazer uma escolha justa e uma

---

3. PRAETORIUS, M. *Syntagma Musicum*. Wolfenbüttel: Holwein, 1618.

4. BEAUSSANT, P. *Vous avez dit baroque?* Paris: Actes Sud, 1988.

5. BATTEUX, C. *Les beaux-arts réduits à un même principe*. Paris: Durand, 1746.

6. NEIDHARDT, J.G. *Beste und leichteste Temperatur des Monochordi*. Iéna: Bielcke, 1706.

mistura feliz de seus pensamentos do começo ao fim, que exprima de forma apropriada os movimentos da alma"[7].

Quanto a Johann Mattheson, natural de Hamburgo e importante teórico da música, ele se detém longamente na questão e afirma que um compositor deve envidar todos os esforços para fazer reinar um afeto extraordinário em suas obras, e diz inclusive que se, numa obra, não há nem afeto nem paixão para se descobrir, esta não tem nenhuma virtude[8].

A partir de então todos os compositores vão aplicar-se a fim de provocar a emoção, no sentido estrito que em 1740 o *Dictonnaire de l'Académie* dá ao termo *"émouvoir"*: "Colocar em movimento, estimular algum movimento, alguma paixão no coração, causar um transtorno, alguma alteração nos espíritos".

Como a própria música, o Barroco é primeiramente arte do movimento. Movimento nas artes da representação, movimento dos corpos físicos, mas também movimentos da alma, dos afetos – da emoção. Ele é, por excelência, o lugar da representação e, portanto, do teatro, da ópera e do oratório que são, em música, seus frutos mais emblemáticos. O primeiro oratório composto, em 1600, não seria a *Rappresentatione di anima et di corpo* [Representação da alma e do corpo] do romano Emilio d'Cavalieri? Efetivamente representação, já que a obra era destinada a ser "encenada" no *Oratorio dei Filippini* de Roma, mas também representação dos sentimentos, com o objetivo de comunicá-los aos ouvintes e compartilhá-los com eles. Podemos nos perguntar se o advento do oratório, que vai de par com uma profunda transformação da arquitetura das igrejas, não seria também um reconhecimento do direito à emoção junto aos católicos, que dele eram privados na liturgia oficial.

Suscitar as emoções: este desejo vai provocar uma ampla reflexão que se exprime nos inúmeros tratados da época, e isto desde o início do século XVII.

---

7. QUANTZ, J.J. *Essai d'une méthode pour apprendre à jouer de la flûte traversière*. Berlim: Voss, 1752.

8. MATTHESON, J. *Der volkommene Capellmeister*. Hamburgo: Herold, 1739.

Assim, o grande sábio Padre Mersenne pôde escrever que "os cantos devem de alguma maneira imitar as arengas [...] como o orador, e a arte de compor árias e o contraponto não é inferior à retórica"[9]. Sendo doravante a música considerada um discurso, o compositor torna-se um orador cuja linguagem sonora se codifica e se funda nas regras da retórica.

Sobre este ponto, filósofos e teóricos não cessam de reportar-se à Antiguidade, e particularmente a Platão, a Cícero e ao *De institutione oratoria* de Quintiliano, publicado no século I e regularmente reeditado. Mas novos tratados florescem enormemente desde 1606, com a *Musica poética*, de Burmeister, até aos três volumes da *Panacea* de Mattheson em 1750, passando por Praetorius, Descartes, Mersenne, Kircher, Werckmeister, Rameau e tantos outros. Todos se reúnem ao redor da ideia de que a *ars bene dicendi*, em música como em palavras, é a arte de persuadir: o *logos* do compositor tem por objetivo suscitar o *pathos* junto ao ouvinte.

Um século de emoção

O século XVII será, pois, o século da emoção, na música como no teatro e nas artes plásticas. Na ausência de documentos, uma prova tangível da emoção sentida pelos ouvintes é mostrada pelas lágrimas que a representação da dor suscita; lágrimas que são sua manifestação física. Este é o caso da tragédia. No prefácio de *Berenice*, em 1671, Racine escreve: "Não creio que o público me julgue de malgrado por ter-lhe oferecido uma tragédia recheada de tantas lágrimas". Estas lágrimas traduzem fisiologicamente a emoção em seu auge. Assim, assistindo a primeira audição do *Lamento d'Arianna* de Monteverdi, um cronista da época chamado Follino testemunha que "a ária de Arianna foi cantada com tanto sentimento que os olhos de todas as damas ficaram embaciados de lágrimas diante de sua queixa"[10].

---

9. MERSENNE, M. *Harmonie universelle*. Paris: Cramoisy, 1636, 2. parte.

10. FOLLINO, F. *Résumé des somptueuses fêtes données l'année MDCVIII dans la ville de Mantoue...* (1608). Apud TELLART, R. *Claudio Monteverdi*. Paris: Fayard, 1997, p. 198.

Em 1608, de fato, um ano após seu *Orfeo*, Claudio Monteverdi fez representar em Mântua uma nova ópera, *L'Arianna*. Personagem central, Ariana [Ariadne] é abandonada na Ilha de Naxos por seu companheiro Teseo [Teseu], que após ter matado o Minotauro não voltou para desposá-la. A partitura da obra infelizmente desapareceu, mas ainda existe sua parte principal, a longa deploração da sexta cena, na qual Ariana abandonada chora seu amor perdido: *Laschiatemi morire!* "Deixem-me morrer! O que quereis que me conforte em tamanha e cruel sorte, em tamanho martírio? [...] Oh Teseu, oh meu Teseu, se ao menos tu soubesses, desgraçadamente, como tua pobre Ariana sofre! [...] Observai que dor em herança me deram meu amor, minha fé e aquele que me traiu! Eis a sorte de quem ama muito e se confia." Os pungentes apelos de "Deixem-me morrer!", e os gritos desesperados de "Oh Teseu!", retornam repetidamente, e a declaração, calcada na língua falada, abunda em matizes extremamente sutis, enquanto a sustentação instrumental faz ouvir dissonâncias, cromatismos e encadeamentos insólitos. Trata-se de uma linguagem musical totalmente nova, totalmente diferente da que se praticava nos decênios precedentes, e este *Lamento de Ariana* pode ser considerado um arquétipo de um gênero que florirá ao longo de todo o Período Barroco.

Surgido em 1649, o *Tratado das paixões da alma*, última obra de Descartes, reabilita o que ele denomina paixões, isto é, emoções. Nós as sofremos, mas, estando elas em nós de origem divina, em si mesmas são boas. "Podemos geralmente chamar de paixões todos os pensamentos que são estimulados na alma sem o auxílio de sua vontade e, por consequência, sem nenhuma ação que vem dela, pelas únicas impressões que estão no cérebro, pois tudo o que não é ação é paixão"[11]. O filósofo continua afirmando que estas paixões da alma "são percepções, ou sentimentos, ou emoções da alma que reportamos particularmente a ela, e que são causadas, mantidas e fortificadas por algum movimento dos

---

11. René Descartes, carta à Princesa Élisabeth de Bohème, 6 de outubro de 1645. In: *Correspondance avec Élisabeth et autres lettres*. Paris: Flammarion, 1993.

espíritos"[12]. As "paixões primitivas" são seis, mas elas se diversificam em "paixões particulares". Os compositores deverão, pois, tentar clarear o afeto dominante do texto em seu conjunto ou de um fragmento do texto que abordam na música. Quantz insiste na "paixão dominante numa peça, e qual deve ser por consequência sua expressão, não importando se lisonjeira, triste, terna [...]"[13].

Por sua vez, Batteux afirma que "o objeto principal da música e da dança deve ser a imitação dos sentimentos ou das paixões"[14]. Imitação, obviamente, representação nos movimentos do corpo, pela dança, arte tipicamente barroca que vai conhecer seu maior sucesso. Fora de qualquer representação física, Monteverdi sugere em música, em seu grande madrigal dramático *Le combat de Tancrède et Clorinde* (1624) [O combate de Tancredo e Clorinda], o estrondo dos exércitos e o pisoteio dos cavalos. Mas o propósito desta "imitação" leva infinitamente mais longe; exacerbada, trata-se de tocar justamente os ouvintes. E Beaussant acrescenta: "O Período Barroco – bem mais do que o Romantismo – cultiva o gosto pelo patético, leia-se *'pathos'*. Ele se afoga na emoção"[15].

Os elementos de uma linguagem

"Cada paixão e afeição da alma tem seus acentos próprios"[16]. Urge imaginar e usar os meios sonoros suscetíveis de provocar a emoção. Para tanto, todos os elementos da linguagem musical concorrem. Assim, não contente em apenas imitar a declaração falada, a linha melódica a dilata amplificando-a tanto em tons altissonantes quanto na duração, ou, ao contrário, abafando-a para diminuir a cadência e provocar assim um sentimento de urgência ou perigo. O próprio perfil desta linha melódica faz-se violentamente expressivo, ao sabor de seus intervalos, conjuntos ou disjuntos, diatônicos ou cromáticos, ascen-

---

12. DESCARTES, R. *Les Passions de l'âme*. Paris: Le Gras, 1649.

13. QUANTZ, J.J. *Essai d'une méthode pour apprendre à jouer de la flûte traversière*. Op. cit.

14. BATTEUX, C. *Les beaux-arts réduits à un même principe*. Op. cit.

15. BEAUSSANT, P. *Vous avez dit baroque?* Op. cit.

16. MERSENNE, M. *Harmonie universelle*. Op. cit.

dentes ou descendentes, e inclusive diminutos, como se a música viesse então a contorcer-se sob o golpe de uma dor demasiadamente viva.

Para além da imitação, os compositores põem em prática todos os outros elementos da linguagem sonora em usos novos, situações novas, segundo regras ainda não formuladas como tais. Mas os múltiplos efeitos assim obtidos só valem em função dos modos de percepção e de conotações culturais adquiridos ao longo dos séculos. Por que duas notas vizinhas sobre as quais agora se insiste criam uma tensão que nosso ouvido julga próprio a exprimir a dor? Por que, ao contrário, o intervalo de uma terça maior é então sentido como uma consonância, um supremo apaziguamento, parte integrante de um acorde "perfeito", ao passo que no passado ele foi percebido como uma dissonância? Trata-se aqui de uma questão de cultura, mas também de propriedades estritamente sonoras.

A escolha dos instrumentos responde em primeiro lugar às evidências. Por seu brilho, o *trompete* encarna a majestade, divina ou temporal, o poder, o ardor guerreiro. E a trompa, instrumento cinegético por excelência, ver-se-á associada às evocações da natureza. Mas, para além desta simbólica elementar, a escolha dos instrumentos pode assumir um valor que transcende o simples aspecto do prazer auditivo. O oboé estiliza tradicionalmente a flauta campestre dos pastores que conduzem suas ovelhas para o estábulo; ele, portanto, é convidado a ilustrar a natividade nas *pastorale* de Natal. É assim que Bach o usa em seu *Oratório de Natal*, com uma sinfonia de quatro oboés evocando algum grupo de pastores a caminho de Belém. Entretanto, o instrumento pode dizer mais do que esta ilustração, e alcançar uma função espiritual. Além do nascimento do Redentor, Bach associa o oboé às meditações íntimas sobre a morte. Necessariamente não precisamos ver nisso qualquer contradição. O contrário é inclusive possível, já que, para o cristão Bach, a morte nada mais é senão uma passagem, o sono preparando um novo nascimento, para uma vida eterna. Assim, em música, o compositor faz-se pregador.

Os instrumentos de cordas sustentando longos acordes num tom leve podem criar um nimbo às palavras de Cristo, como o entende Bach na *Paixão segundo São Mateus* (1727). Mas, quando animados por uma vibração, o *tremolo*, às vezes imitando inclusive um soluço, é dos batimentos do coração sob o choque de uma emoção muito viva ou de circunstâncias extremas que se trata. Pois, à imagem dos textos espirituais, é ao coração que se faz referência quando se fala de emoções. "A metáfora do coração é habitual na linguagem espiritual para designar a sede da vida e das paixões, ou seja, o ponto de contato entre o homem e o infinito"[17]. Assim, por exemplo, em *Membra Jesu nostri* (1680), intensa meditação sobre as chagas de Cristo na cruz, Buxtehude retoma uma citação do *Cântico dos Cânticos, Vulnerasti cor meum*, "Roubaste meu coração, minha irmã, minha esposa" (4,9), que um conjunto de cinco violas da gamba sustentam num *tremolo* de notas repetidas.

O mesmo vale para as vozes. Elas também são encarregadas de manifestar conotações específicas, por exemplo: o soprano para a alma feliz e o alto para o medo ou o sofrimento, o tenor sendo a expressão do homem pecador esperando sua salvação, ao passo que o baixo é o mais frequentemente reservado para Cristo – *vox Christi* –, ou para quem o representa. Muitos elementos visam a provocar a emoção, como o são as múltiplas figuras melódicas e rítmicas que florescem desde o início do século XVII. Isso ocorre com as notas em movimento descendente evocando os suspiros, visando a suscitá-los no ouvinte. O movimento de temor e tremor, efeito expressivo "inventado" por Monteverdi no *Combatimento di Tancredi e di Clorinda*[18], adquiriu no final do século XVII um registro muito particular de significações tornando-se figura de retórica musical sob o nome de *temor e tremor*. Buxtehude, em momentos específicos, reserva-lhe uma viva intensidade emocional. Deus, pai todo-poderoso, mestre da vida e da morte, inspira temor e respeito, que se exprimem, notadamente em Bach, por uma vibração, mas esta vibração pode ser também a do pavor diante da morte (BUXTEHUDE. *Klag-Lied; Membra Jesus nostri*),

---

17. HENNEAU, M.-É. "Mystique du coeur, du feu et de la montagne". In: CORBIN, A. (dir.). *Histoire du christianisme*. Paris: Seuil, 2007.

18. MONTEVERDI, C. *Madrigali guerrieri e amorosi*. Veneza: Vincenti, 1638. A primeira execução do *Combatimento* aconteceu em Veneza, no Palazzo Mocenigo, em 1624 ou 1625.

de um temor muito terrestre, ou seja, aquilo que produz um frio intenso nos seres (Purcell, ar frio da ópera *King Arthur*; Vivaldi, "O inverno", na obra *As quatro estações*). Este movimento pode igualmente representar a intensidade da emoção, inclusive a ternura.

Longe de enfraquecer suas conotações, o advento da tonalidade e do conceito de harmonia parece exaltá-las. Os acordes, agregados sonoros de consonâncias e dissonâncias, estas *durezze* [serevidades] caras a Frescobaldi, desacoplam os poderes expressivos dos tons, que soam em cores bem diferenciadas segundo os diversos temperamentos comuns, mesotônicos, desiguais, e inclusive os sistemas "bem temperados". As dissonâncias da harmonia serão assim as da alma. No final do século XVII e durante a maior parte do século XVIII, muitos são os comentários sobre os registros de sensibilidade incitados. Na França, Marc-Antoine Charpentier ou Charles Masson falam mais precisamente então da "energia dos modos", noção que será retomada por Jean-Philippe Rameau alargando-a ao poder expressivo das modulações.

Em seu tratado *Das neu-eröffnete Orchestre* (1713), publicado alguns anos antes do *Le clavier bien tempéré* de Bach, Mattheson elabora um quadro da natureza das diferentes tonalidades praticáveis em sua época. Aqui ele trata dos "afetos", referindo-se diretamente a Descartes. Assim podemos ler que "*fá menor* aparece para representar a ternura e a calma, simultaneamente uma profundidade e uma gravidade pouco distante do desespero, uma fatal ansiedade da alma; e é extremamente comovente. Ele exprime perfeitamente uma melancolia negra e incurável, e às vezes pode estimular no ouvinte o horror ou o calafrio"[19]. A um registro de sentimentos, à uma "paixão", o teórico faz corresponder traços de linguagem musical tidos por "depender" destes sentimentos, "representá-los" para suscitá-los junto ao ouvinte; ao inverso, um uso "neutro" desses elementos de linguagem pelo compositor provocará conotações afetivas. Na teoria, os diversos estilos (*phantasticus, antiquus, hyporchematicus...*)

---

19. MATTHESON, J. *Das neu-eröffnete Orchestre*. Hamburgo: Schiller, 1713.

determinam a forma musical própria ao afeto. Esta teoria das figuras era no século XVII o objeto da *musica poetica*, da qual o saxônio Heinrich Schütz é o mais famoso representante. Para o racionalista Mattheson, já representante do *Aufklärung*, a música, arte sensual, só provoca verdadeira emoção quando "compreendida"; ela se dirige em primeiro lugar à sensibilidade do ouvinte, mas este, principalmente com a ajuda de um substrato verbal, associa um valor simbólico aos elementos de sua linguagem que funcionam desde então sob a forma de sinais inteligíveis. No final do século XVIII, na Alemanha, Christian Friedrich Daniel Schubart empenha-se ainda em definir a natureza e a "cor" das tonalidades.

Todos os elementos daquilo que constitui a linguagem musical são assim executados para despertar a emoção. Mattheson, sempre ele, pôde afirmar que "um *adagio* [marca] a aflição; um *lamento*, as queixas; um *lento*, o alívio; um *andante*, a esperança; um *affettuoso*, o amor; um *allegro*, o reconforto; um *presto*, o desejo". Em igual modo a métrica, da forma como ela se encarna em movimento de dança, de jiga, de passos largos ou curtos: "A sarabanda, que se canta, se encena e se dança, não tem outra paixão a expressar senão a reverência"[20]. Assim se constitui um conjunto de elementos que se encarnam em figuras sonoras comparáveis às da retórica. Se esta vasta rede de representações não forma absolutamente um catálogo de procedimentos do qual os compositores deveriam alimentar-se, esta rede é uma forte indicação relativa às preocupações técnicas dos músicos para comover e tocar os corações.

Do madrigal à ária de solista

Desenvolvendo-se desde o início do século, o canto solista, por ser veiculador do texto, se revela o vetor privilegiado das emoções, e isto até um deleite às vezes mórbido na expressão do sofrimento, a fim de melhor provocar a sensibilidade dos ouvintes. Lugar privilegiado da emoção compartilhada, o lamento

---

20. MATTHESON, J. *Der vollkommene Capellmeister*. Hamburgo: Herold, 1739.

aborda os grandes temas do amor e da morte – também chamado "elegia" –, juntamente com as queixas e as lágrimas, os cantos de solidão, os do amor negado e o desaparecimento do ser amado ou, no plano espiritual, a aniquilação do homem sob o peso de suas faltas e de sua compaixão por Cristo ultrajado.

Na França, a situação é complexa. A ária palaciana que se desenvolveu sob o reinado de Luís XIII é um gênero muito apreciado pela aristocracia e pelas damas pretensiosas dos salões. Um cantor sustentado pelas entoações de um alaúde ou de uma espineta adora ornar as diversas estrofes dos poemas para sublinhar seus afetos e suscitar as emoções cambiantes de um auditório sofisticado. É assim, por exemplo, com *la carte du Tendre* [Mapa de um país imaginário denominado Tendre], que as árias de Lambert ou de Boësset percorrem, cantando com Tirsis ou Cléandre, o luto, a ausência ou o lamento amoroso: "Encrencas, desesperos ou dores", "Não esperai mais do que isto, olhos meus", "Quereis ver-me morrer?"... Trata-se de um tempo em que o Padre Mersenne ainda podia escrever que "a música é viva e de alguma maneira transporta a vida, a alma e a afeição do solista ou do músico aos ouvidos e à alma dos ouvintes"[21].

Entretanto, após a ascensão do Barroco francês na primeira metade do século XVII, pouco a pouco esta arte se congela num classicismo "versalheano" que se enamorou da pompa e da solenidade. Ardente defensor da música francesa diante da italiana, o musicógrafo Jean-Laurent Le Cerf de La Viéville prega a simplicidade e a conveniência na majestade. Sua admiração se dirige a Lully e ao que considera como justa elegância de seu recitativo[22]. Se, partidário do racional em música, Le Cerf desconfia da expressividade, não parece, entretanto, que suas tomadas de posição tenham alcançado unanimidade. Desta forma, Marc-Antoine Charpentier faz ouvir os choros de Davi ao saber da morte de seu amigo Jônatas, no oratório *Mors Saülis et Jonathae* (1680): *Doleo super te, mi care frater Jonatha* ("Choro-te, Jônatas, meu irmão bem-amado"). Davi, ain-

---

21. MERSENNE, M. *Harmonie universelle*. Op. cit.
22. LA VIÉVILLE, J.-L.C. *Comparaison de la musique italienne et de la musique française*. Bruxelas: Foppens, 1705-1706.

da, na ópera do mesmo Charpentier *David et Jonathas* (1680) diz: "Perdi tudo o que amo, tudo está perdido para mim". Sempre na França, Dubuisson se debruça sobre uma *Plainte sur la mort de Monsieur Lambert* (1696) e anuncia: "O autor das mais belas árias acaba de perder a vida!" E Padre Bernard Lamy afirma então, sobre a eloquência sagrada, mas isto vale também para a música, o seguinte: "É preciso que o discurso carregue as marcas das paixões que sentimos e que pretendemos comunicar aos que nos ouvem"[23].

Afetos comparáveis podem ser vistos do outro lado do Canal da Mancha, junto a Henry Purcell. Deste jovem gênio morto prematuramente, seu editor declara que admirava suas obras vocais, "munido de um talento particular para expressar a energia das palavras inglesas graças às quais despertava as paixões em todos os seus ouvintes"[24]. Ao lado de árias sobre poesia bucólica ou estrofes de admiração, também encontramos temas de sofrimento amoroso, de solidão ou lamentos fúnebres que formam o pano de fundo da poesia e da música desse século. Na elegia *From Silent Shades*, surgida em 1683, canta-se, unindo o luto à poesia da natureza: "Nas primaveras, naquele lugar, repousa meu amor debaixo das pérolas líquidas orvalhadas. Diariamente, molharei sua tumba com uma lágrima e assim refrescarei suas murchas flores".

Purcell certamente conheceu *A Song for St Cecilia's Day*, que John Dryden publicou em 1687, bem como este verso famoso: *What passion cannot music raise and quell?* [Qual paixão a música não pode despertar e asfixiar?] Ele expressa o máximo da emoção na ária final de sua ópera *Didon et Énée* (v. 1619) [Dido e Eneias]. Abandonada por Eneias, e desesperada, Dido, a rainha de Cartago, se entrega à morte. Longo lamento, seu adeus ao mundo se desenvolve sob quatro intermináveis notas descendentes de um violoncelo – tema musical recorrente na retórica barroca –, cuja incessante repetição soa como um lancinante golpe de misericórdia, ao passo que Dido se volta para sua aia e lhe diz: *Remember me, but ah! forget my fate* [Não te esqueças de mim, mas,

---

23. LAMY, B. *La réthorique, ou l'art de parler*. Paris: Pépie, 1715.
24. PLAYFORD, J. Préface. In: PURCELL, H. *Orpheus Britannicus*. Londres: Playford, 1698.

desgraçadamente! esqueça meu destino"]. O mesmo Purcell, um pouco mais tarde, retorna ao procedimento do violoncelo obstinado, na semiópera *The fairy Queen* (1692) [A fada rainha], adaptação de *Songe d'une nuit d'été* [Sonho de uma noite de verão], de Shakespeare (1605). No último ato entra novamente em cena uma ária pungente intitulada "The Plaint" [O lamento], mais uma vez uma ária de desespero amoroso: "Ah! deixa-me chorar e chorar ainda, meus olhos nunca mais terão repouso [...]. Ele partiu, chorarei tamanha perda, já que jamais tornarei a vê-lo". As lágrimas, como sempre, despejando árias de solidão que esta longuíssima deploração livremente improvisada apresenta a partir de algumas obstinadas notas de um violoncelo.

Em Lubeck, Dietrich Buxtehude acolheu seu pai, que morreu sob seus cuidados. Em sua memória, compôs o lamento *Muss der Tod denn nun doch trennen...* (1674) [Deve a morte verdadeiramente separar o que nós cremos inseparável?]. Impossível imaginar uma elegia tão simples: uma ária puramente estrófica, uma voz triunfante, duas partes instrumentais. A melodia se estende longamente, atormentada, rica em intervalos disjuntos muito expressivos, sob um *tremolo* [vibração] instrumental. Sem preparação, entra-se no cerne, toca-se de repente a própria carne da mais intensa emoção. Evidentemente é o próprio músico, verdadeiramente autor do poema no estilo florido e nas imagens poéticas torneadas pela retórica barroca alemã, que se exprime aqui, da forma mais pessoal: "Era verdadeiramente necessário que a morte viesse separar o que acreditávamos inseparável? Era verdadeiramente necessário que me fosse arrancado aquele que ao meu coração estava vinculado? Separar-se do próprio pai faz sofrer amarga dor. Quando do peito nos tiram o coração, mais do que a morte tal dor nos apunhá-la".

Ópera e balé

Na Itália, primeiramente, fruto de pesquisas e experimentações de grupos de letrados aristocratas, os teatros de ópera se abrem rapidamente a públicos mais amplos. Construções de grande porte vão acolhendo um público sempre maior em Roma em 1630, logo em seguida em Veneza em 1637, um pouco mais tarde em Nápoles e em Florença em 1657. E assim acontece em Munique em 1657, em Hamburgo em 1678. Toca-se ópera em Paris, desde a fundação da Academia Real de música e dança em 1669, posteriormente também em Londres. Ou seja, o contágio é europeu, e rapidamente o repertório também se amplia.

É altamente significativo que as primeiras obras tenham sido colocadas sob o signo de Orfeu, aquele cujo canto era capaz de transtornar os que o ouviam, a ponto de dobrar as potências infernais. Trata-se sempre da emoção, da forma como a música a provoca, e isto desde *Euricide* de Peri e de Giulio Caccini em 1600, seguida em 1607 por *Orfeo*, de Claudio Monteverdi. Após a primeira representação de *Orfeo* em Mântoa, Dom Cherubino Ferrari, teólogo e poeta escrevia: "O escritor como o músico pintaram a efusão do coração tão habilmente que nada de melhor saberíamos fazer"[25].

Ao lado de obras de puro divertimento, *opera buffa* ou comédia-balé, as obras líricas dramáticas se impõem desde as origens como rituais de amor e de morte num gênero novo que muito rapidamente se codifica na *opera seria*. Apropriando-se dos modelos da tragédia antiga, a ópera faz uso da história e das narrativas mitológicas, procedendo como a tragédia pela apropriação dos sofrimentos dos heróis, a mímesis (μιμησις) imposta aos espectadores, em vista de uma eventual purificação das paixões da alma assim engendradas, a catarse (καθαρσις).

Todos entendem que a ópera não é efetivamente outra coisa senão uma tragédia exaltada pela música. Madame de Sévigné assim escreve para sua filha: "Tocamos na quinta-feira a ópera [a *Alceste* de Lully], que é um prodígio de beleza; já existem lugares de música que mereceram minhas lágrimas. Não sou a única incapaz de contê-las; a alma de Mme. de La Fayette também está

---

25. FERRARI, C. Carta ao Duque Vincezo Gonzaga de Mântoa, 22 de agosto de 1607. Apud TELLART, R. *Claudio Monteverdi*. Op. cit., p. 198.

alarmada"[26]. O gênero rapidamente é codificado. O público espera árias respondendo a cânones específicos: árias de bravura, de tormentas, de furor, de vingança, de amor ou de sonhos...

Na França nem todos se sentem tocados pela ópera. O moralista Charles de Saint-Évremond "não admira tanto as comédias em música", esta ópera francesa "em que o espírito tem tão pouco a fazer; trata-se de uma necessidade pela qual os sentidos perdem o interesse". Mesmo não sendo insensível à arte dos músicos franceses – "[que] encontram, no segredo da execução, uma espécie de encanto para nossa alma, e não sei o quanto mais de emocionante eles podem levar até o coração" –, ele rejeita o que conhece da ópera do outro lado dos Alpes: "Os italianos têm a expressão falsa ou ao menos exagerada, por não conhecerem exatamente a natureza ou o grau das paixões"[27].

Exaltando fisicamente os sentimentos para comunicá-los, a arte coreográfica conhece então uma reputação considerável. Além dos inúmeros espetáculos de diversão, surgidos desde o final do século XVI, na Itália e na França notadamente, o balé faz no século XVII parte integrante das obras encenadas, particularmente nos gêneros da comédia-balé e da tragédia-balé. Físicos ou sonoros, os movimentos da ação cênica são amplificados pelos movimentos da dança, onde os afetos se exprimem segundo a fina rede de uma gesticulação perfeitamente codificada. Muito frequentemente, entretanto, o balé mantém um vínculo bastante tênue com a dramaturgia. Mas esta expressão do movimento característico da arte barroca encontra uma extraordinária metamorfose nas sequências de danças estilizadas que se desenvolvem no século XVII e no início do século XVIII, por um único instrumento (alaúde, cravo, viola da gamba...), por música de câmara ou por um conjunto instrumental. A organização do encadeamento das peças tende a tratar cuidadosamente uma evolução entre sensibilidade, razão e divertimento, culminando geralmente na intensa mediação poética da sarabanda mediana.

---

26. MADAME DE SÉVIGNÉ. Carta à sua filha, Madame de Grignan, 8 de janeiro de 1674. Apud *Correspondance*. Tomo 1. Paris: Gallimard, 1972, p. 661 [Coll. "Bibliothèque de la Pléiade"].
27. SAINT-ÉVREMOND, C. "Sur les opéras". *Oeuvres meslées*. Paris: Barbin, 1684, 3. parte, cap. 15.

Emoção, Barroco e Sagrado

A arte barroca se desenvolve com a reforma tridentina, que prega a *Ecclesia triumphans* [Igreja triunfante]. A partir de então surge uma implementação de práticas cerimoniais demonstrativas na decoração, nos ornamentos, nos gestos – e na música. No Concílio de Trento (1545-1563), o bispo de Arras, François Richardot, especifica que as cerimônias "podem servir na instrução das pessoas, quando a elas as explicamos, e, quando as observamos fielmente, podem tocá-las"[28]. Santo Agostinho, por sua vez, afirma que "a ciência da música, e da música eclesiástica mais do que a profana, nada mais é senão a ciência de comover vivamente"[29]. O historiador Bernard Dompnier parece resumir tudo isto: "As cerimônias, no entanto, visam justamente a agir sobre os sentidos dos fiéis e a suscitar emoções em relação à tonalidade da celebração, e inclusive de cada movimento da celebração"[30]. Convém ainda, e neste aspecto os Padres da Igreja estavam atentos, expulsar do santuário tudo o que é de caráter libertino. O que deve nortear a composição musical não é encantar os ouvidos (*inanis aurium oblectatio*), mas tornar inteligíveis as palavras.

Não existe então fronteira social entre profano e sagrado, e nos países onde se professa uma confissão única, "todo cidadão é sociologicamente cristão"[31]. Assim, não saberíamos mais distinguir a linguagem da música cantada no teatro e a linguagem ouvida na igreja. Quer sejam de essência profana ou espiritual, os sentimentos de dor ou de amor são sempre os mesmos, e em igual medida a música para traduzi-los ou suscitá-los. Somente as palavras e o contexto estabelecem diferenças, e esta similitude nos meios de expressão possibilita os intercâmbios entre os dois mundos. Entretanto, se a música profana pode tornar-se expressão do sagrado, o inverso seria considerado um sacri-

---

28. Apud DOMPNIER, B. *Les cérémonies extraordinaires du catholicisme baroque*. Clemont-Ferrand: Presses universitáires Blaise-Pascal, 2009.

29. SAINT-AUGUSTIN. *De musica*. Livro I. Trad. fr. de Jean-François Thénard e Marc Citoleux. Paris: Le Sandre, 2006.

30. DOMPNIER, B. *Les cérémonies extraordinaires du catholicisme baroque*. Op. cit.

31. DELUMEAU, J. *Le catholicisme entre Luther et Voltaire*. Paris: PUF, 1971.

légio. É dessa forma que vemos Monteverdi transformar seu *Lamento d'Arianna*, queixa amorosa extremamente profana, em *Pianto della Madonna*, isto é, em pranto da Virgem Maria diante de seu filho morto na cruz. E cabe a Quantz indicar que na igreja "se deve, tanto quanto ou mais cuidadosamente ainda que no teatro, estimular as paixões, embora a temática possa ser diferente"[32].

Inúmeras composições musicais foram escritas sobre o *Cântico dos cânticos* de Salomão, ou sobre textos inspirados nele. Entretanto, este poema do Antigo Testamento se serve de uma linguagem e de imagens que remontam ao domínio profano, remetendo inclusive a um erotismo fortemente realista. E muito naturalmente, é a linguagem sonora vivenciada na ópera, ou nas árias, ou nos madrigais dramáticos que falam os músicos, desde o *Cântico dos cânticos* de Heinrich Schütz (1629). Quando, em sua cantata *Ich gehe und suche mit Verlangen* ("Venho cheio de fervor à tua procura") Bach pretende comentar o mútuo amor absoluto a que se entregam Cristo e a alma do fiel, é através de um diálogo amoroso imitado do *Cântico dos cânticos*, digno de uma ópera encenada. Da mesma forma na cantata *Ich hatte viel Bekümmernis* ("Eu tinha grande aflição em meu coração"). Nesta, o diálogo espiritual se torna um verdadeiro duo de amor no mais puro estilo da ópera italiana, com suas repetições em imitações, verdadeiras carícias sonoras, e o abraço sensual de suas permutações de linhas melódicas, que realizam musicalmente a fusão da forma mais íntima dos dois protagonistas.

Nas liturgias cristãs, sobretudo na católica e na luterana, a música suscita primeiramente a compaixão para com os sofrimentos de Cristo, como a ópera o faz para seus heróis. Ela é também a voz da alma do fiel, com todos os seus registros afetivos, da confiança à contradição, da exaltação ao arrependimento. Cantatas e oratórios são elaborados como óperas profanas, em suas semelhanças de árias e recitações, de partes instrumentais e corais. Sempre como na ópera, o autor recorre ao coro que, aqui, faz-se a voz da Igreja universal, aquela, ao menos,

---

32. QUANTZ, J.J. *Essai d'une méthode pour apprendre à jouer de la flûte traversière*. Op. cit.

da comunidade eclesial; o coral solda a integração dos fiéis à narrativa através da participação da assembleia, mental ou real, quando esta é convidada a cantar.

Adversário declarado do gosto italiano, o francês católico Le Cerf de La Viéville fustiga tudo aquilo que poderia opor-se à devoção e às boas conveniências de um lugar sagrado: "Pela mesma razão que um padre conhecedor assobiaria uma música de Igreja num teatro, um homem da corte, portador de um gosto refinado, ver-se-ia coagido a desprezar uma música de teatro na Igreja". Ele está longe de dar-se conta que "esta igreja da ópera é a mesma que frequenta as Vésperas e que também se encontra no mercado público". Recompondo-se, ele concede que os ouvidos dos ouvintes "gostam de ser agradados, da mesma forma que o coração adora ser tocado"[33]. Resta saber como ele entende este "tocar o coração".

Do outro lado dos Alpes, como o sabemos, a situação é diferente. O breve oratório *Jefté*, de Giacomo Carissimi (por volta de 1649), foi considerado o mais belo de seu tempo. Jefté, um dos juízes de Israel, fez votos de sacrificar a primeira pessoa que encontrasse se obtivesse a vitória. Ora, essa pessoa não seria outra senão sua filha única. Vagueando antes de ser levada ao suplício, ela exala um lamento desconcertante, ao qual responde ao longe o eco das montanhas, como se fosse a voz de seu pai: "Oh montes, oh vales, lamentai-vos sobre a tristeza de meu coração!" E o eco: "Pois, eis que vou morrer filha, e no momento de minha morte, não terei a consolação de meus filhos..." Numa declaração às vezes arfante, entrecortada por declarações dolorosas, longas frases retornam sobrecarregadas de culpa, e com elas o coração dos ouvintes. E o que dizer de todos os *Stabat Mater*, fazendo chorar com Maria ao pé da cruz onde seu filho agoniza e cujo objetivo é tocar a sensibilidade dos ouvintes e fazê-los assim participar da deploração chorando com a Mãe?

Esta participação é muito forte em terra luterana à medida que todos conhecem e praticam os cânticos desde a mais tenra idade; da mesma forma esses

---

33. LA VIÉVILLE, J.-L.C. *Comparaison de la musique italienne et de la musique française*. Op. cit.

corais poderosamente ancorados na tradição, eles mesmos muitas vezes originando-se de temas recheados de cantochão ou de cantos populares. É o caso, por exemplo, do celebérrimo *O Haupt voll Blut und Wunden* ("Oh face coberta de sangue e de feridas"), cuja melodia é a de uma canção amorosa devida a Hans Leo Hassler, *Mein Gemüth ist mir verwirret* ("Meu coração está perturbado"), remontando ao ano de 1601. Ela foi usada para fazer cantar muitos cânticos, e notadamente como coral da Paixão, aquele que Bach faz ouvir em sete ocasiões na *Paixão segundo São Mateus*.

De Johann Christoph Bach, este parente que Johann Sebastian qualificou como "grande compositor", apreciação à qual seu filho Carl Philipp Emanuel acrescentará a de "grande e tão expressivo compositor"[34], conhecemos dois lamentos espirituais. Confiado a um solista cuja sequência vocal é perpassada por dissonâncias e tensões harmônicas, *Ach, dass ich Wassers gnug hätte* (por volta de 1690) é escrito numa característica muito próxima aos lamentos amorosos, embora se trate de uma queixa sobre os pecados do homem e não sobre o desaparecimento de um ente querido: "Ah! Que eu tenha suficientes lágrimas em minha cabeça para poder noite e dia deplorar meus pecados!"

Quanto a Johann Sebastian Bach, ele abre umas doze vezes suas cantatas espirituais com um lamento, vocal ou instrumental, cada vez que o *libreto* deve anunciar aos cristãos que, não obstante suas tribulações na terra, são destinados à salvação eterna. Seu "discurso" em música, isto é, sua pregação catequética, começa, pois, pela evocação da desolação e do sofrimento experimentados por todo fiel. Na cantata *Meine Seufzer, meine Tränen* ("meus suspiros, minhas lágrimas"), uma comovente ária feita por uma sequência de notas de contrabaixo, Bach faz uso de todos os artifícios da linguagem musical, cromatismos, semínimas, intervalos diminutos, para traduzir a paisagem interior de uma alma devastada. Os tormentos sofridos no tempo presente são evocados em

---

34. BACH, J.S. "Ursprung der musicalisch-Bachischen Familie". In: *Bach-Dokumente*. Tomo 1. Kassel: Bärenreiter, 1982, p. 255. • BACH, C.F.E. "Nachträge zur Bachschen Familienchronik". In: *Bach-Dokumente*. Tomo 3. Kassel: Bärenreiter, 1972, p. 287.

frases lancinantes cantadas pelo coral, entrecortadas por semínimas, e pouco a pouco decrescentes, na impressionante primeira parte da cantata *Ach Gott, vie manches Herzeleid* ("ah! Deus, quanto tormento").

A cantata *Mein liebster Jesus ist verloren* ("meu adorado Jesus se perdeu") trata da busca lacrimosa de Jesus por seus pais que o perderam em Jerusalém. Ela se abre por um pungente lamento de tenor, a voz do pecador, com grandes verberações, como uma impressionante deploração do cristão diante do desaparecimento de Jesus de sua alma. A tonalidade vocal amplifica os acentos naturais da declaração falada numa eloquência teatral. Lamento ainda, dentre outros, o coro inicial da cantata *Jesu, der du meine Seele* ("Jesus, Tu que por tua morte amarga"), deploração sobre o sacrifício salvador de Cristo na cruz em que um *moteto* vocal e instrumental fundado num tema obstinado sustenta o canto do cântico epônimo. Ou esse outro coro, abrindo a cantata *Ach Gott, vie manches Herzeleid*, para cantar "Ah! Deus, quantos tormentos meu coração enfrenta neste tempo presente!", com frases lancinantes, entrecortadas de semínimas, e cujo perfil melódico se abaixa pouco a pouco numa impressionante inversão tonal.

E são sempre os fiéis, texto à mão, que se identificam com estes afagos emocionais. Embora abertos ao mundo barroco, contrariamente aos calvinistas que o recusam, os luteranos mantêm a teatralidade dessa nova linguagem em limites aceitáveis, evitando o que lhes parece excessivo no mundo católico da Contrarreforma. É assim que, por ocasião de sua admissão na Igreja São Tomás de Leipzig, Bach teve que assinar um contrato de engajamento que enquadrava não sem rigor o domínio de sua atividade. No artigo 7, ele teve que declarar: "Para contribuir na manutenção da boa ordem nas igrejas, ajustarei a música de tal maneira que ela não dure muito tempo, e também para que seja de natureza tal que não pareça ter saído de um teatro, mas antes, que incite os ouvintes à piedade"[35]. Isto não o impede de fazer uso em suas cantatas de uma arte em

---

35. BACH, J.S. Contre-lettre définitive pour son contrat de cantor et directeur de la musique. Leipzig, 5 de maio de 1723. In: *Bach-Dokumente*. Op. cit., t. 1, p. 177.

todos os pontos semelhante à da ópera, segundo ele a melhor maneira de "incitar os ouvintes à piedade", ou seja, pela emoção. Em 1700, o Pastor Erdmann Neumeister afirmara que "uma cantata nada mais é senão um pedaço de ópera, formada por recitativos e árias"[36].

Quanto às Paixões, não seriam elas grandes óperas sagradas, visando a provocar a compaixão dos ouvintes diante do sofrimento de Cristo? Uma resposta afirmativa parece ter um fundo bastante sólido de verdade. A própria crônica registra que, por ocasião de execução da *Paixão segundo São Mateus* em Leipzig, na Sexta-feira Santa, uma mulher ter-se-ia levantado durante o coro de abertura e saído da igreja gritando: *"Behüte Gott ihr Kinder! Ist es doch, als ob man in einer Opera oder Comödie wäre"*[37] – "Proteja tuas crianças, Senhor! É como se estivéssemos numa ópera ou numa comédia".

Mas este temor em relação à sensualidade da música vem de longe, tanto nos luteranos quanto nos católicos. Da música, espera-se "o encaminhamento dos corações para a emoção religiosa"[38]. Uma obra como a *Paixão segundo São João* (1724) oferece inúmeros exemplos. Quando Pedro renega seu mestre, ele sai do átrio e chora amargamente. Esta última palavra, amargamente, *bitterlich*, o evangelista transtornado a pronuncia numa longa *vocalise*, labirinto melódico privado de qualquer referência tonal, com seus intervalos alterados e seus movimentos cromáticos. Medidas inesquecíveis para traduzir e comunicar a insondável aflição do coração. A ária subsequente propõe uma meditação sobre a renegação. Vergonha, dor e confusão são tamanhos que, como Pedro, o cristão não sabe onde esconder-se, tampouco em quem confiar, ao renegar sua fé em Cristo. Os instrumentos acusam a expressão vigorosa, quase violenta, da angústia. Ela se assemelha ao grito que o tenor lança do fundo de seu desespero. Em sua eloquência extrovertida e em seus matizes sutilmente diferenciados, eis uma irresistível ária de ópera.

---

36. NEUMEISTER, E. *Geistliche Cantaten statt einer Kirchen-Music*. Leipzig, 1704, prefácio.
37. GERBER, C. *Geschichte der Kirchen-Ceremonien in Sachsen*. Dresde/Leipzig: Saueressig, 1732.
38. DOMPNIER, B. *Les cérémonies extraordinaires du catholicisme baroque*. Op. cit.

Outro momento da *Paixão*, com esse foco rumo ao qual ela converge: a morte de Cristo. O evangelista-narrador recita os últimos instantes do Crucificado, proferindo suas últimas palavras: "Tudo está consumado". Entretanto, ao invés de deixar o evangelista concluir em seis palavras, "e inclinando a cabeça expira", o compositor o interrompe, quebrando a narrativa de uma forma que poderia parecer chocante, mas muito característica de um verdadeiro homem de teatro. É uma ária que retoma as últimas palavras para comentá-las. E que ária! Voz do *alto*, a da alma sofredora, tonalidade desolada do *si menor*, canto de solidão de uma viola da gamba, instrumento antigo, já naquela época, provocando um distanciamento, e esse *molto adagio* indicando movimento, que assume então o sentido de "uma grandíssima aflição". A linha vocal retoma a do Cristo moribundo, arrasado, envergado pela dor, sempre buscando desdramatizar a meditação. Após um breve episódio anunciando o triunfo da vida sobre a morte, a retomada do início da ária aborta, parecendo rompida, para ceder espaço à conclusão da narrativa. A emoção do ouvinte alcançou um paroxismo. Tudo aqui foi eximiamente executado, e com a maior precisão, para comover e guiar o ouvinte-espectador segundo as intenções do compositor-pregador.

Músicas sem palavras

Se parece fácil compreender pelos textos os afetos que a música vocal provoca, o mesmo não se pode afirmar da música instrumental. Entretanto, os títulos das peças orientam o ouvinte, e a linguagem musical recorre assim à sensação experimentada na música vocal. Quanto ao cravo, François Couperin faz questão de precisar: "Confesso de boa-fé que adoro muito mais o que me toca do que aquilo que me surpreende"[39]. É enquanto ouvinte de sua própria música que ele assim se expressa; e o que o "toca", é seu empenho em transmitir aos que o escutam e que, como ele o deseja, têm "um gosto requintado".

---

39. COUPERIN, F. *Premier livre de pièces de clavecin*. Paris: Foucaut, 1713, prefácio.

Ouçam, pois, *Les sentiments, La lugubre* ou *Les langueurs tendres* [Os sentimentos, A lúgubre, ou Os enternecimentos suaves].

E o que dizer do alaudista britânico John Dowland, confessando sua melancolia por seu emblema *Semper Dowland, semper dolens* ("Dowland sempre, sempre dolente")? É para fazer seus ouvintes chorar que sua coletânea de *Lachrimae* (1604) reúne "pavanas apaixonadas" na ária *Flow my tears!* ("Jorrai, minhas lágrimas!"), sempre num desespero, numa aflição.

Choros, ainda, nas lembranças de desaparecidos particularmente caros ou ilustres, em forma de lamentos, com os "*tombeaux*" [túmulos] instrumentais da tradição francesa: *Tombeau de M. Blancrocher* de Froberger e Louis Couperin, *Tombeau de M. de Sainte-Colombe* e *Tombeau pour M. de Lully* de Marin Marais, *Tombeau de Chambonnières* de d'Anglebert e tantos outros. No ritmo lento de uma pavana ou de uma "alemã", são as narrações inconsoláveis sobre o vaguear da alma do defunto que o ouvinte partilha. Mais tarde, em terra germânica, Bach intitulará em francês a ode fúnebre que compõe em memória da Princesa Christiane Eberhardine *Tombeau pour S.M. la Reine de Pologne*.

Na igreja, o órgão foi dotado de poderes de pregação. Ou seja, à sua maneira, ele viu-se obrigado a praticar a eloquência sagrada, e não somente em paráfrases ligados a temas e cânticos corais, mas também em peças aparentemente mais livres, como os prelúdios e as fugas. Portanto, exigiu-se que ele assumisse a palavra com inestimável força de persuasão – segundo Quantz, que ele "se apoderasse dos corações". "A verdadeira pintura deve atrair seu espectador [...], e o espectador, surpreendido, deve ir ao seu encontro, como que para entrar em conversação com as figuras que ela lhe representa"[40]. O mesmo vale para a música e seus ouvintes: urge-lhe "atrair" seu auditório. Esta *toccata* ou aquele prelúdio deve instantaneamente impor-se ao ouvido do auditor por um traço fulgurante, por uma interjeição sonora, a fim de encantá-lo e nunca mais abandoná-lo.

---

40. PILES, R. *Cours de peinture par principes*. Paris: Estienne, 1708.

Quanto ao prelúdio do canto coral, essa breve parte que o organista toca antes do canto da assembleia para dar-lhe o tom e lembrar-lhe a melodia, é o momento em que os melhores compositores comentaram nota por nota as palavras daquilo que seria entoado, e simultaneamente sublinhar sua dimensão emocional e espiritual. Para musicar o prelúdio do canto *Ach Herr, mich armen Sünder* ("Infelizmente! Senhor, eu, pobre pecador"), que é cantado com a célebre melodia de Hans Leo Hassler, Dietrich Buxtehude usa uma harmonia cromática e inúmeras figuras descendentes para sublinhar a contrição do pecador diante de suas faltas, pecador com o qual cada fiel é levado a identificar-se.

O mesmo vale para a orquestra. Antes de começar a narração em seu *Oratório de Páscoa* (1725), e de entregar-se à alegria da ressurreição, Johann Sebastian Bach pinta o universo após o drama do calvário, situando o ouvinte numa aurora nebulosa, no raiar do dia que verá a vida triunfar. Oferecendo ao ouvinte um clássico *si menor*, que todos concordam ser a nota mais própria para expressar a mais profunda tristeza, eis, sem tirar nem pôr, um doloroso lamento puramente instrumental. O oboé aí desenvolve uma longa frase cheia de uma incoercível tristeza.

O tempo da sensibilidade

Ao longo deste século e meio do Período Barroco, um vocabulário e uma sintaxe foram forjados na música, que se tornaram simples procedimentos de escrita junto aos que não se deixaram iluminar pelo gênio inovador. As conquistas expressivas dos músicos do século XVII não tardarão a tornar-se clichês, perdendo pouco a pouco sua urgência emocional e sua eficácia, antes que sua lembrança passasse a fazer parte da constituição da linguagem clássica, com seus novos procedimentos. No final desse período histórico, toda a Europa musical passa a falar a mesma linguagem.

Ao longo de todo esse período tão característico da história dos sentimentos, os músicos buscaram representar e compartilhar o mais fielmente possível e com o maior empenho persuasivo registros de emoção a partir de textos ou situações dramáticas. Entretanto, desde então, não mais se teorizou, quase não se falou mais de afetos, a não ser para qualificar as tonalidades. Em 1778, o *Dictionnaire de musique* de Rousseau simplesmente se cala sobre o tema. Isso porque já estávamos diante de noções adquiridas por todos, gestos criativos comuns a todos os compositores. Mas também porque novos registros de sensibilidade passaram a ser explorados.

Não se trata mais de traduzir um texto para comunicar sua emoção, mas de uma introspecção íntima transpondo para a música o mais íntimo da alma humana, ou seja, sua relação com o criador. Estamos falando deste breve período entre o Barroco e o Classicismo, dessa nova era que os esteticistas alemães denominaram *Empfindsamkeit*, termo cujo correspondente francês [e português] "sensibilidade" apenas traduz imperfeitamente sua efervescência. Esse período é dominado pela grande figura de Carl Philipp Emanuel Bach, em música o contemporâneo de *La nouvelle Héloïse* [A nova Heloisa] e dos *Les rêveries du promeneur solitaire* [Os devaneios do caminhante solitário] de Rousseau, da *Pamela* de Richardson e do *Sentimental journey* [Jornada sentimental] de Laurence Sterne, seguidos dos *Les souffrances du jeune Werther* [Os sofrimentos do jovem Werther] de Goethe. Sua obra musical inteira o mostra sempre atento aos próprios estados de sua alma, com sua grande diversidade de afetos, suas mudanças de tempo progressivas ou abruptas, o aspecto tão frequentemente improvisado de seu discurso, sua constante liberdade aparente, as metamorfoses de suas ideias ao sabor de um desconhecido encaminhamento interior. No *Le neveu de Rameau* [O sobrinho de Rameau], Diderot, que o admira, exclama: "Precisamos de exclamações, de interjeições, de suspensões, de interrupções, de afirmações, de negações; nós chamamos, invocamos, gritamos, gememos, choramos, rimos realmente"[41].

A música tornou-se a expressão íntima dos estados da alma de um homem à escuta atenta de sua sensibilidade, com suas certezas e dúvidas, suas clarezas

---

41. *Le Neveu de Rameau* foi escrito entre 1762 e 1773 e só foi publicado em 1891.

luminosas, suas borrascas e arco-íris. Justamente no ano de sua morte, Carl Philipp Emanuel Bach lembrava que "há tempos qualificamos a música como a linguagem sentimental"[42], ele que nunca deixou de afirmar que "a música deveria, acima de tudo, estimular o coração"[43]. Não saberíamos dizer mais e melhor!

---

42. *Hamburgischer unparteyischer Correspondent*, 9 de janeiro de 1788.

43. BACH, C.P.E. Nota autobiográfica. Hamburgo, 1773. • *Carl Philipp Emanuel Bach et l'âge de la sensibilité*. Trad. fr. de Gilles Cantagrel. *Carl Philipp Emanuel Bach et l'âge de la sensibilité*. Genebra: Papillon, 2013.

23

EMOÇÕES, PAIXÕES, AFETOS

A expressão na Teoria da Arte no período clássico

Martial Guédron

Esforçar-se para identificar o lugar que ocupam as emoções no campo do discurso teórico sobre as artes figuradas é confrontar-se com noções adjacentes que se misturam e se confundem tanto nos textos fontes quanto nos comentários que suscitaram. Quando, no século XVII, surgiram as primeiras tentativas visando a prover a língua francesa de um vocabulário artístico preciso, por vezes, na linguagem usual, os termos "paixão" e "emoção" são empregados indiferentemente, mesmo se o último se aplica antes às reações afetivas intensas e momentâneas, por oposição ao "sentimento", que designa estados mais estáveis. Este caráter violento da emoção como "movimento extraordinário que agita o corpo e o espírito, e que transtorna o temperamento ou seu equilíbrio"[1] irá atenuar-se no século seguinte, para tornar-se, como o sugere Diderot na *Enciclopédia*, um "movimento suave" que "se vincula ao físico e ao moral"[2]. Mesmo que o termo seja raro, no sentido como é empregado hoje, nos discursos e nos escritos teóricos que vão nos ocupar, sua significação primeira, derivando

---

1. FURETIÈRE, A. *Dictionnaire universel, contenant généralement tous les mots françois tant vieux que modernes, e les termes de toutes les sciences et des arts...* Tomo 2. La Haye: Leers, 1690, verbete "*Esmotion*".

2. D'ALEMBERT, J.R. & DIDEROT, D. *Encyclopédie, ou Dictionnaire rasonné des sciences, des arts et des métiers.* Paris: Briasson/David l'Aîné/Le Breton/Durand, 1751-1780, verbete "*Émotion*" (Diderot).

de "*émouvoir*", portanto, a partir do sentido de "mover", deve ser levado em conta. "*Émouvoir*", explica o *Dictionnaire de l'Académie française*, significa em primeiro lugar colocar em movimento, e se aplica às partes mais sutis e mais móveis de um corpo, que são denominadas humores, vapores ou espíritos[3]. Entretanto, um pouco mais adiante, diz-se também que o termo designa aquilo que estimula algum movimento, alguma paixão no coração, ou o que causa transtorno, e inclusive alteração nos espíritos.

Se estas questões foram centrais na teoria da arte, da forma como ela foi elaborada na França ao longo da segunda metade do século XVII, André Félibien, historiógrafo dos edifícios do rei e redator dos autos das conferências da Academia Real de pintura e de escultura permite um julgamento mais acurado. Nas sendas de Boileau, convencido de que o que é transparente impõe-se por si mesmo, e ciente, portanto, do dever de ser claro na terminologia empregada, é nestes termos que ele situou o lugar das emoções no campo das artes figuradas, e particularmente no tocante à pintura:

> Quando se trata de pintar fortes paixões onde a alma agita tão fortemente todas as partes do corpo e onde se deve mostrar todos os seus movimentos e o estado que se encontra quem é movido por um ataque de ódio ou por uma raiva furiosa, tudo se torna mais simples para o pintor que pretende representar significativamente esta emoção. Entretanto, é mais difícil mostrar num quadro paixões que agem pouco ou fracamente, ou representar estas afeições escondidas no fundo do coração. É neste contexto que um grande obreiro deve mostrar suas marcas de grande capacidade, já que deve conhecer a natureza destas emoções, como são engendradas na alma e como aparecem, a fim de mostrar no corpo de suas figuras sinais que as reconheçam, mas sinais visíveis e naturais que, sem forçar os órgãos, permitam descobrir o que se passa no espírito da pessoa que se quis representar[4].

---

3. *Le Dictionnaire de l'Académie Françoise, dédié au Roy*. Paris: Coignard, 1694, verbete "*Esmouvoir*".

4. FÉLIBIEN, A. *Conferences de l'Academie royal de peinture e de sculpture, pendant l'année 1667*. Paris: Leonard, 1669, p. 56.

Se os artistas e teóricos, ao menos até o último terço do século XVIII, falavam mais naturalmente de "paixões" do que de "emoções", o faziam a propósito de uma arte através da qual pretendiam criar um movimento (*permovere*), como os grandes oradores o faziam através de belos discursos.

Uma arte eloquente

Retórica pictural

Recorrendo a Aristóteles e à sua definição da tragédia, toda uma tradição não cessou de repetir que os seres humanos em ação constituíam o verdadeiro tema da pintura, e que o objetivo supremo do pintor era o de apreender os movimentos do corpo traduzindo as paixões da alma[5]. Desde meados do século XVII, o próprio Sócrates, nesse sentido, era solicitado, graças à nova tradução dos *Mémorables* de Xenofonte por François Charpentier. Nessa tradução descobriu-se que o filósofo ateniense manteve conversações com o pintor Parrásio e o escultor Cleiton: ele teria convidado o primeiro a prestar atenção na maneira como a magnificência, a generosidade, a baixeza, a covardia, a modéstia, a prudência, a insolência e a rusticidade aparecem no rosto dos homens; e, junto ao segundo, teria insistido na importância de mostrar as ações da alma pelos movimentos do corpo[6]. Alguns anos mais tarde, quando uma reflexão teórica sobre as representações das paixões ia tomando corpo no seio da Academia Real de pintura e de escultura, Roger de Piles lembrava que "Parrásio e Cleiton se sentiram fortemente comprometidos com o parecer de Sócrates a respeito das paixões"[7]. A partir de 1637, no entanto, o filólogo holandês Franciscus Ju-

---

5. ARISTOTE. *Poétique* 1449b, 24. Cf. LEE, R.W. Ut pintura poesis. In: *Humanisme et théorie de la peinture, XVᵉ-XVIIIᵉ siècles*. Trad. fr. de Maurice Brock. Paris: Macula, 1991, p. 53. • HÉNIN. Ut pictura theatrum. In: *Théâtre et peinture de la Renaissance italienne au classicisme français*. Genebra: Droz, 2003.

6. *Les choses mémorables de Socrate, ouvrage de Xénophon traduit de grec en François avec la vie de Socrate, nouvellement composée e recueillie des plus celebres Autheurs de l'Antiquité*. Paris: Camusat/Le Petit, 1650, p. 262-265.

7. DUFRESNOY, C.-A. *L'Art de peinture, de Charles-Alphonse Du Fresnoy, traduit en François, avec des remarques... [par Roger de Piles]*. Paris: L'Anglois, 1668, p. 115.

nius publicou em latim seu *De pictura veterum libri tres*, cuja influência passa a ser sentida em toda a estética francesa da segunda metade do século XVII[8]. Nessa obra encontramos uma mistura de citações de autores da Antiguidade sobre os artistas de seu tempo, mas também as bases de uma teoria da arte fundada em conceitos emprestados da retórica clássica. Na ausência de tratados antigos sobre as artes figuradas, não teria Cícero aberto a via, multiplicando as aproximações entre os procedimentos do orador e os do pintor? Não seria necessário, a respeito desse exemplo por ele citado, definir as diferentes partes da arte? Todo o problema, desde a Renascença, era o de saber como, nesse caso, adaptar as partes da retórica: invenção ou busca de argumentos, disposição ou busca de uma ordem através da qual esses argumentos deviam ser organizados, enfim, alocução, ou seja, forma de expor esses argumentos da maneira mais clara e mais impactante? A essa lista geralmente se acrescentava a ação, isto é, as entonações, as mudanças de fisionomia, os gestos e as atitudes que deviam acompanhar a palavra para facilitar sua memorização. Franciscus Junius sugeria distinguir a invenção (ou a história), a proporção (ou a simetria), a cor (e nesta parte a luz e a sombra, a claridade e a penumbra), o movimento (aqui a ação e a paixão), enfim, a disposição (ou a economia do conjunto da obra)[9]. Inspirando-se simultaneamente em Cícero e em Quintiliano, ele religava o movimento à ação oratória e explicava como a eloquência do corpo permitia estimular e levar o ouvinte ao consentimento quando as palavras se faziam insuficientes. E sugeria que a pintura, neste quesito, era superior às artes verbais, já que mais apta a suscitar a emoção[10]. Se realmente as coisas funcionavam assim, era em razão de uma espécie de empatia, já que as atitudes, os gestos e as mímicas revelavam as paixões, e inclusive a condição social, daqueles junto

---

8. JUNIUS, F. [François Du Jon]. *De pintura veterum libri três*. Amsterdã: Blaev, 1637.

9. NATIVEL, C. "Franciscus Junius et le *De pictura veterum*". In: *XVIIe siècle*, n. 138, 1983, p. 7-30. • NATIVEL, C. "La rhétorique au service de l'art: éducation oratoire et éducation de l'artiste selon Franciscus Junius". In: *XVIIe siècle*, n. 157, 1987, p. 385-394. • NATIVEL, C. "Quelques apports du *De pictura veterum libri tres* de Franciscus Junius à la théorie de l'art en France". In: *Revue d'esthétique*, 31-32, 1997, p. 119-131.

10. JUNIUS, F. *De pintura veterum libri três*. Trad. fr. de Colette Nativel. Tomo 1. Genebra: Droz, 1996, p. 537.

aos quais elas se manifestavam. É por isso que os artistas, da mesma forma que os oradores, deviam evitar todo excesso e toda facilidade na busca de produzir efeitos. A ideia faria então o seu próprio caminho: trabalhar para uma retórica pictural através da linguagem do corpo só podia ser factível respeitando-se o ideal de conveniência que atribuía a cada indivíduo, a cada figura, a cada paixão um modo apropriado.

Linguagem dos mudos

Desde 1648, ano de sua fundação, a Academia previa que seus membros intercambiassem seus conhecimentos: "eles comunicarão os esclarecimentos que os iluminam, não sendo possível que uma pessoa sozinha possa tê-los todos ou penetrá-los completamente sem essa assistência diante das dificuldades das artes, tão profundas e tão pouco conhecidas"[11]. No dia 30 de agosto de 1653, um regulamento especificava as diferentes partes que urgia tratar em relação à "fundamentação da pintura". Desta vez, como indício das dificuldades que a companhia encontrou em seu esforço de adaptar as partes da retórica à elaboração de um discurso sobre a arte, apenas manteve quatro: o traço, o claro-escuro, a cor, a expressão[12]. Que a expressão tenha sido colocada em último lugar, após a cor, não reflete a importância que os acadêmicos deviam dar-lhe. Na verdade, ela era considerada, com a invenção, que sequer aparece nessa lista, como uma das partes mais nobres da pintura.

É óbvio que a obrigação desses artistas de fazer conferências sobre o assunto lhes causou grandes problemas, já que bastante inábeis nesse gênero de exercício. Se os documentos evocando as primeiras dentre elas são pouco numerosos, sabemos que vários oradores tiveram que recorrer ao *Tratado de pintura* de Leonardo da Vinci, mesmo depois da reorganização das conferên-

---

11. "Estatutos e regulamentos da Academia Real de pintura e de escultura do mês de fevereiro de 1648", art. IX. In: *Procès-verbaux de l'Académie royale de peinture et de sculpture (1648-1793)*. Ed. de Anatole de Montaiglon. Tomo 1. Paris: Baur, 1875-1881, p. 9.

12. Sessão do sábado, 2 de agosto de 1653. In: ibid., p. 76.

cias no final dos anos de 1660. Disso dá testemunho o secretário da Academia, Henry Testelin, em seu relatório da sessão de 9 de abril de 1667, na presença de Colbert[13]. É em 1651, a partir de cópias de manuscritos de Leonardo da Vinci, que surgiu a primeira edição desse livro [em francês], com gravuras feitas por Charles Errard, baseadas nos desenhos de Nicolas Poussin. Alguns meses depois apareceu outra tradução francesa, feita por Roland Fréart de Chambray. No entanto, como o sublinhou Testelin em seu relatório da sessão acadêmica de 9 de abril de 1667, o entusiasmo que ela suscitou é antes moderado, notadamente em razão de sua incoerência no encadeamento dos temas e pela falta de clareza em suas demonstrações[14]. Com o escrito de Junius, essa obra exerceu um papel decisivo nos esforços feitos para elaborar uma verdadeira teoria da arte. Ainda que ela confirme a necessidade de definir as partes da pintura, o lugar reservado à representação das paixões está suficientemente bem-definido:

> O ponto alto e a parte principal da arte é a criação das obras, não importando o tema tratado; a segunda parte é o que concerne à sua expressão: as ações das figuras devem mostrar o que elas fazem e fazer com que hajam com prontidão e vivacidade, segundo o grau de expressão que lhes convém [...][15].

Ora, nessa obra também se afirma que o melhor meio de se chegar à conveniência das atitudes e das expressões de todas as figuras de um quadro, para que, ao vê-las, se possa compreender o que pensam e sentem, seria o de observar e imitar os gestos dos mudos, "que falam com as mãos, os olhos, as sobrancelhas e os movimentos de toda sorte, quando querem expressar-se e fazer compreender o que se passa em seu íntimo"[16]. Já presente em Quintiliano,

---

13. *Conférences de l'Académie royale de peinture et de sculpture.* Tomo 1. Vol. 1. Ed. crítica integral sob a direção de Jacqueline Lichtenstein e Christian Michel. Texto escrito por Bénédicte Gady, Jan Blanc, Jean-Gérald Castex et al. Prefácio de Henry-Claude Cousseau. Apresentação de Thomas W. Gaehtgens. Paris: Beaux-Arts de Paris, 2007-2014, p. 104.

14. Cf. LE BLANC, M. "Abraham Bosse et Léonard de Vinci – Les débats sur les fondements de la peinture dans les premiers temps de l'Académie". In: *Revue d'esthétique*, 31-32, 1997, p. 99-107.

15. LÉONARD DE VINCI. *Traité de la peinture, de Léonard de Vinci, donné au publique et traduit d'italien en françois par R.F.S.D.C.* Paris: Langlois, 1651, p. 59.

16. Ibid., p. 12.

esta referência aos gestos dos mudos devia ser meditada pelos autores amantes da "eloquência" da pintura. Inspirando-se naqueles que embora privados da palavra conseguiam se expressar, os pintores imprimiriam à sua arte, através desta poesia muda, a mais elevada eloquência: falariam assim um idioma, comum a todas as nações da terra, denominado pintura[17]. Quais seriam seus sinais mais eloquentes? As posturas como um todo e os gestos das mãos com certeza, mas também os movimentos do rosto causados pelas emoções, como ocorre no riso, no pranto, nas disputas, e inclusive nas diferentes maneiras de cantar. Sem esta animação dada às pinturas, diz o *Tratado* de Leonardo da Vinci, o pintor apenas representaria figuras "duplamente mortas"[18], destituídas de vida própria e de atitudes admiráveis.

Estes argumentos não deixaram de ter consequências em relação ao lugar que os acadêmicos atribuíram à expressão relativa às suas reflexões sobre as artes figuradas e, mais particularmente ainda, na pintura relativa à história. Assim sendo, alguns se beneficiaram do *Tratado* sobre o tema. Mas era importante para eles encontrar um modelo ilustre que pudesse ser vinculado à Escola francesa, papel que coube a Nicolas Poussin.

O alfabeto do corpo

Confiando numa carta escrita por volta de 1653 e endereçada ao gravurista Abraham Bosse, alegou-se que Poussin era mais desdenhoso em relação ao *Tratado*, tanto sobre a forma como no conteúdo. Vemos, com efeito, que as transposições gravadas de seus desenhos por Charles Errard o haviam desagradado e nela encontramos a famosa sentença: "Tudo o que há de bom neste livro pode ser escrito numa folha de papel em letras garrafais; e os que acreditam que eu aprovo tudo o que nele há, não me conhecem; eu que faço profissão

---

17. DUFRESNOY, C.-A. *L'Art de peinture*. Op. cit., p. 15 e 117. É bom lembrar que, segundo Plutarco, a definição da pintura como poesia muda e da poesia como pintura falante foi formulada por Simônides [de Ceos].
18. LÉONARD DE VINCI. *Traité de la peinture*. Op. cit., p. 61.

de fé de jamais dar lugar às coisas de minha profissão que vejo malfeitas ou malproferidas"[19]. Aí existe, pois, matéria a matizar. Em primeiro lugar, Poussin mostrou-se mais entusiasta quando, uma quinzena de anos antes, trabalhava em desenhos destinados a ilustrar o manuscrito de Leonardo da Vinci que Cassiano dal Pozzo, colecionador erudito e bibliófilo, fazia reproduzir em sua residência romana. Em segundo lugar, vários de seus quadros apresentam personagens cujas posturas e movimentos são similares aos do *Tratado da pintura*. Enfim, mesmo se o caráter autográfico desta carta podia ser provado, ela não é menos uma carta de circunstância, endereçada a um homem que havia colocado em dúvida o fato de que a obra tirada dos manuscritos de Leonardo da Vinci pôde servir de fundamento para as regras da arte[20].

Se Poussin, assim como Bosse, não podia aceitar que o *Tratado* de Leonardo da Vinci, da forma como foi editado, pudesse servir de breviário aos artistas, ele não reprovava o princípio de estabelecer a arte de pintar em regras precisas. Acontece que não é fácil definir o lugar que ele acordava à questão da expressão das paixões. No dia 1º de março de 1665, numa carta tardia endereçada a Fréart de Chambray, o próprio Poussin propunha breves observações sobre as partes da pintura: "É preciso começar pela disposição, depois pelo ornamento, o cenário, a beleza, a graça, a vivacidade, a fantasia, a verossimilhança, e o julgamento em toda parte"[21]. Onde situaria ele a expressão das paixões? Seríamos tentados a dizer, na "vivacidade", mas não só; a representação dos movimentos da alma e do corpo era também religada à conveniência e à verossimilhança.

Fora dessas cartas, testemunhos fornecem outros indícios que, entretanto, devem ser considerados com prudência. Em suas *Mémoires*, Félibien narra

---

19. *Correspondance de Nicolas Poussin publiée d'après les originaux, par Ch[arles] Jouanny*. Paris: Schemit, 1911, n. 185, p. 421.

20. BIALOSTOCKI, J. "Poussin et le *Traité de la peinture* de Léonard. Notes sur l'état de la question". In: CHASTEL, A. (dir.). *Nicolas Poussin*. Paris: CNRS, 1960, p. 133-140. • ROBISON, P.M. "Leonardo's 'Trattato della Pittura' Nicolas Poussin and the Pursuit of Eloquence in Seventeenth-Century France". In: FARAGO, C. (dir.). *Leonardo da Vinci and the Ethics of Style*. Manchester/Nova York: Manchester University Press, 2008, p. 189-236.

21. *Correspondance de Nicolas Poussin*. Op. cit., n. 210, p. 463.

que, ao falar da pintura, Poussin teria afirmado "da mesma forma que as vinte e quatro letras do alfabeto [francês] servem para formar nossas palavras e exprimir nossos pensamentos, assim os lineamentos do corpo humano servem para exprimir as diversas paixões da alma para mostrar externamente o que temos no espírito"[22]. Exprimir as paixões ou as emoções a partir deste alfabeto do corpo não podia realizar-se simplesmente contentando-se em imitar a natureza; era necessário que o pintor se esforçasse para extrair o melhor de si, que tivesse uma inteligência íntima das emoções e o estado de espírito dos personagens que pretendia representar: "Que as pessoas hábeis trabalhem o intelecto, isto é, elas devem conceber antecipadamente o que pretendem fazer, por exemplo: representar-se na imaginação um Alexandre generoso, cortês etc., e depois exprimir com as cores esse personagem, de sorte que se possa reconhecer pelos traços do rosto que é este Alexandre que possui as qualidades que lhe atribuímos"[23].

Encontramos a confirmação deste interesse pela linguagem expressiva do corpo humano nas observações de Poussin sobre a pintura da forma como são descritas por Giovanni Pietro Bellori. Sobre este ponto, segundo Bellori, Poussin se referia às concepções dos retóricos clássicos. Existem dois instrumentos que dominam a alma dos ouvintes, teria afirmado o pintor:

> A primeira [sic], em si mesma, é tão envolvente e tão eficaz que Demóstenes lhe dava a primazia sobre os artifícios da retórica, Marco Túlio a denominava linguagem do corpo e Quintiliano lhe atribuiu tamanho vigor e força que, sem ela, ele considerava inúteis os pensamentos, as provas, as expressões; e sem ela, as linhas e as cores seriam inúteis[24].

Uma carta endereçada ao amigo e protetor Paul Fréart de Chantelou, datada de 27 de junho de 1655, confirma esta filiação: acerca dos pintores gregos

---

22. FÉLIBIEN, A. *Mémoires (Actes II)*. Apud POUSSIN, N. *Lettres et propos sur l'art*. Paris: Hermann, 1989, p. 196-197.

23. Ibid., p. 197.

24. *Correspondance de Nicolas Poussin*. Op. cit., n. 215, p. 494. Cf. FUMAROLI, M. *L'École du silence* – Le sentiment des images au XVIIᵉ siècle. Paris: Flammarion, 1998, p. 198ss.

Polignoto e Aglaofão, Poussin faz alusão a uma passagem da *Institution ora-toire*[25]. Numa palavra: se ele não deixou nenhum texto teórico consequente, é evidente que compartilhou do interesse de seu século para com a expressão das paixões, e igualmente pensava que a pintura seria duplamente muda se ela não tivesse que acontecer pela força persuasiva dos movimentos do corpo. Esta atenção constante não somente à representação das emoções, mas à sua distribuição e à sua conveniência em função do tema tratado não é certamente estranha ao dispositivo ótico no interior do qual ele colocava pequenas figuras em cera modeladas e drapeadas por seus cuidados, expediente do qual se dizia que Tintoretto, Veronese e Michelangelo se teriam servido[26].

Dos modos

Considerando os escritos nos quais Poussin mostrou-se um "pintor erudi-to", podemos compreender que sua célebre carta endereçada a Chantelou, de 24 de novembro de 1647, na qual aborda a espinhosa teoria dos modos, ou das maneiras, atraiu a atenção de inúmeros exegetas, alguns chegando a buscar, nessas linhas bastante confusas, a origem antes que a justificação de algumas de suas obras-primas[27]. Sem entrar em detalhes, é necessário examinar em que ela pode cruzar a questão da representação das emoções.

O texto fundador, para esta teoria, é uma passagem da obra *A república*, onde, seguindo uma tradução francesa do início do século XVII, Platão trata "Da Música, do Canto, da Melodia e das Harmonias"[28]. Lamuriosos, indolen-

---

25. *Correspondance de Nicolas Poussin*. Op. cit., n. 194, p. 434. Cf. BARDON, H. "Poussin et la littérature latine". In: CHASTEL, A. (dir.). *Nicolas Poussin*. Op. cit., p. 124.

26. DUFRESNOY, C.-A. *L'Art de peinture*. Op. cit., p. 109.

27. Cf. o artigo seminal de Paul Alfassa: "L'origine de la lettre de Poussin sur les modes d'après un travail récent". In: *Bulletin de la Société de l'histoire de l'art français, année 1933*, 1934, p. 125-143.

28. *La Republique de Platon, divisee en 10 livres, ou Dialogues, traducte de grec en françois et enrichie de commentaires par Loys Le Roy* – Plus, quelques autres traictez platoniques de la traduction du mesme interprete... Le tout reveu et conferé avec l'original grec, par Fed. Morel. Paris: Drouart, 1600, p. 145.

tes e libertinos, os modos dos habitantes da Jônia e da Lídia são reprovados, ao passo que os modos dos frísios e dórios, viris e voluntariosos, parecem próprios a encorajar a bravura e a temperança, assim como para celebrar os homens sábios e os infelizes. Ao invés de Platão, sabemos que é do tratado relativo à música do compositor Gioseffo Zarlino que Poussin emprestou todas as passagens de sua carta na qual trata dos modos[29]. Mas, através de Zarlino, a quem copia sem preocupar-se em citá-lo, ele se inscreve numa corrente de reflexão que, inspirando-se em textos canônicos da filosofia antiga, explica como se deve analisar, ordenar e modular os movimentos das paixões segundo seu registro ou tonalidade, a fim de que se harmonizem com a pessoa a quem elas se referem:

> Sendo os modos dos antigos uma composição de várias coisas misturadas, dessa variedade nasceu uma *diferença de modo* que permitiu compreender que todo modo guardava em si uma variante, principalmente quando todas as coisas que entram na composição eram proporcionalmente misturadas. Disso resultou um poder de induzir a alma dos observadores a diversas paixões que os sábios antigos atribuíam a cada um segundo a propriedade dos efeitos que viam nascer deles. É por isso que concebiam o modo dórico estável, austero e severo, e lhe atribuíam matérias graves, severas e cheias de sapiência[30].

Em seguida, em referência aos antigos gregos, inventores de todas as belas coisas, ele especifica:

> E passando disso para as coisas agradáveis e alegres, eles usam o modo frísio para ter suas modulações musicais mais finas do que qualquer outro modo, bem como seu aspecto mais agudo. Essas duas maneiras, e nenhuma das outras, foram enaltecidas e aprovadas por Platão e Aristóteles e, estimando as outras inúteis,

---

29. CHIOGGIA, G.Z. *Le istitutioni harmoniche*. Veneza, 1558. Cf. esp. MONTAGU, J. "The Theory of the Musical Modes in the Académie royale de peinture et de sculpture". In: *Journal of the Warburg and Courtauld institutes*, vol. 55, 1992, p. 233-248. • HAMMOND, F. "Poussin et les modes: le point de vue d'un musicien". In: BONFAIT, O.; FROMMEL, C.L.; HOCHMANN, M. & SCHÜTZE, S. (dirs.). *Poussin et Rome*. Paris: Rmn, 1996, p. 75-91.

30. *Correspondance de Nicolas Poussin*. Op. cit., n. 156, p. 373-374.

consideraram seu modo vocal ardente, muito agudo e que deixa as pessoas impressionadas[31].

Indiretamente, estes "empréstimos" buscados por Poussin em Zarlino herdaram analogias recorrentes entre estilo oratório, harmonia musical, sistema de proporções e harmonias das cores. Junto aos pintores franceses, a referência aos modos se explicava em parte por uma vontade de aproximar a eloquência da pintura ao poder afetivo da música, ou por um desejo de emocionar os "observadores" como podia acontecer com os ouvintes[32]. Com instrumentos que lhe eram próprios, o pintor devia variar os ritmos, as proporções, o claro-escuro e a gama cromática, segundo as emoções que ele pretendia suscitar, ativando um jogo dialético entre estes elementos[33].

Uns 20 anos mais tarde, Charles Le Brun mostrou-se muito mais explícito quanto aos vínculos entre modos pictoriais e modos musicais. Isto se deu por ocasião de um vivo debate por ele engajado ao longo de uma conferência de Philippe de Champaigne sobre o quadro de Poussin denominado *Eliezer e Rebeca* (1648). Para Le Brun, Poussin tinha razão em não respeitar literalmente o texto do Gênesis, evitando assim representar camelos no quadro, já que essas criaturas bizarras teriam perturbado a unidade do modo de sua composição[34]. No ano seguinte, preciso e diretivo, Félibien descrevia os modos como meios de dar um caráter geral a uma pintura:

> Entretanto, urge confessar que existe algo de singular e de incomparável em M. Poussin, pois, tendo encontrado a arte de colocar em prática todos estes diferentes modos, ele os incorporou de tal maneira que, ao transformá-los em regras inequívocas, lhe possibilitaram dar às suas figuras a força de exprimir os sentimentos por ele desejados. Além disso, esses modos o ajudaram a fazer

---

31. Ibid., p. 374.

32. HAMMOND, F. "Poussin et les modes: le point de vue d'un musicien", cap. cit., p. 77.

33. Cf. BÄTSCHMANN, O. *Poussin* – Dialectiques de la peinture. Trad. fr. de Claire Brunet. Paris: Flammarion, 2010, p. 91.

34. CHAMPAIGNE, P. "*Eliézer et Rébecca* de Poussin", 7 de janeiro de 1668. In: *Conferences de l'Académie royale de peinture et de sculpture*. Op. cit., t. 1, vol. I, p. 203-204.

com que seu tema os inculcasse na alma dos que os admiravam, em igual medida que na música esses modos dos quais acabo de falar estimulam as paixões [...][35].

Os primeiros comentaristas de Poussin queriam crer que, em seus quadros, ele havia aplicado a teoria dos modos, variando toda a retórica do corpo sobre a qual se fundava a transmissão das paixões por vias não verbais. Após a famosa "querela do colorido", outros argumentos foram avançados, superando as interpretações mais recentes dos historiadores da arte. Numa conferência feita em julho de 1713, Antoine Coypel religa os modos ao que então se chamava de "conjunto":

> Assim como os músicos, é preciso assumir um modo apropriado ao tema, e mostrar sem rodeios seu verdadeiro caráter, seja ele de alegria, de horror ou de tristeza. Pois, não somente o colorido tem sua justeza e sua correção tanto quanto o desenho, mas ele também tem a força de exprimir as paixões, tanto em seu conjunto quanto em seus objetos particulares[36].

Uma codificação dos rostos

Fisiologia

Desde 1662, em sua *Ideia da perfeição da pintura*, Fréart de Chambray propunha um exame das obras de Rafael e de Poussin segundo as cinco partes da pintura, à frente de todas "as duas mais nobres", a invenção e a expressão – as três outras, isto é, a proporção, o colorido e a perspectiva linear, interessando antes ao lado "mecânico" desta arte[37]. Para Fréart de Chambray, Poussin endossou o papel do salvador, já que mostrou, por um lado, como libertar-se

---

35. FÉLIBIEN, A. *Conferences de l'Académie royale...* Op. cit., prefácio.

36. COYPEL, A. "Commentaire de l'Épître à son fils – Le coloris et le pinceau", 8 de julho de 1713, ibid., t. 4, p. 77 e 80.

37. FRÉART, R. [de Chambray]. *Idee de la perfection de la peinture demonstree par les principes de l'art, et des exemples conformes aux observations que Pline et Quintilien ont faites sur les plus celebres tableaux des anciens peintres, mis en paralelle à quelques ouvrages de nos meilleurs peintres modernes, Leonard de Vinci, Raphael, Jules Romain, et le Poussin.* Le Mans: Isambart, 1662, p. 119.

dos excessos maneiristas herdados de Michelangelo e, por outro, das tentações coloristas que inspiraram Ticiano e Veronese. Obviamente, Rafael tinha sido o pintor mais perfeito dos modernos. Mas deveu-se exatamente ao francês a glória de ter reatado com os fundamentos da pintura antiga.

Parte necessária da pintura, excelente e admirável, dando vida às figuras pela representação de seus gestos e paixões, proporcionando ao espectador o sentimento de que elas eram capazes de falar e meditar, a expressão, para Fréart de Chambray, provou a dignidade desta arte[38]. Os ilustres pintores gregos haviam mostrado a via, eles que sabiam observar com atenção as características das paixões e dos movimentos do espírito. Ora, Poussin, seu digno herdeiro, podia ser visto como um "Timante moderno"[39], ou, dito de outra forma, o equivalente para o século XVII do pintor do mais perfeito quadro da Antiguidade, o *Sacrifício de Ifigênia*. Como o referiam Plínio (o Velho) e Quintiliano, em suas obras, Timante havia usado toda a sua arte para pintar a aflição de Calcas, Ulisses e Menelau. Em seguida, ele recorreu a um estratagema para sugerir dignamente a intensa emoção do pai da vítima, Agamenon, camuflando seu rosto sob um pano. Os que contemplavam essa obra podiam assim meditar na própria alma sobre a dor profunda do herói grego, antes que buscar seus sinais visíveis em seus traços explorados.

O interesse pela questão da expressão foi confirmado ao longo do ano de 1667, quando, sob o impulso de Colbert, as conferências acadêmicas foram reorganizadas, com o objetivo de estabelecer as grandes regras de conduta da pintura. No dia 7 de maio, a Academia ouviu Le Brun proferir um discurso sobre o *São Miguel derrotando o dragão*, de Rafael (1504). Naquela ocasião, o primeiro pintor do rei colocava as primeiras balizas de sua teoria das paixões. Sobre o rosto do arcanjo, ele convida a assistência a observar os indícios da doçura, da graça e do desprezo soberano[40]. Dois meses depois, o

---

38. Ibid., p. 13 e 32.

39. Ibid., p. 121.

40. LE BRUN, C. "*Saint Michel terrassant le dragon de Raphaël*", 7 de maio de 1667. In: *Conférences de l'Académie royale de peinture et de sculpture*. Op. cit., t. 1, vol. 1, p. 114-115.

escultor flamengo Gérard van Opstal se interessava pelos sinais visíveis da dor na figura de Laocoonte. Desses sinais, ele dá uma explicação fisiológica, fazendo inclusive alusão à glande pineal descrita por Descartes, este revezamento entre atividade da alma e movimento dos músculos acionados pelos espíritos da alma[41]. Enfim, no dia 5 de novembro de 1667, Le Brun interveio novamente, desta vez referindo-se ao quadro de Poussin *Os israelitas recolhendo o maná no deserto* (1637). Se nos fiarmos na transcrição de Félibien, esse discurso centrava-se no problema das unidades da ação e do tempo, bastante complexa para os pintores da história, já que deviam mostrar uma ação completa num mesmo espaço de representação. Le Brun sublinha que Poussin, por mostrar como esse evento dramático era sentido pelos israelitas, empregara uma gama de expressões variadas, sem prejudicar a unidade pictural. De fato, em sua diversidade, os movimentos, as atitudes e as mímicas reenviavam sempre ao tema principal, encadeando-se numa sintaxe plástica impecável[42].

Como seus predecessores italianos, os teóricos franceses que discorriam sobre os sinais das paixões mobilizavam diferentes formas de saber sobre o corpo humano, emprestando às vezes seus argumentos da medicina humoral ou da fisiognomonia. Nas sendas de Paolo Lomazzo, Félibien lembrava, por exemplo, o papel dos quatro elementos, e, portanto, dos quatro humores principais nas emoções[43]. Esta herança não pode ser desprezada quando se aborda a teoria de Le Brun sobre os movimentos expressivos e a fisiognomonia[44].

---

41. OPSTAL, G. "Le Laocoon". In: ibid., 2 de julho de 1667, p. 134.

42. LE BRUN, C. "La manne dans le désert de Poussin". In: ibid., 5 de novembro de 1667, p. 166-170.

43. FÉLIBIEN, A. *Entretiens sur les vies et sur les ouvrages des plus excellens peintres anciens et modernes*. Tomo 2. Paris: Le Petit, 1672, p. 333.

44. Cf. esp. KIRCHNER, T. *L'Expression des passions* – Ausdruck als Darstellungsproblem in der französischen Kunst und Kunsttheorie des 17. und 18. Jahrhunderts. Mayence: Zabern, 1991. • MONTAGU, J. *The Expression of the Passions*: The Origin and Influence of Charles Le Brun's "Conférence sur l'expression générale et particulière". New Haven/Londres: Yale University Press, 1994. • DESJARDINS, L. *Les corps parlant* – Savoirs et représentation des passions au XVIIe siècle. Saint-Nicolas/Paris: Presses de l'université Laval/L'Harmattan, 2000.

Com um senso de sincretismo que não evita algumas tensões entre os diferentes pontos de sua argumentação, Le Brun provavelmente se serviu de múltiplas fontes, de Pierre Charron a François de La Rochefoucauld, do Padre Étienne Binet a Jean de la Fontaine. No texto de sua célebre conferência sobre a expressão particular, Le Brun confessa que existem sobre o tema teorias variadas, e que não podemos dizer senão o que já foi escrito. Seu auditório é prevenido: ele apenas seguirá as diferentes opiniões sobre a matéria para fazer compreender melhor o que concerne às artes figuradas[45]. Mas é no *Tratado das paixões da alma* de Descartes (1649) e nas *Características das paixões* de Cureau de La Chambre (1640) que seus empréstimos são mais convincentes. Na primeira obra, Le Brun encontrou a ideia de elaborar um quadro sistemático das paixões encadeando-as umas às outras segundo uma perspectiva racionalista e mecanicista. Como Gérard van Opstal, ele sublinha que a glande pineal está no centro das interações entre os movimentos da alma e os do corpo; é sem dúvida por essa razão que, nos desenhos didáticos que realizou na mesma época, Le Brun deu uma importância particular à zona superior do rosto, notadamente aos olhos e às sobrancelhas. É igualmente a Descartes que ele deve, para o essencial, a distinção entre paixões primitivas e paixões compostas. Mas é de Cureau de La Chambre que empresta a oposição entre apetite concupiscível e apetite irascível da alma, que Descartes teria tentado superar.

O que interessava a Le Brun era a forma como as paixões se tornavam visíveis. Assim se explica a razão pela qual, diferentemente de Descartes, ele dava mais importância ainda às sobrancelhas do que aos olhos. Quintiliano falava de como elas se elevam na admiração e se abaixam na hora da raiva, ao passo que, para Leonardo da Vinci, era graças aos olhos que se podia distinguir o riso do choro, argumento que é retomado por Roger de Piles[46]. Ouçamos Le Brun: "E, como dissemos que a glande que está no meio do cérebro é o lugar onde a

---

45. LE BRUN, C. "L'expression particulière", 6 de outubro a 10 de novembro de 1668. In: *Conferénces de l'Académie royale de peinture et de sculpture*. Op. cit., t. 1, vol. 1, p. 263.

46. QUINTILIEN. *Institution oratoire*, LXI, 3, 79. • LÉONARD DE VINCI. *Traitté de la peinture*. Op. cit., p. 83-84. • DUFRESNOY, C.-A. *L'Art de peinture*. Op. cit., p. 115.

alma recebe as imagens das paixões, a sobrancelha é a parte de todo o rosto em que as paixões melhor se deixam conhecer, embora muitos tenham pensado que era nos olhos"[47]. Era exatamente nas sobrancelhas que melhor se podia observar as duas famílias de paixões que os artistas deviam aprender a distinguir, a primeira fazendo-se visível por movimentos ascendentes, a segunda por movimentos descendentes: "E como se costuma dizer que a alma tem dois apetites na parte sensitiva, e que destes dois apetites nascem todas as paixões, existem também dois movimentos nas sobrancelhas que exprimem todos os movimentos das paixões"[48].

Geometria

Não nos surpreende que, em sua tentativa de elaborar uma signalética das paixões, Le Brun tenha apostado na geometria: sábios e letrados da época concordam em considerar esta ciência do mensurável como uma "arte de ver as coisas pela razão e com os olhos do entendimento"[49]. Se examinarmos os célebres desenhos feitos no momento em que ele elaborava o texto de sua conferência sobre a expressão particular, vemos que todos são construídos de forma idêntica: uma sequência de máscaras expressivas sem modelado, cada figura, com exceção daquela relativa à *Tranquilidade*, sendo vista duas vezes de frente e uma vez de perfil, todas cruzadas por oito linhas horizontais passando pelo alto do crânio, pelo alto da fronte, pelas sobrancelhas, pelos olhos, por cima e por debaixo do nariz, pelos lábios e pela base do queixo. Ora, os desenhos que Le Brun consagrou ao rosto do homem e às cabeças dos animais também testemunham esta atenção à geometria.

Um documento faz referência a uma conferência sobre a fisiognomonia que o pintor teria proferido no dia 28 de março de 1671, na presença de

---

47. LE BRUN, C. "L'expression particulière", conf. citada, p. 268.
48. Ibid., p. 268-269.
49. FRÉART, R. *Idee de la perfection de la peinture*. Op. cit., p. 19.

Colbert. O texto integral desta alocução se perdeu, mas, além de seus vestígios sob a forma de um pequeno resumo duvidoso[50], chegaram até nós mais de duzentos desenhos a ele relacionados. Dentre estas folhas, muitas se referem às analogias entre as morfologias de tipos humanos e cabeças de animais, como se o objetivo fosse aplicar o princípio fisiognomônico segundo o qual existe uma correlação entre aparência física e temperamento. Le Brun chegou inclusive a comparar a construção geométrica da fisionomia dos animais com a dos indivíduos-tipos.

Em muitos casos, quer se trate dos diagramas das paixões ou dos vários desenhos fisiognomônicos, os rostos são inscritos num traço regulador. Nos diagramas, quanto mais violentas as paixões, mais seus sinais se emancipam destas linhas de construção. Nos desenhos fisiognomônicos, as referências morfológicas aparecem como indícios revelando o caráter constante. A robustez e a energia do homem-leão sugerem sua força; a leveza e a delicadeza do homem-raposa, sua duplicidade; o aspecto selvagem e brutal do homem-urso, sua crueldade; etc. No entanto, olhando mais de perto, em vários desses rostos alguma coisa treme, como que sob o efeito de uma tensão entre o fixo e o móvel. Sem dúvida, a esta altura precisamos voltar novamente aos trabalhos de Cureau de La Chambre. Não havia ele explicado que, se a natureza dotou o homem de um temperamento equilibrado, o mesmo não podia ser afirmado dos animais? Enquanto que no homem os humores se haviam unido segundo uma justa moderação, junto aos animais sempre haveria uma tendência excessiva no temperamento: um era muito quente ou muito frio, o outro muito seco ou muito úmido. Da mesma forma, o que criava a dignidade do homem era sua capacidade de moderar suas diversas paixões, ao passo que, junto aos animais, quanto mais marcadas e unívocas as paixões, mais eram representativas de cada espécie[51]. Mas, sem dúvida, o temperamento de determinados homens

---

50. JOUIN, H. *Charles Le Brun et les arts sous Louis XIV*. Paris: Imprimerie nationale, 1889, p. 391-393.

51. LA CHAMBRE, M.C. *L'Art de connoistre les hommes*. Amsterdã: Le Jeune, 1660, p. 10-11.

os levava a experimentar certas emoções mais do que a outras. Desta forma, um homem que mostrasse fortes parentescos físicos com uma espécie animal particular revelaria ser dominado por uma paixão única. Sabemos que, para Le Brun, cada tipo de homem-animal oferecia uma expressão específica, segundo o lugar de seu animal de referência no seio da hierarquia das feras. O *Dictionnaire Historique et Critique* de Pierre Bayle o exemplifica com uma pergunta: "Não seria necessário supor que a alma de um cachorro ou de um macaco é menos grotesca do que alma de um boi?"[52]

Será que tudo se resumiria nisso? Nos ideogramas das paixões percebe-se que os dois rostos de frente apresentam dois níveis de intensidade diferentes. Nos desenhos fisiognomônicos ocorre que um dos perfis do homem-animal se anima como se estivesse em vias de falar. Talvez esteja aí o núcleo do problema: algum lugar entre o caráter fixo e os movimentos expressivos transitórios, alguma coisa que nem a fisiologia nem a geometria podiam circunscrever totalmente.

Conveniência, moderação, nuanças

Em 1668, em sua tradução do poema latino de Charles-Alphonse Dufresnoy *De arte pingendi*, Roger de Piles deu um palpite que posteriormente seria desenvolvido: "Nem a forma dos rostos nem a cor devem parecer-se em todas as figuras, tampouco os cabelos: isto pela simples razão de que os homens são tão diferentes quanto as regiões"[53]. Referindo-se a Leonardo da Vinci, ele sublinhou que a representação dos movimentos da alma e do coração representava a maior dificuldade para os artistas, e que seria preferível estudá-los ao vivo[54]. Insistindo na necessidade de entender bem seu caráter e no fato de que sua beleza era passageira, o partidário dos coloristas parecia distanciar-se

---

52. BAYLE, P. *Dictionnaire historique et critique*. Roterdã: Leers, 1697, verbete "*Rorarius*".

53. DUFRESNOY, C-A. *L'Art de peinture*. Op. cit., p. 15.

54. "Remarquez par les ruës les Air de teste, les Attitudes et Expressions naturelles, que seront d'autant plus libres, qu'elles seront moins observées". Ibid., p. 48.

um pouco das prescrições de Le Brun sobre o tema. Em seguida, o aspecto normativo e didático das edições sucessivas da conferência sobre a expressão das paixões favoreceu novas objeções: representar seus movimentos fundando-se em modelos esquemáticos, sem observá-los em sua variedade e em suas múltiplas nuanças, nem perguntar-se como são experimentadas em tal ou tal circunstância, seria sacrificar-se a um formalismo frio que deixaria os espectadores insensíveis[55].

Quais seriam os critérios sobre os quais deveria se fundar esta busca da variedade e das nuanças? Desde a Renascença, vários autores se sucederam exigindo que os pintores e os escultores se empenhassem na diferenciação de seus personagens em função de seu caráter, de sua idade, de sua condição social e de sua dignidade. Este era um ponto fundamental da questão relativa à conveniência e ao decoro, questão igualmente herdada da retórica. Por exemplo, era inapropriado combinar registros, gêneros ou modos diferentes: não teria Poussin mostrado a via, ele que jamais teria permitido, como o sublinhara Le Brun, "que num mesmo tema a expressão fácil e familiar do poema cômico se misturasse com a pompa e com a gravidade do heroico?"[56] Estes princípios foram lembrados com força, no início oralmente, no quadro das conferências acadêmicas do final dos anos de 1670, depois através da publicação das seis *Tables des préceptes de la peinture*, uma síntese normativa cujo aperfeiçoamento Le Brun havia solicitado a Testelin. Trata-se de uma avaliação útil, usando de uma sintaxe e de um vocabulário preciso, que exigia dos pintores que adaptassem as proporções e a fisionomia de suas figuras ao gênero de obra que executavam, sem desconsiderar as diferenças de sexo, de idade e de condições. Assim, diversificar as formas e as características dos personagens seguindo suas qualidades e sua hierarquia social não podia concretizar-se senão através dos traços impressos no rosto, lá onde se liam os diferentes temperamentos,

---

55. Sobre estas edições sucessivas, desde aquela de Bernard Picard em 1698, cf. MONTAGU, J. *The Expression of the Passions.* Op. cit., p. 175-187.

56. CHAMPAIGNE, P. "*Éliézer et Rébecca* de Poussin", conf. cit., p. 204.

que não eram os mesmos entre os nobres e os trabalhadores, entre os homens propensos à arte da caça ou à prática da dança e os sedentários[57].

Além disso, se as artes figuradas tinham por vocação instruir e aclarar os espíritos, também era importante ocupar-se com a recepção das paixões e com os meios de expressá-las. Nos *Cours de peinture par principes*, obra que, nas sendas das *Tables*, de Testelin, ofereceu uma espécie de balanço dos debates acadêmicos, a pintura, para Roger de Piles, não era simplesmente uma enganação agradável, mas uma espécie de cilada emotiva para o espectador:

> Ora, assim como o indivíduo que considera uma obra segue o grau de elevação que nela encontra, escrevia ele, o transporte do espírito que está no entusiasmo é comum ao pintor e ao espectador; mas com a diferença de que – embora o pintor tenha trabalhado longamente para aquecer sua imaginação – e para mostrar sua obra no grau que o entusiasmo demanda – o espectador, ao contrário, sem entrar em nenhum detalhe, simplesmente se deixa envolver imediatamente, como que sem querer, pelo grau de entusiasmo com que o pintor o atraiu[58].

Considerando estes efeitos de empatia, não seria necessário privilegiar as paixões temperadas, as que são capazes de afetar e instruir agradavelmente? Opondo as figuras de Rafael e as de Michelangelo, Fréart de Chambray quis alertar os artistas sobre os riscos do ridículo e da vulgaridade ao forçar as atitudes e as expressões de suas figuras sob o pretexto de mostrá-las apaixonadas: "Não há ninguém que não observe facilmente, ao comparar as composições e as figuras de Rafael com as de Michelangelo, que no primeiro se encontra a doçura e a própria graça, ao passo que, totalmente ao contrário, em Michelangelo reside o rústico e o desagradável, e que ele não tem nenhum apreço pelo decoro"[59]. 6 anos depois, Roger de Piles, por sua vez, apontou este problema: "[...] Existem os que imaginam ter dado vida às suas Figuras, quando as fize-

---

57. TESTELIN, H. "Les proportions". In: *Conférences de l'Académie royale de peinture et de sculpture*. Op. cit., t. 1, vol. 2, p. 667-671.

58. PILES, R. *Cours de peinture par principes*. Op. cit., p. 114-115.

59. FRÉART, R. *Idee de la perfection de la peinture...* Op. cit., p. 4.

ram realizar Ações violentas e exageradas, que podemos denominar Contorções do corpo antes que paixões da Alma; e sofrem um bocado para encontrar alguma forte paixão onde esta é absolutamente desnecessária"[60]. Esses autores, como já dissemos, estimavam indispensável multiplicar os sinais das emoções tanto por seus graus quanto por suas espécies, mas com decoro. Félibien tinha observado que as nuanças das paixões eram mais difíceis de representar do que as paixões fortes. Para Roger de Piles, seis pessoas num mesmo grau de medo podiam exprimir esta paixão, mas cada uma diferentemente; negligenciar esta variedade seria cair no maneirismo[61].

Como se percebe, a Academia Real de pintura e de escultura não era certamente um lugar de discursos aferrolhados. Que os debates teóricos evocados aqui impressionem não é mera obra do acaso. A este respeito, mesmo os esforços de Le Brun são sintomáticos: é exatamente pelo fato de as emoções guardarem uma parte obscura e inapreensível que os debates que suscitaram não cessaram de evoluir e deslocar suas fronteiras.

---

60. DUFRESNOY, C.-A. *L'Art de peinture*. Op. cit. p. 119.
61. Ibid., p. 113.

24
O SORRISO

Colin Jones

O sorriso na sociedade moderna se oferece ao nosso olhar em toda a parte: na publicidade, nos anúncios de campanhas eleitorais, nos documentos de identidade, nos clichês pessoais e familiares, nas mídias sociais, nas relações internacionais[1]. Ele age como um meio essencial de apresentação de si na vida cotidiana, como um emblema autêntico da subjetividade de um indivíduo. As ciências biomédicas e sociais, ambas, sublinham sua comprovada presença de longa data, sua onipresença, sua versatilidade, seu uso fácil e cotidiano, mais do que qualquer outro movimento facial. Em termos fisiológicos, por exemplo, o sorriso é a expressão facial mais elementar. Um único músculo, o *zygomaticus major* da bochecha que eleva o canto da boca, é suficiente para ativá-lo. Quando este movimento se combina com o do músculo *orbitacularis oculi* ao redor do olho, as bochechas se elevam e rugas circundam os olhos, produzindo um efeito fortemente positivo, jovial e sincero. Outras expressões faciais exprimindo a emoção (as associadas ao medo, à raiva e à aflição, dentre outras), necessitam de três a cinco músculos. Em seu estudo pioneiro *A expressão das*

---

1. GOFFMAN, E. *The Presentation of Self in Everyday Life*. Nova York: Doubleday, 1959. Este capítulo inspira meu livro *The Smile Revolution in Eighteenth-Century Paris* (Oxford: Oxford University Press, 2014; cf. a introdução para as abordagens científicas do sorriso e do rir). Cf. tb. COURTINE, J.-J. & HAROCHE, C. *Histoire du visage* – Exprimer et taire ses émotions (XVIe-fin XIXe siècle). Paris: Payot, 2007.

emoções no homem e nos animais (1872), Charles Darwin sublinha que os grandes símios podem sorrir, e os psicólogos evolucionistas de hoje confirmam sua intuição: os primatas superiores reagem às cócegas sorrindo. O sorriso, portanto, deve ter surgido no rosto de um ancestral anterior ao *homo sapiens*, que provavelmente o precedeu em milhões de anos. Além disso, os psicólogos sociais sublinham que, não obstante sua notória capacidade de insinuar-se para uma de suas formas vizinhas – ele facilmente pode camuflar-se em sorriso de satisfação ou de afetação, em careta, em riso –, o sorriso é uma das expressões faciais mais facilmente reconhecíveis do ser humano. Mais do que qualquer outra expressão, ele pode facilmente ser identificado a cem metros de distância. Nada excepcional, se considerarmos os estudos sobre o desenvolvimento da primeira infância que indicam que os músculos que permitem sorrir e rir se formam *in utero*, prontos para serem usados logo após o nascimento. Alguns afirmam que os recém-nascidos podem sorrir algumas horas após o parto, mas há quem diga que é preciso esperar umas duas ou três semanas.

Entretanto, o que significa sorrir? Esta questão é bem mais difícil e está sujeita, mais do que se imagina, ao debate. O leque associativo deste gesto é excepcionalmente vasto. Os cientistas evolucionistas, psicólogos e sociólogos demonstraram que os sorrisos podem acompanhar praticamente todos os estados emocionais imagináveis: o prazer sensorial, o deleite, a alegria, a diversão, o contentamento, o sentimento de superioridade, a afeição, a sedução e a cessação de dor ou o enfraquecimento do estresse... Isso torna a tarefa do historiador visando a localizar os sorrisos do passado e a determinar sua(s) significação(ões) fortemente problemática(s).

Pode parecer surpreendente, dada a onipresença do sorriso em nossa sociedade atual, bem como a facilidade com que se faz uso dele, que o Ocidente prescinda de um termo específico para designar esta expressão corporal ao longo de um grande período de sua história. Enquanto os gregos da Antiguidade distinguiam o sorriso do rir, este não foi o caso entre os romanos[2]. Apesar de

---

2. Cf. sobretudo BEARD, M. *Laughter in Ancien Rome*: On Joking, Tickling and Cracking Up. Berkeley/Los Angeles/Londres: University of California Press, 2014, esp. p. 73-76.

um passado evolucionista e científico sugerindo a onipresença e a polissemia do sorriso, o latim clássico se contentou com o verbo *ridere* ("rir"). Parece que os romanos consideraram as expressões do rosto que nós chamamos hoje de sorriso como semanticamente dependentes da esfera do rir. Entretanto, dado o peso cultural menor do sorriso junto aos romanos, é fortemente provável que este gesto tenha sido infinitamente mais raro do que em nossa época.

Posteriormente, o latim adotou um termo para nomear o ato de sorrir. Que ele apareça sob a forma diminutiva do verbo *ridere* é revelador. *Sub-risus* (posteriormente *surrisus*) – de *subridere* – designava assim um "sub-rir", um "rir" baixo ou "pequeno". Seu uso inicial tendia a denotar o fato de rir interiormente. O sorriso conservou este estatuto diminuído e esta forma diminutiva em relação ao rir quando o termo se infiltrou nas línguas romanas. Por volta de 1300, o francês comportava os termos *rire* (e a forma nominal *le rire* ou *le ris*) e *sourire* (de *sous-rire*). As outras línguas latinas seguiram o mesmo princípio: o italiano dotou-se de *ridere* e *sorridere*, o espanhol de *reir* e *sonreir*, o português de *rir* e *sorrir*, e o provençal de *rire* e *sobsrire*. A emergência de tais termos entrou nas línguas celtas e eslavas no mesmo período, embora a partir de outra raiz: o inglês, por volta de 1300, derivou *smile* tanto do médio e alto-alemão quanto de uma fonte escandinava (p. ex., do dinamarquês *smile* ou do sueco *smila*).

A partir do século XIII – portanto, quase um milênio após a queda do Império Romano – o sorriso reapareceu, em todo o continente europeu, no vocabulário da cultura europeia. Esta prova linguística conforta a hipótese de Jacques Le Goff, citando o enigmático e doce sorriso se desenhando serenamente nos lábios do Anjo sorridente da catedral de Reims, esculpido entre 1236 e 1246, segundo a qual a "invenção" do sorriso foi uma realização do século XIII[3].

Este novo sorriso abraça a larga panóplia de significações que caracteriza o sorriso de hoje. Nas *Canções de gesta*, por exemplo, os sorrisos são bem menos

---

3. LE GOFF, J. *Un autre Moyen Âge*. Paris: Gallimard, 1999, p. 1352 [*Para uma outra Idade Média*. Petrópolis: Vozes, 2016]; Cf. LE GOFF, J. "Une enquête sur le rire". In: *Annales – Histoire, sciences sociales*, n. 52, 1997, p. 449-455.

numerosos do que os risos, mas ora eles podem ser calorosos, encorajadores, moderados, doces, positivos, ora agressivos, depreciativos e zombeteiros[4]. Esta larga gama de usos é, além disso, posta em evidência na poesia de Petrarca e no teatro de Shakespeare. O sorriso pode inclusive traduzir um fluxo enigmático, como no rosto da *Mona Lisa* (1503-1505) de Leonardo da Vinci. Este sublinha a medida na qual o sorriso havia obtido direito de cidadania na cultura ocidental por ocasião do advento do período clássico[5].

Desta forma os sorrisos fizeram sua entrada na cultura ocidental. Entretanto, ao longo da Renascença, continuaram sendo uma noção largamente subordinada aos discursos e aos debates em torno do rir. Os eruditos e os artistas humanistas tentaram buscá-los nos textos e nas obras artísticas da Antiguidade – mas nelas, evidentemente, poucos sorrisos encontraram. O alcance cultural da imagem sorridente da *Laura,* de Petrarca, ou da *Mona Lisa,* de Leonardo da Vinci, parece bastante fraca em relação à da boca escancarada, associada aos *Gargantua* e *Pantagruel*, do contemporâneo de Leonardo, o humanista, mestre humorista e médico formado na Escola de Montpellier François Rabelais. Para Rabelais, o rir (e não o sorrir) representava o "específico do homem". E o rir de Rabelais, largamente difundido na cultura da Renascença, como o demonstrou Mikhail Bakhtine, era visceral, vital e explosivo. Ele pouco manifestava da reserva e da moderação facial que caracterizam o sorriso[6].

A contínua dominação cultural do rir sobre o sorrir no período clássico é claramente ilustrada por Laurent Joubert, companheiro de Rabelais na Faculdade de Medicina de Montpellier, em seu texto escolástico exaustivo (embora

---

4. Cf. MÉNARD, P. *Le rire et le sourire dans le Roman courtois en France au Moyen Âge*. Genebra: Droz, 1969, esp. p. 28 e 428-432.

5. MÉNAGER, D. *La renaissance et le rire*. Paris: Payot, 1995. • SASSOON, D. *Histoires de Joconde*. Paris: Bachès, 2007.

6. BAKHTINE, M. *L'Oeuvre de François Rabelais et la culture populaire au Moyen Âge et sous la Renaissance*. Paris: Gallimard, 1970.

carente de humor) denominado *Tratado do rir* (1579)[7]. Joubert escrevia que o rir engendra:

> [...] grande alargamento da boca, faz desaparecer as insígnias dos lábios, cria o rubor no rosto e o suor que em outras ocasiões sai pelo corpo inteiro. Ele também engendra a cintilação dos olhos, com efusão de lágrimas, infla as veias da fronte ao pescoço; faz tremer o peito, os ombros, os braços, as coxas, as pernas e todo o corpo numa espécie de trepidação; provoca contrações no estômago, nos flancos e no ventre, e às vezes pode provocar a falta de ar e outros acidentes mais...

As distorções deselegantes da face por tais explosões de risos, conclui nosso autor, deformam o rosto e correm o risco de produzir explosões turbulentas através de todos os orifícios.

Entretanto, Joubert traça também o charmoso retrato de um rosto rindo em termos bem mais humanos e tolerantes (largamente derivado de uma descrição de Ovídio). Ele observa:

> Certamente, não há nada que dê mais contentamento e serenidade do que um rosto sorrindo, onde se vê a fronte tensa mas polida, clara e serena; os olhos brilhantes, resplandecendo totalmente e lançando fogo como diamantes; as bochechas vermelhas e carnudas, a boca alargada e os lábios lindamente levantados (com pequenas entrâncias denominadas Gelasins, no meio da bochechas), o pescoço encurtado, alargado e um pouco afundado. Tudo isto somado à menor risada ou sorriso favorece um encontro gracioso ao nos cumprimentarmos, ao nos acariciarmos etc.

Uma leitura minuciosa revela inicialmente que Joubert descreve de fato um sorriso (que comporta uma certa afinidade com a expressão facial da *Mona Lisa* de Leonardo da Vinci) antes que um riso – o que sublinha a ausência de uma distinção clara entre os dois gestos na sociedade europeia da época. O "sorriso" era sempre uma versão diminuída do "riso" ou do "rir". Por outro lado, é

---

7. JOUBERT, L. *Traité du ris, contenant son essence, sés causes, et mervelheus essais, curieusement rechercés, raisonnés et observés*. Paris: Chesneau, 1579. Para as citações, cf. o prefácio e p. 160-161.

preciso sublinhar que este sorriso não pode mostrar de forma visível os dentes. O rosto gentilmente risonho de Joubert se diferencia de seu sombrio avatar de Rabelais, em primeiro lugar porque sua boca está perfeitamente fechada. O sorriso havia, pois, surgido na sociedade ocidental, mas fazê-lo assemelhar-se a um riso com a boca aberta era, de certa forma, proibido. Os sorrisos existiam no período clássico, mas, no regime facial que então assumia a ascendência, ele era representado por retratos de indivíduos com os lábios selados.

Alguns alegaram que existiam razões eminentemente práticas para explicar que os sorrisos deviam ser representados com a boca fechada na Renascença[8]. Os cuidados com a boca e a higiene desse período eram extremamente rudimentares. Alguns indivíduos começavam a perder seus dentes a partir dos 40 anos, e alguns até antes. Se esfregar os dentes com a ajuda de um pedaço de estofa ou limpar os molares com a ajuda de um palito era a prática mais difundida. A medicina e a cirurgia propunham cuidados elementares. A ideia de prevenção estava em seus primeiros balbucios e, como a maneira de designar os práticos mais implicados nos cuidados bocais o sugere – *"arracheur de dents"* em francês, *toothdrawer* em inglês, *cavadenti* em italiano, *dentista* em português –, a extração era o meio mais comum de regrar os problemas dentários.

Entretanto, mais do que estas considerações práticas, são as influências culturais que melhor determinam a morfologia do sorriso no período clássico. Enquanto, por um lado, o recurso aos textos da Antiguidade relativos ao riso estimulava o humor carnavalesco de Rabelais, por outro, ele ofereceu uma difusão ampliada à visão mais restritiva do decoro comportamental corporal. Uma forte tradição, derivada de Aristóteles, Cícero e Quintiliano, tinha condenado o riso desenfreado (o rir e o riso não era, como vimos, uma especialidade romana), julgando-o inconveniente e de mau gosto. Assim, o humor grotesco que caracterizava a cultura popular de Rabelais relativa à boca provocava mais escândalo do que risos.

---

8. JONES, C. *The Smile Revolution...* Op. cit., p. 20-28 e 73-80.

Fechar a boca permitia evitar ser objeto desse humor grotesco conhecido por orifício típica e humoristicamente rabelaisiano – de fato, assemelhado ao ânus. Uma boca bobamente aberta ou, pior, uma boca devastada pela dor provocavam uma hilaridade espontânea da parte de todos (exceto do interessado, que sofria). No mundo de Rabelais, o fato de sofrer da boca era tão engraçado – e tão malcheiroso – quanto o fato de sofrer do traseiro, e tanto um quanto outro muitas vezes era motivo de igual escárnio.

A partir do início do século XVI, um novo gênero de manual de civilidade emergiu e baniu definitivamente tais grosserias, revalorizando assim a noção clássica de decoro. O mais célebre desses livros foi *Le livre du courtisan* (1528) [O livro do cortesão], do nobre e diplomata italiano nascido em Mântoa Baldassare Castiglione. Esse texto eloquente e muito influente foi traduzido em todas as principais línguas europeias. Desde 1550, ele já contava com umas 50 edições (e com aproximadamente uma centena em meados do século XVIII). Ele se tornou o *vade-mecum* das pessoas da corte dos países da Europa e o primeiro guia europeu das boas maneiras no período clássico.

O livro do cortesão se interessava de perto pela boca e por seu uso, incluindo o modo de rir. Castiglione buscou determinar os critérios do que podia ser considerado risível, definir de que maneira o indivíduo cortês devia rir e identificar os alvos convenientes do riso. Se o riso ocorria à custa dos outros, este em grande medida derivava de seu caráter convivial, ou do fato de que se ria das loucuras da vida em companhia de pessoas com a mesma sensibilidade, sempre respeitando seus valores. Entretanto, julgava-se que fazer troça de um grupo do qual não se fazia parte sempre devia ser assumido no respeito da decência humana, evitando dar a impressão de atacar com a ferocidade de uma fera selvagem. Antes, como um dos discípulos de Castiglione o sublinhava, a pessoa que criticava devia parecer-se com um carneiro tranquilamente pastando. De uma forma que lembra o texto retórico de Cícero *De oratore*, Castiglione afastou-se com horror da ideia de uma ironia incessante, grosseira e inconveniente. Só as classes populares, observava nosso autor, ao rirem, podiam ser assemelhadas "aos palhaços e aos parasitas ou aos que não têm outros meios de fazer rir senão suas próprias impertinências". Para ele, só essa gentalha da populaça podia deleitar-se com estas estridentes risadas escancarando as bocas, tão celebradas por Rabelais[9].

O livro de Castiglione era sintomático de uma tendência crescente que via as cortes reais transformar-se em lugares sombrios e tristes, onde espontaneidade e brincadeira se faziam sempre mais raras. O regime facial ditado pelo protocolo curial acentuava o olhar grave, estável e fixo, à medida que se desenvolviam incessantemente rituais corteses automaticamente executados, sublinhando a majestade e atribuindo ao mais insignificante fato cotidiano uma dignidade hiperbólica. Este regime alcançaria seu auge no cerimonial de Versalhes de Louis XIV[10]. Nesta atmosfera extremamente competitiva, o cortesão que permitisse que seu rosto traísse suas emoções corria o risco de beneficiar seus rivais em suas buscas de favores. O problema foi sendo exacerbado inclusive pela moda, que exigia que a barba fosse cortada: um rosto nu não oferecia nenhum abrigo à camuflagem de sua expressão. O satírico curial La Bruyère afirmou que os cortesões se comportavam como se carregassem um rosto de mármore, à semelhança do palácio por eles frequentado: ambos duros e polidos. Além disso, a impassibilidade facial na corte era reforçada pelo uso generalizado do *fard* [um creme branqueador]. A cor branca era parte integrante das características da beleza, da distinção e da pureza, e o *fard* era usado regularmente para oferecer uma proteção suplementar. Era proibido deixar transparecer um rubor involuntário através dessa maquiagem e, caso isso acontecesse, melhor seria evitar o mais leve sorriso para não rachar ainda mais máscara (tanto em seu sentido físico quanto metafórico)[11].

---

9. A primeira edição francesa do *Livre du courtisan*, de Baldassare Castiglione, surgiu em 1537. As citações procedem do *Parfait Courtisan et la Dame de cour*. Paris: Loyson, 1690. Cf. BURKE, P. *The Fortunes of The Courtier*. Oxford: Polity Press, 1995, p. 54-72 e 158-162.

10. LAFERME-FALGUIÈRES, F. *Les courtisans* – Une société de espectacle sous l'Ancien Régime. Paris: PUF, 2007.

11. LA BRUYÈRE, J. *Les caractères* (1688). Paris: Michallet, 1696, p. 308 e 311. Para a dissimulação, cf. LANOË, C. *La Poudre et le Fard* – Une histoire des cosmétiques de la Renaissance aux Lumières. Seyssel: Champ Vallon, 2008.

Que a frivolidade não exercesse então nenhum papel é demonstrado pelo declínio do estatuto do bobo da corte[12]. Desde o final da Idade Média, os soberanos continuaram mantendo um bobo da corte como assalariado oficial da casa real. Doravante, porém, ele passava a ser uma espécie de espelho da moral da época, alguém que lembrava ao soberano e aos seus conselheiros seus deveres – e também os faziam rir. No passado, os reis deixavam total autonomia a estes personagens. Chicot, o bobo da corte de Henrique IV, no final do século XVI, se dirigia a seu soberano de maneira familiar chamando-o de "meu pequeno idiota", o que provocava enormes risadas do rei. Louis XIV, em contrapartida, jamais se teria permitido tamanha indignidade, e a instituição do bobo da corte tornou obsoleta esta função. Doravante, nenhum monarca absoluto queria ser lembrado pela loucura de suas ações ou pela futilidade de seus desejos. No campo de batalha da promoção de si no ambiente curial até mesmo o sorriso passou a ser uma arma controlada e glacial.

Dada a ressonância imitativa da corte real no seio da sociedade, como bem o lembrou Norbert Elias, a supressão relativa do sorriso na corte, sobretudo a partir de Louis XIV, influenciou mais geralmente a cultura da elite. Assim, quando as pessoas ligadas ao teatro, ao romance e aos textos literários se deixavam levar por um sorriso, em pouquíssimos casos isto era acolhido como positivo[13]. Molière evocou "um sorriso carregado de doçura" (*Psyché*, 1671), La Fontaine "um doce sorriso" (*Les filles de Minée*, 1685), Fénelon "um sorriso cheio de graça e majestade" (*Les aventures de télémaque*, 1699). Mas, trata-se de exemplos impressionantemente raros. Os sorrisos eram muito mais frequentemente "sardônicos" ou "desdenhosos", "amargos", "ambíguos", "orgulhosos", "cúmplices" e "irônicos"[14]. Em todos os casos, o sorriso não denotava a camaradagem humana ou a alegria espontânea do coração, mas promovia antes uma distância social, geralmente no eixo vertical tão familiar à corte. Rir

---

12. LEVER, M. *Le Sceptre et la Marotte* – Histoire des fous de cour. Paris: Fayard, 1983.
13. ELIAS, N. *La société de cour* (1974). Paris: Flammarion, 1985.
14. Atenho-me aos exemplos de minha base de dados Frantext.

escancaradamente era sinal de falta de educação, coisa de plebeu, transtorno emocional, ou coisa pior.

Uma infinidade de plágios, adaptações ou réplicas do *Courtisan* de Castiglione exerceu um papel-chave na disseminação deste regime facial austero e carrancudo. Esses textos eram o carro-chefe de uma campanha transeuropeia da reforma dos costumes. Dentre os textos mais influentes, vale citar *Il Galateo* (1558) de Gionvanni Della Casa, *El cortesano* (1561) do espanhol Luis Milán, *L'Honnête homme* (1630) de Nicolas Faret e *Oraculo manual* (1647) do jesuíta Baltasar Gracián. O *best-seller* europeu do final do século XVII foi o *Nouveau traité de la civilité qui se pratique en France parmi les honnestes gens* [Novo tratado da civilidade que se pratica na França entre as pessoas decentes] de Antoine Courtin, publicado em 1671, e que em 1700 já contava com treze edições[15]. Como outras obras do mesmo gênero, esse livro era, como o título sugere, destinado a um público mais vasto do que os homens da corte: os indivíduos afortunados aspiram a ser considerados "pessoas de qualidade" ou "pessoas decentes".

A reforma dos costumes implicava o controle sistemático dos orifícios corporais, incluindo a boca. Tanto que todos estes abusos bucais inconvenientes tiveram como foco o conjunto dos comportamentos transgressivos provenientes dos diversos orifícios que Rabelais havia festejado em suas obras. A guerra, portanto, havia sido declarada tanto aos esfíncteres incontrolados quanto às bocas descontroladas. Coçar o nariz, esfregar ou franzir os olhos, limpar as orelhas, coçar o traseiro e, sobretudo, soltar um pum sem controle passou a ser um tabu. A palitagem dos dentes desapareceu (sobretudo quando feita com o garfo após a refeição), o roer as unhas ou os bocejos públicos também foram banidos, as cusparadas a torto e a direito eram censuradas, os espirros jamais podiam ser dados sem a proteção de um lenço, e nada de mostrar a língua

---

15. BURKE. *Fortunes of "The Courtier"*, passim. • FARID, K. *Antoine de Courtin (1622-1685) – Étude critique*. Paris, 1989.

ou outras caretas faciais[16]. Quanto ao rir, as interdições também passaram a vigorar: não eram permitidas gargalhadas, tampouco contorcer-se de tanto rir ou rir sem razão, nem fazer troça de alguém através de gestos inconvenientes. Todas as formas de comportamento bucal deviam sofisticar-se, refinar-se, ser inteiramente desprovidas de características plebeias[17].

Implicitamente, em razão desse trabalho de controle do rosto e do corpo, constituiu-se uma taxonomia social do rir em que a civilidade do decoro era contraposta à gritaria plebeia. O rir rabelaisiano estrondoso, exuberante, boca escancarada, gargalhando "a urinar nas calças", doravante passava a ser um comportamento ao qual somente as classes populares podiam entregar-se, e somente elas podiam apreciá-lo. Ele jamais devia imiscuir-se à civilidade cortesã. Um cortesão que ria à maneira rabelaisiana se colocava à altura dos plebeus e dos bobos da corte, e inclusive dos animais. O teórico do riso Laurent Joubert alarmou-se com a maneira com que um riso imoderado podia transformar os homens em seres animalescos. Ele descreveu num tom de desaprovação uma mistura cacofônica de ruídos de fazenda desprovidos de dignidade aos quais assemelhou o riso humano desmesurado: o silvo do ganso, o grunhido do porco, o ladrido do cão, o pio da coruja, o zurro do asno, e assim por diante. Esta forma de rir, ao que parece, era inclusive clinicamente desaconselhável. Segundo o médico francês Marin Cureau de La Chambre, que escreveu em meados do século XVII, o rir imoderado corria o risco de deslocar os membros e provocar desfalecimentos, desmaios, e inclusive a morte. Rir, portanto, podia ser extremamente perigoso para a saúde humana[18].

Além disso, Cureau de La Chambre observa que, mesmo que o rir pudesse ser associado ao prazer, geralmente o era em razão da expressão "do desprezo

---

16. Cf. GUÉDRON, M. *L'Art de la grimace*: cinq siècles d'excès de visage. Paris, 2011.

17. ELIAS, N. *La civilisation des moeurs* (1937). Paris: Calmann-Lévy, 1973. • ELIAS, N. *La société de cour* (1974). Paris: Flammarion, 1985. • REVEL, J. "Les usages de la civilité". In: DUBY, G. & ARIÈS, P. (dirs.). *Histoire de la vie privée* – T. 3: De la Renaissance aux Lumières. Paris: Seuil, 1986.

18. JOUBERT, L. *Traité du ris*. Op. cit., p. 221. • LA CHAMBRE, M.C. *Les caractères des passions*. Paris: Dallin, 1663.

e da indignação". Esta constatação foi confirmada por Descartes. No *Tratado das paixões da alma* (1649), ele afirma claramente que a dimensão alegre do rir está sempre misturada à raiva. Na mesma linha, o filósofo inglês Thomas Hobbes, que passou boa parte da década de 1630 em Paris, escreveu em 1640 que todo riso constituía essencialmente um prazer pela desgraça dos outros: "A paixão do rir é um movimento súbito de vaidade produzido por uma concepção repentina de alguma vantagem pessoal, comparada a uma fraqueza que percebemos atualmente nos outros"[19].

Hobbes, de longe, não era o único a acreditar que todo riso era essencialmente escárnio. Além dos autores da Antiguidade e os dos livros de civilidade, bem como os especialistas em medicina e cientistas, que encabeçavam campanhas em favor da reforma dos costumes, também as ideias religiosas aos poucos foram se juntando contra o riso generalizado e gargalhado[20]. As Igrejas reformadas e o catolicismo da Contrarreforma passaram para a ofensiva logo após o Concílio de Trento (1545-1563), justamente contra esse riso imoderado. A desaprovação do humor em todas as suas formas era evidentemente uma regra bem enraizada na tradição cristã, mas ao longo da Idade Média ela muitas vezes foi temperada por uma abordagem mais tolerante e otimista. Tomás de Aquino, por exemplo, seguiu a opinião de Aristóteles segundo a qual o rir era uma prática à qual somente os humanos se entregavam e, desta forma, era permitido aos cristãos rir, contanto que de forma comedida. Uma recomendação semelhante aparece também na obra do humanista holandês Erasmo – e particularmente em seu *Éloge de la folie* (1511) [Elogio da loucura], na qual o fato de perceber o humor com os pés bem-assentados na terra era considerado um meio de encaminhar-se para uma nova piedade mais interiorizada.

---

19. *Oeuvres philosophiques et politiques de Thomas Hobbes*. T. 2. Neuchâtel: Imprimerie de la Société typographique, 1787, p. 239. Cf. SKINNER, Q. "Hobbes and the Classical Theory of Laughter". In: SKINNER, Q. *Visions of Politics* – T. 3: Hobbes and Civil Science. Cambridge: Cambridge University Press, 2002.

20. MINOIS, G. *Histoire du rire et de la dérision*. Paris: Fayard, 2000. • LE GOFF, J. "Jésus a-t-il ri?" *L'Histoire*, n. 158, set./1992.

Entretanto, à medida que os séculos XVI e XVII pendiam para o ocaso, essas vozes pareciam pregar no deserto. De fato, o alcance da tolerante preconização de Erasmo foi contrariada por seu próprio *best-seller* pedagógico *La civilité puérile* [A civilidade pueril], que no período clássico exerceu influência igual à do *Cortesão* de Castiglione. Surgida em 1530, esta pequena obra teve um grande número de edições e foi traduzida para mais de uma dezena de línguas. Sob uma forma diluída, estes preceitos passaram a fazer parte de brochuras a preços módicos, a constar em almanaques e em outras publicações populares semelhantes às vendidas pelos feirantes em toda a Europa de então. Nela Erasmo apresentou um programa neoestoico de reforma das condutas visando a inculcar nas crianças a noção de "civilidade". Segundo o autor, o rir devia ser moderado e de preferência silencioso. Todos os extremos deviam ser decididamente evitados. "Rir de tudo o que se faz ou se diz é obra de idiota. A risada espalhafatosa, esse riso imoderado que os gregos chamavam de *chacoalhar*, é imprópria a qualquer idade." Ele considerava totalmente inconvenientes

> [...] os que riam abrindo horrivelmente a boca enrugando as bochechas e mostrando completamente as mandíbulas; este é o riso de um cão... [Ao contrário], o rosto deve expressar a hilaridade sem sofrer deformação nem corromper a naturalidade do rosto[21].

Perfeitamente alinhado a este espírito, Inácio de Loyola, fundador da Companhia de Jesus [Jesuítas], a ordem educativa mais importante do início do período moderno, era categórico em seu conselho: "não riem". João Batista de La Salle, que criou a ordem pedagógica largamente difundida dos "Irmãos das escolas cristãs", concordava em número e grau com Inácio. Em sua obra *As regras de cortesia e de civilidade cristã* (1703), considera indecente o fato de mostrar os dentes rindo. Recorrendo ao desígnio divino como argumento, nosso autor afirma que Deus não teria dado ao ser humano os lábios se pretendesse que os dentes fossem abertamente exibidos.

---

21. ÉRASME. *La civilité puérile* (1530). Ed. de Alcide Bonneau. Paris: Liseux, 1877, p. 23.

O rir, portanto, tornou-se objeto de uma censura eclesiástica severa por parte de uma Igreja sempre mais interessada em amenizar – e inclusive erradicar – a cultura rabelaisiana da gargalhada. Respaldando-se em autoridades inatacáveis, que remontam aos Padres da Igreja, os clérigos pregavam que nenhuma passagem da Bíblia pode ser invocada para afirmar que Jesus riu, mas que somente chorou. "Rir e regozijar-se com o século não é de um homem sensato, mas de um frenético": eis a opinião frequentemente citada por São Jerônimo[22]. Só existia realmente uma única espécie de humor ao qual a Igreja era totalmente favorável, e inclusive falsamente engraçada, a que visava ridicularizar seus oponentes espirituais. Esta argumentação busca sua justificação intelectual no pensamento de Aristóteles, para quem o rir era um meio de reprovar e de combater o vício. Os pregadores, polemistas e argumentadores se aplicavam no aperfeiçoamento de cada tipo de técnica retórica a fim de provocar um riso desdenhoso da parte de seus fiéis à custa de seus oponentes espirituais. A Reforma e a Contrarreforma estavam repletas de um desprezo sem alegria.

As Igrejas em seu conjunto pregavam que toda atividade coletiva de natureza hedonista e que provocava o riso era ímpia e espiritualmente abjeta. Fazendo eco dos discursos leigos de civilidade, elas tentavam poupar os fiéis da barulheira plebeia. A extravagância em todas as suas formas era agora atacada: as festas de terça-feira gorda, os charivaris, os comportamentos excessivos e inconvenientes, o uso de máscara, o disfarce festivo, as festas dos loucos, as procissões carnavalescas, e assim por diante. Essas práticas foram condenadas: em primeiro lugar em razão de sua natureza popular e plebeia (embora, na verdade, elas já despertassem o interesse do conjunto das classes sociais); em segundo lugar porque apresentavam vestígios politicamente perigosos de um passado pagão. Ao que parece, todos os cristãos, e não somente os que faziam parte da corte, deviam incorporar os modos de um cortesão.

---

22. MINOIS, G. *Histoire du rire et de la dérision*. Op. cit., p. 110.

A cultura visual desse período clássico assumiu as recomendações advindas da Antiguidade, associando-as à sua literatura oral e escrita[23]. Assim, quando a arte ocidental buscava mostrar um indivíduo boquiaberto sentado à mesa, ela simplesmente pretendia indicar que se tratava de um plebeu, de um imbecil, de alguém incapaz de impedir que as paixões subjugassem suas faculdades intelectuais. No Louvre, o quadro pintado em 1642 por Ribera, cujo título é *Le pied-bot* [O pé torto], mostra um jovem camponês espanhol boquiaberto, revelando dentes sujos e deformados – não bastasse isto, como o próprio título indica, ele tem um pé torto. Essa era uma maneira comum de representar as classes populares: indivíduos com bocas grotescamente abertas exibindo dentes horríveis, divertindo-se numa algazarra tipicamente rabelaisiana, seja em tavernas, em brincadeiras comuns ou fazendo qualquer outra tolice. Embora as bocas plebeias fossem frequentemente apresentadas para produzir efeitos cômicos, elas também podiam conotar uma ameaça ou um perigo. Os orifícios faciais sombrios e perturbadores de mendigos, de ciganos, de comediantes ambulantes e outros à margem da sociedade, pintados por Caravaggio, Georges de La Tour, Velásquez, Gerrit van Honthorst e outros, provocavam um sentimento de intimidação. Por exemplo, o quadro de Caravaggio *I Cavadenti* (1608-1609) [Os dentistas] apresenta esses profissionais exercendo apressadamente seu ofício junto a um incontável número de indesejáveis. A exibição de bocas abertas na *Rixe de musiciens* (1625-1630) [Briga de músicos], de Georges de La Tour, é igualmente edificante.

Outra conotação da boca aberta na arte ocidental, igualmente presente na pintura de La Tour, reenvia à loucura. Uma boca fechada evocava uma *dignitas* e uma *gravitas* fora do alcance da ralé, mas também daqueles que haviam perdido a razão, temporária ou permanentemente – ou simplesmente porque eram, mais comicamente, gordos demais ou literalmente doidos. Essa regra se aplicava tam-

---

23. JONES, C. *The Smile Revolution...* Op. cit., p. 54-59. • JOLLET, É. "Cachez ces dents que je ne saurais voir: la représentation des dents dans les arts visuels en France au XVIIIᵉ siècle". In: COLLARD, F. & SAMAMA, É. *Dents, dentistes et art dentaire* – Histoire, pratiques et représentations. Paris: L'Harmattan, 2012.

bém às pessoas alegrinhas ou bêbadas, embaladas pelas paixões. A pintura holandesa do século XVIII de Jan Steen e Frans Hals, notadamente, comporta uma quantidade inexaurível de cavaleiros com seus parceiros de trago rindo alegremente (sempre de boca aberta) diante de seus copos. Entretanto, se algum deles quisesse ser imortalizado por um retrato, ele transformaria a taverna em estúdio de um artista: assim, mesmo um *"laughing cavalier"* [sorridente cavaleiro] fechava totalmente a boca para mostrar uma *gravitas* e uma razão convenientes[24]. Os cantores, geralmente menestréis oriundos das classes populares, também eram apresentados cantando com a boca escancarada e perdendo temporariamente a razão. Além disso, as representações de crianças rindo alegremente e abrindo bem a boca constituíam outro tipo de pintura que, de fato, confirma ao invés de invalidar a regra geral. O *Garçon riant* (1655-1660) [O garoto risonho] de Murillo e a adorável *Marchande de crevettes* (1740-1745) [Vendedora de camarões] de William Hogarth apresentam crianças que ainda não haviam alcançado a idade da razão. A maturidade as faria brevemente selar os lábios.

Convém mencionar uma tradição particular a esse respeito, a saber, o costume que pretendia que o filósofo grego Demócrito fosse representado com a boca imobilizada num largo sorriso, revelando seus dentes de uma maneira que transgredia abertamente as regras da conveniência[25]. Desde o tempo de Sêneca e Juvenal, Demócrito era frequentemente posto ao lado de Heráclito – como o *Héraclite et Démocrite* de Rubens (1603) –, o "filósofo lamuriante", para quem a observação das loucuras deste mundo inspiraram mais lágrimas doloridas do que explosões de risos sarcásticos. Demócrito é a exceção que prova triunfalmente a regra artística que governava a representação da boca aberta. Isto porque ele é, acima de tudo, o filósofo que, sob a aparência da loucura, esconde sua razão no mais íntimo de si mesmo. Precisamente por-

---

24. A pintura de Hals, conhecida como *The Laughing Cavalier* (1624), encontra-se no Wallace Collection, em Londres. Cf. WESTERMANN, M. "How Was Jan Steen Funny? – Strategies and Functions of Comic Painting in the Seventeenth Century". In: BREMMER, J. & ROODENBURG, H. (dirs.). *A Cultural History from Antiquity to the Present Day*. Cambridge: Polity Press, 1997.

25. JONES, C. *The Smile Revolution...* Op. cit., p. 57. • RICHARDOT, A. "Un philosophe au purgatoire des Lumières: Démocrite". In: *XVIIIᵉ siècle*, n. 32, 2000.

que representava o louco nele mesmo, Demócrito podia fingir dar provas de sabedoria em relação às loucuras deste mundo, arguindo, como Montaigne o observou em seus *Ensaios*, que "nossa própria e particular condição é tão ridícula quanto risível" (I, 50) – e desprezível, teria ele acrescentado. Num dos inúmeros autorretratos de Rembrandt, o de 1669, o havia pintado desta forma.

Um ano antes, o poderoso e influente primeiro pintor de Louis XIV, Charles Le Brun, fez em Paris uma "Conferência sobre a expressão, geral e particular"[26]. Este importante texto revelou um conhecimento detalhado das convenções implícitas que governavam a representação da expressão facial na pintura ocidental desde a Antiguidade, e nas obras teóricas sobre o tema desde a Renascença. A influência da fisiologia vanguardista de Descartes também se fez presente. No *Tratado das paixões da alma*, já citado, e no *Tratado do homem* (postumamente publicado em 1662), esse autor diz que a alma humana se localiza no centro da glande pineal, ou seja, na cabeça, e entre os dois lóbulos do cérebro logo atrás da borda do nariz; o pensamento se forma nesta glande, e isto faz com que o fluxo dos espíritos animalescos se dirija para o cérebro e em seguida para os músculos faciais e externos. Le Brun desenvolveu a análise de Descartes num vasto sistema de expressões. Quando o rosto está perfeitamente em repouso, a alma igualmente está calma e tranquila. Esta tranquilidade interior seria então o grau zero do transtorno passional. Entretanto, à medida que a alma se agita, afirma Le Brun, este movimento aparece no rosto, particularmente ao redor das sobrancelhas, que é a característica da figura mais proximamente situada da glande pineal. As sobrancelhas são, portanto, "o motor do rosto". Le Brun foi além de Descartes ao afirmar que, quanto maior a paixão, mais os músculos da parte superior do rosto se enrugam – e mais a parte inferior do rosto sofre seu efeito.

Le Brun ilustrou suas ideias visualmente desenhando uma galeria insipiente de rostos apresentando de forma detalhada a diversidade das expressões

---

26. Cf. MONTAGU, J. *The Expression of the Passions*: The Origin and Influence of Charles Le Brun's "Conférence sur l'expression génerale et particulière". New Haven/Londres: Yale University Press, 1994.

emocionais, tais como foram descritas por Descartes. Ele consolidou o pretenso estatuto científico de sua obra fazendo referência à antiga máxima fisiognomônica segundo a qual a parte superior do rosto e, sobretudo, os olhos, é mais espiritual do que a parte inferior. Seu quadro representando o "Arrebatamento", por exemplo, se inspira fortemente na *Galateia* (1512) de Rafael, reputada desde o tempo de Vasari representar a beleza ideal e frequentemente assumida como modelo nas representações dos santos, notadamente pelo artista barroco bolonhês Guido Reni. A boca geralmente era considerada um órgão "material" movido pelo apetite. Na galeria das paixões de Le Brun, ela está ligeiramente aberta para representar o arrebatamento, mas igualmente quando ela exprime o nervosismo, o apreço, o horror, o amor, o desejo, a tristeza, a alegria e o choro. E é representada totalmente aberta para significar o terror, o medo, o desespero, a raiva – e o riso. É significativo que o rosto de Le Brun denotando o riso apresente um ar sardônico impregnado de malevolência, e que o assemelhe ao sorriso desdenhoso muito em voga no ambiente frequentado pelo autor na corte de Versalhes.

De maneira geral, a consequência das teorias faciais de Le Brun – cuja influência persistiu até o século seguinte – foi a afirmação da convenção segundo a qual, na arte ocidental, se alguém quisesse ser pintado com um sorriso agradável (por oposição ao riso), era aconselhado a sorrir como a Mona Lisa de Leonardo da Vinci. Seu sorriso enigmático era digno, refinado, controlado e leve. Se ela tivesse aberto a boca para sorrir teria violado os preceitos implícitos, raramente confessados pelos pintores (mas sempre observados de perto), na representação de tal gesto. Estes preceitos expressavam visualmente os códigos de civilidade e de decoro formulados, como vimos, por Castiglione, Erasmo e seus discípulos desde a Renascença.

Como já sugerimos, a severidade do regime facial no período clássico era particularmente pronunciada no tocante ao uso que se podia fazer da boca na cultura oficial sob Louis XIV. Nesse contexto, a morte do rei em 1715 desencadeou uma reação imediata e, durante uma longa parte do século XVIII, as regras imperativas do regime facial clássico foram atacadas, particularmente em Paris[27]. Ainda que Louis XV e Louis XVI tentassem ser fiéis ao legado de Louis XIV em Versalhes, na capital, em contrapartida, uma mudança imediata surgiu sob a Regência (1715-1723). A partir de Watteau, uma nova cultura expressiva emergiu. Esta vai colocar o sorriso, cada vez mais livre do discurso sobre o riso, no centro de suas preocupações. Desde o tempo das Luzes, filósofos, dramaturgos e escritores se transformaram em campões do sorrir da razão. A tese das Luzes segundo a qual a razão humana é um meio de realizar o progresso e o princípio da perfectibilidade humana oferecia uma alternativa ao miserabilismo espiritual que se alastrou nos últimos anos do reinado de Louis XIV. Além disso, a ascensão das instituições de bate-papos na capital francesa – salões, cafés, jardins públicos, entre outras – encorajou uma sociabilidade face a face mais descontraída e mais igualitária. Nesse quadro, o sorriso era considerado um gesto mais conveniente do que o gargalhar estridente. E os turistas estrangeiros deram grande importância à ubiquidade do sorriso nos espaços públicos de Paris.

Uma valorização acentuada de um regime facial mais expressivo e natural tomou corpo nos anos de 1740, e assim a cultura da sensibilidade impregnou os grandes romances sentimentais da época: *Pamela* (1740, traduzido para o francês em 1742) e *Clarissa* (1748, traduzido para o francês em 1751) de Samuel Richardson, bem como *Julie, ou la Nouvelle Héloïse* (1761) de Jean-Jacques Rousseau, são alguns exemplos. As heroínas principais dessas obras enfrentaram os ataques que visavam a comprometer suas virtudes munindo-se de sorrisos de uma sublimidade transcendental, tornando-se modelos para os membros da esfera pública burguesa. Além disso, esse sorriso, de maneira reveladora, passou a evidenciar dentes brancos e sadios. A emergência simultânea em Paris daquilo que pela primeira vez passou a denominar-se odontologia exerceu aqui uma função primordial. Nas sendas do *Chirurgien dentiste* (1728) de Pierre Fauchard, uma coorte de *dentistas* se instalou na capital e adquiriu um renome mundial.

---

27. JONES, C. *The Smile Revolution...* Op. cit., p. 43-46.

Em 1787, Élisabeth Louise Vigée Le Brun apresentaria um autorretrato no salão do Louvre, no qual mostra seus dentes brancos enquadrados por um belo e sedutor sorriso. Alguns especialistas ficaram escandalizados ao vê-la transgredindo tão frontalmente as convenções estabelecidas de longa data no tocante à boca aberta e ao sorriso na arte ocidental – e, de certa forma, esse sorriso marcou efetivamente uma revolução na pintura. No entanto, e por outro lado, esses críticos mostravam ter perdido o bonde da história, pois a cultura da sensibilidade das Luzes e a emergência da medicina dentária nessa época já haviam corroído o regime facial do período clássico, e largamente popularizado o sorriso de belos dentes brancos. Este sorriso – o sorriso de nossa modernidade – doravante encontraria seu lugar de destaque. O autorretrato de Mme. Vigée Le Brun podia assim ser colocado ao lado do *Anjo* de Reims e da *Mona Lisa*, e juntos serem apreciados como símbolos emblemáticos da história longamente negligenciada do sorriso ocidental.

ÍNDICE DOS NOMES PRÓPRIOS

Abelardo, Pedro 210

Adriano 53

Aelred de Rievaulx 176, 205, 208, 234, 367

Agátias 125

Aglaofão 576

Agrippa d'Aubigné, Théodore 516

Agrippa de Nettersheim, Henri Corneille 478

Alain de Lille 223

Alberti, Romano 476

Alcibíades 60

Alcuíno 157-159, 175

Aldobrandino de Siena 315, 317

Alembert, Jean Le Rond d' 434s., 483, 567

Alexandre de Abonouteichos 46

Alexandre o Grande 111

Allen, Danielle 32

Alípio de Thagaste 112

Amalafredo 147

Ambrósio (santo) 134, 332

Amiano Marcellin 114, 123

Ana da Áustria 402

Anglebert, Jean Henry d' 563

Aníbal 98

Anselmo de Cantuária 176, 202, 206

Antonino o Piedoso 114

Antônio de Pádua 223

Apuleio 43, 50-52, 98

Aquílio Nepo, Mânio 93

Arbeau, Thoinot 343-345

Arces, Guy d' 417

Aregunda 148

Areteu da Capadócia 468

Ariès, Philippe 237s.

Aristipo de Cirene 83

Aristogíton 84

Aristófanes 29, 32, 61s.

Aristóteles 20, 23s., 26s., 30, 32, 35s., 58, 63, 67, 91, 153, 220, 300, 314, 440, 466, 468, 471, 475s., 525, 527, 569, 577, 599, 600, 602

Armândio 154

Artusi, Gionanni Maria 541

Átila 131

Auerbach, Erich 323s.

Augusto 102

Agostinho (santo) 112, 139, 141, 175, 202-204, 209, 220, 243, 368, 474, 556

Aujay, Nicolas d' 430

Avicena 193, 210, 318

Aydie de Ribérac, François d' 417

Bach, Carl Philipp Emanuel 565s.

Bach, Johann Sebastian 547s., 557, 559s., 563s.

Badufle, Jean 491, 493

Bakhtine, Mikhail 592

Balinghem, Antoine de 348-351

Balzac, Charles de 16s., 417

Bandello, Matteo 487, 519

Barbafieri, Carine 353s.

Barbanson, Constantin de 369s.

Baruzi, Jean 357

Batteux, Charles 542, 546

Bayle, Pierre 585

Beatriz de Nazaré 217

Beaussant, Philippe 542, 546

Béjart, Madeleine 510

Bellère du Tronchay, Louise de (vulgo "Louise do Nada") 384

Bellori, Giovanni Pietro 575

Bento (santo) 118, 135, 144

Berges, Jean 494

Bernard de Gordon 188-193

Bernard de Ventadour 246

Bernardino de Sena 224

Bersuire, Pierre 162

Bertaut de Motteville, Françoise 387

Bertholon de Saint-Lazare, Pierre-Nicolas 327

Bertoldo de Ratisbona 247

Bertrand, Dominique 342

Billacois, François 416, 425

Binet, Étienne 582

Blanpain, Jacques 366

Blondeau, Claude 492

Boaistuau, Pierre 517

Bodogisel 149

Boësset, Antoine 551

Boileau, Nicolas 568

Boissard, Jean 427

Boissin de Gallardon, Jean 518

Boncompagno da Signa 262

Bordeu, Théophile 325

Bosse, Abraham 573s.

Bouchel, Laurent 497

Boucher, François 459

Boulainvilliers, Henri de 432

Bouvier, David 27, 38, 40

Brambilla, Elena 335s.

Brantôme, Pierre de Bourdeille (vulgo) 451

Brécourt, Guillaume Marcoureau (vulgo) 510

Bremond, Henri 357, 383s.

Broussel, Pierre 388, 390

Brunilda (rainha) 131, 136, 145, 150s.

Bruno de Querfurt 202

Burmeister, Joachim 544

Burton, Robert 461s., 469, 480

Bury, Emmanuel 344

Buxtehude, Dietrich 548, 553, 564

Cabrilhana, Raimunda 253

Caio Cornélio Galo 110, 305

Callières, François de 341s.

Campion, Henri 445

Camus, Jean-Pierre 481, 517s.

Caravaggio, Michelangelo Merisi da Caravaggio (vulgo) 603

Carissimi, Giacomo 558

Carlos de Orleans 194

Carlos IX 298

Carlos Magno 157, 175, 184, 276

Cassiano, João 138s., 174, 470

Castiglione, Baldassare 282, 333, 339, 341, 595-598, 601, 606

Catarina de Siena 217

Catão Censor 108s.

Catulo 20s., 85s., 103

Cavalieri, Emilio de 543

Certeau, Michel de 355, 357, 359, 364, 370, 375, 377, 384

Cesário de Arles 134

Cévola, Quinto Múcio 112

Champaigne, Jean-Baptiste de 444

Champmeslé, Marie Desmares (vulgo Mademoiselle de) 513, 528-530, 532

Chaniotis, Angelos 25, 28, 37, 41, 43s., 46, 438, 56, 60, 67, 69, 72-74

Chariton de Afrodisias 33

Charles o Temerário 267s., 272

Charpentier, François 569

Charpentier, Marc-Antoine 549-552

Charron, Pierre 392s., 582

Chartier, Alain 249, 582

Chastellain, Georges 268, 270, 273-276, 278

Chéron, Jean 381s.

Chicot 597

Chilperico 131, 148, 179

Cícero 87, 90s., 94, 99, 101-103, 107, 115, 138, 156-158, 208, 220, 295, 332, 440, 544, 570, 594s.

Cinzio, Giambattista Giradi 343

Cleão 59, 61

Cleofonte 61

Cleópatra 526

Clístenes 57

Clódio 102

Clotário I 145, 147s., 151s.

Clotilde 148

Clóvis 131, 148

Colbert, Jean-Baptiste 415, 572, 580, 584

Coligny, Maurice de 418

Columbano de Lusteuil (santo) 151, 154, 156

Cômodo 105

Condorcet, Nicolas de Caritat (marquês de) 326

Constantino o Africano 209

Corbeau, Renée 500s.

Corneille, Pierre 289, 291, 348, 352, 418, 525-527

Couperin, Louis 563

Couprie, Alain 352

Courtin, Antoine de 422, 598

Coypel, Antoine 579

Cranach l'Ancien, Lucas 478

Cristina a Admirável 216

Dadon de Rouen (santo Ouen) 152s., 155

Dagoberto 154

Dante Alighieri 262, 470

Dareau, François 420

Darwin, Charles 10, 25, 590

Defos, Daniel 402s.

Delamare, Nicolas 394

Della Casa, Giovanni 340, 347, 598

Demóstenes 63, 70-72, 92, 575

Derrida, Jacques 303

Des Essarts, Pierre 394

Descartes, René 283, 292s., 321s., 324, 531, 544s., 549, 581s., 600, 605s.

Descimon, Robert 360, 388s.

Diderot, Denis 483, 513, 565, 567

Didier (Desiderius) de Cahors 151

Diodoro de Sicília 171

Dionísio de Heracleia 107

Domiciano 53, 103, 105

Dompnier, Bernard 556, 561

Dorcière, Pierre 453

Doubrovsky, Serge 352

Dowland, John 563

Dryden, John 552

Du Bois, Marie 405, 407-410

Ducrey, Pierre 25s., 37, 60, 74, 77, 86, 97

Duerr, Hans-Peter 253, 330

Dufresne, Jean 492

Dürer, Albrecht 466, 478

Durkheim, Émile 356s.

Eberhardine, Christiane 563

Elias, Norbert 170-172, 236s., 321, 329-331, 336, 340, 352, 487, 597, 599

Elói (Eligius) de Noyon 152

Elster, Jon 32

Épinay, Louise d' 326

Epiteto 26, 31

Erasmo 330, 333, 335-340, 447, 600s., 606

Errard, Charles 572s.

Ésquilo 61, 78

Ésquines 63

Estilocão 123

Eurípedes 31, 39, 61s., 65, 529, 531s.

Faret, Nicolas 482, 598

Fauchard, Pierre 607

Faventine, Isabeau 494

Febvre, Lucien 12, 25, 172, 451

Félibien, André 568, 574, 578-581, 588

Fénelon, François de Salignac de La Mothe-Fénelon, vulgo 597

Ferrand, Jacques 145, 482

Ferrari, Cherubino 554

Filarco 74

Filipa da Inglaterra 275

Filipe da Macedônia 70

Filipe de Novara 255s.

Filipe V da Macedônia 74

Foligno, Ângela 169

Forero Mendoza, Sabine 467

Foucault, Michel 459, 537

Fournel, Jean-François 499

Francisco de Assis (santo) 178, 211s., 214s., 223, 378

Franciscus Junius 569

Fréart de Chambray, Roland 572, 574, 579s., 587

Fréart de Chantelou, Paul 575

Fredegunda 179

Frederico de Hallum 257

Frederico II 194

Freud, Sigmund 171s.

Frínico 57

Froberger, Johann Jakob 563

Froissart, Jean 165, 178, 275

Fronton 94, 114

Furetière, Antoine 288s., 364, 391, 394, 410, 454, 482, 514s., 517, 536

Gabourel, Jean 420

Galeno, Cláudio 20, 23, 49, 105, 189s., 193, 462s., 471

Garnier, Robert 518

Gassendi, Pierre 447

Gastão de Orleans 444

Gayot de Pitaval, François 501

Gesualdo, Carlo 541

Gilles de Roma 247, 256

Gillis, Peter 443

Giraudière, Marie de 408, 411

Gobi, Jean 255

Godefroy, Teodoro 414

Goethe, Johan Wolfgang von 565

Gontran 130, 148

Górgias 26

Gouffier de Bonnivet, Guillaume 451

Goulas, Nicolas 444

Gournay, Marie de 420s.

Gracián, Baltasar 15, 481, 598

Grandin, François 426

Gregório (bispo de Tours) 144

Gregório o Grande 118, 135, 138, 143-145, 150, 156, 159, 175, 220

Greimas, Julien 286

Grotius, Hugo 424, 427

Grusse, Jean 495

Guéret, Gabriel 492

Guibert de Nogent 227, 257

Guilherme de Auvergne 222, 471

Guilherme de Conches 185s., 193

Guilherme de Machault 288

Guilherme de Norwich 252s.

Guilherme de Orange 183

Guilherme de Saint-Thierry 209

Guillaume du Blanc 489

Guilloré, François 379-381, 383, 385

Guise, François de 417s.

Guise, Henri I de 418

Gundebaldo 131

Guy de Nantes 157s.

Hadewijch de Brabante 217

Hals, Frans 604

Hardy, Alexandre 518

Harmódio 83

Harvey, William 482, 532

Hassler, Hans Leo 539, 559, 564

Hegel, Georg Wilhelm Friedrich 95

Henrique III 259, 282, 298, 417, 422, 491

Henrique IV 422

Herchenfreda 155

Heródoto 31, 34, 57

Herp, Hendrik (Harphius) 378

Heurlière, Henry de 408

Hildegarda de Bingen 193s., 471

Hiparco 84

Hipérbolo 61

Hipócrates 468-471

Hobbes, Thomas 600

Hoffmann, Geneviève 65s.

Hogarth, William 604

Homero 36s., 39s., 57, 88

Honthorst, Gerrit van 603

Horácio 109, 348, 351, 353, 418, 439, 516

Huarte, Juan 481

Hubé, Marie-Anne 495

Hucbald de Saint-Amand 251

Hufeland, Christoph 326

Huguet, Edmond 286, 294

Huizinga, Johan 170-172, 236-238, 266, 333

Humberto de Romans 223

Hurel, Jacques 164

Isabel de Portugal 274

Jacquart, Danielle 185, 194

Jacques de Lalaing 275

Jacques de Vitry 215s., 224s., 263

Jacques de Voragine 242

Jaeger, C. Stephen 148

Jallabert, Jean 327

James, William 357

Jaucourt, Louis de 394

Jaufré Rudel 184

Jean de la Rochelle 210

Jean de Lodi 258

Jean le Bel 229

Jean V. de Bueil 11, 167

Jerônimo (santo) 125, 202, 602

Jesus Cristo 143, 252

João de Fécamp 202s.

Joinville, Jean de 162s., 287

Jonas de Bobbio 154

Joubert, Laurent 592s., 599

Jousse, Daniel 285, 495, 497

Júlia 111

Juvenal 101, 604

Kant, Emmanuel 355, 483

Kauffmann, Jean-Claude 243

Kempe, Margery 218s.

Kircher, Athanasius 544

Kyd, Thomas 480

Labé, Louise 452

La Béraudière, Marc de 418

La Boétie, Étienne de 298, 302s., 438, 443, 458

La Bruyère, Jean de 16, 321, 346, 446, 596

La Croix, Jean de 420

Lactâncio 202

La Fayette, Marie-Madeleine Pioche de La Vergne, condessa de 454, 554

La Fontaine, Jean de 284, 458, 469, 582, 597

La Grange, Charles Varle (vulgo) 409, 510

Laigny, Odart de 164

Lambert, Anne-Thérèse de Margenat de Courchelles (marquesa de) 441

Lambin, Denys 452s.

La Meilleraye, Charles de la Porte (marechal de) 391

La Mesnardière, Hippolyto-Jules Pilet de 354

Lamy, Bernard 552

La Mothe Le Vayer, François de 479

Lancre, Pierre de 481

Lanfranco 206

Langeac, Agnès de 382s.

La Noue, François de 416s., 424

Lantages, Charles Louis de 383

La Rochefoucauld, François de 283, 292, 342, 432, 442, 447, 457, 582

Lassus, Roland de 539

La Tour, Georges de 603

La Tour Landry, Geoffroi 247

Laudun d'Aigaliers, Pierre de 516s.

Laurens, André de 481

Laurent de Paris 370

Lauze, François de 346

Le Blanc, Thomas 457

Le Brun, Charles 9s., 535, 578, 580-586, 588, 605s.

Le Brun, Jacques 375, 383

Le Maistre, Antoine 492

Lesbia 103

Lévis, Jacques de (conde de Caylus) 417

Lévy-Bruhl, Lucien 355s.

Longueville, Geneviève de Bourbon (duquesa de) 418

Loraux, Nicole 261

Lorry, Anne Charles 482

Losfeld, Christophe 347

Louis VI o Gordo 180

Louis XIII 371, 351

Louis XIV 347, 425, 428, 432, 596s., 605s.

Louis XV 455, 607

Louis XVI 607

Loyola, Inácio de 360, 362, 379, 601

Loyseau, Charles 414

Lucano 100, 112

Luciano de Samósata 46

Lucrécio 96, 115

Lulle, Raymond 248

Lully, Jean-Baptiste 551, 554, 563

Lutero, Martinho 477

Machaut, Guillaume 165

Marais, Marin 563

Marco Antônio 90, 93s.

Marco Aurélio 94

Marco Datini, Francesco di 245

Marco Minúcio Félix 96

Marco Túlio 575

Margarida de Navarra 422, 451

Margolin, Claude 346

Maria da Encarnação-Guyart 377

Marlowe, Christopher 480

Marsile, Ficin 316, 475

Martinho de Tours (santo) 133, 175

Mathieu, Madeleine 453

Mattheson, Johann 543s., 549s.

Maugiron, Louis de 417

Mausigny, François Frandin
(senhor de) 426

Maximiano Hercúleo 133

Mazzei, Ser Lapo 245

Médici, Alexandre de 487

Ménestrier, Claude-François 343s., 347

Mercier, Salier 493s.

Mersenne, Marin 544, 551

Metsys, Quentin 443

Michel-Ange, Michelangelo Buonarroti
(vulgo) 476s., 576, 580, 587

Michelet, Jules 171

Milanezi, Silvia 63

Miron 391

Molière, Jean-Baptiste Poquelin (vulgo)
269, 288, 342, 344, 346sd., 506s.,
510, 597

Montaigne, Michel de 173, 294-309, 311,
365, 392, 420, 438, 440, 442, 446s., 458,
469, 482, 605

Montbazon, Marie d'Avangour, duquesa
de 418

Monteverdi, Claudio 540, 544s., 548,
554, 557

Montfleury, Zacharie Jacob (vulgo) 513

More, Thomas 443

Morvan de Bellegarde, Jean-Baptiste
(abade) 305, 341s., 348, 350

Moscovici, Serge 171, 330

Motteville, Françoise Bertaut de 389-391

Mousnier, Roland 414

Müller, Hermann 472

Murillo, Bartolomé Esteban 604

Muyart de Vouglans, Pierre François
de 497

Nagy, Piroska 137

Nassiet, Michel 424

Neidhardt, Johann Georg 542

Nero 106, 114

Nerva 53

Neumeister, Erdmann 561

Nícia 60

Nicole, Pierre 512

Nijf, Omno M. van 60

Nollet, Jean Antoine 327

Numa Pompílio 96

Oberweimar, Lukarde d' 169

Olier, Jean-Jacques 383

Oppianicus 94

Oresme, Nicole 166

Orígenes 201

Orósio 124

Ovídio 97, 103, 110, 204, 449, 593

Palestrina, Giovanni Pierluigi da 540

Papin 109

Paré, Ambroise 11, 306, 477

Parrásio 569

Pascal, Blaise 292, 302, 347, 424s., 429, 442

Pasquier, Nicolas 450

Paston, Margaret e John 251

Paulo 43

Paulo Emílio 113

Pedro de Alcântara 378

Pedro Damião (santo) 228, 258

Pedro o Venerável 207

Peiresc, Nicolas-Claude Fabri de 447

Peleus, Julien 500s.

Percy, Henry 480

Peri, Jacopo 554

Péricles 61, 64, 440

Perrault, Charles 446

Perseu 113

Petrarca 262, 304, 474, 592

Peyraut, Guillaume 222

Philippe de Commynes 185

Philippe I 164, 289

Philippe III de Bourgogne (vulgo Filipi o Bom) 166, 267

Pico della Mirandola, Giovanni 475

Pierre d'Avity 282s.

Pigalle, Jean-Baptiste 459

Pigeaud, Jackie 530s.

Píndaro 78

Pitágoras 48, 440

Platão 20, 39s., 49, 62, 78, 93, 347, 440, 469, 475, 544, 576s.

Plattemontagne, Nicolas de 444

Plínio o Velho 87, 99, 580

Plínio o Jovem 111, 115

Plutarco 34, 55, 74, 78s., 81-83, 97, 111, 113, 440

Políbio 31, 72, 74s., 100s., 171

Polignoto 576

Pompadour, Jeanne-Antoinette Poisson (marquesa) 459

Pompeu 100, 111, 297

Pôntico 110

Pontormo, Jacopo 443

Porete, Marguerite 217s.

Pozzo, Cassiano dal 574

Praetorius, Michael 541, 544

Prescendi, Francesca 96, 100

Prévost, Antoine François (abade) 326

Prisco 131

Propércio 110

Protógenes 73

Purcell, Henry 549, 552

Quantz, Johann Joachim 542s., 546, 557, 563

Quincy, Joseph Sevin (cavaleiro de) 285, 428

Quintiliano 95, 220, 544, 570, 572, 575, 580, 582, 594

Rabelais, François 469, 592, 594-596

Racine, Jean 320, 353, 508, 528-532, 534, 544

Radegunda 147, 150

Rafael, Raffaelo Sanzio (vulgo) 477, 579s.

Rameau, Jean-Philippe 544, 549

Ranfaing, Angès de 382

Reddy, William 137, 178, 236, 245

Refuge, Eustache du 349

Regnault, Adrien (vulgo do Jardim) 426

Rembrandt van Rijn 605

Remigio dei Girolami 262

Retz, Jean-François Paul de Gondi (cardeal de) 386s., 390s.

Ribera, José de 603

Ricardo de São Vitor 205, 221

Richard, Simone 453

Richardot, François 556

Richardson, Samuel 326, 565, 607

Richelet, Pierre 288

Richelieu, Armand Jean du Plessis de 352, 400, 402s.

Ricimer 123

Rigonthe 179

Riviery 519-521

Robert d'Uzès 224

Romualdo de Ravena 202

Rorty, Amélie O. 236

Rosenwein, Barbara 233

Rosset, François de 517

Rotrou, Jean de 511

Rousseau, Jean-Jacques 434s., 483, 565, 607

Rousseaud de la Combe, Guy du 497

Roussel, Claude 332, 336

Rubens, Pierre Paul 604

Safo 529

Saint-Évremond, Charles de 354, 534, 555

Saint-Pierre, Bernardin de 426, 483

Saint-Réal, César Vichard de 534

Saint-Simon, Claude Henri de Rouvroy (conde de) 433, 439

Saint-Victor, Hugo de 119, 205, 322s.

Sales, Francisco de 289, 367s.

Salviano de Marselha 125

Scheid, John 95

Schmitt, Jean-Claude 119, 218s., 332, 334

Schomberg, Georges 417

Schütz, Henrich 550, 557

Scot, Michel 194s.

Scudéry, Madeleine de 422

Séguier, Pierre 388, 394, 426

Sêneca 15, 98s., 106, 108, 112s., 115, 234, 297, 332, 440, 519, 531-533, 604

Sequeira, Henrique 37

Sévigné, Marie de Rabutin-Chantal (marquesa de) 286, 288, 321, 554

Sèze, Victor 325s.

Shakespeare, William 9, 480, 519, 553, 592

Shorter, Edward 237

Sibila de Cabris 253

Sichaire (e Chramnesinde) 149

Sidônio, Apolinário 123, 132

Sigisberto 145, 148, 151

Simônides de Ceos 77s.

Sócrates 33, 40, 78, 297, 569

Sófocles 39

Soillot, Charles 272

Spitzer, Leo 353

Stacio 103s.

Steen, Jan 604

Sterne, Laurence 565

Sulpício, Jean 153, 333

Sulpício Severo 113

Surin, Jean-Joseph 364s., 370, 373, 377

Tabourot, Jean (vulgo Thoinot Arbeau) 343

Tácito 113, 123s.

Talon, Omer 387

Talon-Hugon, Carole 322

Teodorico II 127

Teofrasto 23, 55

Teresa de Ávila 293, 370-372, 377, 379

Tertuliano 201, 332

Testelin, Henry 572, 586s.

Thierry, Agostinho 121

Thomas, Jérôme 333, 335

Timante 580

Timarco 63

Tintoretto, Jacopo Robusti, vulgo O 576

Tito Lívio 98, 101, 105, 122, 171

Tocqueville, Alexis de 434, 436

Tomás de Aquino (santo) 188, 211, 222, 246, 313-315, 317, 368, 600

Tomas de Celano 178, 212, 214

Tomas de Chobham 222s.

Tomás de Eccleston 212

Tomás de Marle 180

Tomás de Monmouth 252

Totila 144

Tuccaro, Archange 345

Tucídides 59, 64s., 171

Túlia (filha de Cícero) 107

Urbano II 226

Valério Máximo 90

Van Helmont, Jean-Baptiste 482

Varrão, Marco Terêncio 112

Vasari, Giorgio 476, 606

Velluti, Donato 252

Venâncio Fortunato 132, 144

Vendôme, Louis-Joseph de 405

Veratti, Joseph 327

Veronese, Paul 576, 580

Victoria, Tomas Luis de 540

Vien, Joseph-Marie 483

Vigée le Brun, Élisabeth 608

Vinci, Leonardo da 571-574, 582, 585, 592, 606

Virgílio 88, 108, 204

Volney, Constantin-François Chasseboeuf de la Giraudais (conde de) 483

Voltaire, François-Marie Arouet (vulgo) 425

Walter, Philippe 191

Watteau, Antoine 607

Weber, Florence 243s.

Weber, Max 356

Wier, Jean 477

Winckler, Heinrich 327

Winghe, Philippe van 440

Xenofonte de Éfeso 42, 74, 78, 272, 569

Zarlino, Gioseffo 577s.

Ziegler, Joseph 194, 196s.

Zimmermann, Johann Georg 483

OS AUTORES

Alain Montandon é professor emérito de literatura geral e comparada, membro honorário do Instituto Universitário da França e ocupante da cátedra de sociopoética. Publicou, dentre outras obras, *Dictionnaire raisonné de la politesse et du savoir-vivre* (Seuil. 2007), *Le Roman en Europe au XVIIIe siècle* (PUF, 1999), *Désirs d'hospitalité* (PUF, 2002), *Le Baiser* (Autrement, 2005), *Le Livre de l'hospitalité* (Bayard, 2004), *Les Yeux de la nuit – Essai sur le romantisme allemand* (Presses universitaires Blaise-Pascal, 2010), *Dictionnaire littéraire de la nuit* (Champion, 2013) e *Dictionnaire raisonné de la caducité des genres littéraires* (Droz, 2014).

Anne Vial-Logeay, professora efetiva de Letras Clássicas e mestra de conferências na Universidade de Rouen-Normandie, onde criou duas licenciaturas pluridisciplinares ("Humanidades e mundo contemporâneo", "Humanidades clássicas e contemporâneas") e participou na criação de um *master* "Humanidaes numéricas". Ela trabalha com a articulação entre literatura, história cultural e história das ideias (em particular das ideias políticas), nos períodos republicano e imperial, e se interessa especialmente por *Histoire naturelle* de Plínio o Antigo.

Barbara Rosenwein é professora emérita do Departamento de História da Loyola University of Chicago (Illinois). É autora de várias obras: *To Be the Neighbor of Saint Peter: The Social Meaning of Clunys's Property, 909-1049* (Cornell University Press, 1989), *Negotiating Space: Power, Restraint and Privileges of Immunity in Early Medieval Europe* (Cornell University Press, 1999), *A Short History of the Middle Ages* (University of Toronto Press, 2014⁴). Desde o início do século XXI ela se interessa particularmente pela a história das emoções e publicou *Emotional Communities in the Early Middle Ages* (Cornell University Press, 2006) e, mais recentemente, *Generations of Feeling: A History of Emotions, 600-1700* (Cambridge University Press, 2016), igualmente publicada em italiano (Viella, 2016).

Bruno Dumézil, professor efetivo de História, mestre de conferências na Universidade Paris-Ouest-Nanterre-La-Défense. Publicou várias obras sobre a Alta Idade Média ocidental, dentre as quais *Les Racines chrétiennes de l'Europe. Conversion et liberté dans les royaumes barbares Ve-VIIIe siècle* (Fayard, 2005), *La Reine Brunehaut* (Fayard, 2008),

Les Royaumes barbares en Occident (PUF, 2010), *Servir l'État barbare dans la Gaule franque* (Tallandier, 2013).

Christian Biet é professor de História e de Estética do teatro na Universidade Paris-Ouest-Nanterre-La-Défense e membro do Instituto Universitário da França. Especialista do teatro do século XVII e das questões relativas ao espetáculo, em particular sob o Antigo Regime, é autor de inúmeros artigos e obras. Ele faz parte do comitê de redação da revista *Littératures classiques* e é secretário-geral da revista *Théâtre/Public*, na qual codirigiu alguns fascículos. Seus principais trabalhos, por um lado, se vinculam à literatura da primeira modernidade (século XVI-XVIII) e às questões jurídicas e econômicas e sua refração na literatura; por outro, à história e a estética do teatro (com Christophe Triau, *Qu'est-ce que le théâtre?* Gallimard: "Folio Essais", inédito, 2006).

Christian Jouhaud é diretor de estudos no Ehess e diretor de pesquisa no CNRS. Publicou *Mezarinades – La fronde des mots* (Aubier, 1985; reed. 2009), *La Main de Richelieu, ou Le Pouvoir cardinal* (Gallimard, 1991), *La France du premier XVIIe siècle* (com Robert Descimon, Belin, 1996), *Les Pouvoirs de la littérature. Histoire d'un paradoxe* (Gallimard, 2000), *Sauver Le Grand-Siècle? – Présence et transmission du passé* (Seuil, 2007), *Histoire, littérature, témoignage* (com Nicolas Schapira e Dinah Ribard, Gallimard, 2009), *Richelieu et l'écriture du pouvoir. Autour de la journée des Dupes* (Gallimard, 20015) e *La Folie Dartigaud* (L'Olivier, 2015).

Claude Thomasset é professor emérito da Sorbonne (Paris-IV) (especialista de história da língua francesa, da literatura, de história das ciências para a Idade Média). Editou textos medievais, como: *Placides et Timéo ou Li secrés as philosophes,* publicou: *Une vision du monde au XIIIe siècle, Sexualité et savoir médical au Moyen Âge*, com D. Jacquart (traduzido e difundido na Inglaterra, Estados Unidos, Espanha...) e *D'aile et d'oiseaux au Moyen Âge: langue, littérature e histoire des sciences* (Honoré Champion, 2016). Anualmente publica os atos de seu seminário na Sorbonne. Eis alguns títulos: *Le Temps qu'il fait au Moyen Âge; En quête d'utopie (Les utopies de Moyen Âge); La montagne au Moyen Âge. Entre mythes et réalités; Les ponts au Moyen Âge; De l'écrin au cercueil – Essai sur lês contenants au Moyen Âge; La Pierre dans Le monde médiéval; Cacher, se cacher au Moyen Âge.* Dirigiu inúmeros colóquios: "Le naufrage", "Naissance de la géologie", "L'Écriture du texte scientifique", "La Clôture au Moyen Âge et à la Renaissance"... Atualmente dirige, com Jacquart a coleção "Histoire des sciences et des techniques du Moyen Âge à l'aube des Lumières" junto à Editora Champion.

Collin Jones é professor de História na Queen Mary University of London (Reino Unido). É autor, dentre outras, de *The Smile Revolution in Eighteenth Century Paris* (Oxford University Press, 2014).

Damien Boquet é mestre de conferências em história da Idade Média na Universidade de Aix-Marseille. Em 2005 criou com Piroska Nagy (UQAM) o primeiro programa de pesquisas consagrado às emoções medievais ("Emma, a emoções na Idade Média"; emma.hypotheses.org), que propiciou uma série de publicações coletivas dentre as quais *Le Sujet des émotions au Moyen Âge* (Beauchesne, 2009) e *Politique des émotions au Moyen Âge* (Sismel-Galluzzo, 2010). Ele é autor de *L'Ordre de l'affect au Moyen Âge – Autour de l'anthropologie affective d'Aelred de Rievaulx* (Publicações do Crahm, 2005) e de *Sensible Moyen Âge – Une histoire des émotions dans l'Occident médiéval* (com Piroska Nagy; Seuil, 2015).

Didier Lett é professor de História Medieval na Universidade de Paris-Diderot e membro-sênior do Instituto Universitário da França. Especialista da infância, da família, do parentesco e do gênero, publicou *Hommes et femmes au Moyen Âge. Histoire du genre, XIIᵉ-XVᵉ siècle* (Armand Colin, 2013), *Famille et parenté dans l'Occident médiéval, Vᵉ-XVᵉ siècle* (Hachette, 2000) e *L'enfant des miracles. Enfance et société au Moyen Âge, XIIᵉ-XIIIᵉ siècle* (Aubier, 1997).

Gilles Cantagrel, musicólogo, escritor e conferencista, foi professor na Sorbonne (Paris-IV) e interveniente no Conservatório Nacional de Música de Paris. Ele é membro da Academia de Belas-Artes. Administrador no Centro de Música Barroca de Versalhes, é igualmente membro do Conselho de Supervisão da Fundação Bach de Leipzig. Especialista do Barroco, em particular da música e da cultura alemães dos séculos XVII e XVIII, publicou mais de vinte e cinco obras, especialmente sobre Johann Sebastian Bach, sua obra e seu tempo.

Georges Vigarello é diretor de estudos no Ehess e membro honorário do Instituto Universitário da França. Consagrou inúmeros trabalhos à história do corpo e recentemente publicou *La Silhouette. Naissance d'un défis* (Seuil, 2012) e *Le sentiment de soi – Histoire de la perception du corps* (Seuil, 2014 – ed. bras.: *O sentimento de si – História dda percepção do corpo*. Petrópolis: Vozes, 2016). Dirigiu com Alain Corbin e Jean Jacques Courtine, *Histoire du Corps* (3 vols. Seuil, 2006 ed. bras.: *História do corpo*. Petrópolis: Vozes 2008) e *Histoire de la Virilité* (3 vol. Seuil 2011 – ed. bras.: *História da virilidade*. Petrópolis: Vozes 2013).

Hervé Drévillon é professor de História na Universidade Panthéon-Sorbonne e diretor do Instituto dos Estudos sobre a Guerra e a Paz. Ele é igualmente diretor da pesquisa a Serviço Histórico da Defesa. Publicou *L'Impôt du sang. Le métier des armes sous Louis XIV* (Tallandier, 2005) e *L'Individu et la Guerre – Du chevalier Bayard au soldat inconnu* (Belin, 2013).

Laurent Smagghe é professor efetivo de História e doutor em História Medieval (Universidade Paris-Sorbonne). Suas pesquisas versam sobre a representação e o uso das emoções na comunicação política. É autor das Émotions du Prince – *Émotions et discours politique dans l'espace bourguignon* (Classiques Garnier, 2012).

Lawrence Kritzman é professor de Pensamento Francês e de Literatura Comparada no Dartmouth College (New Hampshire), onde dirige o Instituto de Verão de Estudos Culturais Franceses. Por um tempo foi diretor de estudos no EHSS e igualmente lecionou em Harvard e Stanford. Publicou inúmeras obras sobre a literatura francesa do século XVII, a história cultural e intelectual da França desde o início do século XX, bem como psicanálise e teoria literária.

Martial Guédron é professor de História da Arte na Universidade de Estrasburgo. Especialista das relações entre artes e ciências nas representações do corpo humano, comissário de exposição, publicou inúmeros artigos e vários livros sobre estas questões, dentre as principais: *L'Art de la grimace – Cinq siècles d'excès de visage* (Hazan, 2011), *Visage(s) – Sens et représentations en Occident* (Hazan, 2015) e *L'Art et l'histoire de la caricature* (com Laurent Baridon; 3. ed. Citadelles & Mazenod, 2015).

Maurice Daumas é professor emérito de História Moderna na Universidade de Pau e dos Pays de l'Adour. Ele trabalha temas como o amor, a amizade, a sexualidade, a família e a misoginia. É autor, particularmente, de *Au bonheur des mâles. Adultère et cocuage à la Renaissance* (Armand Colin, 2007), de *Des trésors d'amitié – De la Renaissance aux Lumières* (Armand Colin, 2011) e de *Une conversion au XVIIIe siècle. Mémoires de la comtesse de Schwerin* (com Claudia Ulbrich; Presses Universitaires de Bordeaux, 2013).

Maurice Sartre é professor emérito de História Antiga na Universidade François-Rabelais de Tours. Dirige a revista *Syria*, periódico científico do Institut Français du Proche-Orient. Especialista de história do Oriente Médio greco-romano, publicou *D'Alexandre à Zénobie. Histoire du Levant antique* (Fayard, 2003²), bem como três obras (com Annie Sartre-Fauriat) sobre *Palmyre*, mas interessou-se mais largamente por períodos mais longos (*Histoires grecques,* Seuil, 2006) e contribuiu para o mundo grego com a *Histoire de la Virilité* (3 vols. Seuil 2011 – ed. bras.: *História da virilidade*. Petrópolis: Vozes 2013), dirigida por Alain Corbin, Jean Jacques Courtine e Georges Vigarello.

Piroska Nagy é professora na Universidade do Quebec em Montreal (Canadá). É autora de *Don des larmes au Moyen Âge* (Albin Michel, 2000) e de *Sensible Moyen Âge – Une histoire des émotions dans l'Occident médiéval* (com Damien Boquet, Seuil, 2015). Em 2005 ela criou com D. Boquet o primeiro programa de pesquisas consagrado às emoções medievais ("Emma, les émotions au Moyem Âge": http//;emma.hypotheses. org), que propiciou uma série de publicações coletivas dentre as quais *Le Sujet des Émotions au Moyen Âge* (Beauchesne, 2009) e *Politiques des émotions au Moyen Âge* (Sismel-Galluzzo, 2010).

Sophie Houdard é professora de Literatura Francesa do século XVII na Universidade Sorbonne-Nouvelle-Paris-3, onde é corresponsável pelo Grupo de pesquisa interdisciplinar sobre a história do literário (GRIHL/EA 174). Especialista da literatura espiritual na época moderna, publicou *Les Sciences du diable – Quatre discours sur la sorcellerie* (prefácio de Alain Boureau. Cerf, 1992) e *Les Invasions mystiques – Spiritualités, hétérodoxies et censures à l'époque moderne* (Les Belles Lettres, 2008). Ela participou da nova edição da *L'Histoire littéraire du sentiment religieux*, de Henri Bremond, dirigida por François Trémolières (Millon, 2006).

Yves Hersant é diretor de estudos no Ehess. Ele consagrou seus trabalhos à história do humanismo e da Renascença europeia. Também é diretor de coleções de Belas-Artes e membro do comitê de redação da revista *Critique*; em 2013, foi um dos organizadores da exposição "A renascença e o sonho" no museu de Luxembourg em Paris. É autor de *Europes – Anthologie critique et commentée* (com Fabienne Durand-Bogaert. Laffond, 2000), de *La Métaphore baroque* (Seuil, 2001) e de *Mélancolies. De l'Antiquité au XXᵉ siècle* (Laffont, 2005).

ÍNDICE GERAL

Sumário, 5

Introdução geral, 9
  Alain Corbin, Jean Jacques Courtine, Georges Vigarello

Antiguidade, 19

1 Os gregos, 23
  Maurice Sartre
    Questões de termos, 30
    Lágrimas de heróis, 36
    Emoções sagradas, 40
    Na cidade, 56
      Emoções e eloquência política, 58
      Emoção teatral: a política como espetáculo, 60
      Enterrar os heróis, 64
      Ódios cívicos: as virtudes da amnésia, 67
    Emoções privadas, 75

2 O universo romano, 85
  Anne Vial-Logeay
    Por uma comunicação eficaz ou do bom uso das emoções, 89
    Da religião romana ou por uma religião emocional mas sem emotividade, 95
    A política das emoções: dos espetáculos ambíguos, 101
    Governar para não ser governado, 106
    Por um regime aristocrático das emoções, 112

Idade Média, 117

3 Os bárbaros, 121
   Bruno Dumézil

   O legado conceitual romano, 122

   O olhar da arqueologia, 126

   Confiar e controlar, 128

   Das emoções soberanas, 130

   Rumo à expressão de sentimentos cristãos, 132

4 A Alta Idade Média, 137
   Barbara Rosenwein

   A "revolução emocional" agostiniana e seu uso por Gregório Magno, 138

   Gregório de Tours e Venâncio Fortunato: dos vínculos sentimentais, 144

   A corte de Clotário II: a rejeição do sentimento, 151

   O tratado "terapêutico" de Alcuíno, 157

5 *Esmouvir*, *esmouvement* – Arqueologia medieval do termo "emoção", 161
   Claude Thomasset e Georges Vigarello

   Dinâmica e movimento, 162

   Esmouvoir o coração, 165

   Estre esmu [Estar em estado de excitação], 166

6 A emoção na Idade Média: um período de razão, 169
   Piroska Nagy

   Do mito da Idade Média impulsiva..., 170

   ...aos termos da emoção, 173

   Qual emoção para o medievalista?, 177

7 Referências cotidianas, referências médicas, 181
   Claude Thomasset

   A língua comum, 181

   Por uma explicação médica, 185

8 As paixões da salvação no Ocidente medieval, 199

Damien Boquet

A paixão e as paixões: o monaquismo, laboratório de emoções (séculos XI e XII), 200

A "viragem afetiva" do cristianismo, 200

O *innamoramento* da espiritualidade monástica no século XII, 203

O mosteiro como comunidade afetiva, 206

A incorporação das emoções religiosas (séculos XII-XV), 208

Uma nova antropologia cristã das emoções, 208

As paixões encarnadas segundo Francisco de Assis, 211

A mística afetiva das santas mulheres, 214

Conversão religiosa e emoções coletivas (séculos XI-XV), 219

Educar as emoções: pastoral do medo, pastoral da vergonha, 220

As emoções no púlpito, 223

As multidões emotivas, entre fervor e furor, 225

9 Família e relações emocionais, 233

Didier Lett

Percurso historiográfico: homens e mulheres instintivos no seio de famílias sem afeto, 236

Os modelos emocionais da família cristã, 239

O Antigo Testamento, 239

A Sagrada Família, 239

O "beijo fecundante" e o massacre dos inocentes, 241

Parentescos hagiográfico e espiritual, 242

Uma comunidade emocional, 243

Fortes relações emocionais, 243

Aprendizagem e reprodução das emoções, 245

A honra, matriz das emoções familiares, 248

Comover-se em família, 250

Marido e esposa, 250

Pais e filhos, 254

Irmãos e irmãs, 257

A dor e a morte, 258

10 As emoções políticas nas cortes principescas dos séculos XIV-XV, 265

Laurent Smagghe

O corpo de emoção do príncipe, 267

Uma predisposição física para governar, 267

Uma compleição quente e sanguínea, 268

O rosto e o coração, "lugares" da emoção, 269

A economia da cólera, 271

A outra vertente do amor, 271

O justo irritado, 272

As damas, para apaziguar a cólera dos homens, 274

O príncipe aflito, 275

As grandes dores seriam mudas?, 275

As lágrimas, um instrumento da retórica principesca, 276

Confirmar ou restaurar a ordem social, 277

Idade Moderna, 281

11 A emergência do termo "emoção", 286

Georges Vigarello

"*Esmotion*" [abalo] do corpo, 287

O de fora e o de dentro, 289

Uma interioridade específica?, 291

12 Uma retórica afetiva na Renascença – O exemplo de Montaigne, 294

Lawrence Kritzman

A morte e a ameaça à tranquilidade, 298

A amizade singular do antiensaísta, 302

As emoções e a imaginação, 304

As preocupações com o corpo, 307

13 Alegria, tristeza, terror... – A mecânica clássica dos humores, 312

Georges Vigarello

A tradição das paixões, 312

O "material" das paixões, 315

Qualidades materiais e qualidades psíquicas, 316

Da mecânica à psicologização, 319

Uma especificidade da emoção?, 324

14 A invenção de uma autovigilância íntima, 329

Alain Montandon

15 Afeições da alma e emoções na experiência mística, 355

Sophie Houdard

Os movimentos do Espírito, 360

Histórias de amor, histórias comoventes, 368

Ilusões e falsificações, o fim das emoções místicas, 378

16 A efusão coletiva e o político, 386

Christian Jouhaud

Diante dos fatos: emoções transcritas, emoções transmitidas, 386

Emoções populares: uma patologia, 392

Da revolta à submissão, 397

Comunidades emotivas?, 405

17 A honra, do íntimo ao político, 412

Hervé Drévillon

18 Corações valentes, corações ternos – A amizade e o amor na época moderna, 437

Maurice Daumas

A amizade amorosa, uma emoção atual, 437

O culto da amizade, 438

A amizade como paixão, 442

A amizade, a misoginia e o amor, 446

O amor no tempo da virilidade irrepreensível, 449

O advento da ternura, 453

A ascensão da afeição conjugal, 456

A conversão da amizade, 458

19 A melancolia, 461

Yves Hersant

Uma rica herança, 467

Melancolia generosa e melancolia funesta, 473

Rumo a emoções novas, 479

20 O que diz a lei: raptar, abusar, violar, 484

Georges Vigarello

Os julgamentos antigos e os paradoxos da "indulgência", 485

Violência e emoção, 486

O poder dos tutores, 488

O verdadeiro "perigo" da sedução, 489

A ascendência exclusiva do social, 490

O que dizem os documentos de prisão do século XVII, 491

Os julgamentos graduais da sedução, 492

Os julgamentos graduais do estupro, 494

O início de uma alusão à emoção, 496

Uma impossível "psicologia", 496

O ato e a suspeição, 498

A emergência penosa da emoção, 499

21 Emoções experimentais: teatro e tragédia no século XVII francês – Afetos, sentidos, paixões, 503

Christian Biet

As emoções da sessão, 504

Emoções e desempenho, 510

Emoções e representação, 511

"Leves" manifestações do corpo ou siderações diante da violência?, 513

O que podemos dizer das emoções teatrais do início do século XVII?, 517

Estimulação, atenção, visibilidade: a história, a fábula do mouro cruel, 519

Emoções mais "clássicas", 523

A admiração e seus perigos, 525

Terror e piedade, 527

Retorno, pelo poema dramático, da máquina de emoções, 528

Thymós [alma, vontade, desejo] e *Bouleumata* [decisões], 530

O prazer do mal e o da oscilação, 534

22 A emoção musical no Período Barroco, 539

Gilles Cantagrel

Um período novo, 539

Eloquência e discurso musical, 542

Um século de emoção, 544

Os elementos de uma linguagem, 546

Do madrigal à ária de solista, 550

Ópera e balé, 553

Emoção, Barroco e Sagrado, 556

Músicas sem palavras, 562

O tempo da sensibilidade, 564

23 Emoções, paixões, afetos – A expressão na Teoria da Arte no período clássico, 567

Martial Guédron

Uma arte eloquente, 569

Retórica pictural, 569

Linguagem dos mudos, 571

O alfabeto do corpo, 573

Dos modos, 576

Uma codificação dos rostos, 579

Fisiologia, 579

Geometria, 583

Conveniência, moderação, nuanças, 585

24 O sorriso, 589

Colin Jones

Índice dos nomes próprios, 609

Os autores, 625

CULTURAL
Administração
Antropologia
Biografias
Comunicação
Dinâmicas e Jogos
Ecologia e Meio Ambiente
Educação e Pedagogia
Filosofia
História
Letras e Literatura
Obras de referência
Política
Psicologia
Saúde e Nutrição
Serviço Social e Trabalho
Sociologia

CATEQUÉTICO PASTORAL
Catequese
   Geral
   Crisma
   Primeira Eucaristia

Pastoral
   Geral
   Sacramental
   Familiar
   Social
   Ensino Religioso Escolar

TEOLÓGICO ESPIRITUAL
Biografias
Devocionários
Espiritualidade e Mística
Espiritualidade Mariana
Franciscanismo
Autoconhecimento
Liturgia
Obras de referência
Sagrada Escritura e Livros Apócrifos

Teologia
   Bíblica
   Histórica
   Prática
   Sistemática

REVISTAS
Concilium
Estudos Bíblicos
Grande Sinal
REB (Revista Eclesiástica Brasileira)

VOZES NOBILIS
Uma linha editorial especial, com importantes autores, alto valor agregado e qualidade superior.

PRODUTOS SAZONAIS
Folhinha do Sagrado Coração de Jesus
Calendário de mesa do Sagrado Coração de Jesus
Agenda do Sagrado Coração de Jesus
Almanaque Santo Antônio
Agendinha
Diário Vozes
Meditações para o dia a dia
Encontro diário com Deus
Guia Litúrgico

VOZES DE BOLSO
Obras clássicas de Ciências Humanas em formato de bolso.

CADASTRE-SE
www.vozes.com.br

EDITORA VOZES LTDA.
Rua Frei Luís, 100 – Centro – Cep 25689-900 – Petrópolis, RJ
Tel.: (24) 2233-9000 – Fax: (24) 2231-4676 – E-mail: vendas@vozes.com.br

UNIDADES NO BRASIL: Belo Horizonte, MG – Brasília, DF – Campinas, SP – Cuiabá, MT
Curitiba, PR – Fortaleza, CE – Goiânia, GO – Juiz de Fora, MG
Manaus, AM – Petrópolis, RJ – Porto Alegre, RS – Recife, PE – Rio de Janeiro, RJ
Salvador, BA – São Paulo, SP